스프링 부트 3와 스프링 클라우드를 활용한

# 마이크로서비스 구축

스프링 부트 3와 스프링 클라우드를 활용한

# 마이크로서비스 구축

지은이 마그누스 라르손

옮긴이 트랜스메이트

펴낸이 박찬규 엮은이 이대엽 디자인 북누리 표지디자인 Arowa & Arowana

펴낸곳 위키북스 전화 031-955-3658, 3659 팩스 031-955-3660
주소 경기도 파주시 문발로 115 세종출판벤처타운 311호

가격 42,000 페이지 744 책규격 188 x 240mm

초판 발행 2025년 11월 12일
ISBN 979-11-5839-629-9 (93000)

등록번호 제406-2006-000036호 등록일자 2006년 05월 19일
홈페이지 wikibook.co.kr 전자우편 wikibook@wikibook.co.kr

이 책의 내용에 대한 추가 지원과 문의는 위키북스 출판사 홈페이지 wikibook.co.kr이나
이메일 wikibook@wikibook.co.kr을 이용해 주세요.

스프링 부트 3와 스프링 클라우드를 활용한

# 마이크로서비스 구축

**스프링 클라우드, 이스티오, 쿠버네티스를 활용한**
**견고하고 확장성 있는 마이크로서비스 구축과 배포**

마그누스 라르손 지음 / 트랜스메이트 옮김

위키북스

# 저자 소개

**마그누스 라르손**(Magnus Larsson)은 1986년부터 IT 업계의 베테랑으로 활동해왔으며, 볼보, 에릭슨, 아스트라제네카 등 스웨덴의 주요 기업에서 컨설팅을 담당했다. 과거에는 분산 시스템 구축에 어려움이 많았지만 오늘날에는 오픈소스 도구들(스프링 클라우드, 쿠버네티스, 이스티오 같은)이 효과적인 해결책을 제공한다. 지난 10년 동안 마그누스는 고객이 이러한 도구를 사용할 수 있도록 지원해 왔으며, 프레젠테이션과 블로그를 통해 인사이트를 공유해 왔다.

다음 분들께 감사의 말씀을 전한다.

지원을 아끼지 않은 팩트 출판사의 아론 라자, 키나리 초한, 루비카 라오에게 감사의 말씀을 전한다. 이 책을 쓰는 과정에서 많은 도움을 주고 이해해 준 아내 마리아에게 고마움을 전한다.

# 감수자 소개

**K. 시바 프라사드 레디(K. Siva Prasad Reddy)**는 제트브레인에서 개발자 지원 전문가(Developer Advocate)로 일하고 있다. 그는 Java, Go, Node.js를 이용해 확장 가능한 분산 엔터프라이즈 애플리케이션을 구축하는 데 18년 이상의 경험을 보유하고 있다.

저자이자 컨퍼런스 발표자로도 활동하고 있으며, 최신 아키텍처와 클라우드 네이티브 기술을 사용해 소프트웨어 시스템을 구축하는 데 풍부한 경험을 가지고 있다.

TDD, CI/CD, DevOps 같은 애자일 관행의 적극적인 실천가다.

또한 자신의 블로그인 `https://sivalabs.in`과 유튜브 채널인 `https://youtube.com/sivalabs`를 통해 지식을 공유하고 있다.

# 옮긴이 소개

**트랜스메이트**

다양한 IT 기술과 실용적인 주제에 관심 있는 사람들이 함께하는 번역가 모임이다. 시시각각 변화하는 IT 분야에 발맞춰 정확하게 이해하고 편안하게 읽을 수 있는 기술서로 거듭날 수 있게 노력하고 있다.

# 한국어판 감수자 후기

현대 소프트웨어 개발 환경에서 마이크로서비스 아키텍처는 더 이상 선택이 아닌 필수가 되었습니다. 특히 클라우드 네이티브 환경에서 확장 가능하고 유연한 시스템을 구현하기 위해서는 마이크로서비스에 대한 깊이 있는 이해가 필수적입니다.

제가 근무하는 곳에서도 검색, 댓글, 구독 등 각기 다른 역할을 하는 수많은 서비스들을 개발하고 운영하고 있는데, 이처럼 다양한 서비스들이 마치 유기체처럼 연결되어 동작하는 환경에서 이 책의 내용은 실무에 직접적으로 도움이 되는 귀중한 지침서라고 할 수 있습니다. 실제로 저와 저희 팀원들에게 이 책이 마이크로서비스를 이해하는 데 많은 도움이 됐다고 자신 있게 말할 수 있습니다.

긴 시간 동안 이 책을 감수하면서 느낀 바는 이 책은 단순한 이론적 설명에 그치지 않고 실제 운영 환경에서 마주치는 다양한 상황들을 다룬다는 점과 다양한 마이크로서비스의 "패턴"들을 소개하고 이러한 패턴들을 통해 마이크로서비스를 개발할 때 팀원과의 소통을 원활하게 할 수 있다는 점에서 독자분들께 정말 많은 도움이 되리라는 것입니다.

또한 예제 코드도 바로 실무에서 사용해도 될 만큼 훌륭하게 구성돼 있습니다. 독자는 책을 읽으며 예제 코드를 바로 실행해볼 수 있으며, 저자인 마그누스 라르손의 개발 철학을 엿볼 수 있습니다.

이 책은 마이크로서비스를 처음 접하는 저연차 개발자부터 이미 경험이 있는 고연차 개발자까지 읽어도 될 만큼 모든 독자들이 각자의 수준에서 얻어갈 수 있는 책이라고 확신합니다. 마이크로서비스를 아직 잘 모르거나 마이크로서비스 도입을 망설이는 분들이라면 팀원들이 다 같이 이 책으로 스터디를 해보면서 조직 전체의 개발 문화를 한 단계 끌어올리는 데도 큰 도움이 되리라 확신합니다.

마지막으로 이렇게 훌륭한 책을 집필해주신 마그누스 라르손 님과 이 책을 감수하면서 미리 읽어볼 수 있게 해주신 위키북스 출판사 및 관계자 분들께 깊은 감사를 드립니다.

– 이소망, 조선비즈

# 서문

이 책은 스프링 부트 3와 스프링 클라우드를 이용해 프로덕션 환경에 바로 사용할 수 있는 마이크로서비스를 구축하는 방법에 관한 책이다. 12년 전, 마이크로서비스를 탐구하기 시작했을 때 나는 이런 책을 찾고 있었다.

이 책은 협력 마이크로서비스 환경의 개발, 테스트, 배포, 관리에 사용되는 오픈소스 소프트웨어를 배우고 익힌 후 만들어졌다.

이 책에서는 주로 스프링 부트, 스프링 클라우드, 도커, 쿠버네티스, 이스티오, EFK 스택, 프로메테우스, 그라파나를 다룬다. 이 오픈소스 도구들은 각각 그 자체로도 훌륭하지만 이것들을 유기적으로 함께 사용하는 방법을 이해하기란 어려울 수 있다. 어떤 영역에서는 서로를 보완하지만 어떤 영역에서는 서로 겹치는 부분이 있어 특정 상황에 따라 어떤 것을 선택해야 할지 명확하지 않다.

이 책은 이러한 오픈소스 도구를 함께 사용하는 방법을 단계별로 설명하는 실습서다. 10년 전 내가 마이크로서비스에 대해 배우기 시작했을 때 찾던 책으로, 그러한 책에서 다루는 오픈소스 도구들을 업데이트한 버전이라 할 수 있겠다.

## 대상 독자

이 책은 컨테이너 오케스트레이터로서의 쿠버네티스와 서비스 메시로서의 이스티오를 사용해 마이크로서비스 환경을 처음부터 구축하고 온프레미스 또는 클라우드에 배포하는 방법을 배우고자 하는 자바 및 스프링 개발자, 아키텍트를 위한 책이다. 마이크로서비스 아키텍처에 익숙하지 않아도 이 책을 읽고 학습할 수 있다.

## 이 책에서 다루는 내용

**1부** '스프링 부트를 활용해 마이크로서비스 개발 시작하기'에서는 마이크로서비스 개발을 위한 스프링 부트의 가장 중요한 기능들을 사용하는 방법을 배운다.

# 서문

1장 '마이크로서비스 소개'에서는 이 책의 기본 전제인 마이크로서비스와 그에 따른 필수 개념, 디자인 패턴을 이해한다.

2장 '스프링 부트 소개'에서는 스프링 부트 3와 이 책의 1부에서 사용될 다른 오픈소스 프로젝트를 소개한다. 즉, RESTful API 개발을 위한 스프링 웹플럭스, API에 대한 OpenAPI 기반 문서화를 위한 springdoc-openapi, SQL 및 NoSQL 데이터베이스에 데이터를 저장하기 위한 스프링 데이터, 메시지 기반 마이크로서비스를 위한 스프링 클라우드 스트림, 마이크로서비스를 컨테이너로 실행하기 위한 도커를 소개한다.

3장 '협력하는 마이크로서비스 만들기'에서는 협력 마이크로서비스들을 처음부터 생성하는 방법을 설명한다. 스프링 이니셜라이저를 사용해 스프링 프레임워크 6.0과 스프링 부트 3.0을 기반으로 하는 골격 프로젝트를 생성한다.

이 책에서는 세 개의 핵심 서비스와 하나의 복합 서비스를 만드는 것을 목표로 한다. 각 핵심 서비스는 자체 리소스를 처리하며, 복합 서비스는 이 세 핵심 서비스의 정보를 집계한다. 3장의 말미에는 스프링 웹플럭스를 기반으로 아주 기본적인 RESTful API를 추가하는 방법을 배우게 된다. 이후 장에서는 이러한 마이크로서비스에 점점 더 많은 기능이 추가될 것이다.

4장 '도커를 활용한 마이크로서비스 배포'에서는 도커를 통해 마이크로서비스를 배포하는 방법을 설명한다. 명령어 하나로 전체 마이크로서비스 환경을 구동하기 위해 `Dockerfile`과 도커 컴포즈 파일을 추가하는 방법을 배운다. 그런 다음, 여러 스프링 프로파일을 사용해 도커를 사용하거나 사용하지 않고 구성을 처리하는 방법을 배운다.

5장 'OpenAPI를 활용한 API 문서화'에서는 마이크로서비스가 노출하는 API를 OpenAPI로 문서화하는 방법을 설명한다. springdoc-openapi 도구로 서비스에 애너테이션을 지정해 즉석에서 OpenAPI 기반 API 문서를 생성하며, 스웨거 UI를 통해 웹 브라우저에서 API를 테스트하는 방법도 다룬다.

6장 '영속성 추가'에서는 마이크로서비스의 데이터에 영속성을 추가하는 방법을 보여준다. 스프링 데이터를 사용해 핵심 마이크로서비스 중 두 개에 대해서는 MongoDB 도큐먼트 데이터베이스에서 데이터를 설정 및 접근하고, 나머지 마이크로서비스에 대해서는 MySQL 관계형 데이터베이스에서 데이터에 접근한다. 통합 테스트를 실행할 때는 Testcontainers를 사용해 데이터베이스를 구동한다.

7장 '반응형 마이크로서비스 개발'에서는 반응형 접근 방식이 중요한 이유와 사용 시점, 그리고 엔드투엔드 반응형 서비스를 개발하는 방법을 설명한다. 논블로킹 동기식 RESTful API와 비동기 이벤트 기반 비동기 서비스를 모두 개발하고 테스트하는 방법을 배운다. 또한 MongoDB용 반응형 논블로킹 드라이버를 사용하는 방법과 MySQL용 블로킹 코드를 사용하는 방법도 배운다.

**2부** '스프링 클라우드를 활용한 마이크로서비스 관리'에서는 마이크로서비스를 개발할 때 직면하는 과제들(즉, 분산 시스템 구축)을 관리하기 위해 스프링 클라우드를 어떻게 활용할 수 있는지 알아본다.

8장 '스프링 클라우드 소개'에서는 스프링 클라우드와 이 책에서 사용할 스프링 클라우드의 컴포넌트를 소개한다.

9장 '넷플릭스 유레카를 활용한 서비스 디스커버리'에서는 스프링 클라우드에서 넷플릭스 유레카를 사용해 서비스 디스커버리 기능을 추가하는 방법을 설명한다. 이를 위해 시스템 환경에 넷플릭스 유레카 기반 서비스 디스커버리 서버를 추가한다. 그런 다음, 스프링 클라우드에서 다른 마이크로서비스를 찾기 위해 스프링 클라우드 로드밸런서를 사용하도록 마이크로서비스를 구성한다. 이를 통해 마이크로서비스가 어떻게 자동으로 등록되고 스프링 클라우드 로드밸런서를 통해 사용 가능해진 새 인스턴스로 어떻게 트래픽이 자동으로 로드 밸런싱되는지 이해하게 된다.

10장 '스프링 클라우드 게이트웨이를 활용해 에지 서버 뒤로 마이크로서비스 숨기기'에서는 스프링 클라우드 게이트웨이를 사용해 에지 서버 뒤로 마이크로서비스를 숨기고 외부 소비자에게 특정 API만 노출하는 방법을 안내한다. 또한 마이크로서비스의 내부 복잡성을 외부 소비자로부터 숨기는 방법도 배운다. 이를 위해 시스템 환경에 스프링 클라우드 게이트웨이 기반 에지 서버를 추가하고 공개 API만 노출하도록 구성한다.

11장 'API에 대한 접근 보안'에서는 OAuth 2.0과 OpenID Connect를 사용해 노출된 API를 보호하는 방법을 설명한다. 시스템 환경에 스프링 인가 서버를 기반으로 하는

OAuth 2.0 인가 서버를 추가하는 방법과 해당 인가 서버에서 발급한 유효한 접근 토큰을 요구하도록 에지 서버와 복합 서비스를 구성하는 방법을 알아본다.

에지 서버를 통해 인가 서버를 노출하고 HTTPS를 사용해 외부 소비자와의 통신을 보호하는 방법을 배운다. 마지막으로, 내부 OAuth 2.0 인가 서버를 Auth0 같은 외부 OpenID Connect 제공자로 대체하는 방법을 학습한다.

12장 '중앙 집중식 구성'에서는 하나의 중앙 구성 저장소에서 모든 마이크로서비스의 구성 파일을 수집하고, 구성 서버를 사용해 런타임에 마이크로서비스에 구성을 배포하는 방법을 다룬다. 또한 시스템 환경에 스프링 클라우드 컨피그 서버를 추가하고 모든 마이크로서비스가 스프링 클라우드 컨피그 서버를 사용해 구성을 가져오도록 구성하는 방법도 알아본다.

13장 'Resilience4j를 활용한 복원력 개선'에서는 '연쇄 장애' 안티패턴을 방지하기 위해 Resilience4j의 기능을 사용하는 방법을 예제를 통해 설명한다. 복합 서비스에 재시도 메커니즘과 서킷 브레이커를 추가하는 방법, 회로가 열려 있을 때 빠르게 실패하도록 서킷 브레이커를 구성하는 방법, 폴백 메서드를 활용해 최선형 응답을 생성하는 방법을 배운다.

14장 '분산 추적'에서는 집킨을 사용해 추적 정보를 수집하고 시각화하는 방법을 알아본다. 또한 협력 마이크로서비스 간의 요청 체인을 시각화할 수 있도록 마이크로미터 트레이싱을 이용해 요청에 추적 ID를 추가한다.

**3부** '쿠버네티스를 활용한 경량 마이크로서비스 개발'에서는 컨테이너화된 워크로드를 위한 런타임 플랫폼으로서 쿠버네티스의 중요성을 이해하는 데 도움이 될 것이다.

15장 '쿠버네티스 소개'에서는 쿠버네티스의 핵심 개념과 배포 실습을 다룬다. 또한 미니큐브를 이용해 개발 및 테스트 목적으로 로컬에서 쿠버네티스를 설정하는 방법도 배운다.

16장 '쿠버네티스에 마이크로서비스 배포'에서는 쿠버네티스에 마이크로서비스를 배포하는 방법을 보여준다. 또한 헬름을 사용해 마이크로서비스를 패키징하고 구성하는 방법을 배워 쿠버네티스에서 배포하는 방법을 알아본다. 테스트 및 프로덕션 환경과 같은 다양한 런타임 환경에 맞춰 마이크로서비스를 배포하는 데 헬름을 사용한다. 마지막으로, 쿠버네티스 서비스 오브젝트와 kube-proxy 런타임 컴포넌트를 기반으로 서비스 디스커버리를 위해 넷플릭스 유레카를 쿠버네티스에서 제공하는 기본 기능으로 대체하는 방법을 배운다.

17장 '시스템 환경을 단순화하기 위한 쿠버네티스 기능 구현'에서는 이전 장에서 소개한 스프링 클라우드 서비스의 대안으로 쿠버네티스 기능을 사용하는 방법을 설명한다. 스프링 클라우드 컨피그 서버를 쿠버네티스 시크릿과 컨피그맵으로 대체하는 이유와 방법을 배운다. 또한 스프링 클라우드 게이트웨이를 쿠버네티스 인그레스 오브젝트로 대체하는 이유와 방법, 외부 HTTPS 엔드포인트에 대한 인증서를 자동으로 프로비저닝하고 교체하기 위해 cert-manager를 추가하는 방법도 알아본다.

18장 '서비스 메시를 활용한 관찰 가능성과 관리 개선'에서는 서비스 메시의 개념을 소개하고 이스티오를 사용해 런타임에 서비스 메시를 구현하는 방법을 설명한다. 서비스 메시를 이용해 마이크로서비스 환경의 복원력, 보안, 트래픽 관리, 관찰 가능성을 더욱 개선하는 방법을 배운다.

19장 'EFK 스택을 활용한 중앙 집중식 로깅'에서는 마이크로서비스로부터 로그 스트림을 수집, 저장, 시각화하기 위해 엘라스틱서치, 플루언트디, 키바나(이하 EFK 스택)를 사용하는 방법을 설명한다. 미니큐브에서 EFK 스택을 배포하는 방법과 이를 이용해 수집된 로그 레코드를 분석하고, 여러 마이크로서비스에 걸쳐 있는 요청 처리와 관련된 모든 마이크로서비스에서 로그 출력을 찾는 방법을 배운다. 또한 EFK 스택을 사용해 근본 원인 분석을 수행하는 방법도 배운다.

20장 '마이크로서비스 모니터링'에서는 프로메테우스와 그라파나를 사용해 쿠버네티스에 배포된 마이크로서비스를 모니터링하는 방법을 보여준다. 그라파나에서 제공되는 대시보드를 사용해 다양한 유형의 메트릭을 모니터링하는 방법을 배우고, 직접 대시보드를 만드는 방법도 배운다. 마지막으로, 특정 메트릭에 대해 구성된 임곗값을 넘어설 때 그라파나에서 이메일을 보내는 알림을 생성하는 방법을 배운다.

21장 'macOS용 설치 안내'에서는 이 책에서 사용하는 도구를 macOS에 설치하는 방법을 설명한다. 인텔 및 애플 실리콘(`arm64`) 기반 맥을 모두 다룬다.

22장 'WSL 2 및 우분투가 탑재된 마이크로소프트 윈도우용 설치 안내'에서는 이 책에서 사용하는 도구들을 WSL 2를 사용하는 윈도우 PC에 설치하는 방법을 보여준다.

23장 '자바 마이크로서비스의 네이티브 컴파일'에서는 네이티브 코드로 컴파일된 스프링 기반 마이크로서비스를 생성하는 방법을 보여준다. 스프링 프레임워크 6과 스프링 부트 3

의 새로운 네이티브 이미지 지원 기능과 GraalVM 네이티브 이미지 컴파일러를 사용하는 방법을 배운다. 이를 통해 일반 자바 가상 머신을 사용하는 것과 비교했을 때 거의 즉시 구동할 수 있는 마이크로서비스를 만들 수 있다.

각 장의 끝에는 해당 장에서 다룬 내용을 복습하는 데 도움이 되는 몇 가지 간단한 질문이 있다. 깃허브 저장소에서 확인할 수 있는 `Assessments` 파일에는 이러한 질문의 해답이 담겨 있다.

## 준비물

이 책의 내용을 최대한 활용하려면 자바 및 스프링에 대한 기초 지식이 필요하다.

이 책의 모든 내용을 실습하려면 16GB 이상의 메모리가 장착된 인텔 또는 애플 실리콘 기반 맥이나 PC가 필요하다. 책 후반부로 갈수록 마이크로서비스 환경이 복잡해지고 리소스를 많이 요구하므로 24GB 이상을 권장한다.

이 책의 실습과 관련된 전체 소프트웨어 요구사항 목록과 환경 설정에 대한 자세한 안내는 21장(macOS용)과 22장(윈도우용)을 참고한다.

## 예제 코드 다운로드

이 책의 예제 코드는 깃허브 저장소인 `https://github.com/wikibook/spring-microservice`에서 확인할 수 있다.

## 컬러 이미지 다운로드

이 책에 포함된 그림의 컬러 버전을 다음 URL을 통해 내려받을 수 있다.

- `http://wikibook.co.kr/spring-microservice-color/`

## 표기 규칙

이 책에는 여러 가지 표기 규칙이 사용된다.

**코드**: 코드, 데이터베이스 테이블명, 폴더명, 파일명, 파일 확장자, 경로명, URL, 사용자 입력, 트위터 ID를 표시한다. 예: `docker ps` 명령을 실행한다.

코드 블록은 다음과 같다.

```
@SpringBootApplication
public class ProductServiceApplication {
  public static void main(String[] args) {
    SpringApplication.run(ProductServiceApplication.class, args);
  }
}
```

코드 블록의 특정 부분을 강조할 때는 관련 줄이나 항목을 굵게 표시한다.

```
@SpringBootTest
class ProductServiceApplicationTests {
  @Test
  void contextLoads() {
  }
}
```

커맨드라인 입력 또는 출력은 다음과 같다.

```
./gradlew build
```

**볼드체**: 새로운 용어, 중요한 단어 또는 화면에 표시되는 단어를 나타낸다. 예를 들어, 메뉴나 대화상자의 단어는 다음과 같이 텍스트에 표시된다. 예: "**스프링 이니셜라이저**를 사용해 각 마이크로서비스에 대한 골격 프로젝트를 생성한다."

> 경고나 중요 참고 사항은 이와 같이 표시한다.

> 팁과 요령은 이와 같이 표시한다.

# 목차

## 1부 스프링 부트를 활용해 마이크로서비스 개발 시작하기

## 11. API에 대한 접근 보안 289

## 3부

**쿠버네티스를 활용한 경량 마이크로서비스 개발**

# 1부

# 스프링 부트를 활용해 마이크로서비스 개발 시작하기

이 책의 1부에서는 스프링 부트의 가장 중요한 기능들을 사용해 마이크로서비스를 개발하는 방법을 배운다.

1부의 구성은 다음과 같다.

- 1장 '마이크로서비스 소개'
- 2장 '스프링 부트 소개'
- 3장 '협력하는 마이크로서비스 만들기'
- 4장 '도커를 활용한 마이크로서비스 배포'
- 5장 'OpenAPI를 활용한 API 문서화'
- 6장 '영속성 추가'
- 7장 '반응형 마이크로서비스 개발'

# 01

# 마이크로서비스 소개

이 책은 마이크로서비스를 맹목적으로 찬양하지 않는다. 그 대신 확장 가능하고, 복원력이 뛰어나며, 관리하기 쉬운 마이크로서비스를 구축하는 과정에서 직면하는 문제들을 해결하면서 마이크로서비스의 이점을 활용하는 방법을 설명한다.

1장은 이 책을 소개하는 내용으로, 다음과 같은 주제를 다룬다.

- 마이크로서비스와의 만남
- 마이크로서비스 기반 아키텍처란?
- 마이크로서비스의 문제
- 문제 해결을 위한 디자인 패턴
- 이러한 문제 해결에 도움이 되는 소프트웨어 지원 도구
- 이 책에서 다루지 않는 기타 중요한 고려 사항

## 기술적 요구사항

이번 장에서는 프로그램 설치가 필요하지 않다. 그러나 이번 장에 등장하는 그림들은 C4 모델에서 영감을 얻은 것이므로 C4 모델(`https://c4model.com`)을 살펴보는 것이 도움이 될 수 있다.

이번 장에는 소스코드도 포함돼 있지 않다.

# 마이크로서비스와의 만남

2014년에 마이크로서비스라는 개념을 처음 알게 됐을 때, 나는 내가 마이크로서비스인 줄 모르고 수년 동안 마이크로서비스를 개발해 왔다는 사실을 깨달았다. 나는 2009년에 시작된 프로젝트에 참여했는데, 각기 분리된 기능들을 기반으로 플랫폼을 개발하는 프로젝트였다. 이 플랫폼은 여러 고객에게 제공되어 온프레미스에 배포됐다. 고객이 플랫폼에서 필요한 기능을 쉽게 선택해 사용할 수 있도록 각 기능을 **자율적인 소프트웨어 컴포넌트**(autonomous software component)로 개발했다. 이러한 컴포넌트는 영속성 데이터를 자체적으로 보유하며, 잘 정의된 API를 사용해 다른 컴포넌트와 통신하는 방식으로 작동한다.

이 프로젝트의 플랫폼에서 제공하는 구체적인 기능들을 설명할 수는 없으므로 컴포넌트 이름을 일반화해서 **컴포넌트 A**부터 **컴포넌트 F**까지로 표시했다. 다수의 컴포넌트로 구성된 플랫폼 구성은 다음과 같다.

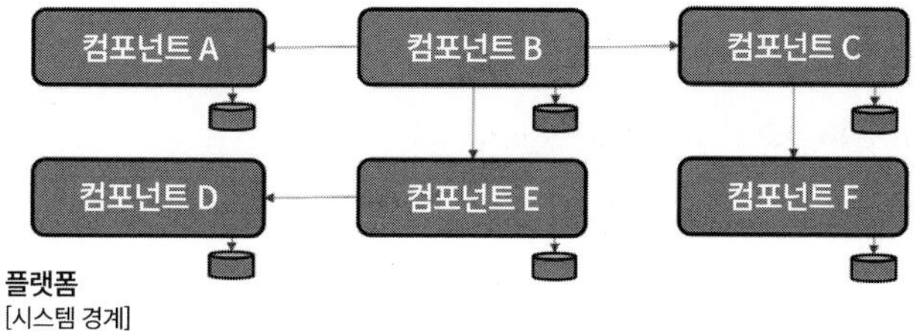


**그림 1.1** 플랫폼 구성

그림에서 각 컴포넌트는 영속성 데이터를 위한 저장소를 자체적으로 가지고 있으며, 다른 컴포넌트와 데이터베이스를 공유하지 않는다는 것을 알 수 있다.

각 컴포넌트는 자바와 스프링 프레임워크로 개발하고, WAR 파일로 패키징하며, 아파치 톰캣(Apache Tomcat) 같은 자바 EE 웹 컨테이너에서 웹 앱으로 배포된다. 고객의 특정 요구사항에 따라 플랫폼은 단일 또는 여러 서버에 배포할 수 있다. 2개의 노드에 배포할 경우 다음과 같은 형태가 될 수 있다.

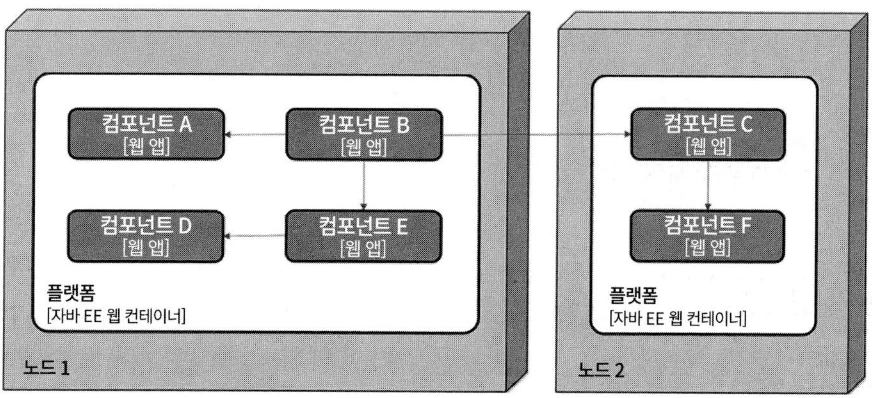


**그림 1.2** 2-노드 배포 시나리오

## 자율적인 소프트웨어 컴포넌트의 이점

이 프로젝트를 통해 플랫폼의 기능들을 일련의 자율적인 소프트웨어 컴포넌트로 분해하면 다음과 같은 여러 가지 이점이 있다는 사실을 알게 됐다.

- 고객은 플랫폼의 일부를 자체 시스템 환경에 배포한 후 잘 정의된 API를 통해 기존 시스템과 통합할 수 있다.

  다음은 한 고객이 플랫폼의 **컴포넌트** A, **컴포넌트** B, **컴포넌트** D, **컴포넌트** E를 배포하고 그것들을 고객의 시스템 환경에 있는 기존의 **시스템** A 및 **시스템** B와 통합하기로 한 예다.

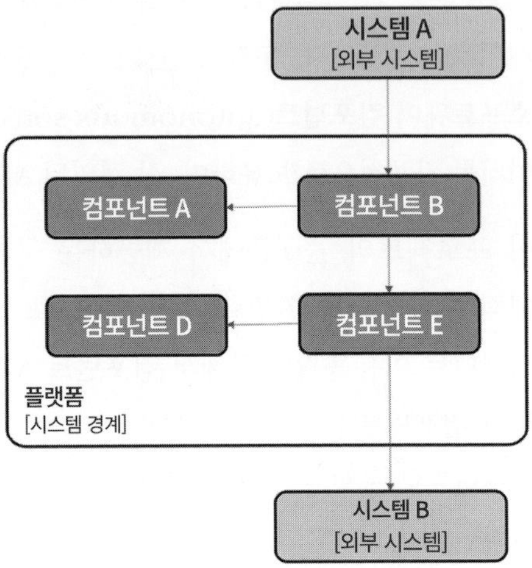


**그림 1.3** 플랫폼의 부분 배포

- 또 어떤 고객은 플랫폼 기능 중 일부를 고객의 시스템 환경에 이미 존재하는 구현으로 대체하기로 할 수도 있으며, 이 경우 플랫폼의 API에 있는 기존 기능을 일부 도입해야 할 수 있다.

  다음은 고객이 플랫폼의 **컴포넌트** C와 **컴포넌트** F를 자체적으로 구현한 컴포넌트로 대체한 예다.

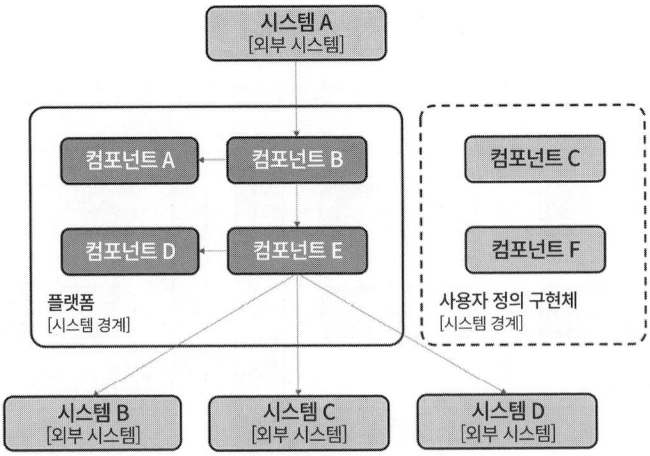


**그림 1.4** 플랫폼의 일부를 대체

- 플랫폼의 각 컴포넌트는 개별적으로 제공 및 업그레이드할 수 있다. 잘 정의된 API를 사용하기 때문에 다른 컴포넌트의 수명주기에 영향을 받지 않고 한 컴포넌트를 새 버전으로 업그레이드할 수 있다.

  다음은 **컴포넌트** A가 1.1 버전에서 1.2 버전으로 업그레이드된 예다. **컴포넌트** A를 호출하는 **컴포넌트** B는 잘 정제된 API를 사용하므로 업그레이드할 필요가 없다(API가 동일하거나 최소한 하위 호환성을 유지하기 때문).

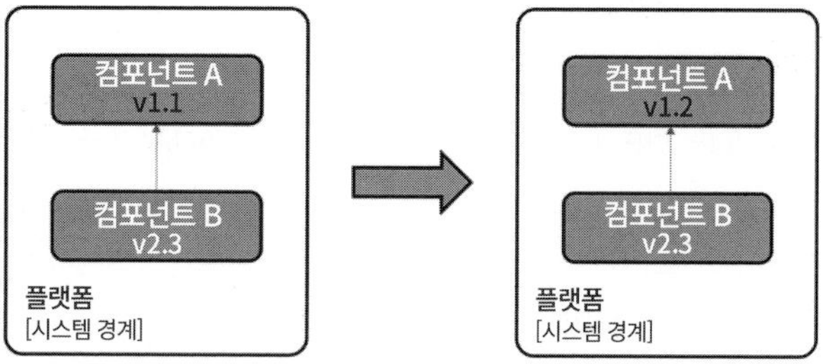


**그림 1.5** 특정 컴포넌트 업그레이드

- 잘 정의된 API를 사용하기 때문에 플랫폼의 각 컴포넌트는 다른 컴포넌트와 독립적으로 여러 서버로 확장할 수도 있다. 고가용성 요구사항을 충족하거나 더 많은 양의 요청을 처리하기 위해 확장하는 것도 가능하다. 다음과 같은 프로젝트에서는 자바 EE 웹 컨테이너를 실행하는 각 서버 앞에 로드 밸런서를 수동으로 설정해 이를 달성했다. **컴포넌트** A를 3개의 인스턴스로 확장한 예는 다음과 같다.

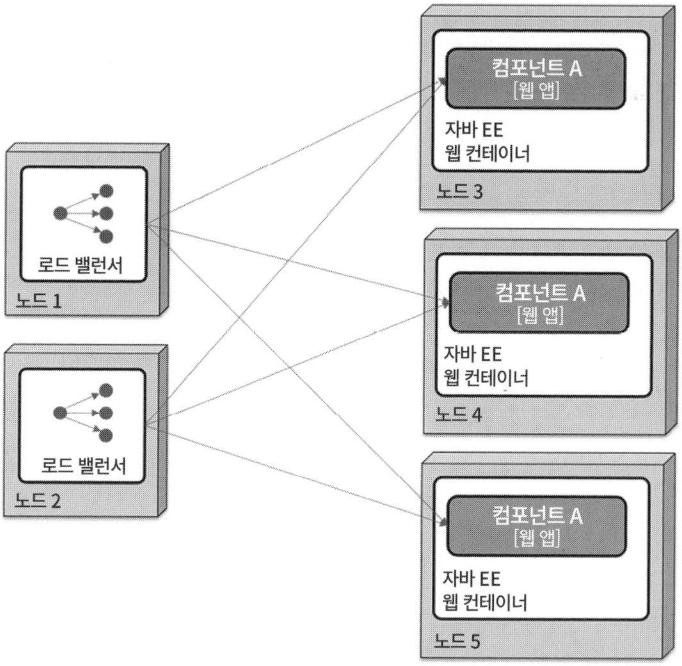


**그림 1.6** 플랫폼 확장

## 자율적인 소프트웨어 컴포넌트의 문제

우리 팀에서는 플랫폼을 분해하면서 기존의 모놀리식 애플리케이션을 개발할 때는 경험하지 못했던(적어도 같은 정도는 아니었던) 새로운 문제들이 많이 생겨났다는 사실도 알게 됐다.

- 컴포넌트에 새 인스턴스를 추가하려면 로드 밸런서를 수동으로 구성하고 새 노드를 수동으로 설정해야 했다. 이 작업은 시간이 많이 걸리고 오류가 발생하기 쉬웠다.
- 초기에는 플랫폼이 함께 통신하는 다른 시스템에 의해 발생하는 오류에 취약했다. 특정 시스템이 플랫폼에서 보낸 요청에 제때 응답하지 않을 경우, 특히 동시 요청이 많을 때 플랫폼의 중요 자원(예: OS 스레드)이 빠르게 고갈되곤 했다. 이로 인해 플랫폼의 컴포넌트가 정지되거나 심지어 충돌하기도 했다. 플랫폼상의 통신이 대부분 동기 통신에 기반했기 때문에 한 컴포넌트의 충돌은 연쇄적인 장애로 이어질 수도 있었다. 즉, 문제가 발생한 컴포넌트의 클라이언트도 조만간 장애를 일으킬 수 있다. 이를 **연쇄 장애**(chain of failure)라고 한다.
- 컴포넌트의 모든 인스턴스에서 구성을 일관성 있고 최신 상태로 유지하는 것이 문제가 되어 많은 수동 및 반복 작업이 발생했다. 이로 인해 때때로 품질 문제가 발생했다.
- 지연 문제와 하드웨어 사용량(예: CPU, 메모리, 디스크, 네트워크 사용량) 측면에서 플랫폼의 상태를 모니터링하는 것은 모놀리식 애플리케이션의 단일 인스턴스를 모니터링하는 것보다 더 복잡했다.
- 분산된 여러 컴포넌트에서 로그 파일을 수집하고 컴포넌트의 관련 로그 이벤트를 상호 연관시키는 작업도 어려웠지만 컴포넌트의 수가 정해져 있고 미리 알고 있었기 때문에 가능했다.

시간이 지나면서 우리는 자체 개발한 도구와 잘 문서화된 가이드를 조합해서 앞에서 언급한 대부분의 문제를 수동으로 해결했다. 작업 규모는 일반적으로 새 버전의 컴포넌트를 릴리스하고 런타임 문제를 처리하기 위한 수동 절차라서 바람직하진 않았지만 그럭저럭 괜찮은 수준이었다.

## 마이크로서비스 시작하기

2014년에 마이크로서비스 기반 아키텍처를 배우면서 다른 프로젝트 역시 비슷한 문제로 어려움을 겪고 있다는 사실을 알게 됐다(이유는 달랐는데, 가령 대형 클라우드 서비스 제공업체들은 웹 규모의 요구사항을 충족시켜야 하는 점이 문제였다). 많은 마이크로서비스 선구자들이 자신들이 배운 교훈을 자세히 공개하고 있었고, 이러한 교훈을 통해 배우는 것은 매우 흥미로웠다.

많은 선구자들이 처음에는 비즈니스 관점에서 매우 성공적인 모놀리식 애플리케이션을 개발했다. 하지만 시간이 지남에 따라 이러한 모놀리식 애플리케이션은 유지보수와 개선이 점점 더 어려워졌다. 또한 가용 장비의 최대 능력을 넘어서는 확장(**수직 확장**이라고도 함)도 어려웠다. 결국 선구자들은 모놀리식 애플리케이션을 서로 독립적으로 출시하고 확장 가능한 소규모 컴포넌트로 분할하는 방법을 찾기 시작했다. 소규모 컴포넌트는 **수평 확장**, 즉 여러 개의 작은 서버에 컴포넌트를 배포하고 그 앞에 로드 밸런서를 배치하는 방법으로 확장 가능하다. 클라우드 환경에서는 잠재적으로 무한한 확장이 가능하다. 이는 가상 서버를 얼마나 많이 도입하느냐의 문제일 뿐이다(물론 컴포넌트를 매우 많은 인스턴스에 확장할 수 있다는 가정하에. 이에 대해서는 나중에 자세히 설명한다).

2014년에는 마이크로서비스 개발을 단순화하고 마이크로서비스 기반 아키텍처에서 발생하는 문제를 해결하는 데 사용할 수 있는 도구와 프레임워크를 제공하는 새로운 오픈소스 프로젝트도 많이 알게 됐다.

그중 일부는 다음과 같다.

- 피보탈은 동적 서비스 발견, 구성 관리, 분산 추적, 서킷 브레이커 등의 기능을 제공하기 위해 **넷플릭스** OSS(Netflix OSS)를 포괄하는 **스프링 클라우드**(Spring Cloud)를 출시했다.
- 또한 개발과 프로덕션 사이의 간극을 최소화하는 데 큰 도움이 되는 **도커**(Docker)와 컨테이너 혁명에 대해서도 배웠다. 컴포넌트를 단순히 배포 가능한 런타임 아티팩트(예: 자바 `.war` 또는 `.jar` 파일)로 만드는 것을 넘어, 도커 컨테이너로 실행 가능한 완전한 이미지로 패키징할 수 있게 된 것은 개발 및 테스트 과정에서 큰 진전이었다.

> 지금은 컨테이너를 고립된 프로세스라고 생각하자. 컨테이너에 대한 자세한 내용은 4장 '도커를 활용한 마이크로서비스 배포'에서 알아본다.

- 프로덕션 환경에서 컨테이너를 사용하려면 도커 같은 컨테이너 엔진만으로는 충분하지 않다. 모든 컨테이너가 구동 및 실행되도록 보장하고 다수의 서버에 컨테이너를 확장할 수 있어 고가용성과 컴퓨팅 리소스 증가를 처리할 수 있는 무언가가 필요하다.
- 이러한 유형의 제품을 **컨테이너 오케스트레이터**(container orchestrator)라고 한다. 지난 몇 년 동안 아파치 메소스(Apache Mesos), 스웜 모드의 도커, 아마존 ECS, 하시코프 노마드(HashiCorp Nomad), **쿠버네티스**(Kubernetes) 등 많은 제품이 발전해 왔다. 쿠버네티스는 처음에 구글에서 개발했다. 구글은 2015년에 1.0 버전을 출시하면서 CNCF(`https://www.cncf.io/`)에 쿠버네티스도 기부했다. 2018년 동안 쿠버네티스는 온프레미스 사용을 위한 사전 패키지로 제공되거나 대부분의 주요 클라우드 제공업체에서 서비스로 제공되면서 사실상 표준이 됐다.

> `https://kubernetes.io/blog/2015/04/borg-predecessor-to-kubernetes/`에 설명된 것처럼 쿠버네티스는 사실 쿠버네티스 프로젝트가 설립되기 전 10년 이상 구글에서 사용했던 Borg라는 이름의 컨테이너 오케스트레이터를 오픈소스 기반으로 재작성한 것이다.

- 2018년부터 나는 **서비스 메시**(service mesh)의 개념을 배우기 시작했다. 서비스 메시는 컨테이너 오케스트레이터를 보완해서 마이크로서비스의 여러 부담을 덜어주고 관리하기 쉽고 탄력적으로 만들어주는 기술이다.

## 예제 마이크로서비스 환경

이 책에서 방금 언급한 기술의 모든 측면을 다룰 수는 없으므로 책에서는 내가 2014년부터 참여한 고객 프로젝트에서 유용성이 입증된 부분에 초점을 맞추겠다. 이 기술들을 함께 사용해 관리 가능하고 확장 가능하며 탄력적인 협력 마이크로서비스를 만드는 방법을 설명하겠다.

이 책의 각 장에서는 특정 문제를 다룬다. 각 기술이 어떻게 서로 맞물리는지 보여주기 위해 이 책 전체에 걸쳐 발전시킬 몇 개의 협력하는 마이크로서비스들을 사용할 것이다. 마이크로서비스 환경은 3장 '협력하는 마이크로서비스 만들기'에서 설명할 예정이지만 지금은 다음과 같은 모습이라는 것만 알아두자.

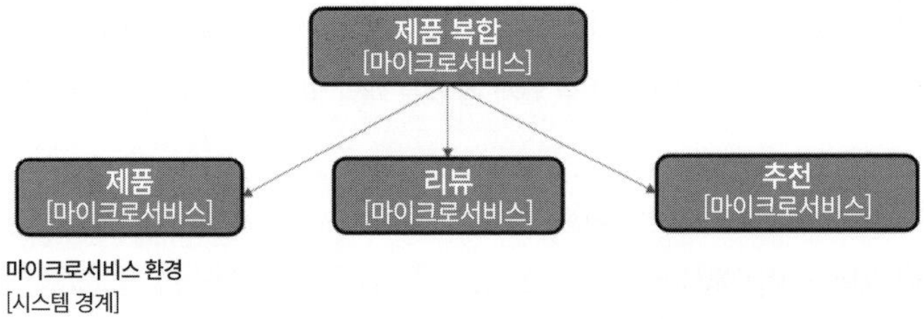


**그림 1.7** 이 책에 사용된 마이크로서비스 기반 시스템 환경

> 이 책의 예제는 협력 마이크로서비스들로 구성된 매우 작은 시스템이라는 점에 유의한다. 다음 장에서 추가할 지원 서비스들은 이러한 마이크로서비스에 비해 압도적으로 복잡해 보일 수 있다. 하지만 이 책에서 제시하는 해결책은 훨씬 더 큰 시스템 환경을 지원하는 것을 목표로 한다는 점을 명심하자.
>
> 앞에서 마이크로서비스의 잠재적 이점과 문제를 소개했으니 이제 마이크로서비스를 어떻게 정의할 수 있는지 살펴보겠다.

# 마이크로서비스 정의

마이크로서비스 아키텍처는 모놀리식 애플리케이션을 더 작은 컴포넌트로 분할하는 것으로, 두 가지 주요 목표를 달성한다.

- 지속적 배포를 가능케 함으로써 개발 속도를 높임
- 수동 또는 자동으로 손쉽게 확장

기본적으로 마이크로서비스는 독립적으로 업그레이드, 교체, 확장이 가능한 자율적인 소프트웨어 컴포넌트다. 자율적인 컴포넌트로 작동하려면 다음과 같은 기준을 충족해야 한다.

- 마이크로서비스는 데이터베이스의 데이터를 서로 공유하지 않는 비공유(shared-nothing) 아키텍처를 준수해야 한다.
- API와 동기식 서비스를 사용하거나 가급적 비동기식으로 메시지를 전송하는 등 잘 정의된 인터페이스를 통해서만 통신해야 한다. 사용되는 API와 메시지 형식은 안정적이고 잘 문서화돼 있어야 하며, 정의된 버전 관리 전략에 따라 발전해야 한다.
- 별도의 런타임 프로세스로 배포해야 한다. 마이크로서비스의 각 인스턴스는 별도의 런타임 프로세스(예: 도커 컨테이너)에서 실행된다.
- 마이크로서비스 인스턴스는 상태 저장소가 없으므로 마이크로서비스로 들어오는 요청은 해당 인스턴스 중 어느 인스턴스에서나 처리할 수 있다.

협력 마이크로서비스들을 사용하면 모놀리식 애플리케이션을 배포할 때처럼 하나의 큰 서버에 강제로 배포하지 않고 여러 개의 작은 서버에 배포할 수 있다.

앞의 기준을 충족했다면 대규모 모놀리식 애플리케이션을 확장하는 것보다 단일 마이크로서비스를 더 많은 인스턴스(예: 더 많은 가상 서버를 사용해)로 확장하기가 더 쉽다.

클라우드에서 제공되는 자동 확장 기능을 활용하는 것도 가능하지만 일반적으로 대규모 모놀리식 애플리케이션에서는 불가능하다. 또한 대규모 모놀리식 애플리케이션을 업그레이드하는 것보다 단일 마이크로서버를 업그레이드하거나 교체하는 편이 더 쉽다.

다음 다이어그램에서는 모놀리식 애플리케이션이 6개의 마이크로서비스로 분할돼 있으며, 모두 별도의 서버에 배포돼 있다. 일부 마이크로서비스는 다른 마이크로서비스와 독립적으로 확장됐다.

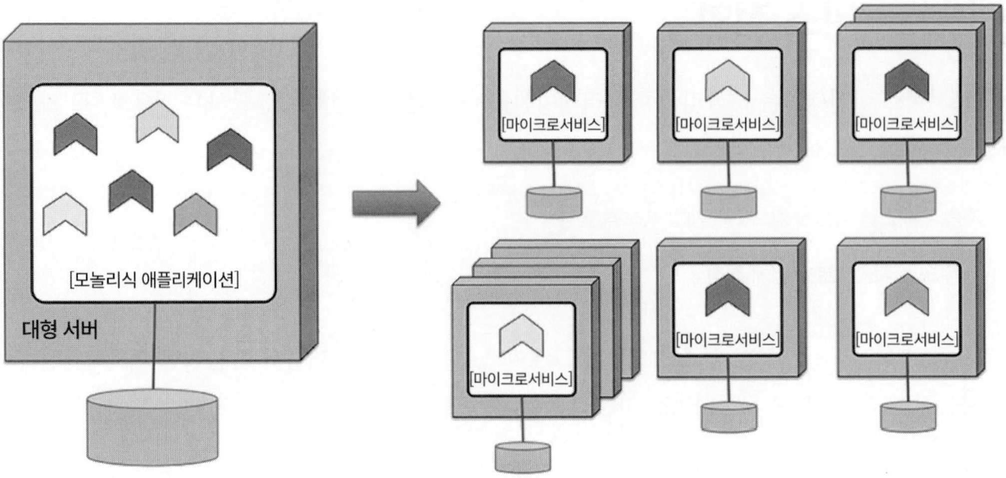


**그림 1.8** 모놀리스를 마이크로서비스로 나누기

고객들로부터 자주 받는 질문이 있다.

---

마이크로서비스의 규모는 어느 정도여야 할까요?

---

이 질문에 나는 다음과 같은 경험칙을 사용한다.

- 개발자가 관리할 수 있을 정도로 작은 크기
- 성능(지연 시간)이나 데이터 일관성을 해치지 않을 만큼 충분히 큰 규모. (데이터 일관성의 예: 서로 다른 마이크로서비스에 저장된 데이터 간에는 SQL 외래키 같은 관계를 더 이상 기대할 수 없음)

요약하자면, 마이크로서비스 아키텍처는 본질적으로 모놀리식 애플리케이션을 협력하는 자율적인 소프트웨어 컴포넌트들로 분해하는 아키텍처 스타일이다. 그렇게 하는 이유는 더 빠른 개발을 가능하게 하고 애플리케이션을 더 쉽게 확장하기 위해서다.

마이크로서비스를 어떻게 정의하는지 잘 이해하면 마이크로서비스의 시스템 환경에서 발생하는 문제들을 자세히 들여다볼 수 있다.

## 마이크로서비스의 문제

'자율적인 소프트웨어 컴포넌트의 문제' 절에서 자율적인 소프트웨어 컴포넌트가 가져올 수 있는 몇 가지 문제(마이크로서비스에도 모두 적용됨)를 살펴봤는데, 이는 다음과 같다.

- 동기식 통신을 사용하는 여러 소형 컴포넌트는 특히 높은 부하에서 연쇄 장애를 일으킬 수 있다.
- 다수의 소규모 컴포넌트에 대한 구성을 최신 상태로 유지하는 것은 어려운 문제일 수 있다.
- 처리 중인 요청을 추적하거나 여러 컴포넌트의 관련성을 파악하기가 어렵다(예: 각 컴포넌트가 로그 레코드를 로컬에 저장하는 환경에서 근본 원인 분석을 수행할 경우).
- 컴포넌트 수준에서 하드웨어 리소스 사용량을 분석하는 것도 어려울 수 있다.
- 다수의 소규모 컴포넌트를 수동으로 구성하고 관리하면 비용이 많이 들고 오류가 발생하기 쉽다.

애플리케이션을 자율적인 컴포넌트 그룹으로 분해할 때의 또 다른 단점(초기에는 항상 분명하게 드러나지 않는)은 애플리케이션이 **분산 시스템(distributed system)**을 형성한다는 것이다. 분산 시스템은 본질적으로 다루기가 매우 어렵다. 이는 오래전부터 알려진 사실이지만 그동안 간과되는 경우가 많았다. 이 사실을 입증하기 위해 내가 가장 자주 인용하는 말은 1994년에 피터 도이치(Peter Deutsch)가 다음과 같이 이야기한 것이다.

---

**분산 컴퓨팅에 관한 8가지 오해**: 기본적으로 모든 사람들은 분산 애플리케이션을 처음 구축할 때 다음과 같은 8가지 가정을 하게 된다. 결국 이 가정들은 모두 틀린 것으로 드러나 큰 문제와 값비싼 대가를 치르게 한다.

1. 네트워크가 안정적이다(reliable).
2. 대기 시간이 0이다.
3. 대역폭은 무한대다.
4. 네트워크가 안전하다(secure).
5. 토폴로지는 변경되지 않는다.
6. 관리자는 한 명이다.
7. 운송 비용은 들지 않는다.
8. 네트워크가 동질적이다.

– 피터 도이치, 1994

---

일반적으로 이러한 잘못된 가정을 기반으로 마이크로서비스를 구축하면 일시적인 네트워크 결함과 다른 마이크로서비스 인스턴스에서 발생하는 문제에 모두 취약한 솔루션이 만들어진다. 시스템에서 마이크로서비스의 수가 증가하면 문제가 발생할 가능성도 높아진다. 경험칙에 따르면 시스템에서 항상 문제가 발생한다는 가정하에 마이크로서비스 아키텍처를 설계하는 것이 좋다. 마이크로서비스 아키텍처는 문제를 감지하고 실패한 컴포넌트를 다시 시작하는 방식으로 이를 처리할 수 있도록 설계해야 한다. 또한 클라이언트 측에서는 실패한 마이크로서비스 인스턴스로 요청이 전송되지 않게 해야 한다. 문제가 해결되면 이전에 실패한 마이크로서비스에 대한 요청이 재개돼야 한다. 즉, 마이크로서비스 클라이언트는 복원력이 있어야 한다. 물론 이 모든 것은 완전히 자동화돼야 한다. 마이크로서비스가 많을 경우 운영자가 이를 수동으로 처리하기란 불가능하다!

다뤄야 할 주제가 많지만 지금은 여기까지만 알아보기로 하고 마이크로서비스를 위한 디자인 패턴에 대해 알아보겠다.

## 마이크로서비스 디자인 패턴

이번 절에서는 앞 절에서 설명한 마이크로서비스의 문제들을 해결하는 데 도움이 되도록 디자인 패턴을 활용하는 법을 다룬다. 이 책의 후반부에서는 스프링 부트, 스프링 클라우드, 쿠버네티스, 이스티오를 활용해 이러한 디자인 패턴을 구현하는 방법을 살펴본다.

디자인 패턴의 개념은 사실 꽤 오래된 것으로, 1977년 크리스토퍼 알렉산더(Christopher Alexander)가 발명했다. 본질적으로 디자인 패턴은 특정 맥락에서 문제에 대한 재사용 가능한 해결책이다. 검증된 해법인 디자인 패턴을 사용하면 해결책을 직접 개발하는 것보다 시간을 크게 절약하고 구현 품질도 높일 수 있다.

이 책에서 다룰 디자인 패턴은 다음과 같다.

- 서비스 디스커버리
- 에지 서버
- 반응형 마이크로서비스
- 중앙 집중식 구성
- 중앙 집중식 로그 분석

- 분산 추적
- 서킷 브레이커
- 제어 루프
- 중앙 집중식 모니터링과 알람

> 이 목록은 전체 디자인 패턴의 목록이 아니라 앞에서 설명한 마이크로서비스의 문제를 해결하는 데 필요한 최소한의 디자인 패턴들만 나열한 것이다.

이 책에서는 디자인 패턴을 간략하게 설명하며, 다음 사항에 중점을 둔다.

- 문제
- 해결책
- 해결책에 대한 요구사항

이 책에서는 이러한 디자인 패턴을 적용하는 방법에 대해 더 자세히 살펴본다. 이러한 디자인 패턴이 활용되는 맥락은 마이크로서비스가 동기 요청(예: HTTP 사용)을 사용하거나 비동기 메시지 전송(예: 메시지 브로커 사용)을 통해 서로 통신하는 협력 마이크로서비스의 시스템 환경이다.

## 서비스 디스커버리

서비스 디스커버리 패턴에는 다음과 같은 문제와 해결책에 대한 요구사항이 있다.

### 문제

클라이언트는 마이크로서비스와 해당 마이크로서비스의 인스턴스를 어떻게 찾을 수 있을까?

일반적으로 마이크로서비스 인스턴스는 구동될 때(예: 컨테이너에서 실행되는 경우) IP 주소가 동적으로 할당된다. 이 경우 클라이언트는 마이크로서비스(예를 들어, HTTP를 통해 RESTful API를 노출하는)에 요청을 하기 어렵다. 다음 다이어그램을 보자.

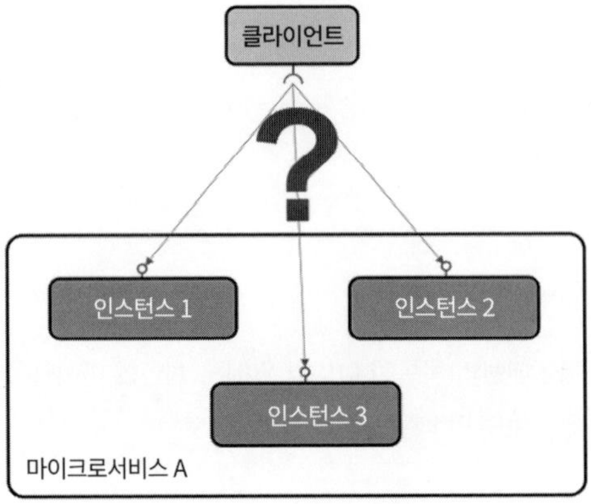


**그림 1.9** 서비스 디스커버리 문제

### 해결책

현재 사용 가능한 마이크로서비스와 해당 인스턴스의 IP 주소를 관리하는 새로운 컴포넌트인 **서비스 디스커버리(service discovery)** 서비스를 시스템에 추가한다.

### 해결책 요구사항

몇 가지 해결책 요구사항은 다음과 같다.

- 마이크로서비스와 그 인스턴스가 시작되고 종료될 때 자동으로 등록/해제한다.
- 클라이언트는 마이크로서비스에 대한 논리적 엔드포인트에 요청을 할 수 있어야 한다. 요청은 사용 가능한 마이크로서비스 인스턴스 중 하나로 라우팅된다.
- 마이크로서비스에 대한 요청은 사용 가능한 인스턴스들에 걸쳐 로드 밸런싱돼야 한다.
- 상태가 양호하지 않은 인스턴스를 감지해 해당 인스턴스로 요청이 라우팅되지 않게 할 수 있어야 한다.

**구현 참고 사항:** 9장 '넷플릭스 유레카를 활용한 서비스 디스커버리', 15장 '쿠버네티스 소개', 16장 '쿠버네티스에 마이크로서비스 배포'에서 살펴보겠지만 이 디자인 패턴은 다음과 같은 두 가지 전략을 사용해 구현할 수 있다.

- **클라이언트 측 라우팅:** 클라이언트는 서비스 디스커버리에 사용되는 라이브러리를 사용해 요청을 보낼 적절한 인스턴스를 찾는다.
- **서버 측 라우팅:** 서비스 디스커버리 서비스의 인프라는 모든 요청을 전송받는 리버스 프락시도 노출한다. 리버스 프락시는 클라이언트를 대신해서 적절한 마이크로서비스 인스턴스로 요청을 전달한다.

## 에지 서버

에지 서버(edge server) 패턴에는 다음과 같은 문제와 해결책 요구사항이 있다.

### 문제

마이크로서비스로 구성된 시스템에서는 대부분의 경우 마이크로서비스 중 일부를 시스템 외부에 노출하고 나머지 마이크로서비스는 외부의 접근으로부터 숨기는 것이 바람직하다. 노출된 마이크로서비스는 악의적인 클라이언트의 요청으로부터 보호해야 한다.

### 해결책

시스템 환경에 모든 수신 요청이 거치게 될 새로운 컴포넌트인 **에지 서버**를 추가한다.

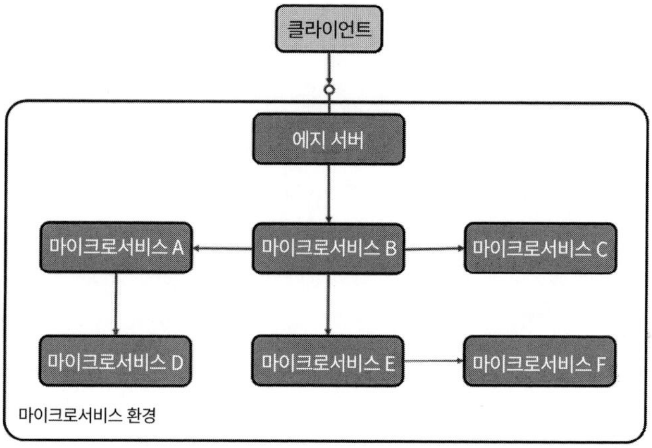


**그림 1.10** 에지 서버 디자인 패턴

> **구현 참고 사항:** 에지 서버는 일반적으로 리버스 프락시처럼 작동하며, 디스커버리 서비스와 통합해서 동적 로드 밸런싱 기능을 제공할 수 있다.

### 해결책 요구사항

몇 가지 해결책 요구사항은 다음과 같다.

- 컨텍스트 외부에 노출돼서는 안 되는 내부 서비스를 숨긴다. 즉, 외부 요청을 허용하도록 구성된 마이크로서비스로만 요청을 라우팅한다.
- 외부 서비스를 노출하고 악의적인 요청으로부터 보호한다. 즉, OAuth, OIDC, JWT 토큰, API 키 같은 표준 프로토콜과 모범 사례를 사용해 클라이언트를 신뢰할 수 있는지 확인한다.

## 반응형 마이크로서비스

반응형 마이크로서비스 패턴에는 다음과 같은 문제와 해결책, 해결책 요구사항이 있다.

### 문제

전통적으로 자바 개발자는 블로킹 I/O를 사용해 동기식 통신을 구현하는 데 익숙하다(예: HTTP를 통한 RESTful JSON API). 블로킹 I/O를 사용하면 요청 길이만큼 운영체제로부터 스레드가 할당된다. 동시 요청 수가 증가하면 운영체제에서 사용 가능한 스레드가 부족해져 응답 시간이 길어지거나 서버가 다운되는 등의 문제가 발생할 수 있다. 일반적으로 하나의 요청을 처리하는 데 여러 협력 마이크로서비스들이 연계된 마이크로서비스 아키텍처를 사용하면 이 문제가 더욱 악화된다. 요청을 처리하는 데 관여하는 마이크로서비스가 많을수록 사용 가능한 스레드가 더 빨리 줄어든다.

### 해결책

다른 서비스(예: 데이터베이스나 다른 마이크로서비스)가 처리되기를 기다리는 동안 운영체제 스레드가 블로킹되지 않도록 논블로킹 I/O를 사용한다. 예를 들어, 프로젝트 리액터 같은 반응형 프로그래밍 모델을 사용하거나 가상 스레드를 사용하는 방법이 있다.

### 해결책 요구사항

몇 가지 해결책 요구사항은 다음과 같다.

- 가능하면 비동기 프로그래밍 모델을 사용해 수신자가 메시지를 처리할 때까지 기다리지 않고 메시지를 전송한다.
- 동기식 프로그래밍 모델을 선호하는 경우 응답을 기다리는 동안 스레드를 점유하지 않고 논블로킹 I/O를 사용해 동기식 요청을 수행할 수 있는 리액티브 프레임워크를 사용한다. 이렇게 하면 마이크로서비스를 쉽게 확장해서 워크로드 증가를 처리할 수 있다.
- 마이크로서비스가 복원력과 자가 복구(self-healing) 기능도 갖추도록 설계해야 한다. 복원력은 종속된 서비스 중 하나에 장애가 발생하더라도 응답을 생성할 수 있어야 한다는 의미이고, 자가 복구는 장애가 발생한 서비스가 다시 작동 가능해지면 마이크로서비스가 사용을 재개할 수 있어야 한다는 의미다.

2013년에 리액티브 시스템 설계를 위한 핵심 원칙이 **리액티브 선언문**(`https://www.reactivemanifesto.org/`)에서 확립됐다.

이 선언문에 따르면 리액티브 시스템의 근간은 메시지 기반이라는 점이다. 즉, 비동기식 통신을 사용한다는 의미다. 이를 통해 탄력성(확장성)과 복원력(장애에 대한 내성)을 갖출 수 있다. 탄력성과 복원력을 모두 갖춘 리액티브 시스템은 항상 적시에 응답할 수 있다.

## 중앙 집중식 구성

중앙 집중식 구성(central configuration) 패턴에는 다음과 같은 문제와 해결책, 해결책 요구사항이 있다.

### 문제

애플리케이션은 전통적으로 환경변수 및/또는 구성 파일과 같은 구성 정보와 함께 배포된다. 마이크로서비스 아키텍처를 기반으로 하는 시스템 환경, 즉 배포된 마이크로서비스 인스턴스가 많은 경우 다음과 같은 질문이 제기될 수 있다.

- 실행 중인 모든 마이크로서비스 인스턴스에 대한 구성을 전체적으로 파악하려면 어떻게 해야 할까?
- 구성을 업데이트하고 영향을 받는 모든 마이크로서비스 인스턴스가 올바르게 업데이트됐는지 확인하려면 어떻게 해야 할까?

### 해결책

다음 다이어그램과 같이 모든 마이크로서비스의 구성을 저장하기 위해 시스템에 **구성 서버**(configuration server)라는 새 컴포넌트를 추가한다.

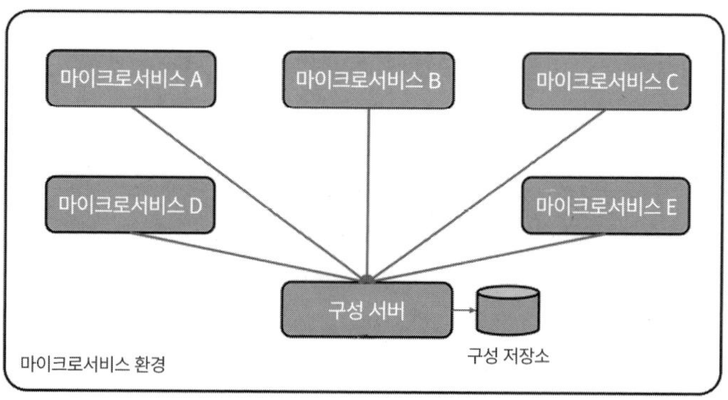


**그림 1.11** 중앙 집중식 구성 디자인 패턴

### 해결책 요구사항

마이크로서비스들에 대한 구성 정보를 환경(예: dev, test, qa, prod)에 따라 서로 다른 설정으로 한 곳에 저장할 수 있게 한다.

## 중앙 집중식 로그 분석

중앙 집중식 로그 분석(centralized log analysis) 패턴에는 다음과 같은 문제와 해결책, 해결책 요구사항이 있다.

### 문제

일반적으로 애플리케이션은 애플리케이션이 실행되는 서버의 로컬 파일 시스템에 저장된 로그 파일에 로그 이벤트를 기록할 것이다. 마이크로서비스 아키텍처를 기반으로 하는 시스템, 즉 다수의 소규모 서버에 배포된 다수의 마이크로서비스 인스턴스가 있는 경우 다음과 같은 질문을 할 수 있다.

- 각 마이크로서비스 인스턴스가 자체 로컬 로그 파일에 로그를 기록할 때 시스템 환경에서 어떤 일이 일어나고 있는지 살펴보려면 어떻게 해야 할까?
- 마이크로서비스 인스턴스에 문제가 발생했을 때 로그 파일에 오류 메시지를 기록하는지 확인하려면 어떻게 해야 할까?
- 최종 사용자가 문제를 보고하기 시작하면 관련 로그 메시지를 어떻게 찾을 수 있을까? 즉, 문제의 근본 원인이 되는 마이크로서비스 인스턴스를 어떻게 파악할 수 있을까? 다음 다이어그램은 이 같은 문제를 보여준다.

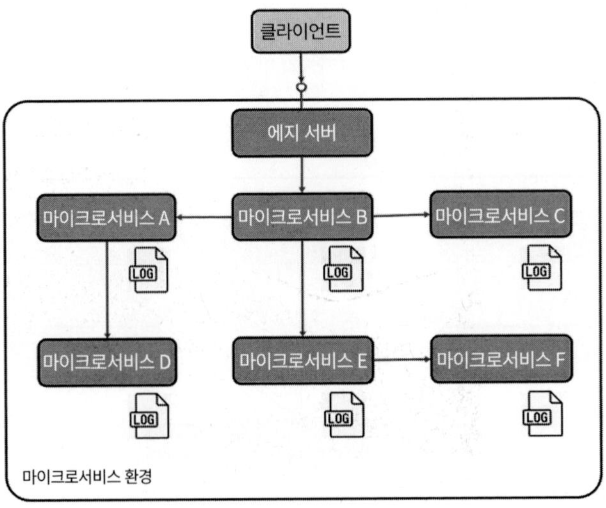


**그림 1.12** 마이크로서비스는 로컬 파일 시스템에 로그 파일을 기록한다.

### 해결책

**중앙 집중식 로깅**(centralized logging)을 관리할 수 있고 다음을 수행할 수 있는 새 컴포넌트를 추가한다.

- 새로운 마이크로서비스 인스턴스 탐지 및 해당 인스턴스로부터 로그 이벤트를 수집
- 중앙 데이터베이스에 구조적이고 검색 가능한 방식으로 로그 이벤트를 해석 및 저장
- 로그 이벤트 쿼리 및 분석을 위한 API와 시각화 도구 제공

### 해결책 요구사항

몇 가지 해결책 요구사항은 다음과 같다.

- 마이크로서비스가 로그 이벤트를 표준 시스템 출력인 `stdout`으로 내보낸다. 이렇게 하면 로그 이벤트가 마이크로서비스 전용 로그 파일에 작성될 때보다 로그 수집기가 로그 이벤트를 더 쉽게 찾을 수 있다.
- 마이크로서비스가 상관관계 ID(다음 절의 '분산 추적' 디자인 패턴에서 설명할)를 로그 이벤트에 덧붙인다.
- 표준 로그 형식을 정의해서 로그 이벤트가 중앙 데이터베이스에 저장되기 전에 로그 수집기가 마이크로서비스에서 수집된 로그 이벤트를 표준 로그 형식으로 변환할 수 있게 한다. 수집된 로그 이벤트를 조회하고 분석하려면 로그 이벤트를 표준 로그 형식으로 저장할 필요가 있다.

## 분산 추적

분산 추적(distributed tracing) 패턴에는 다음과 같은 문제와 해결책, 해결책 요구사항이 있다.

### 문제

시스템에 대한 외부 요청을 처리하는 동안 마이크로서비스 간에 오가는 요청과 메시지를 추적할 수 있어야 한다. 몇 가지 장애 상황의 예는 다음과 같다.

- 최종 사용자가 특정 장애와 관련된 지원 케이스를 제출했을 때 문제를 일으킨 마이크로서비스, 즉 근본 원인을 어떻게 식별할 수 있을까?
- 한 지원 케이스에서 특정 엔티티(예: 특정 주문 번호)와 관련된 문제를 언급하는 경우, 이 특정 주문 처리와 관련된 로그 메시지(예: 해당 주문 처리에 관여한 모든 마이크로서비스의 로그 메시지)를 어떻게 찾을 수 있을까?
- 최종 사용자가 용납할 수 없을 정도로 긴 응답 시간에 대해 지원 케이스를 제출했을 때 호출 체인에서 어떤 마이크로서비스가 지연의 원인이 되는지 어떻게 파악할 수 있을까?

다음 다이어그램은 이 같은 상황을 보여준다.

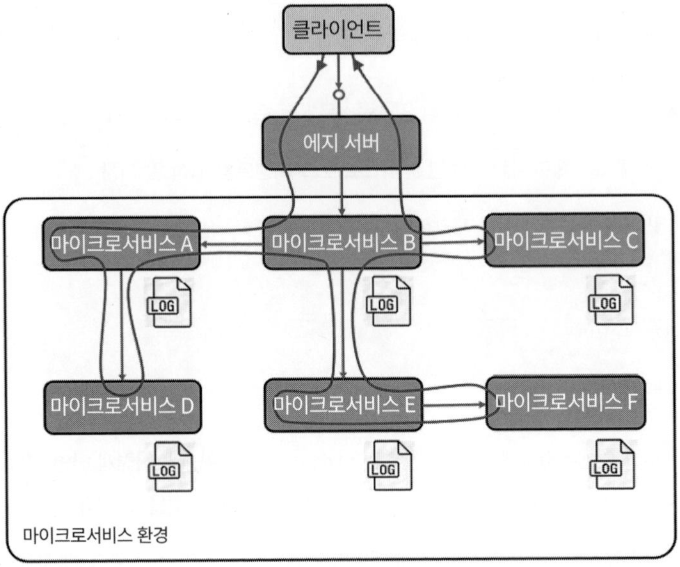


**그림 1.13** 분산 추적 문제

### 해결책

협력 마이크로서비스 간의 처리 내역을 추적하려면 관련된 모든 요청과 메시지에 공통의 **상관관계 ID**를 표시하고 그것을 모든 로그 이벤트에 포함시켜야 한다. 이러한 상관관계 ID를 토대로 중앙 집중식 로깅 서비스를 사용해 모든 관련 로그 이벤트를 찾을 수 있다. 로그 이벤트 중 하나에 비즈니스 관련 식별자(예: 고객 ID, 제품 ID, 주문 ID)에 대한 정보도 포함돼 있는 경우 상관관계 ID를 사용해 해당 비즈니스 식별자에 대한 모든 관련 로그 이벤트를 찾을 수 있다.

협력 마이크로서비스의 호출 체인에서 지연을 분석하려면 요청, 응답, 메시지가 각 마이크로서비스에 들어오고 나가는 시점의 타임스탬프를 수집할 수 있어야 한다.

### 해결책 요구사항

해결책 요구사항은 다음과 같다.

- 표준화된 이름이 붙은 헤더와 같이 잘 알려진 위치에 모든 수신 요청이나 새 요청, 이벤트에 고유한 상관관계 ID를 할당한다.

- 마이크로서비스가 인출 요청(outgoing request)을 하거나 메시지를 보낼 때, 요청과 메시지에 상관관계 ID를 추가해야 한다.
- 모든 로그 이벤트에는 미리 정의된 형식의 상관관계 ID가 포함돼야 한다. 이를 통해 중앙 집중식 로깅 서비스가 로그 이벤트에서 해당 ID를 추출하고 검색할 수 있다.
- 요청, 응답, 메시지가 마이크로서비스 인스턴스에 들어오거나 나갈 때 추적 레코드가 만들어져야 한다.

## 서킷 브레이커

서킷 브레이커(circuit breaker) 패턴에는 다음과 같은 문제와 해결책, 해결책 요구사항이 있다.

### 문제

동기식 상호 통신을 사용하는 마이크로서비스 시스템 환경은 **연쇄 장애** 문제에 노출될 수 있다. 한 마이크로서비스가 응답을 중지하면 그것의 클라이언트에도 문제가 발생하고 해당 클라이언트의 클라이언트의 요청에도 응답하지 못할 수 있다. 이 문제는 시스템 환경 전체에 재귀적으로 전파되어 시스템의 상당 부분을 마비시킬 수 있다.

이는 특히 요청이 처리되는 동안 기반 운영체제에서 스레드를 차단하는 블로킹 I/O를 사용해 동기 요청을 실행하는 경우에 흔히 발생한다. 많은 수의 동시 요청과 예기치 않게 느리게 응답하는 서비스가 결합되면 스레드 풀이 빠르게 고갈되어 호출자가 중단되거나 충돌이 발생할 수 있다. 이러한 장애는 호출자의 호출자에게로 빠르게 확산될 수 있다.

### 해결책

호출하는 서비스에서 문제가 감지될 경우 발신자에게서 오는 새로운 발신 요청을 차단하는 **서킷 브레이커**를 추가한다.

### 해결책 요구사항

해결책 요구사항은 다음과 같다.

- 서비스에 문제가 감지되면 회로를 **열고**(open) 타임아웃을 기다리지 않고 빠르게 실패(fail fast)한다.
- 장애 복구 검사를 수행한다(**반열림**(half-open) 회로라고도 함). 즉 서비스가 다시 정상적으로 작동하는지 확인하기 위해 일정한 주기로 요청을 통과하게 한다.

- 서비스가 다시 정상적으로 작동하는 것을 프로브가 감지하면 회로를 **닫는다**(close). 이 기능은 이러한 종류의 문제에 대해 시스템을 복원력 있게, 즉 자가 복구가 가능하도록 만들기 때문에 매우 중요하다.

다음 다이어그램은 마이크로서비스 시스템 내의 모든 동기 통신이 서킷 브레이커를 통과하는 상황을 보여준다. 모든 서킷 브레이커는 닫혀 있어서 요청이 이동하는 서비스에서 문제를 감지한 하나의 서킷 브레이커(**마이크로서비스 E**에 대한)를 제외하고는 트래픽을 허용한다. 따라서 해당 서킷 브레이커는 열려 있고 빠른 실패(fast-fail) 로직, 즉 실패한 서비스를 호출하지 않고 타임아웃이 발생할 때까지 기다리는 로직을 활용한다. 대신 **마이크로서비스 E**는 즉시 응답을 반환할 수 있으며, 응답하기 전에 선택적으로 일부 실패 처리(fallback) 로직을 적용할 수 있다.

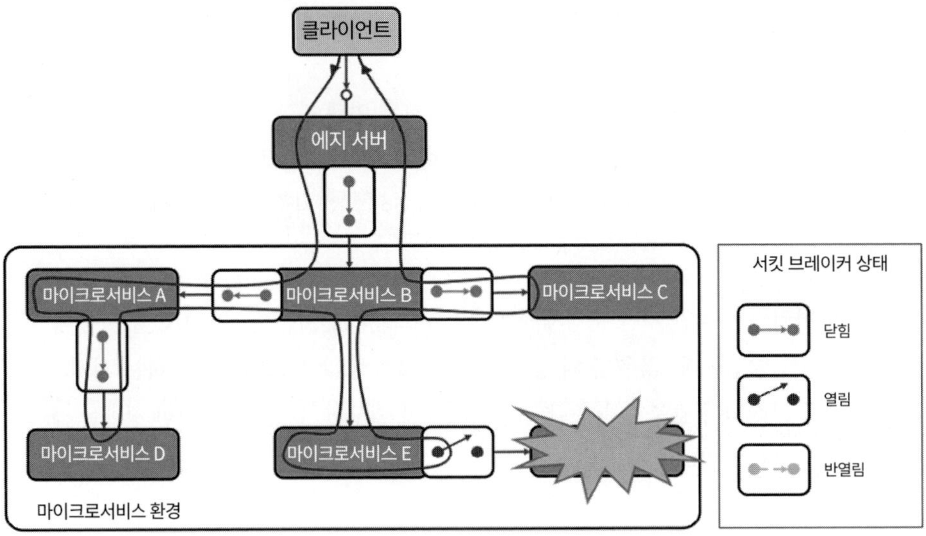


**그림 1.14** 서킷 브레이커 디자인 패턴

## 제어 루프

제어 루프(control loop) 패턴에는 다음과 같은 문제와 해결책 요구사항이 있다.

### 문제

많은 수의 마이크로서비스 인스턴스가 여러 서버에 분산돼 있는 시스템에서는 충돌 또는 중단된 마이크로서비스 인스턴스와 같은 문제를 수동으로 탐지하거나 수정하기가 매우 어렵다.

### 해결책

시스템 환경에 새 컴포넌트인 **제어 루프**를 추가한다. 이 프로세스는 다음 그림과 같다.

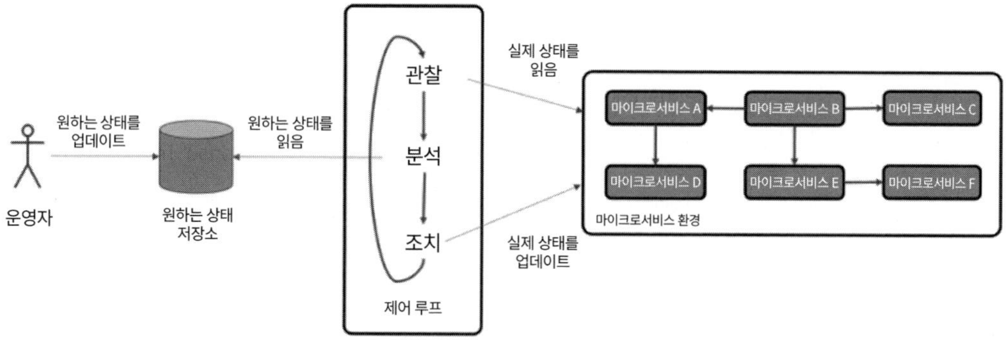


**그림 1.15** 제어 루프 디자인 패턴

### 해결책 요구사항

제어 루프는 시스템 환경의 **실제 상태**(actual state)를 지속적으로 관찰해서 운영자가 지정한 **원하는 상태**(desired state)와 비교한다. 두 상태가 다르면 실제 상태를 원하는 상태와 동일하게 만들기 위한 조치를 취한다.

> **구현 참고 사항:** 컨테이너 세계에서는 이 패턴을 구현하기 위해 일반적으로 쿠버네티스 같은 컨테이너 오케스트레이터가 사용된다. 쿠버네티스에 대한 자세한 내용은 15장 '쿠버네티스 소개'에서 알아본다.

## 중앙 집중식 모니터링과 알람

이 패턴의 경우 다음과 같은 문제와 해결책 요구사항이 있다.

### 문제

관찰된 응답 시간 및/또는 하드웨어 리소스 사용량이 허용할 수 없을 정도로 높아지면 문제의 근본 원인을 발견하기가 매우 어려울 수 있다. 가령 마이크로서비스별 하드웨어 리소스 소비량을 분석할 수 있어야 한다.

### 해결책

이 같은 문제를 처리하기 위해 시스템 환경에 새로운 컴포넌트인 **모니터 서비스**(monitor service)를 추가해서 각 마이크로서비스 인스턴스 수준에서 하드웨어 리소스 사용량에 대한 메트릭을 수집할 수 있다.

### 해결책 요구사항

해결책 요구사항은 다음과 같다.

- 자동 확장 서버를 비롯해 시스템 환경에서 사용하는 모든 서버에서 메트릭을 수집할 수 있어야 한다.
- 사용 가능한 서버에서 새 마이크로서비스 인스턴스가 시작될 때 이를 감지하고 그러한 인스턴스로부터 메트릭을 수집할 수 있어야 한다.
- 수집된 메트릭을 조회하고 분석하기 위한 API와 시각화 도구를 제공할 수 있어야 한다.
- 지정된 메트릭이 지정된 임계값을 초과할 때 발생하는 알림을 정의할 수 있어야 한다.

다음 화면은 모니터링 도구인 프로메테우스(20장 '마이크로서비스 모니터링'에서 살펴볼)의 메트릭을 시각화한 그라파나를 보여준다.

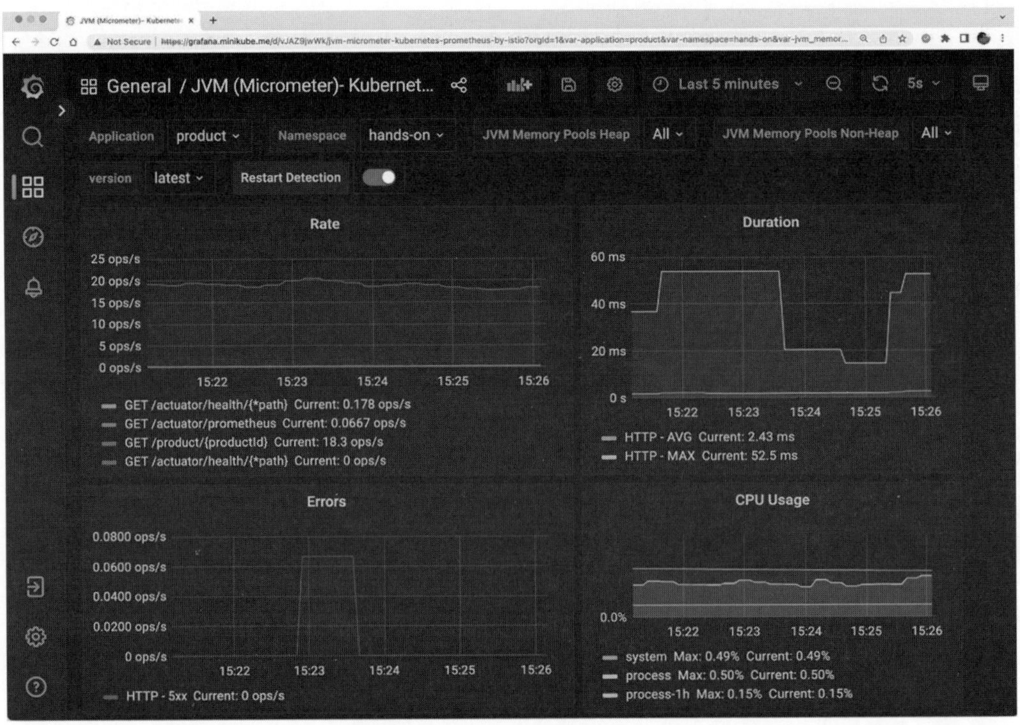


**그림 1.16** 그라파나를 활용한 모니터링

지금까지 다룬 이처럼 방대한 디자인 패턴을 통해 마이크로서비스의 문제를 이해하는 데 도움이 됐을 것이다. 다음으로 소프트웨어 지원 도구에 대해 알아본다.

## 소프트웨어 지원 도구

앞에서 언급했듯이 마이크로서비스를 잘 활용할 수 있게 해주고 무엇보다도 마이크로서비스가 안고 있는 새로운 문제들을 처리하는 데 도움이 되는 훌륭한 오픈소스 도구가 많다.

- **스프링 부트(Spring Boot)**: 애플리케이션 프레임워크
- **스프링 클라우드/넷플릭스 OSS(Spring Cloud/Netflix OSS)**: 애플리케이션 프레임워크와 즉시 사용 가능한 서비스의 조합
- **도커(Docker)**: 단일 서버에서 컨테이너를 실행하기 위한 도구
- **쿠버네티스(Kubernetes)**: 컨테이너가 실행되는 서버 클러스터를 관리하는 컨테이너 오케스트레이터
- **이스티오(Istio)**: 서비스 메시 구현체

다음 표는 이러한 문제를 해결하는 데 필요한 디자인 패턴과 이 책에서 디자인 패턴을 구현하는 데 사용할 오픈소스 도구를 짝지은 것이다.

| 디자인 패턴 | 스프링 부트 | 스프링 클라우드 | 쿠버네티스 | 이스티오 |
|---|---|---|---|---|
| 서비스 디스커버리 | | 넷플릭스 유레카 및 스프링 클라우드 로드밸런서 | 쿠버네티스 kube-proxy 및 서비스 리소스 | |
| 에지 서버 | | 스프링 클라우드 게이트웨이 및 스프링 시큐리티 OAuth | 쿠버네티스 인그레스 컨트롤러 | 이스티오 인그레스 게이트웨이 |
| 반응형 마이크로서비스 | 리액터 프로젝트와 스프링 웹플럭스 | | | |
| 중앙 집중식 구성 | | 스프링 컨피그 서버 | 쿠버네티스 컨피그맵과 시크릿 | |
| 중앙 집중식 로그 분석 | | | 엘라스틱서치, 플루언트디, 키바나. 참고: 실제로는 쿠버네티스의 일부가 아니지만 쿠버네티스와 함께 쉽게 배포하고 구성할 수 있다. | |
| 분산 추적 | 마이크로미터 트레이싱과 집킨 | | | 예거 |
| 서킷 브레이커 | | Resilience4j | | 이상치 탐지 |

| 디자인 패턴 | 스프링 부트 | 스프링 클라우드 | 쿠버네티스 | 이스티오 |
|---|---|---|---|---|
| 제어 루프 | | | 쿠버네티스 컨트롤러 관리자 | |
| 중앙 집중식 모니터링 및 알람 | | | | 키알리, 그라파나, 프로메테우스 |

**그림 1.17** 디자인 패턴과 오픈소스 도구 매핑

서비스 디스커버리, 에지 서버, 중앙 집중식 구성과 같은 일부 디자인 패턴을 구현하기 위해 스프링 클라우드, 쿠버네티스, 이스티오 중 하나를 사용할 수 있다는 점에 유의한다. 이 책의 후반부에서 이러한 대안을 사용할 때의 장단점에 대해 설명하겠다.

지금까지 이 책에서 사용할 디자인 패턴과 도구를 소개했는데, 중요하지만 앞에서 다루지 않은 몇 가지 관련 주제를 살펴보는 것으로 이번 장을 마무리하겠다.

## 기타 중요한 고려 사항

마이크로서비스 아키텍처를 성공적으로 구현하려면 고려해야 할 여러 가지 관련 주제가 있다. 이 책에서는 이러한 주제를 다루지 않는 대신 다음과 같이 간략하게 언급하겠다.

- **데브옵스의 중요성**: 마이크로서비스 아키텍처의 이점 중 하나는 배포 시간을 단축하고 극단적인 경우 새 버전을 지속적으로 배포할 수 있다는 것이다. 이렇게 빠른 배포를 실현하려면 '직접 구축하고, 직접 운영한다(you built it, you run it.)'라는 원칙에 따라 개발과 운영이 함께 일하는 조직을 만들어야 한다. 즉, 이제 개발자는 단순히 새 버전의 소프트웨어를 운영팀에 넘겨줄 수가 없다. 대신 개발 팀과 운영 팀이 훨씬 더 긴밀하게 협력해야 하며, 한 마이크로서비스(또는 관련이 있는 다수의 마이크로서비스)의 전체 수명주기를 전적으로 책임지는 팀으로 조직돼야 한다. 개발 및 운영의 조직적인 부분 외에도 팀은 마이크로서비스를 빌드, 테스트, 패키징, 다양한 배포 환경에 배포하는 단계인 전달 체인(delivery chain)도 자동화해야 한다. 이를 전달 파이프라인(delivery pipeline) 구축이라고 한다.
- **조직적 측면과 콘웨이의 법칙**: 마이크로서비스 아키텍처가 조직에 미치는 영향에 대한 또 다른 흥미로운 측면은 다음과 같은 콘웨이의 법칙이다.

> "(광범위하게 정의된) 시스템을 설계하는 모든 조직은 조직의 커뮤니케이션 구조를 본뜬 설계를 만들게 된다."
>
> – 멜빈 콘웨이, 1967

이것은 기술 전문성에 따라 대규모 애플리케이션에 대한 IT 팀을 구성하는 기존의 접근 방식(예: UX, 비즈니스 로직, 데이터베이스 팀)을 따를 경우 대규모 3계층 애플리케이션, 즉 일반적으로 UI, 비즈니스 로직 처리, 대규모 데이터베이스에 대한 별도로 배포 가능한 단위로 구성된 대규모 모놀리식 애플리케이션이 만들어진다는 의미다.

마이크로서비스 아키텍처를 기반으로 애플리케이션을 성공적으로 제공하려면 조직을 하나 또는 여러 개의 관련 마이크로서비스로 작업하는 팀으로 바꿔야 한다. 이 팀은 비즈니스 로직을 처리하기 위한 언어와 프레임워크, 데이터 영속성을 처리하기 위한 데이터베이스 기술 등 마이크로서비스에 필요한 기술을 갖춰야 한다.

- **모놀리식 애플리케이션을 마이크로서비스로 분해하기**: 가장 어려운 결정 중 하나는 모놀리식 애플리케이션을 어떻게 여러 협력 마이크로서비스로 분해할지 정하는 것이다. 이를 잘못 결정하면 큰 비용이 발생할 수 있다. 이 작업을 잘못된 방식으로 수행하면 다음과 같은 문제가 발생할 수 있다.
  - **느린 배포**: 비즈니스 요구사항의 변경이 너무 많은 마이크로서비스에 영향을 미쳐 추가 작업이 발생한다.
  - **성능 저하**: 특정 비즈니스 기능을 수행하려면 다양한 마이크로서비스 간에 많은 요청이 전달돼야 하므로 응답 시간이 길어진다.
  - **일관성 없는 데이터**: 관련 데이터가 서로 다른 마이크로서비스로 분리돼 있어 시간이 지나면서 서로 다른 마이크로서비스에서 관리하는 데이터에 불일치가 나타날 수 있다.

마이크로서비스에 적합한 경계를 찾는 좋은 접근 방식은 **도메인 주도 설계**(domain-driven design)와 **바운디드 컨텍스트**(bounded context) 개념을 적용하는 것이다. 에릭 에반스는 바운디드 컨텍스트를 다음과 같이 설명한다.

> "특정 모델이 정의되고 적용되는 경계(일반적으로 하위 시스템 또는 특정 팀의 업무)를 설명한 것"

즉, 바운디드 컨텍스트에 의해 정의된 마이크로서비스는 자체 데이터에 대한 잘 정의된 모델을 갖게 된다.

- **API 설계의 중요성**: 다수의 마이크로서비스가 외부에서 사용할 수 있는 공통의 API를 노출하는 경우 API는 이해하기 쉬워야 하고 다음과 같은 가이드라인을 준수해야 한다.
  - 여러 API에서 동일한 개념이 사용되는 경우 사용되는 이름과 데이터 타입 측면에서 동일하게 설명해야 한다.
  - API가 독립적이면서도 통제된 방식으로 발전할 수 있게 하는 것이 매우 중요한다. 이를 위해서는 일반적으로 API에 적절한 버전 관리 체계(예: `https://semver.org/`)를 적용해야 한다. 이는 특정 기간 동안 API의 여러 주(major) 버전을 지원함으로써 API 클라이언트가 자신의 속도에 맞춰 새로운 주 버전으로 마이그레이션할 수 있게 하는 것을 의미한다.

- **온프레미스에서 클라우드로 마이그레이션하는 경로**: 오늘날 많은 기업이 업무 처리(workload)를 온프레미스에서 수행하지만 업무 처리의 일부를 클라우드로 옮길 방법을 찾고 있다. 오늘날 대부분의 클라우드 서비스 제공업체가 서비스형 쿠버네티스를 제공한다. 따라서 온프레미스 워크로드를 먼저 쿠버네티스로 옮긴 후(마이크로서비스 여부와 무관하게), 선호하는 클라우드 제공업체의 서비스형 쿠버네티스에 재배포하는 것은 매력적인 마이그레이션 전략이 될 수 있다.

- **마이크로서비스를 위한 훌륭한 설계 원칙, 12팩터 앱**: 12팩터 앱(`https://12factor.net`)은 클라우드에 배포할 수 있는 소프트웨어를 구축하기 위한 일련의 설계 원칙이다. 이러한 설계 원칙의 대부분은 클라우드 또는 온프레미스 등 배포 장소나 방식에 관계없이 마이크로서비스 구축에 적용할 수 있다. 이 책에서는 구성, 프로세스, 로그와 같은 일부 원칙을 다루지만 모든 원칙을 다루지는 않는다.

1장은 여기까지다! 마이크로서비스의 기본 개념과 그에 따른 문제, 그리고 이 책에서 다룰 내용의 개요를 파악하는 데 도움이 됐기를 바란다.

# 정리

1장에서는 내가 마이크로서비스에 입문한 계기를 설명하고 마이크로서비스의 역사에 대해 조금 살펴봤다. 이어서 마이크로서비스를 몇 가지 특정 요구사항을 가진 자율적인 분산 컴포넌트로서 정의했다. 또한 마이크로서비스 기반 아키텍처의 장점과 문제를 모두 살펴봤다.

이러한 문제 해결을 위한 디자인 패턴들을 정의하고, 스프링 부트, 스프링 클라우드, 쿠버네티스, 이스티오 같은 오픈소스 제품의 기능을 디자인 패턴에 간략하게 짝지어봤다.

이제 첫 번째 마이크로서비스를 개발하고 싶은가? 다음 장에서는 첫 번째 마이크로서비스를 개발하는 데 사용할 스프링 부트와 오픈소스 도구를 소개한다.

# 02

# 스프링 부트 소개

이번 장에서는 스프링 부트를 사용해 비즈니스 가치를 더하는 기능을 개발하고, 이를 중심으로 협력 마이크로서비스를 구축하는 방법을 소개한다. 이전 장에서 지적한 마이크로서비스의 문제는 어느 정도만 고려하고, 후속 장에서 전체적으로 다룰 것이다.

여기서는 평범한 스프링 빈(Spring bean)을 기반으로 비즈니스 로직을 포함하는 마이크로서비스를 개발하고 스프링 웹플럭스(Spring WebFlux)를 사용해 REST API를 노출할 것이다. API는 `springdoc-openapi`를 사용해 OpenAPI 사양을 기반으로 문서화될 것이다. 마이크로서비스에서 처리하는 데이터를 영속화하기 위해 스프링 데이터(Spring Data)를 사용해 SQL 및 NoSQL 데이터베이스에 데이터를 저장할 것이다.

스프링 부트 2.0이 2018년 3월에 출시된 이후로 논블로킹 동기식 REST API를 포함해서 리액티브 마이크로서비스를 개발하는 것이 훨씬 쉬워졌다. 이 책에서는 메시지 기반 비동기 서비스를 개발하기 위해 스프링 클라우드 스트림(Spring Cloud Stream)을 사용할 것이다. 자세한 내용은 1장 '마이크로서비스 소개'의 '반응형 마이크로서비스' 절을 참고한다.

스프링 부트 3.0은 2022년 11월에 출시됐다. 이 버전은 스프링 프레임워크 6.0과 자카르타 EE 9를 기반으로 하며, 자카르타 EE 10과 호환된다. 최소 자바 버전으로 현재 장기 지원(long-term support; LTS) 버전인 자바 17이 필요로 한다. 스프링 부트 3.0 이후로 3.1 ~ 3.5까지 5개의 마이너 버전이 출시됐다. 이 책은 2025년 5월에 출시된 스프링 부트 3.5를 기반으로 한다.

마지막으로 도커(Docker)를 사용해 마이크로서비스를 컨테이너로 실행하겠다. 이를 통해 데이터베이스 서버 및 메시지 브로커를 포함한 마이크로서비스 환경을 명령어 하나로 시작하고 중지할 수 있다.

앞으로 다뤄야 할 기술과 프레임워크가 많으므로 각각에 대해 간략히 살펴보고 그것들이 무엇인지 알아보자!

이번 장에서는 다음과 같은 오픈소스 프로젝트를 소개하겠다.

- 스프링 부트(이번 절에서는 3.0 버전의 새로운 기능과 스프링 부트 2 애플리케이션을 마이그레이션하는 방법을 간략하게 다룬다.)
- 스프링 웹플럭스
- springdoc-openapi
- 스프링 데이터
- 스프링 클라우드 스트림
- 도커

> 각 제품에 대한 자세한 내용은 다음 장에서 다룬다.

## 기술적 요구사항

이번 장에는 다운로드할 수 있는 소스코드가 없으며 설치해야 할 도구도 없다.

## 스프링 부트

스프링 부트와 스프링 부트의 기반이 되는 스프링 프레임워크는 자바로 마이크로서비스를 개발하는 훌륭한 프레임워크다.

2004년에 스프링 프레임워크 1.0이 출시됐을 때 스프링 프레임워크의 주요 목표 중 하나는 악명 높고 무거운 배포 설명자(deployment descriptor)를 사용하는 지나치게 복잡한 J2EE 표준(Java 2 Platform, Enterprise Edition의 약자)의 문제를 해결하는 것이었다. 스프링 프레임워크는 의존성 주입이라는 개념을 기반으로 훨씬 더 가벼운 개발 모델을 제공했다. 또한 J2EE의 배포 설명자에 비해 훨씬 더 가벼운 XML 구성 파일을 사용했다.

> 문제는 J2EE 표준뿐만 아니라 무거운 배포 설명자가 실제로 다음과 같은 두 가지 유형으로 제공됐다는 점이었다.
>
> - 표준 배포 설명자: 구성을 표준화된 방식으로 설명
> - 공급업체별 배포 설명자: 구성을 공급업체의 애플리케이션 서버에 포함된 공급업체별 기능에 매핑

2006년에 J2EE는 Java EE(Java Platform, Enterprise Edition의 약자)로 이름이 바뀌었다. 2017년에 오라클은 Java EE를 이클립스 재단에 제출했다. 2018년 2월, Java EE는 Jakarta EE로 이름이 바뀌었다. '스프링 부트 2 애플리케이션의 마이그레이션' 절에서 설명한 대로 Jakarta EE로 업그레이드할 때 개발자가 패키지 이름을 변경해야 하므로 새 이름인 Jakarta EE는 표준에서 정의한 자바 패키지 이름에도 영향을 준다. 스프링 프레임워크가 점점 더 인기를 얻으면서 스프링 프레임워크의 기능도 상당히 늘었다. 더 이상 가볍지 않은 XML 구성 파일을 사용해 스프링 애플리케이션을 설정하는 것이 점차 문제가 됐다.

2014년에 스프링 부트 1.0이 출시되면서 이러한 문제가 해결됐다.

## '구성보다 관습'과 팻 JAR 파일

스프링 부트는 스프링 프레임워크의 핵심 모듈과 로깅 또는 데이터베이스 연결에 사용되는 라이브러리와 같은 타사 제품을 설정하는 방법에 대해 독자적인 방식으로 프로덕션 환경에 곧바로 사용할 수 있는(production-ready) 스프링 애플리케이션을 신속하게 개발하는 것을 목표로 한다. 스프링 부트는 기본적으로 여러 관습(convention)을 적용해 구성의 필요성을 최소화한다. 각 관습은 필요에 따라 구성을 직접 작성해 재정의할 수 있다. 이 같은 디자인 패턴을 '구성보다 관습(convention over configuration)'이라고 하며, 초기 구성의 필요성을 최소화한다.

> 내 생각에 구성이 필요한 경우 자바와 애너테이션을 사용해 작성하는 것이 가장 좋다. 스프링 부트가 도입되기 전보다 훨씬 줄어들긴 했지만 기존의 XML 기반 구성 파일도 여전히 사용할 수 있다.

'구성보다 관습' 외에도 스프링 부트는 팻(fat) JAR 파일로도 알려진 독립 실행형 JAR 파일 기반의 런타임 모델을 선호한다. 스프링 부트 이전에는 아파치 톰캣과 같은 Java EE 웹 서버에 WAR 파일로 배포하는 것

이 스프링 애플리케이션을 실행하는 가장 일반적인 방법이었다. WAR 파일 배포도 여전히 스프링 부트에서 지원된다.

> 팻 JAR 파일에는 애플리케이션 자체의 클래스와 리소스 파일뿐만 아니라 애플리케이션이 의존하는 모든 JAR 파일도 포함된다. 즉, 애플리케이션을 실행하려면 팻 JAR 파일만 있으면 된다. 따라서 애플리케이션 실행 환경에 개별 JAR 파일과 모든 의존성을 일일이 옮길 필요 없이 이 팻 JAR 파일 하나만 전달하면 된다.

팻 JAR를 구동하는 데는 아파치 톰캣과 같은 별도로 설치된 Java EE 웹 서버가 필요하지 않다. 대신 `java -jar app.jar` 같은 간단한 명령으로 구동할 수 있어 도커 컨테이너에서 실행하기에 안성맞춤이다. 예를 들어, 스프링 부트 애플리케이션이 HTTP를 사용해 REST API를 노출하는 경우 내장 웹 서버도 JAR 파일에 포함된다.

## 스프링 부트 애플리케이션 설정을 위한 코드 예제

이것이 의미하는 바를 더 잘 이해하기 위해 소스코드 예제를 살펴보자.

> 여기서는 주요 기능을 설명하기 위해 몇 가지 짧은 코드 조각만 살펴본다. 완전히 작동하는 예제는 다음 장에서 등장한다.

### @SpringBootApplication 애너테이션의 마법

관습 기반의 자동 구성 메커니즘은 애플리케이션 클래스(즉, 정적 `main` 메서드가 포함된 클래스)에 `@SpringBootApplication` 애너테이션을 지정하는 것으로 시작할 수 있다. 다음 코드를 보자.

```
@SpringBootApplication
public class MyApplication {
  public static void main(String[] args) {
    SpringApplication.run(MyApplication.class, args);
  }
}
```

`@SpringBootApplication` 애너테이션은 다음과 같은 기능을 제공한다.

- 컴포넌트 스캔을 활성화한다. 즉, 애플리케이션 클래스의 패키지와 모든 하위 패키지에서 스프링 컴포넌트와 구성 클래스를 찾는다.
- 애플리케이션 클래스 자체가 구성 클래스가 된다.
- 자동 구성(autoconfiguration)을 활성화한다. 여기서 스프링 부트는 자동으로 구성할 수 있는 클래스패스의 JAR 파일을 찾는다. 예를 들어, 클래스패스에 톰캣이 있으면 스프링 부트는 톰캣을 내장 웹 서버로 자동 구성한다.

### 컴포넌트 스캔

애플리케이션 클래스의 패키지(또는 하위 패키지 중 하나)에 다음과 같은 스프링 컴포넌트가 있다고 가정해 보자.

```
@Component
public class MyComponentImpl implements MyComponent { ...
```

애플리케이션의 다른 컴포넌트는 **@Autowired** 애너테이션을 사용해 이 컴포넌트를 자동으로 주입받을 수 있다.

```
public class AnotherComponent {

  private final MyComponent myComponent;

  @Autowired
  public AnotherComponent(MyComponent myComponent) {
    this.myComponent = myComponent;
  }
```

애플리케이션의 패키지 외부에 선언된 컴포넌트(예: 여러 스프링 부트 애플리케이션에서 공유하는 유틸리티 컴포넌트)를 사용하려면 애플리케이션 클래스의 `@SpringBootApplication` 애너테이션을 `@ComponentScan` 애너테이션으로 보완할 수 있다.

```
package se.magnus.myapp;

@SpringBootApplication
@ComponentScan({"se.magnus.myapp", "se.magnus.util"})
public class MyApplication {
```

이제 se.magnus.util 패키지의 컴포넌트를 애플리케이션 코드에 자동 주입(auto-wire)할 수 있다. 예를 들어, MyUtility라는 유틸리티 컴포넌트를

```
package se.magnus.util;

@Component
public class MyUtility { ...
```

다음과 같이 애플리케이션 컴포넌트에 자동 주입할 수 있다.

```
package se.magnus.myapp.services;

public class AnotherComponent {
  private final MyUtility myUtility;

  @Autowired
  public AnotherComponent(MyUtility myUtility) {
    this.myUtility = myUtility;
  }
```

> 클래스에 단 하나의 생성자만 정의하는 경우 @Autowired 애너테이션은 필요하지 않다. 따라서 이 책의 소스 코드에서도 이러한 경우에 @Autowired 애너테이션을 사용하지 않았다.

### 자바 기반 구성

스프링 부트의 기본 구성을 재정의하거나 구성을 직접 추가할 경우 클래스에 @Configuration 애너테이션을 지정하면 앞에서 설명한 컴포넌트 스캔 메커니즘에 의해 선택된다.

예를 들어, HTTP 요청을 처리할 때(다음 절에서 설명할 스프링 웹플럭스에서 처리) 시작과 끝 부분에 로그 메시지를 기록하는 필터를 설정하려면 다음과 같이 로그 필터를 구성하면 된다.

```
@Configuration
public class SubscriberApplication {
  @Bean
  public Filter logFilter() {
    CommonsRequestLoggingFilter filter = new CommonsRequestLoggingFilter();
```

```
    filter.setIncludeQueryString(true);
    filter.setIncludePayload(true);
    filter.setMaxPayloadLength(5120);
    return filter;
}
```

> 애플리케이션 클래스에 구성을 직접 넣을 수도 있다. `@SpringBootApplication` 애너테이션은 `@Configuration` 애너테이션을 의미하기 때문이다.

스프링 부트에 대해서는 일단 여기까지 알아보고, 다음 컴포넌트로 넘어가기 전에 스프링 부트 3.x의 새로운 기능과 스프링 부트 2 애플리케이션을 마이그레이션하는 방법을 살펴보자.

## 스프링 부트 3.0 ~ 3.5의 새로운 기능

이 책의 주제와 관련해서 스프링 부트 3.0의 가장 중요한 새로운 기능은 다음과 같다.

- **관찰 가능성**

  스프링 부트 3.0은 기존 스프링 부트 릴리스의 메트릭 및 로깅 지원 기능에 분산 추적을 지원함으로써 관찰 가능성을 위한 기능이 향상됐다. 새로운 분산 추적 기능은 스프링 프레임워크 6.0의 새로운 Observability API와 마이크로미터 트레이싱(Micrometer Tracing)이라는 새로운 모듈을 기반으로 한다. 마이크로미터 트레이싱은 이제 더 이상 사용되지 않는 스프링 클라우드 슬루스(Spring Cloud Sleuth)를 기반으로 한다. 14장 "분산 추적"에서는 새로운 관찰 가능성 및 분산 추적 기능을 사용하는 방법을 다룬다.

- **네이티브 컴파일**

  스프링 부트 3.0에서는 GraalVM을 이용해 스프링 부트 애플리케이션을 독립 실행형 실행 파일인 네이티브 이미지로 컴파일하는 것도 지원한다. 네이티브 컴파일된 스프링 부트 애플리케이션은 훨씬 빠르게 구동되고 메모리를 적게 소비한다. 23장 "네이티브 컴파일된 자바 마이크로서비스"에서는 스프링 부트를 기반으로 마이크로서비스를 네이티브 컴파일하는 방법을 설명한다.

- **가상 스레드와 구조화된 동시성**

  마침내 스프링 부트 3.0에서 OpenJDK의 프로젝트 룸(Project Loom)에서 **가상 스레드(virtual thread)**라고 부르는 경량 스레드를 지원하기 시작했다. 가상 스레드는 프로젝트 리액터를 비롯한 다양한 스프링 컴포넌트에서 사용되는 프로그래밍 모델과 비교했을 때, 반응형 논블로킹 마이크로서비스 개발을 위한 프로그래밍 모델을 단순화할 것으로 예상된다. 가상 스레드는 자바 21부터 사용 가능하다. 동시 작업을 수행하는 마이크로서비스를 개발하기 위해서는(예: 다른 마이크로서비스로부터 정보를 동시에 집계) 조합 기능에 대한 지원도 필요하다. 이는 현재 프리뷰 단계에 있는 **구조화된 동시성**(structured concurrency)에 의해 지원될 것으로 예상된다(자세한 내용은 `https://openjdk.org/`

jeps/8340343을 참조). 구조화된 동시성이 아직 확정되지 않았기 때문에 이 책에서는 가상 스레드와 구조화된 동시성을 다루지 않는다. 7장 '반응형 마이크로서비스 개발'에서는 프로젝트 리액터와 스프링 웹플럭스를 사용해 리액티브 마이크로서비스를 구현하는 방법을 다룬다.

스프링 부트 3.1 ~ 3.5 마이너 버전의 주요 새 기능은 다음과 같다.

- **Testcontainers 사용 간소화**
  Testcontainers는 프로덕션 환경에서 사용되는 것과 동일한 데이터베이스, 메시지 브로커, 기타 서비스를 사용한 자동화된 통합 테스트를 간소화한다. Testcontainers를 구성할 때 한 가지 어려운 점은 어떤 스프링 프로퍼티를 Testcontainers의 프로퍼티에 매핑해야 하는지 결정하는 것이다. 스프링 부트 3.1에서는 서비스 연결(Service Connection)이라는 새로운 개념을 사용해 여러 서비스에 대해 이를 자동으로 처리한다. Testcontainers는 6장 '영속성 추가'에서 소개한다.

- **SSL 번들 사용 간소화**
  SSL과 TLS를 이용해 보안 통신을 구축하는 것은 기본적으로 복잡하다. 이러한 복잡성은 서로 다른 라이브러리들이(심지어 같은 라이브러리의 메이저 버전들도) 서로 다른 방식으로 구성해야 한다는 점에서 더욱더 높아진다. 이 과정을 단순화하기 위해 스프링 부트 3.1에서는 SSL 구성을 간소화하고 중앙 집중화하도록 새롭게 고안된 개념인 SSL 번들을 도입했다. SSL 번들은 11장 'API 접근 보안'에서 소개한다.

- **스프링 인가 서버의 자동 구성**
  스프링 부트 3.1에서는 스프링 인가 서버의 자동 구성을 지원함으로써 의속성 선언을 간소화한다. 스프링 인가 서버는 11장 'API 접근 보안'에서 소개한다.

- **CRaC를 사용한 빠른 구동**
  스프링 부트 3.2부터 CRaC(Coordinated Restore at Checkpoint)를 사용해 스프링 부트 애플리케이션의 구동 시간을 단축할 수 있다. 이 개념은 학습 단계(training phase)에서 구동된 스프링 부트 애플리케이션의 자바 프로세스 메모리를 디스크에 기록해둔다는 개념을 기반으로 한다. 그럼 나중에 스프링 부트 애플리케이션이 디스크에서 새로운 프로세스로 메모리를 로드해 빠르게 재시작할 수 있다. CraC를 사용하는 것은 일반적으로 GraalVM을 이용한 네이티브 컴파일보다 설정하기 쉽다. 하지만 안타깝게도 이 책에서 사용되는 모든 라이브러리가 CRaC를 지원하지는 않기 때문에 CRaC는 다루지 않는다. 예를 들어, MongoDB의 자바 클라이언트는 아직 CRaC가 요구하는 MongoClient의 일시정지 및 재개를 지원하지 않는다다. 자세한 내용은 https://jira.mongodb.org/browse/JAVA-5034를 참고한다.

- **AppCDS를 이용한 빠른 시작**
  스프링 부트 3.3부터 AppCDS를 이용해 스프링 부트 애플리케이션의 구동 시간을 단축할 수 있다. AppCDS는 여러 JVM 인스턴스에서 전처리된 클래스 메타데이터를 공유할 수 있는 JVM 기능인 CDS(Class-Data Sharing)의 확장이다. 처음에는 CDS가 JDK의 핵심 자바 클래스에만 작동했지만 AppCDS는 이를 애플리케이션 클래스와 타사 라이브러리로 확장했다. AppCDS는 사용하기가 매우 쉽지만 현재 구동 시간 개선은 상대적으로 적은데, 최대 2배 정도의 빠른 구동 시간을 기대할 수 있다. GraalVM을 이용한 네이티브 컴파일이 10~20배 빠른 구동 시간을 보여주므로 이 책에서는 네이티브 컴파일만 다룬다. 23장 '자바 마이크로서비스의 네이티브 컴파일'을 참고한다.

- **구조화된 로깅**
  스프링 부트 3.4는 스프링 부트 애플리케이션의 로그 출력을 엘라스틱서치 같은 검색 및 분석 엔진으로 손쉽게 수집할 수 있도록 구조화된 로깅을 지원한다. EFK(Elasticsearch, Fluentd, Kibana) 스택을 이용해 스프링 부트 애플리케이션의 로그 출력을 수집하고 분석하는 방법에 대한 자세한 내용은 19장 'EFK 스택을 활용한 중앙 집중식 로깅'을 참고한다.

- **자바 24 지원**
  스프링 부트 3.4부터 자바 24를 지원한다.

- **코드 지원 중단**
  스프링 부트 3.1 ~ 3.5에서 여러 클래스와 메서드가 지원 중단될 예정으로 스프링 부트 4.0에서 제거될 예정이다. 이 책에서 지원 중단 예정으로 표시된 모든 클래스와 메서드는 권장되는 대안으로 교체했다. 이는 이 책에서 제공하는 코드 예제가 미래에도 유효하다는 것을 보장한다. 즉, 스프링 부트 4.0에서도 문제없이 실행될 것이다.

각 3.x 릴리스의 새로운 기능에 대한 자세한 정보는 `https://github.com/spring-projects/spring-boot/wiki/Spring-Boot-3.{MINOR}-Release-Notes`를 참고한다. 이 URL의 `{MINOR}`를 0 ~ 5 범위의 마이너 버전으로 교체하면 된다.

## 스프링 부트 2 애플리케이션의 마이그레이션

이미 스프링 부트 2 기반 애플리케이션이 있다면 스프링 부트 3.0으로 마이그레이션하는 데 어떤 작업이 필요한지 궁금할 것이다. 수행해야 할 작업은 다음과 같다.

- 피보탈(Pivotal)의 마이그레이션 가이드에서는 2.7 버전을 가정하므로 먼저 스프링 부트 2 애플리케이션을 최신 2.7.x 릴리스로 업그레이드하는 것을 권장한다.

- 개발 및 런타임 환경에 모두 자바 17 이상이 설치돼 있는지 확인한다. 스프링 부트 애플리케이션이 도커 컨테이너로 배포되는 경우 회사에서 자바 17 이상을 기반으로 하는 도커 이미지의 사용을 승인해야 한다.

- 스프링 부트 2.x에서 더 이상 사용되지 않는 메서드에 대한 호출을 제거한다. 스프링 부트 3.0에서는 더 이상 사용되지 않는 모든 메서드가 제거됐으므로 애플리케이션에서 이러한 메서드를 호출하지 않게 해야 한다. 애플리케이션에서 정확히 어디에서 호출되는지 확인하려면 다음과 같이 설정해 자바 컴파일러에서 `lint:deprecation` 플래그를 활성화할 수 있다(그레이들을 사용한다고 가정).

  ```
  tasks.withType(JavaCompile) {
  ```

```
  options.compilerArgs += ['-Xlint:deprecation']
}
```

- 이제 자카르타 EE에 포함된 모든 javax 패키지 임포트를 jakarta로 변경한다.
- 스프링에서 관리하지 않는 라이브러리의 경우 jakarta 패키지를 사용하는 자카르타 호환 버전을 사용하는지 확인한다.
- 주요 변경 사항 및 기타 중요한 마이그레이션 정보는 다음 자료를 참고한다.
  - https://github.com/spring-projects/spring-boot/wiki/Spring-Boot-3.0-Migration-Guide
  - https://docs.spring.io/spring-security/reference/migration/index.html
- 애플리케이션의 기능을 검증하는 종단간(end-to-end) 블랙박스 테스트가 있는지 확인한다. 마이그레이션 전후에 이러한 테스트를 실행해 애플리케이션의 기능이 마이그레이션의 영향을 받지는 않았는지 확인한다.

이 책의 이전 버전 소스코드를 스프링 부트 3.0으로 마이그레이션할 때 가장 시간이 많이 걸린 부분은 스프링 시큐리티 구성의 주요 변경 사항을 파악하고 처리하는 것이었다. 자세한 내용은 11장 "API 접근 보안"을 참고한다. 예를 들어, 이전 버전의 권한 부여 서버 구성을 다음과 같이 업데이트해야 했다.

```
@Bean
SecurityFilterChain defaultSecurityFilterChain(HttpSecurity http) throws Exception {
  http
  .authorizeRequests(authorizeRequests -> authorizeRequests
    .antMatchers("/actuator/**").permitAll()
```

스프링 부트 3.0에서 이 구성은 다음과 같다.

```
@Bean
SecurityFilterChain defaultSecurityFilterChain(HttpSecurity http) throws Exception {
  http
  .authorizeHttpRequests(authorizeRequests -> authorizeRequests
    .requestMatchers("/actuator/**").permitAll()
```

각 장에서 제공되는 종단간 테스트 스크립트인 `test-em-all.bash`는 마이그레이션 후 기능에 문제가 없는지 확인하는 데 유용하다.

이제 스프링 부트에 대해 배웠으니 다음 절에서 스프링 웹플럭스에 대해 알아보자.

# 스프링 웹플럭스

스프링 부트 3.5는 스프링 프레임워크 6.2를 기반으로 하며, 리액티브 애플리케이션 개발을 위한 기능을 기본적으로 탑재하고 있다. 스프링 프레임워크는 리액티브 지원 기능의 기본 구현으로 프로젝트 리액터를 사용하며, 리액티브(즉, 논블로킹) HTTP 클라이언트 및 서비스 개발을 지원하는 새로운 웹 프레임워크인 스프링 웹플럭스도 제공한다.

스프링 웹플럭스는 두 가지 프로그래밍 모델을 지원한다.

- 기존 웹 프레임워크인 스프링 웹 MVC와 유사하지만 리액티브 서비스를 지원하는 애너테이션 기반 명령형 스타일
- 라우터와 핸들러를 기반으로 하는 새로운 함수 지향 모델

이 책에서는 애너테이션 기반 명령형 스타일을 사용해 REST 서비스를 스프링 웹 MVC에서 스프링 웹플럭스로 쉽게 옮기는 방법을 보여주고 나서 서비스가 완전히 반응형으로 동작하도록 리팩터링할 것이다.

스프링 웹플럭스는 기존 `RestTemplate` 클라이언트를 보완하는 완전한 반응형 HTTP 클라이언트인 `WebClient`도 제공한다.

스프링 웹플럭스는 아파치 톰캣과 같은 자카르타 서블릿 스펙 5.0 이상을 기반으로 하는 서블릿 컨테이너에서 실행되는 것을 지원하지만 네티(Netty, `https://netty.io/`) 같은 반응형 비서블릿 기반 내장 웹 서버도 지원한다.

> 서블릿 사양은 자카르타 EE 플랫폼의 사양으로, HTTP와 같은 웹 프로토콜을 사용해 통신하는 자바 애플리케이션 개발 방법을 표준화한 것이다.

## REST 서비스 구축을 위한 코드 예제

스프링 웹플럭스 기반 REST 서비스를 만들기에 앞서 시작 시 스프링 부트에서 감지하고 구성할 수 있도록 스프링 웹플럭스(및 스프링 웹플럭스가 요구하는 의존성)를 클래스패스에 추가해야 한다. 스프링 부트는 특정 기능을 가져오는 편리한 스타터 의존성을 다수 제공하며, 각 스타터 의존성에는 각 기능에 일반적으로 필요한 의존성들이 포함돼 있다. 그럼 스프링 웹플럭스 스타터 의존성을 사용해보고 간단한 REST 서비스가 어떤 모습인지 살펴보자!

### 스타터 의존성

이 책에서는 빌드 도구로 그레이들을 사용할 것이므로 build.gradle 파일에 다음과 같이 스프링 웹플럭스 스타터 의존성을 추가한다.

```
implementation('org.springframework.boot:spring-boot-starter-webflux')
```

> 버전 번호를 지정하지 않는 이유가 궁금할 것이다. 3장 "협력하는 마이크로서비스 만들기"에서 전체 예제를 살펴볼 때 이에 대해 이야기하겠다.

마이크로서비스가 시작되면 스프링 부트는 클래스패스에서 스프링 웹플럭스를 감지하고 내장 웹 서버 구동과 같은 다른 작업과 함께 구성할 것이다. 스프링 웹플럭스는 기본적으로 네티를 사용하며, 로그 출력에서 이를 확인할 수 있다.

```
2025-03-09 15:23:43.592 INFO 17429 --- [ main] o.s.b.web.embedded.netty.NettyWebServer : Netty started on port(s): 8080
```

내장 웹 서버를 네티에서 톰캣으로 전환하려면 스타터 의존성에서 네티를 제외하고 톰캣 스타터 의존성을 추가하도록 기본 구성을 재정의하면 된다.

```
implementation('org.springframework.boot:spring-boot-starter-webflux')
{
  exclude group: 'org.springframework.boot', module: 'spring-boot-starter-reactor-netty'
}
implementation('org.springframework.boot:spring-boot-starter-tomcat')
```

마이크로서비스를 다시 시작하면 스프링 부트에서 네티 대신 톰캣을 사용하는 것을 볼 수 있다.

```
2025-06-12T14:25:12.162+09:00 INFO 17648 --- [ main] o.s.b.w.embedded.tomcat.TomcatWebServer : Tomcat initialized with port(s): 8080 (http)
```

### 프로퍼티 파일

앞의 예에서 볼 수 있듯이 웹 서버는 8080번 포트를 사용해서 구동된다. 포트를 변경하려면 프로퍼티 파일을 사용해 기본값을 재정의하면 된다. 스프링 부트 애플리케이션의 프로퍼티 파일은 .properties 파일이나 YAML 파일일 수 있다. 기본적으로 각각 application.properties와 application.yml이라는 이름으로 작성돼 있다.

이 책에서는 YAML 파일을 사용해 내장 웹 서버에서 사용하는 HTTP 포트를 변경하겠다(예: 7001). 그러려면 application.yml 파일에 다음 줄을 추가하면 된다.

```
server.port: 7001
```

> 4장 "도커를 활용한 마이크로서비스 배포"에서 마이크로서비스를 컨테이너로 개발하기 시작하면 포트 충돌이 더 이상 문제가 되지 않는다. 각 컨테이너는 고유한 호스트 이름과 포트 범위를 가지므로 모든 마이크로서비스가 서로 충돌할 일 없이 원하는 포트(예: 8080)를 사용할 수 있다.

### 예제 RestController

이제 스프링 웹플럭스와 내장 웹 서버가 준비됐으므로 스프링 MVC를 사용할 때와 마찬가지로 RestController로 REST 서비스를 작성할 수 있다.

```
@RestController
public class MyRestService {

  @GetMapping(value = "/my-resource", produces = "application/json")
  List<Resource> listResources() {
    ...
  }
}
```

listResources() 메서드의 @GetMapping 애너테이션은 자바 메서드를 host:8080/my-resource URL의 HTTP GET API에 매핑한다. List<Resource> 타입의 반환값은 JSON으로 변환될 것이다.

스프링 웹플럭스에 대해 이야기했으니 이제 스프링 웹플럭스로 개발한 API를 어떻게 문서화할 수 있는지 살펴보자.

## springdoc-openapi

API(예: RESTful 서비스)를 개발할 때 매우 중요한 측면 중 하나는 사용하기 쉽도록 문서화하는 것이다. 스마트베어 소프트웨어(SmartBear Software)의 스웨거(Swagger) 사양은 RESTful 서비스 문서화에 가장 널리 사용되는 방법 중 하나다. 주요 API 게이트웨이 중 상당수는 스웨거 사양을 사용해 RESTful 서비스의 문서를 노출하기 위한 기본 지원 기능을 제공한다.

2015년에 스마트베어 소프트웨어는 스웨거 사양을 리눅스 재단에 OpenAPI 이니셔티브하에 기부하고 OpenAPI 사양을 만들었다. 스웨거라는 이름은 여전히 스마트베어 소프트웨어에서 제공하는 도구에 사용된다.

`springdoc-openapi`는 스프링 프레임워크와 별개의 오픈소스 프로젝트로, 런타임에 OpenAPI 기반 API 문서를 생성할 수 있다. 이는 애플리케이션을 검사하는 방식으로 동작하는데, 예를 들어 웹플럭스 및 스웨거 기반 애너테이션을 분석해 API 문서를 생성한다.

이후 장에서 전체 소스코드 예제를 살펴볼 테지만 지금은 다음과 같은 예제 API 문서의 요약된 화면(제거된 부분은 "…"로 표시)으로 충분할 것이다.

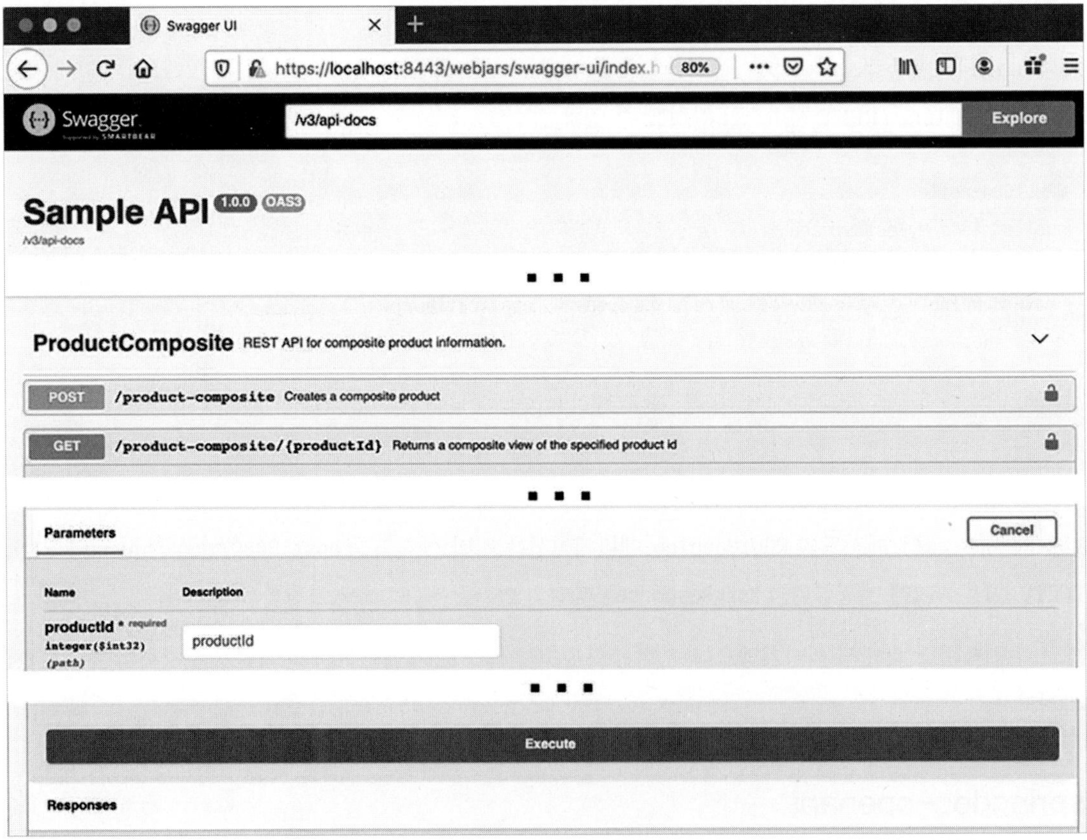


**그림 2.1** 스웨거 UI를 이용해 시각화된 API 문서의 예

> 문서를 읽는 것뿐만 아니라 API를 실제로 시험해 볼 수 있는 Execute 버튼을 볼 수 있다.

`springdoc-openapi`는 마이크로서비스에서 노출하는 API를 문서화하는 데 도움이 된다. 이제 스프링 데이터로 넘어가 보자.

## 스프링 데이터

스프링 데이터는 전통적인 관계형 데이터베이스(SQL 데이터베이스)부터 도큐먼트 데이터베이스(예: MongoDB), 키-값 데이터베이스(예: Redis), 그래프 데이터베이스(예: Neo4j) 같은 다양한 유형의 NoSQL 데이터베이스 엔진에 이르기까지 여러 유형의 데이터베이스 엔진에 데이터를 영속화하기 위한 공통 프로그래밍 모델을 제공한다.

스프링 데이터 프로젝트는 여러 하위 프로젝트로 나뉘며, 이 책에서는 MongoDB 및 JPA로 매핑된 MySQL 데이터베이스용 스프링 데이터 하위 프로젝트를 사용하겠다.

> JPA(Jakarta Persistence API)는 Jakarta Persistence API의 약자로, 관계형 데이터를 처리하는 방법을 정의한 자바 사양이다. 최신 사양은 `https://jakarta.ee/specifications/persistence/`에서 확인할 수 있다. 자카르타 EE 9는 자카르타 퍼시스턴스 3.0(Jakarta Persistence 3.0)을 기반으로 한다.

스프링 데이터의 프로그래밍 모델에서 두 가지 핵심 개념은 엔티티(entity)와 리포지터리(repository)다. 엔티티와 리포지터리는 다양한 유형의 데이터베이스에 데이터를 저장하고 접근하는 방식을 일반화한다. 공통 추상화를 제공하지만 여전히 데이터베이스별로 특화된 동작 방식을 엔티티와 리포지터리에 추가하는 것을 지원한다. 이번 장을 진행하면서 몇 가지 코드 예제와 함께 이 두 가지 핵심 개념을 간략히 설명한다. 좀 더 자세한 내용은 다음 장에서 다루겠다.

> 스프링 데이터는 다양한 유형의 데이터베이스를 위한 공통 프로그래밍 모델을 제공하지만, 그렇다고 해서 소스코드가 완벽하게 이식 가능하다는 의미는 아니다. 예를 들어, 데이터베이스 기술을 SQL 데이터베이스에서 NoSQL 데이터베이스로 전환하려면 일반적으로 소스코드를 일부 변경해야만 한다.

### 엔티티

엔티티는 스프링 데이터에 의해 저장될 데이터를 기술한다. 일반적으로 엔티티 클래스에는 각 데이터베이스 기술에 특화된 애너테이션과 일반 스프링 데이터 애너테이션이 혼합돼 있다.

예를 들어, 관계형 데이터베이스에 저장될 엔티티에는 다음과 같은 JPA 애너테이션을 지정할 수 있다.

```
import jakarta.persistence.Entity;
import jakarta.persistence.Id;
import jakarta.persistence.IdClass;
import jakarta.persistence.Table;

@Entity
@IdClass(ReviewEntityPK.class)
@Table(name = "review")
public class ReviewEntity {
  @Id private int productId;
  @Id private int reviewId;
  private String author;
  private String subject;
  private String content;
```

엔티티가 MongoDB 데이터베이스에 저장되는 경우 스프링 데이터 MongoDB 하위 프로젝트의 애너테이션을 일반 스프링 데이터 애너테이션과 함께 사용할 수 있다. 예를 들면 다음과 같다.

```
import org.springframework.data.annotation.Id;
import org.springframework.data.annotation.Version;
import org.springframework.data.mongodb.core.mapping.Document;

@Document
public class RecommendationEntity {

  @Id
  private String id;

  @Version
  private int version;
```

```
private int productId;
private int recommendationId;
private String author;
private int rate;
private String content;
```

@Id와 @Version 애너테이션은 일반 애너테이션이고, @Document 애너테이션은 스프링 데이터 MongoDB 하위 프로젝트에 특화된 것이다.

> 이는 import 문을 통해 알 수 있는데, mongodb가 포함된 패키지는 스프링 데이터 MongoDB 하위 프로젝트에서 가져온 것이다.

## 리포지터리

리포지터리는 다양한 유형의 데이터베이스에 데이터를 저장하고 접근하는 데 사용된다. 가장 기본적인 형태의 리포지터리는 자바 인터페이스로 선언할 수 있으며, 스프링 데이터는 독자적인 관습을 사용해 해당 인터페이스의 구현을 자동으로 생성한다. 이러한 관습은 추가 구성 및 필요한 경우 일부 자바 코드로 재정의 및/또는 보완할 수 있다.

스프링 데이터에서는 리포지터리 정의를 더 단순화하기 위해 CrudRepository 같은 기반 자바 인터페이스도 제공한다. CrudRepository는 생성, 조회, 갱신, 삭제 작업을 위한 표준 메서드를 제공한다.

JPA 엔티티인 ReviewEntity를 처리하기 위한 리포지터리를 지정하려면 다음과 같이 선언하기만 하면 된다.

```
import org.springframework.data.repository.CrudRepository;

public interface ReviewRepository extends
    CrudRepository<ReviewEntity, ReviewEntityPK> {
  Collection<ReviewEntity> findByProductId(int productId);
}
```

이 예제에서는 복합 기본키를 설명하기 위해 ReviewEntityPK 클래스를 사용한다.

```
public class ReviewEntityPK implements Serializable {
  public int productId;
  public int reviewId;
}
```

기본키의 일부인 `productId` 필드를 기반으로 `Review` 엔티티를 조회할 수 있는 `findByProductId` 메서드도 추가했다. 메서드명이 스프링 데이터에서 정의한 명명 규칙을 따르므로 스프링 데이터가 이 메서드의 구현도 자동으로 생성할 수 있다.

리포지터리를 사용하려면 간단히 생성자에 주입하고 사용하기만 하면 된다. 다음 예제를 보자.

```
private final ReviewRepository repository;

public ReviewService(ReviewRepository repository) {
  this.repository = repository;
}

public void someMethod() {
  repository.save(entity);
  repository.delete(entity);
  repository.findByProductId(productId);
}
```

`CrudRepository` 인터페이스 외에도 스프링 데이터는 리액티브 리포지터리를 활성화하는 리액티브 기반 인터페이스인 `ReactiveCrudRepository`도 제공한다. 이 인터페이스의 메서드는 객체나 객체 컬렉션을 반환하지 않고 `Mono`와 `Flux` 객체를 반환한다. 7장 "반응형 마이크로서비스 개발"에서 볼 수 있듯이 `Mono`와 `Flux` 객체는 스트림에서 사용 가능해졌을 때 `0...1` 또는 `0...m`개의 엔티티를 반환할 수 있는 리액티브 스트림이다.

리액티브 기반 인터페이스는 리액티브 데이터베이스 드라이버(즉, 논블로킹 I/O를 기반으로 하는)를 지원하는 스프링 데이터 하위 프로젝트에서만 사용할 수 있다. 스프링 데이터 MongoDB 하위 프로젝트는 리액티브 리포지터리를 지원하지만 스프링 데이터 JPA는 지원하지 않는다.

앞에서 설명한 MongoDB 엔티티인 `RecommendationEntity`를 처리하기 위한 리액티브 리포지터리는 다음과 같이 작성할 수 있다.

```
import org.springframework.data.repository.reactive.ReactiveCrudRepository;
import reactor.core.publisher.Flux;

public interface RecommendationRepository extends
    ReactiveCrudRepository<RecommendationEntity, String> {
  Flux<RecommendationEntity> findByProductId(int productId);
}
```

이렇게 해서 스프링 데이터 절을 마무리한다. 이제 스프링 클라우드 스트림을 사용해 메시지 기반 비동기 서비스를 어떻게 개발할 수 있는지 살펴보자.

## 스프링 클라우드 스트림

1부에서는 스프링 클라우드에 초점을 맞추지 않을 것이다. 스프링 클라우드에 대해서는 8장 "스프링 클라우드 소개"부터 14장 "분산 추적"까지 2부에서 다룰 것이다. 그러나 여기서는 스프링 클라우드의 모듈 중 하나인 스프링 클라우드 스트림(Spring Cloud Stream)을 살펴보겠다. 스프링 클라우드 스트림은 발행 및 구독(publish and subscribe) 통합 패턴을 기반으로 메시징에 대한 스트리밍 추상화를 제공한다. 스프링 클라우드 스트림은 현재 아파치 카프카와 RabbitMQ에 대한 기본 지원 기능과 함께 제공된다. 다른 인기 있는 메시징 시스템과의 통합을 지원하는 별도 프로젝트도 있다. 자세한 내용은 `https://github.com/spring-cloud?q=binder`를 참고한다.

스프링 클라우드 스트림의 핵심 개념은 다음과 같다.

- **메시지**(message): 메시징 시스템으로 전송되거나 메시징 시스템으로부터 수신되는 데이터를 설명하는 데 사용되는 데이터 구조.
- **발행자**(publisher): 메시징 시스템에 메시지를 전송하며, **공급자**(supplier)라고도 한다.
- **구독자**(subscriber): 메시징 시스템에서 메시지를 수신하며, **소비자**(consumer)라고도 한다.
- **목적지**(destination): 메시징 시스템과 통신하는 데 사용된다. 발행자는 출력 목적지를 사용하고, 구독자는 입력 목적지를 사용한다. 목적지는 특정 바인더에 의해 기본 메시징 시스템의 큐와 토픽에 매핑된다.
- **바인더**(binder): 바인더는 특정 메시징 시스템과의 실제 통합을 제공하며, 이는 특정 유형의 데이터베이스에 대해 JDBC 드라이버가 하는 역할과 비슷하다.

사용할 실제 메시징 시스템은 런타임에 클래스패스에서 무엇이 발견되느냐에 따라 결정된다. 스프링 클라우드 스트림은 메시징을 처리하는 방법에 대해 독자적인 관습을 제공한다. 이러한 관습은 소비자 그룹, 파티셔닝, 영속성, 지속성, 오류 처리(예: 재시도 및 데드 레터 큐(dead letter queue) 처리) 등과 같은 메시징 기능에 대한 구성을 지정하는 방식으로 재정의할 수 있다.

## 메시지 전송과 수신을 위한 코드 예제

이 모든 것이 어떻게 통합되는지 이해하기 위해 소스코드 예제를 살펴보자.

스프링 클라우드 스트림에는 두 가지 프로그래밍 모델이 있다. 하나는 애너테이션(예: `@EnableBinding`, `@Output`, `@StreamListener`)을 기반으로 하는 오래되고 지금은 사용되지 않는 모델이고, 다른 하나는 새로운 함수 기반 모델이다. 이 책에서는 함수형 구현을 사용하겠다.

발행자를 구현하려면 `java.util.function.Supplier` 함수형 인터페이스를 스프링 빈으로 구현하기만 하면 된다. 예를 들어, 다음은 문자열로 메시지를 발행하는 발행자다.

```
@Bean
public Supplier<String> myPublisher() {
  return () -> new Date().toString();
}
```

구독자는 `java.util.function.Consumer` 함수형 인터페이스를 구현하는 스프링 빈으로 구현한다. 예를 들어, 다음은 문자열로 메시지를 소비하는 구독자다.

```
@Bean
public Consumer<String> mySubscriber() {
  return s -> System.out.println("ML RECEIVED: " + s);
}
```

메시지를 처리하는(메시지를 소비하고 발행하는) 스프링 빈을 정의할 수도 있다. 이는 `java.util.function.Function` 함수형 인터페이스를 구현하면 된다. 예를 들어, 인입(incoming) 메시지를 소비하고 일부 처리 과정을 거친 후 새 메시지를 발행하는 스프링 빈은 다음과 같다(두 메시지 모두 문자열이다).

```
@Bean
public Function<String, String> myProcessor() {
```

```
    return s -> "ML PROCESSED: " + s;
}
```

스프링 클라우드 스트림에 이러한 함수를 알리려면 `spring.cloud.function.definition` 구성 프로퍼티를 사용해 선언해야 한다. 예를 들어, 앞에서 정의한 세 함수의 경우 다음과 같은 형태일 것이다.

```
spring.cloud.function:
  definition: myPublisher;myProcessor;mySubscriber
```

마지막으로 각 함수에 사용할 목적지를 스프링 클라우드 스트림에 알려야 한다. 발행자의 메시지를 처리기(processor)가 소비하고, 이어서 처리기의 메시지를 구독자가 소비하도록 세 함수를 연결하려면 다음과 같이 구성한다.

```
spring.cloud.stream.bindings:
  myPublisher-out-0:
    destination: myProcessor-in
  myProcessor-in-0:
    destination: myProcessor-in
  myProcessor-out-0:
    destination: myProcessor-out
  mySubscriber-in-0:
    destination: myProcessor-out
```

그럼 다음과 같은 메시지 흐름이 발생할 것이다.

```
myPublisher → myProcessor → mySubscriber
```

공급자는 기본적으로 1초마다 스프링 클라우드 스트림에 의해 트리거되므로 앞에서 설명한 함수와 구성을 포함하는 스프링 부트 애플리케이션을 시작하면 다음과 같은 출력 결과를 예상할 수 있다.

```
ML RECEIVED: ML PROCESSED: Mon Jun 02 16:28:30 KST 2025
ML RECEIVED: ML PROCESSED: Mon Jun 02 16:28:31 KST 2025
ML RECEIVED: ML PROCESSED: Mon Jun 02 16:28:32 KST 2025
ML RECEIVED: ML PROCESSED: Mon Jun 02 16:28:33 KST 2025
```

타이머 대신 외부 이벤트에 의해 공급자가 트리거돼야 하는 경우 `StreamBridge` 헬퍼 클래스를 사용할 수 있다. 예를 들어, REST API인 `sampleCreateAPI`가 호출될 때 처리기에 메시지를 발행해야 하는 경우의 코드는 다음과 같다.

```
@Autowired
private StreamBridge streamBridge;

@PostMapping
void sampleCreateAPI(@RequestBody String body) {
  streamBridge.send("myProcessor-in-0", body);
}
```

이제 다양한 스프링 API에 대해 이해했으므로 다음 절에서 도커와 컨테이너에 대해 살펴보자.

# 도커

도커와 컨테이너의 개념에 대해서는 깊이 있게 소개하지 않아도 될 것 같다. 도커는 2013년에 가상 머신의 경량화된 대안으로서 컨테이너 개념을 크게 대중화했다. 컨테이너는 실제로 사용자, 프로세스, 파일 시스템, 네트워킹과 같은 전역 시스템 리소스 측면에서 컨테이너 간 격리를 제공하기 위해 리눅스 **네임스페이스**를 사용하는 리눅스 호스트의 프로세스다. 이때 리눅스 **제어 그룹**(cgroups라고도 함)이 컨테이너가 소비할 수 있는 CPU 및 메모리 양을 제한하는 데 사용된다.

하이퍼바이저를 이용해 각자 독립된 운영체제를 실행하는 가상 머신과 비교하면 컨테이너의 오버헤드는 기존 가상 머신에 비해 극히 일부분에 불과하다.

이로 인해 구동 시간이 훨씬 빨라지고 CPU 및 메모리 사용량 측면에서 오버헤드가 크게 줄어든다.

그러나 컨테이너에 제공되는 격리는 가상 머신에 제공되는 격리만큼 안전한 것으로 간주되지 않는다. 마이크로소프트는 Windows Server 2016 릴리스를 통해 윈도우 서버에서 도커 사용을 지원한다.

> 지난 몇 년 동안 경량형 가상 머신들이 진화를 거듭해 왔다. 이러한 경량형 가상 머신은 기존 가상 머신과 컨테이너의 장점을 합쳐서 컨테이너와 유사한 구동 시간과 메모리 사용량을 보여주는 가상 머신을 제공하고 기존 가상 머신과 동일한 수준의 안전한 격리를 제공한다. 일례로 아마존 **파이어크래커**(Amazon Firecracker)와 **마이크로소프트** Windows Subsystem for Linux v2(WSL2)가 있다. 자세한 내용은 `https://firecracker-microvm.github.io`와 `https://docs.microsoft.com/en-us/windows/wsl/`을 참고한다.

컨테이너는 개발과 테스트 모두에 매우 유용하다. 테스트 시 명령어 하나로 협력 마이크로서비스와 리소스 관리자(예: 데이터베이스 서버, 메시징 브로커 등)로 구성된 전체 시스템 환경을 구동할 수 있다는 것은 큰 장점이다.

예를 들어, 마이크로서비스 환경의 종단간 테스트를 자동화하는 스크립트를 작성할 수 있다. 테스트 스크립트는 마이크로서비스 환경을 시작하고 노출된 API를 사용해 테스트를 실행한 다음, 환경을 종료할 수 있다. 이러한 유형의 자동화된 테스트 스크립트는 개발자가 소스코드 리포지터리에 코드를 푸시하기 전에 개발자 PC에서 로컬로 실행하는 데 매우 유용하며, 배포 파이프라인의 한 단계로 실행하는 데도 유용하다. 빌드 서버에서는 개발자가 소스 리포지터리에 코드를 푸시할 때마다 지속적 통합 및 배포 프로세스에서 이러한 유형의 테스트를 실행할 수 있다.

> 프로덕션 환경에서 사용하려면 쿠버네티스 같은 컨테이너 오케스트레이터가 필요하다. 이 책의 후반부에서 컨테이너 오케스트레이터와 쿠버네티스에 대해 다시 살펴본다.

이 책에서 살펴볼 대부분의 마이크로서비스는 다음과 같은 `Dockerfile`만으로 마이크로서비스를 도커 컨테이너로 실행할 수 있다.

```
FROM openjdk:24

MAINTAINER Magnus Larsson <magnus.larsson.ml@gmail.com>

EXPOSE 8080
ADD ./build/libs/*.jar app.jar
ENTRYPOINT ["java","-jar","/app.jar"]
```

명령어 하나로 다수의 컨테이너를 시작하고 중지하려면 **도커 컴포즈**(Docker Compose)가 완벽한 도구다. 도커 컴포즈는 YAML 파일을 사용해 관리할 컨테이너를 기술한다.

이 책의 예제 마이크로서비스의 경우 다음과 같은 형태다.

```
product:
  build: microservices/product-service

recommendation:
  build: microservices/recommendation-service
```

```
review:
  build: microservices/review-service

composite:
  build: microservices/product-composite-service
  ports:
    - "8080:8080"
```

위 소스코드를 조금 설명하겠다.

- build 지시자는 각 마이크로서비스에 사용할 Dockerfile을 지정하는 데 사용된다. 도커 컴포즈는 이를 이용해 도커 이미지를 빌드한 다음, 해당 도커 이미지를 기반으로 도커 컨테이너를 실행한다.
- composite 서비스의 ports 지시자는 도커가 실행되는 서버에서 8080번 포트를 노출하는 데 사용된다. 개발자 장비에서는 localhost:8080을 사용해 composite 서비스의 포트에 도달할 수 있음을 의미한다.

YAML 파일의 모든 컨테이너는 다음과 같은 간단한 명령으로 관리할 수 있다.

- docker compose up -d: 모든 컨테이너를 구동한다. -d는 컨테이너가 명령이 실행된 터미널을 잠그지 않고 백그라운드에서 실행됨을 의미한다.
- docker compose down: 모든 컨테이너를 중지하고 제거한다.
- docker compose logs -f --tail=0: 모든 컨테이너의 로그 메시지를 출력한다. -f는 명령이 완료되지 않고 새 로그 메시지를 기다린다는 것을 의미한다. --tail=0은 이전 로그 메시지를 보지 않고 새 로그 메시지만 본다는 것을 의미한다.

> 도커 컴포즈 명령의 전체 목록은 https://docs.docker.com/compose/reference/를 참고한다.

지금까지 도커에 대해 간략하게 소개했다. 4장 '도커를 활용한 마이크로서비스 배포'에서부터 도커에 대해 자세히 살펴보겠다.

## 정리

이번 장에서는 스프링 부트와 협력 마이크로서비스를 구축하는 데 사용할 수 있는 오픈소스 도구들을 소개했다.

스프링 부트는 마이크로서비스 같은 프로덕션 환경에 곧바로 사용할 수 있는 스프링 기반 애플리케이션의 개발을 단순화하는 데 사용된다. 스프링 부트는 스프링 프레임워크의 핵심 모듈과 타사 도구 설정 방법에 대해 독자적인 방식을 제시한다. 스프링 웹플럭스를 사용하면 반응형(논블로킹) REST 서비스를 노출하는 마이크로서비스를 개발할 수 있다. 이러한 REST 서비스를 문서화하기 위해 `springdoc-openapi`를 사용해 API에 대한 OpenAPI 기반 문서를 생성할 수 있다. 마이크로서비스에서 사용하는 데이터를 영속화해야 하는 경우 스프링 데이터를 사용할 수 있으며, 스프링 데이터는 엔티티와 리포지터리를 사용해 영속 데이터에 접근하고 조작하는 우아한 추상화를 제공한다. 스프링 데이터의 프로그래밍 모델은 여러 데이터베이스에 걸쳐 유사하지만 관계형, 도큐먼트, 키-값, 그래프 데이터베이스 같은 다양한 유형 간에 완전한 소스 코드 이식성을 보장하지는 않는다.

마이크로서비스 간에 메시지를 비동기적으로 보내는 것을 선호하는 경우 메시징에 대한 스트리밍 추상화를 제공하는 스프링 클라우드 스트림을 사용할 수 있다. 스프링 클라우드 스트림은 아파치 카프카와 RabbitMQ를 기본 지원하지만 사용자 지정 바인더를 사용해 다른 메시징 브로커를 지원하도록 확장할 수 있다. 마지막으로, 도커는 가상 머신의 경량 대안으로, 컨테이너 개념을 쉽게 사용할 수 있게 한다. 컨테이너는 리눅스 네임스페이스와 제어 그룹을 기반으로 기존 가상 머신과 유사한 수준의 격리를 제공하지만 CPU 및 메모리 사용량 측면에서 오버헤드가 훨씬 적다.

다음 장에서는 스프링 부트와 스프링 웹플럭스를 사용해 최소한의 기능을 가진 마이크로서비스를 만드는 첫걸음을 내디딜 것이다.

# 문제

1. `@SpringBootApplication` 애너테이션의 목적은 무엇인가?
2. REST 서비스를 개발하기 위한 기존 스프링 컴포넌트인 스프링 웹 MVC와 새로운 스프링 웹플럭스의 주된 차이점은 무엇인가?
3. `springdoc-openapi`는 개발자가 REST API를 문서화하는 데 어떻게 도움이 되는가?
4. 스프링 데이터에서 리포지터리의 기능은 무엇이며, 리포지터리의 가능한 가장 간단한 구현은 무엇인가?
5. 스프링 클라우드 스트림에서 바인더의 용도는 무엇인가?
6. 도커 컴포즈의 용도는 무엇인가?

# 03

# 협력하는 마이크로서비스 만들기

이번 장에서는 첫 번째 마이크로서비스를 몇 가지 만들겠다. 그 과정에서 최소한의 기능을 가진 협력 마이크로서비스를 만드는 법을 배울 것이다. 이후 장에서는 이 마이크로서비스에 점점 더 많은 기능을 추가하겠다. 이번 장을 마치면 복합 마이크로서비스가 노출하는 RESTful API를 갖게 될 것이다. 복합 마이크로서비스에서는 RESTful API를 사용해 다른 세 개의 마이크로서비스를 호출해 최종 집계된 응답을 생성할 것이다.

이번 장에서 다룰 주제는 다음과 같다.

- 마이크로서비스 환경 소개
- 기본 골격 마이크로서비스 생성
- RESTful API 추가
- 복합 마이크로서비스 추가
- 오류 처리 추가
- API 수동 테스트
- 격리된 환경의 마이크로서비스 자동화 테스트 추가
- 마이크로서비스 환경에 대한 반자동 테스트 추가

## 기술적 요구사항

이 책에서 사용하는 도구를 설치하는 방법과 이 책의 소스코드를 내려받는 방법은 다음을 참고한다.

- 21장 'macOS용 설치 안내'
- 22장 'WSL 2 및 우분투가 탑재된 마이크로소프트 윈도우용 설치 안내'

이번 장의 모든 코드 예제는 `$BOOK_HOME/Chapter03`에 있는 소스코드에서 가져온 것이다. 도구와 소스코드가 준비되면 이번 장에서 만들 마이크로서비스의 시스템 환경에 대해 알아본다.

## 마이크로서비스 환경 소개

1장 '마이크로서비스 소개'에서 이 책 전반에 걸쳐 사용할 마이크로서비스 기반 시스템 환경을 간략히 소개했다.

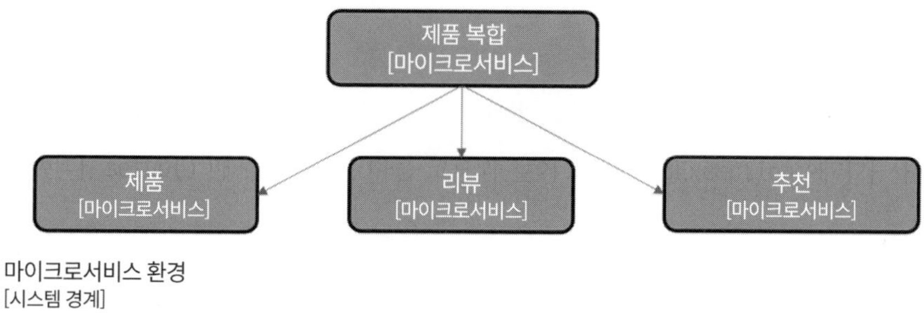


**그림 3.1** 마이크로서비스 환경

시스템은 세 개의 핵심 마이크로서비스와 한 개의 복합 마이크로서비스로 구성된다. 핵심 마이크로서비스로는 **제품**(Product), **리뷰**(Review), **추천**(Recommendation) 서비스가 있고, **제품 복합**(Product Composite) 서비스는 이 세 핵심 서비스의 정보를 집계한다.

## 마이크로서비스에서 처리하는 정보

이 책의 예제를 이해하기 쉽도록 비즈니스 로직은 최소화했다. 같은 이유로 비즈니스 객체의 정보 모델도 최소화했다. 이번 절에서는 인프라 관련 정보를 비롯해 각 마이크로서비스에서 처리하는 정보를 살펴본다.

### 제품 서비스

제품 서비스는 제품 정보를 관리하고 다음과 같은 속성을 이용해 각 제품을 설명한다.

- 제품 ID
- 이름
- 무게

### 리뷰 서비스

리뷰 서비스는 제품 리뷰를 관리하고 각 리뷰에 대해 다음과 같은 정보를 저장한다.

- 제품 ID
- 리뷰 ID
- 작성자
- 제목
- 내용

### 추천 서비스

추천 서비스는 제품 추천을 관리하고 각 추천에 대해 다음과 같은 정보를 저장한다.

- 제품 ID
- 추천 ID
- 작성자
- 평점
- 내용

### 제품 복합 서비스

제품 복합 서비스는 세 가지 핵심 서비스의 정보를 집계해서 다음과 같은 제품에 관한 정보를 제공한다.

- 제품 정보(제품 서비스의 설명 참조)
- 특정 제품에 대한 제품 리뷰 목록(리뷰 서비스의 설명 참조)
- 특정 제품에 대한 제품 추천 목록(추천 서비스의 설명 참조)

## 인프라 관련 정보

인프라에 의해 관리되는 컨테이너(먼저 도커를 사용하고, 이후에 쿠버네티스를 사용)로 마이크로서비스를 실행하기 시작하면 요청에 실제로 응답한 컨테이너가 무엇인지 추적하고 싶을 것이다. 이 문제를 간단히 해결하기 위해 모든 응답에 `hostname/ip-address:port` 형식의 `serviceAddress` 속성을 추가했다.

> 18장 '서비스 메시를 활용한 관찰 가능성과 관리 개선'과 19장 'EFK 스택을 활용한 중앙 집중식 로깅'에서는 마이크로서비스에서 처리하는 요청을 추적하기 위한 더 강력한 방법을 배운다.

## 임시로 서비스 디스커버리 대체하기

현재 단계에서는 서비스 디스커버리 메커니즘이 없기 때문에 모든 마이크로서비스를 `localhost`에서 실행하고, 각 마이크로서비스에 대해 하드코딩한 포트 번호를 사용하겠다. 구체적으로 다음과 같은 포트를 사용한다.

- 제품 복합 서비스: `7001`
- 제품 서비스: `7002`
- 추천 서비스: `7003`
- 리뷰 서비스: `7004`

> 하드코딩한 포트는 나중에 도커와 쿠버네티스를 사용할 때 제거할 예정이다.

이번 절에서는 이 책에서 생성할 마이크로서비스와 그것들이 처리할 정보를 소개했다. 다음 절에서는 스프링 이니셜라이저를 이용해 마이크로서비스에 대한 기본 골격 코드를 생성하겠다.

# 기본 골격 마이크로서비스 생성

이제 마이크로서비스를 위한 프로젝트를 어떻게 생성하는지 살펴보자. 최종 결과물은 `$BOOK_HOME/Chapter03/1-spring-init` 폴더에서 확인할 수 있다. 프로젝트 설정을 단순화하기 위해 각 마이크로서비스에 대한 기본 골격 프로젝트를 생성하는 데 스프링 이니셜라이저(Spring Initializr)를 사용한다. 기본 골격 프로젝트는 프로젝트 구축에 필요한 파일과 함께 빈 `main` 클래스와 마이크로서비스에 대한 테스트 클래스를 포함한다. 그다음에는 이 책에서 사용할 빌드 도구인 그레이들에서 멀티 프로젝트 빌드를 사용해 명령어 하나로 모든 마이크로서비스를 빌드하는 방법을 살펴보겠다.

## 스프링 이니셜라이저를 활용한 기본 골격 코드 생성

마이크로서비스 개발을 시작하기 위해 스프링 이니셜라이저라는 도구를 사용해 기본 골격 코드를 생성하겠다. 스프링 이니셜라이저는 스프링 팀에서 제공하며, 새로운 스프링 부트 애플리케이션을 구성하고 생성하는 데 사용할 수 있다. 이 도구를 이용하면 개발자가 애플리케이션에서 사용할 추가 스프링 모듈을 선택할 수 있으며, 개발자가 선택한 모듈과 호환되는 버전을 사용하도록 프로젝트 의존성을 구성할 수 있다. 또한 빌드 시스템으로 메이븐이나 그레이들을 지원하며, 자바, 코틀린, 그루비용 소스코드를 생성할 수 있다.

웹 브라우저에서 `https://start.spring.io/`로 이동하거나 명령줄 도구인 `spring init`을 사용해 호출할 수 있다.[1] 여기서는 마이크로서비스 생성을 더 쉽게 재현하기 위해 명령줄 도구를 사용하겠다.

각 마이크로서비스에 대해 다음과 같은 작업을 수행하는 스프링 부트 프로젝트를 생성하겠다.

- 빌드 도구로 그레이들을 사용
- 자바 24로 마이크로서비스를 컴파일 및 실행
- 프로젝트를 팻 JAR 파일로 패키징
- 액추에이터(Actuator)와 웹플럭스(WebFlux) 스프링 모듈에 대한 의존성을 포함
- 스프링 부트 3.5.0(스프링 프레임워크 6.2.6에 의존)을 기반으로 함

> 스프링 부트 액추에이터(Spring Boot Actuator)를 이용하면 관리 및 모니터링을 위한 여러 가지 유용한 엔드포인트를 사용할 수 있다(나중에 실제로 작동하는 모습을 살펴보겠다). 여기서는 스프링 웹플럭스를 사용해 RESTful API를 생성한다.

1 (옮긴이) 스프링 부트 CLI 도구를 설치하려면 `https://docs.spring.io/spring-boot/installing.html#getting-started.installing.cli`를 참고한다.

마이크로서비스에 대한 기본 골격 코드를 생성하려면 product-service에 대해 다음 명령을 실행해야 한다.

```
spring init \
--boot-version=3.5.0 \
--type=gradle-project \
--java-version=24 \
--packaging=jar \
--name=product-service \
--package-name=se.magnus.microservices.core.product \
--groupId=se.magnus.microservices.core.product \
--dependencies=actuator,webflux \
--version=1.0.0-SNAPSHOT \
product-service
```

spring init CLI의 자세한 사항이 궁금하다면 spring help init 명령을 실행한다. 추가할 수 있는 의존성을 확인하려면 spring init --list 명령을 실행한다.

이 책의 깃허브 저장소에 있는 소스코드를 사용하는 대신 직접 4개의 프로젝트를 생성하려면 다음과 같이 $BOOK_HOME/Chapter03/1-spring-init/create-projects.bash를 실행한다.

```
mkdir some-temp-folder
cd some-temp-folder
$BOOK_HOME/Chapter03/1-spring-init/create-projects.bash
```

create-projects.bash를 사용해 4개의 프로젝트를 생성하고 나면 파일 구조가 다음과 같이 구성될 것이다.

```
microservices/
├── product-composite-service
├── product-service
├── recommendation-service
└── review-service
```

각 프로젝트에 대해 생성된 파일을 나열해볼 수 있다. product-service 프로젝트에 대해 다음 명령을 실행해 보자.

```
find microservices/product-service -type f
```

그럼 다음과 같은 출력 결과가 나타난다.

```
4. bash
$ find microservices/product-service -type f
microservices/product-service/gradle/wrapper/gradle-wrapper.jar
microservices/product-service/gradle/wrapper/gradle-wrapper.properties
microservices/product-service/gradlew
microservices/product-service/.gitignore
microservices/product-service/build.gradle
microservices/product-service/gradlew.bat
microservices/product-service/settings.gradle
microservices/product-service/src/test/java/se/magnus/microservices/core/product/ProductServiceApplicationTests.java
microservices/product-service/src/main/resources/application.properties
microservices/product-service/src/main/java/se/magnus/microservices/core/product/ProductServiceApplication.java
$
```

**그림** 3.2 product-service에 대해 생성된 파일 목록

보다시피 스프링 이니셜라이저가 다수의 그레이들용 파일, 즉 `.gitignore` 파일과 다음과 같은 3개의 스프링 부트 파일을 생성했다.

- `ProductServiceApplication.java`: 메인 애플리케이션 클래스
- `application.properties`: 빈 프로퍼티 파일
- `ProductServiceApplicationTests.java`: JUnit을 사용해 스프링 부트 애플리케이션에 대한 테스트를 실행하도록 구성된 테스트 클래스

메인 애플리케이션 클래스인 `ProductServiceApplication.java`는 이전 장의 '@SpringBootApplication 애너테이션의 마법' 절에서 다룬 바 있다.

```
package se.magnus.microservices.core.product;

@SpringBootApplication
public class ProductServiceApplication {

  public static void main(String[] args) {
    SpringApplication.run(ProductServiceApplication.class, args);
  }
}
```

테스트 클래스는 다음과 같다.

```
package se.magnus.microservices.core.product;

@SpringBootTest
class ProductServiceApplicationTests {

  @Test
  void contextLoads() {
  }
}
```

@SpringBootTest 애너테이션은 애플리케이션을 실행할 때 @SpringBootApplication이 하는 것과 동일한 방식으로 애플리케이션을 초기화한다. 즉, 이전 장에서 설명한 대로 컴포넌트 스캔과 자동 구성을 사용해 테스트가 실행되기 전에 스프링 애플리케이션 컨텍스트가 설정될 것이다.

가장 중요한 그레이들 파일인 build.gradle도 살펴보자. 이 파일의 내용은 프로젝트를 빌드하는 방법, 예를 들어 의존성을 해결하고 소스코드를 컴파일, 테스트, 패키징하는 방법을 설명한다. 그레이들 파일은 적용할 플러그인을 나열하는 것으로 시작한다.

```
plugins {
  id 'java'
  id 'org.springframework.boot' version '3.5.0'
  id 'io.spring.dependency-management' version '1.1.7'
}
```

선언된 플러그인은 다음과 같이 사용된다.

- java 플러그인은 자바 컴파일러를 프로젝트에 추가한다.
- org.springframework.boot와 io.spring.dependency-management 플러그인이 선언됐는데, 이를 통해 그레이들이 팻 JAR 파일을 빌드하고 스프링 부트 스타터 의존성에 명시적인 버전을 지정하지 않아도 된다. 대신 org.springframework.boot 플러그인의 버전, 즉 3.5.0에 의해 의존성 버전이 결정된다.

빌드 파일의 나머지 부분에는 기본적으로 프로젝트의 그룹명과 버전, 자바 버전, 의존성이 선언돼 있다.

```
group = 'se.magnus.microservices.composite.product'
version = '1.0.0-SNAPSHOT'

java {
  toolchain {
```

```
    languageVersion = JavaLanguageVersion.of(24)
  }
}

repositories {
  mavenCentral()
}

dependencies {
  implementation 'org.springframework.boot:spring-boot-starter-actuator'
  implementation 'org.springframework.boot:spring-boot-starter-webflux'
  testImplementation 'org.springframework.boot:spring-boot-starter-test'
  testImplementation 'io.projectreactor:reactor-test'
  testRuntimeOnly 'org.junit.platform:junit-platform-launcher'
}

tasks.named('test') {
  useJUnitPlatform()
}
```

사용된 의존성과 테스트 관련 사항에 대한 몇 가지 참고할 사항은 다음과 같다.

- 앞서 언급한 플러그인과 마찬가지로 의존성은 메이븐 중앙 저장소에서 가져온다.
- 몇 가지 유용한 테스트 의존성을 포함해서 의존성은 액추에이터와 웹플럭스 모듈에서 지정한 대로 설정된다.
- 마지막으로, 그레이들 빌드에서 테스트를 실행하기 위해 JUnit이 구성된다.

각 마이크로서비스를 다음과 같은 명령으로 각각 빌드할 수도 있다.

```
cd microservices/product-composite-service; ./gradlew build; cd -; \
cd microservices/product-service;           ./gradlew build; cd -; \
cd microservices/recommendation-service;    ./gradlew build; cd -; \
cd microservices/review-service;            ./gradlew build; cd -;
```

> 여기서는 그레이들을 설치할 필요 없이 스프링 이니셜라이저에서 생성한 `gradlew` 실행 파일을 어떻게 사용하는지 눈여겨보자.
>
> `gradlew`로 명령을 처음 실행하면 그레이들이 자동으로 다운로드된다. 사용되는 그레이들 버전은 `gradle/wrapper/gradle-wrapper.properties` 파일에 있는 `distributionUrl` 프로퍼티에 의해 결정된다.

## 그레이들에서 멀티 프로젝트 빌드 설정

모든 마이크로서비스를 하나의 명령으로 빌드하는 것을 조금 더 단순화하기 위해 그레이들에서 멀티 프로젝트 빌드를 설정할 수 있다. 설정 단계는 다음과 같다.

1. 먼저 그레이들이 빌드해야 할 프로젝트를 설명하는 `settings.gradle` 파일을 생성한다.[2]

```
cat <<EOF > settings.gradle
include ':microservices:product-service'
include ':microservices:review-service'
include ':microservices:recommendation-service'
include ':microservices:product-composite-service'
EOF
```

2. 다음으로 멀티 프로젝트 빌드에 재사용할 수 있게 프로젝트 중 하나에서 생성된 그레이들 실행 파일을 복사한다.

```
cp -r microservices/product-service/gradle .
cp microservices/product-service/gradlew .
cp microservices/product-service/gradlew.bat .
cp microservices/product-service/.gitignore .
```

3. 각 프로젝트에서 생성된 그레이들 실행 파일은 더 이상 필요하지 않으므로 다음 명령으로 제거해도 된다.

```
find microservices -depth -name "gradle" -exec rm -rfv "{}" \;
find microservices -depth -name "gradlew*" -exec rm -fv "{}" \;
```

결과는 `$BOOK_HOME/Chapter03/1-spring-init` 폴더의 내용과 비슷할 것이다.

4. 이제 다음 명령으로 모든 마이크로서비스를 빌드할 수 있다.

```
./gradlew build
```

위 명령을 실행하지 않았다면 간단히 이 책의 소스코드로 이동한 후 그곳에서 빌드해도 된다.

```
cd $BOOK_HOME/Chapter03/1-spring-init
./gradlew build
```

그럼 다음과 같은 출력 결과가 표시될 것이다.

2 (옮긴이) 앞에서 생성한 `microservices` 디렉터리의 상위 디렉터리에 생성한다.

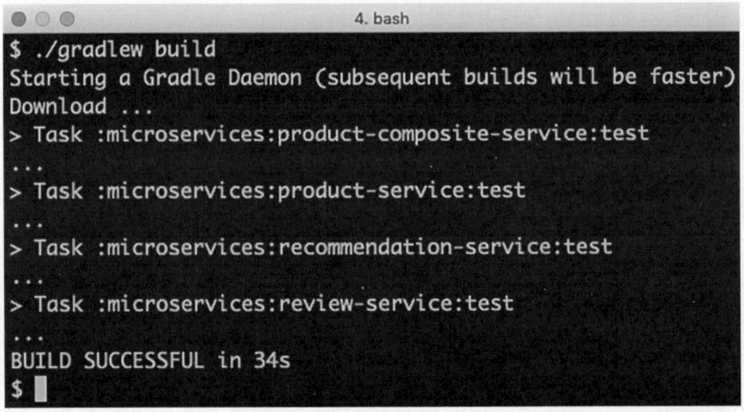


**그림 3.3** 빌드 성공 시 출력 결과

이렇게 해서 스프링 이니셜라이저를 사용해 마이크로서비스에 대한 기본 골격 프로젝트를 생성하고 그레이들을 이용해 성공적으로 빌드했으므로 다음 절에서 마이크로서비스에 코드를 추가할 준비가 끝났다.

> 데브옵스(DevOps) 관점에서 볼 때 멀티 프로젝트 설정은 바람직하지 않을 수 있다. 대신 각 마이크로서비스가 자체적인 빌드 및 릴리스 주기를 밟게 하려면 각 마이크로서비스 프로젝트에 대해 별도의 빌드 파이프라인을 설정하는 편이 더 바람직할 수 있다. 하지만 이 책에서는 하나의 명령으로 전체 시스템 환경을 더 쉽게 빌드하고 배포할 수 있도록 멀티 프로젝트 설정을 사용하겠다.

## RESTful API 추가

이제 예제 마이크로서비스에 필요한 프로젝트를 설정했으므로 세 개의 핵심 마이크로서비스에 RESTful API를 추가해 보자.

이 주제와 이번 장의 나머지 주제에 대한 최종 결과물은 `$BOOK_HOME/Chapter03/2-basic-rest-services` 폴더에서 확인할 수 있다.

먼저 마이크로서비스 프로젝트에서 공유되는 코드를 포함할 두 개의 프로젝트(`api`와 `util`)를 추가한 다음 RESTful API를 구현하겠다.

## API와 유틸리티 프로젝트 추가

api 프로젝트를 추가하려면 다음과 같이 진행한다.

1. 먼저 API 정의를 담을 별도의 그레이들 프로젝트를 설정한다. 이 책에서는 RESTful API를 설명하기 위해 자바 인터페이스를 사용할 것이며, API가 요청과 응답에서 사용하는 데이터를 설명하기 위해 모델 클래스를 사용할 것이다. API에 의해 반환될 수 있는 오류 유형을 설명하기 위해 여러 예외 클래스도 정의한다. 자바 클래스에서 직접 설명하지 않고 자바 인터페이스로 RESTful API를 설명하는 것은 API 정의를 구현과 분리하는 좋은 방법이다. 이 책의 후반부에서 자바 인터페이스 형태로 더 많은 API 정보를 추가해서 OpenAPI 사양으로 노출할 때 이 패턴을 더 확장할 것이다. 더 자세한 사항은 5장 'OpenAPI를 활용한 API 문서화'를 참고한다.

> 여러 마이크로서비스에 대한 API 정의를 공통 API 모듈에 저장하는 것이 좋은 관행인지 여부는 논란의 여지가 있다. 이는 잠재적으로 마이크로서비스 간에 원치 않은 의존성을 만들어서 개발 프로세스를 더 복잡하고 느리게 만드는 등의 모놀리식 특성을 초래할 수 있다. 개인적으로 릴리스 배포와 관리를 같은 조직에서 수행하는 마이크로서비스에는 이것이 적절한 선택이다(이는 **도메인 주도 설계**에서 단일 **바운디드 컨텍스트** 내에 마이크로서비스를 배치하는 것과 유사하다). 1장 '마이크로서비스 소개'에서 이미 살펴봤듯이 동일한 바운디드 컨텍스트 내의 마이크로서비스는 공통 정보 모델을 기반으로 하는 API 정의를 가져야 하므로 이러한 API 정의를 동일한 API 모듈에 저장해도 원치 않는 의존성이 추가되지 않는다.

2. 다음으로 이 책의 마이크로서비스에서 공유하는(예: 오류를 일관된 방식으로 처리하기 위해) 헬퍼 클래스를 포함하는 `util` 프로젝트를 생성한다.

> 다시 말하지만, 데브옵스 관점에서는 모든 프로젝트를 자체 빌드 파이프라인에서 빌드하고, 마이크로서비스 프로젝트에서는 `api` 및 `util` 프로젝트에 대한 버전 관리되는 의존성을 갖게 하는 편이 더 바람직할 것이다. 즉, 각 마이크로서비스가 `api` 및 `util` 프로젝트의 어떤 버전을 사용할지 선택할 수 있도록 말이다. 하지만 이 책에서는 빌드 및 배포 단계를 간단하게 유지하기 위해 `api` 및 `util` 프로젝트를 멀티 프로젝트 빌드에 포함시키겠다.

### api 프로젝트

`api` 프로젝트는 라이브러리로 패키징될 것이다. 즉, `main` 애플리케이션 클래스를 포함하지 않을 것이다. 현재 스프링 이니셜라이저는 라이브러리 프로젝트를 생성하는 기능을 지원하지 않는다. 따라서 라이브러리 프로젝트를 처음부터 직접 생성해야 한다. API 프로젝트의 소스코드는 `$BOOK_HOME/Chapter03/2-basic-rest-services/api`에서 확인할 수 있다.

라이브러리 프로젝트의 구조는 main 애플리케이션 클래스가 없다는 점과 build.gradle 파일에 약간의 차이점이 있다는 점을 제외하면 애플리케이션 프로젝트와 동일하다. 그레이들 플러그인인 org.springframework.boot는 implementation platform 섹션으로 대체된다.

```
ext {
  springBootVersion = '3.5.0'
}

dependencies {
  implementation platform("org.springframework.boot:spring-boot-dependencies:$ {springBootVersion
}")
```

이를 통해 빌드 단계에서 팻 JAR를 생성하는 대신 프로젝트 자체의 클래스와 프로퍼티 파일만 포함하는 일반 JAR 파일을 생성함으로써 스프링 부트 의존성 관리를 유지할 수 있다.

세 개의 핵심 마이크로서비스에 대한 api 프로젝트의 자바 파일 구성은 다음과 같다.

```
$BOOK_HOME/Chapter03/2-basic-rest-services/api/src/main/java/se/magnus/api/core
├── product
│   ├── Product.java
│   └── ProductService.java
├── recommendation
│   ├── Recommendation.java
│   └── RecommendationService.java
└── review
    ├── Review.java
    └── ReviewService.java
```

세 개의 핵심 마이크로서비스에 대한 자바 클래스의 구조는 매우 유사하므로 여기서는 product 서비스에 대한 소스코드만 살펴보겠다.

먼저 ProductService.java 자바 인터페이스를 살펴보자.

```
package se.magnus.api.core.product;

public interface ProductService {
```

```
  @GetMapping(
    value = "/product/{productId}",
    produces = "application/json")
  Product getProduct(@PathVariable int productId);
}
```

자바 인터페이스 선언은 다음과 같이 동작한다.

- product 서비스는 getProduct()라는 하나의 API 메서드만 노출한다(이 API는 6장 '영속성 추가'에서 확장한다).
- 메서드를 HTTP GET 요청에 매핑하기 위해 @GetMapping 스프링 애너테이션을 사용한다. 여기서 메서드가 매핑될 URL 경로(/product/{productId})와 응답 형식(이 경우 JSON)을 지정한다.
- {productId} 부분은 productId라는 경로 변수에 매핑된다.
- productId 메서드 매개변수에는 @PathVariable 애너테이션이 지정돼 있는데, 이는 HTTP 요청에 전달된 값을 매개변수에 매핑하는 역할을 한다. 예를 들어, /product/123에 대한 HTTP GET 요청이 들어오면 productId 매개변수가 123으로 설정된 상태로 getProduct() 메서드가 호출된다.

이 메서드는 Product 객체를 반환하는데, 이는 이번 장의 시작 부분에서 설명한 대로 Product의 속성에 해당하는 멤버 변수를 가진 일반 POJO 기반 모델 클래스다. Product.java는 다음과 같다(생성자와 게터 메서드는 제외).

```
public class Product {
  private final int productId;
  private final String name;
  private final int weight;
  private final String serviceAddress;
}
```

> 이러한 유형의 POJO 클래스는 API 구현과 API 호출자 간에 데이터를 전송하는 데 사용되므로 데이터 전송 객체(Data Transfer Object; DTO)라고도 한다. 6장 '영속성 추가'에서는 데이터가 데이터베이스에 저장되는 방식을 설명하는 데 사용할 수 있는 또 다른 유형의 POJO인 엔티티 객체를 살펴본다.

API 프로젝트에는 InvalidInputException과 NotFoundException 예외 클래스도 포함돼 있다.

### util 프로젝트

util 프로젝트는 api 프로젝트와 동일한 방식으로 라이브러리로 패키징될 것이다. util 프로젝트의 소스코드는 $BOOK_HOME/Chapter03/2-basic-rest-services/util에서 확인할 수 있다. 이 프로젝트에는 GlobalControllerExceptionHandler, HttpErrorInfo, ServiceUtil이라는 유틸리티 클래스가 포함돼 있다.

ServiceUtil.java의 코드를 제외하고 이러한 클래스는 이후의 '오류 처리 추가' 절에서 설명한 대로 자바 예외를 적절한 HTTP 상태 코드에 매핑하는 데 사용할 수 있는 재사용 가능한 유틸리티 클래스다. ServiceUtil.java의 주된 용도는 마이크로서비스에서 사용하는 호스트명, IP 주소, 포트를 찾는 것이다. 이 클래스에서는 이전 절인 '인프라 관련 정보'에서 설명한 대로 마이크로서비스에서 자신의 호스트명, IP 주소, 포트를 찾는 데 사용할 수 있는 getServiceAddress() 메서드를 노출한다.

## API 구현

이제 핵심 마이크로서비스에서 API를 구현할 차례다.

구현은 세 개의 핵심 마이크로서비스에 대해 모두 유사하므로 여기서는 product 서비스에 대한 소스코드만 살펴보겠다. 다른 파일은 $BOOK_HOME/Chapter03/2-basic-rest-services/microservices에서 확인할 수 있다. 그럼 어떻게 구현하는지 살펴보자.

1. product-service 프로젝트의 build.gradle 파일에 api와 util 프로젝트를 의존성으로 추가한다.

```
dependencies {
  implementation project(':api')
  implementation project(':util')
```

2. 스프링 부트의 자동 구성 기능이 api 및 util 프로젝트의 스프링 빈을 감지할 수 있도록 api와 util 프로젝트의 패키지를 포함하는 @ComponentScan 애너테이션을 메인 애플리케이션 클래스에 추가한다.

```
@SpringBootApplication
@ComponentScan("se.magnus")
public class ProductServiceApplication {
```

3. 다음으로 api 프로젝트의 자바 인터페이스인 ProductService를 구현하기 위해 서비스 구현 파일인 ProductServiceImpl.java를 생성하고, 스프링이 인터페이스에 지정된 매핑에 따라 이 클래스의 메서드를 호출하도록 @RestController 애너테이션을 클래스에 추가한다.

```
package se.magnus.microservices.core.product.services;

@RestController
public class ProductServiceImpl implements ProductService {
}
```

4. util 프로젝트의 ServiceUtil 클래스를 사용할 수 있도록 생성자에 주입한다.

```
private final ServiceUtil serviceUtil;

public ProductServiceImpl(ServiceUtil serviceUtil) {
  this.serviceUtil = serviceUtil;
}
```

5. 이제 api 프로젝트의 인터페이스에 포함된 getProduct() 메서드를 재정의해서 API를 구현할 수 있다.

```
@Override
public Product getProduct(int productId) {
  return new Product(productId, "name-" + productId, 123,
    serviceUtil.getServiceAddress());
}
```

아직까지는 데이터베이스를 사용하고 있지 않으므로 ServiceUtil 클래스에서 제공하는 서비스 주소와 함께 productId 입력을 기반으로 하드코딩된 응답을 반환한다.

로깅과 오류 처리가 포함된 최종 결과는 ProductServiceImpl.java를 참고한다.

6. 마지막으로, 사용할 포트와 원하는 로깅 수준을 설정해야 한다. 이를 application.yml 프로퍼티 파일에 추가한다.

```
server.port: 7002

logging:
  level:
    root: INFO
    se.magnus.microservices: DEBUG
```

> 스프링 이니셜라이저에 의해 생성된 빈 application.properties 파일을 YAML 파일인 application.yml로 대체했다. YAML 파일은 .properties 파일에 비해 관련 속성을 그룹화하는 데 좀 더 유용하다. 위의 로그 레벨 설정을 참고한다.

7. 이제 product 서비스를 단독으로 사용해 볼 수 있다. 다음 명령으로 마이크로서비스를 빌드하고 구동한다.

```
cd $BOOK_HOME/Chapter03/2-basic-rest-services
./gradlew build
java -jar microservices/product-service/build/libs/*.jar &
```

터미널에 다음과 같은 내용이 출력될 때까지 기다린다.

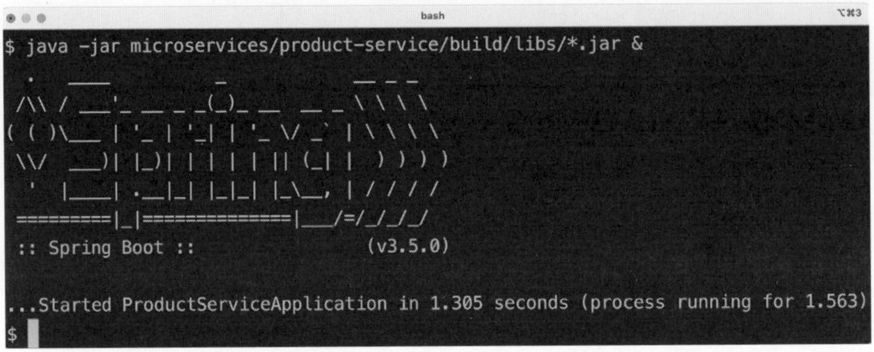


**그림 3.4** ProductServiceApplication 구동하기

8. product 서비스에 대한 호출을 테스트해보자.

```
curl http://localhost:7002/product/123
```

그럼 다음과 같은 응답을 받게 될 것이다.

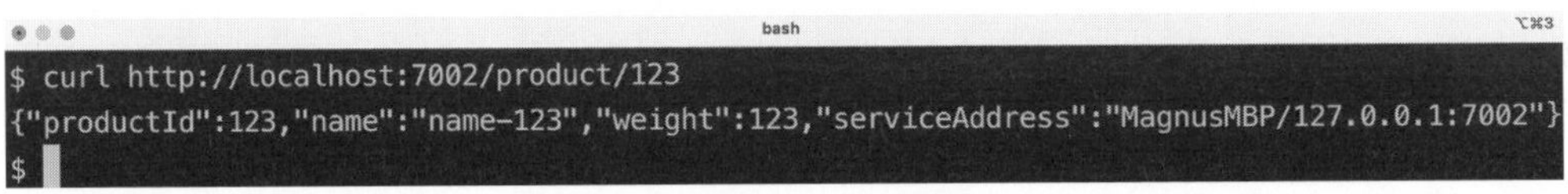


**그림 3.5** 테스트 호출에 대한 예상 응답

9. 마지막으로 product 서비스를 중지하자.

```
kill $(jobs -p)
```

이제 첫 번째 마이크로서비스 하나를 빌드, 실행, 테스트했다. 다음 절에서는 지금까지 생성한 세 개의 핵심 서비스를 사용할 복합 마이크로서비스를 구현하겠다.

스프링 부트 2.5.0부터는 `./gradlew build` 명령을 실행할 때 두 가지 JAR 파일이 생성되는데, 하나는 팻 JAR 파일이고, 다른 하나는 스프링 부트 애플리케이션에서 자바 파일을 컴파일한 결과 클래스 파일들만 포함된 일반 JAR 파일이다. 여기서는 일반 JAR 파일이 필요 없으므로 이어지는 설명에 따라 생성되지 않도록 설정하고, 실행 시 다음과 같이 와일드카드를 사용해 팻 JAR 파일을 지정해야 한다.

```
java -jar microservices/product-service/build/libs/*.jar
```

각 마이크로서비스에 대한 `build.gradle` 파일에 다음 줄을 추가해서 새로운 일반 JAR 파일의 생성을 비활성화했다.

```
jar {
  enabled = false
}
```

자세한 내용은 `https://docs.spring.io/spring-boot/gradle-plugin/packaging.html#packaging-executable.and-plain-archives`를 참고한다.

## 복합 마이크로서비스 추가

이제 세 개의 핵심 서비스를 호출할 복합 서비스를 추가해서 핵심 서비스들을 연결해 보자.

복합 서비스의 구현은 핵심 서비스로의 HTTP 요청을 처리하는 통합 컴포넌트와 복합 서비스 구현 자체로 두 부분으로 나뉜다. 이렇게 책임을 분리하는 주된 이유는 자동화된 단위 및 통합 테스트를 단순화하기 위해서다. 그럼 통합 컴포넌트를 목(mock)으로 대체해서 서비스 구현을 격리된 상태에서 테스트할 수 있다.

이 책의 뒷부분에서도 살펴보겠지만 이렇게 책임을 분리하면 서킷 브레이커를 더 쉽게 도입할 수 있다.

통합 컴포넌트와 복합 서비스의 소스코드를 살펴보기에 앞서 복합 마이크로서비스에서 사용할 API 클래스와 핵심 마이크로서비스의 주소 정보를 보관하는 데 사용되는 런타임 프로퍼티에 대해 알아보자.

복합 서비스의 통합 컴포넌트와 구현체는 `se.magnus.microservices.composite.product.services` 패키지에서 확인할 수 있다.

## API 클래스

이번 절에서는 복합 컴포넌트의 API를 설명하는 클래스를 살펴보겠다. 이러한 클래스는 $BOOK_HOME/Chapter03/2-basic-rest-services/api에서 확인할 수 있다. API 클래스는 다음과 같다.

```
$BOOK_HOME/Chapter03/2-basic-rest-services/api
└── src/main/java/se/magnus/api/composite
    └── product
        ├── ProductAggregate.java
        ├── ProductCompositeService.java
        ├── RecommendationSummary.java
        ├── ReviewSummary.java
        └── ServiceAddresses.java
```

자바 인터페이스 클래스인 ProductCompositeService.java는 핵심 서비스에서 사용되는 것과 동일한 패턴을 따르며, 다음과 같은 형태다.

```
package se.magnus.api.composite.product;

public interface ProductCompositeService {

  @GetMapping(
    value = "/product-composite/{productId}",
    produces = "application/json")
  ProductAggregate getProduct(@PathVariable int productId);
}
```

모델 클래스인 ProductAggregate.java에는 추천 및 리뷰 리스트에 대한 필드가 있으므로 핵심 모델보다 약간 더 복잡하다.

```
package se.magnus.api.composite.product;

public class ProductAggregate {
  private final int productId;
  private final String name;
  private final int weight;
  private final List<RecommendationSummary> recommendations;
```

```java
    private final List<ReviewSummary> reviews;
    private final ServiceAddresses serviceAddresses;
```

나머지 API 클래스는 일반 POJO 기반 모델 객체이며, 핵심 API의 모델 객체와 동일한 구조다.

## 프로퍼티

복합 마이크로서비스의 소스코드에 핵심 서비스에 대한 주소 정보를 하드코딩하지 않도록 핵심 서비스를 찾는 방법에 관한 정보가 저장된 프로퍼티 파일을 사용한다. `application.yml` 프로퍼티 파일은 다음과 같다.

```yaml
server.port: 7001

app:
  product-service:
    host: localhost
    port: 7002
  recommendation-service:
    host: localhost
    port: 7003
  review-service:
    host: localhost
    port: 7004
```

앞에서 언급했듯이 이 구성은 이 책의 뒷부분에서 서비스 디스커버리 메커니즘으로 대체된다.

## 통합 컴포넌트

복합 마이크로서비스 구현의 첫 번째 부분인 통합 컴포넌트에 해당하는 `ProductCompositeIntegration.java`를 살펴보자. `@Component` 애너테이션을 사용해 스프링 빈으로 선언되며, 세 가지 핵심 서비스의 API를 구현한다.

```java
package se.magnus.microservices.composite.product.services;

@Component
public class ProductCompositeIntegration implements ProductService,
  RecommendationService, ReviewService {
```

통합 컴포넌트는 스프링 프레임워크의 헬퍼 클래스인 RestTemplate을 사용해 핵심 마이크로서비스로의 실제 HTTP 요청을 수행한다. RestTemplate을 통합 컴포넌트에 주입하기에 앞서 이를 먼저 구성해야 하는데, 이는 main 애플리케이션 클래스인 ProductCompositeServiceApplication.java에서 다음과 같이 수행한다.

```
@Bean
RestTemplate restTemplate() {
  return new RestTemplate();
}
```

RestTemplate 객체는 구성 가능한 요소가 무척 많지만 지금은 기본값을 그대로 사용하겠다.

> 2장 '스프링 부트 소개'의 '스프링 웹플럭스' 절에서 리액티브 HTTP 클라이언트인 WebClient를 소개한 바 있다. 이번 장에서 RestTemplate 대신 WebClient를 사용하려면 API 프로젝트의 RESTful API 선언과 복합 마이크로서비스의 소스코드를 포함해 WebClient가 사용되는 모든 소스코드도 반응형으로 변경해야 한다. 7장 '반응형 마이크로서비스 개발'에서는 리액티브 프로그래밍 모델을 따르도록 마이크로서비스의 구현을 변경하는 방법을 알아본다. 그 과정 중 하나로 RestTemplate 헬퍼 클래스를 WebClient 클래스로 교체할 것이다. 하지만 스프링의 리액티브 개발에 대해 배우기 전까지는 RestTemplate 클래스를 사용하겠다.

이제 RestTemplate을 비롯해 오류가 발생했을 때 오류 메시지에 접근하는 데 사용되는 JSON 매퍼와 프로퍼티 파일에 설정한 구성 값들을 주입할 수 있다. 이를 어떻게 하는지 보자.

1. 객체와 구성 값은 다음과 같이 생성자에 주입된다.

```
private final RestTemplate restTemplate;
private final ObjectMapper mapper;

private final String productServiceUrl;
private final String recommendationServiceUrl;
private final String reviewServiceUrl;

public ProductCompositeIntegration(
  RestTemplate restTemplate,
  ObjectMapper mapper,
```

```
    @Value("${app.product-service.host}")
    String productServiceHost,

    @Value("${app.product-service.port}")
    int productServicePort,

    @Value("${app.recommendation-service.host}")
    String recommendationServiceHost,

    @Value("${app.recommendation-service.port}")
    int recommendationServicePort,

    @Value("${app.review-service.host}")
    String reviewServiceHost,

    @Value("${app.review-service.port}")
    int reviewServicePort
)
```

**2.** 생성자 본문에서는 주입된 객체를 저장하고 주입된 값을 기반으로 URL을 생성한다.

```
{
    this.restTemplate = restTemplate;
    this.mapper = mapper;

    productServiceUrl = "http://" + productServiceHost + ":" +
      productServicePort + "/product/";
    recommendationServiceUrl = "http://" + recommendationServiceHost + ":" +
      recommendationServicePort + "/recommendation?productId=";
    reviewServiceUrl = "http://" + reviewServiceHost + ":" +
      reviewServicePort + "/review?productId=";
}
```

**3.** 마지막으로, 통합 컴포넌트에서는 RestTemplate을 사용해 실제 아웃바운드 호출을 수행함으로써 세 가지 핵심 서비스에 대한 API 메서드를 구현한다.

```
public Product getProduct(int productId) {
    String url = productServiceUrl + productId;
    Product product = restTemplate.getForObject(url, Product.class);
    return product;
```

```
}

public List<Recommendation> getRecommendations(int productId) {
  String url = recommendationServiceUrl + productId;
  List<Recommendation> recommendations =
    restTemplate.exchange(url, GET, null, new ParameterizedTypeReference<List<Recommendation
>>() {}).getBody();
  return recommendations;
}

public List<Review> getReviews(int productId) {
  String url = reviewServiceUrl + productId;
  List<Review> reviews =
    restTemplate.exchange(url, GET, null, new ParameterizedTypeReference<List<Review>>() {}).
getBody();
  return reviews;
}
```

메서드 구현에 대한 몇 가지 참고할 만한 사항은 다음과 같다.

- `getProduct()` 구현의 경우 `RestTemplate`의 `getForObject()` 메서드를 사용할 수 있다. 예상되는 응답은 `Product` 객체다. `RestTemplate`이 JSON 응답을 매핑할 `Product.class` 클래스를 `getForObject()`를 호출할 때 인수로 지정해 응답 형식을 나타낼 수 있다.
- `getRecommendations()`와 `getReviews()` 호출의 경우 좀 더 고급 메서드인 `exchange()`를 사용해야 한다. 이렇게 하는 이유는 `RestTemplate`이 JSON 응답을 모델 클래스로 자동으로 매핑하기 위해서다. `getRecommendations()`와 `getReviews()` 메서드는 응답에 `List<Recommendation>`과 `List<Review>` 같은 제네릭 리스트가 들어 있을 것으로 예상한다. 자바의 제네릭은 런타임에 타입 정보가 소거되므로 `RestTemplate`은 응답을 어떤 제네릭 리스트로 변환해야 할지 알 수 없다. 그 대신 스프링 프레임워크의 헬퍼 클래스인 `ParameterizedTypeReference`를 사용할 수 있는데, `ParameterizedTypeReference`는 런타임에도 타입 정보를 보유하는 방식으로 이 문제를 해결하기 위해 만들어졌다. 이를 통해 `RestTemplate`은 JSON 응답을 어떤 클래스로 매핑해야 하는지 알아낼 수 있다. 이 헬퍼 클래스를 활용하려면 `RestTemplate`에 대해 더 간단한 `getForObject()` 메서드 대신 더 복잡한 `exchange()` 메서드를 사용해야 한다.

## 복합 API 구현

마지막으로 복합 마이크로서비스 구현의 마지막 부분으로 API 구현 클래스인 `ProductCompositeServiceImpl.java`를 살펴보자. 여기서는 각 단계별로 알아보겠다.

1. 핵심 서비스와 동일한 방식으로 복합 서비스는 `ProductCompositeService` API 인터페이스를 구현하고 `@RestController` 애너테이션을 지정해 REST 서비스임을 나타낸다.

```
package se.magnus.microservices.composite.product.services;

@RestController
public class ProductCompositeServiceImpl implements ProductCompositeService {
```

2. 구현 클래스에서는 `ServiceUtil` 빈과 통합 컴포넌트를 필요로 하므로 생성자로 주입한다.

```
private final ServiceUtil serviceUtil;
private ProductCompositeIntegration integration;

public ProductCompositeServiceImpl(ServiceUtil serviceUtil, ProductCompositeIntegration inte
gration) {
  this.serviceUtil = serviceUtil;
  this.integration = integration;
}
```

3. 마지막으로, API 메서드는 다음과 같이 구현된다.

```
@Override
public ProductAggregate getProduct(int productId) {

  Product product = integration.getProduct(productId);
  List<Recommendation> recommendations = integration.getRecommendations(productId);
  List<Review> reviews = integration.getReviews(productId);

  return createProductAggregate(product, recommendations, reviews, serviceUtil.getService
Address());
}
```

통합 컴포넌트는 세 개의 핵심 서비스를 호출하는 데 사용되며, 헬퍼 메서드인 `createProductAggregate()`는 통합 컴포넌트에 대한 호출에서 얻은 응답을 기반으로 `ProductAggregate` 타입의 응답 객체를 생성하는 데 사용된다.

헬퍼 메서드인 `createProductAggregate()`의 구현은 매우 길고 그리 중요하지는 않기 때문에 이번 장에서는 생략했지만 이 책의 소스코드에서 확인할 수 있다.

복합 마이크로서비스의 통합 컴포넌트와 전체 구현은 `se.magnus.microservices.composite.product.services` 패키지에서 확인할 수 있다.

이로써 기능적 관점에서 복합 마이크로서비스의 구현을 완료했다. 다음 절에서는 오류를 어떻게 처리하는지 살펴본다.

## 오류 처리 추가

HTTP와 JSON을 사용해 서로 통신하는 다수의 마이크로서비스로 구성된 마이크로서비스 환경에서는 구조적이고 정교한 방식으로 오류를 처리하는 것이 필수적이다. 또한 HTTP 상태 코드와 같은 프로토콜에 특화된 오류 처리를 비즈니스 로직과 분리하는 것도 중요하다.

> 마이크로서비스를 구현할 때 비즈니스 로직을 위한 별도의 계층을 추가해야 한다고 생각할 수 있다. 그럼 비즈니스 로직이 프로토콜 관련 코드와 분리되어 테스트와 재사용이 용이해질 것이다. 하지만 이 책에서는 예제의 불필요한 복잡성을 피하기 위해 비즈니스 로직을 위한 별도의 계층은 생략했으므로 각 마이크로서비스에서는 `@RestController` 컴포넌트에서 직접 비즈니스 로직을 구현한다.

`util` 프로젝트에 API 구현과 API 클라이언트에서 사용하는 `InvalidInputException`과 `NotFoundException` 같은 자바 예외를 생성했다. 자세한 내용은 `se.magnus.util.exceptions` 패키지를 참고한다.

### 전역 REST 컨트롤러 예외 핸들러

REST 컨트롤러, 즉 API 구현의 비즈니스 로직과 프로토콜에 특화된 오류 처리를 분리하기 위해 `util` 프로젝트에 `@RestControllerAdvice` 애너테이션이 지정된 유틸리티 클래스인 `GlobalControllerExceptionHandler.java`를 생성했다.

유틸리티 클래스에는 API 구현에서 던지는 각 자바 예외를 적절한 HTTP 응답(적절한 HTTP 상태 코드와 HTTP 응답 본문이 포함된)에 매핑하는 예외 핸들러 메서드가 있다.

예를 들어, API 구현 클래스가 `InvalidInputException`을 던지면 유틸리티 클래스는 이를 상태 코드가 422(`UNPROCESSABLE_ENTITY`)로 설정된 HTTP 응답에 매핑한다. 다음 코드는 이를 보여준다.

```
@ResponseStatus(UNPROCESSABLE_ENTITY)
@ExceptionHandler(InvalidInputException.class)
public @ResponseBody HttpErrorInfo handleInvalidInputException(
  ServerHttpRequest request, InvalidInputException ex) {
    return createHttpErrorInfo(UNPROCESSABLE_ENTITY, request, ex);
}
```

마찬가지로 NotFoundException은 404(NOT_FOUND) HTTP 상태 코드에 매핑된다.

REST 컨트롤러가 이러한 예외 중 하나를 발생시킬 때마다 스프링은 유틸리티 클래스를 사용해 HTTP 응답을 생성한다.

> 스프링 자체적으로 유효하지 않은 요청을 감지하면 HTTP 상태 코드 400(BAD_REQUEST)을 반환한다. 예를 들어, 요청에 숫자가 아닌 제품 ID가 포함된 경우(API 선언에서는 productId가 정수로 지정됨)가 여기에 해당한다.

유틸리티 클래스의 전체 소스코드는 GlobalControllerExceptionHandler.java를 참고한다.

## API 구현에서의 오류 처리

API 구현은 util 프로젝트의 예외를 사용해 오류를 알린다. 이러한 오류는 무엇이 잘못됐는지를 나타내는 HTTP 상태 코드로 REST 클라이언트에 보고된다. 예를 들어, product 마이크로서비스 구현 클래스인 ProductServiceImpl.java는 잘못된 입력을 나타내는 오류를 반환하기 위해 InvalidInputException 예외를 사용하고, 요청된 제품이 존재하지 않음을 알리기 위해 NotFoundException 예외를 사용한다. 코드는 다음과 같다.

```
if (productId < 1) throw new InvalidInputException("Invalid productId: " + productId);
if (productId == 13) throw new NotFoundException("No product found for productId: " + productId);
```

> 아직까지는 데이터베이스를 사용하지 않기 때문에 위 코드에서는 NotFoundException을 던지는 것을 시뮬레이션했다.

## API 클라이언트에서의 오류 처리

API 클라이언트, 즉 복합 마이크로서비스의 통합 컴포넌트는 반대로 동작한다. 통합 컴포넌트에서는 422(UNPROCESSABLE_ENTITY) HTTP 상태 코드를 InvalidInputException에, 404(NOT_FOUND) HTTP 상태 코드를 NotFoundException에 매핑한다. 이 오류 처리 로직의 구현에 대해서는 ProductCompositeIntegration.java의 getProduct() 메서드를 참고한다. 소스코드는 다음과 같다.

```
catch (HttpClientErrorException ex) {

  switch (HttpStatus.resolve(ex.getStatusCode().value())) {

    case NOT_FOUND:
      throw new NotFoundException(getErrorMessage(ex));

    case UNPROCESSABLE_ENTITY:
      throw new InvalidInputException(getErrorMessage(ex));

    default:
      LOG.warn("Got an unexpected HTTP error: {}, will rethrow it", ex.getStatusCode());
      LOG.warn("Error body: {}", ex.getResponseBodyAsString());
      throw ex;
  }
}
```

통합 컴포넌트에서 getRecommendations()와 getReviews()의 오류 처리는 조금 더 느슨한 편이다. 즉, 제품 정보를 얻는 데는 성공했지만 추천이나 리뷰를 얻는 데 실패한 경우에도 괜찮은 것으로 간주한다. 그러나 로그에는 경고가 기록된다.

자세한 내용은 ProductCompositeIntegration.java를 참고한다.

이로써 코드와 복합 마이크로서비스의 구현을 완료했다. 다음 절에서는 마이크로서비스 및 마이크로서비스가 노출하는 API를 테스트하겠다.

# API 수동 테스트

이로써 마이크로서비스 구현을 완료했다. 다음 단계를 수행해 테스트해보자.

1. 마이크로서비스를 백그라운드 프로세스로 빌드하고 시작한다.
2. `curl`을 사용해 복합 API를 호출한다.
3. 마이크로서비스를 중지한다.

먼저 각 마이크로서비스를 빌드한다.

```
cd $BOOK_HOME/Chapter03/2-basic-rest-services/
./gradlew build
```

빌드가 완료되면 터미널 프로세스에 대한 백그라운드 프로세스로 마이크로서비스를 시작할 수 있다.

```
java -jar microservices/product-composite-service/build/libs/*.jar &
java -jar microservices/product-service/build/libs/*.jar &
java -jar microservices/recommendation-service/build/libs/*.jar &
java -jar microservices/review-service/build/libs/*.jar &
```

많은 로그 메시지가 터미널에 출력되겠지만 몇 초 후에는 안정화되고 로그에 다음과 같은 메시지가 기록될 것이다.

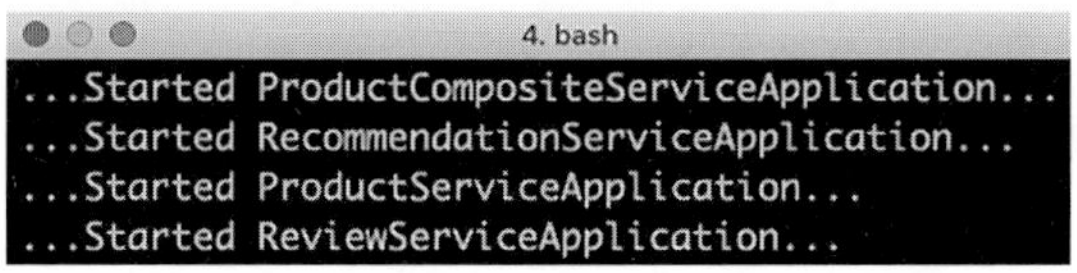


**그림 3.6** 애플리케이션 시작 후 출력되는 로그 메시지

이는 모든 애플리케이션이 요청을 받을 준비가 됐음을 의미한다. 다음 코드로 테스트해 보자.

```
curl http://localhost:7001/product-composite/1
```

로그가 출력된 후에 다음과 비슷한 JSON 응답을 받게 될 것이다.

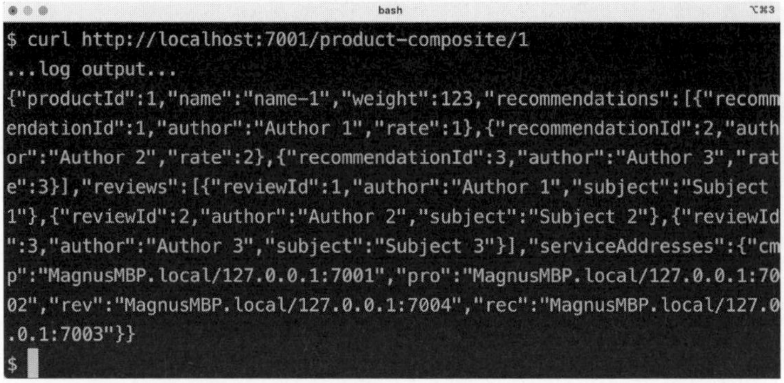


**그림 3.7** 요청 후 전달되는 JSON 응답

JSON 응답을 보기 좋게 출력하려면 `jq` 도구를 사용하면 된다.

```
curl http://localhost:7001/product-composite/1 -s | jq .
```

그럼 다음과 같이 출력 결과가 만들어진다(가독성을 높이기 위해 일부 세부 정보는 `...`로 표시했다).

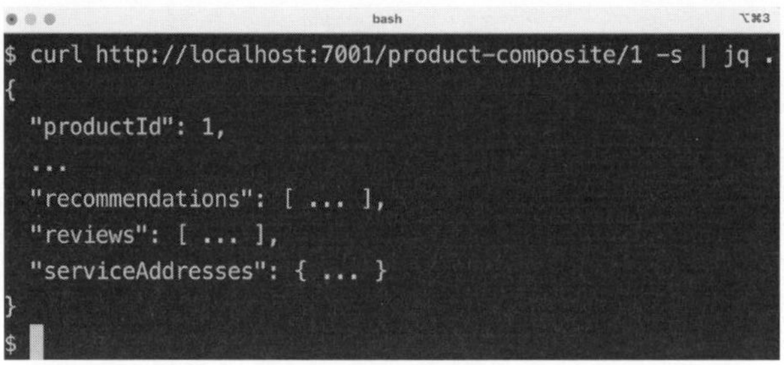


**그림 3.8** 보기 좋게 출력된 JSON 응답

원한다면 다음 명령으로 오류 처리가 예상대로 작동하는지 확인할 수도 있다.

```
# 존재하지 않는 productId(13)에 대해 404(Not Found) 오류가 반환되는지 확인
curl http://localhost:7001/product-composite/13 -i

# productId 113에 대해 추천이 반환되지 않는지 확인
curl http://localhost:7001/product-composite/113 -s | jq .

# productId 213에 대해 리뷰가 반환되지 않는지 확인
curl http://localhost:7001/product-composite/213 -s | jq .
```

```
# 범위를 벗어난 productId(-1)에 대해 422(Unprocessable Entity) 오류가 반환되는지 확인
curl http://localhost:7001/product-composite/-1 -i

# 숫자가 아닌 productId, 즉 잘못된 형식에 대해 400(Bad Request) 오류가 반환되는지 확인
curl http://localhost:7001/product-composite/invalidProductId -i
```

마지막으로 다음 명령으로 마이크로서비스를 종료할 수 있다.

```
kill $(jobs -p)
```

스프링 툴 스위트(Spring Tool Suite)가 설치된 비주얼 스튜디오 코드(Visual Studio Code) 같은 IDE를 사용하는 경우 스프링 부트 대시보드(Spring Boot Dashboard) 지원 기능을 활용해 마이크로서비스를 한 번의 클릭으로 시작하거나 중지할 수 있다. 스프링 툴 스위트의 설치 방법은 `https://github.com/spring-projects/sts4/wiki/Installation`을 참고한다.

다음 그림은 비주얼 스튜디오 코드에서 스프링 부트 대시보드를 사용하는 모습을 보여준다.

**그림 3.9** 비주얼 스튜디오 코드의 스프링 부트 대시보드

이번 절에서는 협력 마이크로서비스의 시스템 환경을 수동으로 시작, 테스트, 중지하는 방법을 배웠다. 이러한 유형의 테스트는 시간이 많이 걸리므로 분명히 자동화할 필요가 있다.

이어지는 두 개의 절에서는 마이크로서비스를 격리된 상태에서 테스트하고 협력 마이크로서비스의 전체 시스템 환경에 대한 테스트를 자동화하는 법을 배운다. 또한 이 책 전체에 걸쳐 마이크로서비스를 테스트하는 방법을 개선해 나갈 것이다.

## 격리된 환경의 자동화된 마이크로서비스 테스트 추가

구현을 마무리 짓기 전에 자동화된 테스트도 작성할 필요가 있다.

현재 테스트할 만한 비즈니스 로직이 많지 않으므로 단위 테스트를 작성할 필요는 없다. 대신 마이크로서비스가 노출하는 API 테스트에 초점을 맞춘다. 즉, 통합 테스트에서 내장 웹 서버와 함께 마이크로서비스를 시작한 다음, 테스트 클라이언트를 사용해 HTTP 요청을 수행하고 응답을 검증하겠다. 스프링 웹플럭스에 포함된 테스트 클라이언트인 `WebTestClient`는 요청 전송과 결과 검증을 위한 플루언트(fluent) API를 제공한다.

다음은 제품 복합 API를 테스트하는 예다.

- 기존 제품의 `productId`를 전송하고 200 HTTP 응답 코드와 요청된 `productId`와 함께 하나의 추천과 하나의 리뷰가 포함된 JSON 응답을 받는지 확인
- 누락된 `productId`를 전송하고 404 HTTP 응답 코드와 관련 오류 정보가 포함된 JSON 응답을 받는지 확인

이 두 테스트에 대한 구현은 다음 코드를 참고한다. 첫 번째 테스트는 다음과 같다.

```
@Autowired
private WebTestClient client;

@Test
void getProductById() {
  client.get()
    .uri("/product-composite/" + PRODUCT_ID_OK)
    .accept(APPLICATION_JSON_UTF8)
    .exchange()
    .expectStatus().isOk()
    .expectHeader().contentType(APPLICATION_JSON_UTF8)
```

```
        .expectBody()
        .jsonPath("$.productId").isEqualTo(PRODUCT_ID_OK)
        .jsonPath("$.recommendations.length()").isEqualTo(1)
        .jsonPath("$.reviews.length()").isEqualTo(1);
}
```

테스트 코드는 다음과 같이 동작한다.

- `WebTestClient` API를 사용해 `"/product-composite/" + PRODUCT_ID_OK` URL을 호출하고 허용되는 응답 형식으로 JSON을 지정한다.
- `exchange()` 메서드를 사용해 요청을 실행한 후 응답 상태가 OK(200)이고 응답 형식이 실제로 JSON(요청한 대로)인지 확인한다.
- 마지막으로 응답 본문을 검사하고 `productId`와 추천 및 리뷰 개수가 예상과 같은지 확인한다.

두 번째 테스트는 다음과 같다.

```
@Test
public void getProductNotFound() {

    client.get()
        .uri("/product-composite/" + PRODUCT_ID_NOT_FOUND)
        .accept(APPLICATION_JSON_UTF8)
        .exchange()
        .expectStatus().isNotFound()
        .expectHeader().contentType(APPLICATION_JSON_UTF8)
        .expectBody()
        .jsonPath("$.path").isEqualTo("/product-composite/" + PRODUCT_ID_NOT_FOUND)
        .jsonPath("$.message").isEqualTo("NOT FOUND: " + PRODUCT_ID_NOT_FOUND);
}
```

이 테스트 코드와 관련해서 중요한 참고 사항은 이 테스트가 구조 측면에서 앞의 테스트와 매우 유사하다는 점으로서 주된 차이점은 Not Found(404) 오류 상태 코드를 받았는지와 응답 본문에 예상하는 오류 메시지가 포함돼 있는지 확인한다는 것이다.

제품 복합 API를 격리된 상태에서 테스트하려면 통합 컴포넌트인 `ProductCompositeIntegration`에 의해 수행된 다른 세 개의 마이크로서비스에 대한 요청과 같은 의존성을 목 객체로 대체해야 한다. 이를 위해 Mockito를 사용한다.

```java
private static final int PRODUCT_ID_OK = 1;
private static final int PRODUCT_ID_NOT_FOUND = 2;
private static final int PRODUCT_ID_INVALID = 3;

@MockitoBean
private ProductCompositeIntegration compositeIntegration;

@BeforeEach
void setUp() {

    when(compositeIntegration.getProduct(PRODUCT_ID_OK)).
      thenReturn(new Product(PRODUCT_ID_OK, "name", 1, "mock-address"));

    when(compositeIntegration.getRecommendations(PRODUCT_ID_OK)).
      thenReturn(singletonList(new Recommendation(PRODUCT_ID_OK, 1, "author", 1, "content", "mock
address")));

    when(compositeIntegration.getReviews(PRODUCT_ID_OK)).
      thenReturn(singletonList(new Review(PRODUCT_ID_OK, 1, "author", "subject", "content", "mock
address")));

    when(compositeIntegration.getProduct(PRODUCT_ID_NOT_FOUND)).
      thenThrow(new NotFoundException("NOT FOUND: " + PRODUCT_ID_NOT_FOUND));

    when(compositeIntegration.getProduct(PRODUCT_ID_INVALID)).
      thenThrow(new InvalidInputException("INVALID: " + PRODUCT_ID_INVALID));
}
```

목 구현은 다음과 같이 동작한다.

1. 먼저 PRODUCT_ID_OK, PRODUCT_ID_NOT_FOUND, PRODUCT_ID_INVALID라는 테스트 클래스에 사용되는 세 개의 상수를 선언한다.
2. 다음으로 @MockitoBean 애너테이션을 사용해 Mockito가 ProductCompositeIntegration 인터페이스에 대한 목을 설정하도록 구성한다.
3. 통합 컴포넌트에서 getProduct(), getRecommendations(), getReviews() 메서드가 호출되고 productId가 PRODUCT_ID_OK로 설정된 경우 목은 정상 응답을 반환한다.

4. productId가 PRODUCT_ID_NOT_FOUND로 설정된 상태에서 getProduct() 메서드가 호출되면 목은 NotFound Exception을 발생시킨다.

5. productId가 PRODUCT_ID_INVALID로 설정된 상태에서 getProduct() 메서드가 호출되면 목은 InvalidInput Exception을 발생시킨다.

제품 복합 API에 대한 자동화된 통합 테스트의 전체 소스코드는 테스트 클래스인 ProductCompositeServiceApplicationTests.java에서 확인할 수 있다.

세 개의 핵심 마이크로서비스에서 노출한 API에 대한 자동화된 통합 테스트는 비슷하지만 더 단순하다. 아무것도 목으로 만들 필요가 없기 때문이다! 테스트 소스코드는 각 마이크로서비스의 test 폴더에서 확인할 수 있다.

테스트는 빌드를 수행할 때 그레이들에 의해 자동으로 실행된다.

```
./gradlew build
```

그러나 나머지 빌드는 실행하지 않고 테스트만 실행하고 싶다면 다음과 같이 실행하면 된다.

```
./gradlew test
```

이렇게 해서 격리된 상태에서 마이크로서비스에 대한 자동화된 테스트를 작성하는 방법을 소개했다. 다음 절에서는 마이크로서비스 환경을 자동으로 테스트하는 방법을 배운다. 이번 장에서는 이러한 테스트를 반자동화하겠지만 이어지는 장에서는 테스트를 대폭 개선해서 테스트를 완전히 자동화할 것이다.

## 마이크로서비스 환경에 대한 반자동화된 테스트 추가

개발 중에 일반 자바, JUnit, 그레이들을 사용해 각 마이크로서비스에 대한 단위 및 통합 테스트를 자동으로 실행할 수 있다는 것은 매우 유용하지만, 운영 환경으로 넘어갈 때는 이것만으로는 충분하지 않다. 운영 환경에서는 협력 마이크로서비스의 시스템 환경이 우리가 기대하는 바를 충족하는지 자동으로 검증할 방법도 필요하다. 언제든지 배포된 마이크로서비스들이 예상대로 작동하는지 검증하는 스크립트를 실행할 수 있다는 것은 커다란 가치가 있다. 마이크로서비스가 많을수록 이러한 검증 스크립트의 가치는 더욱 높아진다.

이러한 이유로 배포된 시스템 환경의 기능들을 마이크로서비스에서 노출된 RESTful API에 대한 호출을 수행함으로써 검증할 수 있는 간단한 bash 스크립트를 작성했다. 이 스크립트는 앞에서 배우고 사용해본 curl 명령을 기반으로 한다. 이 스크립트는 반환 코드와 jq를 사용해 JSON 응답을 검증한다. 스크립트에는 테스트 코드를 간결하고 읽기 쉽게 만들기 위한 두 개의 헬퍼 함수인 assertCurl()과 assertEqual()이 포함돼 있다.

예를 들어, 정상적인 요청을 수행하고 200의 상태 코드를 예상하며, 요청된 productId와 함께 3개의 추천과 3개의 리뷰를 반환하는 JSON 응답을 받는다는 것을 확인하는 방법은 다음과 같다.

```
# 정상적인 요청이 작동하는지 확인하고 3개의 추천과 3개의 리뷰를 예상
assertCurl 200 "curl http://$HOST:${PORT}/product-composite/1 -s"
assertEqual 1 $(echo $RESPONSE | jq .productId)
assertEqual 3 $(echo $RESPONSE | jq ".recommendations | length")
assertEqual 3 $(echo $RESPONSE | jq ".reviews | length")
```

존재하지 않는 제품을 조회할 때 HTTP 응답 코드로 404(Not Found)를 받는지 확인하는 방법은 다음과 같다.

```
# 존재하지 않는 productId(13)에 대해 404(Not Found) 오류가 반환되는지 확인
assertCurl 404 "curl http://$HOST:${PORT}/product-composite/13 -s"
```

테스트 스크립트인 test-em-all.bash는 'API 수동 테스트' 절에서 설명한 수동 테스트를 구현하며, 최상위 폴더인 $BOOK_HOME/Chapter03/2-basic-rest-services에서 확인할 수 있다. 이후 장에서 시스템 환경에 더 많은 기능을 추가하면서 테스트 스크립트의 기능을 확장할 것이다.

> 20장 '마이크로서비스 모니터링'에서는 운영 중인 시스템 환경을 자동으로 감시하기 위한 보완 기술에 대해 알아본다. 이때 배포된 마이크로서비스의 상태를 지속적으로 모니터링하는 모니터링 도구와 수집된 메트릭이 CPU 또는 메모리 과다 사용과 같이 구성된 임곗값을 초과했을 때 경보를 발생시키는 방법을 소개한다.

## 테스트 스크립트 실행

테스트 스크립트를 실행해 보려면 다음 단계를 수행한다.

1. 먼저 앞에서 했던 것처럼 마이크로서비스를 시작한다.

```
cd $BOOK_HOME/Chapter03/2-basic-rest-services
java -jar microservices/product-composite-service/build/libs/*.jar &
java -jar microservices/product-service/build/libs/*.jar &
java -jar microservices/recommendation-service/build/libs/*.jar &
java -jar microservices/review-service/build/libs/*.jar &
```

2. 모두 시작되면 테스트 스크립트를 실행한다.

```
./test-em-all.bash
```

출력 결과가 다음과 비슷할 것이다.

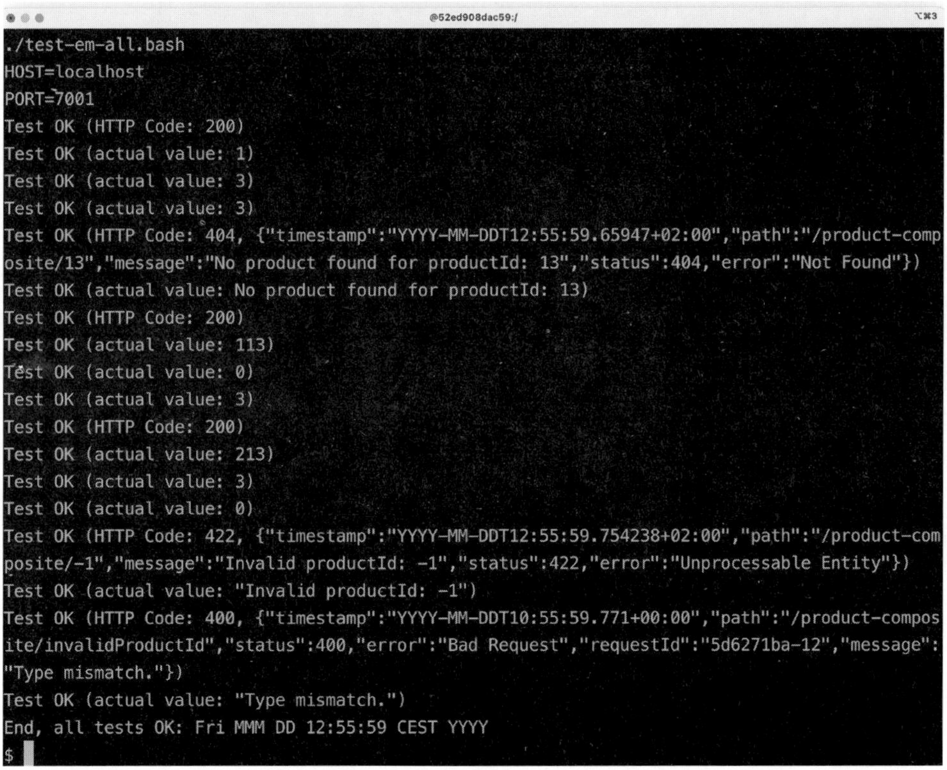


**그림** 3.10 테스트 스크립트를 실행한 후의 출력 결과

3. 다음 명령으로 마이크로서비스를 종료한다.

```
kill $(jobs -p)
```

이번 절에서는 협력 마이크로서비스의 시스템 환경에 대한 테스트 자동화를 시작했으며, 이는 이후 장에서 모두 개선될 것이다.

## 정리

이번 장에서는 스프링 부트를 사용해 첫 번째 마이크로서비스를 몇 가지 구축했다. 이 책 전반에 걸쳐 사용할 마이크로서비스 환경을 소개한 후, 스프링 이니셜라이저를 사용해 각 마이크로서비스에 대한 기본 골격 프로젝트를 생성하는 법을 배웠다.

다음으로 세 개의 핵심 서비스에 대해 스프링 웹플럭스를 사용해 API를 추가하는 방법을 배우고, 핵심 서비스의 API를 사용해 정보를 집계한 뷰를 생성하는 복합 서비스를 구현했다. 복합 서비스는 스프링 프레임워크의 `RestTemplate` 클래스를 사용해 핵심 서비스에서 노출한 API에 대해 HTTP 요청을 수행한다. 서비스에 오류 처리 로직을 추가한 후 마이크로서비스 환경에 대한 일부 수동 테스트를 실행했다.

마이크로서비스를 격리된 상태에서 테스트하는 방법과 시스템 환경에서 각 마이크로서비스가 서로 협력할 때 테스트하는 방법을 배우면서 이번 장을 마무리했다. 복합 서비스를 격리하기 위해 Mockito를 사용해 핵심 서비스에 대한 의존성을 목으로 만들었다. 전체 시스템 환경에 대한 테스트는 복합 서비스의 API를 대상으로 `curl`을 이용해 호출을 수행하는 배시 스크립트에 의해 수행된다.

이제 다음 장에서 도커와 컨테이너의 세계로 진입할 준비가 끝났다. 4장에서는 협력 마이크로서비스의 시스템 환경 테스트를 완전히 자동화하는 데 도커를 활용하는 법을 배울 것이다.

## 문제

1. 스프링 이니셜라이저 CLI 도구인 `spring init`을 사용해 새로운 스프링 부트 프로젝트를 생성할 때 사용 가능한 의존성을 나열하는 명령은 무엇인가?
2. 하나의 명령으로 여러 관련 프로젝트를 빌드하도록 그레이들을 설정하는 방법은 무엇인가?
3. `@PathVariable`과 `@RequestParam` 애너테이션의 용도는 무엇인가?
4. API 구현 클래스에서 비즈니스 로직과 프로토콜에 특화된 오류 처리를 어떻게 분리할 수 있는가?
5. Mockito의 용도는 무엇인가?

# 04

# 도커를 활용한 마이크로서비스 배포

이번 장에서는 도커를 사용해 마이크로서비스를 컨테이너에 배치하는 방법을 알아본다.

이번 장이 끝날 때쯤이면 도커 엔진 외에는 인프라가 필요 없는 완전히 자동화된 마이크로서비스 환경에 대한 테스트를 실행할 수 있을 것이다. 또한 여러 테스트를 실행해 마이크로서비스들이 예상대로 함께 작동하는지 확인한다. 마지막으로, 테스트 흔적을 남기지 않고 모든 마이크로서비스를 깔끔하게 종료할 것이다.

이 같은 방식으로 여러 개의 협력 마이크로서비스를 테스트할 수 있다는 것은 매우 유용하다. 개발자는 로컬 개발 머신에서 마이크로서비스의 동작을 확인할 수 있다. 또한 빌드 서버에서 완전히 동일한 테스트를 실행해 소스코드 변경이 시스템 전체 테스트를 실패시키지 않는지 자동으로 검증할 수 있다. 게다가 이러한 유형의 테스트를 실행하기 위해 전용 인프라를 할당할 필요가 없다. 다음 장에서는 데이터베이스와 큐 관리자를 테스트 환경에 추가하는 방법을 살펴볼 것이며, 이 모든 것은 도커 컨테이너로 실행될 것이다.

> 그렇다고 해서 개별 마이크로서비스를 격리 상태에서 테스트하기 위한 자동화된 단위 및 통합 테스트가 필요 없다는 의미는 아니다. 자동화된 단위 및 통합 테스트는 여전히 중요하다.
>
> 프로덕션 용도로는 이 책의 앞부분에서 언급했듯이 쿠버네티스 같은 컨테이너 오케스트레이터가 필요하다. 컨테이너 오케스트레이터와 쿠버네티스에 대해서는 이 책의 뒷부분에서 다시 다룬다.

이번 장에서는 다음과 같은 주제를 다룬다.

- 도커 소개
- 도커와 자바: 역사적으로 자바는 컨테이너에 친화적이지 않았지만 자바 10부터 상황이 바뀌었다. 여기서는 도커와 자바를 어떻게 연동할 수 있는지 살펴본다.
- 단일 마이크로서비스에 도커 사용

## 기술적 요구사항

이 책에서 사용하는 도구를 설치하는 방법과 이 책의 소스코드를 내려받는 방법은 다음을 참고한다.

- 21장 'macOS용 설치 안내'
- 22장 'WSL 2 및 우분투가 탑재된 마이크로소프트 윈도우용 설치 안내'

이번 장의 모든 코드 예제는 `$BOOK_HOME/Chapter04`의 소스코드에서 가져온 것이다.

이번 장의 소스코드에 적용된 변경 사항, 즉 도커 지원 기능을 추가하기 위해 취한 조치를 보고 싶다면 3장 '협력하는 마이크로서비스 만들기'의 소스코드와 비교하면 된다. 즐겨 사용하는 코드 비교 도구를 사용해 `$BOOK_HOME/Chapter03/2-basic-rest-services`와 `$BOOK_HOME/Chapter04` 폴더를 비교해보자.

## 도커 소개

2장 '스프링 부트 소개'에서 이미 언급했듯이 도커는 2013년 가상 머신의 경량 대안으로서 컨테이너의 개념을 크게 대중화했다. 간단히 요약하면, 컨테이너는 리눅스 호스트의 한 프로세스다. 컨테이너 간 격리를 위해 **리눅스 네임스페이스**를 사용하고, **리눅스 제어 그룹(cgroups)**으로 각 컨테이너가 사용할 수 있는 CPU와 메모리 양을 제한한다.

가상 머신의 경우 각 가상 머신에서 하이퍼바이저를 사용해 운영체제의 완전한 복사본을 실행하는 반면, 컨테이너가 받는 오버헤드는 가상 머신이 받는 오버헤드의 일부에 불과하다. 그 결과, 구동 시간이 훨씬 더 짧아지고 시스템 자원의 사용량도 현저히 줄어든다. 그러나 컨테이너는 가상 머신만큼 안전한 것으로 간주되지 않는다. 다음 다이어그램을 보자.

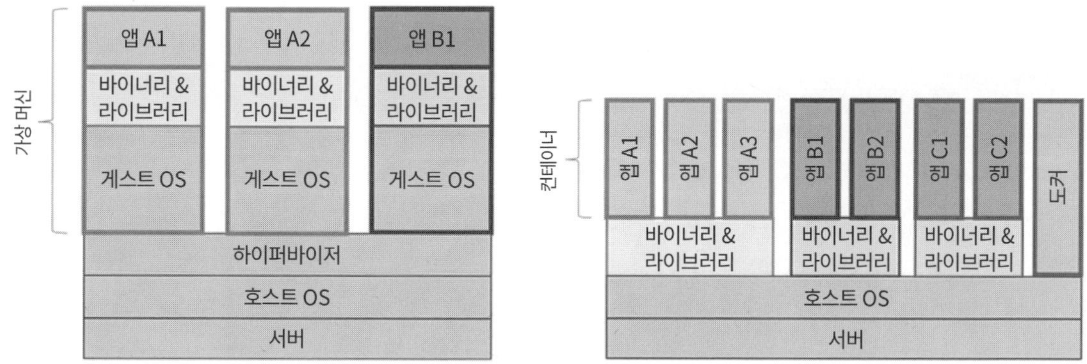


**그림 4.1** 가상 머신 vs. 컨테이너

이 다이어그램은 가상 머신과 컨테이너의 자원 사용량의 차이를 보여주며, 동일한 유형의 서버라도 가상 머신보다 컨테이너를 훨씬 더 많이 실행할 수 있음을 보여준다. 가상 머신과 달리 컨테이너는 자체 운영체제 인스턴스를 실행할 필요가 없다는 것이 주된 이점이다.

## 첫 번째 도커 명령 실행

도커의 run 명령으로 우분투 서버를 실행해보면서 컨테이너를 시작해 보자.

```
docker run -it --rm ubuntu
```

이 명령을 실행하면 우분투 공식 도커 이미지의 최신 버전을 기반으로 우분투를 실행하는 컨테이너를 생성한다. -it 옵션은 터미널을 사용해 컨테이너와 상호 작용할 수 있게 하는 데 사용되며, --rm 옵션은 터미널 세션을 종료하면 도커가 컨테이너를 제거하도록 지시한다. 그렇지 않으면 컨테이너가 도커 엔진에 종료된 상태로 남아 있게 된다.

우리가 직접 만들지 않은 도커 이미지를 처음 사용할 경우 도커는 도커 레지스트리에서 이를 다운로드한다. 이때 기본적으로 도커 허브(https://hub.docker.com)가 사용된다. 처음 내려받을 때는 다소 시간이 걸리지만 이후부터는 해당 도커 이미지를 사용해 단 몇 초 만에 컨테이너할 수 있다.

도커 이미지가 다운로드되고 컨테이너가 시작되면 우분투 서버는 다음과 같은 프롬프트로 응답할 것이다.

**그림 4.2** 우분투 서버 응답

시험 삼아 실행 중인 우분투 버전이 무엇인지 확인해보자.

```
cat /etc/os-release ¦ grep 'PRETTY_NAME'
```

그럼 다음과 같은 내용을 응답할 것이다.

**그림 4.3** 우분투 버전 응답

exit 명령으로 컨테이너에서 나갈 수 있고 docker ps -a 명령으로 우분투 컨테이너가 더 이상 존재하지 않는지 확인할 수 있다. 중지된 컨테이너를 보려면 -a 옵션을 사용해야 한다. 그렇지 않으면 실행 중인 컨테이너만 표시된다.

페도라(Fedora) 배포판을 우분투보다 선호한다면 docker run --rm -it fedora 명령으로 동일한 작업을 할 수 있다. 페도라 서버가 컨테이너 내에서 실행되면 cat /etc/os-release ¦ grep 'PRETTY_NAME'과 같은 명령을 실행해 현재 실행 중인 페도라의 버전을 확인할 수 있다. 그럼 다음과 같은 결과가 표시될 것이다.

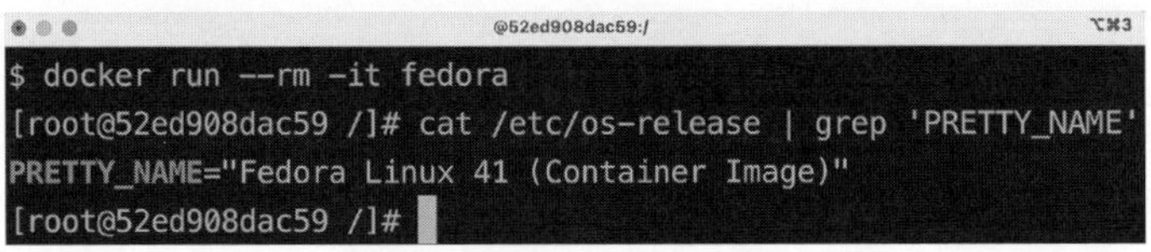


**그림 4.4** CentOS 버전 응답

exit 명령으로 컨테이너에서 빠져나온 후에 제거한다.

> 언젠가 도커 엔진에 원치 않는 컨테이너가 많이 있고 깨끗한 상태를 원한다면(즉, 모두 제거하고 싶다면) 다음 명령을 실행하면 된다.
>
> ```
> docker rm -f $(docker ps -aq)
> ```
>
> docker rm -f 명령은 지정한 컨테이너 ID에 해당하는 컨테이너를 중지하고 제거한다. docker ps -aq 명령은 도커 엔진에서 실행 중이거나 중지된 모든 컨테이너의 컨테이너 ID를 나열한다. -q 옵션은 docker ps 명령의 출력 결과를 줄여서 컨테이너 ID만 나열한다.

이제 도커가 무엇인지 이해했을 것이므로 도커에서 자바를 실행하는 방법을 알아보자.

## 도커에서 자바 실행하기

지난 몇 년 동안 도커에서 자바를 작동시키기 위한 다양한 시도가 있었다. 무엇보다도 자바는 역사적으로 메모리와 CPU 사용과 관련해서 도커 컨테이너에 설정된 제한을 잘 준수하지 않았다.

이전에는 자바의 공식 도커 이미지를 **OpenJDK 프로젝트**[1]에서 제공했다. 2022년 6월 이후로 해당 레지스트리에서는 아무런 도커 이미지도 배포하지 않는다. 이 책에서는 **이클립스 테무린(Eclipse Temurin)** 프로젝트에서 제공하는 도커 이미지를 사용한다. 여기에는 OpenJDK 프로젝트와 동일한 바이너리가 포함돼 있으며, OpenJDK 프로젝트의 도커 이미지보다 이 책의 요구사항에 더 잘 맞는 도커 이미지를 제공한다.

이번 절에서는 모든 도구가 포함된 전체 **JDK(Java Development Kit)**를 포함하는 도커 이미지를 사용하겠다. '단일 마이크로서비스에 도커 사용' 절에서 마이크로서비스를 도커 이미지로 패키징할 때는 런타임에 필요한 자바 도구만 포함된 **JRE(Java Runtime Environment)** 기반의 좀 더 작은 도커 이미지를 사용하겠다.

앞에서 언급했듯이, 초기 버전의 자바는 리눅스 cgroups를 사용해 도커 컨테이너에 지정된 할당량을 제대로 준수하지 않고 단순히 이러한 설정들을 무시했다.

그래서 자바는 컨테이너 내에서 사용 가능한 메모리와 관련해서 JVM 내에서 메모리를 할당하는 대신 도커 호스트의 모든 메모리에 접근할 수 있는 것처럼 메모리를 할당했다. 허용된 양보다 더 많은 메모리를 할당하려고 하면 호스트는 "메모리 부족(out of memory)" 오류와 함께 자바 컨테이너를 강제로 종료시켰다. 마찬가지로 자바는 컨테이너가 실행 중인 JVM에서 사용 가능한 CPU 코어의 수 대신 도커 호스트에서 사용 가능한 CPU 코어의 총 개수와 관련해서 스레드 풀과 같은 CPU 관련 자원을 할당했다.

자바 SE 9에서는 컨테이너 기반 CPU 및 메모리 제약 조건을 처음으로 지원하기 시작했고, 자바 SE 10에서는 많은 개선이 이뤄졌다.

자바 SE 24가 컨테이너에 설정된 제한에 어떻게 반응하는지 살펴보자.

이어지는 테스트에서는 도커 호스트 역할을 하는 맥북 프로의 가상 머신 내에서 도커 엔진을 실행하겠다. 도커 호스트는 8개의 CPU 코어와 16GB의 메모리를 사용하도록 구성돼 있다.

---

1 https://hub.docker.com/_/openjdk/

먼저 자바를 실행하는 컨테이너에서 사용 가능한 CPU 수를 제한하는 방법을 알아보는 것으로 시작하겠다. 그러고 나서 동일한 방법으로 메모리를 제한해보겠다.

## 사용 가능한 CPU 제한하기

먼저 어떤 제약도 적용하지 않고 자바가 사용할 수 있는 프로세서(즉, CPU 코어)가 몇 개인지 알아보자. 이는 자바 CLI 도구인 `jshell`에서 자바 구문인 `Runtime.getRuntime().availableProcessors()`를 실행해 확인할 수 있다. 여기서는 전체 자바 24 JDK가 포함된 도커 이미지를 사용해 컨테이너에서 `jshell`을 실행하겠다. 이 이미지의 도커 태그는 `eclipse-temurin:24`다. 명령은 다음과 같다.

```
echo 'Runtime.getRuntime().availableProcessors()' | docker run --rm -i eclipse-temurin:24 jshell -q
```

이 명령은 `Runtime.getRuntime().availableProcessors()` 문자열을 도커 컨테이너로 보내고, 컨테이너는 `jshell`을 사용해 이 문자열을 처리할 것이다. 그럼 다음과 같은 응답을 돌려줄 것이다.

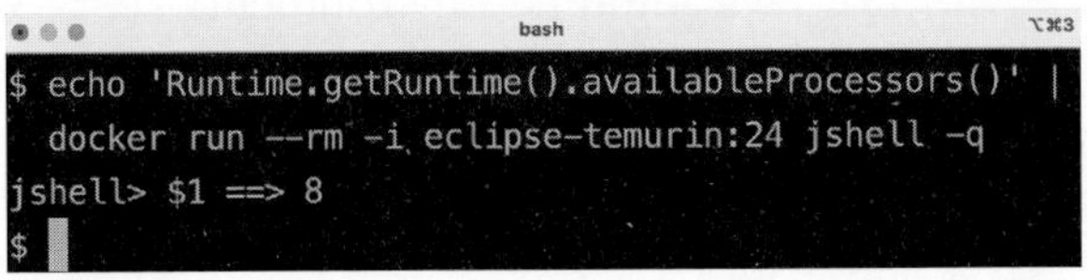


**그림 4.5** 사용 가능한 CPU 코어 수 확인

도커 호스트가 8개의 CPU 코어를 사용하도록 구성했으므로 예상대로 8개의 코어를 응답으로 받았다. 계속해서 `--cpus 3` 도커 옵션을 사용해 도커 컨테이너가 3개의 CPU 코어만 사용하도록 제한한 다음, JVM에서 사용 가능한 프로세서의 수를 확인해 보자.

```
echo 'Runtime.getRuntime().availableProcessors()' | docker run --rm -i --cpus=3 eclipse-temurin:24 jshell -q
```

이제 JVM이 `$1 ==> 3`으로 응답한다. 즉, 자바 SE 24은 컨테이너의 설정을 준수하므로 스레드 풀과 같은 CPU 관련 자원을 올바르게 구성할 수 있다.

## 사용 가능한 메모리 제한하기

사용 가능한 메모리의 양과 관련해 힙에 할당할 수 있는 최대 크기를 JVM에 물어보자. `-XX:+PrintFlagsFinal` 자바 옵션을 사용해 JVM에 추가 런타임 정보를 요청한 다음, `grep` 명령으로 `MaxHeapSize` 매개변수를 필터링하면 된다.

```
docker run -it --rm eclipse-temurin:24 java -XX:+PrintFlagsFinal | grep "size_t MaxHeapSize"
```

도커 호스트에 16GB의 메모리를 할당했으므로 다음과 같은 응답을 받게 될 것이다.

**그림 4.6** MaxHeapSize 응답

JVM 메모리 제약 조건이 없는 경우(즉, JVM 매개변수인 `-Xmx`를 사용하지 않는 경우) 자바는 컨테이너에서 사용 가능한 메모리의 1/4을 힙에 할당한다. 따라서 최대 4GB까지 할당할 것으로 예상할 수 있다. 위 화면에서 응답이 4,192,206,848바이트인 것을 볼 수 있다. 이는 4,192,206,848 / 1024 / 1024 = 3,998MB와 같으며, 예상했던 4GB에 근접한다.

`-m=1024M` 도커 옵션을 사용해 도커 컨테이너가 최대 1GB의 메모리만 사용하도록 제한하면 최대 메모리 할당은 더 낮아질 것이다. 다음 명령을 실행한다.

```
docker run -it --rm -m=1024M eclipse-temurin:24 java -XX:+PrintFlagsFinal | grep "size_t
MaxHeapSize"
```

출력 결과로 268,435,456바이트라는 응답이 나올 것이며, 이는 268,435,456 / 1024 / 1024 = 256MB와 같다. 256MB는 1GB의 1/4이므로 마찬가지로 예상한 대로다.

평소처럼 JVM에서 직접 최대 힙 크기를 설정할 수 있다. 예를 들어, 1GB 중 600MB를 힙에 사용할 수 있게 하려면 다음과 같이 JVM 옵션인 `-Xmx600m`을 지정하면 된다.

```
docker run -it --rm -m=1024M eclipse-temurin:24 java -Xmx600m -XX:+PrintFlagsFinal -version | grep
"size_t MaxHeapSize"
```

JVM은 629,145,600바이트 = 629,145,600 / 1024 / 1024 = 600MB로 응답할 것이며, 마찬가지로 예상대로다.

실제로 이렇게 작동하는지 확인하기 위해 '메모리 부족' 테스트로 마무리해 보자.

1GB의 메모리(즉, 최대 힙 크기는 256MB다)가 할당된 컨테이너에서 실행되는 JVM에서 `jshell`을 사용해 약간의 메모리를 할당해 보자.

먼저 100MB의 바이트 배열을 할당해 보자.

```
echo 'new byte[100_000_000]' | docker run -i --rm -m=1024M eclipse-temurin:24 jshell -q
```

이 명령은 `$1 ==>`로 응답할 것이며, 작업이 잘 수행됐음을 의미한다!

> 일반적으로 `jshell`은 명령의 결괏값을 출력하지만, 0으로 설정된 100MB의 바이트를 모두 출력하기에는 출력할 내용이 너무 많기 때문에 아무것도 출력되지 않는다.

이제 최대 힙 크기보다 큰 500MB의 바이트 배열을 할당해 보자.

```
echo 'new byte[500_000_000]' | docker run -i --rm -m=1024M eclipse-temurin:24 jshell -q
```

JVM은 컨테이너 설정의 최대 메모리를 따르므로 이 작업을 수행할 수 없음을 확인하고 즉시 `Exception java.lang.OutOfMemoryError: Java heap space`로 응답한다. 이로써 예상대로 동작하는 것을 확인했다.

이제 자바가 사용 가능한 CPU와 컨테이너의 메모리 설정을 어떻게 따르는지 살펴봤다. 계속해서 한 마이크로서비스에 대한 첫 번째 도커 이미지를 만들어 보자.

## 단일 마이크로서비스에 도커 사용

이제 자바가 컨테이너에서 어떻게 작동하는지 이해했으므로 단일 마이크로서비스에 도커를 사용할 수 있다. 마이크로서비스를 도커 컨테이너로 실행하기 전에 먼저 도커 이미지로 패키징해야 한다. 도커 이미지를 빌드하려면 `Dockerfile`이 필요하므로 그것부터 시작하겠다. 다음으로, 마이크로서비스에 도커 전용 구성이 필요하다. 컨테이너에서 실행되는 마이크로서비스는 다른 마이크로서비스와 격리돼 있기 때문에(자체적인 IP 주소, 호스트명, 포트를 사용) 동일한 호스트 내에서 다른 마이크로서비스와 함께 실행될 때와 다르게 구성할 필요가 있다.

예를 들어, 다른 마이크로서비스가 더 이상 동일한 호스트에서 실행되지 않으므로 포트 충돌이 발생하지 않는다. 도커에서 실행할 때는 포트 충돌의 위험 없이 모든 마이크로서비스에 기본 포트인 8080번을 사용할 수 있다. 반면 다른 마이크로서비스와 통신해야 할 때는 동일한 호스트에서 실행할 때처럼 localhost를 사용할 수 없다.

> 마이크로서비스를 컨테이너에서 실행하더라도 소스코드는 영향을 받지 않고 오직 구성만 변경될 뿐이다.

여기서는 도커에서 실행할 때 필요한 구성과 도커 없이 로컬에서 실행할 때 필요한 구성을 구분하기 위해 스프링 프로파일을 사용할 것이다. 3장 '협력하는 마이크로서비스 만들기' 이후로 도커 없이 로컬에서 실행하기 위해 기본 스프링 프로파일을 사용해 왔다. 이제 마이크로서비스를 도커 컨테이너로 실행할 때 사용할 docker라는 이름의 새 스프링 프로파일을 생성하겠다.

## 소스코드의 변경 사항

여기서는 product 마이크로서비스부터 시작할 것이며, 이는 $BOOK_HOME/Chapter04/microservices/product-service/에서 확인할 수 있다. 다음 절에서는 이를 다른 마이크로서비스에도 적용할 것이다.

먼저 프로퍼티 파일인 application.yml의 끝에 도커용 스프링 프로파일을 추가한다.

```
---
spring.config.activate.on-profile: docker

server.port: 8080
```

> 스프링 프로파일은 환경별로 다른 구성을 지정하고자 할 때 사용할 수 있으며, 여기서 만든 구성은 마이크로서비스를 도커 컨테이너에서 실행할 때만 사용된다. 다른 예로는 dev, test, production 환경에 특화된 구성이 있다. 프로파일의 값은 기본 프로파일의 값을 재정의한다. YAML 파일을 사용하면 여러 개의 스프링 프로파일을 ---로 구분해서 동일한 파일에 둘 수 있다.

현재로서는 사용할 포트만 변경하면 된다. 그럼 컨테이너에서 마이크로서비스를 실행할 때 기본 포트인 8080번을 사용할 것이다.

다음으로 도커 이미지를 빌드하는 데 사용할 Dockerfile을 생성하겠다. 2장 '스프링 부트 소개'에서 언급했듯이 Dockerfile은 다음과 같이 간단할 수 있다.

```
FROM openjdk:24

EXPOSE 8080

ADD ./build/libs/*.jar app.jar

ENTRYPOINT ["java","-jar","/app.jar"]
```

여기서 주목할 점은 다음과 같다.

- 도커 이미지는 OpenJDK의 공식 도커 이미지를 기반으로 하며, 24 버전을 사용한다.
- 8080번 포트가 다른 도커 컨테이너에 노출될 것이다.
- 팻 JAR 파일은 그레이들 빌드 라이브러리인 build/libs로부터 도커 이미지에 추가될 것이다.
- 이 도커 이미지를 기반으로 컨테이너를 구동하기 위해 도커가 사용하는 명령은 java -jar /app.jar다.

이 단순한 접근 방식에는 몇 가지 단점이 있다.

- 여기서는 컴파일러와 기타 개발 도구를 포함한 자바 SE 24의 전체 JDK를 사용하고 있다. 이로 인해 도커 이미지의 크기가 불필요하게 커지며, 보안 관점에서 볼 때 필요 이상의 도구를 이미지에 포함시키는 것은 바람직하지 않다. 따라서 자바 프로그램을 실행하는 데 필요한 프로그램과 라이브러리만 포함하는 자바 SE 24 JRE용 기본 이미지를 사용하는 것이 좋다. 아쉽게도 OpenJDK 프로젝트는 자바 SE 24 JRE용 도커 이미지를 제공하지 않는다.
- 팻 JAR 파일은 도커 컨테이너가 구동될 때 언패키징하는 데 시간이 걸린다. 더 나은 방법은 도커 이미지가 빌드될 때 팻 JAR 파일을 언패키징하는 것이다.
- 아래에서 볼 수 있듯이 팻 JAR 파일은 약 20MB로 매우 크다. 개발 중에 도커 이미지의 애플리케이션 코드를 반복적으로 변경할 경우 도커 build 명령을 사용할 때 오버헤드가 발생할 것이다. 도커 이미지는 여러 레이어로 구성되기 때문에 애플리케이션 코드에서 단 하나의 자바 클래스만 변경되더라도 매번 커다란 레이어들을 전부 교체해야 한다.
- 더 나은 방법은 내용이 자주 변경되지 않는 파일은 첫 번째 레이어에 추가하고, 자주 변경되는 파일은 마지막 레이어에 배치해서 서로 다른 레이어로 내용을 분할하는 것이다. 이렇게 하면 도커의 레이어 캐싱 메커니즘을 활용할 수 있다. 애플리케이션 코드가 변경되더라도 변경되지 않는 첫 번째 안정적인 레이어에 대해서는 도커가 캐시를 활용해 다시 빌드하지 않을 것이다. 그럼 마이크로서비스 도커 이미지를 더 빠르게 빌드할 수 있다.

자바 SE 24 JRE용 도커 이미지를 OpenJDK 프로젝트에서 제공하지 않는다는 점과 관련해서 OpenJDK 바이너리를 도커 이미지로 패키징하는 다른 오픈소스 프로젝트들이 있다. 가장 널리 사용되는 프로젝트 중 하나는 이클립스 테무린(`https://adoptium.net/temurin/`)이다. 테무린 프로젝트는 전체 JDK 에디션과 최소화된 JRE 에디션의 도커 이미지를 모두 제공한다.

팻 JAR 파일이 도커 이미지에 최적화되지 않은 채로 패키징되는 것과 관련해서 스프링 부트 2.3.0에서는 팻 JAR 파일의 내용을 여러 폴더로 압축 해제할 수 있게 해서 이 문제를 해결했다. 기본적으로 스프링 부트는 팻 JAR 파일의 압축을 해제한 후에 다음과 같은 폴더를 생성한다.

- `dependencies`: JAR 파일 형태로 모든 의존성을 포함한다.
- `spring-boot-loader`: 스프링 부트 애플리케이션을 구동하는 방법을 아는 스프링 부트 클래스를 포함한다.
- `snapshot-dependencies`: 스냅숏 의존성이 있는 경우 이를 포함한다.
- `application`: 애플리케이션 클래스 파일과 리소스를 포함한다.

스프링 부트 문서에서는 여기에 나열된 순서대로 각 폴더에 대해 하나의 도커 레이어를 생성할 것을 권장한다.[2] JDK 기반 도커 이미지를 JRE 기반 이미지로 교체하고 `Dockerfile`에 팻 JAR 파일을 적절한 레이어로 압축 해제하는 명령을 추가한 `Dockerfile`의 내용은 다음과 같다.

```
FROM eclipse-temurin:24_36-jre-noble AS builder
WORKDIR extracted
ADD ./build/libs/*.jar app.jar
RUN java -Djarmode=layertools -jar app.jar extracted

FROM eclipse-temurin:24_36-jre-noble
WORKDIR application
COPY --from=builder extracted/dependencies/ ./
COPY --from=builder extracted/spring-boot-loader/ ./
COPY --from=builder extracted/snapshot-dependencies/ ./
COPY --from=builder extracted/application/ ./

EXPOSE 8080

ENTRYPOINT ["java", "org.springframework.boot.loader.launch.JarLauncher"]
```

2 `https://spring.io/blog/2020/01/27/creating-docker-images-with-spring-boot-2-3-0-m1`

Dockerfile 내 팻 JAR 파일의 압축 해제를 처리하기 위해서는 멀티 스테이지 빌드(multi-stage build)를 사용한다. 즉, 압축 해제를 처리하는 첫 번째 단계인 builder가 있다. 두 번째 단계는 런타임에 사용될 실제 도커 이미지를 빌드하며, 필요에 따라 첫 번째 단계에서 파일을 선택한다. 이 기법을 사용하면 Dockerfile에서 모든 패키징 로직을 처리할 수 있으면서도 최종 도커 이미지의 크기를 최소화할 수 있다.

- 첫 번째 단계는 다음과 같은 줄로 시작한다.

  ```
  FROM eclipse-temurin:24_36-jre-noble AS builder
  ```

  보다시피 테무린 프로젝트의 도커 이미지를 사용하며, v24+36 버전용 자바 SE JRE를 포함하고 있음을 알 수 있다. 또한 이 단계의 이름이 builder임을 알 수 있다.

- builder 단계에서는 작업 디렉터리를 extracted로 설정하고 그레이들 빌드 라이브러리인 build/libs에서 팻 JAR 파일을 해당 폴더에 추가한다.

- 그런 다음 builder 단계에서는 java -Djarmode=layertools -jar app.jar extracted 명령을 실행하는데, 이는 작업 디렉터리인 extracted 폴더로 팻 JAR 파일의 압축 해제를 수행한다.

- 다음 단계이자 마지막 단계는 다음과 같은 줄로 시작한다.

  ```
  FROM eclipse-temurin:24_36-jre-noble
  ```

  첫 번째 단계와 동일한 기본 도커 이미지를 사용하며, application 폴더를 작업 디렉터리로 사용한다. builder 단계에서 폴더별로 압축 해제된 파일들을 application 폴더에 복사한다. 이는 앞에서 설명한 대로 각 폴더에 대해 하나의 레이어를 생성한다. --from=builder 파라미터는 도커에게 builder 단계의 파일 시스템에서 파일을 선택하게 하는 데 사용된다.

- 적절한 포트(이 경우 8080)를 노출시킨 후, Dockerfile은 마이크로서비스를 구동하기 위해 실행할 자바 클래스인 org.springframework.boot.loader.launch.JarLauncher를 전체 클래스 경로 형식으로 도커에게 알려준다.

필요한 소스코드의 변경 사항에 대해 배웠으므로 이제 첫 번째 도커 이미지를 빌드할 준비가 끝났다.

## 도커 이미지 빌드

도커 이미지를 빌드하려면 먼저 product-service의 배포 아티팩트(즉, 팻 JAR 파일)를 빌드해야 한다.

```
cd $BOOK_HOME/Chapter04
./gradlew :microservices:product-service:build
```

> 여기서는 product-service 및 이에 의존하는 프로젝트(api와 util 프로젝트)만 빌드하고 싶으므로 모든 마이크로서비스를 빌드하는 일반적인 빌드 명령을 사용하지 않는다. 대신 그레이들이 product-service 프로젝트만 빌드하도록 :microservices:product-service:build를 사용한다.

그레이들 빌드 라이브러리인 build/libs에서 팻 JAR 파일을 확인할 수 있다. ls -l microservices/product-service/build/libs 명령을 실행하면 다음과 같은 내용이 출력될 것이다.

**그림 4.7** 팻 JAR 파일의 세부 내용 확인

> 보다시피 JAR 파일의 크기가 거의 20MB에 달하는데, 이 때문에 팻 JAR 파일이라고 부른다.
>
> 이 파일의 실제 내용이 궁금하다면 unzip -l microservices/product-service/build/libs/product-service-1.0.0-SNAPSHOT.jar 명령으로 확인할 수 있다.

다음으로, 도커 이미지를 빌드하고 product-service라는 이름을 부여한다.

```
cd microservices/product-service
docker build -t product-service .
```

도커가 현재 디렉터리의 Dockerfile을 사용해 도커 이미지를 빌드할 것이다. 이미지에는 product-service라는 태그가 붙고 도커 엔진 내부에 저장될 것이다.

다음 명령을 실행해 예상대로 도커 이미지가 만들어졌는지 확인한다.

```
docker images | grep product-service
```

예상되는 출력 결과는 다음과 같다.

**그림 4.8** 빌드한 도커 이미지 확인

이제 이미지를 빌드했으니 서비스를 어떻게 구동할 수 있는지 살펴보자.

## 서비스 구동

다음 명령으로 product 마이크로서비스를 컨테이너로 구동한다.

```
docker run --rm -p8080:8080 -e "SPRING_PROFILES_ACTIVE=docker" product-service
```

이 명령에서 유추할 수 있는 내용은 다음과 같다.

1. docker run 명령은 컨테이너를 구동하고 터미널에 로그 출력을 표시할 것이다. 컨테이너가 실행되는 동안에는 터미널을 사용하지 못하게 된다.
2. --rm 옵션은 이미 앞에서 살펴봤다. 따라서 Ctrl + C를 사용해 터미널에서 실행을 중지하면 도커가 컨테이너를 정리할 것이다.
3. -p8080:8080 옵션은 컨테이너의 8080번 포트를 도커 호스트의 8080번 포트에 매핑해서 외부에서 호출할 수 있게 한다. 맥용 도커 데스크톱의 경우 도커를 로컬 리눅스 가상 머신에서 실행하므로 포트는 macOS에서 사용할 수 있도록 localhost로 포트 포워딩된다. 도커 호스트의 특정 포트에는 하나의 컨테이너만 매핑할 수 있다는 점을 기억하자!
4. -e 옵션으로 컨테이너에 대한 환경변수를 지정할 수 있는데, 이 경우에는 SPRING_PROFILES_ACTIVE=docker다. SPRING_PROFILES_ACTIVE 환경변수는 스프링에게 어떤 프로파일을 사용할지 알려준다. 여기서는 스프링이 docker 프로파일을 사용하도록 지정했다.
5. 마지막으로 product-service는 앞에서 빌드한 도커 이미지의 이름이며, 도커는 이를 사용해 컨테이너를 구동한다.

예상되는 출력 결과는 다음과 같다.

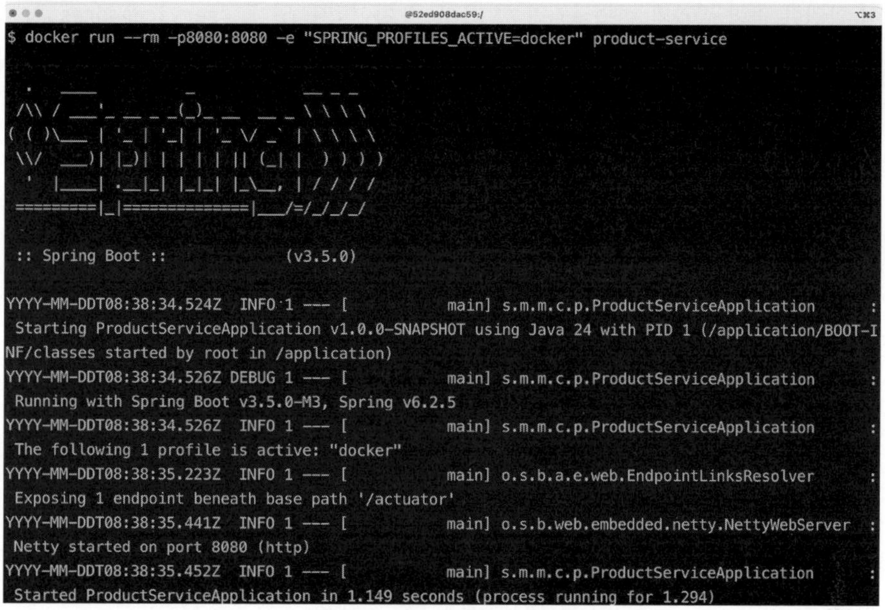


**그림 4.9** product 마이크로서비스를 구동한 후의 출력 결과

위 그림에서 다음과 같은 사항을 확인할 수 있다.

- 스프링에서 사용하는 프로파일은 docker다. 출력 결과에 나오는 The following 1 profile is active: "docker"를 통해 이를 확인할 수 있다.
- 컨테이너에서 할당한 포트는 8080번이다. 출력 결과에 나오는 Netty started on port 8080을 통해 이를 확인할 수 있다.
- Started ProductServiceApplication이라는 로그 메시지가 기록되면 마이크로서비스가 요청을 처리할 준비가 된 것이다.

앞에서 설명한 대로 localhost의 8080번 포트를 사용해 마이크로서비스와 통신할 수 있다. 다른 터미널 창에서 다음 명령을 실행해 보자.

```
curl localhost:8080/product/3
```

예상되는 출력 결과는 다음과 같다.

**그림 4.10** 3번 제품에 대한 정보 요청

이전 장에서 확인한 출력 결과와 비슷하지만 한 가지 큰 차이점이 있다. "serviceAddress":"d8d92f39a7e8/172.17.0.2:8080"에서 포트는 예상대로 8080번이고, IP 주소 172.17.0.2는 도커 내부 네트워크에서 컨테이너에 할당한 IP 주소다. 그런데 호스트명인 d8d92f39a7e8은 어디서 온 것일까?

도커에게 실행 중인 모든 컨테이너에 대해 물어보자.

```
docker ps
```

그럼 다음과 같은 출력 결과를 볼 수 있다.

**그림 4.11** 실행 중인 모든 컨테이너

출력 결과에서 볼 수 있듯이 호스트명은 컨테이너의 ID와 동일하다. 이는 요청에 실제로 응답한 컨테이너가 무엇인지 파악할 때 유용하다.

Ctrl + C를 눌러 터미널에서 컨테이너를 중지해서 작업을 마무리하자. 이제 컨테이너를 터미널에서 분리된 상태로 실행하는 법을 알아보자.

## 컨테이너를 분리 모드로 실행

컨테이너를 구동한 후에도 터미널을 계속 사용하고 싶다면 어떻게 해야 할까? 대부분의 경우 실행 중인 각 컨테이너에 대해 터미널 세션을 사용하지 못하게 되면 불편할 것이다. 따라서 터미널을 계속 사용할 수 있게 컨테이너를 실행하는 방법, 즉 분리(detached) 모드로 컨테이너를 구동하는 방법을 알아보자.

그러려면 -d 옵션을 추가하고 동시에 --name 옵션을 사용해 이름을 지정하면 된다. 이름을 지정하는 것은 선택 사항이며, 지정하지 않으면 도커가 이름을 생성하는데, 이름이 있으면 분리된 컨테이너에 명령을 보내기가 더 쉬워진다. --rm 옵션은 더 이상 필요하지 않은데, 컨테이너를 명시적으로 중지하고 제거할 것이기 때문이다.

```
docker run -d -p8080:8080 -e "SPRING_PROFILES_ACTIVE=docker" --name my-prd-srv product-service
```

docker ps 명령을 다시 실행하면 my-prd-srv이라는 새 컨테이너를 볼 수 있다.

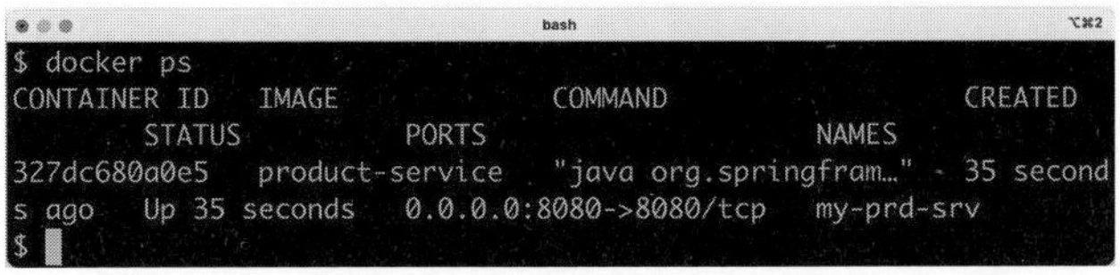


**그림 4.12** 분리 모드로 컨테이너 시작하기

그런데 컨테이너의 로그를 어떻게 확인할 수 있을까?

docker logs 명령을 사용하면 된다.

```
docker logs my-prd-srv -f
```

-f 옵션은 로그 출력을 계속 모니터링하는 옵션이다. 즉, 모든 현재 로그 출력이 터미널에 기록되더라도 명령이 종료되지 않고 로그 출력을 계속 기다린다. 보고 싶지 않은 오래된 로그 메시지가 많을 것 같다면 **--tail 0** 옵션을 추가해 새 로그 메시지만 볼 수도 있다. 또는 **--since** 옵션을 사용해 절대 타임스탬프나 상대 시간(예를 들어, **--since 5m**을 지정해 최근 5분 이내의 로그 메시지만)을 지정해 로그 메시지를 확인할 수 있다.

curl 요청을 실행해 이를 시험해보자. 터미널의 로그에 새 로그 메시지가 기록된 것을 볼 수 있을 것이다.

다음 명령으로 컨테이너를 중지하고 제거해서 실습을 마무리하자.

```
docker rm -f my-prd-srv
```

-f 옵션을 지정하면 컨테이너가 실행 중이더라도 도커가 컨테이너를 강제로 제거한다. 도커는 컨테이너를 제거하기 전에 자동으로 컨테이너를 중지할 것이다.

이제 도커를 사용해 마이크로서비스를 사용하는 방법을 알았으니 도커 컴포즈를 활용해 마이크로서비스 환경을 관리하는 방법을 살펴보자.

# 도커 컴포즈를 활용한 마이크로서비스 환경 관리

앞에서 도커를 사용해 단일 마이크로서비스를 실행하는 방법을 살펴봤는데, 마이크로서비스 시스템 환경 전체를 관리하는 것은 어떨까?

앞에서 언급했듯이 이것이 바로 도커 컴포즈의 용도다. 명령 하나로 협력하는 마이크로서비스들을 빌드, 시작, 로깅, 중지할 수 있다.

## 소스코드의 변경 사항

도커 컴포즈를 사용하려면 도커 컴포즈가 관리할 마이크로서비스를 기술하는 구성 파일인 `docker-compose.yml`을 생성해야 한다. 또한 나머지 마이크로서비스에 대한 `Dockerfile`을 설정하고, 각각에 도커 전용 스프링 프로파일을 추가해야 한다. 네 개의 마이크로서비스는 모두 자체 `Dockerfile`을 가지고 있으며, 모두 앞의 것과 동일하다.

스프링 프로파일의 경우 세 가지 핵심 서비스인 `product-`, `recommendation-`, `review-service`는 동일한 `docker` 프로파일을 가지고 있으며, 이 프로파일에는 컨테이너로 실행할 때 기본 포트인 `8080`번을 사용해야 한다고만 지정돼 있다.

`product-composite-service`의 경우 핵심 서비스를 어디서 찾을 수 있는지 알아야 하므로 조금 더 복잡하다. 로컬호스트에서 모든 서비스를 실행했을 때는 로컬호스트와 핵심 서비스별로 개별 포트 번호인 `7002-7004`번을 사용하도록 구성됐다. 도커에서 실행할 때는 각 서비스가 자체적인 호스트명을 가지지만 동일한 포트 번호인 `8080`번으로 접속할 수 있다. `product-composite-service`의 `docker` 프로파일은 다음과 같다.

```
---
spring.config.activate.on-profile: docker
server.port: 8080

app:
  product-service:
    host: product
    port: 8080
  recommendation-service:
    host: recommendation
    port: 8080
```

```
  review-service:
    host: review
    port: 8080
```

이 구성은 application.yml 프로퍼티 파일에 저장된다.

호스트명인 product, recommendation, review는 어디서 왔을까?

이것들은 $BOOK_HOME/Chapter04 폴더의 docker-compose.yml 파일에 지정돼 있다. 이 파일은 다음과 같다.

```
services:
  product:
    build: microservices/product-service
    mem_limit: 512m
    environment:
      - SPRING_PROFILES_ACTIVE=docker

  recommendation:
    build: microservices/recommendation-service
    mem_limit: 512m
    environment:
      - SPRING_PROFILES_ACTIVE=docker

  review:
    build: microservices/review-service
    mem_limit: 512m
    environment:
      - SPRING_PROFILES_ACTIVE=docker

  product-composite:
    build: microservices/product-composite-service
    mem_limit: 512m
    ports:
      - "8080:8080"
    environment:
      - SPRING_PROFILES_ACTIVE=docker
```

각 마이크로서비스에 대해 다음과 같은 사항을 지정한다.

- 마이크로서비스의 이름. 이 이름은 도커 내부 네트워크에서 컨테이너의 호스트명이 되기도 한다.
- 도커 이미지를 빌드하는 데 사용될 `Dockerfile`의 위치를 지정하는 `build` 지시문
- 512MB의 메모리 제한. 이 책의 모든 마이크로서비스에 대해서는 512MB로 충분할 것이다. 이번 장에서는 더 낮은 값으로 설정할 수 있지만 다음 장에서 마이크로서비스에 더 많은 기능을 추가함에 따라 메모리 요구사항이 증가할 것이다.
- 컨테이너에 설정될 환경변수. 여기서는 이를 통해 어떤 스프링 프로파일을 사용할지 지정했다.

`product-composite` 서비스의 경우 포트 매핑도 지정해 도커 외부에서 접근할 수 있도록 포트를 노출시킬 것이다. 다른 마이크로서비스는 외부에서 접근할 수 없을 것이다. 다음으로, 마이크로서비스 환경을 구동하는 방법을 살펴보자.

> 10장 '스프링 클라우드 게이트웨이를 이용해 에지 서버 뒤로 마이크로서비스를 숨기기'와 11장, 'API에 대한 접근 보안'에서는 마이크로서비스로 구성된 시스템 환경에 대한 외부 접근을 차단하고 보호하는 방법을 자세히 알아본다.

## 마이크로서비스 환경 구동

필요한 모든 코드 변경 사항이 준비됐으므로 도커 이미지를 빌드하고, 마이크로서비스 환경을 구동한 다음, 예상대로 작동하는지 확인하기 위해 몇 가지 테스트를 실행할 수 있다. 이를 위해 다음과 같은 작업을 수행해야 한다.

1. 먼저 그레이들로 배포 아티팩트를 빌드한 다음 도커 컴포즈로 도커 이미지를 빌드한다.

```
cd $BOOK_HOME/Chapter04
./gradlew build
docker-compose build
```

2. 그런 다음, 다음과 같이 도커 이미지를 볼 수 있는지 확인할 필요가 있다.

```
docker images | grep chapter04
```

3. 다음과 같은 출력 결과가 표시될 것이다.

```
$ docker images | grep chapter04
chapter04-product-composite   latest   2cf0d012a652   10 seconds ago   289MB
chapter04-review              latest   e8b95c4afec7   10 seconds ago   289MB
chapter04-recommendation      latest   3b1a1be6b5e7   10 seconds ago   289MB
chapter04-product             latest   1896ce04468b   14 minutes ago   289MB
$
```

**그림 4.13** 도커 이미지 확인

4. 다음 명령으로 마이크로서비스 환경을 구동한다.

```
docker compose up -d
```

5. -d 옵션은 도커와 마찬가지로 도커 컴포즈가 분리 모드로 컨테이너를 실행하게 한다.

6. 다음 명령으로 각 컨테이너 로그에 작성되는 출력 결과를 모니터링해서 구동 과정을 확인할 수 있다.

```
docker compose logs -f
```

> `docker compose logs` 명령은 앞에서 설명한 `docker logs`와 동일한 `-f`와 `--tail` 옵션을 지원한다.
>
> 또한 `docker compose logs` 명령은 로그 출력을 컨테이너로 제한하는 것도 지원한다. `logs` 명령 뒤에 로그 출력을 보고 싶은 컨테이너의 이름을 추가하기만 하면 된다. 예를 들어, `product` 및 `review` 서비스의 로그 출력만 보려면 `docker compose logs -f product review`를 실행하면 된다.

7. 네 개의 마이크로서비스가 모두 구동되고 나면 마이크로서비스 환경을 시험해 볼 준비가 끝난 것이다. 다음과 같은 내용을 찾아보자.

```
$ docker-compose logs -f
...
chapter04-product-1           ... Started ProductServiceApplication in 1.935 seconds
...
chapter04-review-1            ... Started ReviewServiceApplication in 1.883 seconds
...
chapter04-product-composite-1 ... Started ProductCompositeServiceApplication in 1.993 seconds
...
chapter04-recommendation-1    ... Started RecommendationServiceApplication in 1.904 seconds
```

**그림 4.14** 총 네 개의 마이크로서비스 구동하기

> 각 로그 메시지 앞에는 로그 메시지를 만들어낸 컨테이너의 이름이 접두사로 붙는다.

이제 몇 가지 테스트를 실행해 예상대로 작동하는지 확인할 준비가 끝났다. 이전 장의 로컬호스트에서 직접 복합 서비스를 호출했을 때와 비교해서 도커에서 복합 서비스를 호출할 때는 포트 번호만 변경하면 된다. 이제 `8080`번 포트를 사용한다.

```
curl localhost:8080/product-composite/123 -s | jq .
```

그럼 동일한 유형의 응답을 받게 될 것이다.

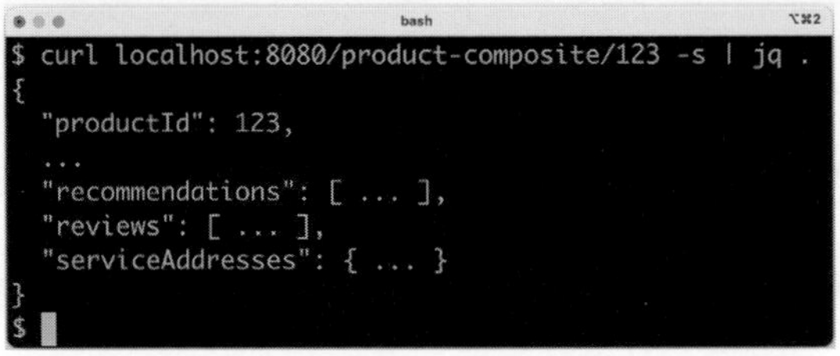


**그림 4.15** 복합 서비스 호출

그러나 응답의 `serviceAddresses`에 적힌 호스트명과 포트에는 한 가지 큰 차이점이 있다.

**그림 4.16** serviceAddresses 보기

여기서는 각 도커 컨테이너에 할당된 호스트명과 IP 주소를 볼 수 있다.

작업이 모두 끝났다. 이제 한 단계만 남았다.

```
docker compose down
```

이 명령은 마이크로서비스 환경을 종료한다. 지금까지 배시 명령을 수동으로 실행해 협력하는 마이크로서비스를 테스트하는 방법을 확인했다. 다음 절에서는 테스트 스크립트를 개선해서 이러한 수동 단계를 자동화하는 방법을 살펴보겠다.

## 협력 마이크로서비스의 테스트 자동화

도커 컴포즈는 여러 마이크로서비스를 수동으로 관리할 때 정말 도움이 된다. 이번 절에서는 한 단계 더 나아가 도커 컴포즈를 테스트 스크립트인 test-em-all.bash에 통합할 것이다. 테스트 스크립트에서는 마이크로서비스 환경을 자동으로 구동하고, 마이크로서비스 환경이 예상대로 작동하는지 확인하는 데 필요한 모든 테스트를 실행한 다음, 마지막으로 환경을 정리해서 아무런 흔적도 남기지 않을 것이다.

테스트 스크립트는 $BOOK_HOME/Chapter04/test-em-all.bash에서 확인할 수 있다.

테스트 스크립트에서는 테스트 스위트를 실행하기에 앞서 테스트 스크립트를 호출했을 때 start 인수가 전달됐는지 확인한다. start 인수가 발견되면 다음 코드로 컨테이너를 다시 시작할 것이다.

```
if [[ $@ == *"start"* ]]
then
  echo "Restarting the test environment..."
  echo "$ docker compose down --remove-orphans"
  docker compose down --remove-orphans
  echo "$ docker compose up -d"
  docker compose up -d
fi
```

그 후 테스트 스크립트는 product-composite 서비스가 OK로 응답할 때까지 기다린다.

```
waitForService http://$HOST:${PORT}/product-composite/1
```

waitForService 함수는 다음과 같이 구현한다.

```
function testUrl() {
  url=$@
  if curl $url -ks -f -o /dev/null
  then
    return 0
  else
    return 1
  fi;
}
```

```
function waitForService() {
  url=$@
  echo -n "Wait for: $url... "
  n=0
  until testUrl $url
  do
    n=$((n + 1))
    if [[ $n == 100 ]]
    then
      echo " Give up"
      exit 1
    else
      sleep 3
      echo -n ", retry #$n "
    fi
  done
  echo "DONE, continues..."
}
```

waitForService 함수는 curl을 사용해 제공된 URL에 HTTP 요청을 보낸다. curl이 요청에 대해 성공적인 응답을 받았다고 할 때까지 요청이 반복적으로 전송된다. 함수는 각 요청마다 3초 동안 대기하고, 100번의 요청 시도 후에는 포기하며 실패와 함께 스크립트를 중지한다.

다음으로, 이전과 같이 모든 테스트가 실행된다. 그 후 스크립트는 호출 매개변수에서 stop 인수를 찾으면 환경을 정리한다.

```
if [[ $@ == *"stop"* ]]
then
  echo "We are done, stopping the test environment..."
  echo "$ docker compose down"
  docker compose down
fi
```

> 테스트 스크립트는 테스트 중 일부가 실패하더라도 마이크로서비스 환경을 정리하지 않고 단순히 중지해서 오류 분석을 위해 시스템 환경을 유지한다는 점에 유의하자.

또한 테스트 스크립트에서는 기본 포트를 도커 없이 마이크로서비스를 실행할 때 사용했던 `7001`번에서 도커 컨테이너에서 사용하는 `8080`번으로 변경했다.

이제 실습해 보자. 다음 명령을 실행해 환경을 구동하고, 테스트를 실행한 다음, 환경을 정리한다.

```
./test-em-all.bash start stop
```

다음은 시작 및 종료 단계에 중점을 둔 테스트 실행 결과의 예다. 실제 테스트의 출력 결과는 생략했다(이전 장과 동일).

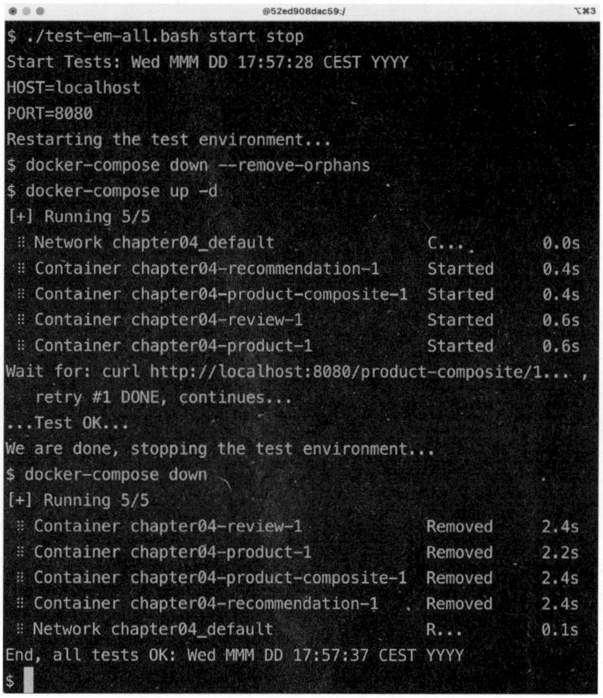


**그림 4.17** 테스트 출력 예시

이렇게 해서 테스트를 실행해봤으니 이제 실패한 테스트를 해결하는 방법을 살펴보자.

## 테스트 실행 문제 해결

`./test-em-all.bash start stop`을 실행하는 테스트가 실패할 경우 다음 단계에 따라 문제를 파악하고, 문제가 해결되면 테스트를 다시 시작할 수 있다.

1. 먼저 다음 명령으로 실행 중인 마이크로서비스의 상태를 확인한다.

```
docker compose ps
```

2. 모든 마이크로서비스가 실행 중이고 정상이면 다음과 같이 출력될 것이다.

```
bash
$ docker-compose ps
NAME                            COMMAND                    SERVICE              STATUS     PORTS
chapter04-product-1             "java org.springfram…"     product              running    8080/tcp
chapter04-product-composite-1   "java org.springfram…"     product-composite    running    0.0.0.0:8080->8080/tcp
chapter04-recommendation-1      "java org.springfram…"     recommendation       running    8080/tcp
chapter04-review-1              "java org.springfram…"     review               running    8080/tcp
$
```

그림 4.18 실행 중인 마이크로서비스의 상태 확인

3. 마이크로서비스 중 하나라도 Up 상태가 아닌 경우 docker compose logs 명령으로 오류에 대한 로그 출력을 확인한다. 예를 들어, product 서비스에 대한 로그 출력을 확인하려면 다음 명령을 사용하면 된다.

```
docker compose logs product
```

4. 이 단계에서는 마이크로서비스가 매우 단순하기 때문에 오류가 발생할 일이 많지 않다. 다음은 6장 '영속성 추가'의 product 마이크로서비스에서 가져온 오류 로그의 예다. 다음과 같은 내용이 로그에 포함돼 있다고 가정해 보자.

```
@52ed908dac59:/
$ docker-compose logs product
...
chapter06-product-1  | ... INFO 1 --- [}-mongodb:27017] org.mongodb.driver.cluster
                     : Exception in monitor thread while connecting to server mongodb:27017
chapter06-product-1  | com.mongodb.MongoSocketException: mongodb: Name or service not known
...
$
```

그림 4.19 로그에 포함된 오류 정보 예시

5. 로그 내용을 읽어보면 product 마이크로서비스가 MongoDB 데이터베이스에 접근할 수 없다는 것을 명확하게 알 수 있다. 데이터베이스도 동일한 도커 컴포즈 파일에 의해 관리되는 도커 컨테이너로 실행되므로 docker compose logs 명령으로 데이터베이스에 무슨 문제가 있는지 확인할 수 있다.

6. 필요할 경우 docker compose restart 명령으로 실패한 컨테이너를 다시 시작할 수 있다. 예를 들어, product 마이크로서비스를 다시 시작하려면 다음 명령을 사용한다.

```
docker compose restart product
```

7. 만약 충돌로 인해 컨테이너가 누락되거나 할 경우 docker compose up -d --scale 명령으로 시작할 수 있다. 예를 들어, product 마이크로서비스의 경우 다음 명령을 사용하면 된다.

```
docker compose up -d --scale product=1
```

8. 로그에 도커의 디스크 공간 부족을 나타내는 오류가 기록된 경우에는 다음 명령으로 디스크 공간 중 일부를 회수할 수 있다.

```
docker system prune -f --volumes
```

9. 모든 마이크로서비스가 실행되고 정상 상태가 되면 마이크로서비스를 시작하지 않고 테스트 스크립트를 다시 실행한다.

```
./test-em-all.bash
```

10. 이제 테스트가 정상적으로 실행될 것이다.

    테스트를 마쳤으면 시스템 환경을 정리하는 것을 잊지 말자.

```
docker compose down
```

> 마지막으로, 소스로부터 런타임 아티팩트와 도커 이미지를 빌드한 다음, 도커에서 모든 테스트를 실행하는 것까지 결합한 명령은 다음과 같다.
>
> ```
> ./gradlew clean build && docker compose build && ./test-em-all.bash start stop
> ```
>
> 이 명령은 새 코드를 Git 저장소에 푸시하기 전이나 빌드 서버의 파이프라인 과정에서 모든 것이 정상적으로 작동하는지 확인할 때 유용하다.

## 정리

이번 장에서는 도커를 사용해 협력 마이크로서비스 환경의 테스트를 단순화하는 방법을 살펴봤다.

자바 SE가 10 버전 이후로 CPU와 메모리 사용량과 관련해서 컨테이너에 적용하는 제약 조건을 준수한다는 사실을 배웠다. 또한 자바 기반 마이크로서비스를 도커 컨테이너로 실행하는 데 필요한 것이 거의 없다는 점도 확인했다. 스프링 프로파일 덕분에 코드를 변경하지 않고도 도커에서 마이크로서비스를 실행할 수 있다.

마지막으로, 도커 컴포즈를 이용해 단 하나의 명령으로 직접 또는 `test-em-all.bash` 같은 테스트 스크립트와 통합해서 자동으로 협력 마이크로서비스 환경을 관리할 수 있다는 점을 확인했다.

다음 장에서는 OpenAPI/스웨거를 활용해 API 문서를 추가하는 방법을 살펴보겠다.

# 문제

1. 가상 머신과 도커 컨테이너의 주된 차이점은 무엇인가?
2. 도커에서 네임스페이스와 cgroups의 용도는 무엇인가?
3. 컨테이너의 최대 메모리 설정을 준수하지 않고 허용된 것보다 더 많은 메모리를 자바 애플리케이션에 할당할 경우 어떤 일이 일어나는가?
4. 소스코드를 수정하지 않고도 스프링 기반 애플리케이션을 도커 컨테이너로 실행하려면 어떻게 해야 하는가?
5. 아래의 도커 컴포즈 코드가 작동하지 않는 이유는 무엇인가?

```
review:
  build: microservices/review-service
  ports:
    - "8080:8080"
  environment:
    - SPRING_PROFILES_ACTIVE=docker

product-composite:
  build: microservices/product-composite-service
  ports:
    - "8080:8080"
  environment:
    - SPRING_PROFILES_ACTIVE=docker
```

# 05

# OpenAPI를 활용한 API 문서화

RESTful 서비스 같은 API의 가치는 사용하기 얼마나 쉬운가에 따라 크게 달라진다. 훌륭하고 접근성 높은 문서화는 API의 유용성을 결정하는 중요한 요소다. 이번 장에서는 **OpenAPI 사양**(OpenAPI Specification)을 활용해 마이크로서비스 환경에서 외부로 노출할 수 있는 API를 문서화하는 방법을 배운다.

2장 '스프링 부트 소개'에서 언급했듯이 이전에는 스웨거 사양으로 알려졌던 OpenAPI 사양은 RESTful 서비스를 문서화할 때 가장 널리 사용되는 사양 중 하나다. 여러 주요 API 게이트웨이가 OpenAPI 사양을 기본적으로 지원한다.[1] 여기서는 오픈소스 프로젝트인 springdoc-openapi를 사용해 문서를 생성하는 방법을 배운다. 또한 API 문서 뷰어인 **스웨거 UI 뷰어**를 임베딩하는 방법도 배울 텐데, 이는 API 문서를 검사하고 API에 요청을 보내는 데 모두 활용할 수 있다.

이번 장이 끝나면 `product-composite-service` 마이크로서비스에서 노출하는 외부 API에 대한 OpenAPI 기반 API 문서를 갖게 될 것이다. 이 마이크로서비스는 API를 시각화하고 테스트하는 데 사용할 수 있는 스웨거 UI 뷰어도 제공할 것이다.

1 (옮긴이) 대표적으로 AWS의 API 게이트웨이가 OpenAPI를 지원한다. `https://docs.aws.amazon.com/ko_kr/apigateway/latest/developerguide/api-gateway-import-api.html`

이번 장에서는 다음 주제를 다룬다.

- springdoc-openapi 사용법
- 소스코드에 springdoc-openapi 추가
- 마이크로서비스 환경 빌드 및 구동
- OpenAPI 문서 테스트

## 기술적 요구사항

이 책에서 사용하는 도구를 설치하는 방법과 이 책의 소스코드를 내려받는 방법은 다음을 참고한다.

- 21장 'macOS용 설치 안내'
- 22장 'WSL 2 및 우분투가 탑재된 마이크로소프트 윈도우용 설치 안내'

이번 장의 모든 코드 예제는 `$BOOK_HOME/Chapter05`에서 가져온 것이다.

이번 장의 소스코드에 적용된 변경 사항, 즉 springdoc-openapi를 활용해 OpenAPI 기반 API 문서를 생성하는 데 필요한 내용을 보려면 4장 '도커를 활용한 마이크로서비스 배포'의 소스코드와 비교해 보면 된다. 즐겨 사용하는 코드 비교 도구를 사용해 `$BOOK_HOME/Chapter04`와 `$BOOK_HOME/Chapter05` 폴더를 비교해본다.

## springdoc-openapi 사용법 소개

springdoc-openapi를 이용하면 API를 구현한 소스코드와 함께 API 문서를 유지할 수 있다. 또한 코드에 지정된 자바 애너테이션을 검사해서 런타임에 실시간으로 API 문서를 생성하는 것은 매우 중요한 기능이다. API 문서를 자바 소스코드와 별도로 관리하면 시간이 지날수록 문서와 실제 구현이 달라지기 쉽다. 대부분의 경우 이 같은 현상은 예상보다 빨리 발생할 것이다(내 경험을 토대로 했을 때).

늘 그렇지만 컴포넌트의 인터페이스를 구현과 분리하는 것이 중요하다. RESTful API를 문서화하는 측면에서는 API를 설명하는 자바 인터페이스에 API 문서를 추가해야 하며, API를 구현하는 자바 클래스에는 추가하면 안 된다. API 문서의 텍스트 부분(예: 긴 설명)을 업데이트하는 것을 단순화하려면 자바 코드에 직접 넣는 대신 프로퍼티 파일에 넣어둘 수도 있다.

springdoc-openapi는 실시간으로 API 사양을 생성하는 것 외에도 스웨거 UI라는 내장형 API 뷰어도 함께 제공한다. 이번 장에서는 `product-composite-service` 서비스에서 스웨거 UI를 통해 API를 노출하도록 구성할 것이다.

> 스웨거 UI는 개발 및 테스트 단계에서 매우 유용하지만 보안상의 이유로 일반적으로 프로덕션 환경에서 API를 공개적으로 노출하지는 않는다. 대부분의 경우 API 게이트웨이를 사용해 API를 공개적으로 노출한다. 오늘날 대부분의 API 게이트웨이 제품은 OpenAPI 문서를 기반으로 한 API 문서 노출을 지원한다. 따라서 스웨거 UI를 노출하는 대신 springdoc-openapi에서 생성한 API의 OpenAPI 문서를 API 게이트웨이로 내보내어 API 문서를 안전하게 게시할 수 있다.
>
> 타사 개발자가 API를 사용할 것으로 예상되는 경우에는 문서 및 개발자 등록에 사용되는 도구가 포함된 개발자 포털을 구축할 수 있다. 스웨거 UI는 개발자 포털에서 사용자가 문서를 읽고 테스트 인스턴스로 API도 테스트해보면서 학습하는 데 활용할 수 있다.
>
> 11장 'API에 대한 접근 보안'에서는 OAuth 2.1을 사용해 API에 대한 접근을 막는 방법을 배운다. 또한 스웨거 UI 컴포넌트를 구성해서 OAuth 2.1 접근 토큰을 획득하고 사용자가 스웨거 UI를 통해 API를 시험할 때 해당 토큰을 사용하는 방법도 배운다.

다음 화면은 스웨거 UI가 어떻게 생겼는지 보여주는 예다.

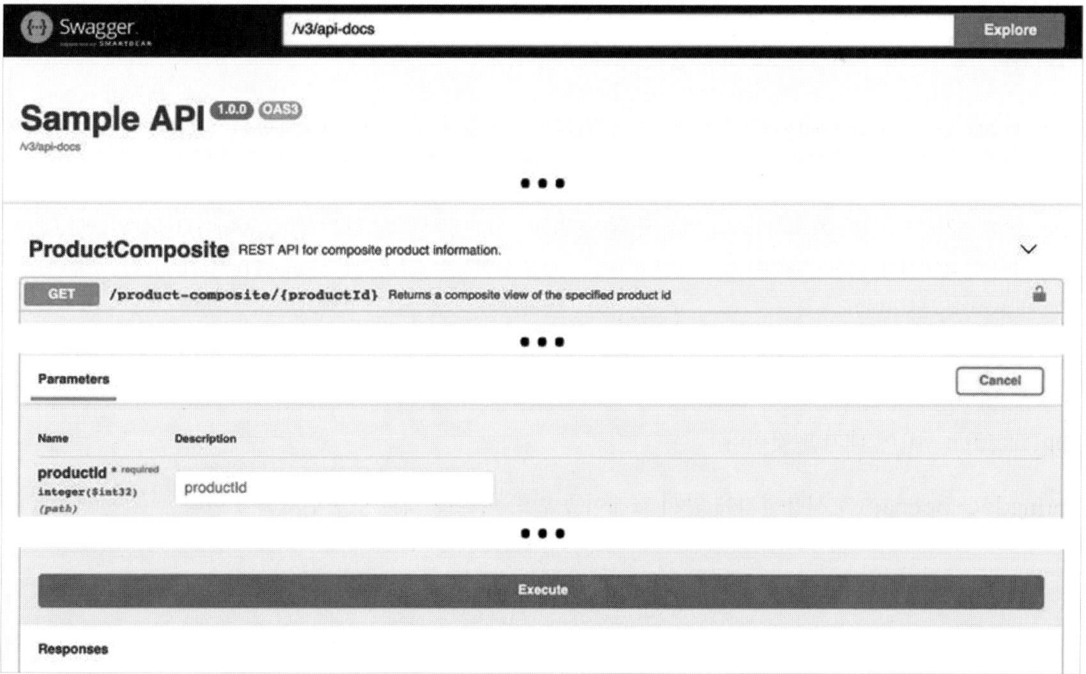


**그림 5.1** 스웨거 UI 예시

> 그림 5.1에서는 현재로서는 중요하지 않은 화면의 일부분을 "…"으로 대체했다. 이러한 세부사항은 이번 장의 뒷부분에서 다시 다루겠다.

springdoc-openapi를 이용해 API 문서를 생성하려면 빌드 파일에 의존성을 추가하고 RESTful 서비스를 정의하는 자바 인터페이스에 애너테이션을 추가해야 한다. 앞에서 언급했듯이 API 문서의 설명 부분은 프로퍼티 파일에 두겠다.

> API 문서 업데이트를 단순화하기 위해 문서의 일부를 프로퍼티 파일에 배치했다면 프로퍼티 파일이 소스코드와 동일한 라이프사이클과 버전 관리하에 두는 것이 중요하다. 그렇게 하지 않으면 프로퍼티 파일의 내용이 실제 구현과 달라지거나 최신 상태를 반영하지 못할 위험이 있다.

springdoc-openapi를 소개했으니 이제 소스코드에 필요한 변경 사항을 반영해 springdoc-openapi의 사용법을 알아보자.

## 소스코드에 springdoc-openapi 추가

`product-composite-service` 마이크로서비스에서 노출한 외부 API에 대한 OpenAPI 기반 문서를 추가하려면 두 개의 프로젝트에서 소스코드를 변경해야 한다.

- `product-composite-service`: 여기서는 자바 애플리케이션 클래스인 `ProductCompositeServiceApplication`에서 springdoc-openapi의 구성을 설정하고 API와 관련된 일반적인 정보를 추가한다.
- `api`: 여기서는 각 RESTful 서비스와 해당 연산을 설명하는 자바 인터페이스인 `ProductCompositeService`에 애너테이션을 추가한다. 현재 단계에는 특정 제품의 복합 정보를 요청하는 `/product-composite/{productId}`라는 HTTP GET 연산 하나만 있다.

API에 대한 실제 설명 텍스트는 `product-composite-service` 프로젝트의 기본 프로퍼티 파일인 `application.yml`에 배치할 것이다.

springdoc-openapi를 사용하기에 앞서 그레이들 빌드 파일에 의존성을 추가해야 한다.

## 그레이들 빌드 파일에 의존성 추가

springdoc-openapi 프로젝트는 여러 모듈로 나뉘어 있다. api 프로젝트의 경우 API를 문서화하는 데 사용할 애너테이션이 포함된 모듈만 필요하다. 다음과 같이 api 프로젝트의 빌드 파일인 build.gradle에 추가하면 된다.

```
implementation 'org.springdoc:springdoc-openapi-starter-common:2.8.6'
```

product-composite-service 프로젝트에는 스웨거 UI 뷰어와 스프링 웹플럭스에 대한 지원 기능을 모두 포함하는 완전한 기능의 모듈이 필요하다. 다음과 같이 빌드 파일인 build.gradle에 의존성을 추가하면 된다.

```
implementation 'org.springdoc:springdoc-openapi-starter-webflux-ui:2.8.6'
```

추가해야 할 의존성은 이것으로 끝이며, 이제 구성으로 넘어가 보자.

## ProductCompositeService에 OpenAPI 구성 및 일반 API 문서 추가

product-composite-service 마이크로서비스에서 springdoc-openapi를 활성화하려면 몇 가지 구성을 추가해야 한다. 여기서는 소스코드를 간결하게 유지하기 위해 애플리케이션 클래스인 ProductCompositeServiceApplication.java에 직접 추가하겠다.

> 원한다면 springdoc-openapi의 구성을 별도의 스프링 구성 클래스에 둬도 된다.

먼저 OpenAPI 빈을 반환하는 스프링 빈을 정의해야 한다. 소스코드는 다음과 같다.

```
@Bean
public OpenAPI getOpenApiDocumentation() {
  return new OpenAPI()
    .info(new Info().title(apiTitle)
      .description(apiDescription)
      .version(apiVersion)
      .contact(new Contact()
        .name(apiContactName)
```

```
            .url(apiContactUrl)
            .email(apiContactEmail))
        .termsOfService(apiTermsOfService)
        .license(new License()
          .name(apiLicense)
          .url(apiLicenseUrl)))
      .externalDocs(new ExternalDocumentation()
        .description(apiExternalDocDesc)
        .url(apiExternalDocUrl));
}
```

위 코드의 구성에는 다음과 같은 API에 대한 일반적인 설명 정보가 포함돼 있음을 알 수 있다.

- API의 이름, 설명, 버전, 연락처 정보
- 이용 약관과 라이선스 정보
- API에 대한 외부 정보 링크(있는 경우)

`OpenAPI` 빈을 구성하는 데 사용되는 `api*` 변수는 스프링의 `@Value` 애너테이션으로 프로퍼티 파일을 통해 초기화된다. 다음 코드를 보자.

```
@Value("${api.common.version}")          String apiVersion;
@Value("${api.common.title}")            String apiTitle;
@Value("${api.common.description}")      String apiDescription;
@Value("${api.common.termsOfService}")   String apiTermsOfService;
@Value("${api.common.license}")          String apiLicense;
@Value("${api.common.licenseUrl}")       String apiLicenseUrl;
@Value("${api.common.externalDocDesc}")  String apiExternalDocDesc;
@Value("${api.common.externalDocUrl}")   String apiExternalDocUrl;
@Value("${api.common.contact.name}")     String apiContactName;
@Value("${api.common.contact.url}")      String apiContactUrl;
@Value("${api.common.contact.email}")    String apiContactEmail;
```

실제 값은 프로퍼티 파일인 `application.yml`에 다음과 같이 설정돼 있다.

```
api:
  common:
    version: 1.0.0
```

```
    title: Sample API
    description: Description of the API...
    termsOfService: MY TERMS OF SERVICE
    license: MY LICENSE
    licenseUrl: MY LICENSE URL
    externalDocDesc: MY WIKI PAGE
    externalDocUrl: MY WIKI URL
    contact:
      name: NAME OF CONTACT
      url: URL TO CONTACT
      email: contact@mail.com
```

프로퍼티 파일에는 springdoc-openapi에 대한 구성 매개변수도 포함돼 있다.

```
springdoc:
  swagger-ui.path: /openapi/swagger-ui.html
  api-docs.path: /openapi/v3/api-docs
  packagesToScan: se.magnus.microservices.composite.product
  pathsToMatch: /**
```

구성 매개변수의 용도는 다음과 같다.

- `springdoc.swagger-ui.path`와 `springdoc.api-docs.path`는 임베드된 스웨거 UI 뷰어에서 사용하는 URL을 /openapi 경로하에 두는 데 사용한다. 이를 통해 이 책의 뒷부분에서 다양한 유형의 에지 서버를 앞에 추가하고 보안 문제를 해결할 때 에지 서버의 구성을 단순화할 수 있다. 자세한 내용은 다음 장을 참고한다.
  - 10장 '스프링 클라우드 게이트웨이를 활용해 에지 서버 뒤로 마이크로서비스 숨기기'
  - 11장 'API에 대한 접근 보안'
  - 17장 '시스템 환경을 단순화하기 위한 쿠버네티스 기능 구현'의 '스프링 클라우드 게이트웨이 대체하기' 절
  - 18장 '서비스 메시를 활용한 관찰 가능성과 관리 개선'의 '쿠버네티스 인그레스 컨트롤러를 이스티오 인그레스 게이트웨이로 대체' 절
- `springdoc.packagesToScan`과 `springdoc.pathsToMatch`는 springdoc-openapi가 코드상의 어디에서 애너테이션을 검색할지 지정한다. springdoc-openapi에 제공할 수 있는 범위가 좁을수록 검색이 더 빨리 수행될 것이다.

자세한 내용은 `product-composite-service` 프로젝트의 애플리케이션 클래스인 `ProductCompositeServiceApplication.java`와 `application.yml` 프로퍼티 파일을 참고한다. 이제 `api` 프로젝트의 자바 인터페이스인 `ProductCompositeService.java`에 API 관련 문서를 추가하는 방법을 알아보자.

### ProductCompositeService 인터페이스에 API 관련 문서 추가

실제 API와 해당 API의 RESTful 연산을 문서화하기 위해 api 프로젝트의 ProductCompositeService.java에 있는 자바 인터페이스 선언에 @Tag 애너테이션을 추가하겠다. API의 각 RESTful 연산에 대해서는 해당 자바 메서드에 @Operation 애너테이션과 함께 @ApiResponse 애너테이션을 추가해서 연산과 예상되는 응답을 설명한다. 이때 성공적인 응답과 오류 응답을 모두 설명하겠다.

springdoc-openapi는 런타임에 이러한 애너테이션을 읽는 것 외에도 @GetMapping 같은 스프링 애너테이션을 검사해서 연산이 어떤 입력 인수를 받고 성공적인 응답이 생성될 경우 응답이 어떻게 생겼는지 파악한다. 잠재적인 오류 응답의 구조를 이해하기 위해 springdoc-openapi는 @RestControllerAdvice와 @ExceptionHandler 애너테이션을 찾는다. 3장 '협력하는 마이크로서비스 만들기'에서는 util 프로젝트에 GlobalControllerExceptionHandler.java라는 유틸리티 클래스를 추가했다.

이 클래스에는 @RestControllerAdvice 애너테이션이 지정돼 있다. 자세한 내용은 '전역 REST 컨트롤러 예외 핸들러' 절을 참고한다. 이 예외 핸들러는 404(NOT_FOUND) 및 422(UNPROCESSABLE_ENTITY) 오류를 처리한다. 스프링 웹플럭스가 요청에서 잘못된 입력 인수를 발견할 때 생성하는 400(BAD_REQUEST) 오류도 springdoc-openapi가 올바르게 문서화할 수 있도록 GlobalControllerExceptionHandler.java에서 400(BAD_REQUEST) 오류에 대한 @ExceptionHandler를 추가했다.

자바 인터페이스 선언에 해당하는 리소스 수준에서의 API 문서는 다음과 같다.

```
@Tag(name = "ProductComposite", description = "REST API for composite product information.")
public interface ProductCompositeService {
```

API 연산의 경우 @Operation과 @ApiResponse 애너테이션에 사용된 실제 텍스트를 프로퍼티 파일로 추출했다. 애너테이션에 ${name-of-the-property} 같은 프로퍼티 플레이스홀더를 사용하면 springdoc-openapi가 런타임에 해당 위치의 실제 텍스트를 프로퍼티 파일에서 찾아 삽입한다.

API 연산은 다음과 같이 문서화돼 있다.

```
@Operation(
  summary = "${api.product-composite.get-composite-product.description}",
  description = "${api.product-composite.get-composite-product.notes}")
@ApiResponses(value = {
  @ApiResponse(responseCode = "200",
               description = "${api.responseCodes.ok.description}"),
```

```
  @ApiResponse(responseCode = "400",
               description = "${api.responseCodes.badRequest.description}"),
  @ApiResponse(responseCode = "404",
               description = "${api.responseCodes.notFound.description}"),
  @ApiResponse(responseCode = "422",
               description = "${api.responseCodes.unprocessableEntity.description}")
})
@GetMapping(
  value = "/product-composite/{productId}",
  produces = "application/json")
ProductAggregate getProduct(@PathVariable int productId);
```

위의 소스코드에서 springdoc-openapi는 연산에 대해 다음 정보를 추출할 수 있을 것이다.

- 이 연산은 `/product-composite/{productId}` URL에 대한 HTTP GET 요청을 받고, URL의 마지막 부분인 `{productId}`는 요청에 대한 입력 매개변수로 사용된다.
- 성공적인 응답은 `ProductAggregate` 자바 클래스에 해당하는 JSON 구조를 생성할 것이다.
- 오류 발생 시 `util` 프로젝트의 `GlobalControllerExceptionHandler.java` 자바 클래스에 있는 `@ExceptionHandler`에서 설명한 대로 본문에 오류 정보와 함께 400, 404, 422의 HTTP 오류 코드가 반환될 것이다.

`@Operation`과 `@ApiResponse` 애너테이션에 지정된 값의 경우 스프링 `@Value` 애너테이션을 사용하지 않고도 프로퍼티 플레이스홀더를 직접 사용할 수 있다. 실제 값은 `application.yml` 프로퍼티 파일에 다음과 같이 설정된다.

```
api:
  responseCodes:
    ok.description: OK
    badRequest.description: Bad Request, invalid format of the request. See response message for more information
    notFound.description: Not found, the specified id does not exist
    unprocessableEntity.description: Unprocessable entity, input parameters caused the processing to fail. See response message for more information
  product-composite:
    get-composite-product:
      description: Returns a composite view of the specified product id
      notes: |
```

```
        # Normal response
        If the requested product id is found the method will return information regarding:
        1. Base product information
        1. Reviews
        1. Recommendations
        1. Service Addresses\n(technical information regarding the addresses of the microservices
that created the response)

        # Expected partial and error responses
        In the following cases, only a partial response be created (used to simplify testing of
error conditions)

        ## Product id 113
        200 - Ok, but no recommendations will be returned

        ## Product id 213
        200 - Ok, but no reviews will be returned

        ## Non-numerical product id
        400 - A **Bad Request** error will be returned

        ## Product id 13
        404 - A **Not Found** error will be returned

        ## Negative product ids
        422 - An **Unprocessable Entity** error will be returned
```

위 구성에서 다음과 같은 사항을 알 수 있다.

- `${api.responseCodes.ok.description}`과 같은 프로퍼티 플레이스홀더는 OK로 변환될 것이다. YAML 기반 프로퍼티 파일의 계층 구조에 주목하자.

```
api:
  responseCodes:
    ok.description: OK
```

- 다중 행 값(multi-line value)은 `api.get-composite-product.description.notes` 속성과 같이 |로 시작한다. 또한 springdoc-openapi는 마크다운 문법을 사용한 다중 행 설명도 지원한다.

자세한 내용은 api 프로젝트의 서비스 인터페이스 클래스인 ProductCompositeService.java와 product-composite-service 프로젝트의 프로퍼티 파일인 application.yml을 참고한다.

> 자세한 YAML 파일의 구성 방식에 대해서는 다음 명세를 참고한다.
>
> - https://yaml.org/spec/1.2.2/

## 마이크로서비스 환경 빌드 및 구동

OpenAPI 문서를 확인하려면 먼저 마이크로서비스 환경을 빌드하고 구동해야 한다.

이는 다음 명령으로 수행할 수 있다.

```
cd $BOOK_HOME/Chapter05
./gradlew build && docker compose build && docker compose up -d
```

이때 8080번 포트가 이미 할당됐다는 다음과 같은 오류 메시지가 표시될 수 있다.

```
ERROR: for product-composite Cannot start service product-composite: driver failed programmingexte
rnal connectivity on endpoint chapter05_product-composite_1 (0138d46f2a3055ed1b90b3b3daca92330919a
1e7fec20351728633222db5e737): Bind for 0.0.0.0:8080 failed: port is already allocated
```

이 오류는 보통 이전 장에서 실행한 마이크로서비스 환경을 종료하지 않았을 때 발생한다. 실행 중인 컨테이너의 이름을 찾으려면 다음 명령을 실행한다.

```
docker ps --format {{.Names}}
```

이전 장의 마이크로서비스 환경이 여전히 실행 중인 경우의 응답 예시는 다음과 같다.

```
chapter05_review_1
chapter05_product_1
chapter05_recommendation_1
chapter04_review_1
chapter04_product-composite_1
chapter04_product_1
chapter04_recommendation_1
```

위와 같이 다른 장(예: 4장 '도커를 활용한 마이크로서비스 배포')의 컨테이너가 출력 결과에 보이면 해당 장의 소스코드 폴더로 이동해 컨테이너를 종료해야 한다.

```
cd ../Chapter04
docker compose down
```

이제 이번 장에서 누락된 컨테이너를 가동할 수 있다.

```
cd ../Chapter05
docker compose up -d
```

다른 컨테이너는 이미 성공적으로 구동됐기 때문에 누락된 컨테이너인 `product-composite`만 명령에 의해 구동된다는 점에 유의하자.

```
Starting chapter05_product-composite_1 ... done
```

마이크로서비스 환경이 구동되고 해당 마이크로서비스가 작동하는지 확인하려면 다음 명령을 실행한다.

```
./test-em-all.bash
```

참고로 테스트 스크립트인 `test-em-all.bash`에 스웨거 UI 엔드포인트가 예상대로 작동하는지 확인하는 테스트도 추가했다.

```
# 스웨거와 OpenAPI URL에 대한 접근 확인
echo "Swagger/OpenAPI tests"
assertCurl 302 "curl -s http://$HOST:$PORT/openapi/swagger-ui.html"
assertCurl 200 "curl -sL http://$HOST:$PORT/openapi/swagger-ui.html"
assertCurl 200 "curl -s http://$HOST:$PORT/openapi/swagger-ui/index.html"
assertCurl 200 "curl -s http://$HOST:$PORT/openapi/swagger-ui/oauth2-redirect.html"
assertCurl 200 "curl -s http://$HOST:$PORT/openapi/v3/api-docs"
assertEqual "3.1.0" "$(echo $RESPONSE | jq -r .openapi)"
assertEqual "http://$HOST:$PORT" "$(echo $RESPONSE | jq -r '.servers[0].url')"
assertCurl 200 "curl -s http://$HOST:$PORT/openapi/v3/api-docs.yaml"
```

마이크로서비스가 성공적으로 구동되면 임베디드된 스웨거 UI 뷰어를 사용해 `product-composite` 마이크로서비스에서 노출한 OpenAPI 문서를 시험해 볼 수 있다.

## OpenAPI 문서 테스트

여기서는 OpenAPI 문서를 살펴보기 위해 스웨거 UI 뷰어를 사용하겠다. 웹 브라우저에서 `http://localhost:8080/openapi/swagger-ui.html`로 이동하면 다음과 같은 웹 페이지가 표시될 것이다.

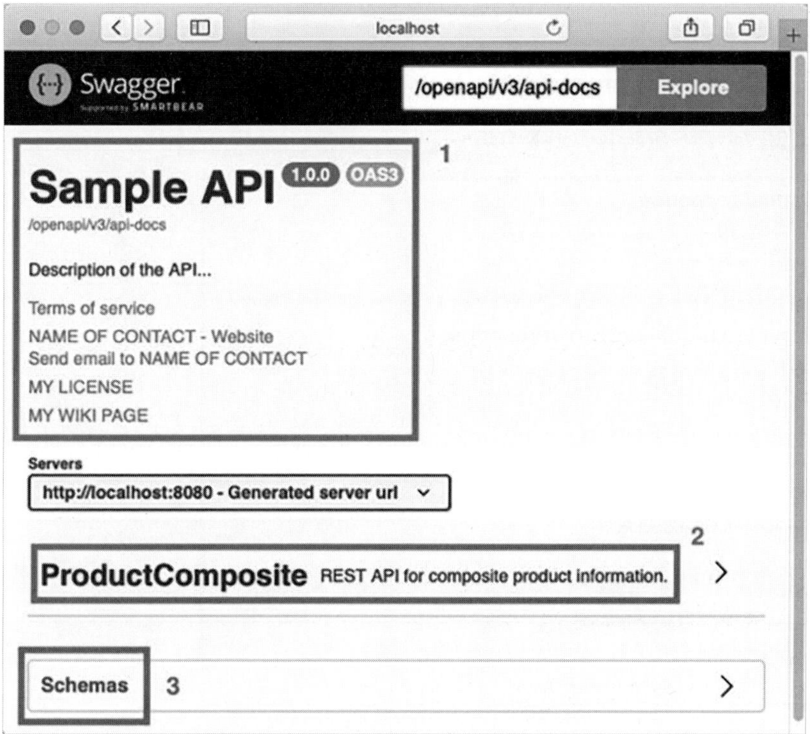


**그림 5.2** 스웨거 UI 뷰어로 본 OpenAPI 문서

여기서 다음 사항을 확인할 수 있다.

1. springdoc-openapi의 `OpenAPI` 빈에 지정한 일반 정보와 실제 OpenAPI 문서인 /openapi/v3/api-docs(`http://localhost:8080/openapi/v3/api-docs`를 가리키는)에 대한 링크.

> 이것은 앞의 'springdoc-openapi 사용법 소개' 절에서 살펴본 대로 API 게이트웨이로 내보낼 수 있는 OpenAPI 문서에 대한 링크라는 점에 유의한다.

2. API 리소스 목록(여기서는 ProductComposite API)
3. 페이지 하단에는 API에서 사용되는 스키마를 검사할 수 있는 영역이 있다.

다음과 같이 API 문서 검사를 진행한다.

- ProductComposite API 리소스를 클릭해서 펼친다. 리소스에서 사용 가능한 연산 목록이 표시된다. /product-composite/{productId}라는 하나의 연산만 보일 것이다.
- 이를 클릭해 펼친다. `ProductCompositeService` 자바 인터페이스에 지정된 해당 연산에 대한 문서가 표시된다.

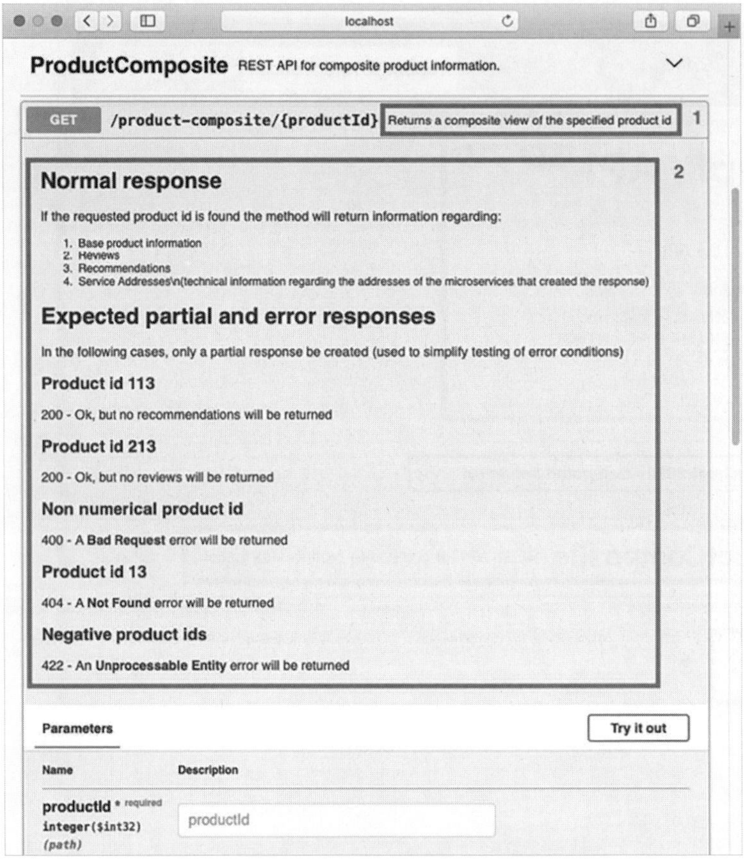


**그림 5.3** `ProductComposite` API 문서

여기서 다음과 같은 사항을 확인할 수 있다.

- 연산에 대한 한 줄짜리 설명
- 지원되는 입력 매개변수를 비롯한 연산에 대한 세부 정보. 보다시피 `@Operation` 애너테이션의 `notes` 필드에 기재된 마크다운 구문이 잘 렌더링되는 것을 확인할 수 있다.

웹 페이지에서 아래로 스크롤하면 예상 응답(여기서는 일반 `200(OK)` 응답)과 그 구조에 대한 문서도 확인할 수 있다.

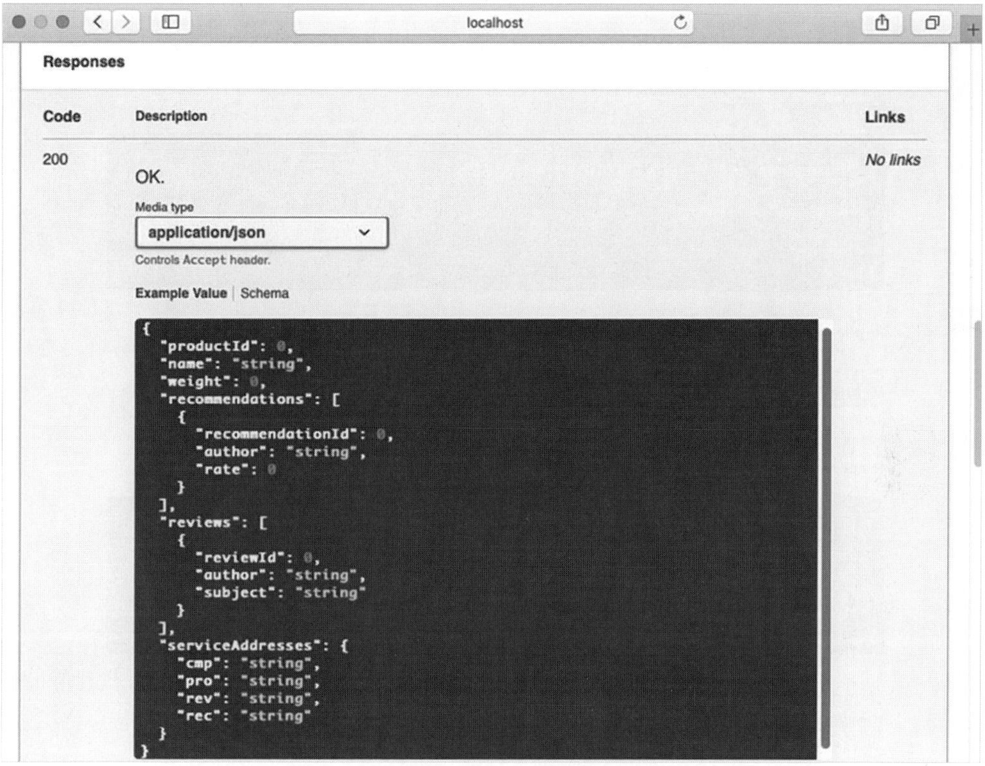


**그림 5.4** 200 응답에 대한 문서

그리고 앞에서 정의한 다양한 4xx 오류 응답은 다음 화면과 같다.

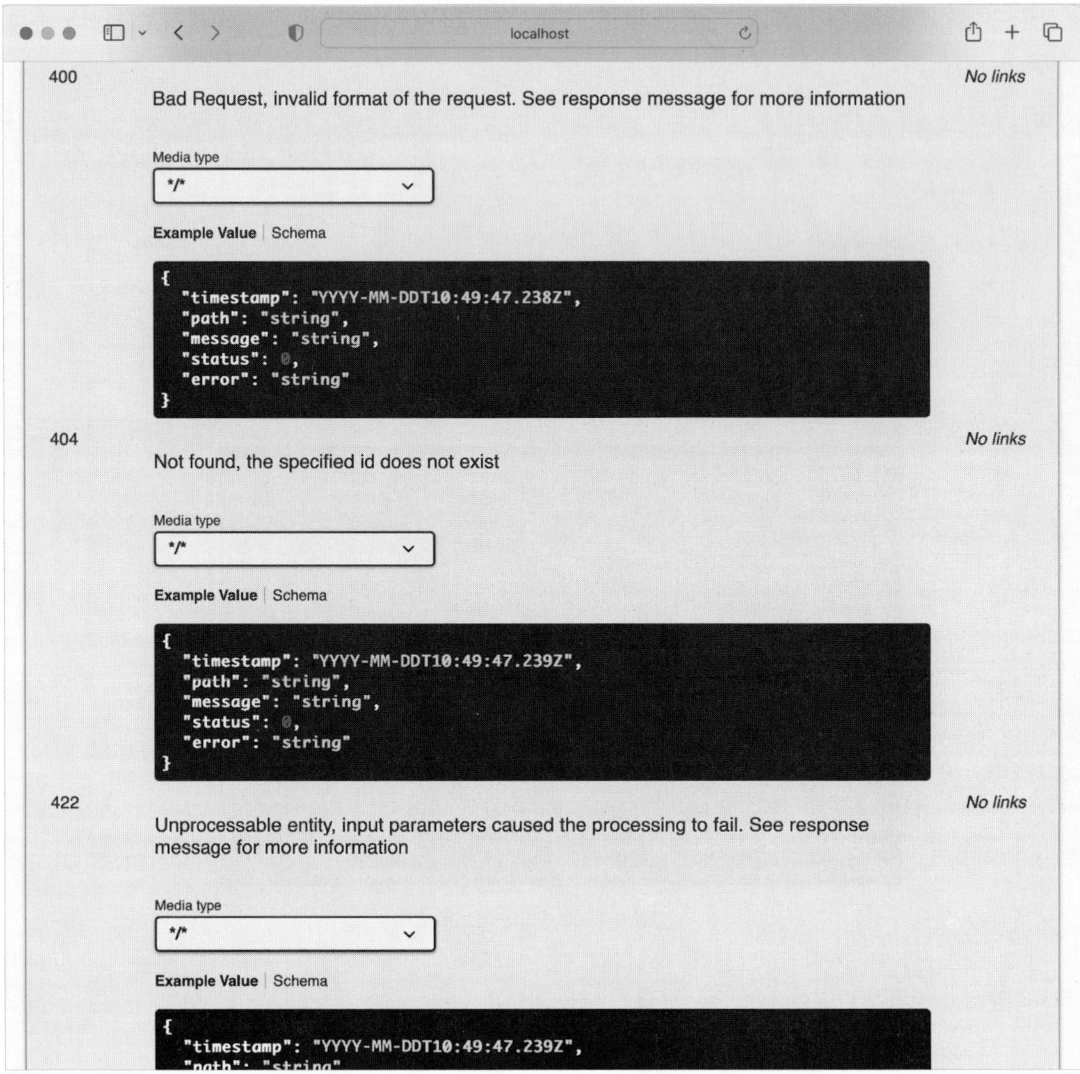


**그림 5.5** 4xx 응답에 대한 문서

문서화된 각 잠재적인 오류 응답에 대해 그 의미와 응답 본문의 구조를 알 수 있다.

매개변수 설명으로 다시 스크롤하면 **Try it out** 버튼을 볼 수 있다. 이 버튼을 클릭하면 실제 매개변수 값을 입력하고 **Execute** 버튼을 클릭해 API에 요청을 보낼 수 있다. 예를 들어, **productId** 필드에 123을 입력하면 다음과 같은 응답을 받게 될 것이다.

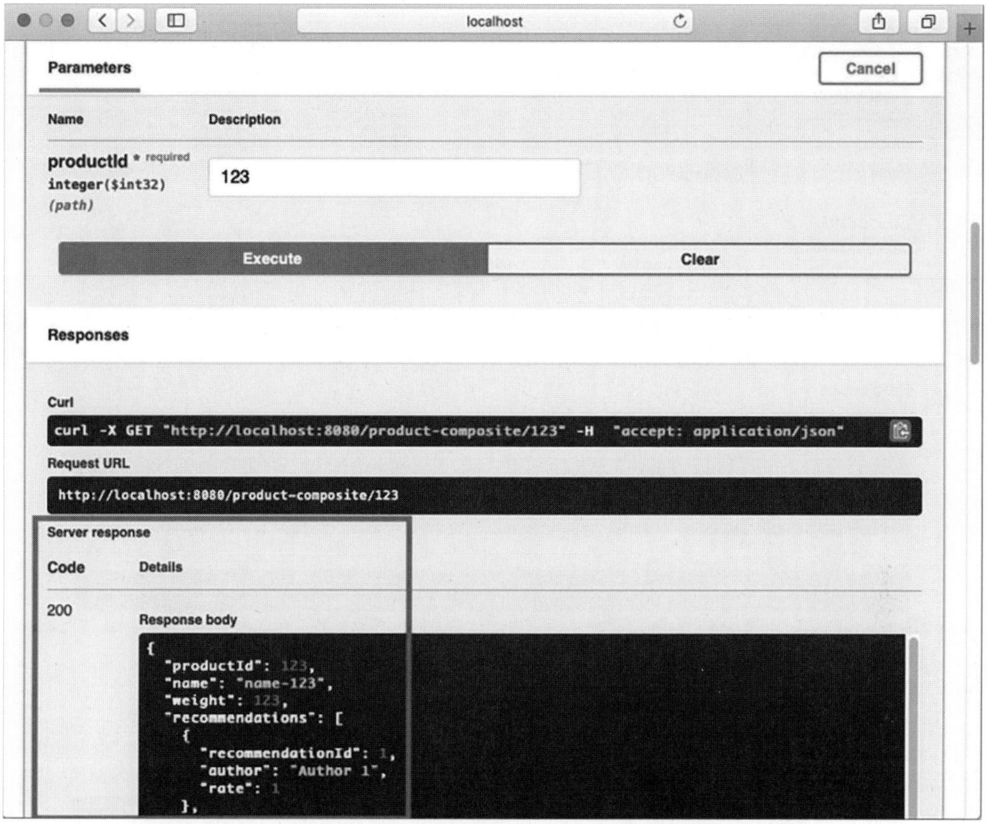


그림 5.6 기존 제품에 대한 요청을 보낸 후 받게 되는 응답

응답 코드로 예상했던 200(OK)이 표시되고, 응답 본문에 익숙한 JSON 구조가 포함돼 있다.

만약 −1과 같은 잘못된 값을 입력하면 응답 코드로 적절한 422 오류 코드가 나오고, 응답 본문에는 JSON 기반의 오류 메시지가 포함될 것이다.

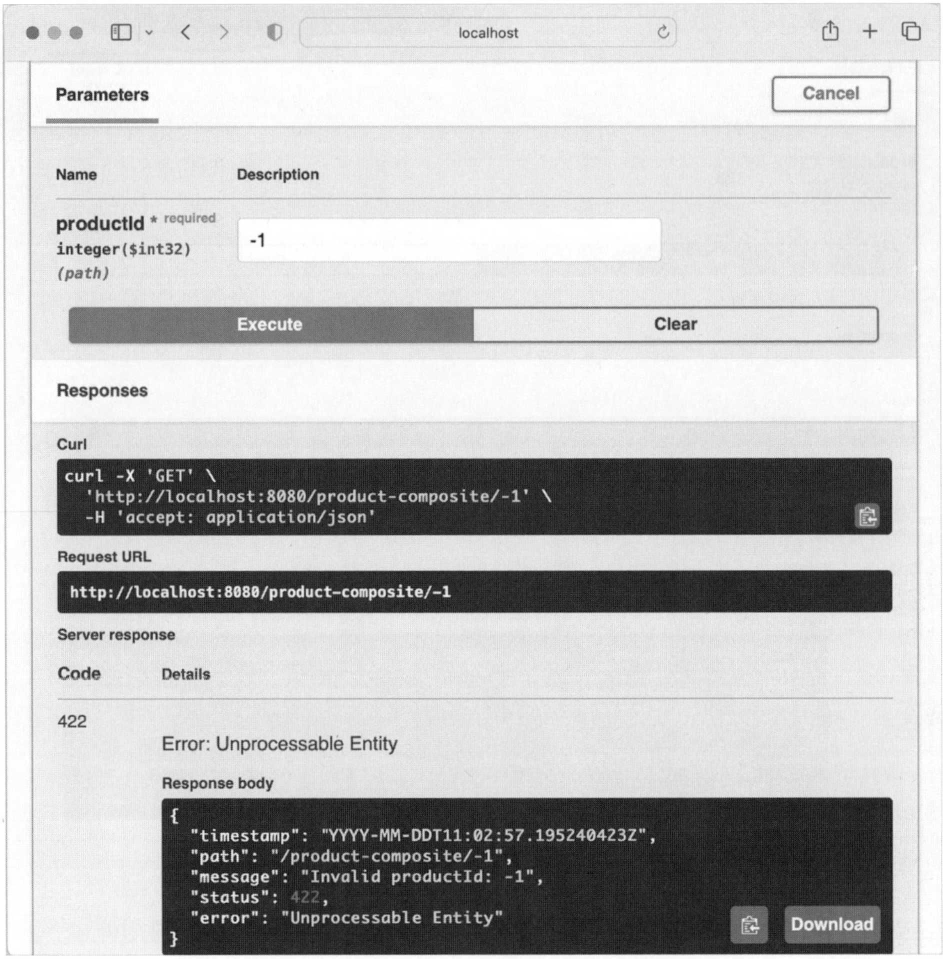


**그림 5.7** 잘못된 값으로 요청을 보낸 후 받게 되는 응답

보다시피 응답 본문의 message 필드에서 "Invalid productId: -1"이라는 내용으로 문제를 명확하게 지적하고 있다.

스웨거 UI 뷰어를 사용하지 않고 API를 호출해 보고 싶다면 Responses 영역의 curl 명령을 복사해서 터미널 창에서 실행하면 된다.

```
curl -X GET "http://localhost:8080/product-composite/123" -H "accept: application/json"
```

## 정리

API의 문서화는 API를 활용하는 데 필수적이며, OpenAPI는 RESTful 서비스를 문서화할 때 가장 일반적으로 사용되는 사양 중 하나다. springdoc-openapi는 스프링 웹플럭스와 스웨거 애너테이션을 검사해서 런타임에 실시간으로 OpenAPI 기반 API 문서를 생성할 수 있게 해주는 오픈소스 프로젝트다. API에 대한 텍스트 설명은 자바 소스코드의 애너테이션에서 추출해서 편집하기 쉽도록 프로퍼티 파일에 배치할 수 있다. springdoc-openapi는 임베디드된 스웨거 UI 뷰어를 마이크로서비스에 포함하도록 구성할 수 있어서 이러한 뷰어를 통해 마이크로서비스에서 노출한 API를 읽고 테스트해 보기가 매우 쉽다.

이제 마이크로서비스에 영속성, 즉 데이터베이스에 데이터를 저장하는 기능을 추가해 보자. 그러려면 마이크로서비스에서 처리하는 정보를 생성하고 삭제할 수 있도록 몇 가지 API를 더 추가해야 할 것이다. 자세한 내용은 다음 장에서 알아보자.

## 문제

1. springdoc-openapi는 RESTful 서비스에 대한 API 문서를 생성하는 데 어떻게 도움이 되는가?
2. springdoc-openapi가 지원하는 API 문서화를 위한 사양은 무엇인가?
3. springdoc-openapi의 `OpenAPI` 빈의 목적은 무엇인가?
4. springdoc-openapi가 런타임에 실시간 API 문서 생성을 위해 읽어 들이는 애너테이션은 무엇인가?
5. YAML 파일에서 ": |" 코드는 무엇을 의미하는가?
6. 임베디드된 스웨거 UI로 수행된 API에 대한 호출을 뷰어를 사용하지 않고 다시 해보려면 어떻게 해야 하는가?

# 06

# 영속성 추가

이번 장에서는 마이크로서비스가 사용하는 데이터를 영속화하는 방법을 배운다. 2장 '스프링 부트 소개'에서 이미 언급했듯이 MongoDB와 MySQL 데이터베이스에 데이터를 영속화하기 위해 스프링 데이터 프로젝트를 사용하겠다.

`product`와 `recommendation` 마이크로서비스에서는 스프링 데이터 MongoDB를 사용하고, `review` 마이크로서비스에서는 MySQL 데이터베이스에 접근하기 위해 JPA(Java Persistence API)용 스프링 데이터를 사용하겠다. 또한 데이터베이스에서 데이터를 생성하고 삭제할 수 있도록 RESTful API에 연산을 추가할 것이다. 데이터를 읽기 위한 기존 API는 데이터베이스에 접근하도록 업데이트한다. 그리고 마이크로서비스를 실행하는 것과 동일한 방식으로, 즉 도커 컴포즈에 의해 관리되는 도커 컨테이너로 데이터베이스를 실행할 것이다.

이번 장에서는 다음과 같은 주제를 다룬다.

- 핵심 마이크로서비스에 영속성 계층 추가
- 영속성에 중점을 둔 자동화된 테스트 작성
- 서비스 계층에서 영속성 계층 사용
- 복합 서비스 API 확장
- 도커 컴포즈 환경에 데이터베이스 추가

- 새로운 API와 영속성 계층에 대한 수동 테스트
- 마이크로서비스 환경의 자동화된 테스트 업데이트

## 기술적 요구사항

이 책에서 사용하는 도구를 설치하는 방법과 이 책의 소스코드를 내려받는 방법은 다음을 참고한다.

- 21장 'macOS용 설치 안내'
- 22장 'WSL 2 및 우분투가 탑재된 마이크로소프트 윈도우용 설치 안내'

이번 장에서는 데이터베이스에 수동으로 접속하기 위해 데이터베이스를 실행하는 데 사용되는 도커 이미지의 CLI 도구를 사용하겠다. 또한 도커 컴포즈에서 각 데이터베이스의 표준 포트인 `3306`번 포트(MySQL)와 `27017`번 포트(MongoDB)를 노출할 것이다. 이를 통해 데이터베이스가 로컬 컴퓨터에서 실행되는 것처럼 각자 선호하는 데이터베이스 도구를 사용해 데이터베이스에 접속할 수 있다.

이번 장의 모든 코드 예제는 `$BOOK_HOME/Chapter06`에서 가져온 것이다.

이번 장의 소스코드에 적용된 변경 사항, 즉 스프링 데이터를 사용해 마이크로서비스에 영속성을 추가하는 데 필요한 사항을 보려면 5장 'OpenAPI를 활용한 API 문서화'의 소스코드와 비교해 보면 된다. 즐겨 사용하는 코드 비교 도구를 사용해 `$BOOK_HOME/Chapter05`와 `$BOOK_HOME/Chapter06` 폴더를 비교해본다.

자세한 내용으로 들어가기에 앞서 이번 장의 목표를 살펴보자.

## 이번 장의 목표

이번 장이 끝날 때쯤에는 예제 마이크로서비스 내부에 다음과 같은 계층이 만들어질 것이다.

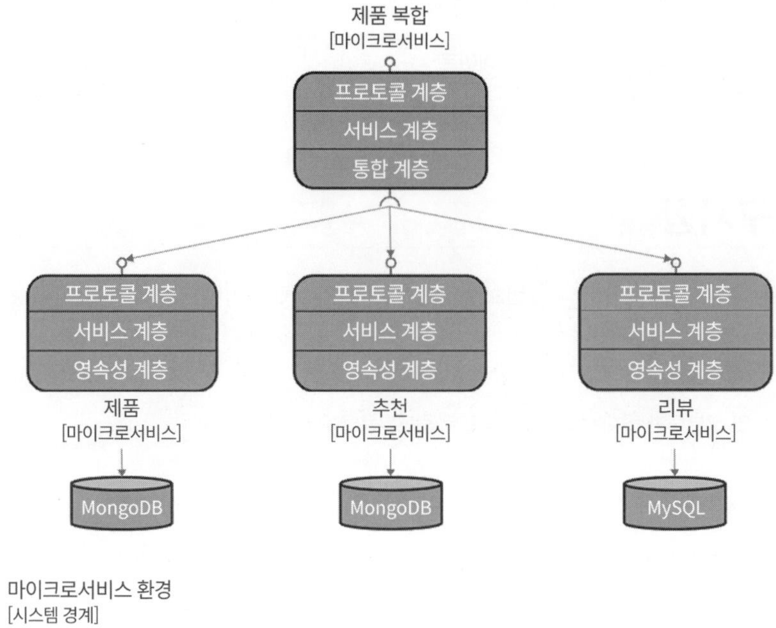


**그림 6.1** 이번 장의 목표에 해당하는 마이크로서비스 환경

**프로토콜 계층**에서는 프로토콜에 특화된 로직을 처리한다. 프로토콜 계층은 `api` 프로젝트의 `@RestController` 애너테이션과 `util` 프로젝트의 공통 `GlobalControllerExceptionHandler`로만 구성되어 매우 간단하다. 각 마이크로서비스의 주요 기능은 각각의 **서비스 계층**에 있다.

`product-composite` 서비스는 세 개의 핵심 마이크로서비스와의 통신을 처리하는 데 사용되는 **통합 계층**을 포함한다. 나머지 세 핵심 마이크로서비스는 각자의 데이터베이스와 통신하는 데 사용되는 영속성 계층을 포함할 것이다.

다음과 같은 명령어로 MongoDB에 저장된 데이터에 접근할 수 있다.

```
docker compose exec mongodb mongosh product-db --quiet --eval "db.products.find()"
```

결과는 다음과 같을 것이다.

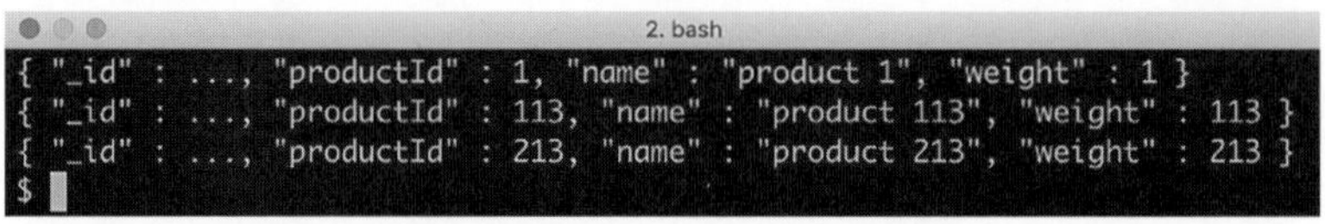


**그림 6.2** MongoDB에 저장된 데이터에 접근

MySQL에 저장된 데이터에는 다음과 같은 명령으로 접근할 수 있다.[1]

```
docker compose exec mysql mysql -uuser -p review-db -e "select * from reviews"
```

명령의 결과는 다음과 같을 것이다.

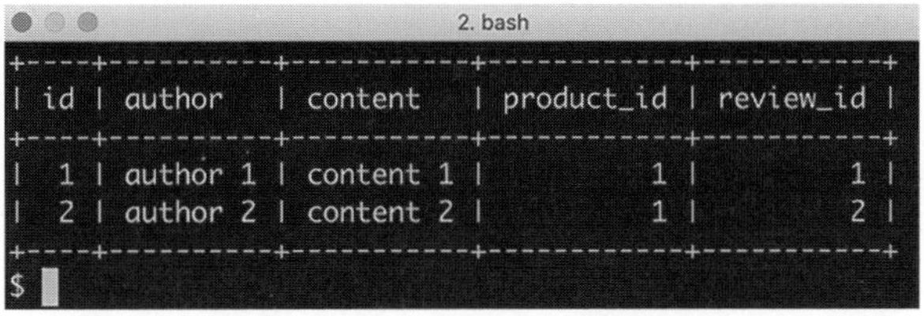


**그림 6.3** MySQL에 저장된 데이터에 접근

> 여기서는 가독성 향상을 위해 `mongo`와 `mysql` 명령의 출력 결과를 줄여서 표시했다.

이를 구현하는 방법을 살펴보자. 우선 핵심 마이크로서비스에 영속성 기능을 추가하는 것부터 시작하겠다.

## 핵심 마이크로서비스에 영속성 계층 추가

핵심 마이크로서비스에 영속성 계층을 추가하는 것부터 시작하자. 스프링 데이터를 사용하는 것 외에도 MapStruct라는 자바 빈 매핑 도구를 사용할 텐데, MapStruct는 스프링 데이터 엔티티 객체와 API 모델 클래스 간의 변환을 수월하게 만들어준다. 자세한 내용은 `http://mapstruct.org/`를 참고한다.

먼저 MapStruct, 스프링 데이터, 그리고 사용하려는 데이터베이스의 JDBC 드라이버 의존성을 추가해야 한다. 그러고 나면 스프링 데이터 엔티티 클래스와 리포지터리를 정의할 수 있다. 스프링 데이터 엔티티 클래스와 리포지터리는 자체적인 자바 패키지인 `persistence`에 위치할 것이다. 가령 `product` 마이크로서비스의 경우 `se.magnus.microservices.core.product.persistence`라는 자바 패키지에 위치할 것이다.

1 (옮긴이) 명령어를 실행했을 때 비밀번호를 입력하라고 표시되면 `docker-compose.yml` 파일을 참고해 비밀번호를 입력한다.

## 의존성 추가

이 책에서는 MapStruct 1.6.3를 사용할 것이므로 각 핵심 마이크로서비스의 빌드 파일인 `build.gradle`에 버전 정보를 나타내는 변수를 정의하는 것부터 시작한다.

```
ext {
  mapstructVersion = "1.6.3.Final"
}
```

다음으로 MapStruct에 대한 의존성을 선언한다.

```
implementation "org.mapstruct:mapstruct:${mapstructVersion}"
```

MapStruct는 컴파일 시에 MapStruct 애너테이션을 처리해 빈 매핑의 구현을 생성하므로 `annotationProcessor`와 `testAnnotationProcessor` 의존성을 추가해야 한다.

```
annotationProcessor "org.mapstruct:mapstruct-processor:${mapstructVersion}"
testAnnotationProcessor "org.mapstruct:mapstruct-processor:${mapstructVersion}"
```

IntelliJ IDEA처럼 널리 사용되는 IDE에서 컴파일 시점에 코드가 생성되게 하려면 다음 의존성도 추가해야 한다.

```
compileOnly "org.mapstruct:mapstruct-processor:${mapstructVersion}"
```

> IntelliJ IDEA를 사용하는 경우 애너테이션 처리를 지원하는 기능이 활성화돼 있는지 확인해야 한다. Preferences를 열고 Build, Execute, Deployment | Compiler | Annotations Processors로 이동한다. 그런 다음, Enable annotation processing이라는 체크박스가 선택돼 있는지 확인한다.

`product`와 `recommendation` 마이크로서비스의 경우 MongoDB용 스프링 데이터 의존성을 선언한다.

```
implementation 'org.springframework.boot:spring-boot-starter-data-mongodb'
```

`review` 마이크로서비스의 경우 JPA용 스프링 데이터에 대한 의존성과 MySQL용 JDBC 드라이버에 대한 의존성을 다음과 같이 선언한다.

```
implementation 'org.springframework.boot:spring-boot-starter-data-jpa'
implementation 'mysql:mysql-connector-java'
```

자동화된 통합 테스트를 실행할 때 MongoDB와 MySQL을 활성화하기 위해 Testcontainers와 JUnit 5, MongoDB, MySQL에 대한 지원 기능을 사용하겠다. `product`와 `recommendation` 마이크로서비스의 경우 다음과 같은 테스트 의존성을 선언한다.

```
testImplementation 'org.springframework.boot:spring-boot-testcontainers'
testImplementation 'org.testcontainers:junit-jupiter'
testImplementation 'org.testcontainers:mongodb'
```

`review` 마이크로서비스의 경우 다음과 같은 테스트 의존성을 선언한다.

```
testImplementation 'org.springframework.boot:spring-boot-testcontainers'
testImplementation 'org.testcontainers:junit-jupiter'
testImplementation 'org.testcontainers:mysql'
```

통합 테스트에서 Testcontainers를 사용하는 방법에 대해서는 이번 장의 '영속성에 중점을 둔 자동화된 테스트 작성' 절을 참고한다.

## 엔티티 클래스를 활용한 데이터 저장

엔티티 클래스는 필드를 포함한다는 측면에서 API 모델 클래스와 비슷하다(`api` 프로젝트의 `se.magnus.api.core` 자바 패키지를 참고). API 모델 클래스와 비교했을 때 엔티티 클래스에는 `id`와 `version`이라는 두 개의 필드를 추가할 것이다.

`id` 필드는 저장된 각 엔티티의 데이터베이스 식별자를 저장하는 데 사용되며, 관계형 데이터베이스를 사용할 때 기본키에 해당한다. `id` 필드의 고윳값 생성은 스프링 데이터가 담당한다. 스프링 데이터는 어느 데이터베이스를 사용하느냐에 따라 이 책임을 데이터베이스 엔진에 위임하거나 자체적으로 처리할 수 있다.[2] 어느 경우든 애플리케이션 코드에서는 고유한 데이터베이스 `id` 값이 어떻게 설정되는지 신경 쓸 필요가 없다. `id` 필드는 API에 노출되지 않으며, 이것은 보안 측면에서 바람직한 방법이다. 각 엔티티를 식별하는 모델 클래스의 필드에는 비즈니스 관점에서 데이터베이스 내의 일관성을 보장할 수 있도록 해당 엔티티 클래스의 고유 인덱스가 할당될 것이다.

---

2 (옮긴이) 이와 관련된 자세한 내용이 궁금하다면 《자바 퍼시스턴스 프로그래밍 완벽 가이드》(위키북스, 2024)의 5.2.4절 '키 생성기 구성'과 5.2.5절 '식별자 생성기 전략'을 참고한다.

version 필드는 낙관적 잠금을 구현하는 데 사용된다. 이를 통해 스프링 데이터는 특정 엔티티를 업데이트할 때 다른 동시 업데이트를 덮어쓰지 않도록 보장할 수 있다. 데이터베이스에 저장된 version 필드의 값이 업데이트 요청의 version 필드 값보다 높으면 이는 오래된 데이터를 대상으로 업데이트를 수행한다는 것을 나타낸다.[3] 즉, 업데이트하려는 정보(엔티티)를 데이터베이스에서 읽은 후 다른 누군가가 해당 엔티티를 먼저 수정한 것이다.

오래된 데이터를 기반으로 수행된 업데이트 시도는 스프링 데이터에 의해 차단될 것이다. 영속성 테스트 작성에 관한 절에서는 스프링 데이터의 낙관적 잠금 메커니즘이 오래된 데이터에 대해 수행된 업데이트를 차단하는지 확인하는 테스트를 볼 것이다. 이 책에서는 생성, 읽기, 삭제 연산에 대한 API만 구현하기 때문에 API에 version 필드를 노출하지 않을 것이다.

MongoDB에 엔티티를 저장하는 데 사용되는 product 엔티티 클래스의 가장 흥미로운 부분은 다음과 같다.

```
@Document(collection="products")
public class ProductEntity {
  @Id
  private String id;

  @Version
  private Integer version;

  @Indexed(unique = true)
  private int productId;

  private String name;
  private int weight;
```

이 코드에서 확인할 수 있는 사항은 다음과 같다.

- @Document(collection = "products") 애너테이션은 클래스를 MongoDB에 사용되는 엔티티(MongoDB의 products라는 이름의 컬렉션에 매핑되는)로 표시하는 데 사용된다.
- @Id와 @Version 애너테이션은 앞에서 설명한 대로 스프링 데이터에 의해 사용될 id와 version 필드를 표시하는 데 사용된다.

3 (옮긴이) 이와 관련된 자세한 내용이 궁금하다면 《자바 퍼시스턴스 프로그래밍 완벽 가이드》(위키북스, 2024)의 11.2.2절 '낙관적 동시성 제어'를 참고한다.

- @Indexed(unique = true) 애너테이션은 비즈니스 키인 productId에 대해 고유한 인덱스를 생성하는 데 사용된다.

MongoDB에 엔티티를 저장하는 데 사용되는 Recommendation 엔티티 클래스의 가장 흥미로운 부분은 다음과 같다.

```
@Document(collection="recommendations")
@CompoundIndex(name = "prod-rec-id", unique = true, def = "{'productId': 1, 'recommendationId' :
1}")
public class RecommendationEntity {

  @Id
  private String id;

  @Version
  private Integer version;

  private int productId;
  private int recommendationId;
  private String author;
  private int rating;
  private String content;
```

productId와 recommendationId 필드를 기반으로 하는 복합 비즈니스 키에 대해 @CompoundIndex 애너테이션을 사용해 고유한 복합 인덱스가 어떻게 생성되는지 확인할 수 있다.

마지막으로 MySQL과 같은 SQL 데이터베이스에 엔티티를 저장하는 데 사용되는 Review 엔티티 클래스의 가장 흥미로운 부분은 다음과 같다.

```
@Entity
@Table(name = "reviews", indexes = { @Index(name = "reviews_unique_idx", unique = true, columnList
= "productId,reviewId") })
public class ReviewEntity {

  @Id @GeneratedValue
  private int id;

  @Version
  private int version;
```

```
private int productId;
private int reviewId;
private String author;
private String subject;
private String content;
```

이 코드에서 주목할 만한 점은 다음과 같다.

- @Entity와 @Table 애너테이션은 이 클래스를 JPA에 사용되는 엔티티 클래스(SQL 데이터베이스의 reviews 테이블에 매핑되는)로 표시하는 데 사용된다.
- @Table 애너테이션은 productId와 reviewId 필드를 기반으로 하는 복합 비즈니스 키에 대해 고유한 복합 인덱스를 생성하게 하는 데도 사용된다.
- @Id와 @Version 애너테이션은 앞에서 설명한 대로 스프링 데이터에 의해 사용될 id와 version 필드를 표시하는 데 사용된다. 여기서는 스프링 데이터가 JPA에게 id 필드에 대한 고유한 값을 자동으로 생성하게끔 @GeneratedValue 애너테이션을 사용한다.

엔티티 클래스의 전체 소스코드는 각 핵심 마이크로서비스 프로젝트의 persistence 패키지를 참고한다.

## 스프링 데이터에서 리포지터리 정의하기

스프링 데이터는 리포지터리를 정의하기 위한 일련의 인터페이스를 제공한다. 여기서는 CrudRepository와 PagingAndSortingRepository 인터페이스를 사용하겠다.

- CrudRepository 인터페이스는 데이터베이스에 저장된 데이터의 기본적인 생성, 읽기, 업데이트, 삭제 작업을 수행하기 위한 표준 메서드를 제공한다.
- PagingAndSortingRepository 인터페이스는 CrudRepository 인터페이스에 페이징과 정렬 지원 기능을 추가한다.

Recommendation과 Review 리포지터리의 기반으로 CrudRepository 인터페이스를, Product 리포지터리의 기반으로 PagingAndSortingRepository 인터페이스를 사용하겠다.

또한 비즈니스 키인 productId를 사용해 엔티티를 조회하기 위한 몇 가지 추가 쿼리 메서드를 리포지터리에 추가하겠다.

스프링 데이터는 메서드 서명에 대한 명명 규칙을 기반으로 쿼리 메서드를 정의하는 것을 지원한다. 예를 들어, findByProductId(int productId) 메서드 시그니처는 스프링 데이터로 하여금 기본 컬렉션이나 테이블에서 엔티티를 반환하는 쿼리를 자동으로 생성하도록 만드는 데 사용될 수 있다. 이 경우 productId 매개변수에 지정된 값으로 productId 필드가 설정된 엔티티를 반환할 것이다. 쿼리를 선언하는 방법에 대한 자세한 내용은 https://docs.spring.io/spring-data/commons/reference/repositories/query-methods-details.html을 참고한다.

Product 리포지터리 클래스는 다음과 같다.

```
public interface ProductRepository extends
  PagingAndSortingRepository<ProductEntity, String>,
  CrudRepository<ProductEntity, String> {

  Optional<ProductEntity> findByProductId(int productId);
}
```

findByProductId 메서드가 0개 또는 1개의 product 엔티티를 반환할 수 있으므로 반환값을 Optional 객체로 래핑했다.

Recommendation 리포지터리 클래스는 다음과 같다.

```
public interface RecommendationRepository extends CrudRepository<RecommendationEntity, String> {

  List<RecommendationEntity> findByProductId(int productId);
}
```

이 경우 findByProductId 메서드는 0개 이상의 RecommendationEntity 엔티티를 반환하므로 반환값을 리스트로 정의했다.

마지막으로 Review 리포지터리 클래스는 다음과 같다.

```
public interface ReviewRepository extends CrudRepository<ReviewEntity, Integer> {
  @Transactional(readOnly = true)
  List<ReviewEntity> findByProductId(int productId);
}
```

SQL 데이터베이스가 트랜잭션을 지원하므로 쿼리 메서드인 `findByProductId()`에 대해 기본 트랜잭션 유형(예제의 경우 읽기 전용)을 지정해야 한다.

이게 전부다. 이렇게 해서 핵심 마이크로서비스에 대한 영속성 계층을 구축했다.

리포지터리 클래스의 전체 소스코드는 각 핵심 마이크로서비스 프로젝트의 `persistence` 패키지를 참고한다.

이어서 영속성 클래스의 테스트를 작성해 의도한 대로 동작하는지 확인해 보자.

## 영속성에 중점을 둔 자동화된 테스트 작성

영속성 테스트를 작성할 때는 테스트가 시작될 때 데이터베이스를 구동하고, 테스트가 완료되면 데이터베이스가 종료되길 바랄 것이다. 또한 테스트가 웹 서버(예: Netty)처럼 런타임에 필요한 다른 리소스가 구동되기를 기다리게 만들고 싶지는 않을 것이다.

스프링 부트는 이러한 요구사항에 맞춰진 두 개의 클래스 레벨 애너테이션을 제공한다.

- `@DataMongoTest`: 이 애너테이션은 테스트가 시작될 때 MongoDB 데이터베이스를 구동한다.
- `@DataJpaTest`: 이 애너테이션은 테스트가 시작될 때 SQL 데이터베이스를 구동한다.
    - 기본적으로 스프링 부트는 다른 테스트에 미치는 부정적인 부수효과의 위험을 최소화하기 위해 SQL 데이터베이스에 대한 업데이트를 롤백하도록 테스트를 구성한다. 예제의 경우 이러한 동작 방식으로 인해 일부 테스트가 실패하게 될 것이다. 따라서 클래스 레벨 애너테이션인 `@Transactional(propagation = NOT_SUPPORTED)`를 사용해 자동 롤백을 비활성화한다.

통합 테스트를 실행하는 중에는 데이터베이스의 시작과 종료를 처리하기 위해 Testcontainers를 사용하겠다. 영속성 테스트를 작성하는 방법을 살펴보기에 앞서 Testcontainers를 사용하는 법을 알아보자.

### Testcontainers 사용

Testcontainers(`https://www.testcontainers.org`)는 데이터베이스나 메시지 브로커 같은 리소스 관리자를 도커 컨테이너로 실행해 자동화된 통합 테스트 실행을 단순화하는 라이브러리다. Testcontainers는 JUnit 테스트가 시작될 때 도커 컨테이너를 자동으로 시작하고, 테스트가 완료되면 컨테이너를 종료하도록 구성할 수 있다.

이 책의 마이크로서비스와 같은 스프링 부트 애플리케이션에 대한 기존 테스트 클래스에서 Testcontainers를 사용하려면 테스트 클래스에 `@Testcontainers` 애너테이션을 추가하면 된다. 가령 `@Container` 애너테이션을 이용해 `Review` 마이크로서비스의 통합 테스트가 MySQL을 실행하는 도커 컨테이너를 사용하도록 선언할 수 있다.

코드는 다음과 같다.

```
@SpringBootTest
@Testcontainers
class SampleTests {
  @Container
  private static MySQLContainer database = new MySQLContainer("mysql:9.2.0");
```

> 예제에 지정한 MySQL 9.2.0 버전은 동일한 버전이 사용되도록 도커 컴포즈 파일에서 복사해온 것이다.

이 방식의 단점은 각 테스트 클래스가 자체 도커 컨테이너를 사용한다는 것이다. macOS의 경우 도커 컨테이너에서 MySQL을 구동하는 데는 일반적으로 10초 정도 걸린다. 동일한 유형의 테스트 컨테이너를 사용하는 여러 테스트 클래스를 실행하면 각 테스트 클래스에 이러한 대기 시간이 추가된다. 이러한 추가 대기 시간을 피하기 위해 싱글턴 컨테이너 패턴을 사용할 수 있다(`https://www.testcontainers.org/test_framework_integration/manual_lifecycle_control/#singleton-containers` 참조). 이 패턴에 따라 다음과 같이 기본 클래스를 사용해 단일 MySQL용 도커 컨테이너를 실행하도록 하겠다. `Review` 마이크로서비스에서 사용되는 기본 클래스인 `MySqlTestBase`는 다음과 같다.

```
public abstract class MySqlTestBase {

  @ServiceConnection
  static final JdbcDatabaseContainer database =
    new MySQLContainer("mysql:9.2.0").withStartupTimeoutSeconds(300);

  static {
    database.start();
  }
}
```

위의 소스코드에 대한 설명은 다음과 같다.

- database 컨테이너는 앞의 예제와 동일한 방식으로 선언되지만 컨테이너가 구동되기까지 5분의 대기 시간만 추가된다.
- JUnit 코드가 호출되기 전에 데이터베이스 컨테이너를 시작하기 위해 static 블록을 사용한다.
- 데이터베이스 컨테이너가 구동될 때 일부 프로퍼티(예: 포트 번호)가 정의된다. 이때 @ServiceConnection 애너테이션은 관련 스프링 연결 프로퍼티를 자동으로 구성한다. 예를 들어, getJdbcUrl(), getUsername(), getPassword() 메서드를 사용해 데이터베이스 객체의 정보를 기반으로 spring.datasource.url, spring.datasource.username, spring.datasource.password 프로퍼티를 각각 설정한다.

테스트 클래스에서는 다음과 같이 기본 클래스를 사용한다.

```
class PersistenceTests extends MySqlTestBase {
class ReviewServiceApplicationTests extends MySqlTestBase {
```

MongoDB를 사용하는 product와 review 마이크로서비스의 경우 그에 해당하는 기본 클래스인 MongoDbTestBase가 추가됐다.

기본적으로 Testcontainers의 로그 출력은 상당히 광범위하다. **로그백(Logback)** 구성 파일을 src/test/resource 폴더에 배치해서 로그 출력량을 제한할 수 있다. 로그백은 로깅 프레임워크(http://logback.qos.ch)이며 spring-boot-starter-webflux 의존성을 사용해 마이크로서비스에 포함된다. 자세한 내용은 https://www.testcontainers.org/supported_docker_environment/logging_config/를 참고한다. 이번 장에서 사용되는 구성 파일의 이름은 src/test/resources/logback-test.xml이며 다음과 같다.

```
<?xml version="1.0" encoding="UTF-8" ?>
<configuration>
  <include resource="org/springframework/boot/logging/logback/defaults.xml"/>
  <include resource="org/springframework/boot/logging/logback/console-appender.xml"/>

  <root level="INFO">
    <appender-ref ref="CONSOLE" />
  </root>
</configuration>
```

위 XML 파일에서 눈여겨볼 부분은 다음과 같다.

- 구성 파일에서는 스프링 부트에서 제공하는 두 개의 구성 파일을 포함해서 기본값을 정의하고, 콘솔에 로그 이벤트를 작성할 수 있는 로그 어펜더를 구성한다.
- 구성 파일에서는 Testcontainers 라이브러리에서 내보내는 DEBUG 및 TRACE 로그 레코드를 폐기하고 로그 출력을 INFO 로그 레벨로 제한한다.

로깅에 대한 스프링 부트의 지원 기능과 로그백의 사용법에 대한 자세한 사항은 https://docs.spring.io/spring-boot/how-to/logging.html#howto.logging.logback을 참고한다.

Testcontainers를 소개했으니 이제 영속성 테스트를 어떻게 작성할 수 있는지 살펴보자.

## 영속성 테스트 작성

세 개의 핵심 마이크로서비스에 대한 영속성 테스트는 서로 비슷하므로 여기서는 product 마이크로서비스의 영속성 테스트만 살펴보겠다.

테스트 클래스인 PersistenceTests에서는 @BeforeEach 애너테이션이 지정된 setupDb()라는 메서드를 선언하는데, 이는 각 테스트 메서드 전에 실행된다. setupDb() 메서드에서는 이전 테스트의 모든 엔티티를 데이터베이스에서 제거하고, 테스트의 기반으로 사용할 수 있는 엔티티를 삽입한다.

```
@DataMongoTest
class PersistenceTests {

  @Autowired
  private ProductRepository repository;

  private ProductEntity savedEntity;

  @BeforeEach
  void setupDb() {
    repository.deleteAll();
    ProductEntity entity = new ProductEntity(1, "n", 1);
    savedEntity = repository.save(entity);
    assertEqualsProduct(entity, savedEntity);
  }
```

다음은 다양한 테스트 메서드다. 먼저 create 테스트는 다음과 같다.

```
@Test
void create() {
  ProductEntity newEntity = new ProductEntity(2, "n", 2);
  repository.save(newEntity);

  ProductEntity foundEntity = repository.findById(newEntity.getId()).get();
  assertEqualsProduct(newEntity, foundEntity);

  assertEquals(2, repository.count());
}
```

이 테스트는 새 엔티티를 생성하고 findById 메서드를 사용해 해당 엔티티를 찾을 수 있는지 확인한 후, setupDb() 메서드에서 생성한 엔티티와 테스트 자체에서 생성한 엔티티로 데이터베이스에 두 개의 엔티티가 저장돼 있음을 검증하면서 마무리한다.

update 테스트는 다음과 같다.

```
@Test
void update() {
  savedEntity.setName("n2");
  repository.save(savedEntity);

  ProductEntity foundEntity = repository.findById(savedEntity.getId()).get();
  assertEquals(1, (long)foundEntity.getVersion());
  assertEquals("n2", foundEntity.getName());
}
```

이 테스트는 setupDb() 메서드에서 생성한 엔티티를 업데이트하고, findById() 메서드를 사용해 데이터베이스에서 다시 읽은 후 일부 필드에 대해 예상 값이 포함돼 있는지 검증한다. 엔티티가 생성될 때 스프링 데이터에 의해 version 필드가 0으로 설정되므로 업데이트 후에는 1로 예상한다는 점에 주목한다.

delete 테스트는 다음과 같다.

```
@Test
void delete() {
```

```
    repository.delete(savedEntity);
    assertFalse(repository.existsById(savedEntity.getId()));
}
```

이 테스트는 setupDb() 메서드에서 생성한 엔티티를 삭제하고 해당 엔티티가 더 이상 데이터베이스에 존재하지 않는지 확인한다.

read 테스트는 다음과 같다.

```
@Test
void getByProductId() {
    Optional<ProductEntity> entity = repository.findByProductId(savedEntity.getProductId());
    assertTrue(entity.isPresent());
    assertEqualsProduct(savedEntity, entity.get());
}
```

이 테스트에서는 findByProductId() 메서드를 사용해 setupDb() 메서드에서 생성한 엔티티를 가져오고, 엔티티가 발견됐는지 확인한 다음, 로컬 헬퍼 메서드인 assertEqualsProduct()를 사용해 findByProductId()에 의해 반환된 엔티티가 setupDb() 메서드에서 저장한 엔티티와 동일한지 확인한다.

다음은 오류 처리를 검증하는 두 개의 테스트 메서드다. 먼저 중복이 올바르게 처리되는지 확인하는 테스트는 다음과 같다.

```
@Test
void duplicateError() {
    assertThrows(DuplicateKeyException.class, () -> {
        ProductEntity entity = new ProductEntity(savedEntity.getProductId(), "n", 1);
        repository.save(entity);
    });
}
```

이 테스트는 setupDb() 메서드에서 사용한 것과 동일한 비즈니스 키를 가진 엔티티를 저장하려고 시도한다. save 작업이 성공하거나 예상된 DuplicateKeyException 이외의 예외로 실패하면 테스트가 실패한다.

다른 부정 테스트는 이 테스트 클래스에서 가장 흥미로운 부분이다. 오래된 데이터를 업데이트할 때 오류 처리가 올바르게 이뤄지는지 확인하는 테스트다. 즉, 낙관적 잠금 메커니즘이 작동하는지 확인한다. 다음 코드를 보자.

```
@Test
void optimisticLockError() {
  // 저장된 엔티티를 두 개의 별도 엔티티 객체에 저장
  ProductEntity entity1 = repository.findById(savedEntity.getId()).get();
  ProductEntity entity2 = repository.findById(savedEntity.getId()).get();

  // 첫 번째 엔티티 객체를 사용해 엔티티를 업데이트
  entity1.setName("n1");
  repository.save(entity1);

  // 두 번째 엔티티 객체를 사용해 엔티티를 업데이트.
  // 이제 두 번째 엔티티가 이전 버전 번호를 가지고 있으므로 이는 실패해야 함.
  // 즉, 낙관적 잠금 오류(Optimistic Lock Error)가 발생해야 함
  assertThrows(OptimisticLockingFailureException.class, () -> {
    entity2.setName("n2");
    repository.save(entity2);
  });

  // 데이터베이스에서 업데이트된 엔티티를 가져와 새로운 상태를 확인
  ProductEntity updatedEntity = repository.findById(savedEntity.getId()).get();
  assertEquals(1, (int)updatedEntity.getVersion());
  assertEquals("n1", updatedEntity.getName());
}
```

코드에서 확인할 수 있는 사항은 다음과 같다.

- 먼저 테스트는 동일한 엔티티를 두 번 읽어 entity1과 entity2라는 두 개의 다른 변수에 저장한다.
- 다음으로 변수 중 하나인 entity1을 사용해 엔티티를 업데이트한다. 데이터베이스의 엔티티를 업데이트하면 엔티티의 version 필드가 스프링 데이터에 의해 자동으로 증가한다. 다른 변수인 entity2는 이제 오래된 데이터를 갖게 되는데, 이는 데이터베이스의 해당 값보다 낮은 값을 가진 version 필드로 나타난다.
- 테스트에서 오래된 데이터가 담긴 entity2를 사용해 엔티티를 업데이트하려고 할 때 OptimisticLockingFailureException 예외가 발생해 실패할 것으로 예상한다.
- 테스트는 데이터베이스의 엔티티가 첫 번째 업데이트를 반영한다는 것, 즉 "n1"이라는 이름을 포함하고 version 필드의 값이 1이라는 것을 단언하면서 마무리된다. 즉, 데이터베이스의 엔티티에 대해 단 하나의 업데이트만 수행된 것이다.

마지막으로 product 서비스에는 스프링 데이터에서 정렬 및 페이징 지원 기능을 어떻게 사용하는지 보여주는 테스트가 포함돼 있다.

```
@Test
void paging() {
  repository.deleteAll();

  List<ProductEntity> newProducts = rangeClosed(1001, 1010)
    .mapToObj(i -> new ProductEntity(i, "name " + i, i))
    .collect(Collectors.toList());
  repository.saveAll(newProducts);

  Pageable nextPage = PageRequest.of(0, 4, ASC, "productId");
  nextPage = testNextPage(nextPage, "[1001, 1002, 1003, 1004]", true);
  nextPage = testNextPage(nextPage, "[1005, 1006, 1007, 1008]", true);
  nextPage = testNextPage(nextPage, "[1009, 1010]", false);
}
```

이 코드에 대한 설명은 다음과 같다.

- 테스트에서는 기존 데이터를 모두 제거한 다음, productId 필드의 범위가 1001~1010인 엔티티를 10개 삽입한다.
- 다음으로 페이지당 4개의 엔티티로 구성되고 ProductId를 기준으로 오름차순으로 정렬된 페이지를 요청하는 PageRequest를 생성한다.
- 마지막으로, 헬퍼 메서드인 testNextPage를 사용해 예상되는 3개의 페이지를 읽고, 각 페이지의 예상 제품 ID를 확인하고, 스프링 데이터가 아직 페이지가 남았는지 여부를 올바르게 보고하는지 확인한다.

헬퍼 메서드인 testNextPage는 다음과 같다.

```
private Pageable testNextPage(Pageable nextPage, String expectedProductIds,
boolean expectsNextPage) {
  Page<ProductEntity> productPage = repository.findAll(nextPage);
  assertEquals(expectedProductIds, productPage.getContent()
    .stream().map(p -> p.getProductId()).collect(Collectors.toList()).toString());
  assertEquals(expectsNextPage, productPage.hasNext());
  return productPage.nextPageable();
}
```

이 헬퍼 메서드에서는 페이지 요청 객체인 nextPage를 사용해 리포지터리 메서드 findAll()을 통해 다음 페이지를 가져온다. 그 결과를 기반으로, 반환된 엔티티에서 제품 ID를 문자열로 추출해 예상 제품 ID 리스트와 비교한다. 마지막으로 다음 페이지를 반환한다.

영속성 테스트의 전체 소스코드는 각 핵심 마이크로서비스 프로젝트의 PersistenceTests 테스트 클래스를 참고한다.

product 마이크로서비스의 영속성 테스트는 다음과 같은 그레이들 명령으로 실행할 수 있다.

```
cd $BOOK_HOME/Chapter06
./gradlew microservices:product-service:test --tests PersistenceTests
```

테스트를 실행하고 나면 다음과 같이 응답할 것이다.

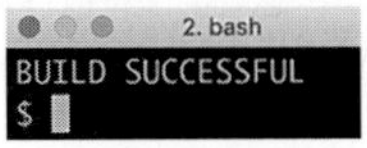


**그림 6.4** BUILD SUCCESSFUL 응답

이렇게 해서 영속성 계층이 마련됐으므로 영속성 계층을 사용하도록 핵심 마이크로서비스의 서비스 계층을 업데이트할 수 있다.

## 서비스 계층에서 영속성 계층 사용

이번 절에서는 데이터베이스에서 데이터를 저장하고 조회하기 위해 서비스 계층에서 영속성 계층을 사용하는 방법을 배운다. 다음 단계에 따라 진행한다.

1. 데이터베이스 연결 URL 로깅
2. 새 API 추가
3. 서비스 계층에서 영속성 계층 호출
4. 자바 빈 매퍼 선언
5. 서비스 테스트 업데이트

## 데이터베이스 연결 URL 로깅

각기 자체적인 데이터베이스에 연결되는 마이크로서비스의 수를 늘릴 경우 각 마이크로서비스가 실제로 어떤 데이터베이스를 사용하는지 추적하기가 어려울 수 있다. 이러한 혼동을 피하기 위해서는 마이크로서비스가 구동된 직후 데이터베이스에 연결하는 데 사용되는 연결 정보를 로깅하는 것이 좋다.

예를 들어, product 서비스의 구동 코드는 다음과 같다.

```
public class ProductServiceApplication {

  private static final Logger LOG =
    LoggerFactory.getLogger(ProductServiceApplication.class);

  public static void main(String[] args) {
    ConfigurableApplicationContext ctx = SpringApplication.run(ProductServiceApplication.class,
args);

    String mongodDbHost = ctx.getEnvironment().getProperty("spring.data.mongodb.host");
    String mongodDbPort = ctx.getEnvironment().getProperty("spring.data.mongodb.port");
    LOG.info("Connected to MongoDb: " + mongodDbHost + ":" + mongodDbPort);
  }

}
```

LOG.info 메서드가 호출되면 로그에 다음과 같은 내용이 기록될 것이다.

**그림 6.5** 예상되는 로그 출력 결과

전체 소스코드는 각 핵심 마이크로서비스 프로젝트의 기본 애플리케이션 클래스를 참고한다(예: product-service 프로젝트의 ProductServiceApplication).

## 새 API 추가

영속성 계층을 사용해 데이터베이스에서 정보를 생성하고 삭제할 수 있으려면 먼저 핵심 서비스 API에 해당 API 연산을 만들어야 한다.

제품 엔티티를 생성하고 삭제하기 위한 API 연산은 다음과 같다.

```
@PostMapping(
  value = "/product",
  consumes = "application/json",
  produces = "application/json")
Product createProduct(@RequestBody Product body);

@DeleteMapping(value = "/product/{productId}")
void deleteProduct(@PathVariable int productId);
```

삭제 연산의 구현은 멱등성(idempotent)을 가질 것이다. 즉, 여러 번 호출돼도 동일한 결과를 반환할 것이다. 이것은 장애 시나리오에서 매우 유용한 특성이다. 예를 들어, 클라이언트가 삭제 연산 중에 네트워크 시간 초과를 겪더라도 응답 문제(예: 첫 번째 호출에 대해 OK(200)를 반환하고 이후 호출에 대해서는 Not Found(404)를 반환하는 등)나 예기치 못한 부수 효과를 걱정할 필요 없이 삭제 연산을 안전하게 재시도할 수 있다. 이는 데이터베이스에 엔티티가 더 이상 존재하지 않더라도 해당 연산이 상태 코드 OK(200)를 반환해야 함을 의미한다.

recommendation과 review 엔티티에 대한 API 연산은 비슷하다. 그러나 recommendation과 review 엔티티에 대한 삭제 연산의 경우 특정 productId에 대한 모든 recommendation과 review를 삭제한다는 점에 유의한다.

전체 소스코드는 api 프로젝트의 핵심 마이크로서비스 인터페이스 선언(ProductService, RecommendationService, ReviewService)을 참고한다.

## 서비스 계층에서 영속성 계층 호출

영속성 계층을 사용하는 서비스 계층의 소스코드는 모든 핵심 마이크로서비스에서 동일한 방식으로 구조화돼 있다. 따라서 여기서는 product 마이크로서비스의 소스코드만 살펴본다.

먼저 생성자에 영속성 계층의 리포지터리 클래스와 자바 빈 매퍼 클래스를 주입해야 한다.

```
private final ServiceUtil serviceUtil;
private final ProductRepository repository;
private final ProductMapper mapper;
```

```
public ProductServiceImpl(ProductRepository repository, ProductMapper mapper, ServiceUtil service
Util) {
  this.repository = repository;
  this.mapper = mapper;
  this.serviceUtil = serviceUtil;
}
```

다음 절에서는 자바 매퍼 클래스가 어떻게 정의되는지 살펴보겠다.

다음으로 createProduct 메서드는 다음과 같이 구현된다.

```
public Product createProduct(Product body) {
  try {
    ProductEntity entity = mapper.apiToEntity(body);
    ProductEntity newEntity = repository.save(entity);
    return mapper.entityToApi(newEntity);
  } catch (DuplicateKeyException dke) {
    throw new InvalidInputException("Duplicate key, Product Id: " + body.getProductId());
  }
}
```

createProduct 메서드에서는 리포지터리의 save 메서드를 사용해 새 엔티티를 저장한다. API 모델 클래스와 엔티티 클래스 사이에서 자바 빈을 변환하는 데 매퍼 클래스의 apiToEntity()와 entityToApi()라는 두 개의 매퍼 메서드가 사용된다. create 메서드에 대해 처리하는 유일한 오류는 DuplicateKeyException 예외이며, 여기서는 이를 InvalidInputException 예외로 변환한다.

getProduct 메서드는 다음과 같다.

```
public Product getProduct(int productId) {
  if (productId < 1) throw new InvalidInputException("Invalid productId: " + productId);

  ProductEntity entity = repository.findByProductId(productId)
    .orElseThrow(() -> new NotFoundException("No product found for productId: " + productId));

  Product response = mapper.entityToApi(entity);
  response.setServiceAddress(serviceUtil.getServiceAddress());

  return response;
}
```

기본적인 입력 유효성 검사(즉, productId가 음수가 아닌지 확인)를 수행한 후에 리포지터리의 findByProductId() 메서드를 사용해 product 엔티티를 찾는다. 리포지터리 메서드가 Optional 타입의 제품을 반환하므로 Optional 클래스의 orElseThrow() 메서드를 사용해 product 엔티티가 발견되지 않으면 NotFoundException 예외를 던질 수 있다. product 정보를 반환하기 전에 serviceUtil 객체를 이용해 현재 마이크로서비스에서 사용 중인 주소를 설정한다.

마지막으로 deleteProduct 메서드를 보자.

```
public void deleteProduct(int productId) {
  repository.findByProductId(productId).ifPresent(e -> repository.delete(e));
}
```

delete 메서드도 리포지터리의 findByProductId() 메서드를 사용하고, Optional 클래스의 ifPresent() 메서드를 이용해 엔티티가 존재하는 경우에만 엔티티를 삭제한다. 삭제 구현에는 멱등성이 있다는 점에 유의하자. 즉, 엔티티가 발견되지 않아도 실패를 보고하지 않는다.

전체 소스코드는 각 핵심 마이크로서비스 프로젝트의 서비스 구현 클래스를 참고한다(예: product-service 프로젝트의 ProductServiceImpl).

## 자바 빈 매퍼 선언

그럼 이 자바 빈 매퍼는 어떻게 만들어져 있을까?

앞에서 언급했듯이 매퍼 클래스를 선언하는 데 MapStruct가 사용된다. MapStruct의 사용법은 세 개의 모든 핵심 마이크로서비스에서 비슷하므로 여기서는 product 마이크로서비스의 매퍼 객체에 대한 소스코드만 살펴보겠다.

product 서비스의 매퍼 클래스는 다음과 같다.

```
@Mapper(componentModel = "spring")
public interface ProductMapper {

  @Mappings({
    @Mapping(target = "serviceAddress", ignore = true)
  })
  Product entityToApi(ProductEntity entity);
```

```
    @Mappings({
      @Mapping(target = "id", ignore = true),
      @Mapping(target = "version", ignore = true)
    })
    ProductEntity apiToEntity(Product api);

}
```

코드에서 다음과 같은 사항을 확인할 수 있다.

- entityToApi() 메서드는 엔티티 객체를 API 모델 객체에 매핑한다. 엔티티 클래스에는 serviceAddress 필드가 없으므로 entityToApi() 메서드에 API 모델 객체의 serviceAddress 필드를 무시하는 애너테이션이 지정돼 있다.
- apiToEntity() 메서드는 API 모델 객체를 엔티티 객체에 매핑한다. 마찬가지로 apiToEntity() 메서드에도 API 모델 클래스에 없는 id와 version 필드를 무시하는 애너테이션이 지정돼 있다.

MapStruct는 이름별로 필드를 매핑하는 것뿐만 아니라 다른 이름을 가진 필드를 매핑하게 할 수도 있다. recommendation 서비스의 매퍼 클래스에서는 다음과 같은 애너테이션을 사용해 rating 엔티티 필드를 API 모델 필드인 rate에 매핑한다.

```
@Mapping(target = "rate", source="entity.rating"),
Recommendation entityToApi(RecommendationEntity entity);

@Mapping(target = "rating", source="api.rate"),
RecommendationEntity apiToEntity(Recommendation api);
```

그레이들 빌드가 성공하면 각 프로젝트의 build/classes 폴더에서 매핑 구현이 생성된 것을 확인할 수 있다(예: product-service 프로젝트의 ProductMapperImpl.java).

전체 소스코드는 각 핵심 마이크로서비스 프로젝트의 매퍼 클래스를 참고한다(예: product-service 프로젝트의 ProductMapper).

## 서비스 테스트 업데이트

이전 장에서 핵심 마이크로서비스가 노출했던 API 테스트에 생성 및 삭제 API 연산을 다루는 테스트를 추가했다.

추가된 테스트는 세 개의 모든 핵심 마이크로서비스에서 비슷하므로 여기서는 `product` 마이크로서비스의 서비스 테스트만 살펴보겠다.

각 테스트에 대해 일정한 상태를 보장하기 위해 `@BeforeEach` 애너테이션을 지정한 `setupDb()` 설정 메서드를 선언해 각 테스트 전에 실행되게 한다. `setupDb()` 메서드는 이전에 생성된 모든 엔티티를 제거한다.

```
@Autowired
private ProductRepository repository;

@BeforeEach
void setupDb() {
  repository.deleteAll();
}
```

생성 API에 대한 테스트 메서드에서는 제품 엔티티가 생성된 후 조회될 수 있는지 확인하고, 동일한 `productId`를 가진 다른 제품 엔티티를 생성하면 API 요청에 대한 응답으로 `UNPROCESSABLE_ENTITY` 오류가 발생하는지 확인한다.

```
@Test
void duplicateError() {
  int productId = 1;
  postAndVerifyProduct(productId, OK);
  assertTrue(repository.findByProductId(productId).isPresent());

  postAndVerifyProduct(productId, UNPROCESSABLE_ENTITY)
    .jsonPath("$.path").isEqualTo("/product")
    .jsonPath("$.message").isEqualTo("Duplicate key, Product Id: " + productId);
}
```

삭제 API에 대한 테스트 메서드에서는 제품 엔티티가 삭제될 수 있는지 확인하고, 두 번째 삭제 요청이 멱등성을 띤다는 것을 확인한다. 즉, 엔티티가 더 이상 데이터베이스에 존재하지 않더라도 `OK` 상태 코드를 반환한다.

```
@Test
void deleteProduct() {
  int productId = 1;
```

```
    postAndVerifyProduct(productId, OK);
    assertTrue(repository.findByProductId(productId).isPresent());

    deleteAndVerifyProduct(productId, OK);
    assertFalse(repository.findByProductId(productId).isPresent());

    deleteAndVerifyProduct(productId, OK);
}
```

API에 대한 생성, 읽기, 삭제 요청을 보내고 응답 상태를 확인하는 작업을 단순화하기 위해 다음과 같은 세 개의 헬퍼 메서드를 만들었다.

- postAndVerifyProduct()
- getAndVerifyProduct()
- deleteAndVerifyProduct()

postAndVerifyProduct() 메서드는 다음과 같다.

```
private WebTestClient.BodyContentSpec postAndVerifyProduct(int productId, HttpStatus expected
Status) {
    Product product = new Product(productId, "Name " + productId, productId, "SA");
    return client.post()
        .uri("/product")
        .body(just(product), Product.class)
        .accept(APPLICATION_JSON)
        .exchange()
        .expectStatus().isEqualTo(expectedStatus)
        .expectHeader().contentType(APPLICATION_JSON)
        .expectBody();
}
```

이 헬퍼 메서드는 실제 HTTP 요청을 수행하고 응답 코드와 응답 본문의 콘텐츠 유형을 확인한다. 또한 필요한 경우 추가 조사를 위해 응답의 본문도 반환한다. 읽기와 삭제 요청에 대한 다른 두 개의 헬퍼 메서드도 이와 비슷하다.

서비스 테스트 클래스에 대한 소스코드는 각 핵심 마이크로서비스 프로젝트에서 확인할 수 있다(예: product-service 프로젝트의 ProductServiceApplicationTests).

이제 복합 서비스 API를 어떻게 확장하는지 살펴보자.

## 복합 서비스 API 확장

이번 절에서는 복합 엔티티의 생성, 삭제 연산으로 복합 API를 확장하는 방법을 살펴본다. 이를 위해 다음과 같은 단계를 진행하겠다.

1. 복합 서비스 API에 새 연산을 추가
2. 통합 계층에 메서드를 추가
3. 새 복합 API 연산을 구현
4. 복합 서비스 테스트를 업데이트

### 복합 서비스 API에 새 연산 추가

엔티티 생성 및 삭제의 복합 버전과 집계 엔티티 처리는 핵심 서비스 API의 생성 및 삭제 연산과 비슷하다. 주된 차이점은 OpenAPI 기반 문서에 대한 애너테이션이 추가됐다는 것이다. OpenAPI 애너테이션인 `@Operation`과 `@ApiResponse`의 사용법에 대해서는 5장 'OpenAPI를 활용한 API 문서화'의 'ProductCompositeService 인터페이스에 API 관련 문서 추가' 절을 참고한다.

제품 복합 엔티티 생성을 위한 API 연산은 다음과 같이 선언한다.

```
@Operation(
  summary = "${api.product-composite.create-composite-product.description}",
  description = "${api.product-composite.create-composite-product.notes}")
@ApiResponses(value = {
  @ApiResponse(responseCode = "400", description = "${api.responseCodes.badRequest.description}"),
  @ApiResponse(responseCode = "422", description = "${api.responseCodes.unprocessableEntity.descr
iption}")
})
@PostMapping(
  value = "/product-composite",
  consumes = "application/json")
void createProduct(@RequestBody ProductAggregate body);
```

제품 복합 엔티티 삭제를 위한 API 연산은 다음과 같이 선언한다.

```
@Operation(
  summary = "${api.product-composite.delete-composite-product.description}",
  description = "${api.product-composite.delete-composite-product.notes}")
@ApiResponses(value = {
  @ApiResponse(responseCode = "400", description = "${api.responseCodes.badRequest.description}"),
  @ApiResponse(responseCode = "422", description = "${api.responseCodes.unprocessableEntity.descr
iption}")
})
@DeleteMapping(value = "/product-composite/{productId}")
void deleteProduct(@PathVariable int productId);
```

전체 소스코드는 api 프로젝트의 ProductCompositeService 자바 인터페이스를 참고한다.

또한 이전과 마찬가지로 API 문서의 설명 텍스트를 product-composite 프로젝트의 application.yml 프로퍼티 파일에 추가해야 한다.

```
create-composite-product:
  description: Creates a composite product
  notes: |
    # Normal response
    The composite product information posted to the API will be
    split up and stored as separate product-info, recommendation
    and review entities.

    # Expected error responses
    1. If a product with the same productId as specified in the
    posted information already exists, an **422 - Unprocessable
    Entity** error with a "duplicate key" error message will be
    Returned

delete-composite-product:
  description: Deletes a product composite
  notes: |
    # Normal response
    Entities for product information, recommendations and reviews
    related to the specified productId will be deleted.
```

```
The implementation of the delete method is idempotent, that is,
it can be called several times with the same response.
This means that a delete request of a non-existing product will
return **200 Ok**.
```

스웨거 UI 뷰어를 사용하면 업데이트된 OpenAPI 문서가 다음과 같이 표시된다.

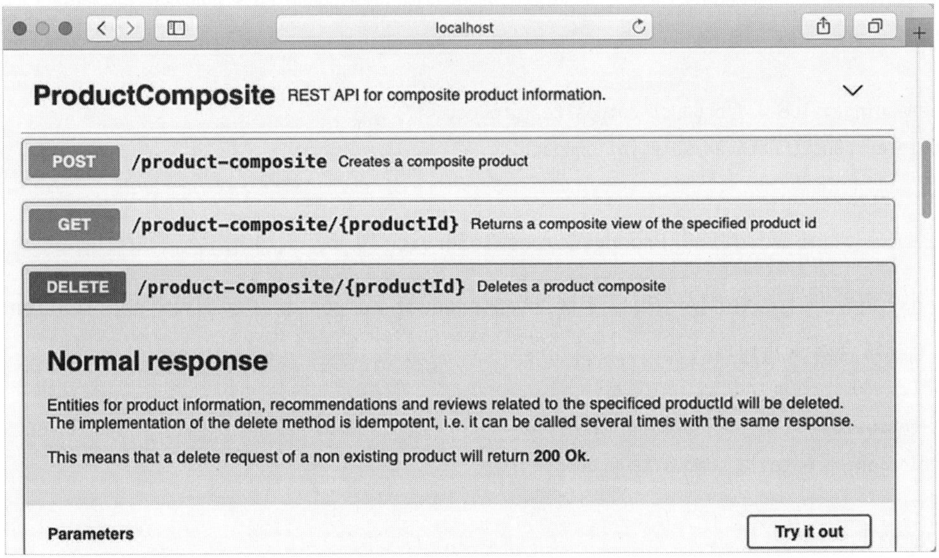


**그림 6.6** 업데이트된 OpenAPI 문서

이번 장의 뒷부분에서는 스웨거 UI 뷰어를 사용해 새로 추가된 복합 API 연산을 시험해 보겠다.

## 통합 계층에 메서드를 추가

복합 서비스에서 새로운 생성 및 삭제 API를 구현하기에 앞서 통합 계층을 확장해서 핵심 마이크로서비스의 API에서 생성 및 삭제 연산을 호출할 수 있어야 한다.

세 핵심 마이크로서비스의 생성 및 삭제 연산을 호출하기 위한 통합 계층의 메서드는 간단하고 서로 비슷하므로 여기서는 `product` 마이크로서비스를 호출하는 메서드에 대한 소스코드만 살펴보겠다.

`createProduct()` 메서드는 다음과 같다.

```
@Override
public Product createProduct(Product body) {
  try {
    return restTemplate.postForObject(productServiceUrl, body, Product.class);
  } catch (HttpClientErrorException ex) {
    throw handleHttpClientException(ex);
  }
}
```

단순히 HTTP 요청을 보내는 책임을 RestTemplate 객체에 위임하고 오류 처리를 헬퍼 메서드인 handleHttpClientException에 위임한다.

deleteProduct() 메서드는 다음과 같다.

```
@Override
public void deleteProduct(int productId) {
  try {
    restTemplate.delete(productServiceUrl + "/" + productId);
  } catch (HttpClientErrorException ex) {
    throw handleHttpClientException(ex);
  }
}
```

생성 메서드와 동일한 방식으로 구현되며, HTTP 삭제 요청을 수행한다는 점만 다르다.

통합 계층의 전체 소스코드는 product-composite 프로젝트의 ProductCompositeIntegration 클래스에서 확인할 수 있다.

## 새로운 복합 API 연산 구현

이제 복합 생성 및 삭제 메서드를 구현할 차례다.

복합 생성 메서드에서는 하나로 합쳐진 제품 객체를 product, recommendation, review에 대한 개별 객체로 분할하고, 통합 계층에 있는 각 생성 메서드를 호출한다.

```
@Override
public void createProduct(ProductAggregate body) {
  try {
```

```
    Product product = new Product(body.getProductId(),
      body.getName(), body.getWeight(), null);
    integration.createProduct(product);

    if (body.getRecommendations() != null) {
      body.getRecommendations().forEach(r -> {
        Recommendation recommendation = new Recommendation(body.getProductId(),
          r.getRecommendationId(), r.getAuthor(), r.getRate(),
          r.getContent(), null);
        integration.createRecommendation(recommendation);
      });
    }

    if (body.getReviews() != null) {
      body.getReviews().forEach(r -> {
        Review review = new Review(body.getProductId(),
          r.getReviewId(), r.getAuthor(), r.getSubject(),
          r.getContent(), null);
        integration.createReview(review);
      });
    }
  } catch (RuntimeException re) {
    LOG.warn("createCompositeProduct failed", re);
    throw re;
  }
}
```

복합 삭제 메서드에서는 통합 계층에 있는 세 개의 삭제 메서드를 호출해서 데이터베이스에 저장된 각 엔티티를 삭제한다.

```
@Override
public void deleteProduct(int productId) {
  integration.deleteProduct(productId);
  integration.deleteRecommendations(productId);
  integration.deleteReviews(productId);
}
```

서비스 구현의 전체 소스코드는 `product-composite` 프로젝트의 `ProductCompositeServiceImpl` 클래스에서 확인할 수 있다.

성공적인 시나리오에서는 이 구현이 잘 작동하지만 다양한 오류 시나리오를 고려하면 문제가 발생할 수 있음을 알 수 있다.

예를 들어, 핵심 마이크로서비스 중 하나가 내부 또는 네트워크, 데이터베이스 문제로 인해 일시적으로 사용 불가능한 경우에는 어떻게 될까?

이로 인해 제품 복합이 부분적으로 생성되거나 삭제될 수 있다. 삭제 연산의 경우 요청자가 단순히 제품 복합의 삭제 메서드를 성공할 때까지 호출하면 해결될 수 있다. 하지만 이런 문제가 계속되면 요청자는 재시도를 포기할 수 있고, 그 결과 복합 제품의 데이터가 불일치하는, 대부분의 경우 용납할 수 없는 상태가 될 것이다.

다음 장인 7장 '반응형 마이크로서비스 개발'에서는 RESTful API로서의 동기식 API가 가진 이러한 유형의 단점들을 어떻게 해결할 수 있는지 살펴볼 것이다.

지금은 이 취약한 설계를 염두에 두고 계속 진행해 보자.

## 복합 서비스 테스트 업데이트

3장 '협력하는 마이크로서비스 만들기'('격리된 환경의 자동화된 마이크로서비스 테스트 추가' 절 참고)에서 이미 언급했듯이 복합 서비스를 테스트하는 것은 실제 핵심 서비스 대신 간단한 목 컴포넌트를 사용하는 것으로 제한된다. 이는 데이터베이스에서 중복된 항목을 생성하려고 할 때의 오류 처리와 같은 더 복잡한 시나리오를 테스트하는 데 제약으로 작용한다.

따라서 복합 생성 및 삭제 API 연산에 대한 테스트는 상대적으로 단순하다.

```
@Test
void createCompositeProduct1() {
  ProductAggregate compositeProduct = new ProductAggregate(1, "name", 1, null, null, null);
  postAndVerifyProduct(compositeProduct, OK);
}

@Test
void createCompositeProduct2() {
  ProductAggregate compositeProduct = new ProductAggregate(1, "name",
```

```
        1, singletonList(new RecommendationSummary(1, "a", 1, "c")),
        singletonList(new ReviewSummary(1, "a", "s", "c")), null);
    postAndVerifyProduct(compositeProduct, OK);
}

@Test
void deleteCompositeProduct() {
    ProductAggregate compositeProduct = new ProductAggregate(1, "name",
        1, singletonList(new RecommendationSummary(1, "a", 1, "c")),
        singletonList(new ReviewSummary(1, "a", "s", "c")), null);

    postAndVerifyProduct(compositeProduct, OK);
    deleteAndVerifyProduct(compositeProduct.getProductId(), OK);
    deleteAndVerifyProduct(compositeProduct.getProductId(), OK);
}
```

서비스 테스트의 전체 소스코드는 `product-composite` 프로젝트의 `ProductCompositeServiceApplicationTests` 클래스에서 확인할 수 있다.

소스코드에서는 이렇게 변경하기만 하면 된다. 이어서 마이크로서비스를 함께 테스트하기에 앞서 도커 컴포즈로 관리되는 시스템 환경에서는 데이터베이스를 어떻게 추가하는지 알아보자.

## 도커 컴포즈 환경에 데이터베이스 추가

이제 모든 소스코드가 준비됐다. 마이크로서비스 환경을 시작하고 새로운 영속성 계층과 함께 새로운 API를 시험해보기 전에 데이터베이스를 구동해야 한다.

도커 컴포즈로 제어되는 시스템 환경에 MongoDB와 MySQL을 도입하고 실행 중인 마이크로서비스가 데이터베이스를 찾을 수 있도록 구성을 추가하겠다.

### 도커 컴포즈 구성

MongoDB와 MySQL은 도커 컴포즈 구성 파일인 `docker-compose.yml`에 다음과 같이 선언된다.

```
mongodb:
  image: mongo:8.0.5
```

```
    mem_limit: 512m
    ports:
      - "27017:27017"
    command: mongod
    healthcheck:
      test: echo 'db.runCommand("ping").ok' | mongosh --quiet
      interval: 5s
      timeout: 2s
      retries: 60

  mysql:
    image: mysql:9.2.0
    mem_limit: 512m
    ports:
      - "3306:3306"
    environment:
      - MYSQL_ROOT_PASSWORD=rootpwd
      - MYSQL_DATABASE=review-db
      - MYSQL_USER=user
      - MYSQL_PASSWORD=pwd
    healthcheck:
      test: "/usr/bin/mysql --user=user --password=pwd --execute \"SHOW DATABASES;\""
      interval: 5s
      timeout: 2s
      retries: 60
```

위 코드에서 확인할 수 있는 사항은 다음과 같다.

- MongoDB 8.0.5와 MySQL 9.2.0의 공식 도커 이미지를 사용하고, 기본 포트인 27017번과 3306번을 도커 호스트로 전달한다. 그럼 macOS용 도커 데스크톱을 사용할 때도 `localhost`에서 사용할 수 있다.
- MySQL의 경우 다음을 정의하는 몇 가지 환경변수도 선언한다.
  - 루트 비밀번호
  - 컨테이너 구동 시 생성될 데이터베이스의 이름
  - 컨테이너 구동 시 데이터베이스에 대해 설정되는 사용자명과 비밀번호
- 또한 도커가 MongoDB와 MySQL 데이터베이스의 상태를 파악하기 위해 실행할 상태 확인용 명령도 선언한다.

데이터베이스가 실행되기 전에 마이크로서비스가 데이터베이스에 연결하려는 것을 방지하기 위해 product와 recommendation 서비스는 MongoDB 데이터베이스에 종속되는 것으로 선언한다.

```
depends_on:
  mongodb:
    condition: service_healthy
```

같은 이유로 review 서비스는 MySQL 데이터베이스에 종속되는 것으로 선언한다.

```
depends_on:
  mysql:
    condition: service_healthy
```

이렇게 하면 데이터베이스 컨테이너가 시작되고 상태 검사에 의해 정상으로 보고될 때까지 도커 컴포즈가 마이크로서비스 컨테이너를 구동하지 않는다.

## 데이터베이스 연결 구성

데이터베이스가 준비되면 이제 핵심 마이크로서비스가 데이터베이스에 연결하는 방법을 알 수 있도록 구성을 설정해야 한다. 이는 product-service, recommendation-service, review-service 프로젝트의 핵심 마이크로서비스 구성 파일인 application.yml에서 설정한다.

product와 recommendation 서비스의 구성은 유사하므로 여기서는 product 서비스의 구성만 살펴보겠다. 구성의 다음 부분을 눈여겨보자.

```
spring.data.mongodb:
  host: localhost
  port: 27017
  database: product-db

logging:
  level:
    org.springframework.data.mongodb.core.MongoTemplate: DEBUG

---
```

```
spring.config.activate.on-profile: docker
spring.data.mongodb.host: mongodb
```

이 코드에서 중요한 부분은 다음과 같다.

- 도커를 사용하지 않고 기본 스프링 프로파일로 실행할 때 데이터베이스는 `localhost:27017`을 통해 연결된다.
- `MongoTemplate`의 로그 레벨을 `DEBUG`로 설정하면 로그에 어떤 MongoDB 문장(statement)이 실행되는지 확인할 수 있다.
- `docker` 스프링 프로파일을 사용해 도커 내부에서 실행할 때 데이터베이스는 `mongodb:27017`을 통해 연결될 것이다.

SQL 데이터베이스에 연결하는 방식에 영향을 미치는 `review` 서비스의 구성은 다음과 같다.

```
spring.jpa.hibernate.ddl-auto: update

spring.datasource:
  url: jdbc:mysql://localhost/review-db
  username: user
  password: pwd

spring.datasource.hikari.initializationFailTimeout: 60000

logging:
  level:
    org.hibernate.SQL: DEBUG
    org.hibernate.type.descriptor.sql.BasicBinder: TRACE

---
spring.config.activate.on-profile: docker
spring.datasource:
  url: jdbc:mysql://mysql/review-db
```

이 코드에 대한 설명은 다음과 같다.

- 기본값으로 하이버네이트가 스프링 데이터 JPA에 의해 JPA의 `EntityManager`로 사용될 것이다.
- `spring.jpa.hibernate.ddl-auto` 프로퍼티는 구동 시 스프링 데이터 JPA가 새 SQL 테이블을 생성하거나 기존 SQL 테이블을 업데이트하도록 한다.

> 참고: 스프링 데이터 JPA가 SQL 테이블의 구조를 조작하는 것을 방지하기 위해 프로덕션 환경에서는 `spring.jpa.hibernate.ddl-auto` 속성을 `none` 또는 `validate`로 설정할 것을 적극 권장한다. 자세한 내용은 `https://docs.spring.io/spring-boot/how-to/data-initialization.html#howto.data-initialization`을 참고한다.

- 도커를 사용하지 않고 실행할 경우 데이터베이스는 기본 스프링 프로파일을 사용해 기본 포트인 `3306`번으로 `localhost`를 통해 연결될 것이다.
- 기본값으로 HikariCP가 스프링 데이터 JPA에 의해 JDBC 커넥션 풀로 사용될 것이다. 하드웨어 리소스가 제한된 컴퓨터에서 구동 문제를 최소화하기 위해 `initializationFailTimeout` 매개변수를 60초로 설정했다. 이는 스프링 부트 애플리케이션이 구동 시 최대 60초 동안 데이터베이스 연결을 위해 대기한다는 것을 의미한다.
- 하이버네이트에 대한 로그 레벨 설정은 하이버네이트가 SQL 문과 실제 사용된 값을 출력하게 한다. 실제 값을 로그에 기록하는 것은 개인 정보 보호상의 이유로 프로덕션 환경에서는 피해야 한다.
- `docker` 스프링 프로파일을 사용해 도커 내부에서 실행할 때 데이터베이스는 기본 포트인 `3306`번으로 `mysql` 호스트명을 통해 연결될 것이다.

구성이 준비됐으므로 시스템 환경을 구동할 준비가 끝났다. 그러나 그전에 데이터베이스 CLI 도구를 어떻게 실행할 수 있는지 알아보자.

## MongoDB와 MySQL CLI 도구

마이크로서비스와 함께 테스트를 실행했을 때 마이크로서비스의 데이터베이스에 실제로 어떤 데이터가 저장되는지 보고 싶을 것이다. 각 데이터베이스 도커 컨테이너에는 데이터베이스 테이블과 컬렉션을 쿼리하는 데 사용할 수 있는 CLI 기반 도구가 포함돼 있다. 데이터베이스 CLI 도구를 실행하려면 도커 컴포즈의 `exec` 명령을 사용하면 된다.

이번 절에서 설명할 명령은 다음 절의 수동 테스트에서 사용된다. 아직 데이터베이스가 실행 중이 아니므로 지금 실행하면 실패한다.

MongoDB CLI 도구인 `mongo`를 `mongodb` 컨테이너 내부에서 시작하려면 다음 명령을 실행한다.

```
docker compose exec mongodb mongosh --quiet
>
```

mongo CLI를 종료하려면 exit를 입력한다.

mysql 컨테이너에서 MySQL CLI 도구인 mysql로 user라는 이름으로 생성된 사용자를 사용해 review-db에 로그인하려면 다음 명령을 실행한다.

```
docker compose exec mysql mysql -uuser -p review-db
mysql>
```

> mysql CLI 도구가 비밀번호를 입력하라는 메시지를 표시할 텐데, 비밀번호는 docker-compose.yml 파일에서 확인할 수 있다. MYSQL_PASSWORD 환경변수의 값을 찾아보자.

mysql CLI를 종료하려면 exit를 입력한다.

다음 절에서 이러한 도구의 사용법을 살펴보겠다.

## 새로운 API와 영속성 계층에 대한 수동 테스트

이제 마이크로서비스를 함께 테스트할 준비가 모두 끝났다. 새로운 도커 이미지를 빌드하고 도커 이미지를 기반으로 도커 컴포즈를 사용해 시스템 환경을 구동하겠다. 그런 다음 스웨거 UI 뷰어를 사용해 일부 수동 테스트를 실행한다. 마지막으로 데이터베이스 CLI 도구를 사용해 데이터베이스에 어떤 데이터가 삽입됐는지 확인하겠다.

다음 명령으로 시스템 환경을 빌드하고 구동한다.

```
cd $BOOK_HOME/Chapter06
./gradlew build && docker compose build && docker compose up
```

웹 브라우저에서 스웨거 UI를 열고(http://localhost:8080/openapi/swagger-ui.html) 웹 페이지에서 다음 단계를 진행한다.

1. ProductComposite 서비스와 POST 메서드를 클릭해 펼친다.
2. Try it out 버튼을 클릭하고 Request body 필드로 이동한다.
3. productId 필드의 기본값 0을 123456으로 바꾼다.

4. 하단의 Execute 버튼을 클릭한다.

5. 반환된 응답 코드가 200인지 확인한다.

Execute 버튼을 누른 후의 화면 예시는 다음과 같다.

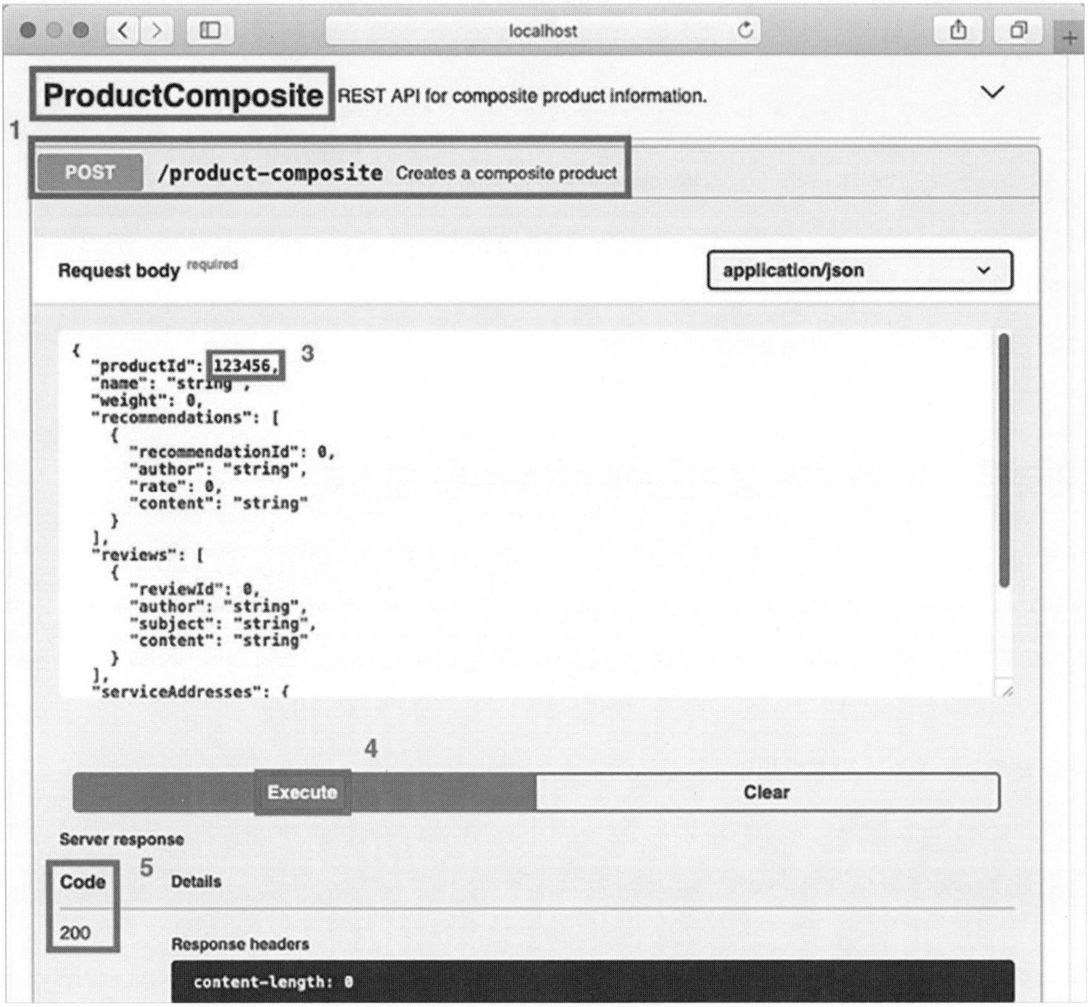


그림 6.7 서버 응답 테스트

docker compose up 명령의 로그 출력에서 다음과 같은 내용을 볼 수 있을 것이다(가독성을 위해 축약됨).

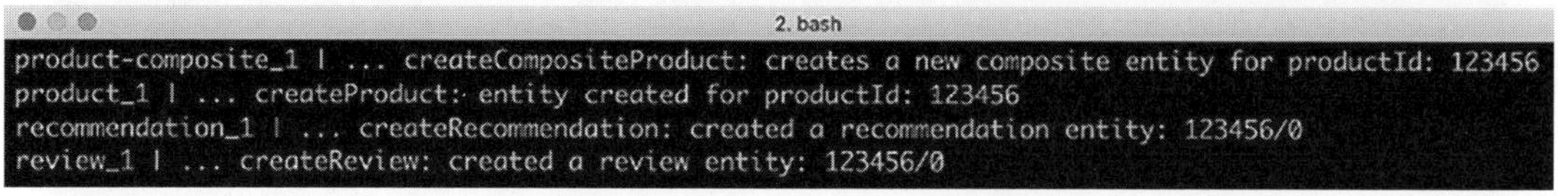


**그림 6.8** docker compose up의 로그 출력

또한 데이터베이스 CLI 도구를 사용해 다른 데이터베이스의 실제 내용을 볼 수도 있다.

다음 명령으로 product 서비스, 즉 MongoDB의 products 컬렉션에 있는 내용을 조회해 보자.

```
docker compose exec mongodb mongosh product-db --quiet --eval “db.products.find()”
```

그럼 다음과 같은 응답을 예상할 수 있다.

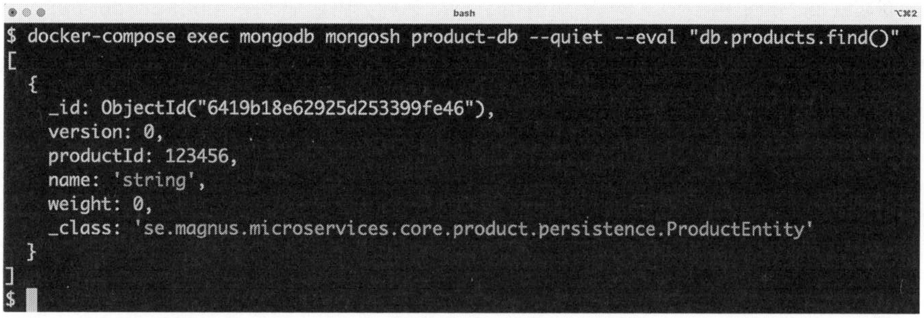


**그림 6.9** 제품 조회

다음 명령으로 recommendation 서비스, 즉 MongoDB의 recommendations 컬렉션에 있는 내용을 조회해 보자.

```
docker compose exec mongodb mongosh recommendation-db --quiet --eval "db.recommendations.find()"
```

그럼 다음과 같은 응답을 예상할 수 있다.

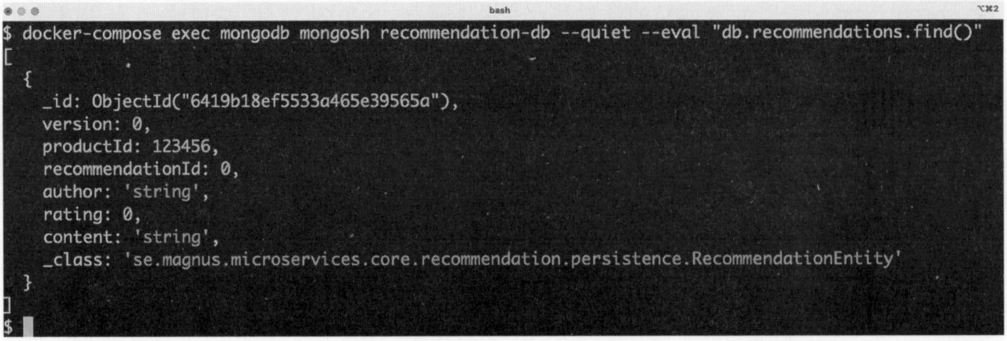


**그림 6.10** 추천 조회

다음 명령으로 review 서비스, 즉 MySQL의 reviews 테이블에 있는 내용을 조회해 보자.

```
docker compose exec mysql mysql -uuser -p review-db -e "select * from reviews"
```

참고로 mysql CLI 도구가 비밀번호를 입력하라고 할 텐데, 비밀번호는 docker-compose.yml 파일의 MYSQL_PASSWORD 환경변수에 기재돼 있다. 명령을 실행하면 다음과 같은 응답을 예상할 수 있다.

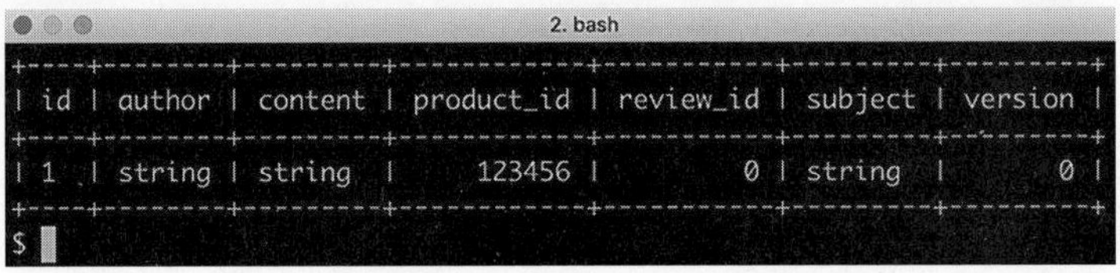


**그림 6.11** 리뷰 조회

Ctrl + C를 눌러 docker compose up 명령을 중단하고 docker compose down 명령으로 시스템 환경을 종료한다. 이제 마이크로서비스 환경의 자동화된 테스트를 어떻게 수정할지 살펴보자.

## 마이크로서비스 환경의 자동화된 테스트 업데이트

마이크로서비스 환경의 자동화된 테스트인 test-em-all.bash가 테스트를 실행하기 전에 각 마이크로서비스의 데이터베이스가 일정한 상태를 갖도록 업데이트할 필요가 있다.

여기서는 test-em-all.bash를 setupTestdata()라는 설정 함수로 확장할 텐데, 이 함수는 복합 생성 및 삭제 API를 사용해 테스트에서 사용되는 테스트 데이터를 설정하는 역할을 한다.

setupTestdata 함수는 다음과 같다.

```
function setupTestdata() {
  body=\
'{"productId":1,"name":"product 1","weight":1, "recommendations":[
  {"recommendationId":1,"author":"author 1","rate":1,"content":"content 1"},
  {"recommendationId":2,"author":"author 2","rate":2,"content":"content 2"},
  {"recommendationId":3,"author":"author 3","rate":3,"content":"content 3"}
], "reviews":[
  {"reviewId":1,"author":"author 1","subject":"subject 1","content":"content 1"},
  {"reviewId":2,"author":"author 2","subject":"subject 2","content":"content 2"},
  {"reviewId":3,"author":"author 3","subject":"subject 3","content":"content 3"}
]}'
  recreateComposite 1 "$body"

  body=\
'{"productId":113,"name":"product 113","weight":113, "reviews":[
  {"reviewId":1,"author":"author 1","subject":"subject 1","content":"content 1"},
  {"reviewId":2,"author":"author 2","subject":"subject 2","content":"content 2"},
  {"reviewId":3,"author":"author 3","subject":"subject 3","content":"content 3"}
]}'
  recreateComposite 113 "$body"

  body=\
'{"productId":213,"name":"product 213","weight":213, "recommendations":[
  {"recommendationId":1,"author":"author 1","rate":1,"content":"content 1"},
  {"recommendationId":2,"author":"author 2","rate":2,"content":"content 2"},
  {"recommendationId":3,"author":"author 3","rate":3,"content":"content 3"}
]}'
  recreateComposite 213 "$body"
}
```

삭제 및 생성 API에 대한 실제 요청을 수행하기 위해 헬퍼 함수인 recreateComposite()을 사용한다.

```
function recreateComposite() {
  local productId=$1
  local composite=$2
```

```
  assertCurl 200 "curl -X DELETE http://$HOST:$PORT/product-composite/${productId} -s"
  curl -X POST http://$HOST:$PORT/product-composite -H "Content-Type: application/json" --data
"$composite"
}
```

setupTestdata 함수는 waitForService 함수 직후에 호출된다.

```
waitForService curl -X DELETE http://$HOST:$PORT/product-composite/13
setupTestdata
```

waitForService 함수의 주된 목적은 모든 마이크로서비스가 실행 중인지 확인하는 것이다. 이전 장에서는 제품 복합 서비스의 조회(get) API를 사용했다. 이번 장에서는 삭제(delete) API를 사용한다. 조회 API를 사용할 경우에는 엔티티가 존재하지 않으면 product 마이크로서비스만 호출된다. 즉, recommendation과 review 서비스는 호출되지 않아 실행 여부가 확인되지 않는다. 삭제 API를 호출하면 productId가 13인 제품에 대한 Not Found 테스트가 성공하는 것도 확인할 수 있다. 다음 장에서는 마이크로서비스 환경의 상태를 확인하기 위한 API를 어떻게 정의할 수 있는지 살펴볼 것이다.

다음 명령으로 업데이트된 테스트 스크립트를 실행한다.

```
cd $BOOK_HOME/Chapter06
./test-em-all.bash start stop
```

실행이 끝나면 다음과 같은 로그 메시지가 기록될 것이다.

**그림 6.12** 테스트 실행이 끝날 때 기록되는 로그 메시지

이렇게 해서 마이크로서비스 환경의 자동화된 테스트를 업데이트하는 작업을 마친다.

# 정리

이번 장에서는 스프링 데이터를 사용해 핵심 마이크로서비스에 영속성 계층을 추가하는 방법을 살펴봤다. MongoDB와 MySQL 같은 NoSQL 데이터베이스와 SQL 데이터베이스에 데이터를 저장하기 위해 스프링 데이터의 핵심 개념인 리포지터리와 엔티티를 사용했다. 완전한 이식성을 보장하지는 않지만 MongoDB와 MySQL 같은 NoSQL 데이터베이스와 SQL 데이터베이스의 프로그래밍 모델은 비슷하다. 또한 스프링 부트 애너테이션인 `@DataMongoTest`와 `@DataJpaTest`가 영속성 테스트를 위한 설정을 편리하게 만들어준다는 것을 확인했다. 즉, 이러한 애너테이션을 통해 테스트를 실행하기 전에 데이터베이스를 자동으로 구동하고 마이크로서비스가 런타임에 필요로 하는 다른 인프라(예: 네티 같은 웹 서버)는 구동되지 않게 할 수 있다. 데이터베이스의 시작과 종료를 처리하기 위해 데이터베이스를 도커 컨테이너에서 실행하는 Testcontainers를 사용했다. 이를 통해 설정하기 쉽고 최소한의 노력으로 구동되는 영속성 테스트를 만들 수 있었다.

또한 영속성 계층이 서비스 계층에서 어떻게 사용될 수 있는지 확인했으며, 핵심 마이크로서비스와 복합 마이크로서비스 모두에 대한 엔티티 생성 및 삭제를 위한 API를 어떻게 추가할 수 있는지 살펴봤다.

마지막으로, MongoDB와 MySQL 같은 데이터베이스를 런타임에 도커 컴포즈를 사용해 구동하는 것이 얼마나 편리한지, 그리고 자동화된 테스트를 실행하기 전에 새로운 생성 및 삭제 API를 사용해 테스트 데이터를 설정하는 방법을 배웠다.

그러나 이번 장에서 한 가지 중대한 문제를 발견했다. 동기식 API를 사용해 각 부분이 여러 마이크로서비스에 저장되는 복합 엔티티를 업데이트(생성 또는 삭제)할 경우 모든 관련 마이크로서비스가 성공적으로 업데이트되지 않으면 불일치가 초래될 수 있다는 것이다. 이는 일반적으로 허용할 수 없는 문제이며, 이 주제는 다음 장으로 이어진다. 다음 장에서는 확장 가능하고 견고한 마이크로서비스, 즉 반응형 마이크로서비스를 구축하는 이유와 방법을 살펴본다.

# 문제

1. 스프링 데이터는 엔티티와 리포지토리를 기반으로 하는 공통 프로그래밍 모델을 제공하며, 이는 다양한 유형의 데이터베이스 엔진에 사용할 수 있다. 이번 장의 예제에서 MySQL과 MongoDB에 대한 영속성 코드의 가장 중요한 차이점은 무엇인가?
2. 스프링 데이터를 사용해 낙관적 잠금을 구현하는 데 필요한 것은 무엇인가?
3. MapStruct는 어디에 사용되는가?
4. 연산이 멱등성을 띤다는 것은 무엇을 의미하며, 그것이 유용한 이유는 무엇인가?
5. API를 사용하지 않고 MySQL과 MongoDB 데이터베이스에 저장된 데이터에 어떻게 접근할 수 있는가?

# 07

# 반응형 마이크로서비스 개발

이번 장에서는 반응형 마이크로서비스, 즉 논블로킹 동기 RESTful API와 비동기 이벤트 기반 서비스를 개발하는 법을 배운다. 또한 이 두 가지 대안 중에서 무엇을 선택해야 할지도 배운다. 마지막으로 반응형 마이크로서비스 환경에 대한 수동 및 자동화된 테스트를 만들고 실행하는 방법도 살펴본다.

1장 '마이크로서비스 소개'에서 설명했듯이 반응형 시스템의 기반은 메시지 기반, 즉 비동기 통신을 사용한다는 것이다. 이를 통해 탄력성(즉, 확장성과 복원력을 가진)을 확보해 장애에 대한 내성을 갖출 수 있다. 탄력성과 복원력이 뒷받침되면 시스템은 응답성을 유지할 수 있다.

이번 장에서는 다음과 같은 주제를 다룬다.

- 논블로킹 동기 API와 이벤트 기반 비동기 서비스 중에서 선택하기
- 논블로킹 동기 RESTful API 개발
- 이벤트 기반 비동기 서비스 개발
- 반응형 마이크로서비스 환경에 대한 수동 테스트 실행
- 반응형 마이크로서비스 환경에 대한 자동화된 테스트 실행

## 기술적 요구사항

이 책에서 사용하는 도구를 설치하는 방법과 이 책의 소스코드를 내려받는 방법은 다음을 참고한다.

- 21장 'macOS용 설치 안내'
- 22장 'WSL 2 및 우분투가 탑재된 마이크로소프트 윈도우용 설치 안내'

이번 장의 모든 코드 예제는 `$BOOK_HOME/Chapter07`에서 가져온 것이다.

반응형 마이크로서비스 개발에 적용된 소스코드의 변경 사항, 즉 마이크로서비스를 반응형으로 만드는 데 필요한 사항을 보려면 6장 '영속성 추가'의 소스코드와 비교해 보면 된다. 즐겨 사용하는 코드 비교 도구를 사용해 `$BOOK_HOME/Chapter06`과 `$BOOK_HOME/Chapter07` 폴더를 비교해본다.

## 논블로킹 동기 API와 이벤트 기반 비동기 서비스 중에서 선택하기

반응형 마이크로서비스를 개발할 때 논블로킹 동기 API와 이벤트 기반 비동기 서비스 중 어느 것을 선택해야 할지 항상 명확하지만은 않다. 일반적으로 마이크로서비스를 견고하고 확장 가능하게 만들려면 런타임 의존성을 최소화하는 등 가능한 한 자율적으로 만드는 것이 중요하다. 이를 느슨한 결합(loose coupling)이라고도 한다. 따라서 비동기 메시지 전달 방식인 이벤트가 동기 API보다 선호된다. 비동기 방식에서는 마이크로서비스가 다른 여러 마이크로서비스에 직접 동기적으로 의존하는 대신 런타임에 메시징 시스템 하나에만 의존하면 되기 때문이다.

그러나 동기 API가 유리한 경우가 몇 가지 있다. 예를 들어 다음과 같은 경우다.

- 최종 사용자가 응답을 기다리는 읽기 작업의 경우
- 모바일 앱이나 SPA[1] 웹 애플리케이션과 같이 클라이언트 플랫폼이 동기 API를 사용하기에 더 적합한 경우
- 클라이언트가 다른 조직의 서비스에 연결하는 경우(조직 간에 공통 메시징 시스템을 사용하기로 합의하기가 어려울 수 있음)

이 책의 시스템 환경에서는 다음을 사용한다.

1 https://ko.wikipedia.org/wiki/싱글_페이지_애플리케이션

- 제품 복합 마이크로서비스에서 노출하는 생성, 읽기, 삭제 서비스는 논블로킹 동기 API를 기반으로 한다. 복합 마이크로서비스에는 웹 및 모바일 플랫폼의 클라이언트뿐만 아니라 시스템 환경을 운영하는 조직이 아닌 다른 조직에서 오는 클라이언트도 있다고 가정한다. 따라서 동기 API를 사용하는 것이 자연스럽다.
- 핵심 마이크로서비스에서 제공하는 읽기 서비스도 응답을 기다리는 최종 사용자가 있기 때문에 논블로킹 동기 API로 개발된다.
- 핵심 마이크로서비스에서 제공하는 생성 및 삭제 서비스는 이벤트 기반 비동기 서비스로 개발된다. 즉, 각 마이크로서비스 전용 토픽의 생성 및 삭제 이벤트를 수신한다.
- 제품 복합 정보를 생성 및 삭제하기 위한 복합 마이크로서비스에서 제공하는 동기 API는 이러한 토픽에 생성 및 삭제 이벤트를 게시한다. 게시 작업이 성공하면 202(Accepted) 응답을 반환하고, 그렇지 않으면 오류 응답을 반환한다. 202 응답은 일반적인 200(OK) 응답과 다르다. 요청이 수락됐지만 완전히 처리되지는 않았음을 나타낸다. 대신 처리는 202 응답과 무관하게 비동기적으로 완료된다.

이를 다음 다이어그램에서 확인할 수 있다.

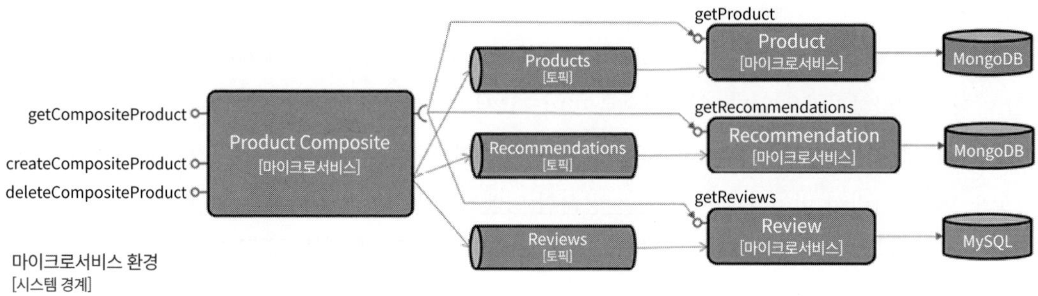


**그림 7.1** 마이크로서비스 환경

먼저 논블로킹 동기 RESTful API를 개발하는 방법을 알아보자. 그런 다음 이벤트 기반 비동기 서비스를 개발하는 방법을 살펴보겠다.

# 논블로킹 동기 RESTful API 개발

이번 절에서는 읽기 API의 논블로킹 버전을 개발하는 방법을 배운다. 복합 서비스는 세 개의 핵심 서비스에 병렬로 반응형 호출, 즉 논블로킹 호출을 수행한다. 복합 서비스가 모든 핵심 서비스로부터 응답을 받으면 복합 응답을 생성해서 다시 호출자에게 보낸다. 이를 다음 다이어그램에서 확인할 수 있다.

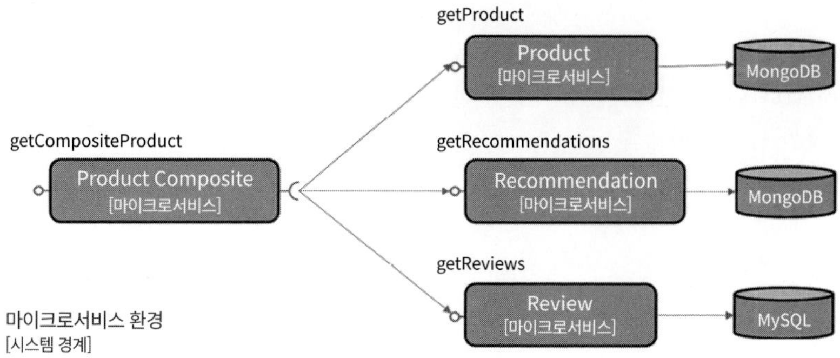


**그림 7.2** 마이크로서비스 환경의 getCompositeProduct 부분

이번 절에서는 다음 내용을 다룬다.

- 프로젝트 리액터 소개
- 스프링 데이터 MongoDB를 활용한 논블로킹 영속성
- 핵심 서비스의 논블로킹 RESTful API(JPA 기반 영속성 계층에 대한 블로킹 코드를 처리하는 방법을 포함)
- 복합 서비스의 논블로킹 RESTful API

## 프로젝트 리액터 소개

2장 '스프링 부트 소개'의 '스프링 웹플럭스' 절에서 언급했듯이 스프링 5의 반응형 지원 기능은 **프로젝트 리액터(Project Reactor)**[2]를 기반으로 한다. 프로젝트 리액터는 반응형 애플리케이션을 구축하기 위한 표준인 '리액티브 스트림 사양'[3]을 기반으로 한다. 프로젝트 리액터는 핵심 기반 요소로, 스프링 웹플럭스, 스프링 웹클라이언트, 스프링 데이터 등은 반응형 및 논블로킹 기능을 제공하기 위해 프로젝트 리액터에 의존한다.

프로그래밍 모델은 데이터 스트림 처리를 기반으로 하며, 프로젝트 리액터의 핵심 데이터 타입은 Flux와 Mono다. `Flux` 객체는 0…n 요소의 스트림을 처리하는 데 사용되고, `Mono` 객체는 비어 있거나 최대 한 개의 요소를 반환하는 스트림을 처리하는 데 사용된다. 이번 장에서는 두 데이터 타입의 사용 예를 여러 차례에 걸쳐 살펴볼 것이다. 간단한 소개로 다음 테스트를 살펴보자.

2 https://projectreactor.io
3 http://www.reactive-streams.org

```java
@Test
void testFlux() {
  List<Integer> list = Flux.just(1, 2, 3, 4)
    .filter(n -> n % 2 == 0)
    .map(n -> n * 2)
    .log()
    .collectList().block();
  assertThat(list).containsExactly(4, 8);
}
```

이 코드에 대한 설명은 다음과 같다.

1. `Flux.just()` 정적 헬퍼 메서드를 사용해 정수 1, 2, 3, 4로 스트림을 시작한다.
2. 다음으로 홀수를 걸러낸다(`filter`). 즉, 짝수만 스트림을 통과하게 한다. 이 테스트에서는 2와 4다.
3. 그런 다음, 스트림의 값을 2배로 변환(또는 `map`)한다. 따라서 4와 8이 된다.
4. 그런 다음, `map` 연산 후 스트림을 통과하는 데이터를 로깅한다(`log`).
5. `collectList` 메서드를 사용해 스트림이 완료됐을 때 스트림의 모든 항목을 `List`로 모은다.
6. 지금까지는 스트림을 어떻게 처리할지만 선언했다. 실제로 스트림을 처리하기 위해서는 구독자가 필요하다. `block` 메서드를 마지막에 호출하면 처리가 완료될 때까지 기다리는 구독자가 등록된다.
7. 결과 리스트는 `list`라는 멤버 변수에 저장된다.
8. 이제 `assertThat` 메서드를 사용해 스트림 처리 후 `list`에 예상 결과인 정수 4와 8이 포함돼 있는지 검사할 수 있다.

로그 출력은 다음과 같다.

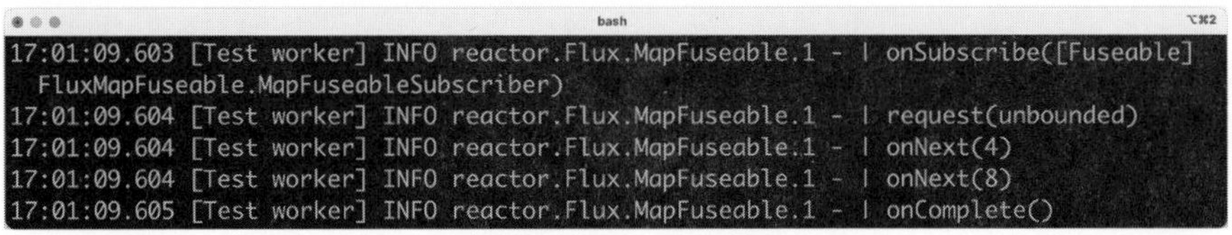


**그림 7.3** 위 코드의 로그 출력

로그 출력에서 다음을 확인할 수 있다.

1. 스트림을 구독하고 해당 내용을 요청하는 구독자에 의해 스트림의 처리가 시작된다.
2. 다음으로 정수 4와 8이 `log` 연산을 통과한다.
3. 처리는 구독자에 대한 `onComplete` 메서드 호출로 끝나며, 스트림이 종료됐음을 알린다.

전체 소스코드는 `util` 프로젝트의 `ReactorTests` 테스트 클래스를 참고한다.

> 일반적으로 스트림의 처리를 직접 시작하지 않는다. 대신에 스트림이 어떻게 처리될 것인지만 정의하고, 처리를 시작하는 것은 인프라 구성 요소의 책임이 된다. 예를 들어, 스프링 웹플럭스는 들어오는 HTTP 요청에 대한 응답으로 이를 수행한다. 예외적으로, 블로킹 코드가 리액티브 스트림의 응답을 필요로 할 때는 스트림 처리를 직접 시작해야 한다. 이러한 경우 블로킹 코드는 `Flux` 또는 `Mono` 객체의 `block()` 메서드를 호출해서 블로킹 방식으로 응답을 얻을 수 있다.

## 스프링 데이터 MongoDB를 활용한 논블로킹 영속성

`product` 및 `recommendation` 서비스에 대한 MongoDB 기반 리포지터리를 반응형으로 만드는 것은 매우 간단하다.

- 리포지터리의 기본 클래스를 `ReactiveCrudRepository`로 변경한다.
- 사용자 정의 `find` 메서드가 `Mono` 또는 `Flux` 객체를 반환하도록 변경한다.

위와 같이 변경하고 나면 `ProductRepository`와 `RecommendationRepository`가 다음과 같은 형태가 된다.

```
public interface ProductRepository extends ReactiveCrudRepository
<ProductEntity, String> {
  Mono<ProductEntity> findByProductId(int productId);
}

public interface RecommendationRepository extends
ReactiveCrudRepository<RecommendationEntity, String> {
  Flux<RecommendationEntity> findByProductId(int productId);
}
```

`review` 서비스의 영속성 코드에는 위와 같은 변경 사항이 적용되지 않는데, JPA 리포지터리를 사용해 블로킹 상태로 유지될 것이다. `review` 서비스의 영속성 계층에서 블로킹 코드를 처리하는 방법은 이후에 나올 '블로킹 코드 처리' 절을 참고한다.

전체 소스코드는 다음 클래스를 참고한다.

- product 프로젝트의 ProductRepository
- recommendation 프로젝트의 RecommendationRepository

### 테스트 코드의 변경 사항

영속성 계층을 테스트할 때 몇 가지 변경 사항을 적용해야 한다. 영속성 메서드가 이제 Mono 또는 Flux 객체를 반환하므로 테스트 메서드는 반환된 반응형 객체에서 응답을 사용할 수 있을 때까지 기다려야 한다. 테스트 메서드에서 Mono/Flux 객체의 block() 메서드를 명시적으로 호출해서 응답이 사용 가능할 때까지 기다리거나, 프로젝트 리액터의 StepVerifier 헬퍼 클래스를 사용해 비동기 이벤트의 검증 가능한 시퀀스를 선언할 수 있다.

다음 테스트 코드를 반응형 버전의 리포지터리에서 작동하도록 변경해 보자.

```
ProductEntity foundEntity = repository.findById(newEntity.getId()).get();
assertEqualsProduct(newEntity, foundEntity);
```

명령형 프로그래밍 스타일을 유지하면서 repository.findById() 메서드가 반환하는 Mono 객체를 대상으로 block() 메서드를 사용할 수 있다.

```
ProductEntity foundEntity = repository.findById(newEntity.getId()).block();
assertEqualsProduct(newEntity, foundEntity);
```

또는 StepVerifier 클래스를 사용해 리포지터리의 find 연산을 실행하고 결과를 검증하는 일련의 처리 단계를 설정할 수 있다. 시퀀스는 다음과 같이 verifyComplete() 메서드를 마지막으로 호출함으로써 초기화된다.

```
StepVerifier.create(repository.findById(newEntity.getId()))
  .expectNextMatches(foundEntity -> areProductEqual(newEntity, foundEntity))
  .verifyComplete();
```

StepVerifier 클래스를 사용하는 테스트 예제는 product 프로젝트의 PersistenceTests 테스트 클래스를 참고한다.

block() 메서드를 사용하는 테스트 예제는 recommendation 프로젝트의 PersistenceTests 테스트 클래스를 참고한다.

## 핵심 서비스의 논블로킹 RESTful API

논블로킹 영속성 계층이 구축됐으므로 이제 핵심 서비스의 API도 논블로킹으로 만들 차례다. 다음과 같은 변경이 필요하다.

- API를 반응형 데이터 타입만 반환하도록 변경한다.
- 서비스 구현이 블로킹 코드를 포함하지 않도록 변경한다.
- 반응형 서비스를 테스트할 수 있게 테스트를 변경한다.
- 블로킹 코드를 처리한다. 즉, 여전히 블로킹돼야 하는 코드를 논블로킹 코드와 분리한다.

### API 변경 사항

핵심 서비스의 API를 반응형으로 만들려면 메서드를 `Mono` 또는 `Flux` 객체만 반환하도록 업데이트해야 한다.

예를 들어, `product` 서비스의 `getProduct()`는 이제 `Product` 객체 대신 `Mono<Product>`를 반환한다.

```
Mono<Product> getProduct(@PathVariable int productId);
```

전체 소스코드는 `api` 프로젝트의 다음 핵심 인터페이스를 참고한다.

- `ProductService`
- `RecommendationService`
- `ReviewService`

### 서비스 구현의 변경 사항

반응형 영속성 계층을 사용하는 `product` 및 `recommendation` 프로젝트의 서비스 구현에서는 프로젝트 리액터의 플루언트 API를 사용할 수 있다. 예를 들어, `getProduct()` 메서드의 구현은 다음과 같다.

```
public Mono<Product> getProduct(int productId) {
  if (productId < 1) {
    throw new InvalidInputException("Invalid productId: " + productId);
  }
  return repository.findByProductId(productId)
```

```
        .switchIfEmpty(Mono.error(new NotFoundException("No product found for productId: " + productId
)))
        .log(LOG.getName(), FINE)
        .map(e -> mapper.entityToApi(e))
        .map(e -> setServiceAddress(e));
}
```

이 코드가 하는 일을 살펴보자.

1. 이 메서드는 Mono 객체를 반환한다. 여기서는 처리 내용만 선언한다. 웹 프레임워크인 스프링 웹플럭스가 이 서비스에 대한 요청을 받으면 Mono 객체를 구독해서 스트림 처리를 시작한다.
2. 기본 데이터베이스의 영속성 리포지터리에서 `findByProductId()` 메서드를 이용해 `productId`로 제품을 검색한다.
3. 특정 `productId`에 대해 제품을 찾을 수 없는 경우 `NotFoundException` 에러가 발생한다.
4. `log` 메서드가 로그 출력을 생성한다.
5. `mapper.entityToApi()` 메서드가 호출되어 영속성 계층에서 반환된 엔티티를 API 모델 객체로 변환한다.
6. 마지막 `map` 메서드에서는 `setServiceAddress()` 헬퍼 메서드를 이용해 요청을 처리한 마이크로서비스의 DNS 이름과 IP 주소를 모델 객체의 `serviceAddress` 필드에 설정한다.

처리가 성공한 경우의 로그 출력 예시는 다음과 같다.

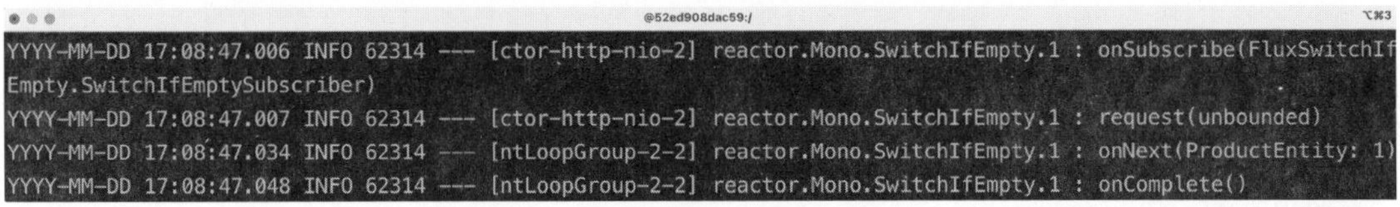

```
YYYY-MM-DD 17:08:47.006 INFO 62314 --- [ctor-http-nio-2] reactor.Mono.SwitchIfEmpty.1 : onSubscribe(FluxSwitchIfEmpty.SwitchIfEmptySubscriber)
YYYY-MM-DD 17:08:47.007 INFO 62314 --- [ctor-http-nio-2] reactor.Mono.SwitchIfEmpty.1 : request(unbounded)
YYYY-MM-DD 17:08:47.034 INFO 62314 --- [ntLoopGroup-2-2] reactor.Mono.SwitchIfEmpty.1 : onNext(ProductEntity: 1)
YYYY-MM-DD 17:08:47.048 INFO 62314 --- [ntLoopGroup-2-2] reactor.Mono.SwitchIfEmpty.1 : onComplete()
```

**그림 7.4** 처리가 성공할 때의 로그 출력

처리가 실패한 경우(`NotFoundException` 발생)의 로그 출력 예시는 다음과 같다.

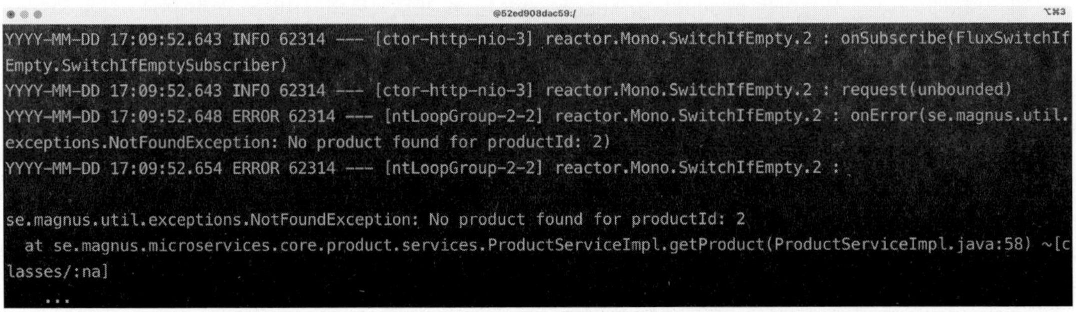

```
YYYY-MM-DD 17:09:52.643 INFO 62314 --- [ctor-http-nio-3] reactor.Mono.SwitchIfEmpty.2 : onSubscribe(FluxSwitchIfEmpty.SwitchIfEmptySubscriber)
YYYY-MM-DD 17:09:52.643 INFO 62314 --- [ctor-http-nio-3] reactor.Mono.SwitchIfEmpty.2 : request(unbounded)
YYYY-MM-DD 17:09:52.648 ERROR 62314 --- [ntLoopGroup-2-2] reactor.Mono.SwitchIfEmpty.2 : onError(se.magnus.util.exceptions.NotFoundException: No product found for productId: 2)
YYYY-MM-DD 17:09:52.654 ERROR 62314 --- [ntLoopGroup-2-2] reactor.Mono.SwitchIfEmpty.2 :

se.magnus.util.exceptions.NotFoundException: No product found for productId: 2
  at se.magnus.microservices.core.product.services.ProductServiceImpl.getProduct(ProductServiceImpl.java:58) ~[classes/:na]
    ...
```

**그림 7.5** 처리가 실패할 때의 로그 출력

전체 소스코드는 다음 클래스를 참고한다.

- product 프로젝트의 ProductServiceImpl
- recommendation 프로젝트의 RecommendationServiceImpl

### 테스트 코드의 변경 사항

앞에서 설명한 영속성 계층에 대한 테스트와 동일한 방식으로 서비스 구현에 대한 테스트 코드가 변경됐다. 반응형 반환 타입인 Mono와 Flux의 비동기 동작을 처리하기 위해 테스트에서는 block() 메서드 호출과 StepVerifier 헬퍼 클래스를 함께 활용한다.

전체 소스코드는 다음 테스트 클래스를 참고한다.

- product 프로젝트의 ProductServiceApplicationTests
- recommendation 프로젝트의 RecommendationServiceApplicationTests

### 블로킹 코드 처리

JPA를 이용해 관계형 데이터베이스의 데이터에 접근하는 review 서비스의 경우 논블로킹 프로그래밍 모델을 지원하지 않는다. 대신 제한된 스레드로 구성된 전용 스레드 풀의 스레드에서 블로킹 코드를 실행할 수 있는 Scheduler를 사용해 블로킹 코드를 실행할 수 있다. 블로킹 코드에 스레드 풀을 사용하면 마이크로서비스에서 사용 가능한 스레드가 고갈되는 것을 방지하고, 마이크로서비스에 동시 논블로킹 처리가 있는 경우 이에 영향을 미치지 않는다.

다음과 같은 단계를 통해 이를 설정하는 방법을 살펴보자.

1. 먼저 메인 클래스인 ReviewServiceApplication에서 스케줄러 빈과 해당 스케줄러의 스레드 풀을 다음과 같이 구성한다.

```
@Autowired
public ReviewServiceApplication(
  @Value("${app.threadPoolSize:10}") Integer threadPoolSize,
  @Value("${app.taskQueueSize:100}") Integer taskQueueSize
) {
  this.threadPoolSize = threadPoolSize;
  this.taskQueueSize = taskQueueSize;
}
```

```
@Bean
public Scheduler jdbcScheduler() {
  return Schedulers.newBoundedElastic(threadPoolSize,
    taskQueueSize, "jdbc-pool");
}
```

앞의 코드에서 스케줄러 빈의 이름은 jdbcScheduler이며, 다음 프로퍼티를 사용해 스레드 풀을 구성할 수 있음을 알 수 있다.

- app.threadPoolSize: 풀의 최대 스레드 수를 지정한다. 기본값은 10이다.
- app.taskQueueSize: 사용 가능한 스레드를 기다리는 큐에 배치할 수 있는 최대 작업 수를 지정한다. 기본값은 100이다.

**2.** 다음으로 jdbcScheduler라는 스케줄러를 review 서비스 구현 클래스에 주입한다.

```
@RestController
public class ReviewServiceImpl implements ReviewService {

  private final Scheduler jdbcScheduler;

  public ReviewServiceImpl(
    @Qualifier("jdbcScheduler")
    Scheduler jdbcScheduler, ...) {
      this.jdbcScheduler = jdbcScheduler;
  }
```

**3.** 마지막으로 getReviews() 메서드의 반응형 구현에서 스케줄러의 스레드 풀을 사용한다.

```
@Override
public Flux<Review> getReviews(int productId) {
  if (productId < 1) {
    throw new InvalidInputException("Invalid productId: " + productId);
  }

  LOG.info("Will get reviews for product with id={}", productId);

  return Mono.fromCallable(() -> internalGetReviews(productId))
    .flatMapMany(Flux::fromIterable)
    .log(LOG.getName(), FINE)
```

```
        .subscribeOn(jdbcScheduler);
}

private List<Review> internalGetReviews(int productId) {
    List<ReviewEntity> entityList = repository.findByProductId(productId);
    List<Review> list = mapper.entityListToApiList(entityList);
    list.forEach(e -> e.setServiceAddress(serviceUtil.getServiceAddress()));

    LOG.debug("Response size: {}", list.size());

    return list;
}
```

여기서 블로킹 코드는 `internalGetReviews()` 메서드에 배치되고 `Mono.fromCallable()` 메서드를 사용해 `Mono` 객체로 래핑된다. `getReviews()` 메서드는 `subscribeOn()` 메서드를 사용해 `jdbcScheduler`의 스레드 풀의 스레드에서 블로킹 코드를 실행한다.

이번 장의 후반부에서 테스트를 실행할 때 **review** 서비스의 로그 출력을 보고 SQL 문이 스케줄러의 전용 풀에서 스레드로 실행되는 증거를 확인할 수 있다. 다음과 같은 로그가 출력될 것이다.

```
YYYY-MM-DD 17:10:13.376  INFO --- [ctor-http-nio-4] s.m.m.c.r.services.ReviewServiceImpl:
  Will get reviews for product with id=1
YYYY-MM-DD 17:10:13.423 DEBUG --- [    jdbc-pool-1] org.hibernate.SQL                   :
  select ... from reviews reviewenti0_ where reviewenti0_.product_id=?
```

**그림 7.6** 리뷰 서비스의 로그 출력

앞의 로그 출력에서 다음과 같은 사항을 확인할 수 있다.

- 첫 번째 로그는 `getReviews()` 메서드의 `LOG.info()`에서 나온 것이며, 이 메서드는 웹플럭스에서 사용하는 스레드인 `ctor-http-nio-4`라는 HTTP 스레드에서 실행된다.
- 두 번째 로그에서는 스프링 데이터 JPA에서 내부적으로 하이버네이트를 사용해서 생성한 SQL 문을 볼 수 있다. SQL 문은 `repository.findByProductId()` 메서드 호출에 해당한다. 로그에서 볼 수 있듯이 이 코드는 `jdbc-pool-1`이라는 스레드에서 실행되는데, 이는 블로킹 코드 전용 스레드 풀의 스레드임을 의미한다.

전체 소스코드는 **review** 프로젝트의 `ReviewServiceApplication` 및 `ReviewServiceImpl` 클래스를 참고한다.

블로킹 코드 처리를 위한 로직을 반영했으므로 핵심 서비스의 논블로킹 RESTful API 구현을 완료했다. 이제 복합 서비스의 RESTful API도 논블로킹으로 만드는 방법을 알아보자.

## 복합 서비스의 논블로킹 RESTful API

복합 서비스의 RESTful API를 논블로킹으로 만들려면 다음과 같은 작업을 수행해야 한다.

- API를 반응형 데이터 타입만 반환하도록 변경한다.
- 서비스 구현이 핵심 서비스의 API를 병렬로, 그리고 논블로킹 방식으로 호출하도록 변경한다.
- 통합 계층에서 논블로킹 HTTP 클라이언트를 사용하도록 변경한다.
- 반응형 서비스를 테스트할 수 있게 테스트를 변경한다.

### API 변경 사항

복합 서비스의 API를 반응형으로 만들려면 앞에서 설명한 핵심 서비스의 API에 적용한 것과 동일한 유형의 변경 사항을 적용해야 한다. 즉, `getProduct()` 메서드의 반환 타입인 `ProductAggregate`를 `Mono<ProductAggregate>`로 바꿔야 한다.

`createProduct()`와 `deleteProduct()` 메서드는 `void` 대신 `Mono<Void>`를 반환하도록 업데이트해야 한다. 그렇지 않으면 API 호출자에게 오류 응답을 전파하지 못한다.

전체 소스코드는 `api` 프로젝트의 `ProductCompositeService` 인터페이스를 참고한다.

### 서비스 구현의 변경 사항

세 개의 API를 병렬로 호출할 수 있도록 서비스 구현에서 `Mono` 클래스의 정적 `zip()` 메서드를 사용한다. `zip` 메서드는 여러 반응형 소스(요청)를 병렬로 실행하고, 각 소스가 결과를 방출(emit)하면 그 결과들을 조합해서 새로운 응답을 만든다. 코드는 다음과 같다.

```
@Override
public Mono<ProductAggregate> getProduct(int productId) {
  return Mono.zip(
    values -> createProductAggregate(
      (Product) values[0],
      (List<Recommendation>) values[1],
```

```
            (List<Review>) values[2],
            serviceUtil.getServiceAddress()),

        integration.getProduct(productId),
        integration.getRecommendations(productId).collectList(),
        integration.getReviews(productId).collectList())

      .doOnError(ex ->
        LOG.warn("getCompositeProduct failed: {}",
          ex.toString()))
      .log(LOG.getName(), FINE);
  }
```

코드를 자세히 살펴보자.

- zip 메서드의 첫 번째 매개변수는 values라는 배열로 응답을 받는 람다 함수다. 배열에는 제품, 추천 목록, 리뷰 목록이 포함된다. 세 개의 API 호출에서 받은 응답의 실제 집계는 이전과 동일한 헬퍼 메서드인 createProductAggregate()에서 처리한다.
- 람다 함수 다음에 오는 매개변수는 zip 메서드가 병렬로 호출할 요청 리스트이며, 요청당 Mono 객체 하나씩이다. 여기서는 통합 클래스의 메서드에서 생성된 세 개의 Mono 객체를 전달하며, 각 핵심 마이크로서비스로 전송되는 요청당 하나씩이다.

전체 소스코드는 product-composite 프로젝트의 ProductCompositeServiceImpl 클래스를 참고한다.

> product-composite 서비스에서 createProduct와 deleteProduct API 연산이 어떻게 구현되는지에 대해서는 나중에 나올 '복합 서비스에서 이벤트 게시하기' 절을 참고한다.

## 통합 계층의 변경 사항

ProductCompositeIntegration 통합 클래스에서는 블로킹 HTTP 클라이언트인 RestTemplate을 스프링 5에 포함된 논블로킹 HTTP 클라이언트인 WebClient로 대체했다.

WebClient 인스턴스를 생성하기 위해서는 빌더 패턴(builder pattern)을 사용한다. 일반 헤더 또는 필터 설정 등의 사용자 정의가 필요한 경우 빌더를 사용해 수행할 수 있다. 사용 가능한 구성 옵션은 https://docs.spring.io/spring-framework/reference/web/webflux-webclient/client-builder.html을 참고한다.

WebClient는 다음과 같이 사용된다.

1. 생성자에서 WebClient를 자동 주입한다. 여기서는 아무런 구성 없이 WebClient 인스턴스를 생성한다.

```
public class ProductCompositeIntegration implements ProductService,
  RecommendationService, ReviewService {

  private final WebClient webClient;

  public ProductCompositeIntegration(
    WebClient.Builder webClient, ...
  ) {
    this.webClient = webClient.build();
  }
```

2. 다음으로 webClient 인스턴스를 사용해 product 서비스 호출을 위한 논블로킹 요청을 수행한다.

```
@Override
public Mono<Product> getProduct(int productId) {
  String url = productServiceUrl + "/product/" + productId;
  return webClient.get().uri(url).retrieve()
    .bodyToMono(Product.class)
    .log(LOG.getName(), FINE)
    .onErrorMap(WebClientResponseException.class,
      ex -> handleException(ex)
    );
}
```

product 서비스에 대한 API 호출이 HTTP 오류 응답과 함께 실패하면 전체 API 요청이 실패한다. WebClient의 onErrorMap() 메서드에서는 handleException(ex) 메서드를 호출해서 HTTP 계층에서 발생한 HTTP 예외를 NotFoundException 또는 InvalidInputException 등 자체적인 예외로 매핑한다.

그러나 product 서비스 호출은 성공했지만 recommendation이나 review API 호출이 실패했다고 해서 전체 요청까지 실패하게 만들고 싶지는 않을 것이다. 그 대신 호출자에게 가능한 한 많은 정보를 반환하고자 한다. 따라서 이러한 경우에는 예외를 전파하는 대신 빈 추천 또는 리뷰 리스트를 반환하고, 오류를 억제하기 위해 onErrorResume(error -> empty())을 호출한다. 이를 위한 코드는 다음과 같다.

```
@Override
public Flux<Recommendation> getRecommendations(int productId) {
  String url = recommendationServiceUrl + "/recommendation?productId=" + productId;

  // 문제가 발생하면 빈 결과를 반환해서 복합 서비스가 부분 응답을 반환할 수 있게 한다.
  return webClient.get().uri(url).retrieve()
    .bodyToFlux(Recommendation.class)
    .log(LOG.getName(), FINE)
    .onErrorResume(error -> empty());
}
```

`util` 프로젝트의 `GlobalControllerExceptionHandler` 클래스는 이전과 마찬가지로 예외를 포착하고 복합 API의 호출자에게 다시 전송되는 적절한 HTTP 오류 응답으로 변환한다. 이렇게 하면 API 호출의 특정 HTTP 오류 응답이 HTTP 오류 응답을 돌려줄지 아니면 부분적으로 비어 있는 응답을 돌려줄지 결정할 수 있다.

전체 소스코드는 `product-composite` 프로젝트의 `ProductCompositeIntegration` 클래스를 참고한다.

### 테스트 코드의 변경 사항

테스트 클래스에서는 Mockito 설정과 통합 클래스의 목만 업데이트하면 된다. 목에서는 `Mono` 및 `Flux` 객체를 반환해야 한다. `setup()` 메서드에서는 다음 코드와 같이 `NotFoundException` 에러가 사용한다.

```
class ProductCompositeServiceApplicationTests {

  @BeforeEach
  void setUp() {
    when(compositeIntegration.getProduct(PRODUCT_ID_OK)).
      thenReturn(Mono.just(new Product(PRODUCT_ID_OK, "name", 1, "mock-address")));

    when(compositeIntegration.getRecommendations(PRODUCT_ID_OK)).
      thenReturn(Flux.fromIterable(singletonList(new
        Recommendation(PRODUCT_ID_OK, 1, "author", 1, "content", "mock address"))));

    when(compositeIntegration.getReviews(PRODUCT_ID_OK)).
      thenReturn(Flux.fromIterable(singletonList(new
        Review(PRODUCT_ID_OK, 1, "author", "subject", "content", "mock address"))));
```

전체 소스코드는 `product-composite` 프로젝트의 `ProductCompositeServiceApplicationTests` 테스트 클래스를 참고한다.

이로써 논블로킹 동기 RESTful API 구현을 완료했다. 이제 이벤트 기반 비동기 서비스를 개발하는 방법을 알아보자.

## 이벤트 기반 비동기 서비스 개발

이번 절에서는 생성 및 삭제 서비스의 이벤트 기반 및 비동기 버전을 개발하는 방법을 배운다. 복합 서비스에서는 각 핵심 서비스 토픽에 생성 및 삭제 이벤트를 게시한 다음, 핵심 서비스에서 처리가 이뤄질 때까지 기다리지 않고 호출자에게 OK 응답을 반환한다. 이를 다음 다이어그램에서 확인할 수 있다.

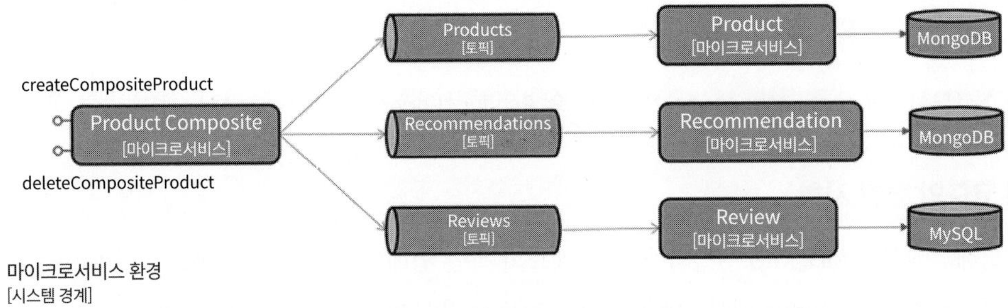


**그림 7.7** 마이크로서비스 환경의 `createCompositeProduct`와 `deleteCompositeProduct` 부분

이번 절에서는 다음 주제를 다룰 것이다.

- 메시징이 가진 문제 처리
- 토픽 및 이벤트 정의
- 그레이들 빌드 파일의 변경 사항
- 핵심 서비스에서 이벤트 소비하기
- 복합 서비스에서 이벤트 게시하기

## 메시징 관련 문제 처리

여기서는 이벤트 기반 생성 및 삭제 서비스를 구현하기 위해 스프링 클라우드 스트림을 사용하겠다. 2장 '스프링 부트 소개'에서 스프링 클라우드 스트림을 사용해 토픽에 메시지를 게시하고 소비하는 것이 얼마나 쉬운지 살펴봤다.

프로그래밍 모델은 함수형 패러다임을 기반으로 하는데, 이 경우 `java.util.function` 패키지의 함수형 인터페이스인 `Supplier`, `Function`, `Consumer` 중 하나를 구현하는 함수를 함께 연결해 분리된 이벤트 기반 처리를 수행한다. 이러한 함수형 기반 처리를 함수형 코드가 아닌 외부에서 트리거하려면 `StreamBridge` 헬퍼 클래스를 사용하면 된다.

예를 들어, HTTP 요청의 본문을 토픽에 게시하려면 다음과 같이 작성하기만 하면 된다.

```
@Autowired
private StreamBridge streamBridge;

@PostMapping
void sampleCreateAPI(@RequestBody String body) {
  streamBridge.send("topic", body);
}
```

`StreamBridge` 헬퍼 클래스는 처리를 트리거하는 데 사용된다. 그럼 토픽에 메시지가 게시될 것이다. 토픽에서 이벤트를 소비하는 함수(새 이벤트를 생성하지 않음)는 함수형 인터페이스인 `java.util.function.Consumer`를 다음과 같이 구현해서 정의할 수 있다.

```
@Bean
public Consumer<String> mySubscriber() {
  return s -> System.out.println("ML RECEIVED: " + s);
}
```

여기서는 구성을 사용해 다양한 함수를 연결한다. 이후에 나올 '이벤트 게시를 위한 구성 추가'와 '이벤트 소비를 위한 구성 추가' 절에서 이러한 구성의 예를 살펴볼 것이다.

이 프로그래밍 모델은 RabbitMQ나 아파치 카프카 같은 특정 메시징 시스템에 종속되지 않고 사용할 수 있다.

동기 API 호출보다 비동기 메시지 전송이 선호되긴 하지만 그 자체로 해결해야 할 문제들이 있다. 스프링 클라우드 스트림을 활용해 이러한 문제 중 일부를 어떻게 처리하는지 살펴보자. 여기서는 다음과 같은 스프링 클라우드 스트림의 기능을 다루겠다.

- 소비자 그룹
- 재시도 및 데드 레터 큐
- 보장된 순서와 파티션

다음 절에서 각각에 대해 자세히 알아보자.

### 소비자 그룹

메시지 소비자의 인스턴스 개수를 확장하는 경우, 예를 들어 두 개의 `product` 마이크로서비스 인스턴스를 시작하는 경우 해당 인스턴스들이 다음 다이어그램과 같이 동일한 메시지를 소비한다는 문제가 있다.

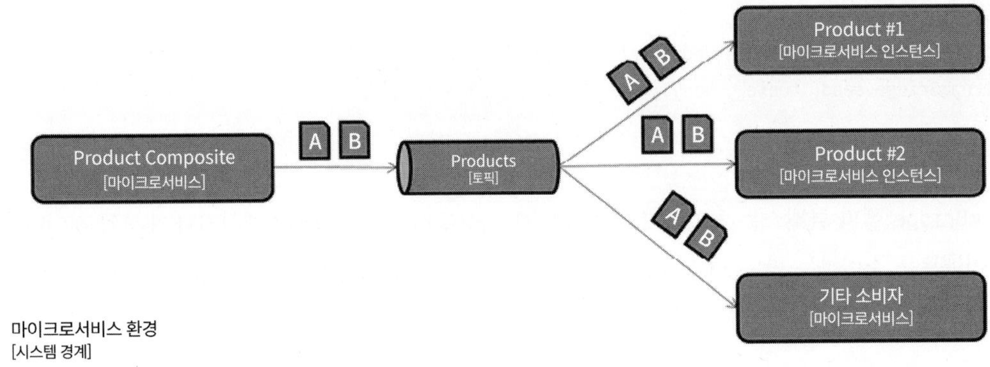


**그림 7.8** Product #1과 Product #2가 동일한 메시지를 소비

이로 인해 한 메시지가 두 번 처리되어 데이터베이스에 중복되거나 그 밖의 원치 않은 불일치가 발생할 수 있다. 따라서 소비자당 하나의 인스턴스만 각 메시지를 처리할 필요가 있다. 이는 다음 다이어그램과 같이 소비자 그룹을 도입해서 해결할 수 있다.

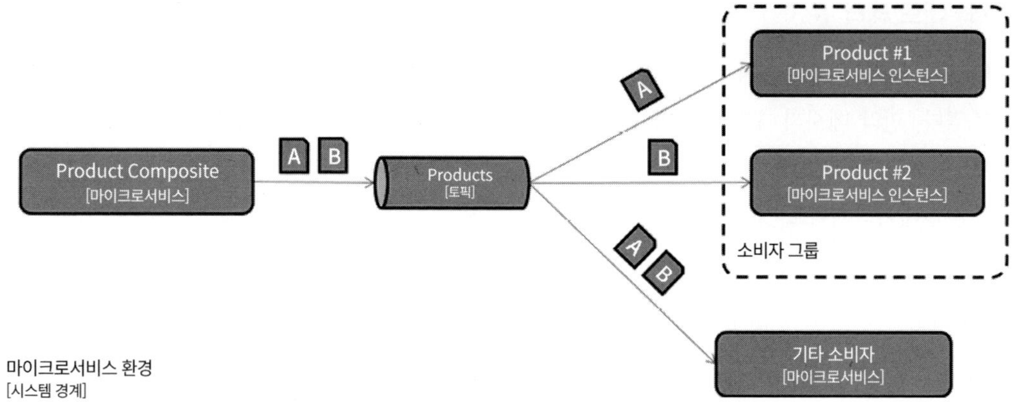


**그림 7.9** 소비자 그룹

스프링 클라우드 스트림에서 소비자 그룹은 소비자 측에서 구성할 수 있다. 예를 들어, `product` 마이크로서비스의 경우에는 다음과 같다.

```
spring.cloud.stream:
  bindings.messageProcessor-in-0:
    destination: products
    group: productsGroup
```

이 구성에서 다음과 같은 사항을 알 수 있다.

- 기본적으로 스프링 클라우드 스트림에서는 구성을 함수에 바인딩하기 위한 명명 규칙을 적용한다. 함수로 전송되는 메시지의 경우 바인딩 이름은 `<functionName>-in-<index>`다.
  - `functionName`은 함수명이며, 앞의 예에서는 `messageProcessor`다.
  - 함수가 여러 개의 입력 또는 출력 인수를 필요로 하지 않는 한 `index`는 0으로 설정된다. 예제에서는 인수가 여러 개인 함수는 사용하지 않을 것이므로 `index`는 항상 0으로 설정될 것이다.
  - 발신 메시지의 경우 바인딩 명명 규칙은 `<functionName>-out-<index>`다.
- `destination` 프로퍼티는 메시지가 소비될 토픽의 이름을 지정하며, 이 경우 `products`다.
- `group` 프로퍼티는 제품 마이크로서비스의 인스턴스를 추가할 소비자 그룹을 지정하며, 이 예에서는 `productsGroup`이다. 즉, `products` 토픽으로 전송된 메시지는 스프링 클라우드 스트림에 의해 제품 마이크로서비스의 인스턴스 중 하나에만 전달된다.

### 재시도와 데드 레터 큐

소비자가 메시지 처리에 실패하면 성공적으로 처리될 때까지 실패한 소비자에 대해 메시지가 다시 큐에 추가될 수 있다. 만약 메시지 내용 자체가 잘못된 경우(이를 독성 메시지(poisoned message)라고도 한다) 해당 메시지를 수동으로 제거하기 전까지는 다른 메시지 처리까지 모두 막히게 된다. 일시적인 네트워크 오류 때문에 데이터베이스 접근할 수 없는 것과 같이 실패가 일시적인 문제로 인한 것이라면 몇 번의 재시도 후에 처리가 성공할 가능성이 높다.

실패한 메시지가 오류 분석 및 수정을 위해 다른 스토리지로 옮겨질 때까지 재시도할 수 있는 횟수를 지정할 수 있어야 한다. 실패한 메시지는 일반적으로 데드 레터 큐(dead-letter queue)라고 하는 전용 큐로 이동한다. 또한 일시적인 장애(예: 네트워크 오류) 동안 인프라에 과부하가 걸리지 않도록 매번 재시도 사이의 시간 간격을 늘리면서 재시도가 수행되는 빈도를 구성할 수 있어야 한다.

스프링 클라우드 스트림에서는 이를 소비자 측에서 구성할 수 있다. 예를 들어, `product` 마이크로서비스의 경우 다음과 같다.

```
spring.cloud.stream.bindings.messageProcessor-in-0.consumer:
  maxAttempts: 3
  backOffInitialInterval: 500
  backOffMaxInterval: 1000
  backOffMultiplier: 2.0

spring.cloud.stream.rabbit.bindings.messageProcessor-in-0.consumer:
  autoBindDlq: true
  republishToDlq: true

spring.cloud.stream.kafka.bindings.messageProcessor-in-0.consumer:
  enableDlq: true
```

이 예에서는 스프링 클라우드 스트림이 메시지를 데드 레터 큐에 넣기 전에 3번 재시도하도록 지정한다. 첫 번째 재시도는 500ms 후에, 다른 두 번의 시도는 1000ms 후에 시도된다.

데드 레터 큐 사용을 활성화하는 것은 바인딩마다 별도로 지정할 수 있으므로 여기서는 RabbitMQ와 카프카에 대해 하나씩 구성을 작성했다.

### 보장된 순서와 파티션

비즈니스 로직에서 메시지가 전송된 순서와 동일한 순서로 메시지를 소비하고 처리해야 하는 경우에는 성능을 높이기 위해 소비자당 인스턴스를 여러 개 사용할 수 없다(예: 소비자 그룹). 인스턴스를 여러 개 사용할 경우 경우에 따라 수신 메시지 처리에 허용 불가능한 지연을 초래할 수 있다.

파티션을 이용하면 성능과 확장성을 놓치지 않으면서 메시지가 전송된 순서와 동일한 순서로 전달되게 할 수 있다.

대부분의 경우 엄격한 순서에 따라 메시지를 처리하는 것은 동일한 비즈니스 엔티티에 영향을 미치는 메시지에 대해서만 필요하다. 예를 들어, 제품 ID 1에 영향을 미치는 메시지는 대부분의 경우 제품 ID 2에 영향을 미치는 메시지와 독립적으로 처리될 수 있다. 즉, 동일한 제품 ID를 가진 메시지에 대해서만 순서를 보장하면 된다.

이에 대한 해결책은 각 메시지에 대한 키(메시징 시스템이 메시지의 순서를 보장하는 데 사용할 수 있는)를 지정할 수 있게 하는 것이다. 이는 토픽에 하위 토픽(파티션이라고도 함)을 도입해서 해결할 수 있다. 메시징 시스템은 키를 기반으로 메시지를 특정 파티션에 배치한다.

동일한 키를 가진 메시지는 항상 동일한 파티션에 배치된다. 메시징 시스템은 동일한 파티션 내의 메시지에 대해서만 전달 순서를 보장하면 된다. 메시지의 순서를 보장하기 위해 소비자 그룹 내에서 파티션당 하나의 소비자 인스턴스를 구성한다. 파티션 수를 늘리면 소비자가 인스턴스 수를 늘릴 수 있다. 이렇게 하면 전달 순서를 놓치지 않고도 메시지 처리 성능을 향상시킬 수 있다. 이를 다음 다이어그램에서 확인할 수 있다.

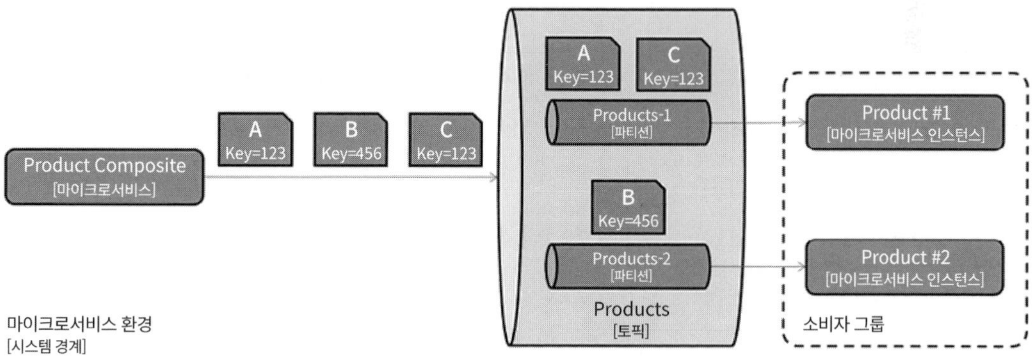


**그림 7.10** 메시지에 대한 키 지정

다이어그램에서 볼 수 있듯이 `Key`가 123으로 설정된 모든 메시지는 항상 `Products-1` 파티션으로 이동하고, `Key`가 456으로 설정된 메시지는 `Products-2` 파티션으로 이동한다.

스프링 클라우드 스트림에서는 이를 게시자와 소비자 측 모두에서 구성해야 한다. 게시자 측에서는 키와 파티션 수를 지정해야 한다. 예를 들어, `product-composite` 서비스의 경우는 다음과 같다.

```
spring.cloud.stream.bindings.products-out-0.producer:
  partition-key-expression: headers['partitionKey']
  partition-count: 2
```

이 구성은 키를 `partitionKey`라는 메시지 헤더에서 가져오고 두 개의 파티션이 사용된다는 것을 의미한다.

각 소비자는 메시지를 소비할 파티션을 지정할 수 있다. 예를 들어, `product` 마이크로서비스의 경우에는 다음과 같다.

```
spring.cloud.stream.bindings.messageProcessor-in-0:
  destination: products
  group: productsGroup
  consumer:
    partitioned: true
    instance-index: 0
```

이 구성은 스프링 클라우드 스트림에 이 소비자가 파티션 번호 0, 즉 첫 번째 파티션의 메시지만 소비한다는 것을 알려준다.

## 토픽과 이벤트 정의

2장 '스프링 부트 소개'의 '스프링 클라우드 스트림' 절에서 이미 언급했듯이 스프링 클라우드 스트림은 게시 및 구독 패턴을 기반으로 하며, 게시자는 토픽에 메시지를 게시하고 구독자는 관심 있는 메시지를 수신할 토픽을 구독한다.

여기서는 `product`, `recommendation`, `review` 엔티티 유형당 하나의 **토픽**을 사용할 것이다.

메시징 시스템은 일반적으로 헤더와 본문으로 구성된 **메시지(message)**를 처리한다. 이벤트(event)는 발생한 어떤 내용을 설명하는 메시지다. 이벤트의 경우 메시지 본문(message body)을 사용해 이벤트 유형, 이벤트 데이터, 이벤트 발생 시간을 설명할 수 있다.

이 책의 범위에서 이벤트는 다음과 같은 사항으로 정의된다.

- 이벤트 **유형**(예: 생성 또는 삭제 이벤트)
- 데이터를 식별하는 **키**(예: 제품 ID)
- **데이터** 요소(즉, 이벤트의 실제 데이터)
- 이벤트가 발생한 시간을 설명하는 **타임스탬프**

사용할 이벤트 클래스는 다음과 같다.

```
public class Event<K, T> {
  public enum Type {CREATE, DELETE}

  private Event.Type eventType;
  private K key;
  private T data;
  private ZonedDateTime eventCreatedAt;

  public Event() {
    this.eventType = null;
    this.key = null;
    this.data = null;
    this.eventCreatedAt = null;
  }

  public Event(Type eventType, K key, T data) {
    this.eventType = eventType;
    this.key = key;
    this.data = data;
    this.eventCreatedAt = now();
  }

  public Type getEventType() {
    return eventType;
  }

  public K getKey() {
    return key;
  }
```

```
  public T getData() {
    return data;
  }

  public ZonedDateTime getEventCreatedAt() {
    return eventCreatedAt;
  }
}
```

이 코드를 자세히 설명하면 다음과 같다.

- Event 클래스는 key와 data 필드의 타입인 K와 T에 대해 매개변수화된 제네릭 클래스다.
- 이벤트 타입은 허용되는 값, 즉 CREATE와 DELETE를 사용해 열거형으로 선언된다.
- 클래스에서는 두 개의 생성자를 정의하는데, 하나는 비어 있고 다른 하나는 type, key, value 멤버를 초기화하는 데 사용된다.
- 마지막으로 클래스에서는 멤버 변수에 대한 게터 메서드를 정의한다.

전체 소스코드는 api 프로젝트의 Event 클래스를 참고한다.

## 그레이들 빌드 파일 변경

스프링 클라우드 스트림과 RabbitMQ 및 카프카용 바인더를 사용하려면 4개의 마이크로서비스 모두에 spring-cloud-starter-stream-rabbit과 spring-cloud-starter-stream-kafka라는 두 개의 스타터 의존성을 추가해야 한다. 또한 테스트 지원 기능을 활성화하려면 product-composite 프로젝트에 spring-cloud-stream-test-binder라는 테스트 의존성이 필요하다. 다음 코드는 이를 보여준다.

```
dependencies {
  implementation 'org.springframework.cloud:spring-cloud-starter-stream-rabbit'
  implementation 'org.springframework.cloud:spring-cloud-starter-stream-kafka'
  testImplementation 'org.springframework.cloud:spring-cloud-stream-test-binder'
}
```

사용할 스프링 클라우드 버전을 지정하려면 먼저 버전에 대한 변수를 선언한다.

```
ext {
  springCloudVersion = "2025.0.0"
}
```

다음으로 이 변수를 사용해 스프링 클라우드 버전에 대한 의존성 관리를 설정한다.

```
dependencyManagement {
  imports {
    mavenBom "org.springframework.cloud:spring-cloud-dependencies:${springCloudVersion}"
  }
}
```

전체 소스코드는 각 마이크로서비스 프로젝트의 `build.gradle` 파일을 참고한다.

그레이들 빌드 파일에 필요한 의존성이 추가됐으므로 핵심 서비스에서 어떻게 이벤트를 소비하는지 알아보자.

## 핵심 서비스에서 이벤트 소비하기

핵심 서비스에서 이벤트를 소비할 수 있게 하려면 다음 작업을 수행해야 한다.

- 핵심 서비스 토픽에 게시된 이벤트를 소비하는 메시지 처리기(message processor)를 선언
- 반응형 영속성 계층을 사용하도록 서비스 구현을 변경
- 이벤트 소비에 필요한 구성 추가
- 이벤트의 비동기 처리를 테스트할 수 있도록 테스트를 변경

이벤트 소비를 위한 소스코드는 3개의 핵심 서비스에서 동일한 방식으로 구성되므로 여기서는 `product` 서비스의 소스코드만 살펴보겠다.

### 메시지 처리기 선언

엔티티 생성 및 삭제를 위한 RESTful API는 각 핵심 마이크로서비스에서 각 엔티티 토픽의 생성 및 삭제 이벤트를 소비하는 메시지 처리기로 대체됐다. 토픽에 게시된 메시지를 소비할 수 있으려면 `java.util.function.Consumer` 함수형 인터페이스를 구현하는 스프링 빈을 선언해야 한다.

product 서비스의 메시지 처리기는 다음과 같이 선언한다.

```
@Configuration
public class MessageProcessorConfig {

  private final ProductService productService;

  public MessageProcessorConfig(ProductService productService) {
    this.productService = productService;
  }

  @Bean
  public Consumer<Event<Integer, Product>> messageProcessor() {
    ...
```

앞의 코드에서 다음 사항을 확인할 수 있다.

- 클래스에는 @Configuration 애너테이션이 지정돼 있어 스프링이 클래스에서 스프링 빈을 찾도록 지시한다.
- 생성자에서 ProductService 인터페이스의 구현을 주입한다. productService 빈에는 제품 엔티티의 실제 생성 및 삭제를 수행하는 비즈니스 로직이 포함돼 있다.
- 메시지 처리기를 Event<Integer, Product> 타입의 입력 매개변수를 받는 Consumer 함수형 인터페이스를 구현하는 스프링 빈으로 선언한다.

Consumer 함수의 구현은 다음과 같다.

```
return event -> {

  switch (event.getEventType()) {

    case CREATE:
      Product product = event.getData();
      productService.createProduct(product).block();
      break;

    case DELETE:
      int productId = event.getKey();
      productService.deleteProduct(productId).block();
```

```
        break;

      default:
        String errorMessage = "Incorrect event type: " +
          event.getEventType() +
          ", expected a CREATE or DELETE event";
        throw new EventProcessingException(errorMessage);
    }

};
```

앞의 구현은 다음과 같은 작업을 수행한다.

- Event<Integer, Product> 타입의 이벤트를 입력 매개변수로 사용한다.
- switch 문을 사용해 이벤트 유형에 따라 제품 엔티티를 생성하거나 삭제한다.
- 주입된 productService 빈을 사용해 실제 생성 및 삭제 작업을 수행한다.
- 이벤트 유형이 생성도 삭제도 아닌 경우 예외가 발생한다.

productService 빈에서 발생한 예외를 메시징 시스템으로 다시 전파할 수 있도록 productService 빈에서 받은 응답에 대해 block() 메서드를 호출한다. 이렇게 하면 메시지 처리기가 기본 데이터베이스에서 생성 또는 삭제를 완료할 때까지 기다리게 된다. block() 메서드를 호출하지 않으면 예외를 전파할 수 없게 되고, 메시징 시스템이 실패한 시도를 다시 큐에 넣거나 메시지를 데드 레터 큐로 옮기지도 못하게 된다. 결국 메시지가 자동으로 폐기될 것이다.

> 일반적으로 block() 메서드를 호출하는 것은 성능 및 확장성 관점에서 좋지 않은 방법이다. 그러나 이 책의 예제에서는 앞에서 설명한 대로 파티션당 하나씩 병렬로 수신 메시지를 몇 개만 처리할 뿐이다. 즉, 동시에 차단되는 스레드는 몇 개뿐이므로 성능이나 확장성에 부정적인 영향을 미치지 않는다.

전체 소스코드는 product, recommendation, review 프로젝트의 MessageProcessorConfig 클래스를 참고한다.

### 서비스 구현의 변경 사항

product와 recommendation 서비스에 대한 생성 및 삭제 메서드의 서비스 구현은 MongoDB용 논블로킹 반응형 영속성 계층을 사용하도록 재작성했다. 예를 들어, 제품 엔티티 생성은 다음과 같이 수행된다.

```
@Override
public Mono<Product> createProduct(Product body) {

  if (body.getProductId() < 1) {
    throw new InvalidInputException("Invalid productId: " + body.getProductId());
  }

  ProductEntity entity = mapper.apiToEntity(body);
  Mono<Product> newEntity = repository.save(entity)
    .log(LOG.getName(), FINE)
    .onErrorMap(
      DuplicateKeyException.class,
      ex -> new InvalidInputException("Duplicate key, Product Id: " + body.getProductId()))
    .map(e -> mapper.entityToApi(e));

  return newEntity;
}
```

이 코드에서 onErrorMap() 메서드는 영속성 예외인 DuplicateKeyException을 직접 정의한 InvalidInputException 예외로 매핑하는 데 사용된다.

> JPA를 사용하는 review 서비스의 경우 블로킹 영속성 계층을 사용하므로 생성 및 삭제 메서드를 '블로킹 코드 처리' 절에서 설명한 것과 동일한 방식으로 업데이트했다.

전체 소스코드는 다음 클래스를 참고한다.

- product 프로젝트의 ProductServiceImpl
- recommendation 프로젝트의 RecommendationServiceImpl
- review 프로젝트의 ReviewServiceImpl

### 이벤트 소비를 위한 구성 추가

이벤트를 소비할 수 있도록 메시징 시스템에 대한 구성도 설정해야 한다. 그러려면 다음과 같은 단계를 완료해야 한다.

1. RabbitMQ를 기본 메시징 시스템으로, JSON을 기본 콘텐츠 유형으로 선언한다.

```
spring.cloud.stream:
  defaultBinder: rabbit
  default.contentType: application/json
```

2. 다음으로 메시지 처리기에 대한 입력을 특정 토픽 이름에 바인딩한다.

```
spring.cloud.stream:
  bindings.messageProcessor-in-0:
    destination: products
```

3. 마지막으로 카프카와 RabbitMQ 모두에 대한 연결 정보를 선언한다.

```
spring.cloud.stream.kafka.binder:
  brokers: 127.0.0.1
  defaultBrokerPort: 9092

spring.rabbitmq:
  host: 127.0.0.1
  port: 5672
  username: guest
  password: guest

---
spring.config.activate.on-profile: docker

spring.rabbitmq.host: rabbitmq
spring.cloud.stream.kafka.binder.brokers: kafka
```

기본 스프링 프로파일에서는 `localhost`의 IP 주소인 `127.0.0.1`에서 도커 없이 시스템 환경을 실행할 때 사용할 호스트명을 지정한다. `docker` 스프링 프로파일에서는 도커 및 도커 컴포즈로 실행할 때 사용할 호스트명, 즉 `rabbitmq`와 `kafka`를 지정한다.

이 구성과 더불어 소비자 구성에서는 '메시징 관련 문제 처리' 절에서 설명한 대로 소비자 그룹, 재시도 처리, 데드 레터 큐 및 파티션도 지정한다.

전체 소스코드는 product, recommendation, review 프로젝트의 application.yml 구성 파일을 참고한다.

### 테스트 코드의 변경 사항

핵심 서비스는 이제 엔티티를 생성 및 삭제하기 위한 이벤트를 수신하므로 이전 장에서처럼 RESTful API를 호출하는 대신 이벤트를 보내도록 테스트를 업데이트해야 한다. 테스트 클래스에서 메시지 처리기를 호출할 수 있도록 메시지 처리기 빈을 멤버 변수에 주입한다.

```
@SpringBootTest
class ProductServiceApplicationTests {

  @Autowired
  @Qualifier("messageProcessor")
  private Consumer<Event<Integer, Product>> messageProcessor;
```

코드에서는 @Qualifier 애너테이션을 사용해 messageProcessor라는 이름의 Consumer 함수를 주입한다.

메시지 처리기에 생성 및 삭제 이벤트를 보내기 위해 테스트 클래스에 sendCreateProductEvent와 sendDeleteProductEvent라는 두 개의 헬퍼 메서드를 추가한다.

```
private void sendCreateProductEvent(int productId) {
  Product product = new Product(productId, "Name " + productId, productId, "SA");
  Event<Integer, Product> event = new Event<>(CREATE, productId, product);
  messageProcessor.accept(event);
}

private void sendDeleteProductEvent(int productId) {
  Event<Integer, Product> event = new Event<>(DELETE, productId, null);
  messageProcessor.accept(event);
}
```

참고로 Consumer 함수 인터페이스 선언에서는 accept() 메서드를 사용해 메시지 처리기를 호출한다. 즉, 테스트에서 메시징 시스템을 건너뛰고 메시지 처리기를 직접 호출한다.

엔티티 생성 및 삭제에 대한 테스트는 이러한 헬퍼 메서드를 사용하도록 업데이트됐다.

전체 소스코드는 다음 테스트 클래스를 참고한다.

- product 프로젝트의 ProductServiceApplicationTests
- recommendation 프로젝트의 RecommendationServiceApplicationTests
- review 프로젝트의 ReviewServiceApplicationTests

이로써 핵심 마이크로서비스에서 이벤트를 소비하는 데 필요한 내용을 살펴봤다. 이제 복합 마이크로서비스에서 이벤트를 게시하는 방법을 알아보자.

## 복합 서비스에서 이벤트 게시하기

복합 서비스가 제품 복합을 생성 및 삭제하기 위한 HTTP 요청을 수신하면 핵심 서비스의 토픽에 해당 이벤트를 게시한다. 복합 서비스에서 이벤트를 게시하려면 다음 단계를 수행해야 한다.

1. 통합 계층에서 이벤트를 게시
2. 이벤트 게시를 위한 구성을 추가
3. 이벤트 게시 테스트를 위해 테스트를 변경

> 참고로 복합 서비스 구현 클래스는 변경할 필요가 없으며, 이는 통합 계층에서 처리된다.

### 통합 계층에서 이벤트 게시

통합 계층에서 이벤트를 게시하려면 다음과 같은 작업을 수행해야 한다.

1. HTTP 요청 본문을 기반으로 Event 객체를 생성
2. Event 객체를 페이로드로 사용하고 Event 객체의 key 필드를 헤더의 파티션 키로 사용하는 Message 객체를 생성
3. StreamBridge 헬퍼 클래스를 사용해 대상 토픽에 이벤트를 게시

제품 생성 이벤트를 보내는 코드는 다음과 같다.

```
@Override
public Mono<Product> createProduct(Product body) {
  return Mono.fromCallable(() -> {
    sendMessage("products-out-0",
      new Event<>(CREATE, body.getProductId(), body));
    return body;
  }).subscribeOn(publishEventScheduler);
}

private void sendMessage(String bindingName, Event event) {
  Message message = MessageBuilder.withPayload(event)
    .setHeader("partitionKey", event.getKey())
    .build();
  streamBridge.send(bindingName, message);
}
```

이 코드에서는 다음과 같은 사항을 확인할 수 있다.

- 통합 계층은 ProductService 인터페이스의 createProduct() 메서드를 sendMessage()라는 헬퍼 메서드를 사용해서 구현한다. 헬퍼 메서드는 출력 바인딩 이름과 이벤트 객체를 사용한다. 바인딩 이름인 products-out-0은 아래 구성에서 product 서비스의 토픽에 바인딩될 것이다.
- sendMessage()는 블로킹 코드를 사용하므로(streamBridge 호출 시) 전용 스케줄러인 publishEventScheduler에서 제공하는 스레드에서 실행된다. 이는 review 마이크로서비스의 블로킹 JPA 코드 처리와 동일한 접근 방식이다. 자세한 내용은 '블로킹 코드 처리' 절을 참고한다.
- sendMessage() 헬퍼 메서드에서는 앞에서 설명한 대로 Message 객체를 생성하고 페이로드와 partitionKey 헤더를 설정한다. 마지막으로 streamBridge 객체를 사용해 이벤트를 메시징 시스템으로 보내고, 메시징 시스템에서는 구성에 정의된 토픽에 이벤트를 게시한다.

전체 소스코드는 product-composite 프로젝트의 ProductCompositeIntegration 클래스를 참고한다.

### 이벤트 게시를 위한 구성 추가

이벤트를 게시할 수 있도록 메시징 시스템에 대한 구성도 설정해야 하는데, 이는 소비자의 경우와 유사하다. RabbitMQ를 기본 메시징 시스템으로, JSON을 기본 콘텐츠 유형으로, 카프카와 RabbitMQ에 대한 연결 정보를 선언하는 것은 소비자의 경우와 동일하다.

출력 바인딩 이름에 사용할 토픽을 선언하기 위해 다음과 같은 구성을 사용한다.

```
spring.cloud.stream:
  bindings:
    products-out-0:
      destination: products
    recommendations-out-0:
      destination: recommendations
    reviews-out-0:
      destination: reviews
```

파티션을 사용할 때는 사용할 파티션 키와 파티션 수도 지정해야 한다.

```
spring.cloud.stream.bindings.products-out-0.producer:
  partition-key-expression: headers['partitionKey']
  partition-count: 2
```

이 구성에서 다음과 같은 사항을 확인할 수 있다.

- 구성은 products-out-0 바인딩에 적용됨
- 사용되는 파티션 키는 partitionKey 메시지 헤더에서 가져옴
- 두 개의 파티션이 사용됨

전체 소스코드는 product-composite 프로젝트의 application.yml 구성 파일을 참고한다.

### 테스트 코드의 변경 사항

이벤트 기반 비동기 마이크로서비스를 테스트하는 것은 원래 어렵다. 일반적으로 테스트는 결과를 확인하기 위해 어떤 식으로든 비동기 백그라운드 처리와 동기화해야 한다. 스프링 클라우드 스트림은 테스트에서 어떤 메시징 시스템도 사용하지 않고 전송된 메시지를 확인하는 데 사용할 수 있는 테스트 바인더 형태로 지원 기능을 제공한다.

> product-composite 프로젝트에 테스트 지원 기능을 어떻게 포함하는지는 앞의 '그레이들 빌드 파일 변경' 절을 참고한다.

테스트 지원 기능 중 하나로 테스트 중에 전송된 메시지를 가져오는 데 사용할 수 있는 OutputDestination 헬퍼 클래스가 있다. 예상되는 메시지가 전송됐는지 확인하기 위해 테스트를 실행하는 MessagingTests라는 새로운 테스트 클래스가 추가됐다. 테스트 클래스에서 가장 중요한 부분을 살펴보자.

1. 테스트 클래스에 OutputDestination 빈을 주입할 수 있으려면 TestChannelBinderConfiguration 클래스에서 해당 구성을 가져와야 한다. 이는 다음과 같은 코드로 이뤄진다.

```
@SpringBootTest
@Import({TestChannelBinderConfiguration.class})
class MessagingTests {

  @Autowired
  private OutputDestination target;
```

2. 다음으로 메시지를 읽는 헬퍼 메서드 몇 개와 토픽을 제거할 수 있는 메서드를 선언한다. 코드는 다음과 같다.

```
private void purgeMessages(String bindingName) {
  getMessages(bindingName);
}

private List<String> getMessages(String bindingName){
  List<String> messages = new ArrayList<>();
  boolean anyMoreMessages = true;

  while (anyMoreMessages) {
    Message<byte[]> message = getMessage(bindingName);
    if (message == null) {
      anyMoreMessages = false;
    } else {
      messages.add(new String(message.getPayload()));
    }
  }
  return messages;
}

private Message<byte[]> getMessage(String bindingName){
  try {
    return target.receive(0, bindingName);
  } catch (NullPointerException npe) {
```

```
        LOG.error("getMessage() received a NPE with binding = {}", bindingName);
        return null;
    }
}
```

이 코드에서 다음과 같은 사항을 확인할 수 있다.

- getMessage() 메서드에서는 OutputDestination 빈인 target을 사용해 지정된 토픽에서 메시지를 반환한다.
- getMessages() 메서드에서는 getMessage() 메서드를 사용해 토픽의 모든 메시지를 반환한다.
- purgeMessages() 메서드에서는 getMessages() 메서드를 사용해 토픽에서 모든 현재 메시지를 제거한다.

**3.** 각 테스트는 @BeforeEach 애너테이션이 지정된 setup() 메서드를 사용해 테스트에 관련된 모든 토픽을 제거하는 것으로 시작한다.

```
@BeforeEach
void setUp() {
    purgeMessages("products");
    purgeMessages("recommendations");
    purgeMessages("reviews");
}
```

**4.** 실제 테스트에서는 getMessages() 메서드를 사용해 토픽의 메시지를 확인할 수 있다. 예를 들어, 제품 복합 생성에 대한 테스트는 다음과 같다.

```
@Test
void createCompositeProduct1() {

    ProductAggregate composite = new ProductAggregate(1, "name", 1, null, null, null);
    postAndVerifyProduct(composite, ACCEPTED);

    final List<String> productMessages = getMessages("products");
    final List<String> recommendationMessages = getMessages("recommendations");
    final List<String> reviewMessages = getMessages("reviews");

    // 예상되는 새 제품 이벤트가 큐에 추가됐음을 확인
    assertEquals(1, productMessages.size());

    Event<Integer, Product> expectedEvent =
        new Event<>(CREATE, composite.getProductId(), new Product(composite.
            getProductId(), composite.getName(), composite.getWeight(), null));
```

```
    assertThat(productMessages.get(0), is(sameEventExceptCreatedAt(expectedEvent)));

    // 추천 및 리뷰 이벤트가 없음을 확인
    assertEquals(0, recommendationMessages.size());
    assertEquals(0, reviewMessages.size());
  }
```

이 코드에서 테스트 예제가 다음과 같은 작업을 수행하는 것을 확인할 수 있다.

- 먼저 제품 복합 생성을 요청하는 HTTP POST 요청을 수행한다.
- 다음으로, 기본 핵심 서비스당 하나씩, 3개의 토픽에서 모든 메시지를 가져온다.
- 이러한 테스트의 경우 이벤트가 생성된 특정 타임스탬프는 중요하지 않다. 실제 이벤트를 예상 이벤트와 비교하기 위해 `eventCreatedAt` 필드의 차이는 무시하고 `IsSameEvent`라는 헬퍼 클래스를 사용할 수 있다. `sameEventExceptCreatedAt()` 메서드는 `IsSameEvent` 클래스의 정적 메서드로, `eventCreatedAt` 필드를 제외한 모든 필드가 동일한 경우 `Event` 객체를 비교하고 동일한 것으로 간주한다.
- 마지막으로 예상되는 이벤트를 찾을 수 있고 다른 이벤트는 없음을 확인한다.

전체 소스코드는 `product-composite` 프로젝트의 `MessagingTests`와 `IsSameEvent` 테스트 클래스를 참고한다.

## 반응형 마이크로서비스 환경에 대한 수동 테스트 실행

이제 논블로킹 동기 RESTful API와 이벤트 기반 비동기 서비스 모두에서 완전한 반응형 마이크로서비스가 만들어졌다. 이제 직접 시험해 보자.

여기서는 메시지 브로커로 RabbitMQ와 카프카를 모두 사용해 테스트를 실행하는 방법을 배운다. RabbitMQ는 파티션 사용 여부에 관계없이 사용할 수 있으므로 두 경우 모두 테스트할 것이다. 이때 세 가지 다른 구성이 사용되며, 각각은 별도의 도커 컴포즈 파일에 정의된다.

- 파티션을 사용하지 않고 RabbitMQ 사용하기
- 토픽당 두 개의 파티션과 함께 RabbitMQ 사용하기
- 토픽당 두 개의 파티션과 함께 카프카 사용하기

그러나 이 세 가지 구성을 테스트하기 전에 비동기 처리를 테스트할 수 있도록 다음과 같은 두 가지 기능을 추가해야 한다.

- RabbitMQ 사용 시 이벤트를 나중에 검사할 수 있도록 저장하기
- 마이크로서비스 환경의 상태를 모니터링하는 데 사용할 수 있는 상태 API

## 이벤트 저장

이벤트 기반 비동기 서비스에 대한 테스트를 실행한 후에는 실제로 전송된 이벤트를 보고 싶을 것이다. 스프링 클라우드 스트림과 카프카를 함께 사용하면 소비자가 이벤트를 처리한 후에도 이벤트가 토픽에 보관된다. 그러나 스프링 클라우드 스트림과 RabbitMQ를 함께 사용할 경우에는 이벤트가 성공적으로 처리된 후 제거된다.

각 토픽에 게시된 이벤트를 확인할 수 있도록 스프링 클라우드 스트림이 토픽당 별도의 소비자 그룹인 `auditGroup`에 게시된 이벤트를 저장하도록 구성한다. 제품 토픽의 경우 구성은 다음과 같다.

```
spring.cloud.stream:
  bindings:
    products-out-0:
      destination: products
      producer:
        required-groups: auditGroup
```

RabbitMQ를 사용할 경우 이 구성으로 인해 나중에 이벤트를 검사할 수 있도록 이벤트가 저장되는 큐가 추가로 생성된다.

전체 소스코드는 `product-composite` 프로젝트의 `application.yml` 구성 파일을 참고한다.

## 상태 API 추가

데이터베이스 및 메시징 시스템과 함께 동기 API와 비동기 메시징의 조합을 사용하는 마이크로서비스 시스템 환경을 테스트하기란 쉽지 않다.

예를 들어, 새로 시작된 마이크로서비스 환경이 요청과 메시지를 처리할 준비가 됐는지 어떻게 알 수 있을까?

여기서는 모든 마이크로서비스가 준비됐는지 더 쉽게 알 수 있도록 마이크로서비스에 상태 API를 추가했다. 상태 API는 스프링 부트 액추에이터 모듈과 함께 제공되는 상태 엔드포인트(health endpoint) 지원 기능을 기반으로 한다. 기본적으로 액추에이터 기반 상태 엔드포인트는 마이크로서비스 자체와 스프링 부트가 알고 있는 모든 의존성을 사용할 수 있는 경우 `UP`(그리고 HTTP 반환 상태로 200을 반환)으로 응답한다. 스프링 부트가 알고 있는 의존성에는 데이터베이스와 메시징 시스템도 포함된다. 마이크로서비스 자체 또는 해당 의존성 중 하나라도 사용할 수 없는 경우에는 상태 엔드포인트가 `DOWN`(그리고 HTTP 반환 상태로 500을 반환)으로 응답한다.

또한 스프링 부트가 알지 못하는 의존성을 포함하도록 상태 엔드포인트를 확장할 수 있다. 이 기능을 이용해 제품 복합의 `health` 엔드포인트를 확장해서 3개의 핵심 서비스의 상태도 포함시키겠다. 즉, 제품 복합 `health` 엔드포인트는 자기 자신과 3개의 핵심 마이크로서비스가 정상인 경우에만 `UP`으로 응답한다. 이를 `test-em-all.bash` 스크립트에서 수동 또는 자동으로 사용해 모든 마이크로서비스와 해당 의존성이 시작되고 실행 중인지 확인할 수 있다.

`ProductCompositeIntegration` 클래스에는 3개의 핵심 마이크로서비스의 상태를 확인하기 위한 헬퍼 메서드를 추가했다.

```
public Mono<Health> getProductHealth() {
  return getHealth(productServiceUrl);
}

public Mono<Health> getRecommendationHealth() {
  return getHealth(recommendationServiceUrl);
}

public Mono<Health> getReviewHealth() {
  return getHealth(reviewServiceUrl);
}

private Mono<Health> getHealth(String url) {
  url += "/actuator/health";
  LOG.debug("Will call the Health API on URL: {}", url);
  return webClient.get().uri(url).retrieve().bodyToMono(String.class)
    .map(s -> new Health.Builder().up().build())
    .onErrorResume(ex -> Mono.just(new Health.Builder().down(ex).build()))
    .log(LOG.getName(), FINE);
}
```

이 코드는 이전에 핵심 서비스의 읽기 API를 호출하는 데 사용한 코드와 비슷하다. 상태 엔드포인트는 기본적으로 /actuator/health로 설정된다는 점에 유의하자.

전체 소스코드는 product-composite 프로젝트의 ProductCompositeIntegration 클래스를 참고한다.

구성 클래스인 HealthCheckConfiguration에서는 CompositeReactiveHealthContributor라는 스프링 액추에이터 클래스를 사용해 이러한 헬퍼 메서드로 복합 상태 검사를 등록한다.

```
@Configuration
public class HealthCheckConfiguration {

  @Autowired
  ProductCompositeIntegration integration;

  @Bean
  ReactiveHealthContributor coreServices() {

    final Map<String, ReactiveHealthIndicator> registry = new LinkedHashMap<>();

    registry.put("product", () -> integration.getProductHealth());
    registry.put("recommendation", () -> integration.getRecommendationHealth());
    registry.put("review", () -> integration.getReviewHealth());

    return CompositeReactiveHealthContributor.fromMap(registry);
  }
}
```

전체 소스코드는 product-composite 프로젝트의 HealthCheckConfiguration 클래스를 참고한다.

마지막으로 4개의 모든 마이크로서비스의 application.yml 구성 파일에서 스프링 부트 액추에이터가 다음과 같은 작업을 수행하도록 구성한다.

- 상태에 대한 세부 정보를 표시(UP 또는 DOWN뿐만 아니라 의존성에 대한 정보를 포함)
- HTTP를 통해 모든 엔드포인트를 노출

이 두 설정에 대한 구성은 다음과 같다.

```
management.endpoint.health.show-details: "ALWAYS"
management.endpoints.web.exposure.include: "*"
```

전체 소스코드 예제는 product-composite 프로젝트의 application.yml 구성 파일을 참고한다.

> **경고:** 이러한 구성 설정은 개발 중에는 도움이 되지만 프로덕션 시스템에서 액추에이터 엔드포인트를 통해 너무 많은 정보를 공개하는 것은 보안 문제를 일으킬 수 있다. 따라서 프로덕션 환경에서 액추에이터 엔드포인트에 의해 노출되는 정보를 최소화할 계획을 세워야 한다.
>
> 그러려면 앞의 management.endpoints.web.exposure.include 프로퍼티 설정에서 "*" 대신 health, info 등을 지정하면 된다.

스프링 부트 액추에이터에 의해 노출되는 엔드포인트에 대한 자세한 내용은 https://docs.spring.io/spring-boot/reference/actuator/endpoints.html을 참고한다.

상태 엔드포인트는 다음 명령을 실행해 수동으로 사용할 수도 있다(아직은 사용할 수 없다. 아래에서 마이크로서비스 환경을 구동할 때까지 기다리자!).

```
curl localhost:8080/actuator/health -s | jq .
```

그럼 다음을 포함하는 응답이 만들어진다.

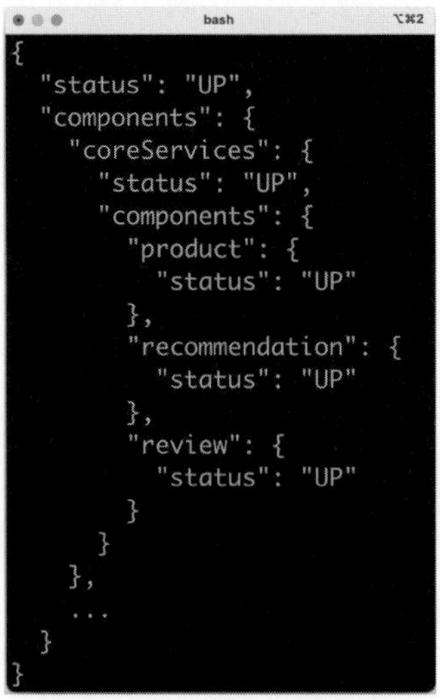


**그림 7.11** 상태 엔드포인트 응답

출력 결과를 통해 복합 서비스가 정상이며 상태가 `UP`임을 확인할 수 있다. 응답 끝에서 3개의 핵심 마이크로서비스도 정상 상태로 보고된 것을 확인할 수 있다.

상태 API가 준비됐으므로 반응형 마이크로서비스를 테스트할 준비가 끝났다.

## 파티션을 사용하지 않고 RabbitMQ 사용하기

이번 절에서는 파티션을 사용하지 않고 RabbitMQ와 함께 반응형 마이크로서비스를 테스트하겠다.

기본 `docker-compose.yml` 도커 컴포즈 파일이 이 구성에 사용된다. 파일에 다음과 같은 변경 사항이 추가됐다.

- RabbitMQ가 다음과 같이 추가됐다.

```
rabbitmq:
  image: rabbitmq:4.0.7-management
  mem_limit: 512m
  ports:
    - 5672:5672
    - 15672:15672
  healthcheck:
    test: ["CMD", "rabbitmqctl", "status"]
    interval: 5s
    timeout: 2s
    retries: 60
```

  위의 RabbitMQ 선언에서 다음과 같은 사항을 확인할 수 있다.

  - 관리 플러그인 및 관리자 웹 UI가 포함된 RabbitMQ 4.0.7용 도커 이미지를 사용한다.
  - RabbitMQ 및 관리자 웹 UI에 연결하기 위한 표준 포트인 5672번과 15672번을 노출한다.
  - 도커에서 RabbitMQ가 연결을 수락할 준비가 됐는지 확인할 수 있도록 상태 검사를 추가한다.

- 마이크로서비스에는 이제 RabbitMQ 서비스에 대한 의존성이 선언돼 있다. 즉, RabbitMQ 서비스가 정상으로 보고될 때까지 도커가 마이크로서비스 컨테이너를 구동하지 않는다.

```
depends_on:
  rabbitmq:
    condition: service_healthy
```

수동 테스트를 실행하려면 다음 단계를 수행한다.

1. 다음 명령으로 시스템 환경을 빌드하고 구동한다.

```
cd $BOOK_HOME/Chapter07
./gradlew build && docker compose build && docker compose up -d
```

2. 이제 마이크로서비스 환경이 구동되고 실행될 때까지 기다려야 한다. 다음 명령을 몇 번 실행해 본다.

```
curl -s localhost:8080/actuator/health | jq -r .status
```

   UP을 반환하면 테스트를 실행할 준비가 된 것이다.

3. 먼저 다음 명령으로 제품 복합을 생성한다.

```
body='{
  "productId":1,
  "name":"product name C",
  "weight":300,
  "recommendations":[
    {"recommendationId":1,"author":"author 1","rate":1,"content":"content 1"},
    {"recommendationId":2,"author":"author 2","rate":2,"content":"content 2"},
    {"recommendationId":3,"author":"author 3","rate":3,"content":"content 3"}
  ],
  "reviews":[
    {"reviewId":1,"author":"author 1","subject":"subject 1","content":"content 1"},
    {"reviewId":2,"author":"author 2","subject":"subject 2","content":"content 2"},
    {"reviewId":3,"author":"author 3","subject":"subject 3","content":"content 3"}
  ]
}'

curl -X POST localhost:8080/product-composite -H "Content-Type: application/json" --data
"$body"
```

   스프링 클라우드 스트림을 RabbitMQ와 함께 사용하면 토픽당 하나의 RabbitMQ 교환(exchange)과 일련의 큐(구성에 따라)를 생성한다. 스프링 클라우드 스트림이 생성한 큐를 확인해 보자.

4. 웹 브라우저에서 `http://localhost:15672/#/queues`로 이동한다. 기본 사용자명/비밀번호로 `guest/guest`를 입력해 로그인한다. 그럼 다음과 같은 큐가 표시될 것이다.

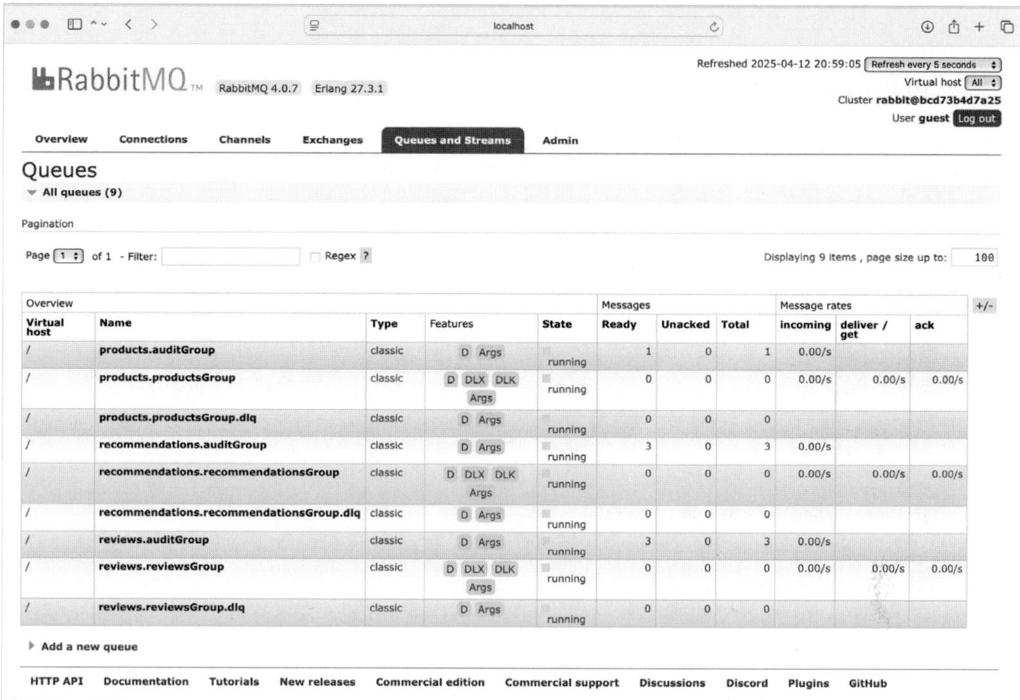


그림 7.12 큐 목록

각 토픽에 대해 auditGroup용 큐, 해당 핵심 마이크로서비스에서 사용하는 소비자 그룹용 큐, 데드 레터 큐를 확인할 수 있다. 또한 auditGroup 큐에 메시지가 포함돼 있음을 확인할 수 있다.

5. products.auditGroup 큐를 클릭하고 Get messages 섹션으로 스크롤한 다음 펼친 후 Get Message(s) 버튼을 클릭해 큐의 메시지를 확인한다.

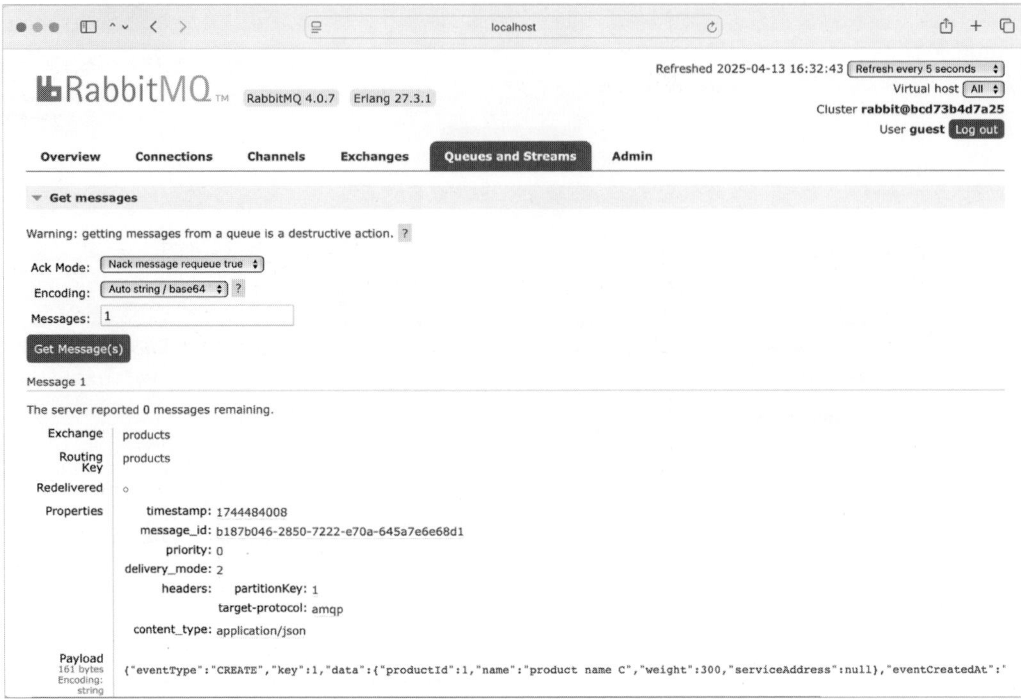


**그림 7.13** 큐의 메시지 보기

앞의 화면에서 Payload뿐만 아니라 헤더의 partitionKey도 확인할 수 있는데, 이는 다음 절에서 파티션과 함께 RabbitMQ를 시험할 때 사용할 것이다.

6. 다음으로, 아래 코드를 사용해 제품 복합 정보를 가져와 보자.

```
curl -s localhost:8080/product-composite/1 | jq
```

7. 마지막으로, 다음 명령을 실행해 삭제한다.

```
curl -X DELETE localhost:8080/product-composite/1
```

8. 삭제된 제품을 다시 가져와 본다. `404 - "Not Found"` 응답이 나올 것이다.
9. RabbitMQ 감사 큐를 다시 살펴보면 삭제 이벤트가 포함된 새 메시지를 찾을 수 있을 것이다.
10. 다음 명령으로 마이크로서비스 환경을 종료하고 테스트를 마무리한다.

```
docker compose down
```

지금까지 파티션을 사용하지 않고 RabbitMQ로 테스트를 완료했다. 이제 파티션과 함께 RabbitMQ를 테스트해 보자.

## 파티션과 함께 RabbitMQ 사용하기

이제 스프링 클라우드 스트림의 파티셔닝 지원 기능을 시험해 보자.

토픽당 두 개의 파티션을 사용하는 RabbitMQ용 도커 컴포즈 파일인 `docker-compose-partitions.yml`이 별도로 준비돼 있다. 또한 파티션당 하나씩 핵심 마이크로서비스당 두 인스턴스를 시작한다. 예를 들어, 두 번째 제품 인스턴스는 다음과 같이 구성된다.

```
product-p1:
  build: microservices/product-service
  mem_limit: 512m
  environment:
    - SPRING_PROFILES_ACTIVE=docker,streaming_partitioned,streaming_instance_1
  depends_on:
    mongodb:
      condition: service_healthy
    rabbitmq:
      condition: service_healthy
```

이 구성에 대한 설명은 다음과 같다.

- 첫 번째 `product` 인스턴스와 동일한 소스코드와 `Dockerfile`을 사용하지만 다르게 구성한다.
- 모든 마이크로서비스 인스턴스가 파티션을 사용한다는 것을 알 수 있도록 `SPRING_PROFILES_ACTIVE` 환경변수에 스프링 프로파일인 `streaming_partitioned`를 추가했다.
- 두 `product` 인스턴스를 서로 다른 파티션에 할당하기 위해 서로 다른 스프링 프로파일을 사용한다. 첫 번째 제품 인스턴스는 `streaming_instance_0` 스프링 프로파일을 사용하고 두 번째 인스턴스인 `product-p1`은 `streaming_instance_1`을 사용한다.
- 두 번째 제품 인스턴스는 비동기 이벤트만 처리한다. API 호출에는 응답하지 않는다. 이름이 다르기 때문에(`product-p1`은 DNS 이름으로도 사용됨) `http://product:8080`으로 시작하는 URL에 대한 호출에 응답하지 않는다.

다음 명령으로 마이크로서비스 환경을 구동한다.

```
export COMPOSE_FILE=docker-compose-partitions.yml
docker compose build && docker compose up -d
```

이전 절의 테스트에서 했던 것과 동일한 방식으로 제품 복합을 생성하되 제품 ID를 2로 설정한 제품 복합도 생성한다. RabbitMQ 큐를 살펴보면 스프링 클라우드 스트림이 파티션당 하나의 큐를 설정하고 제품 감사 큐에 이제 각각 하나의 메시지가 포함돼 있음을 확인할 수 있다. 제품 ID 1에 대한 이벤트는 한 파티션에 배치되고 제품 ID 2에 대한 이벤트는 다른 파티션에 배치됐다.

웹 브라우저에서 `http://localhost:15672/#/queues`를 다시 열어보면 다음과 같은 내용이 표시될 것이다.

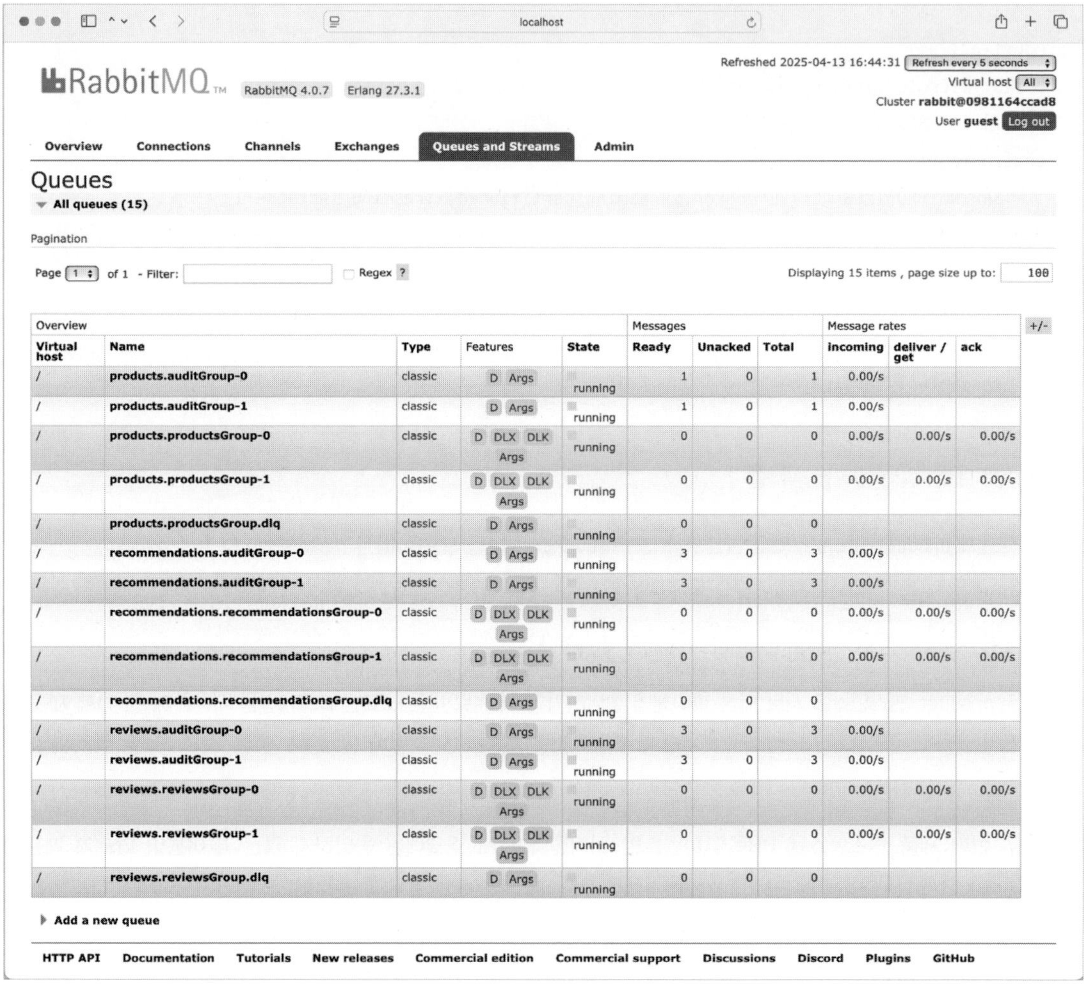


**그림 7.14** 큐 목록

파티션을 사용하는 RabbitMQ에 대한 테스트를 종료하려면 다음 명령으로 마이크로서비스 환경을 종료한다.

```
docker compose down
unset COMPOSE_FILE
```

RabbitMQ를 사용한 테스트를 파티션 사용 여부에 관계없이 모두 완료했다. 마지막 테스트 구성은 카프카와 함께 마이크로서비스를 테스트하는 것이다.

## 토픽당 두 개의 파티션과 함께 카프카 사용하기

이제 스프링 클라우드 스트림의 매우 유용한 기능을 시험해 보자. 바로 메시징 시스템을 RabbitMQ에서 아파치 카프카로 변경하는 것이다.

`spring.cloud.stream.defaultBinder` 프로퍼티의 값을 `rabbit`에서 `kafka`로 변경하기만 하면 된다. 이는 RabbitMQ를 카프카 및 주키퍼(ZooKeeper)로 대체한 `docker-compose-kafka.yml` 도커 컴포즈 파일에서 처리된다. 카프카와 주키퍼의 구성은 다음과 같다.

```
kafka:
  image: confluentinc/cp-kafka:7.9.0
  restart: always
  mem_limit: 1024m
  ports:
    - "9092:9092"
  environment:
    - KAFKA_ZOOKEEPER_CONNECT=zookeeper:2181
    - KAFKA_ADVERTISED_LISTENERS=PLAINTEXT://kafka:9092
    - KAFKA_BROKER_ID=1
    - KAFKA_OFFSETS_TOPIC_REPLICATION_FACTOR=1
  depends_on:
    - zookeeper

zookeeper:
  image: confluentinc/cp-zookeeper:7.9.0
  restart: always
  mem_limit: 512m
  ports:
    - "2181:2181"
  environment:
    - ZOOKEEPER_CLIENT_PORT=2181
```

카프카도 토픽당 두 개의 파티션을 사용하도록 구성되며, 이전과 마찬가지로 파티션당 하나씩 핵심 마이크로서비스당 두 개의 인스턴스를 구동한다. 자세한 내용은 도커 컴포즈 파일인 `docker-compose-kafka.yml`을 참고한다.

다음 명령으로 마이크로서비스 환경을 구동한다.

```
export COMPOSE_FILE=docker-compose-kafka.yml
docker compose build && docker compose up -d
```

이전 절의 테스트를 반복한다. 제품 ID를 1로 설정해 제품을 하나 생성하고 제품 ID를 2로 설정해 다른 제품 하나를 생성한다.

> 안타깝게도 카프카에는 토픽, 파티션, 그 안에 배치된 메시지를 검사하는 데 사용할 수 있는 그래픽 도구가 제공되지 않는다. 대신 카프카 도커 컨테이너에서 CLI 명령을 실행할 수 있다.

토픽 목록을 보기 위해 다음 명령을 실행한다.

```
docker compose exec kafka kafka-topics --bootstrap-server localhost:9092 --list
```

다음과 같은 출력 결과를 예상할 수 있다.

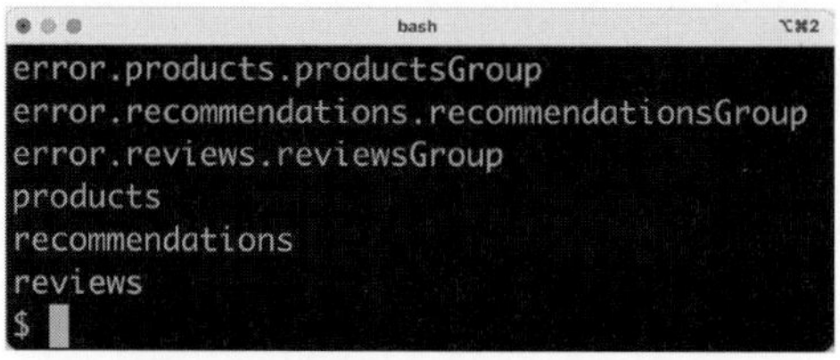


**그림 7.15** 토픽 목록 보기

출력 결과에서 다음을 확인할 수 있다.

- `error`로 시작하는 토픽은 데드 레터 큐에 해당하는 토픽이다.
- RabbitMQ의 경우와 같은 `auditGroup` 그룹은 찾을 수 없다. 카프카에서는 소비자가 이벤트를 처리한 후에도 토픽에 이벤트가 보관되므로 추가 `auditGroup` 그룹이 필요하지 않다.

특정 토픽(예: `products` 토픽)의 파티션을 보려면 다음 명령을 실행한다.

```
docker compose exec kafka kafka-topics --bootstrap-server localhost:9092 --describe --topic
products
```

다음과 같은 출력 결과를 예상할 수 있다.

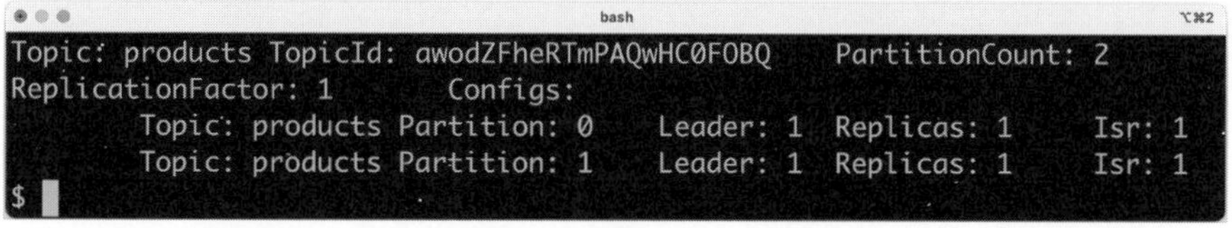


**그림 7.16** products 토픽의 파티션 보기

특정 파티션(예: `products` 토픽의 파티션 1)의 모든 메시지를 보려면 다음 명령을 실행한다.

```
docker compose exec kafka kafka-console-consumer --bootstrap-server localhost:9092 --topic
products --from-beginning --timeout-ms 1000 --partition 1
```

다음과 같은 출력 결과를 예상할 수 있다.

**그림 7.17** products 토픽의 파티션 1에 있는 모든 메시지 보기

명령에 대한 제한 시간을 1000ms로 지정해서 명령을 중지하기 때문에 제한 시간 예외가 발생하면서 출력이 끝난다.

다음 명령으로 마이크로서비스 환경을 종료하고 테스트를 마무리한다.

```
docker compose down
unset COMPOSE_FILE
```

이렇게 해서 스프링 클라우드 스트림을 사용해 소스코드를 변경하지 않고도 메시지 브로커를 RabbitMQ에서 카프카로 전환하는 방법을 배웠다. 보다시피 도커 컴포즈 파일만 몇 군데 변경하는 것으로 끝났다.

마지막 절에서는 이러한 테스트를 자동으로 실행하는 방법을 알아본다.

## 반응형 마이크로서비스 환경에 대한 자동화된 테스트 실행

반응형 마이크로서비스 환경에 대한 테스트를 수동 대신 자동으로 실행할 수 있도록 자동화된 `test-em-all.bash` 테스트 스크립트를 개선했다. 가장 중요한 변경 사항은 다음과 같다.

- 스크립트에서는 마이크로서비스 환경이 작동 중인지 확인하기 위해 새로운 상태 엔드포인트를 사용한다.

```
waitForService curl http://$HOST:$PORT/actuator/health
```

- 스크립트에는 테스트 데이터 설정 후에 호출되는 새로운 `waitForMessageProcessing()` 함수가 있다. 이 함수의 목적은 단순히 비동기 생성 서비스에 의해 테스트 데이터 생성이 완료될 때까지 기다리는 것이다.

테스트 스크립트를 사용해 RabbitMQ 및 카프카로 테스트를 자동으로 실행하려면 다음 단계를 수행한다.

1. 기본 도커 컴포즈 파일, 즉 파티션이 없는 RabbitMQ를 사용해 테스트를 실행한다.

```
unset COMPOSE_FILE
./test-em-all.bash start stop
```

2. 도커 컴포즈의 `docker-compose-partitions.yml` 파일을 사용해 토픽당 두 개의 파티션으로 구성된 RabbitMQ에 대한 테스트를 실행한다.

```
export COMPOSE_FILE=docker-compose-partitions.yml
./test-em-all.bash start stop
unset COMPOSE_FILE
```

3. 마지막으로 도커 컴포즈의 `docker-compose-kafka.yml` 파일을 사용해 토픽당 두 개의 파티션으로 구성된 카프카로 테스트를 실행한다.

```
export COMPOSE_FILE=docker-compose-kafka.yml
./test-em-all.bash start stop
unset COMPOSE_FILE
```

이번 절에서는 `test-em-all.bash` 테스트 스크립트를 사용해 메시지 브로커로 RabbitMQ 또는 카프카를 사용하도록 구성된 반응형 마이크로서비스 환경에 대한 테스트를 자동으로 실행하는 방법을 배웠다.

## 정리

이번 장에서는 반응형 마이크로서비스를 개발하는 방법을 살펴봤다.

스프링 웹플럭스와 스프링 WebClient를 이용하면 스레드를 차단하지 않고도 들어오는 HTTP 요청을 처리하고 나가는 HTTP 요청을 보낼 수 있는 논블로킹 동기 API를 개발할 수 있다. 스프링 데이터의 MongoDB용 반응형 지원 기능을 활용하면 데이터베이스의 응답을 기다리는 동안 스레드를 차단하지 않고, 즉 논블로킹 방식으로 MongoDB 데이터베이스에 접근할 수 있다. 스프링 웹플럭스, 스프링 웹클라이언트, 스프링 데이터는 반응형 및 논블로킹 기능을 제공하기 위해 프로젝트 리액터에 의존한다. 스프링 데이터 JPA를 사용할 때와 같이 블로킹 코드를 사용해야 하는 경우 전용 스레드 풀에서 블로킹 코드의 처리를 스케줄링해서 블로킹 코드의 처리를 캡슐화할 수 있다.

또한 스프링 클라우드 스트림을 이용해 코드를 변경하지 않고도 메시징 시스템으로 RabbitMQ와 카프카 모두에서 작동하는 이벤트 기반 비동기 서비스를 개발하는 방법도 살펴봤다. 몇 가지 구성 변경을 통해 소비자 그룹, 재시도, 데드 레터 큐, 파티션 등 비동기 메시징의 다양한 과제를 처리하기 위한 스프링 클라우드 스트림의 기능들을 활용할 수 있다.

또한 반응형 마이크로서비스로 구성된 시스템 환경을 수동 및 자동으로 테스트하는 방법도 배웠다.

이렇게 해서 스프링 부트와 스프링 프레임워크의 기본 기능을 활용하는 방법에 관한 마지막 장을 마친다.

다음 장부터는 스프링 클라우드를 소개하고, 이를 이용해 서비스를 확장 가능하고, 견고하며, 구성과 보안, 복원력을 갖춘 프로덕션 수준으로 만드는 방법을 다루겠다.

## 문제

1. 반응형 마이크로서비스를 개발하는 방법을 아는 것이 중요한 이유는 무엇인가?
2. 논블로킹 동기 API나 이벤트/메시지 주도 비동기 서비스를 선택하는 기준은 무엇인가?
3. 무엇이 이벤트를 일반적인 메시지와 다르게 만드는가?

4. 메시지 주도 비동기 서비스가 가진 과제는 무엇인가? 그리고 이를 어떻게 처리하는가?

5. 다음 테스트가 실패하지 않는 이유는 무엇인가?

```
@Test
void testStepVerifier() {
  StepVerifier.create(Flux.just(1, 2, 3, 4)
    .filter(n -> n % 2 == 0)
    .map(n -> n * 2)
    .log())
    .expectNext(4, 8, 12);
}
```

먼저 테스트가 실패하도록 만들고 나서 테스트가 성공하도록 수정한다.

6. JUnit을 이용해 반응형 코드에 대한 테스트를 작성할 때의 어려움은 무엇이며, 이를 어떻게 처리할 수 있는가?

# 2부

# 스프링 클라우드를 활용한 마이크로서비스 관리

이 책의 2부에서는 스프링 클라우드 이용해 마이크로서비스를 개발할 때(즉, 분산 시스템을 구축할 때 ) 직면하는 문제를 관리하는 방법을 알아본다.

2부의 구성은 다음과 같다.

- 8장 '스프링 클라우드 소개'
- 9장 '넷플릭스 유레카를 활용한 서비스 디스커버리'
- 10장 '스프링 클라우드 게이트웨이를 활용해 에지 서버 뒤에 마이크로서비스 숨기기'
- 11장 'API에 대한 접근 보안'
- 12장 '중앙 집중식 구성'
- 13장 'Resilience4j를 활용한 복원력 개선'
- 14장, 분산 추적

# 08

# 스프링 클라우드 소개

지금까지 스프링 부트를 사용해 다양한 작업을 수행하는 방법을 살펴봤다. 스프링 웹플럭스와 springdoc-openapi로 API 문서를 갖춘 마이크로서비스를 구축했고, 스프링 데이터 MongoDB와 JPA를 이용해 데이터를 저장했다. 또한 프로젝트 리액터, 스프링 클라우드 스트림(RabbitMQ, 카프카 연동)을 통해 반응형 마이크로서비스를 만들었으며, 도커를 이용해 전체 시스템 환경을 관리하고 테스트했다.

이제 **스프링 클라우드(Spring Cloud)**를 이용해 서비스를 프로덕션 수준으로 만드는 방법을 살펴보겠다. 즉, 확장성과 견고함, 구성 용이성, 보안 및 탄력성을 갖추는 방법을 알아본다.

이번 장에서는 스프링 클라우드를 이용해 1장 '마이크로서비스 소개'의 '마이크로서비스 디자인 패턴' 절에서 설명한 다음과 같은 디자인 패턴을 구현하는 방법을 소개한다.

- 서비스 디스커버리
- 에지 서버
- 중앙 집중식 구성
- 서킷 브레이커
- 분산 추적

# 기술적 요구사항

이번 장에는 소스코드가 포함돼 있지 않으므로 설치할 도구가 없다.

# 스프링 클라우드의 진화

2015년 3월에 출시된 스프링 클라우드 1.0 릴리스에서는 주로 다음과 같은 넷플릭스 OSS의 도구들을 래핑했다.[1]

- 넷플릭스 유레카(Neflix Eureka): 디스커버리 서버
- 넷플릭스 리본(Netflix Ribbon): 클라이언트 측 로드 밸런서
- 넷플릭스 줄(Netflix Zuul): 에지 서버
- 넷플릭스 히스트릭스(Netflix Hystrix): 서킷 브레이커

스프링 클라우드의 초기 릴리스에는 구성 서버와 함께 OAuth 2.0으로 보호된 API를 제공하는 스프링 시큐리티와의 통합 기능도 포함됐다. 2016년 5월, 스프링 클라우드의 Brixton 릴리스(1.1 버전)가 일반 사용자에게 공개됐다. Brixton 릴리스와 함께 스프링 클라우드는 트위터에서 시작된 스프링 클라우드 슬루스(Spring Cloud Sleuth)와 집킨(Zipkin)을 기반으로 분산 추적을 지원하기 시작했다. 이러한 초기 스프링 클라우드 컴포넌트는 앞서 언급한 디자인 패턴을 구현하는 데 활용될 수 있다. 자세한 내용은 `https://spring.io/blog/2015/03/04/spring-cloud-1-0-0-available-now`와 `https://spring.io/blog/2016/05/11/spring-cloud-brixton-release-is-available`을 참고한다.

스프링 클라우드는 처음 출시된 이후로 수년에 걸쳐 상당히 성장했으며, 다음을 비롯한 다양한 기능을 지원한다.

- 하시코프 콘술(HashiCorp Consul)과 아파치 주키퍼(Apache Zookeeper) 기반의 서비스 디스커버리 및 중앙 집중식 구성
- 스프링 클라우드 스트림을 활용한 이벤트 기반 마이크로서비스
- 마이크로소프트 애저, 아마존 웹 서비스, 구글 클라우드 플랫폼 같은 클라우드 제공자

1 (옮긴이) 여기서 '래핑했다'는 말은 스프링 클라우드가 넷플릭스 OSS의 도구들을 직접 개발한 것이 아니라, 이를 쉽게 사용할 수 있도록 감싸주는 인터페이스의 역할을 했다는 의미다.

전체 도구 목록은 https://spring.io/projects/spring-cloud를 참고한다.

2019년 1월, 스프링 클라우드 Greenwich(2.1 버전) 릴리스 이후 앞서 언급한 일부 넷플릭스 도구는 스프링 클라우드에서 유지 관리 모드로 전환됐다.

그 이유는 넷플릭스가 해당 도구들의 신규 기능 개발을 중단했고, 동시에 스프링 클라우드 자체적으로 더 나은 대안을 제공하기 시작했기 때문이다. 스프링 클라우드 프로젝트는 다음과 같은 대체 솔루션을 사용하길 권장한다.

**표 8.1** 스프링 클라우드 도구의 대체 솔루션

| 현재 컴포넌트 | 대체 솔루션 |
|---|---|
| 넷플릭스 히스트릭스 | Resilience4j |
| 넷플릭스 히스트릭스 대시보드/넷플릭스 터바인(Netflix Turbine) | 마이크로미터와 모니터링 시스템 |
| 넷플릭스 리본 | 스프링 클라우드 로드밸런서 |
| 넷플릭스 줄 | 스프링 클라우드 게이트웨이 |

자세한 내용은 다음을 참고한다.

- https://spring.io/blog/2019/01/23/spring-cloud-greenwich-release-is-now-available
- https://github.com/Netflix/Hystrix#hystrix-status
- https://github.com/Netflix/ribbon#project-status-on-maintenance

2020년 12월, 스프링 클라우드 Ilford(2020.0.0 버전)가 릴리스되면서 스프링 클라우드에 남아 있는 유일한 넷플릭스 컴포넌트는 넷플릭스 유레카다.

최신 버전인 스프링 클라우드 Northfields(2025.0.0)는 2025년 5월에 스프링 부트 3.5.0과 함께 출시됐다. 2장 '스프링 부트 소개'의 '스프링 부트 3.5의 새로운 기능' 절에서 이미 언급했듯이 스프링 클라우드 슬루스는 분산 추적을 지원하기 위해 마이크로미터 트레이싱으로 대체됐다.

이 책에서는 다음 표의 소프트웨어 컴포넌트를 이용해 앞서 언급한 디자인 패턴을 구현하겠다.

**표 8.2** 디자인 패턴을 구현하는 데 사용되는 소프트웨어 컴포넌트

| 디자인 패턴 | 소프트웨어 컴포넌트 |
|---|---|
| 서비스 디스커버리 | 넷플릭스 유레카와 스프링 클라우드 로드밸런서 |
| 에지 서버 | 스프링 클라우드 게이트웨이와 스프링 시큐리티 OAuth |
| 중앙 집중식 구성 | 스프링 클라우드 컨피그 서버 |
| 서킷 브레이커 | Resilience4j |
| 분산 추적 | 마이크로미터 트레이싱과 집킨 |

이제 디자인 패턴을 살펴보고 이를 구현하는 데 사용할 소프트웨어 컴포넌트를 소개하겠다.

## 서비스 디스커버리를 위한 넷플릭스 유레카 활용

서비스 디스커버리는 협력 마이크로서비스 환경을 프로덕션 수준으로 만드는 데 필요한 가장 중요한 지원 기능 중 하나다. 이미 1장 '마이크로서비스 소개'의 '서비스 디스커버리' 절에서 설명했듯이, 서비스 디스커버리 서비스(또는 줄여서 디스커버리 서비스)는 기존 마이크로서비스와 해당 인스턴스를 추적하는 데 사용될 수 있다.

스프링 클라우드가 지원한 첫 번째 디스커버리 서비스는 넷플릭스 유레카였다.

9장 '넷플릭스 유레카를 활용한 서비스 디스커버리'에서 이를 스프링 클라우드 로드밸런서 기반의 로드 밸런서와 함께 사용할 것이다.

그 과정에서 스프링 클라우드를 사용하면 넷플릭스 유레카에 마이크로서비스를 등록하는 것이 얼마나 쉬운지 알게 될 것이다. 또한 클라이언트가 넷플릭스 유레카에 등록된 인스턴스 중 하나에 RESTful API 호출과 같은 HTTP 요청을 보내는 방법도 배울 것이다. 또한 이번 장에서는 마이크로서비스의 인스턴스 수를 확장하는 방법과 마이크로서비스에 대한 요청이 사용 가능한 인스턴스에 어떻게 로드 밸런싱되는지도(기본적으로 라운드 로빈 스케줄링 기반) 다룰 것이다.

다음 그림은 유레카 웹 UI이며, 이곳에서 등록된 마이크로서비스를 확인할 수 있다.

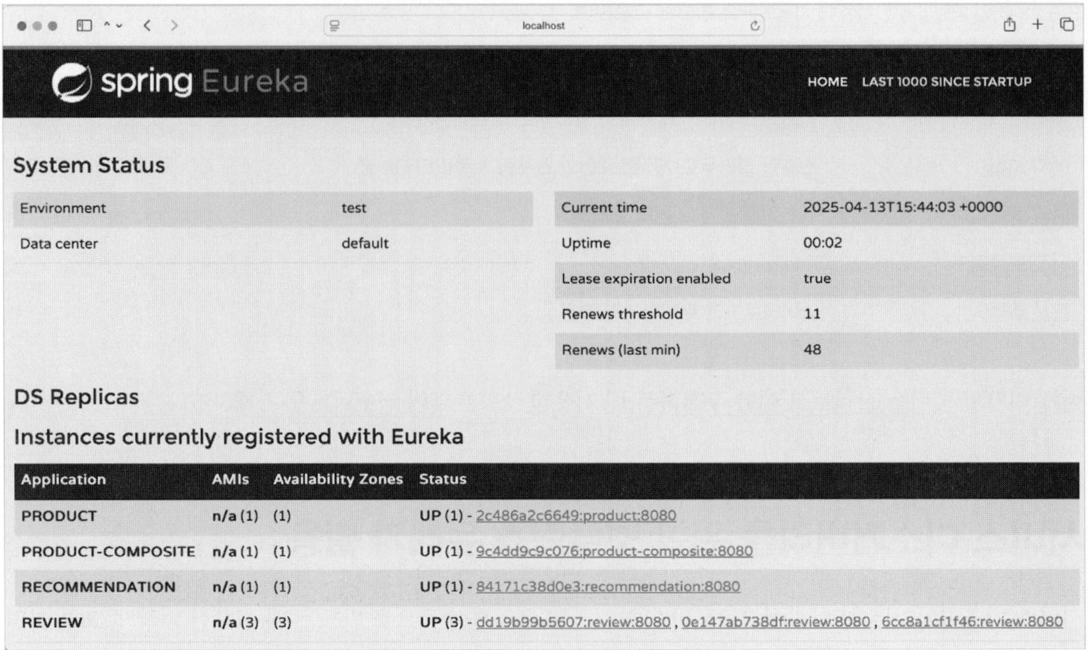


**그림 8.1** 유레카에서 현재 등록된 마이크로서비스 보기

위 그림에서 리뷰 서비스에는 세 개의 인스턴스가 사용 가능하고 다른 세 개의 서비스에는 각각 하나의 인스턴스만 있음을 알 수 있다.

넷플릭스 유레카를 소개했으니 이제 스프링 클라우드가 에지 서버를 이용해 마이크로서비스 시스템 환경을 보호하는 데 어떻게 도움이 될 수 있는지 알아보자.

## 스프링 클라우드 게이트웨이를 에지 서버로 사용하기

에지 서버는 또 다른 매우 중요한 지원 기능이다. 이미 1장 '마이크로서비스 소개'의 '에지 서버' 절에서 설명했듯이, 에지 서버는 비공개 서비스를 외부로부터 숨기고 외부 클라이언트가 사용할 때 공개 서비스를 보호함으로써 마이크로서비스 환경을 보호하는 데 사용될 수 있다.

처음에 스프링 클라우드는 넷플릭스 줄 1.x 버전을 에지 서버로 사용했다. 스프링 클라우드 Greenwich 릴리스 이후로는 스프링 클라우드 게이트웨이를 대신 사용하는 것이 권장된다. 스프링 클라우드 게이트웨이는 URL 경로 기반 라우팅 및 OAuth 2.0과 OpenID Connect(OIDC)를 활용한 엔드포인트 보호와 같은 중요 기능에 대해 비슷한 지원 기능을 제공한다.

넷플릭스 줄 1.x와 스프링 클라우드 게이트웨이의 한 가지 중요한 차이점은 스프링 클라우드 게이트웨이가 스프링 6, 프로젝트 리액터 및 스프링 부트 3을 사용하는 논블로킹 API를 기반으로 하는 반면, 넷플릭스 줄 1.x 버전은 블로킹 API를 기반으로 한다는 것이다. 이는 스프링 클라우드 게이트웨이가 넷플릭스 줄 1.x 버전보다 더 많은 동시 요청을 처리할 수 있음을 의미한다. 모든 외부 트래픽이 통과하는 에지 서버의 특성상 이는 매우 중요한 장점이다.

다음 다이어그램은 모든 외부 클라이언트의 요청이 에지 서버인 스프링 클라우드 게이트웨이를 어떻게 통과하는지 보여준다. URL 경로를 기반으로 요청을 특정 마이크로서비스로 라우팅한다.

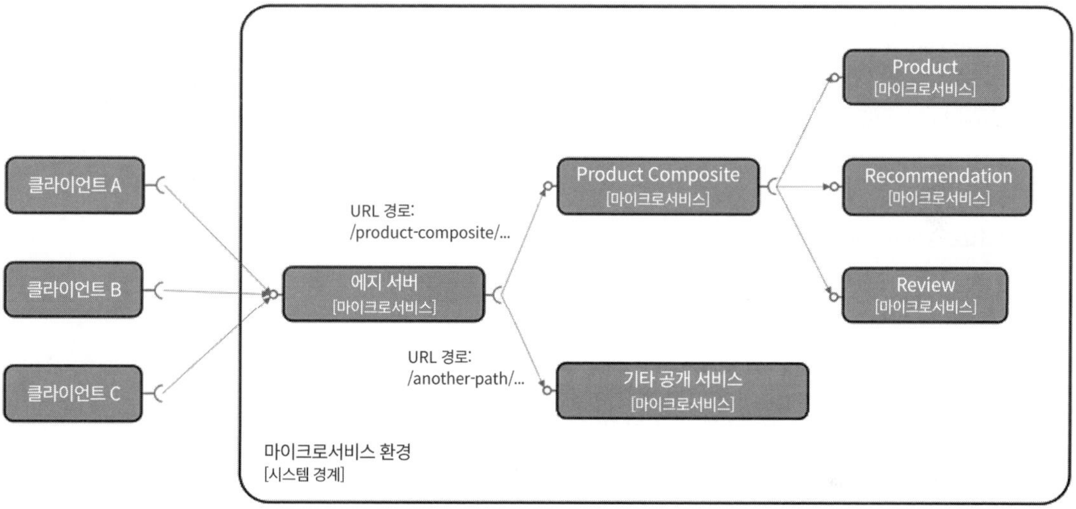


**그림 8.2** 에지 서버를 통해 라우팅되는 요청

위 다이어그램에서 에지 서버는 URL 경로가 `/product-composite/`으로 시작하는 외부 요청을 **Product Composite** 마이크로서비스로 전송하리라는 것을 알 수 있다. 핵심 서비스인 **Product**, **Recommendation**, **Review**는 외부 클라이언트에서 접근할 수 없다.

10장 '스프링 클라우드 게이트웨이를 활용해 에지 서버 뒤로 마이크로서비스 숨기기'에서는 스프링 클라우드 게이트웨이를 마이크로서비스와 함께 설정하는 방법을 살펴본다.

11장 'API에 대한 접근 보안'에서는 OAuth 2.0과 OIDC를 이용해 에지 서버에 대한 접근을 보호하기 위해 스프링 클라우드 게이트웨이를 스프링 시큐리티 OAuth2와 함께 사용하는 방법을 살펴본다. 또한 스프링 클라우드 게이트웨이가 호출자의 사용자 이름이나 이메일 주소와 같은 ID 정보를 마이크로서비스로 전파하는 방법도 알아본다.

스프링 클라우드 게이트웨이를 소개했으니 이제 스프링 클라우드가 마이크로서비스 시스템 환경의 구성을 관리하는 데 어떻게 도움이 될 수 있는지 알아보자.

## 중앙 집중식 구성을 위한 스프링 클라우드 컨피그 활용

마이크로서비스 시스템 환경의 구성을 관리하기 위해 스프링 클라우드에는 1장 '마이크로서비스 소개'의 '중앙 집중식 구성' 절에서 설명한 요구사항에 따라 구성 파일의 중앙 집중식 관리를 지원하는 스프링 클라우드 컨피그(Spring Cloud Config)가 포함돼 있다.

스프링 클라우드 컨피그는 다음과 같은 여러 다른 백엔드에 구성 파일을 저장하는 기능을 지원한다.

- 깃허브나 비트버킷 같은 Git 저장소
- 로컬 파일 시스템
- 하시코프 볼트(HashiCorp Vault)
- JDBC 데이터베이스

스프링 클라우드 컨피그를 이용하면 계층적인 구조로 구성을 처리할 수 있다. 예를 들어, 공통 파일에 구성의 공통 부분을 배치하고 별도의 구성 파일에 마이크로서비스별 설정을 배치할 수 있다.

또한 스프링 클라우드 컨피그는 구성 변경을 감지하고, 해당 변경에 영향을 받는 마이크로서비스에 알림을 보내는 기능도 지원한다. 이때 알림을 전송하기 위해 스프링 클라우드 버스(Spring Cloud Bus)를 사용한다. 스프링 클라우드 버스는 이미 익숙한 스프링 클라우드 스트림 위에 있는 추상화로, RabbitMQ나 카프카를 메시징 시스템으로 이용해 알림을 전송할 수 있다.

다음 그림은 스프링 클라우드 컨피그와 스프링 클라우드 컨피그의 클라이언트인 Git 저장소, 스프링 클라우드 버스 간의 협력을 보여준다.

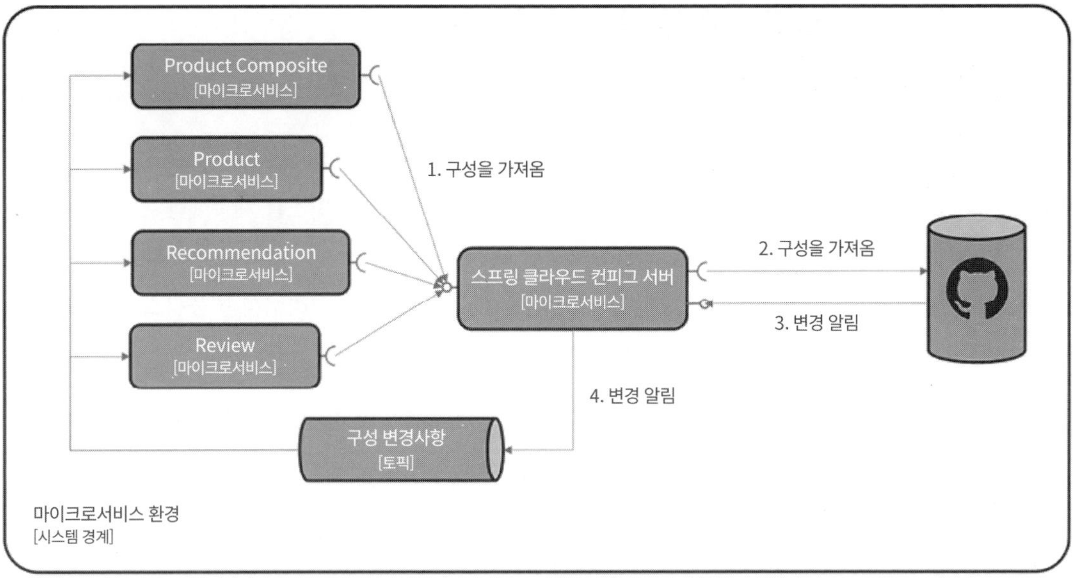


**그림 8.3** 마이크로서비스 환경에 스프링 클라우드 컨피그가 통합되는 방법

그림 8.3은 다음을 보여준다.

1. 마이크로서비스가 시작될 때 컨피그 서버에 구성을 요청한다.
2. 컨피그 서버가 구성을 가져온다(이 경우에는 Git 저장소에서).
3. 선택사항으로, Git 리포지터리를 구성해 Git 커밋이 Git 리포지터리에 푸시될 때 컨피그 서버에 알림을 보낼 수 있다.
4. 구성 서버는 스프링 클라우드 버스를 이용해 변경 이벤트를 게시한다. 변경의 영향을 받는 마이크로서비스는 이에 반응해서 구성 서버에서 업데이트된 구성을 조회한다.

마지막으로 스프링 클라우드 컨피그는 자격 증명과 같은 구성의 민감한 정보에 대한 암호화도 지원한다.

스프링 클라우드 컨피그에 대해서는 12장 '중앙 집중식 구성'에서 좀 더 자세히 다루겠다.

스프링 클라우드 컨피그를 소개했으니 이제 마이크로서비스가 시스템 환경에서 수시로 발생하는 장애에 더 탄력적으로 대응할 수 있게 만드는 데 스프링 클라우드가 어떻게 도움이 될 수 있는지 알아보자.

# 복원력 향상을 위한 Resilience4j 활용

대규모 협력 마이크로서비스 시스템 환경에서는 언제든 장애가 발생할 수 있다고 가정해야 한다. 장애는 시스템의 일반적인 상태 중 하나라고 간주해야 하며, 시스템 환경 또한 이를 처리하도록 설계해야 한다.

초기에는 스프링 클라우드가 잘 검증된 서킷 브레이커인 넷플릭스 히스트릭스를 제공했다. 그러나 앞서 언급한 바와 같이 스프링 클라우드 Greenwich 릴리스 이후로는 넷플릭스 히스트릭스를 Resilience4j로 대체하는 것을 권장한다. Resilience4j는 오픈소스 기반의 내결함성 라이브러리로서 넷플릭스 히스트릭스에 비해 더 넓은 범위의 내결함성 메커니즘을 제공한다.

- **서킷 브레이커**(circuit breaker)는 원격 서비스가 응답을 중지하는 경우 장애 전파를 방지하는 데 사용된다.
- **요청 제한**(rate limiter)은 지정된 기간 동안 서비스에 대한 요청 수를 제한하는 데 사용된다.
- **벌크헤드**(bulkhead)는 서비스에 대한 동시 요청 수를 제한하는 데 사용된다.
- **재시도**(retry)는 수시로 발생할 수 있는 임의의 오류를 처리하는 데 사용된다.
- **시간 제한**(time limiter)은 느리거나 응답하지 않는 서비스의 응답을 너무 오래 기다리지 않게 하는 데 사용된다.

Resilience4j에 대한 자세한 사항은 `https://github.com/resilience4j/resilience4j`를 참고한다.

13장 'Resilience4j를 활용한 복원력 개선'에서는 Resilience4j의 서킷 브레이커에 초점을 맞춘다. 이는 다음 상태 다이어그램에 설명된 대로 서킷 브레이커의 고전적인 설계를 따른다.

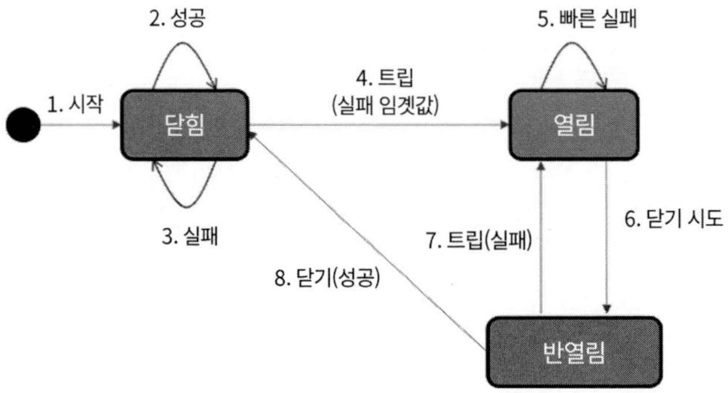


**그림 8.4** 서킷 브레이커의 상태 다이어그램

그림 8.4의 상태 다이어그램을 자세히 살펴보자.

1. 서킷 브레이커는 요청 처리를 허용하는 **닫힘**(Closed) 상태로 시작한다.
2. 요청이 성공적으로 처리되는 동안에는 **닫힘**(Closed) 상태로 유지된다.
3. 장애가 발생하기 시작하면 카운터가 카운트를 시작한다.
4. 지정된 시간 내에 장애 임계값에 도달하면 서킷 브레이커가 **트립**(trip)[2] 되어 **열림**(Open) 상태로 전환되고, 추가 요청 처리를 허용하지 않는다. 실패 임곗값과 시간 모두 구성 가능하다.
5. 대신 요청은 즉시 예외와 함께 반환되는 **빠른 실패**(fast fail)[3] 가 된다.
6. 구성 가능한 시간이 지나면 서킷 브레이커는 **반열림**(Half Open) 상태로 들어가 장애가 해결됐는지 확인하기 위해 프로브로 하나의 요청을 통과시킨다.
7. 프로브 요청이 실패하면 서킷 브레이커는 **열림**(Open) 상태로 돌아간다.
8. 프로브 요청이 성공하면 서킷 브레이커는 초기의 **닫힘**(Closed) 상태로 돌아가 새 요청 처리를 허용한다.

## Resilience4j의 서킷 브레이커 예제

Resilience4j를 이용해 서킷 브레이커로 보호되는 `myService`라는 REST 서비스가 있다고 가정해 보자.

서비스에 내부 오류(예: 의존하는 서비스에서 도달할 수 없음)가 발생하면 서비스로부터 `500 Internal Server Error`와 같은 응답을 받을 수 있다. 구성 가능한 횟수만큼 시도한 후에 서킷이 열리고 `CircuitBreaker 'myService' is open`과 같은 오류 메시지를 반환하는 빠른 실패가 발생한다. 오류가 해결되고 다시 시도하면(구성 가능한 대기 시간 후에) 서킷 브레이커는 프로브로 새로운 시도를 허용한다. 호출이 성공하면 서킷 브레이커는 다시 닫힌다. 즉, 정상적으로 작동한다.

스프링 부트와 함께 Resilience4j를 사용할 때 마이크로서비스의 스프링 부트 액추에이터 상태 엔드포인트를 이용해 서킷 브레이커의 상태를 모니터링할 수 있다. 정상적으로 작동하는 경우, 즉 서킷이 닫힌 경우 다음과 같이 응답한다.

2 (옮긴이) 서킷 브레이커가 작동해서 상태를 변경한다는 것을 의미한다. 구체적으로는 서킷 브레이커가 실패 임계값에 도달했을 때 '닫힘(Closed)' 상태에서 '열림(Open)' 상태로 전환하는 것을 말한다. 즉, 더 이상 요청을 허용하지 않고 회로가 차단되는 상태로 바뀌는 것을 의미한다.

3 (옮긴이) 요청이 실패할 가능성이 있을 때 즉시 실패를 반환하는 방식을 의미하며, 이는 시스템의 자원 낭비를 줄이고, 신속하게 문제를 감지할 수 있게 한다.

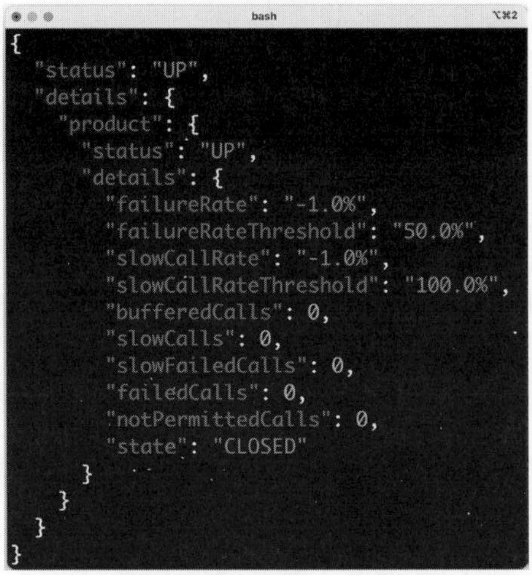


**그림 8.5** 닫힌 상태의 서킷 응답

문제가 있고 서킷이 열린 경우 다음과 같이 응답한다.

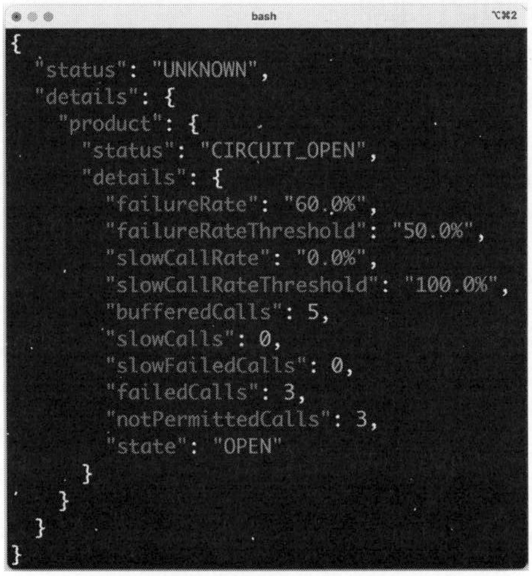


**그림 8.6** 열린 상태의 서킷 응답

Resilience4j를 소개하고 서킷 브레이커가 REST 클라이언트의 오류를 처리하는 데 어떻게 사용될 수 있는지 예제를 통해 살펴봤다. 이제 스프링 클라우드를 분산 추적에 어떻게 활용할 수 있는지를 소개하는 내용으로 이번 장을 마무리하겠다.

## 분산 추적을 위한 마이크로미터 트레이싱과 집킨 활용

협력 마이크로서비스의 시스템 환경과 같은 분산 시스템에서 무슨 일이 일어나고 있는지 이해하려면 시스템 환경에 대한 외부 호출을 처리할 때 마이크로서비스 간에 요청과 메시지가 어떻게 흐르는지 추적하고 시각화할 수 있어야 한다.

> 이 주제에 대한 자세한 내용은 1장 '마이크로서비스 소개'의 '분산 추적' 절을 참고한다.

스프링 부트 3부터 분산 추적은 **스프링 클라우드 슬루스**를 대체하는 **마이크로미터 트레이싱**으로 처리된다. 마이크로미터 트레이싱은 동일한 처리 흐름에 속한 요청과 메시지/이벤트를 공통의 **상관관계** ID로 표시할 수 있다.

또한 마이크로미터 트레이싱은 동일한 처리 흐름의 로그 레코드를 추적하기 쉽도록 상관관계 ID를 로그 레코드에 표시할 수 있다. **집킨**은 분산 추적 시스템(`http://zipkin.io`)으로, 마이크로미터 트레이싱이 저장 및 시각화를 위해 추적 데이터를 집킨에 보낼 수 있다. 19장 'EFK 스택을 활용한 중앙 집중식 로깅'에서는 상관관계 ID를 사용해 동일한 처리 흐름에 속한 로그 레코드를 찾고 시각화하는 방법을 배운다.

마이크로미터 트레이싱과 집킨의 분산 추적 정보 처리 인프라는 구글 대퍼(Google Dapper, `https://research.google/pubs/dapper-a-large-scale-distributed-systems-tracing-infrastructure/`)를 기반으로 한다. 대퍼에서는 완전한 워크플로의 추적 정보를 **추적 트리**(trace tree)라고 하고, 기본 작업 단위와 같은 트리의 하위 부분을 **스팬**(span)이라고 한다. 하나의 스팬 역시 추적 트리를 형성하는 여러 개의 하위 스팬으로 구성될 수 있다. 상관관계 ID는 TraceId라고 하며 스팬은 자신의 고유한 SpanId와 함께 해당 스팬이 속한 추적 트리의 TraceId로 식별된다.

> 분산 추적을 구현하기 위한 표준(또는 적어도 개방형 업계 표준을 수립하기 위한 공동의 노력) 발전의 역사를 간단하게 설명하면 다음과 같다.
>
> 구글은 2005년부터 내부적으로 사용한 후 2010년에 대퍼에 대한 논문을 발표했다.
>
> 2016년에 **오픈트레이싱**(OpenTracing) 프로젝트가 CNCF에 합류했다. 오픈트레이싱은 대퍼의 영향을 많이 받았으며, 분산 추적 계측을 위한 벤더 중립적인 API와 언어별 라이브러리를 제공한다.
>
> 2019년에 오픈트레이싱 프로젝트는 **오픈센서스**(OpenCensus) 프로젝트와 합쳐져 새로운 CNCF 프로젝트인 **오픈텔레메트리**(OpenTelemetry)를 구성했다. 오픈센서스 프로젝트는 메트릭과 분산 추적을 수집하기 위한 라이브러리들을 제공한다.

추가 참고 자료는 다음과 같다.

- `https://opentracing.io`
- `https://opencensus.io`
- `https://opentelemetry.io`

14장 '분산 추적'에서는 마이크로미터 트레이싱과 집킨을 이용해 마이크로서비스 환경에서 진행되는 처리 내역을 추적하는 방법을 살펴보겠다. 다음은 제품 생성의 결과로 생성된 추적 트리를 시각화한 집킨 UI의 화면이다.

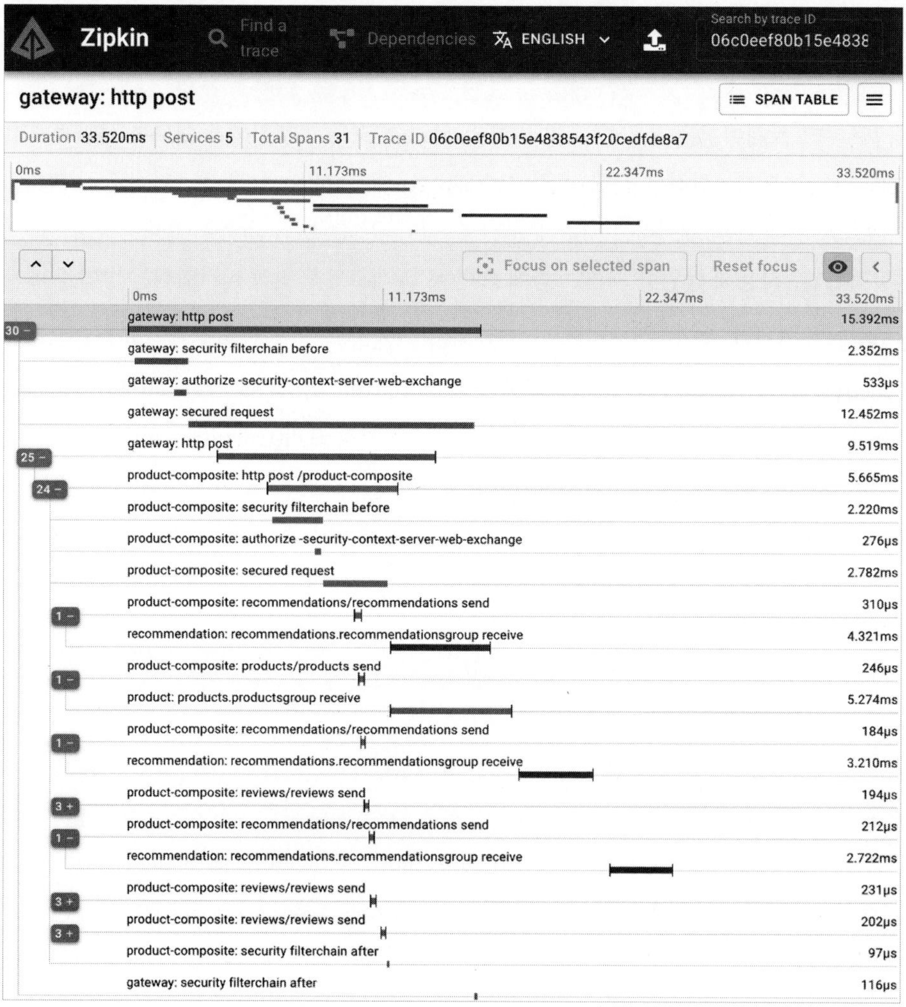


**그림 8.7** 집킨에 표시된 추적 트리

위 화면에서 HTTP POST 요청이 게이트웨이(에지 서버)를 통해 **product-composite** 서비스로 전송되고, 이에 대한 응답으로 제품, 추천, 리뷰에 대한 토픽에 생성 이벤트를 게시하는 것을 볼 수 있다. 이러한 이벤트는 3개의 핵심 마이크로서비스에 의해 병렬로 비동기식으로 소비된다. 즉, **product-composite** 서비스는 핵심 마이크로서비스가 작업을 완료할 때까지 기다리지 않고, 생성 이벤트의 데이터는 각 마이크로서비스의 데이터베이스에 저장된다.

이렇게 해서 분산 추적을 위한 마이크로미터 트레이싱과 집킨을 소개하고, 동기 HTTP 요청이 비동기 이벤트 전달로 이어지는 흐름을 분산 추적으로 확인하는 예시를 살펴봤다.

## 정리

이번 장에서는 스프링 클라우드가 넷플릭스 OSS 중심에서 Resilience4j와 마이크로미터 트레이싱을 포함한 도구와 함께 사용되는 훨씬 더 큰 범위로 발전하는 과정을 살펴봤다. 또한 스프링 클라우드 2025의 최신 릴리스에서 가져온 컴포넌트를 사용해 1장 '마이크로서비스 소개'의 '마이크로서비스 디자인 패턴' 절에서 설명한 디자인 패턴을 구현하는 방법을 소개했다. 이러한 디자인 패턴은 협력 마이크로서비스 환경을 프로덕션 수준으로 만드는 데 필요하다.

다음 장에서는 넷플릭스 유레카와 스프링 클라우드 로드밸런서를 이용해 서비스 디스커버리를 구현하는 방법을 살펴보자.

## 문제

1. 넷플릭스 유레카의 용도는 무엇인가?
2. 스프링 클라우드 게이트웨이의 주요 기능은 무엇인가?
3. 스프링 클라우드 컨피그에서 지원하는 백엔드는 무엇인가?
4. Resilience4j가 제공하는 기능은 무엇인가?
5. 분산 추적에 사용되는 추적 트리와 스팬의 개념은 무엇이며, 이를 처음으로 정의한 논문의 제목은 무엇인가?

# 09

# 넷플릭스 유레카를 활용한 서비스 디스커버리

이번 장에서는 넷플릭스 유레카를 스프링 부트 기반의 마이크로서비스를 위한 디스커버리 서비스로 사용하는 법을 배운다. 마이크로서비스가 넷플릭스 유레카와 통신할 수 있도록 넷플릭스 유레카 클라이언트용 스프링 클라우드 모듈을 사용한다. 자세한 내용을 살펴보기에 앞서 디스커버리 서비스가 필요한 이유와 DNS 서버로는 충분하지 않은 이유에 대해 자세히 설명한다.

이번 장에서는 다음과 같은 주제를 다룬다.

- 서비스 디스커버리 소개
- 넷플릭스 유레카 서버 설정
- 넷플릭스 유레카 서버에 마이크로서비스 연결
- 개발 환경용 구성 설정
- 디스커버리 서비스로 넷플릭스 유레카 사용

## 기술적 요구사항

이 책에서 사용하는 도구를 설치하는 방법과 이 책의 소스코드를 내려받는 방법은 다음을 참고한다.

- 21장 'macOS용 설치 안내'
- 22장 'WSL 2 및 우분투가 탑재된 마이크로소프트 윈도우용 설치 안내'

이번 장의 모든 코드 예제는 `$BOOK_HOME/Chapter09`의 소스코드에서 가져온 것이다.

이번 장의 소스코드에 적용된 변경 사항, 즉 마이크로서비스 환경에 디스커버리 서비스로 넷플릭스 유레카를 추가하는 데 필요한 사항을 보려면 7장 '반응형 마이크로서비스 개발'의 소스코드와 비교해 보면 된다. 즐겨 사용하는 코드 비교 도구를 사용해 `$BOOK_HOME/Chapter07`과 `$BOOK_HOME/Chapter09` 폴더를 비교해 본다.

## 서비스 디스커버리 소개

서비스 디스커버리는 마이크로서비스 환경을 프로덕션에 배포하는 데 필요한 가장 중요한 지원 기능 중 하나다. 넷플릭스 유레카는 스프링 클라우드가 처음으로 지원한 디스커버리 서버였다.

> 엄밀히 말하자면 여기서는 '서비스 디스커버리를 위한 서비스'에 대해 이야기하고 있는데, 이를 '서비스 디스커버리 서비스'라고 부르는 대신 간단히 '디스커버리 서비스'라고 지칭하겠다. 넷플릭스 유레카 같은 서비스 디스커버리의 실제 구현을 언급할 때는 '디스커버리 서버'라는 용어를 사용하겠다.

이번 장에서는 스프링 클라우드를 사용할 때 마이크로서비스를 넷플릭스 유레카에 등록하는 것이 얼마나 쉬운지 살펴보겠다. 또한 클라이언트가 스프링 클라우드 로드 밸런서를 사용해 넷플릭스 유레카에 등록된 인스턴스 중 하나로 HTTP 요청을 보내는 방법을 배운다. 마지막으로 마이크로서비스 인스턴스를 확장 및 축소하고 장애 테스트를 실행해 보면서 넷플릭스 유레카가 다양한 유형의 장애 시나리오를 어떻게 처리할 수 있는지 살펴본다.

구현 세부 정보로 넘어가기 전에 다음 주제를 살펴보겠다.

- DNS 기반 서비스 디스커버리의 문제
- 서비스 디스커버리의 과제
- 스프링 클라우드의 넷플릭스 유레카를 활용한 서비스 디스커버리

## DNS 기반 서비스 디스커버리의 문제

단순히 마이크로서비스의 인스턴스를 구동한 후 라운드 로빈 DNS를 사용하면 되지 않을까? 그렇게 하지 말아야 하는 이유는 뭘까?

라운드 로빈 DNS라는 아이디어는 마이크로서비스의 각 인스턴스가 DNS 서버에서 동일한 이름으로 IP 주소를 등록한다는 것이다. 클라이언트가 DNS 이름에 대한 IP 주소를 요청하면 DNS 서버는 등록된 인스턴스의 IP 주소 목록을 반환한다. 클라이언트는 이 IP 주소 목록을 토대로 라운드 로빈 방식으로 IP 주소를 하나씩 사용해 마이크로서비스 인스턴스로 요청을 보낼 수 있다.

이를 직접 해보자. 다음 단계를 따라하면 된다.

1. 7장 '반응형 마이크로서비스 개발'의 지침을 따라 시스템 환경을 시작하고 다음 명령으로 일부 테스트 데이터를 삽입했다고 가정한다.

```
cd $BOOK_HOME/Chapter07
./test-em-all.bash start
```

2. review 마이크로서비스의 인스턴스 수를 2개로 확장한다.

```
docker compose up -d --scale review=2
```

3. 제품 복합 서비스에 review 마이크로서비스에 대해 찾은 IP 주소를 요청한다.

```
docker compose exec product-composite getent hosts review
```

그럼 다음과 같은 응답을 예상할 수 있다.

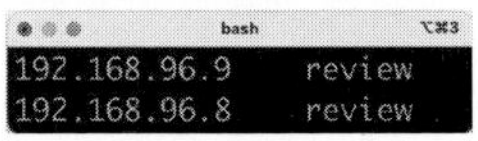


**그림 9.1** 리뷰 마이크로서비스의 IP 주소

review 마이크로서비스의 각 인스턴스에 대해 하나씩, 두 개의 IP 주소(여기서는 192.168.96.9와 192.168.96.8)를 볼 수 있다.

4. 원한다면 다음 명령으로 이러한 IP 주소가 올바른지 확인할 수 있다. 다음 명령은 review 마이크로서비스의 각 인스턴스에 해당 IP 주소를 요청한다.

```
docker compose exec --index=1 review cat /etc/hosts
docker compose exec --index=2 review cat /etc/hosts
```

각 명령의 출력 결과에서 마지막 줄에는 앞의 코드에 표시된 대로 IP 주소 중 하나가 포함돼 있을 것이다. 예를 들면 다음과 같다.

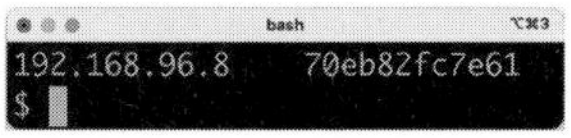


**그림 9.2** IP 주소 출력 결과

5. 이제 모든 인스턴스가 실행 중인 상태에서 product-composite 서비스에 대한 호출을 두어 번 시도해 보고 review 마이크로서비스의 두 인스턴스를 모두 사용하는지 확인해 보자.

```
curl localhost:8080/product-composite/1 -s | jq -r .serviceAddresses.rev
```

아쉽게도 다음 예와 같이 한 마이크로서비스 인스턴스에서만 응답을 받게 될 것이다.

**그림 9.3** 한 리뷰 인스턴스에게서만 전달된 응답

자, 여기서 무슨 일이 일어나고 있는 걸까?

DNS 클라이언트는 DNS 서버에 DNS 이름을 확인하도록 요청하고 IP 주소 목록을 받는다. 다음으로, DNS 클라이언트는 받은 IP 주소를 하나씩 시도해서 작동하는 주소를 찾을 때까지, 대부분의 경우 목록의 첫 번째 주소를 대상으로 시도한다. DNS 클라이언트는 일반적으로 작동하는 IP 주소를 유지하며, 요청마다 라운드 로빈 방식을 적용하지 않는다. 게다가 일반적인 DNS 서버 구현이나 DNS 프로토콜 자체도 끊임없이 생성되고 제거되는 휘발성 마이크로서비스 인스턴스를 처리하는 데 적합하지 않다. 이로 인해 DNS 기반 라운드 로빈이 이론적으로는 매력적이지만 마이크로서비스 인스턴스의 서비스 디스커버리에 사용하기에는 실용적이지 않다.

서비스 디스커버리를 더 나은 방식으로 처리하는 방법을 배우기에 앞서 시스템 환경을 종료하자.

```
docker compose down
```

## 서비스 디스커버리의 과제

이처럼 작고 유동적인 마이크로서비스 인스턴스들을 추적하려면 일반 DNS보다 더 강력한 무언가가 필요하다.

이때 다음과 같은 사항을 고려해야 한다.

- 새 인스턴스는 언제든지 구동될 수 있다.
- 기존 인스턴스는 언제든지 응답을 중단하고 결국 어느 시점에 장애가 발생할 수 있다.
- 장애가 발생한 인스턴스 중 일부는 얼마 후에 괜찮아져서 트래픽을 다시 받아야 할 수도 있겠지만 다른 인스턴스는 그렇지 않고 서비스 레지스트리에서 제거돼야 한다.
- 일부 마이크로서비스 인스턴스는 구동하는 데 시간이 걸릴 수 있다. 즉, HTTP 요청을 수신할 수 있다고 해서 반드시 트래픽을 해당 인스턴스로 라우팅해야 하는 것은 아니다.
- 의도하지 않은 네트워크 파티셔닝과 기타 네트워크 관련 오류가 언제든지 발생할 수 있다.

견고하고 탄력적인 디스커버리 서버를 구축하기란 결코 쉬운 일이 아니다. 이제 넷플릭스 유레카가 이러한 과제를 어떻게 처리하는지 살펴보자.

## 스프링 클라우드의 넷플릭스 유레카를 활용한 서비스 디스커버리

넷플릭스 유레카는 클라이언트 측 서비스 디스커버리를 구현한다. 즉, 클라이언트가 디스커버리 서버인 넷플릭스 유레카와 통신해서 사용 가능한 마이크로서비스 인스턴스에 대한 정보를 얻는 소프트웨어를 실행한다.

이를 다음 다이어그램에서 확인할 수 있다.

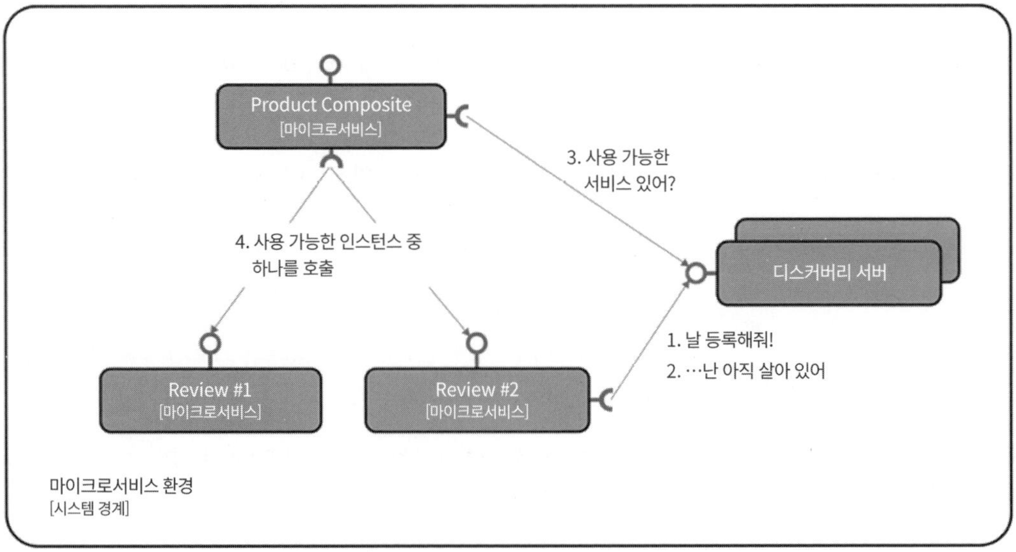


**그림 9.4** 디스커버리 서버

위 그림의 절차는 다음과 같다.

1. 마이크로서비스 인스턴스가 구동될 때마다(예: Review 서비스) 유레카 서버 중 하나에 자신을 등록한다.
2. 각 마이크로서비스 인스턴스는 정기적으로 유레카 서버에 하트비트 메시지를 보내 마이크로서비스 인스턴스의 상태가 정상이며 요청을 수신할 준비가 됐음을 알린다.
3. 클라이언트(예: Product Composite 서비스)는 클라이언트 라이브러리를 사용해 정기적으로 유레카 서비스에 사용 가능한 서비스에 대한 정보를 요청한다.
4. 클라이언트가 다른 마이크로서비스에 요청을 보내야 할 때, 클라이언트 라이브러리에 이미 사용 가능한 인스턴스 목록이 있으므로 디스커버리 서버에 묻지 않고도 그중 하나를 선택할 수 있다. 일반적으로 사용 가능한 인스턴스는 라운드 로빈 방식으로, 즉 순서대로 한 번씩 돌아가며 선택된다.

> 17장, '시스템 환경을 단순화하기 위한 쿠버네티스 기능 구현'에서는 쿠버네티스의 서버 사이드 서비스 개념을 사용해 디스커버리 서비스를 제공하는 다른 방식을 살펴보겠다.

스프링 클라우드는 넷플릭스 유레카와 같은 디스커버리 서비스와 통신하는 방법에 대한 추상화를 제공하며, `DiscoveryClient`라는 인터페이스를 제공한다. 이는 사용 가능한 서비스 및 인스턴스에 대한 정보를 얻기 위해 디스커버리 서비스와 상호 작용하는 데 사용할 수 있다. 또한 `DiscoveryClient` 인터페이스의 구현은 스프링 부트 애플리케이션을 디스커버리 서버에 자동으로 등록할 수 있다.

스프링 부트는 구동 시 `DiscoveryClient` 인터페이스의 구현을 자동으로 찾을 수 있으므로 해당 구현에 대한 의존성만 가져오면 디스커버리 서버에 연결할 수 있다. 넷플릭스 유레카의 경우 이 책의 예제 마이크로서비스에서 사용되는 의존성은 `spring-cloud-starter-netflix-eureka-client`다.

> 스프링 클라우드에는 아파치 주키퍼 또는 하시코프 콘술을 디스커버리 서버로 사용할 수 있게 지원하는 `DiscoveryClient` 구현체도 있다.

스프링 클라우드에서는 디스커버리 서비스에 등록된 인스턴스에 로드 밸런서를 통해 요청을 보내려는 클라이언트를 위한 추상화인 `LoadBalancerClient` 인터페이스도 제공한다. 표준 반응형 HTTP 클라이언트인 `WebClient`는 `LoadBalancerClient` 구현을 사용하도록 구성할 수 있다. `WebClient.Builder` 객체를 반환하는 `@Bean` 선언에 `@LoadBalanced` 애너테이션을 추가하면 `LoadBalancerClient` 구현이 `Builder` 인스턴스에 `ExchangeFilterFunction`으로 주입된다. 이번 장 뒷부분의 '넷플릭스 유레카 서버에 마이크로서비스 연결' 절에서 이를 사용하는 방법에 대한 소스코드 예제를 살펴보겠다.

정리하면, 스프링 클라우드를 이용하면 넷플릭스 유레카를 손쉽게 디스커버리 서비스로 사용할 수 있다. 이렇게 해서 서비스 디스커버리와 이와 관련된 과제를 소개하고, 스프링 클라우드와 함께 넷플릭스 유레카를 사용하는 방법을 배웠으므로 이제 넷플릭스 유레카 서버를 설정하는 방법을 배울 준비가 끝났다.

## 넷플릭스 유레카 서버 설정

이번 절에서는 서비스 디스커버리를 위해 넷플릭스 유레카 서버를 설정하는 방법을 배운다. 스프링 클라우드를 이용하면 넷플릭스 유레카 서버를 간단히 설정할 수 있다. 다음 단계만 따라 하면 된다.

1. 3장 '협력하는 마이크로서비스 만들기'의 '스프링 이니셜라이저를 활용한 기본 골격 코드 생성' 절에서 설명한 대로 스프링 이니셜라이저를 이용해 스프링 부트 프로젝트를 생성한다.
2. spring-cloud-starter-netflix-eureka-server에 대한 의존성을 추가한다.
3. 애플리케이션 클래스에 @EnableEurekaServer 애너테이션을 추가한다.
4. 예제 마이크로서비스에 사용되는 Dockerfile과 유사한 Dockerfile을 추가하되, 마이크로서비스의 기본 포트인 8080번 대신 유레카의 기본 포트인 8761번을 노출한다.
5. 세 개의 도커 컴포즈 파일, 즉 docker-compose.yml, docker-compose-partitions.yml, docker-compose-kafka.yml에 유레카 서버를 다음과 같이 추가한다.

```
eureka:
  build: spring-cloud/eureka-server
  mem_limit: 512m
  ports:
    - "8761:8761"
```

6. 마지막으로 일부 구성을 추가한다. 이번 장의 '개발 환경용 구성 설정' 절을 참고하면 유레카 서버와 마이크로서비스 모두에 대한 구성을 살펴볼 수 있다.

이것으로 설정이 끝난다.

유레카 서버의 소스코드는 $BOOK_HOME/Chapter09/spring-cloud/eureka-server 폴더에서 확인할 수 있다.

이제 서비스 디스커버리를 위해 넷플릭스 유레카 서버를 설정했으므로 마이크로서비스를 유레카 서버에 연결할 준비가 끝났다.

## 넷플릭스 유레카 서버에 마이크로서비스 연결

이번 절에서는 마이크로서비스 인스턴스를 넷플릭스 유레카 서버에 연결하는 방법을 배운다. 마이크로서비스 인스턴스가 구동될 때 유레카 서버에 자신을 등록하는 방법과 클라이언트가 유레카 서버를 사용해 호출하려는 마이크로서비스 인스턴스를 찾는 방법을 모두 살펴본다.

마이크로서비스 인스턴스를 유레카 서버에 등록하려면 다음을 수행해야 한다.

1. 빌드 파일인 build.gradle에 spring-cloud-starter-netflix-eureka-client에 대한 의존성을 추가한다.

```
implementation 'org.springframework.cloud:spring-cloud-starter-netflix-eureka-client'
```

2. 한 마이크로서비스에 대한 테스트를 실행할 때는 유레카 서버가 실행 중일 필요가 없다. 따라서 @SpringBootTest 애너테이션이 지정된 모든 스프링 부트 테스트, 즉 JUnit 테스트에서 넷플릭스 유레카의 사용을 비활성화한다. 이는 다음과 같이 eureka.client.enabled 프로퍼티를 추가하고 애너테이션에서 false로 설정하면 된다.

```
@SpringBootTest(webEnvironment=RANDOM_PORT, properties = {"eureka.client.enabled=false"})
```

3. 마지막으로 구성을 추가한다. 이번 장의 '개발 환경용 구성 설정' 절에서 유레카 서버와 마이크로서비스 모두에 대한 구성을 살펴볼 수 있다.

구성에서 특별히 중요한 한 가지 프로퍼티는 spring.application.name이다. 이 프로퍼티는 각 마이크로서비스에 가상 호스트명, 즉 유레카 서비스가 각 마이크로서비스를 식별하는 데 사용하는 이름을 부여하는 데 사용된다. 유레카 클라이언트는 마이크로서비스에 HTTP 호출을 하는 데 사용되는 URL에서 이 가상 호스트명을 사용할 것이다.

product-composite 마이크로서비스에서 유레카 서버를 통해 사용 가능한 마이크로서비스 인스턴스를 조회할 수 있으려면 다음과 같은 과정도 수행해야 한다.

1. 메인 애플리케이션 클래스인 ProductCompositeServiceApplication에 로드 밸런서를 인식하는 WebClient 빌더를 생성하는 스프링 빈을 추가한다.

```
@Bean
@LoadBalanced
public WebClient.Builder loadBalancedWebClientBuilder() {
  return WebClient.builder();
}
```

WebClient 인스턴스를 로드 밸런서 클라이언트로 사용하는 방법에 대한 자세한 내용은 https://docs.spring.io/spring-cloud-commons/docs/current/reference/html/#webclinet-loadbalancer-client를 참고한다.

2. WebClient 빌더 빈을 통합 클래스인 ProductCompositeIntegration의 생성자에 주입해서 사용할 수 있다.

```
private WebClient webClient;

public ProductCompositeIntegration(
  WebClient.Builder webClientBuilder,
  ...
) {
  this.webClient = webClientBuilder.build();
  ...
}
```

생성자는 주입된 빌더를 사용해 webClient를 생성한다.

WebClient 객체는 한번 생성되면 불변(immutable) 상태이므로 다른 요청에 영향을 줄 위험 없이 스레드 간에 안전하게 재사용할 수 있다.

3. 이제 application.yml에서 다음과 같은 마이크로서비스에 대한 하드코딩된 구성을 제거할 수 있다.

```
app:
  product-service:
    host: localhost
    port: 7002
  recommendation-service:
    host: localhost
    port: 7003
  review-service:
    host: localhost
    port: 7004
```

4. 하드코딩된 구성을 처리했던 통합 클래스인 ProductCompositeIntegration의 코드는 간소화되고 핵심 마이크로서비스의 API에 대한 기본 URL로 대체된다. 다음 코드를 보자.

```
private static final String PRODUCT_SERVICE_URL = "http://product";
private static final String RECOMMENDATION_SERVICE_URL = "http://recommendation";
private static final String REVIEW_SERVICE_URL = "http://review";
```

위의 URL에 있는 호스트명은 실제 DNS 이름이 아니다. 대신 마이크로서비스가 유레카 서버에 자신을 등록할 때 사용하는 가상 호스트명, 즉 `spring.application.name` 프로퍼티의 값이다.

넷플릭스 유레카 서버에 마이크로서비스 인스턴스를 어떻게 연결하는지 배웠으므로 이제 유레카 서버와 이에 연결되는 마이크로서비스 인스턴스를 어떻게 구성하는지 확인할 수 있다.

## 개발 환경용 구성 설정

이제 넷플릭스 유레카를 디스커버리 서비스로 설정하는 가장 까다로운 부분, 즉 유레카 서버와 클라이언트(마이크로서비스 인스턴스) 모두에 대해 작동하는 구성을 설정할 차례다.

넷플릭스 유레카는 다양한 쓰임새에 맞게 구성을 설정할 수 있는 디스커버리 서버이며, 강력하고 탄력적이며 내결함성이 있는 런타임 특성을 갖추고 있다. 이러한 유연성과 강력함의 단점 중 하나는 구성 옵션의 수가 너무 많다는 것이다.

다행히도 넷플릭스 유레카는 대부분의 구성 가능한 매개변수에 대해 훌륭한 기본값을 제공한다. 적어도 프로덕션 환경에서 사용할 때는 그렇다.

개발 중에 넷플릭스 유레카를 사용할 때 이러한 기본값은 구동 시간이 길어지는 원인이 된다. 예를 들어, 유레카 서버에 등록된 마이크로서비스 인스턴스에 대해 클라이언트가 처음으로 호출에 성공하기까지 오랜 시간이 걸릴 수 있다.

기본 구성 값을 사용할 경우 최대 2분의 대기 시간이 발생할 수 있다. 이 대기 시간은 유레카 서비스와 마이크로서비스가 구동하는 데 걸리는 시간에 더해진다. 이러한 대기 시간이 걸리는 이유는 관련 프로세스가 등록 정보를 서로 동기화해야 하기 때문이다. 마이크로서비스 인스턴스는 유레카 서버에 등록해야 하고, 클라이언트는 유레카 서버에서 정보를 수집해야 한다. 이 통신은 주로 기본적으로 30초마다 발생하는 하트비트를 기반으로 한다. 몇 개의 캐시도 관련돼 있어 업데이트 전파 속도가 느려진다.

여기서는 이러한 대기 시간을 최소화하는 구성을 사용할 것이며, 이는 개발 과정에서 유용할 것이다. 반면 프로덕션 환경에서는 기본값에서부터 시작해야 한다.

> 개발 환경에서는 하나의 넷플릭스 유레카 서버 인스턴스만 사용해도 문제없다. 그러나 프로덕션 환경에서는 넷플릭스 유레카 서버의 고가용성을 보장하기 위해 항상 두 개 이상의 인스턴스를 사용해야 한다.

먼저 우리가 알아야 할 구성 매개변수의 유형에 대해 알아보자.

## 유레카 구성 매개변수

유레카 구성 매개변수는 세 그룹으로 나뉜다.

- `eureka.server`로 시작하는 유레카 서버용 매개변수
- `eureka.client`로 시작하는 유레카 클라이언트용 매개변수. 유레카 서버와 통신하려는 클라이언트용이다.
- `eureka.instance`로 시작하는 유레카 인스턴스용 매개변수. 유레카 서버에 자신을 등록하려는 마이크로서비스 인스턴스용이다.

사용 가능한 일부 매개변수는 스프링 클라우드 넷플릭스 문서에 설명돼 있다.

- `https://docs.spring.io/spring-cloud-netflix/docs/current/reference/html/`

사용 가능한 매개변수의 전체 목록은 소스코드를 참고한다.

- 유레카 서버 매개변수의 경우 기본값은 `org.springframework.cloud.netflix.eureka.server.EurekaServerConfigBean` 클래스를, 관련 문서는 `com.netflix.eureka.EurekaServerConfig` 인터페이스를 참고한다.
- 유레카 클라이언트 매개변수의 경우 기본값과 문서는 `org.springframework.cloud.netflix.eureka.EurekaClientConfigBean` 클래스를 참고한다.
- 유레카 인스턴스 매개변수의 경우 기본값과 문서는 `org.springframework.cloud.netflix.eureka.EurekaInstanceConfigBean` 클래스를 참고한다.

먼저 유레카 서버용 구성 매개변수에 대해 알아보자.

## 유레카 서버 구성

개발 환경에서 사용하기 위해 유레카 서버를 구성하려면 다음 구성을 사용할 수 있다.

```
server:
  port: 8761
eureka:
  instance:
    hostname: localhost
```

```
client:
   registerWithEureka: false
   fetchRegistry: false
   serviceUrl:
     defaultZone: http://${eureka.instance.hostname}:${server.port}/eureka/
 server:
   waitTimeInMsWhenSyncEmpty: 0
   response-cache-update-interval-ms: 5000
```

구성의 첫 번째 부분인 유레카 instance와 client는 독립 실행형 유레카 서버의 표준 구성이다. 자세한 내용은 앞에서 언급한 스프링 클라우드 문서를 참고한다. 유레카 서버에 사용되는 마지막 두 개의 매개변수인 waitTimeInMsWhenSyncEmpty와 response-cache-update-interval-ms는 구동 시간을 최소화하는 데 사용된다.

유레카 서버가 구성됐으므로 유레카 서버의 클라이언트, 즉 마이크로서비스 인스턴스를 구성하는 방법을 살펴볼 준비가 끝났다.

## 유레카 서버에 대한 클라이언트 구성

마이크로서비스에는 유레카 서버에 연결할 수 있도록 다음과 같은 구성이 포함돼 있다.

```
eureka:
  client:
    serviceUrl:
      defaultZone: http://localhost:8761/eureka/
    initialInstanceInfoReplicationIntervalSeconds: 5
    registryFetchIntervalSeconds: 5
  instance:
    leaseRenewalIntervalInSeconds: 5
    leaseExpirationDurationInSeconds: 5

---
spring.config.activate.on-profile: docker

eureka.client.serviceUrl.defaultZone: http://eureka:8761/eureka/
```

`eureka.client.serviceUrl.defaultZone` 매개변수는 유레카 서버를 찾는 데 사용되며, 도커 없이 실행할 때는 호스트명으로 `localhost`를, 도커의 컨테이너로 실행할 때는 호스트명으로 `eureka`를 사용한다. 다른 매개변수는 구동 시간과 중지된 마이크로서비스 인스턴스의 등록 해제 시간을 최소화하는 데 사용된다.

이제 넷플릭스 유레카 서버와 마이크로서비스를 실제로 테스트하는 데 필요한 모든 것이 준비됐다.

## 디스커버리 서비스 테스트

모든 세부 사항이 준비됐으므로 넷플릭스 유레카를 테스트할 준비가 끝났다.

1. 먼저 다음 명령으로 도커 이미지를 빌드한다.

```
cd $BOOK_HOME/Chapter09
./gradlew build && docker compose build
```

2. 다음으로 시스템 환경을 시작하고 일반적인 테스트를 실행한다.

```
./test-em-all.bash start
```

그럼 이전 장에서 본 것과 유사한 출력 결과를 예상할 수 있다.

**그림 9.5** 성공적인 테스트의 출력 결과

시스템 환경이 실행되고 있으므로 이제 마이크로서비스 중 하나의 인스턴스 수가 어떻게 확장되는지 테스트할 수 있다.

### 서비스 확장

서비스가 어떻게 확장되는지 테스트하려면 다음 명령을 실행한다.

**1.** 두 개의 추가 `review` 마이크로서비스 인스턴스를 실행한다.

```
docker compose up -d --scale review=3
```

> 위 명령은 도커 컴포즈로 하여금 리뷰 서비스의 인스턴스 3개를 실행하도록 요청한다. 한 개의 인스턴스가 이미 실행 중이므로 두 개의 인스턴스가 새로 구동될 것이다.

**2.** 새 인스턴스가 실행되고 나서 `http://localhost:8761/`로 이동하면 다음과 같은 화면이 나올 것이다.

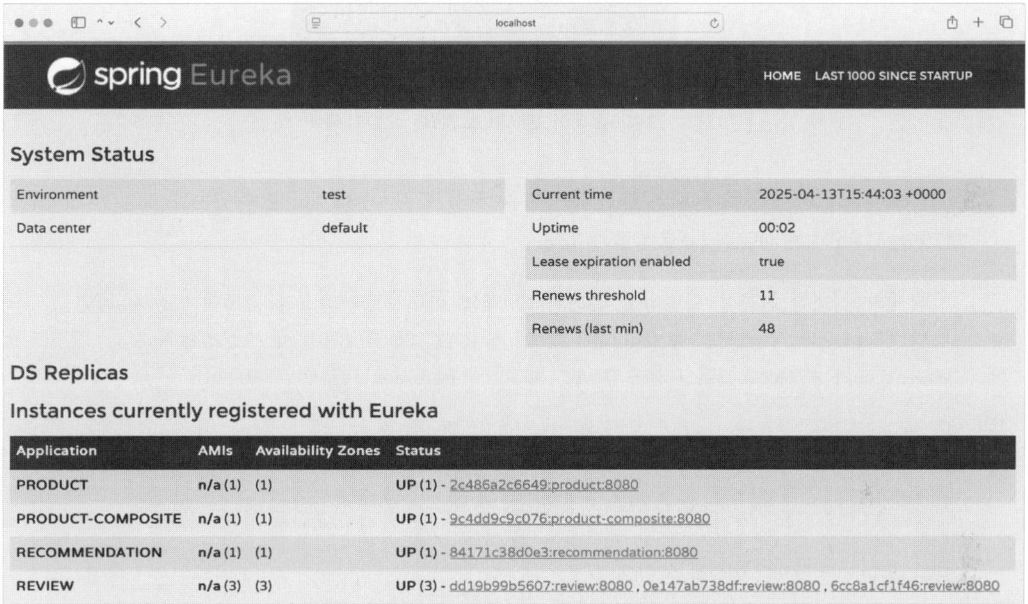


**그림 9.6** 유레카에서 등록된 인스턴스 보기

이 화면에 표시된 것처럼 넷플릭스 유레카 웹 UI에 3개의 `review` 인스턴스가 표시되는지 확인한다.

**3.** 새 인스턴스가 언제 구동 및 실행되는지 확인하려면 다음 명령을 실행한다.

```
docker compose logs review | grep Started
```

다음과 같은 출력 결과를 예상할 수 있다.

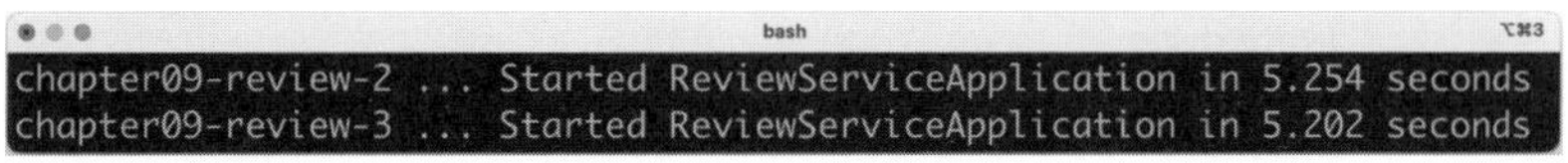


**그림 9.7** 새 리뷰 인스턴스

4. 또한 유레카 서비스가 노출하는 REST API를 사용할 수도 있다. 인스턴스 ID 목록을 확인하려면 다음과 같은 `curl` 명령을 실행하면 된다.

```
curl -H "accept:application/json" localhost:8761/eureka/apps -s | jq -r .applications.application[].instance[].instanceId
```

그럼 다음과 같은 응답을 예상할 수 있다.

**그림 9.8** 마이크로서비스 인스턴스 ID의 목록

5. `test-em-all.bash` 테스트 스크립트를 살펴보면 유레카의 REST API에 접근할 수 있는지, 그리고 4개의 인스턴스를 보고하는지 확인하는 새로운 테스트를 볼 수 있다.

```
# 유레카에 대한 접근을 확인하고 유레카에 4개의 마이크로서비스가 등록돼 있는지 확인
assertCurl 200 "curl -H "accept:application/json" $HOST:8761/eureka/apps -s"
assertEqual 4 $(echo $RESPONSE | jq ".applications.application | length")
```

6. 이제 모든 인스턴스가 실행 중이므로 몇 가지 요청을 수행하고, 응답에서 `review` 서비스의 주소에 초점을 맞춰 살펴보자.

```
curl localhost:8080/product-composite/1 -s | jq -r .serviceAddresses.rev
```

그럼 다음과 같은 응답을 예상할 수 있다.

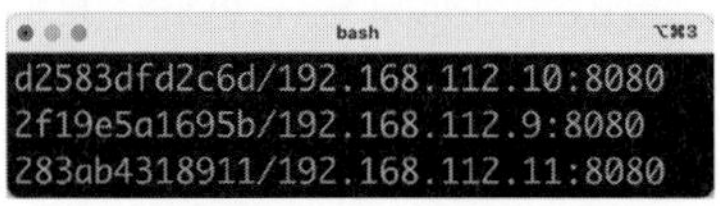


**그림 9.9** 리뷰 서비스 주소

각 응답에서 리뷰 서비스의 주소가 변경된다는 점에 유의하자. 로드 밸런서는 라운드 로빈 방식으로 사용 가능한 리뷰 인스턴스를 순서대로 호출한다.

7. 다음 명령으로 리뷰 인스턴스의 로그 레코드를 살펴볼 수도 있다.

```
docker compose logs review | grep "Response size"
```

다음과 같은 출력 결과가 표시될 것이다.

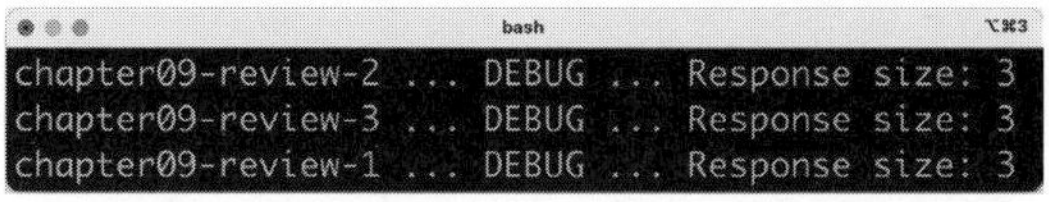


**그림 9.10** 리뷰 인스턴스의 로그 레코드

앞의 출력 결과에서 3개의 리뷰 마이크로서비스 인스턴스인 `review-2`, `review-3`, `review-1`이 차례로 요청에 응답한 것을 볼 수 있다.

또한 인스턴스 수를 줄이는 것도 시험해 볼 수 있다.

## 서비스 축소

`review` 마이크로서비스 인스턴스 하나에 장애가 발생하면 어떤 일이 일어나는지도 살펴보자. 다음 명령을 실행한다.

1. 다음 명령을 실행해 리뷰 인스턴스 하나가 예기치 않게 중지되는 상황을 시뮬레이션할 수 있다.

```
docker compose up -d --scale review=2
```

2. 리뷰 인스턴스가 종료된 후 잠시 동안 API에 대한 호출이 실패할 수 있다. 이는 손실된 인스턴스에 대한 정보가 클라이언트인 `product-composite` 서비스로 전파되는 데 걸리는 시간으로 인해 발생한다. 이 시간 동안에는 클라이언트 측 로드 밸런서가 더 이상 존재하지 않는 인스턴스를 선택할 수도 있다. 이를 방지하기 위해 타임아웃 및 재시도와 같은 복원력 메커니즘을 사용할 수 있다. 13장 'Resilience4j를 활용한 복원력 개선'에서 이를 적용하는 방법을 살펴보겠다. 지금은 `curl` 명령에 `-m 2` 옵션을 지정해 응답을 2초 이상 기다리지 않도록 타임아웃을 지정해 보자.

```
curl localhost:8080/product-composite/1 -m 2
```

타임아웃이 발생하면, 즉 클라이언트 측 로드 밸런서가 더 이상 존재하지 않는 인스턴스를 호출하려고 하면 `curl`에서 다음과 같은 응답을 예상할 수 있다.

**그림 9.11** 타임아웃이 발생한 경우의 `curl` 응답

그 외에는 나머지 두 인스턴스에서 정상적인 응답을 예상할 수 있다. 즉, `serviceAddresses.rev` 필드에는 다음과 같이 두 인스턴스의 주소가 포함될 것이다.

**그림 9.12** 나머지 인스턴스로부터 온 정상적인 응답

앞의 샘플 출력 결과에서 두 개의 서로 다른 컨테이너 이름과 IP 주소가 보고되는 것을 볼 수 있다. 이는 요청이 나머지 두 개의 마이크로서비스 인스턴스에 의해 처리됐음을 의미한다.

마이크로서비스 인스턴스가 줄어드는 것을 시험해봤으니 이제 유레카 서버를 일시적으로 사용할 수 없을 때 어떤 일이 일어나는지 확인하는 것과 같은 좀 더 파괴적인 테스트(destructive testing)[4]도 해볼 수 있다.

## 유레카 서버를 활용한 테스트

유레카 서버에 장애 상황을 유발하고, 시스템 환경이 이를 어떻게 처리하는지 살펴보자.

먼저 유레카 서버가 다운되면 어떤 일이 일어날까?

클라이언트가 유레카 서버가 중지되기 전에 사용 가능한 마이크로서비스 인스턴스에 대한 정보를 읽었다면 클라이언트는 정보를 로컬로 캐시하므로 문제없이 작동할 것이다. 그러나 새 인스턴스는 클라이언트에게 제공되지 않을 것이며, 실행 중인 인스턴스가 종료되더라도 알림을 받지 않을 것이다. 따라서 더 이상 실행되지 않는 인스턴스에 대한 호출은 실패를 유발할 것이다.

이를 직접 시험해 보자.

### 유레카 서버 중지

유레카 서버 다운을 시뮬레이션하려면 다음 단계를 따른다.

1. 먼저 유레카 서버를 중지하고 두 개의 `review` 인스턴스를 계속 실행한다.

```
docker compose up -d --scale review=2 --scale eureka=0
```

2. API를 몇 번 호출해 보고 `review` 서비스의 서비스 주소를 추출한다.

```
curl localhost:8080/product-composite/1 -s | jq -r .serviceAddresses.rev
```

4 (옮긴이) 원문의 destructive testing은 '파괴 시험'이라고도 하며, 제품이나 재료의 물리적 특성, 내구성, 안전성 등을 측정하기 위해 시료를 의도적으로 파괴하면서 진행하는 검사 방법을 의미한다.

유레카 서버를 중지하기 전과 마찬가지로 응답에는 다음과 같이 두 리뷰 인스턴스의 주소가 포함될 것이다.

```
3d71f0dade20/192.168.112.9:8080
81308b0a3bcb/192.168.112.10:8080
```

**그림 9.13** 리뷰 인스턴스의 주소가 포함된 응답

이것은 유레카 서버가 더 이상 실행되고 있지 않더라도 클라이언트가 기존 인스턴스를 대상으로 호출할 수 있음을 보여준다.

### 프로덕트 서비스의 추가 인스턴스 구동

다운된 유레카 서버의 영향에 대한 최종 테스트로, `product` 마이크로서비스의 새 인스턴스를 구동하면 어떻게 되는지 살펴보자. 다음 단계를 수행한다.

1. `product` 서비스의 새 인스턴스를 구동해 보자.

```
docker compose up -d --scale review=2 --scale eureka=0 --scale product=2
```

2. API를 몇 번 호출하고 다음 명령으로 `product` 서비스의 주소를 추출한다.

```
curl localhost:8080/product-composite/1 -s | jq -r .serviceAddresses.pro
```

유레카 서버가 실행되고 있지 않으므로 클라이언트는 새 프로덕트 인스턴스에 대해 알림을 받지 못하며, 다음 예시와 같이 모든 호출이 첫 번째 인스턴스로 전달된다.

```
"pro": "0f5cf99dffcd/192.168.128.4:8080"
```

**그림 9.14** 첫 번째 `product` 인스턴스의 주소만 표시된다.

이렇게 해서 유레카 서버가 가동되지 않을 때 일어날 수 있는 중요한 측면 중 하나를 살펴봤다. 이번 절을 마무리하기 위해 유레카 서버를 다시 시작하고 시스템 환경이 자가 치유, 즉 복원력을 어떻게 처리하는지 살펴보자.

## 유레카 서버를 다시 구동

이번 절에서는 유레카 서버를 다시 구동해서 파괴적 테스트를 마무리하겠다. 또한 product 마이크로서비스의 새 인스턴스가 넷플릭스 유레카 서버에 등록되고 클라이언트가 유레카 서버에 의해 업데이트되는 등 시스템 환경이 자가 치유되는지 확인하겠다. 다음 단계를 수행한다.

1. 다음 명령으로 유레카 서버를 구동한다.

```
docker compose up -d --scale review=1 --scale eureka=1 --scale product=2
```

2. 다음 명령어로 몇 번 호출한 후 product 및 review 서비스의 주소를 추출한다.

```
curl localhost:8080/product-composite/1 -s | jq -r .serviceAddresses
```

다음 사항을 확인한다.

- 모든 호출이 남아 있는 review 인스턴스로 전달되어 클라이언트가 두 번째 review 인스턴스가 사라졌음을 감지했음을 보여 준다.
- product 서비스에 대한 호출이 두 product 인스턴스에 로드 밸런싱되어 클라이언트가 두 개의 product 인스턴스를 사용할 수 있음을 감지했음을 보여 준다.

응답에는 review 인스턴스에 대해 동일한 주소가, 두 product 인스턴스에 대해 두 개의 서로 다른 주소가 포함돼 있을 것이다. 다음의 두 가지 예시에서 이를 확인할 수 있다.

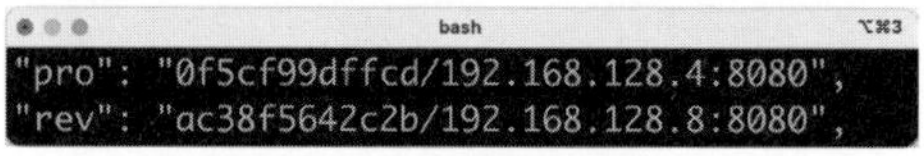


**그림 9.15** 제품 및 리뷰 인스턴스의 주소

두 번째 응답은 다음과 같다.

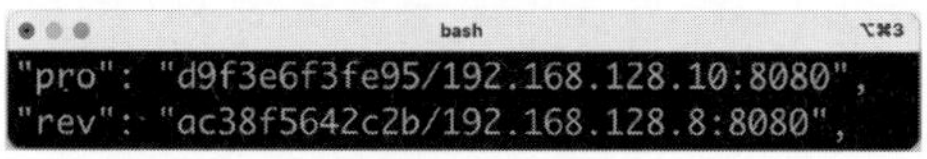


**그림 9.16** 제품 및 리뷰 인스턴스의 주소

192.168.128.4와 192.168.128.10은 두 product 인스턴스에 속한다. 192.168.128.8은 마지막으로 남은 review 인스턴스의 IP 주소다.

정리하면, 유레카 서버는 디스커버리 서비스의 매우 강력하고 탄력적인 구현을 제공한다. 더 높은 가용성이 필요한 경우 여러 개의 유레카 서버를 실행하고 서로 통신하도록 구성할 수 있다. 유레카 서버를 여러 개 설정하는 방법에 대한 자세한 내용은 아래의 스프링 클라우드 문서에서 확인할 수 있다.

- https://docs.spring.io/spring-cloud-netflix/docs/current/reference/html/#spring-cloud-eureka-server-peer-awareness

3. 마지막으로 다음 명령으로 시스템 환경을 종료한다.

```
docker compose down
```

이렇게 해서 디스커버리 서버인 넷플릭스 유레카에 대한 테스트를 완료했다. 여기서는 마이크로서비스 인스턴스를 확장 및 축소하는 방법과 넷플릭스 유레카 서버가 다운되고 나중에 다시 온라인 상태가 되면 어떤 일이 발생하는지 배웠다.

# 정리

이번 장에서는 서비스 디스커버리를 위해 넷플릭스 유레카를 어떻게 사용하는지 배웠다. 먼저 간단한 DNS 기반 서비스 디스커버리 솔루션의 단점과 강력하고 탄력적인 서비스 디스커버리 솔루션이 처리할 수 있어야 하는 과제를 살펴봤다.

넷플릭스 유레카는 강력하고 탄력적이며 내결함성이 있는 런타임 특성을 제공하는 매우 유능한 서비스 디스커버리 솔루션이다. 그러나 올바르게 구성하는 것, 특히 원활한 개발자 경험을 위해 구성하는 것은 어려울 수 있다. 스프링 클라우드를 이용하면 넷플릭스 유레카 서버를 손쉽게 설정하고 스프링 부트 기반 마이크로서비스를 조정할 수 있다. 이를 통해 마이크로서비스가 구동 중에 스스로를 유레카 서버에 등록하고 다른 마이크로서비스의 클라이언트로 작동할 때 사용 가능한 마이크로서비스 인스턴스를 추적할 수 있다.

디스커버리 서버가 준비됐으므로 스프링 클라우드 게이트웨이를 에지 서버로 사용해 어떻게 외부 트래픽을 처리하는지 살펴볼 차례다. 다음 장에서 더 자세한 내용을 살펴보자.

# 문제

1. 스프링 이니셜라이저로 생성된 스프링 부트 애플리케이션을 완전한 넷플릭스 유레카 서버로 만드는 데 필요한 것은 무엇인가?

2. 스프링 부트 기반 마이크로서비스가 구동될 때 넷플릭스 유레카에 자동으로 자신을 서비스로 등록하도록 하려면 무엇이 필요한가?

3. 스프링 부트 기반 마이크로서비스가 넷플릭스 유레카 서버에 등록된 다른 마이크로서비스를 호출할 수 있게 하려면 무엇이 필요한가?

4. 넷플릭스 유레카 서버가 실행 중이고 마이크로서비스 A의 인스턴스 하나와 마이크로서비스 B의 인스턴스 하나로 두 개가 함께 실행되고 있다고 가정해 보자. 모든 마이크로서비스 인스턴스는 넷플릭스 유레카 서버에 자신을 등록한다. 마이크로서비스 A는 유레카 서버에서 얻은 정보를 기반으로 마이크로서비스 B에 HTTP 요청을 보낸다. 다음과 같은 일이 차례로 발생하면 어떻게 될까?

   a. 넷플릭스 유레카 서버가 다운된다.

   b. 마이크로서비스 A의 인스턴스 중 하나가 다운된다.

   c. 마이크로서비스 A의 새 인스턴스가 구동된다.

   d. 마이크로서비스 B의 새 인스턴스가 구동된다.

   e. 넷플릭스 유레카 서버가 다시 구동된다.

# 10

# 스프링 클라우드 게이트웨이를 활용해 에지 서버 뒤에 마이크로서비스 숨기기

이번 장에서는 스프링 클라우드 게이트웨이를 에지 서버로 사용해 마이크로서비스 기반 시스템 환경에서 노출되는 API를 제어하는 방법을 배운다. 공개 API를 가진 마이크로서비스는 에지 서버를 통해 외부에서 접근 가능하게 만들고, 비공개 API를 가진 마이크로서비스는 마이크로서비스 환경 내부에서만 접근 가능하도록 만드는 방법을 살펴본다. 이 책의 예제 시스템 환경에서는 제품 복합 서비스와 디스커버리 서버인 넷플릭스 유레카가 에지 서버를 통해 노출된다. 세 개의 핵심 서비스인 `product`, `recommendation`, `review`는 외부로부터 숨겨진다.

> 스프링 클라우드 게이트웨이는 개발 및 테스트용 에지 서버로 적합하다. 프로덕션 환경에서는 일반적으로 Apigee, Kong Konnect, IBM API Connect, MuleSoft Anypoint 같은 완전한 기능을 갖춘 API 관리 제품을 사용한다.

이번 장에서 다룰 주제는 다음과 같다.

- 시스템 환경에 에지 서버 추가
- 라우팅 규칙 구성을 포함한 스프링 클라우드 게이트웨이 설정
- 에지 서버 테스트

# 기술적 요구사항

이 책에서 사용하는 도구를 설치하는 방법과 이 책의 소스코드를 내려받는 방법은 다음을 참고한다.

- 21장 'macOS용 설치 안내'
- 22장 'WSL 2 및 우분투가 탑재된 마이크로소프트 윈도우용 설치 안내'

이번 장의 모든 코드 예제는 `$BOOK_HOME/Chapter10` 소스코드에서 가져온 것이다.

이번 장에서 스프링 클라우드 게이트웨이를 에지 서버로 추가하면서 변경된 소스코드 내용을 확인하고 싶다면, 9장 '넷플릭스 유레카를 활용한 서비스 디스커버리'의 소스코드와 비교해 보면 된다. 각자 즐겨 사용하는 코드 비교 도구를 사용해 `$BOOK_HOME/Chapter09`와 `$BOOK_HOME/Chapter10` 폴더를 비교해 본다.

# 시스템 환경에 에지 서버 추가

이번 절에서는 에지 서버가 시스템 환경에 어떻게 추가되고 외부 클라이언트가 마이크로서비스가 노출하는 공개 API에 접근하는 방식에 어떤 영향을 미치는지 살펴본다. 모든 들어오는 요청은 이제 다음 다이어그램에 표시된 것처럼 에지 서버를 통해 라우팅될 것이다.

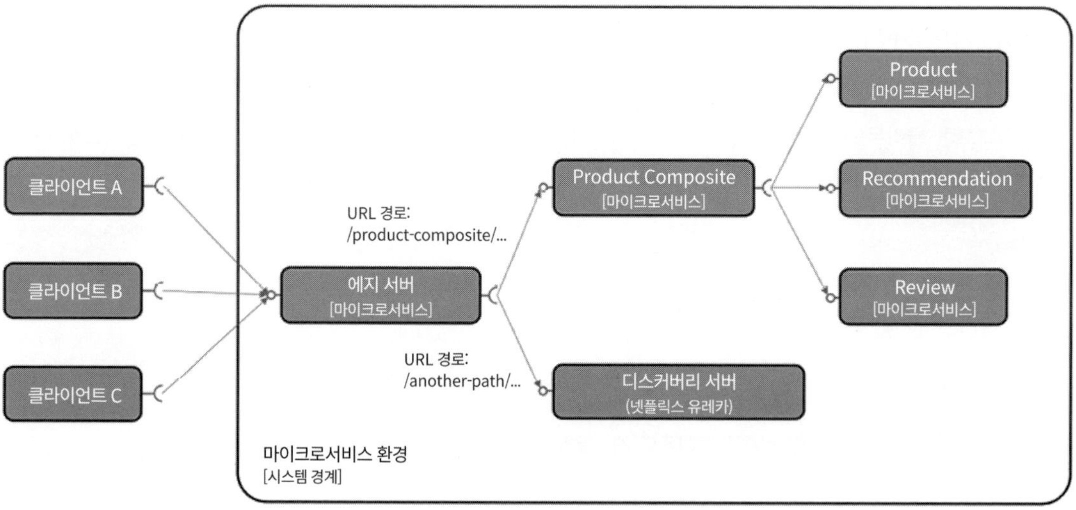


**그림 10.1** 에지 서버 추가

위 다이어그램에서 볼 수 있듯이 외부 클라이언트는 모든 요청을 에지 서버로 보낸다. 에지 서버는 URL 경로를 기반으로 들어오는 요청을 라우팅할 수 있다. 예를 들어, `/product-composite/`으로 시작하는 URL의 요청은 제품 복합 마이크로서비스로 라우팅되고, `/eureka/`로 시작하는 URL의 요청은 넷플릭스 유레카 기반의 디스커버리 서버로 라우팅된다.

> 넷플릭스 유레카가 디스커버리 서비스로서 제대로 작동하기 위해 반드시 에지 서버를 통해 외부로 노출될 필요는 없다. 내부 마이크로서비스들은 넷플릭스 유레카와 직접 통신하기 때문이다. 넷플릭스 유레카를 노출시키는 이유는 넷플릭스 유레카의 상태를 확인하고 현재 디스커버리 서비스에 어떤 인스턴스들이 등록돼 있는지 확인해야 하는 운영자가 넷플릭스 유레카의 웹 페이지와 API에 접근할 수 있게 하기 위해서다.

9장 '넷플릭스 유레카를 활용한 서비스 디스커버리'에서는 제품 복합 서비스와 디스커버리 서버인 넷플릭스 유레카를 모두 외부로 노출했다. 하지만 이번 장에서 에지 서버를 도입하면 이 서비스들은 더 이상 외부에 직접 노출되지 않는다. 이는 도커 컴포즈 파일에서 두 서비스에 대해 다음과 같은 포트 선언을 제거하는 방식으로 구현된다.

```
product-composite:
  build: microservices/product-composite-service
  ports:
    - "8080:8080"

eureka:
  build: spring-cloud/eureka-server
  ports:
    - "8761:8761"
```

이렇게 해서 에지 서버를 소개했으니, 이어지는 절에서는 스프링 클라우드 게이트웨이 기반의 에지 서버를 설정하는 방법을 살펴본다.

## 스프링 클라우드 게이트웨이 설정

스프링 클라우드 게이트웨이를 에지 서버로 설정하는 것은 간단하며, 다음과 같은 단계를 따르면 된다.

1. 3장 '협력하는 마이크로서비스 만들기'의 '스프링 이니셜라이저를 이용한 기본 골격 코드 생성' 절에서 설명한 대로 스프링 이니셜라이저를 사용해 스프링 부트 프로젝트를 생성한다.

2. `spring-cloud-starter-gateway-server-webflux` 의존성을 추가한다.

3. 넷플릭스 유레카를 통해 마이크로서비스 인스턴스를 찾을 수 있도록 `spring-cloud-starter-netflix-eureka-client` 의존성도 추가한다.

4. 에지 서버 프로젝트를 공통 빌드 파일인 `settings.gradle`에 추가한다.

```
include ':spring-cloud:gateway'
```

5. 마이크로서비스와 같은 내용의 `Dockerfile`을 추가한다. `$BOOK_HOME/Chapter10/microservices` 폴더의 `Dockerfile` 내용을 참고한다.

6. 에지 서버를 세 개의 도커 컴포즈 파일에 추가한다.

```
gateway:
  environment:
    - SPRING_PROFILES_ACTIVE=docker
  build: spring-cloud/gateway
  mem_limit: 512m
  ports:
    - "8080:8080"
```

   보다시피 에지 서버는 도커 엔진의 외부에 8080번 포트를 노출한다. 필요한 메모리량을 제어하기 위해 다른 마이크로서비스에서 한 것처럼 에지 서버에 512MB의 메모리 제한을 적용한다.

7. 에지 서버가 모든 들어오는 트래픽을 처리할 것이므로 복합 상태 검사를 제품 복합 서비스에서 에지 서버로 옮긴다. 이는 다음의 '복합 상태 검사 추가하기' 절에서 설명한다.

8. 라우팅 규칙과 기타 사항들에 대한 구성을 추가한다. 구성할 것이 많으므로 '스프링 클라우드 게이트웨이 구성' 절에서 별도로 다룬다.

스프링 클라우드 게이트웨이의 소스코드는 `$BOOK_HOME/Chapter10/spring-cloud/gateway`에서 확인할 수 있다.

## 복합 상태 검사 추가

에지 서버가 있으면 외부의 상태 검사 요청도 에지 서버를 거쳐야 한다. 따라서 모든 마이크로서비스의 상태를 검사하는 복합 상태 검사가 `product-composite` 서비스에서 에지 서버로 옮겨졌다. 복합 상태 검사에 대한 구현 세부 사항은 7장 '반응형 마이크로서비스 개발'의 '상태 API 추가' 절을 참고한다.

에지 서버에는 다음과 같은 내용이 추가됐다.

1. 반응형 상태 컨트리뷰터(reactive health contributor)를 선언하는 `HealthCheckConfiguration` 클래스가 추가됐다.

```
@Bean
ReactiveHealthContributor healthcheckMicroservices() {

  final Map<String, ReactiveHealthIndicator> registry = new LinkedHashMap<>();

  registry.put("product", () -> getHealth("http://product"));
  registry.put("recommendation", () -> getHealth("http://recommendation"));
  registry.put("review", () -> getHealth("http://review"));
  registry.put("product-composite", () -> getHealth("http://product-composite"));

  return CompositeReactiveHealthContributor.fromMap(registry);
}

private Mono<Health> getHealth(String baseUrl) {
  String url = baseUrl + "/actuator/health";
  LOG.debug("Setting up a call to the Health API on URL: {}", url);

  return webClient.get().uri(url).retrieve()
    .bodyToMono(String.class)
    .map(s -> new Health.Builder().up().build())
    .onErrorResume(ex -> Mono.just(new Health.Builder().down(ex).build()))
    .log(LOG.getName(), FINE);
}
```

위 코드에서 볼 수 있듯이 7장 '반응형 마이크로서비스 개발'에서 사용된 상태 검사 대신 `product-composite` 서비스에 대한 상태 검사가 추가됐다.

2. 메인 애플리케이션 클래스인 `GatewayApplication`에서는 상태 표시기(health indicator) 구현에서 사용할 `WebClient.Builder` 빈을 선언한다.

```
@Bean
@LoadBalanced
public WebClient.Builder loadBalancedWebClientBuilder() {
  return WebClient.builder();
}
```

보다시피 WebClient.builder에는 @LoadBalanced 애너테이션이 지정돼 있어서 디스커버리 서버인 넷플릭스 유레카에 등록된 마이크로서비스 인스턴스를 인식할 수 있다. 자세한 내용은 9장 '넷플릭스 유레카를 활용한 서비스 디스커버리'의 '스프링 클라우드의 넷플릭스 유레카를 활용한 서비스 디스커버리' 절을 참고한다.

에지 서버에 복합 상태 검사가 마련됐으므로 다음으로 스프링 클라우드 게이트웨이에 대해 설정해야 할 구성을 살펴보자.

## 스프링 클라우드 게이트웨이 구성

스프링 클라우드 게이트웨이를 구성할 때 가장 중요한 것은 라우팅 규칙 설정이다. 구성에서 몇 가지 다른 것들도 설정해야 한다.

1. 스프링 클라우드 게이트웨이는 넷플릭스 유레카를 사용해 트래픽을 라우팅할 마이크로서비스를 찾을 것이므로 9장 '넷플릭스 유레카를 활용한 서비스 디스커버리'의 '유레카 서버에 대한 클라이언트 구성' 절에 설명된 것과 동일한 방식으로 유레카 클라이언트로 구성해야 한다.

2. 스프링 부트 액추에이터를 개발 용도로 구성한다. 7장 '반응형 마이크로서비스 개발'의 '상태 API 추가' 절을 참고한다.

```
management.endpoint.health.show-details: "ALWAYS"
management.endpoints.web.exposure.include: "*"
```

3. 스프링 클라우드 게이트웨이의 내부 처리 과정(예: 들어오는 요청을 어디로 라우팅할지 결정하는 방법)에서 로그 메시지를 볼 수 있도록 로그 레벨을 구성한다.

```
logging:
  level:
    root: INFO
    org.springframework.cloud.gateway.route.RouteDefinitionRouteLocator: INFO
    org.springframework.cloud.gateway: TRACE
```

4. 스프링 클라우드 게이트웨이는 신뢰할 수 없는 프락시로부터 X-Forwarded-For나 Forwarded 같은 민감한 헤더의 전달을 방지하기 위해 신뢰할 수 있는 프락시의 IP 주소를 spring.cloud.gateway.trusted-proxies 프로퍼티에 지정하도록 요구한다. 개발 목적으로는 모든 IP 주소를 허용하도록 설정할 수 있다. 하지만 프로덕션 환경에서는 반드시 프락시에서 실제로 사용되는 IP 주소로 범위를 한정해야 한다. 이 책의 예제 코드의 경우 스웨거 UI에 접속하거나 "Try out an API" 기능을 시험해 보려면 신뢰할 수 있는 프락시가 필요하다(자세한 내용은 https://spring.io/security/cve-2025-41235를 참고). 개발 과정에서 신뢰할 수 있는 프락시를 지정하려면 다음 설정을 추가한다.

```
spring.cloud.gateway.trusted-proxies: ".*"
```

전체 소스코드는 구성 파일인 `src/main/resources/application.yml`을 참고한다.

### 라우팅 규칙

라우팅 규칙 설정은 두 가지 방법으로 할 수 있다. 자바 DSL을 사용해 프로그래밍 방식으로 하거나 구성으로 하는 것이다. 자바 DSL을 사용해 프로그래밍 방식으로 라우팅 규칙을 설정하는 것은 데이터베이스 같은 외부 저장소에 규칙을 저장하거나 RESTful API나 게이트웨이로 전송된 메시지를 통해 런타임 시에 규칙이 정해지는 경우에 유용할 수 있다. 반면 구성으로 처리하는 경우에는 구성 파일인 `src/main/resources/application.yml`에 라우팅 규칙을 선언하는 편이 더 편리할 것이다. 자바 코드에서 라우팅 규칙을 분리하면 새 버전의 마이크로서비스를 배포하지 않고도 라우팅 규칙을 업데이트할 수 있다.

**라우트**(route)는 다음과 같은 요소로 정의된다.

- **조건절**(predicate): 들어오는 HTTP 요청의 정보를 기반으로 라우트를 선택한다.
- **필터**(filter): 요청 및/또는 응답을 수정할 수 있다.
- **목적지 URI**(destination URI): 요청을 어디로 보낼지 설명한다.
- ID: 라우트의 이름

사용 가능한 조건절과 필터의 전체 목록은 공식 문서(`https://cloud.spring.io/spring-cloud-gateway/reference/html`)를 참고한다.

이어지는 절에서는 먼저 제품 복합 서비스와 유레카 서버로 요청을 라우팅하는 방법을 배운다. 그 후에는 이 책의 다른 곳에서는 사용되지 않지만 조건절과 필터를 어떻게 사용할 수 있는지 살펴본다.

#### 제품 복합 API로 요청 라우팅

예를 들어, URL 경로가 `/product-composite/`으로 시작하는 들어오는 요청을 `product-composite` 서비스로 라우팅하려면 다음과 같이 라우팅 규칙을 지정하면 된다.

```
spring.cloud.gateway.routes:
  - id: product-composite
  uri: lb://product-composite
  predicates:
  - Path=/product-composite/**
```

이 코드에서 주목할 점은 다음과 같다.

- `id: product-composite`: 라우트의 이름은 `product-composite`이다.
- `uri: lb://product-composite`: 라우트가 조건절에 의해 선택되면 요청은 디스커버리 서비스인 넷플릭스 유레카에서 `product-composite`이라는 이름의 서비스로 라우팅된다. 스프링 클라우드 게이트웨이가 디스커버리 서비스에서 목적지를 조회하기 위해 클라이언트 측 로드 밸런서를 사용하도록 `lb://` 프로토콜이 사용된다.
- `predicates: - Path=/product-composite/**`는 이 라우트가 매칭해야 할 요청을 지정하는 데 사용된다. `**`는 경로에서 0개 이상의 요소와 일치한다.

5장 'OpenAPI를 활용한 API 문서화'에서 설정한 **스웨거** UI로 요청을 라우팅하기 위해 `product-composite` 서비스에 대한 라우트를 별도로 추가한다.

```
- id: product-composite-swagger-ui
  uri: lb://product-composite
  predicates:
    - Path=/openapi/**
```

`/openapi/`로 시작하는 URI로 에지 서버에 전송된 요청은 `product-composite` 서비스로 전달된다.

스웨거 UI가 에지 서버 뒤에서 제공될 때는 정확한 서버 URL(`product-composite` 서비스 자체의 URL 대신 에지 서버의 URL)이 포함된 API의 OpenAPI 명세를 제공할 수 있어야 한다. 제품 복합 서비스가 OpenAPI 명세에서 정확한 서버 URL을 생성할 수 있도록 다음과 같은 구성을 제품 복합 서비스에 추가했다.

```
server.forward-headers-strategy: framework
```

자세한 내용은 공식 문서[1]를 참고한다.

OpenAPI 명세에 정확한 서버 URL이 설정됐는지 확인하기 위해 다음과 같은 테스트를 테스트 스크립트인 `test-em-all.bash`에 추가했다.

```
assertCurl 200 "curl -s http://$HOST:$PORT/openapi/v3/api-docs"
assertEqual "http://$HOST:$PORT" "$(echo $RESPONSE | jq -r .servers[].url)"
```

1 https://springdoc.org/index.html#how-can-i-deploy-springdoc-openapi-ui-behind-a-reverse-proxy

### 유레카 서버의 API와 웹 페이지로 요청 라우팅

유레카는 클라이언트용 API와 웹 페이지를 모두 노출한다. 유레카의 API와 웹 페이지를 깔끔하게 분리하기 위해 다음과 같이 라우트를 설정한다.

- /eureka/api/로 시작하는 경로로 에지 서버에 전송된 요청은 유레카 API 호출로 처리해야 한다.
- /eureka/web/으로 시작하는 경로로 에지 서버에 전송된 요청은 유레카 웹 페이지 호출로 처리해야 한다.

API 요청은 `http://${app.eureka-server}:8761/eureka`로 라우팅된다. 유레카 API에 대한 라우팅 규칙은 다음과 같다.

```
- id: eureka-api
  uri: http://${app.eureka-server}:8761
  predicates:
  - Path=/eureka/api/{segment}
  filters:
  - SetPath=/eureka/{segment}
```

`Path` 값의 `{segment}` 부분은 경로에서 0개 이상의 요소와 일치하고 `SetPath` 값의 `{segment}` 부분을 대체하는 데 사용된다.

웹 페이지 요청은 `http://${app.eureka-server}:8761`로 라우팅된다. 웹 페이지는 `.js`, `.css`, `.png` 파일 같은 몇 가지 웹 리소스를 로드할 것이다. 이 요청들은 `http://${app.eureka-server}:8761/eureka`로 라우팅된다. 유레카 웹 페이지에 대한 라우팅 규칙은 다음과 같다.

```
- id: eureka-web-start
  uri: http://${app.eureka-server}:8761
  predicates:
  - Path=/eureka/web
  filters:
  - SetPath=/

- id: eureka-web-other
  uri: http://${app.eureka-server}:8761
  predicates:
  - Path=/eureka/**
```

이 구성에서 다음과 같은 점을 알 수 있다. ${app.eureka-server} 프로퍼티는 활성화된 스프링 프로파일에 따라 스프링의 프로퍼티 메커니즘에 의해 해석된다.

1. 도커를 사용하지 않고 디버깅 목적 등으로 동일한 호스트에서 서비스를 실행할 때는 기본 프로파일을 사용해 localhost로 변환된다.
2. 서비스를 도커 컨테이너로 실행할 때는 넷플릭스 유레카 서버가 eureka라는 DNS 이름을 가진 컨테이너에서 실행될 것이다. 따라서 docker 프로파일을 사용해 eureka로 변환된다.

이러한 변환을 정의하는 application.yml 파일의 관련 부분은 다음과 같다.

```
app.eureka-server: localhost
---
spring.config.activate.on-profile: docker
app.eureka-server: eureka
```

이렇게 해서 product-composite과 유레카 서버 모두로 요청을 라우팅하는 방법을 살펴봤다. 마지막 단계로 스프링 클라우드 게이트웨이에서 조건절과 필터를 어떻게 사용할 수 있는지 살펴보자.

#### 프레디케이트와 필터를 이용한 요청 라우팅

스프링 클라우드 게이트웨이의 라우팅 기능에 대해 좀 더 알아보기 위해, 들어오는 요청의 호스트명을 사용해 요청을 어디로 라우팅할지 결정하는 호스트 기반 라우팅을 시도해 보자. HTTP 코드를 테스트하기 위해 내가 가장 선호하는 웹사이트 중 하나인 http://httpstat.us/를 사용하겠다.

단순히 http://httpstat.us/${CODE}로 호출하면 ${CODE} HTTP 코드와 HTTP 코드를 포함하는 응답 본문, 그리고 해당 설명 텍스트를 담은 응답이 반환된다. 예를 들면, 다음과 같은 curl 명령을 보자.

```
curl http://httpstat.us/200 -i
```

그럼 HTTP 코드 200과 '200 OK'가 포함된 응답 본문이 반환될 것이다.

http://${hostname}:8080/headerrouting에 대한 호출을 다음과 같이 라우팅하고 싶다고 가정해 보자.

- i.feel.lucky 호스트에 대한 호출은 200 OK를 반환해야 한다.
- im.a.teapot 호스트에 대한 호출은 418 I'm a teapot을 반환해야 한다.
- 다른 모든 호스트명에 대한 호출은 501 Not Implemented를 반환해야 한다.

스프링 클라우드 게이트웨이에서 이러한 라우팅 규칙을 구현하려면 **Host** 라우트 조건절을 사용해 특정 호스트명을 가진 요청을 선택하고, **SetPath** 필터를 사용해 요청 경로에 원하는 HTTP 코드를 설정하면 된다.

1. `http://i.feel.lucky:8080/headerrouting` 호출이 `200 OK`를 반환하게 하려면 다음과 같은 라우트를 설정하면 된다.

```
- id: host_route_200
  uri: http://httpstat.us
  predicates:
  - Host=i.feel.lucky:8080
  - Path=/headerrouting/**
  filters:
  - SetPath=/200
```

2. `http://im.a.teapot:8080/headerrouting` 호출이 `418 I'm a teapot`을 반환하게 하려면 다음과 같은 라우트를 설정하면 된다.

```
- id: host_route_418
  uri: http://httpstat.us
  predicates:
  - Host=im.a.teapot:8080
  - Path=/headerrouting/**
  filters:
  - SetPath=/418
```

3. 마지막으로 다른 모든 호스트명에 대한 호출이 `501 Not Implemented`를 반환하게 하려면 다음과 같은 라우트를 설정하면 된다.

```
- id: host_route_501
  uri: http://httpstat.us
  predicates:
  - Path=/headerrouting/**
  filters:
  - SetPath=/501
```

구성 설정이 많았으니 이제 직접 테스트해 보자.

## 에지 서버 테스트

에지 서버를 테스트하려면 다음 단계를 수행한다.

1. 먼저 다음 명령으로 도커 이미지를 빌드한다.

```
cd $BOOK_HOME/Chapter10
./gradlew clean build && docker compose build
```

2. 다음으로, 도커에서 시스템 환경을 시작하고 다음 명령으로 일반적인 테스트를 실행한다.

```
./test-em-all.bash start
```

3. 이전 장에서 본 것과 유사한 출력 결과를 기대할 수 있다.

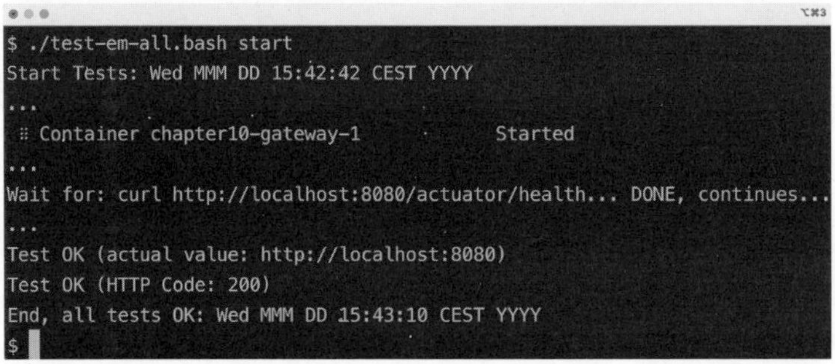


**그림 10.2** test-em-all.bash의 출력 결과

4. 로그 출력에서 끝에서 두 번째 테스트 결과인 `http://localhost:8080`에 주목하자. 이는 스웨거 UI의 OpenAPI 명세에서 서버 URL이 에지 서버의 URL로 올바르게 재작성됐음을 검증하는 테스트의 출력 결과다.

에지 서버를 비롯한 시스템 환경이 실행되고 있으므로 이번에는 다음 주제를 살펴보자.

- 도커 엔진에서 실행 중인 시스템 환경 외부로 에지 서버가 무엇을 노출하는지 검사하기
- 가장 자주 사용되는 라우팅 규칙을 다음과 같이 테스트하기
  - URL 기반 라우팅으로 에지 서버를 통해 API 호출하기
  - URL 기반 라우팅으로 에지 서버를 통해 스웨거 UI 호출하기
  - URL 기반 라우팅으로 에지 서버를 통해 넷플릭스 유레카 호출하기(API와 웹 기반 UI를 모두 사용)
  - 헤더 기반 라우팅으로 요청의 호스트명을 기반으로 요청을 어떻게 라우팅할 수 있는지 확인하기

## 도커 엔진 외부로 무엇이 노출되는지 검사하기

시스템 환경의 외부로 에지 서버가 무엇을 노출하는지 파악하려면 다음 단계를 수행한다.

1. docker compose ps 명령으로 서비스가 노출하는 포트를 확인한다.

```
docker compose ps gateway eureka product-composite product recommendation review
```

2. 다음과 같은 출력 결과에서 볼 수 있듯이, 오직 에지 서버(gateway라는 이름의)만 도커 엔진 외부로 포트(8080)를 노출한다.

```
NAME                            SERVICE             STATUS    PORTS
chapter10-eureka-1              eureka              running   8761/tcp
chapter10-gateway-1             gateway             running   0.0.0.0:8080->8080/tcp
chapter10-product-1             product             running   8080/tcp
chapter10-product-composite-1   product-composite   running   8080/tcp
chapter10-recommendation-1      recommendation      running   8080/tcp
chapter10-review-1              review              running   8080/tcp
$
```

**그림 10.3** docker-compose ps의 출력 결과

3. 에지 서버가 설정한 라우트를 보고 싶다면 /actuator/gateway/routes API를 사용하면 된다. 이 API의 응답은 꽤나 장황하다. 관심 있는 정보로 응답을 제한하기 위해 jq 필터를 적용할 수 있다. 다음 예에서는 라우트의 id와 요청이 라우팅될 uri를 선택한다.

```
curl localhost:8080/actuator/gateway/routes -s | jq '.[] | {"\(.route_id)": "\(.uri)"}' |
grep -v '{\|}'
```

4. 이 명령은 다음과 같이 응답할 것이다.

```
"product-composite": "lb://product-composite"
"product-composite-swagger-ui": "lb://product-composite"
"eureka-api": "http://eureka:8761"
"eureka-web-start": "http://eureka:8761"
"eureka-web-other": "http://eureka:8761"
"host_route_200": "http://httpstat.us:80"
"host_route_418": "http://httpstat.us:80"
"host_route_501": "http://httpstat.us:80"
```

**그림 10.4** 스프링 클라우드 게이트웨이의 라우팅 규칙

이를 통해 에지 서버에 실제로 구성된 라우트를 전반적으로 살펴볼 수 있다. 이제 라우트를 테스트해 보자.

# 라우팅 규칙 테스트

이번 절에서는 에지 서버와 시스템 환경 외부로 노출하는 라우트를 테스트해 보겠다. 제품 복합 API와 스웨거 UI를 호출하는 것으로 시작해 보자. 그런 다음, 유레카 API를 호출하고 웹 페이지를 방문할 것이다. 마지막으로 호스트명을 기반으로 하는 라우트를 테스트하면서 마무리한다.

## 에지 서버를 통한 제품 복합 API 호출

에지 서버를 통해 제품 복합 API를 호출하려면 다음 단계를 수행한다.

1. 에지 서버에서 무슨 일이 일어나는지 볼 수 있도록 로그 출력을 계속 대기한다.

```
docker compose logs -f --tail=0 gateway
```

2. 이제 별도의 터미널 창에서 에지 서버를 통해 `product-composite` API를 호출해 본다.

```
curl http://localhost:8080/product-composite/1
```

3. `product-composite` API의 정상적인 응답을 기대할 수 있다.

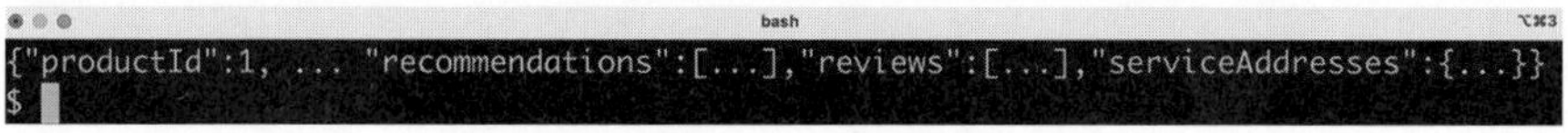


**그림 10.5** 제품 ID가 1인 제품 복합의 조회 결과

4. 로그 출력에서 다음과 같은 정보를 찾아볼 수 있을 것이다.

**그림 10.6** 에지 서버의 로그 출력

5. 로그 출력에서 구성에 지정한 조건절에 기반한 패턴 매칭을 볼 수 있고, 에지 서버가 디스커버리 서버의 사용 가능한 인스턴스 중에서 선택한 마이크로서비스 인스턴스를 볼 수 있다. 이 경우에는 `http://2911a48d86ec:8080/product-composite/1`로 요청을 전달한다.

### 에지 서버를 통한 스웨거 UI 호출

5장 'OpenAPI를 활용한 API 문서화'에서 소개한 스웨거 UI에 에지 서버를 통해 접근할 수 있는지 확인하려면 웹 브라우저에서 `http://localhost:8080/openapi/swagger-ui.html`을 열어 본다. 결과로 나타나는 스웨거 UI 페이지는 다음과 같을 것이다.

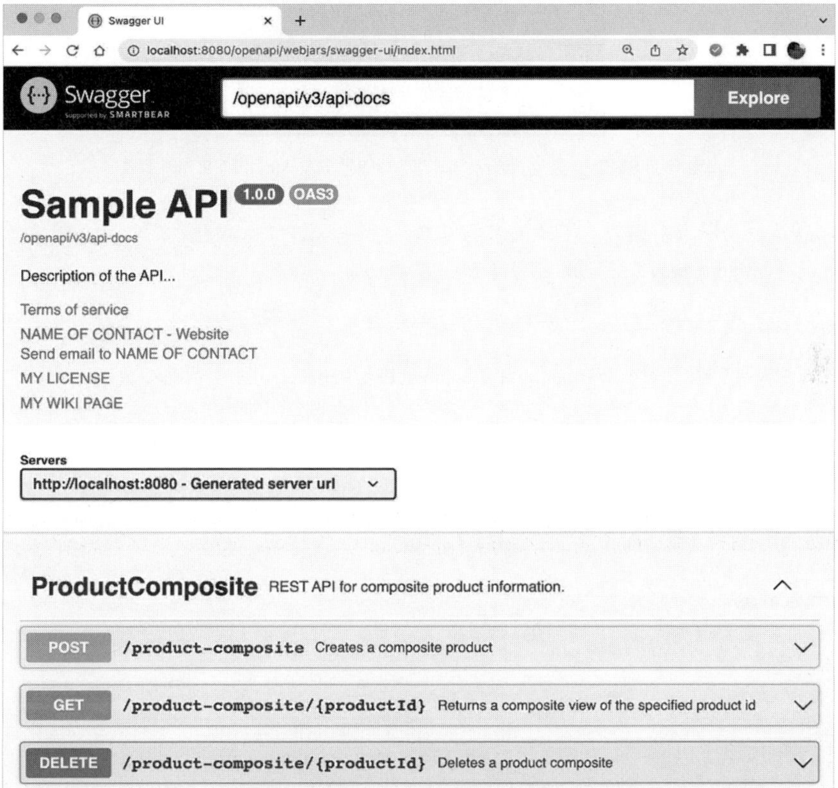


**그림 10.7** 에지 서버 게이트웨이를 통한 스웨거 UI

서버 URL인 `http://localhost:8080`에 주목하자. 이것은 `product-composite` API의 자체 URL인 `http://product-service:8080/`이 스웨거 UI가 반환한 OpenAPI 사양으로 대체됐음을 의미한다.

원한다면 5장에서 했던 것처럼 스웨거 UI에서 실제로 `product-composite` API를 테스트해 볼 수 있다.

### 에지 서버를 통한 유레카 호출

에지 서버를 통해 유레카를 호출하려면 다음 단계를 수행한다.

1. 먼저 디스커버리 서버에 현재 등록된 인스턴스가 무엇인지 보기 위해 에지 서버를 통해 유레카 API를 호출한다.

```
curl -H "accept:application/json" \
localhost:8080/eureka/api/apps -s ¦ \
jq -r '.applications.application[].instance[].instanceId'
```

2. 다음과 같은 응답을 기대할 수 있다.

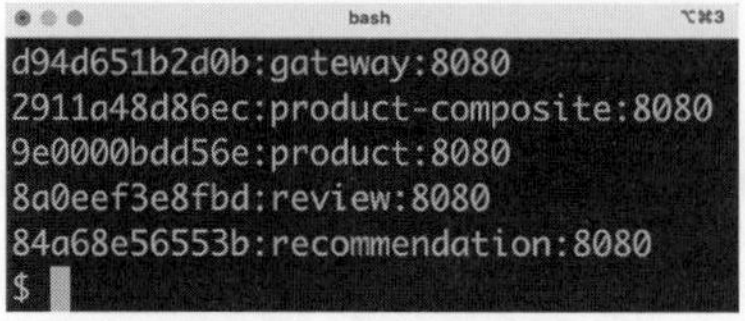


**그림 10.8** REST 호출 결과에서 유레카가 나열한 에지 서버, 게이트웨이 목록

> 에지 서버(`gateway`)도 응답에 포함된 것을 볼 수 있다.

3. 다음으로 웹 브라우저에서 `http://localhost:8080/eureka/web`으로 이동해 유레카 웹 페이지를 연다.

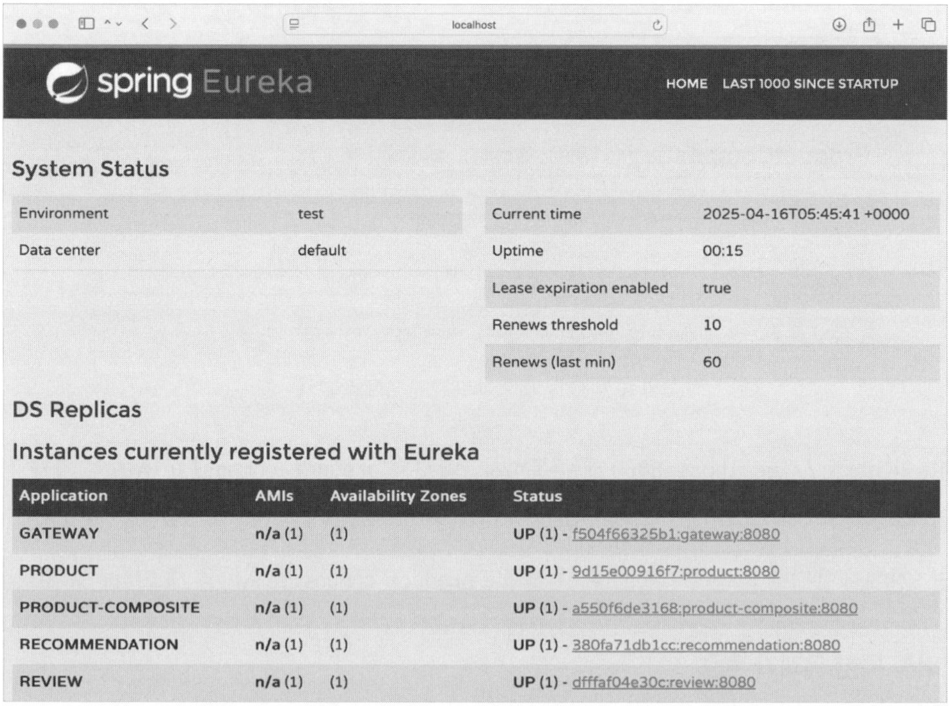


**그림 10.9** 웹 UI에서 유레카가 나열한 에지 서버, 게이트웨이 목록

4. 위 화면에서 볼 수 있듯이 유레카 웹 페이지는 이전 단계의 API 응답과 동일한 사용 가능한 인스턴스를 보여준다.

### 호스트 헤더를 기반으로 한 라우팅

호스트명(요청에 사용된) 기반의 라우트 구성을 테스트하면서 조건절과 필터가 어떻게 사용되는지 보는 것으로 이번 장을 마무리하자.

일반적으로 요청의 호스트명은 HTTP 클라이언트에 의해 자동으로 `Host` 헤더에 설정된다. 에지 서버를 로컬에서 테스트할 때는 호스트명이 `localhost`가 될 텐데, 이는 호스트명 기반 라우팅을 테스트할 때 그다지 유용하지 않다. 대신 API를 호출할 때 `Host` 헤더에 다른 호스트명을 지정해 호스트명을 변경할 수 있다. 이를 어떻게 할 수 있는지 보자.

1. `i.feel.lucky`라는 호스트명을 호출하려면 다음 코드를 사용한다.

```
curl http://localhost:8080/headerrouting -H "Host: i.feel.lucky:8080"
```

2. `200 OK` 응답을 기대할 수 있다.
3. `im.a.teapot` 호스트명에 대해서는 다음 명령을 사용한다.

```
curl http://localhost:8080/headerrouting -H "Host: im.a.teapot:8080"
```

4. `418 I'm a teapot` 응답을 기대할 수 있다.
5. 마지막으로 `Host` 헤더를 지정하지 않으면 `localhost`를 `Host` 헤더로 사용한다.

```
curl http://localhost:8080/headerrouting
```

6. `501 Not Implemented` 응답을 기대할 수 있다.

`i.feel.lucky`와 `im.a.teapot`을 요청에서 실제 호스트명으로 사용할 수도 있는데, `/etc/hosts` 파일에서 `localhost`와 동일한 IP 주소인 `127.0.0.1`로 변환돼야 한다고 지정하면 된다. 이렇게 하려면 다음 단계를 수행한다.

1. 다음 명령을 실행해 필요한 정보가 포함된 행을 `/etc/hosts` 파일에 추가한다.

```
sudo bash -c "echo '127.0.0.1 i.feel.lucky im.a.teapot' >> /etc/hosts"
```

2. 이제 `Host` 헤더를 지정하지 않고도 호스트명을 기반으로 동일한 라우팅을 수행할 수 있다. 다음 명령을 실행해 테스트해 보자.

```
curl http://i.feel.lucky:8080/headerrouting
curl http://im.a.teapot:8080/headerrouting
```

3. 이전과 동일한 응답, 즉 `200 OK`와 `418 I'm a teapot`을 예상할 수 있다.

4. `docker compose down` 명령으로 시스템 환경을 종료하면서 테스트를 마무리한다.

5. `/etc/hosts` 파일에서 호스트명인 `i.feel.lucky`와 `im.a.teapot`을 위해 추가한 항목들을 정리한다. `/etc/hosts` 파일을 열어 앞에서 추가한 행을 제거한다.

```
127.0.0.1 i.feel.lucky im.a.teapot
```

에지 서버의 라우팅 기능에 대한 이러한 테스트로 이번 장을 마친다.

## 정리

이번 장에서는 스프링 클라우드 게이트웨이를 에지 서버로 사용해 시스템 환경 외부에서 호출하는 것이 허용되는 서비스를 제어하는 방법을 살펴봤다. 조건절, 필터, 목적지 URI를 기반으로 매우 유연한 방식으로 라우팅 규칙을 정의할 수 있다. 원한다면 스프링 클라우드 게이트웨이가 넷플릭스 유레카와 같은 디스커버리 서비스를 사용해 대상 마이크로서비스 인스턴스를 찾도록 구성할 수 있다.

그런데 여전히 해결해야 할 중요한 과제가 남아있다. 바로 에지 서버가 노출하는 API에 대한 무단 접근과 제3자의 트래픽 가로채기를 어떻게 막을 것인가다.

다음 장에서는 바로 이러한 문제를 해결하기 위해 HTTPS, OAuth, OpenID Connect 같은 표준 보안 메커니즘으로 에지 서버 접근을 보호하는 방법을 알아보겠다.

## 문제

1. 스프링 클라우드 게이트웨이에서 라우팅 규칙을 만드는 데 사용되는 요소들을 무엇이라고 부르는가?

2. 앞에서 언급한 요소들의 용도는 무엇인가?

3. 스프링 클라우드 게이트웨이가 넷플릭스 유레카와 같은 디스커버리 서비스를 통해 마이크로서비스 인스턴스를 찾게 하려면 어떻게 해야 하는가?

4. 도커 환경에서 도커 엔진에 대한 외부 HTTP 요청이 에지 서버에만 도달할 수 있게 하려면 어떻게 해야 하는가?

5. 에지 서버가 제품 복합 서비스에 대한 호출을 현재 사용 중인 `http://$HOST:$PORT/product-composite` 대신 `http://$HOST:$PORT/api/product` 경로로 받게 하려면 라우팅 규칙을 어떻게 변경해야 하는가?

# 11

# API에 대한 접근 보안

이번 장에서는 앞에서 소개한 에지 서버가 노출하는 API와 웹 페이지에 대한 접근을 보호하는 방법을 살펴본다. HTTPS를 사용해 API에 대한 외부 접근을 도청으로부터 보호하고 OAuth 2.0과 OpenID Connect를 사용해 사용자와 클라이언트 애플리케이션을 인증하고 권한을 부여해 API에 접근하는 방법을 배운다. 마지막으로 HTTP 기본 인증을 사용해 디스커버리 서버인 넷플릭스 유레카에 대한 접근을 보호한다.

이번 장에서 다룰 주제는 다음과 같다.

- OAuth 2.0과 OpenID Connect 표준 소개
- 시스템 환경을 보호하는 일반적인 방법
- HTTPS를 이용한 외부 통신 보호
- 디스커버리 서버인 넷플릭스 유레카에 대한 접근 보호
- 시스템 환경에 로컬 인가 서버 추가
- OAuth 2.0과 OpenID Connect를 활용한 API 접근 인증 및 인가
- 로컬 인가 서버를 이용한 테스트
- 외부 OpenID Connect 제공자인 Auth0를 이용한 테스트

## 기술적 요구사항

이 책에서 사용하는 도구를 설치하는 방법과 이 책의 소스코드를 내려받는 방법은 다음을 참고한다.

- 21장 'macOS용 설치 안내'
- 22장 'WSL 2 및 우분투가 탑재된 마이크로소프트 윈도우용 설치 안내'

이번 장의 모든 코드 예제는 `$BOOK_HOME/Chapter11`의 소스코드에서 가져온 것이다.

이번 장의 소스코드에 적용된 변경 사항, 즉 마이크로서비스 환경의 API 접근을 보호하는 데 필요한 사항을 보려면 10장 '스프링 클라우드 게이트웨이를 활용해 에지 서버 뒤로 마이크로서비스 숨기기'의 소스코드와 비교해 보면 된다. 즐겨 사용하는 코드 비교 도구를 사용해 `$BOOK_HOME/Chapter10`과 `$BOOK_HOME/Chapter11` 폴더를 비교해 본다.

## OAuth 2.0과 OpenID Connect 소개

OAuth 2.0과 OpenID Connect를 소개하기에 앞서 인증과 인가의 의미를 명확하게 짚고 넘어가자. **인증**(authentication)은 사용자가 제공한 자격 증명(예: 사용자명과 비밀번호)을 검증해 사용자를 식별하는 것을 의미한다. **인가**(authorization)는 인증된 사용자에게 API의 다양한 부분에 대한 접근 권한을 부여하는 것과 관련이 있다.

OAuth 2.0은 **권한 위임**(authorization delegation)을 위한 개방형 표준이고, OpenID Connect는 인가 서버에서 수행한 인증을 기반으로 클라이언트 애플리케이션이 사용자의 ID를 확인할 수 있게 하는 OAuth 2.0의 확장이다. OAuth 2.0과 OpenID Connect를 간략히 살펴보고 각각의 목적을 먼저 이해해 보자.

### OAuth 2.0 소개

OAuth 2.0은 인가를 위한 개방형 표준으로서 사용자가 제3자 클라이언트 애플리케이션에게 사용자명으로 보호된 리소스에 접근할 수 있는 권한을 부여할 수 있게 해준다. 제3자 클라이언트 애플리케이션에게 사용자를 대신해서 API 호출 같은 작업을 수행할 권한을 부여하는 것을 **권한 위임**이라고 한다.

그럼 이것은 무엇을 의미할까?

관련 개념을 정리하는 것부터 시작해 보자.

- **리소스 소유자**(resource owner): 최종 사용자
- **클라이언트**(client): 최종 사용자명으로 보호된 API를 호출하려는 웹 앱이나 네이티브 모바일 앱 같은 제3자 클라이언트 애플리케이션
- **리소스 서버**(resource server): 보호하고자 하는 API를 노출하는 서버
- **인가 서버**(authorization server): 인가 서버에서는 리소스 소유자, 즉 최종 사용자가 인증된 후 클라이언트에게 토큰을 발행한다. 사용자 정보 관리 및 사용자 인증은 일반적으로 뒷단에서 ID **제공자**(Identity Provider; IdP)에게 위임된다.

클라이언트는 인가 서버에 등록되고 **클라이언트 ID**(client ID)와 **클라이언트 시크릿**(client secret)을 받는다. 클라이언트 시크릿은 비밀번호와 마찬가지로 클라이언트에 의해 보호받아야 한다. 또한 클라이언트는 허용된 **리디렉션 URI**(redirect URI)와 함께 등록되는데, 이 URI들은 사용자가 인증된 후 인가 서버가 발행된 **인가 코드**(authorization code)와 **토큰**(token)을 다시 클라이언트 애플리케이션으로 보내는 데 사용된다.

예시를 통해 이를 설명해보겠다. 사용자가 제3자 클라이언트 애플리케이션에 접근하고 클라이언트 애플리케이션이 사용자에게 서비스를 제공하기 위해 보호된 API를 호출하려 한다고 가정해 보자. 이러한 API에 접근하려면 클라이언트 애플이케이션은 자신이 사용자를 대신해서 동작하고 있음을 API에 알려줄 방법이 필요하다. 사용자가 클라이언트 애플리케이션과 자격 증명을 공유해야만 하는 인증 솔루션을 사용하지 않아도 되게끔 인가 서버에서 **접근 토큰**(access token)을 발급해서 클라이언트 애플리케이션에게 해당 사용자명에 따라 특정 API 집합에 대한 제한된 접근 권한을 부여한다.

이것은 사용자가 클라이언트 애플리케이션에 자격 증명을 공개하지 않아도 된다는 것을 의미한다. 또한 사용자는 클라이언트 애플리케이션이 사용자를 대신해서 특정 API에 접근하는 것을 허가할 수 있다. 접근 토큰은 OAuth 2.0 용어로 스코프(scope)로 표현되는 유효 시간이 제한된 접근 권한을 나타낸다. **리프레시 토큰**(refresh token)도 인가 서버에 의해 클라이언트 애플리케이션에 발급될 수 있다. 리프레시 토큰은 사용자 개입 없이 클라이언트 애플리케이션이 새로운 접근 토큰을 얻는 데 사용될 수 있다.

OAuth 2.0 사양은 접근 토큰을 발급하기 위한 4가지 인가 승인 흐름을 정의하고 있으며, 각각 다음과 같다.

- **인가 코드 승인 흐름**(Authorization code grant flow): 가장 안전하지만 가장 복잡한 승인 흐름이다. 이 승인 흐름에서는 사용자가 인증 및 클라이언트 애플리케이션에 대한 동의를 위해 웹 브라우저를 사용해 인가 서버와 상호 작용해야 한다. 이를 다음 다이어그램에서 확인할 수 있다.

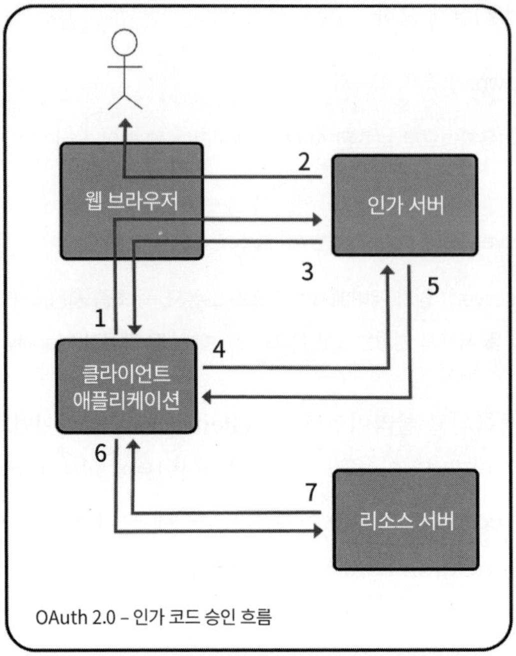


**그림 11.1** OAuth 2.0 – 인가 코드 승인 흐름

다음은 이 다이어그램에서 일어나는 흐름을 설명한 것이다.

1. 클라이언트 애플리케이션은 사용자를 웹 브라우저의 인가 서버로 보내 승인 흐름을 시작한다.
2. 인가 서버는 사용자를 인증하고 사용자의 동의를 요청한다.
3. 인가 서버는 사용자를 인가 코드와 함께 클라이언트 애플리케이션으로 다시 리디렉션한다. 인가 서버는 1단계에서 클라이언트가 지정한 **리디렉션 URI**를 사용해 인가 코드를 어디로 보낼지 알게 된다. 인가 코드는 웹 브라우저를 통해 클라이언트 애플리케이션으로 전달된다. 이는 악의적인 자바스크립트 코드가 인가 코드를 가로챌 수 있는, 상대적으로 안전하지 않은 환경이므로 인가 코드는 일회성이며 짧은 시간 동안만 유효하다.
4. 인가 코드를 접근 토큰과 교환하기 위해 클라이언트 애플리케이션은 인가 서버를 다시 호출해야 한다. 클라이언트 애플리케이션은 클라이언트 ID와 클라이언트 시크릿을 인가 코드와 함께 인가 서버에 제시해야 한다. 클라이언트 시크릿은 민감한 정보라서 보호받아야 하므로 이 호출은 서버 측 코드에서 실행돼야 한다.
5. 인가 서버는 접근 토큰을 발급하고 이를 클라이언트 애플리케이션에 다시 보낸다. 인가 서버에서는 리프레시 토큰을 발급하고 반환할 수도 있다.
6. 클라이언트는 접근 토큰을 사용해 리소스 서버에서 노출한 보호된 API에 요청을 보낼 수 있다.
7. 리소스 서버는 접근 토큰의 유효성을 검사하고 유효성 검사가 성공하면 요청을 처리한다. 접근 토큰이 유효하기만 하다면 6단계와 7단계를 반복할 수 있다. 접근 토큰의 수명이 만료되면 클라이언트는 리프레시 토큰을 사용해 새 접근 토큰을 획득할 수 있다.

- **암시적 승인 흐름**(Implicit grant flow): 이 흐름도 웹 브라우저 기반이지만 클라이언트 시크릿을 보호할 수 없는 클라이언트 애플리케이션(예: 단일 페이지 웹 애플리케이션)을 위한 것이다. 웹 브라우저는 인가 코드 대신 접근 토큰을 인가 서버로부터 다시 받는다. 암시적 승인 흐름은 인가 코드 승인 흐름보다 안전성이 떨어지므로 클라이언트는 리프레시 토큰을 요청할 수 없다.

> 암시적 승인 흐름은 지원 중단되고 OAuth 2.1 초안 사양에서 제거됐으므로(아래 참조) 더 이상 사용해서는 안 된다.

- **리소스 소유자 비밀번호 자격 증명 승인 흐름**(Resource owner password credentials grant flow): 클라이언트 애플리케이션이 웹 브라우저와 상호 작용할 수 없는 경우 이 승인 흐름으로 대체할 수 있다. 이 승인 흐름에서 사용자는 클라이언트 애플리케이션과 자격 증명을 공유해야 하며, 클라이언트 애플리케이션은 이러한 자격 증명을 사용해 접근 토큰을 획득한다.

> 리소스 소유자 비밀번호 자격 증명 승인 흐름은 지원 중단되고 OAuth 2.1 초안 사양에서 제거됐으므로(아래 참조) 더 이상 사용해서는 안 된다.

- **클라이언트 자격 증명 승인 흐름**(Client credentials grant flow): 클라이언트 애플리케이션이 특정 사용자와 무관한 API를 호출해야 하는 경우 자체 클라이언트 ID와 클라이언트 시크릿을 사용해 접근 토큰을 획득하기 위해 이 승인 흐름을 사용할 수 있다.

전체 사양은 `https://tools.ietf.org/html/rfc6749`에서 확인할 수 있다. OAuth 2.0의 다양한 측면을 자세히 설명하는 추가 사양도 여럿 있다. 전반적인 개요는 `https://www.oauth.com/oauth2-servers/map-oauth-2-0-specs/`를 참고한다. 특별히 주목할 만한 추가 사양 중 하나는 'RFC 7636 – OAuth 공개 클라이언트에 의한 코드 교환 증명 키(Proof Key for Code Exchange by OAuth Public Clients, 줄여서 PKCE)'로서 `https://tools.ietf.org/html/rfc7636`에서 확인할 수 있다.

이 사양은 모바일 네이티브 앱이나 데스크톱 애플리케이션과 같은 안전하지 않은 공개 클라이언트가 별도의 보안 계층을 추가해서 인가 코드 승인 흐름을 안전한 방식으로 활용할 수 있는 방법을 설명한다.

OAuth 2.0 규격은 2012년에 발표됐고, 수년에 걸쳐 무엇이 효과가 있고 무엇이 효과가 없는지에 대해 많은 교훈을 얻었다. 2019년에 OAuth 2.0을 사용한 모든 모범 사례와 경험을 통합한 OAuth 2.1을 수립하기 위한 작업이 시작됐다. 초안 버전은 `https://tools.ietf.org/html/draft-ietf-oauth-v2-1-13`에서 확인할 수 있다.

내가 생각하기에 OAuth 2.1의 가장 중요한 개선 사항은 다음과 같다.

- PKCE가 인가 코드 승인 흐름에 통합된다. 앞에서 설명한 대로 보안을 개선하기 위해 공개 클라이언트에서 PKCE 사용이 필요할 것이다. 인가 서버가 클라이언트의 자격 증명을 확인할 수 있는 기밀 클라이언트의 경우 PKCE 사용이 필수는 아니며 권장된다.
- 암시적 승인 흐름은 사용되지 않으며, 보안이 취약하기 때문에 사양에서 제외됐다.
- 리소스 소유자 비밀번호 자격 증명 승인 흐름도 같은 이유로 사양에서 제외됐다.

향후 OAuth 2.1 사양의 방향성을 감안했을 때 이 책에서는 인가 코드 승인 흐름과 클라이언트 자격 증명 승인 흐름만 사용한다.

> OAuth 2.0으로 보호되는 API에 대해 테스트를 자동화할 때는 웹 브라우저를 사용한 수동 상호 작용이 필요하지 않으므로 클라이언트 자격 증명 승인 흐름이 매우 유용하다. 이번 장 후반부에서 테스트 스크립트를 통해 이 승인 흐름을 사용하겠다('테스트 스크립트의 변경사항' 절을 참고).

## OpenID Connect 소개

OpenID Connect(줄여서 **OIDC**)는 앞에서 언급한 바와 같이 클라이언트 애플리케이션이 사용자의 ID를 확인할 수 있도록 하는 OAuth 2.0의 확장이다. OIDC는 클라이언트 애플리케이션이 승인 흐름이 완료된 후 인가 서버에서 반환하는 토큰인 ID 토큰을 추가한다.

ID 토큰은 **JWT(JSON Web Token)**로 인코딩되며 사용자의 ID와 이메일 주소 같은 여러 클레임을 포함한다. ID 토큰은 JSON 웹 서명을 사용해 디지털 서명된다. 이를 통해 클라이언트 애플리케이션이 인가 서버의 공개키를 사용해 디지털 서명을 검증함으로써 ID 토큰의 정보를 신뢰할 수 있다.

접근 토큰도 ID 토큰과 동일한 방식으로 인코딩되고 서명될 수 있지만 사양에 따르면 필수사항은 아니다. 또한 중요한 것은 OIDC가 **디스커버리 엔드포인트(discovery endpoint)**를 정의한다는 것인데, 디스커버리 엔드포인트는 인가 코드 및 토큰 요청 또는 디지털 서명된 JWT를 확인하기 위한 공개키 획득과 같은 중요 엔드포인트에 대한 URL을 설정하는 표준화된 방법이다. 마지막으로 **사용자 정보 엔드포인트(user-info endpoint)**도 정의하는데, 사용자 정의 엔드포인트는 접근 토큰을 받은 인증된 사용자에 대한 추가 정보를 얻는 데 사용될 수 있다.

사양에 대한 개요는 `https://openid.net/developers/specs/`를 참고한다.

> 이 책에서는 OpenID Connect 사양을 준수하는 인가 서버만 사용한다. 이를 통해 디스커버리 엔드포인트로 리소스 서버의 구성을 단순화할 수 있다. 또한 접근 토큰의 진위 여부를 리소스 서버에서 확인하는 방법을 단순화하기 위해 디지털 서명된 JWT 접근 토큰에 대한 선택적 지원 기능도 사용한다. 자세한 내용은 이후에 나올 '에지 서버 및 product-composite 서비스의 변경 사항' 절을 참고한다.

이렇게 해서 OAuth 2.0 및 OpenID Connect 표준을 소개했다. 이번 장의 뒷부분에서 이러한 표준을 사용하는 방법을 자세히 알아본다. 다음 절에서는 시스템 환경을 어떻게 보호할 것인지 전체적인 관점에서 살펴본다.

## 시스템 환경 보호

이번 장의 도입부에서 설명한 대로 시스템 환경을 보호하기 위해 다음과 같은 단계를 수행하겠다.

1. 도청으로부터 보호하기 위해 HTTPS를 사용해 외부 API에 대한 외부 요청과 응답을 암호화한다.
2. OAuth 2.0 및 OpenID Connect를 사용해 API에 접근하는 사용자와 클라이언트 애플리케이션을 인증하고 인가한다.
3. HTTP 기본 인증을 사용해 디스커버리 서버인 넷플릭스 유레카에 대한 접근을 보호한다.

시스템 환경 내의 통신에는 평문 HTTP(plain HTTP)를 사용하는 반면, 에지 서버에 대한 외부 통신에만 HTTPS를 적용하겠다.

> 이 책의 뒷부분에 나오는 서비스 메시에 대한 장(18장, '서비스 메시를 활용한 관찰 가능성과 관리 개선')에서는 서비스 메시 제품을 활용해 시스템 환경 내부의 통신을 보호하기 위해 HTTPS를 자동으로 프로비저닝하는 방법을 살펴본다.

여기서는 테스트를 위해 시스템 환경에 로컬 OAuth 2.0 인가 서버를 추가하겠다. 인가 서버와의 모든 외부 통신은 에지 서버를 통해 라우팅된다. 에지 서버와 `product-composite` 서비스는 OAuth 2.0 리소스 서버 역할을 할 것이다. 즉, 접근을 허용하려면 유효한 OAuth 2.0 접근 토큰이 필요하다.

접근 토큰 검증에 대한 오버헤드를 최소화하기 위해 접근 토큰이 서명된 JWT로 인코딩되고, 인가 서버가 서명 검증에 필요한 공개키(**JSON Web Key Set**, 줄여서 **jwk-set**)에 접근하는 데 사용할 수 있는 엔드포인트를 노출한다고 가정한다.

시스템 환경은 다음과 같다.

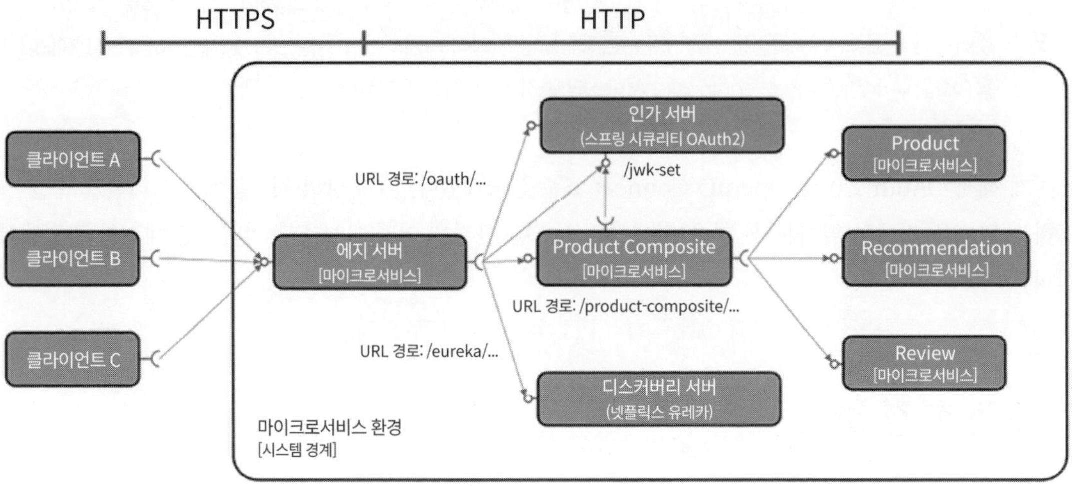


**그림 11.2** 인가 서버를 시스템 환경에 추가

위 다이어그램에서 다음 사항을 확인할 수 있다.

- 외부 통신에는 HTTPS를 사용하는 반면, 시스템 환경 내부에서는 평문 HTTP를 사용한다.
- 로컬 OAuth 2.0 인가 서버는 에지 서버를 통해 외부에서 접근한다.
- 에지 서버와 `product-composite` 마이크로서비스는 모두 접근 토큰을 서명된 JWT로 검증한다.
- 에지 서버와 `product-composite` 마이크로서비스는 인가 서버의 `jwk-set` 엔드포인트에서 공개키를 가져와 JWT 기반 접근 토큰의 서명을 검증하는 데 사용한다.

> 참고로 여기서는 HTTP를 통한 API 접근을 보호하는 데 중점을 둘 것이며, OWASP Top Ten Project에서 지적한 웹 애플리케이션 보안 위험 관리와 같은 웹 애플리케이션 보안을 위한 일반적인 모범 사례는 다루지 않겠다. 자세한 내용은 `https://owasp.org/www-project-top-ten/`을 참고한다.

이렇게 해서 시스템 환경을 보호하는 방법을 전체적으로 살펴봤으므로 HTTPS를 사용해 도청으로부터 외부 통신을 보호하는 법을 알아보자.

## HTTPS를 이용한 외부 통신 보호

이번 절에서는 에지 서버가 노출하는 공개 API를 통한 외부 통신(예: 인터넷)에 대한 도청을 방지하는 법을 배운다. 여기서는 통신을 암호화하기 위해 HTTPS를 사용하겠다. HTTPS를 사용하려면 다음과 같은 작업을 수행해야 한다.

이번 절에서는 에지 서버에서 노출하는 공개 API를 통한 외부 통신(예: 인터넷)에 대한 도청을 방지하는 법을 배운다. 여기서는 통신을 암호화하기 위해 HTTPS를 사용하겠다. HTTPS는 내부적으로 **SSL(Secure Sockets Layer)** 프로토콜을 사용해 통신을 암호화한다. SSL은 통신에서 개인정보 보호, 인증, 데이터 무결성을 제공하는 프로토콜이다. 시간이 지나면서 SSL은 더욱 안전하고 현대적인 기술인 **TLS(Transport Layer Security)**으로 대체됐다.

HTTPS를 사용하려면 다음과 같은 작업을 수행해야 한다.

- 인증서 생성: 개발 목적으로 충분한 자체 서명 인증서를 생성한다.
- 에지 서버 구성: 인증서를 사용해 HTTPS 기반 외부 트래픽만 허용하도록 구성한다.

자체 서명 인증서는 다음 명령으로 생성한다.

```
keytool -genkeypair -alias localhost -keyalg RSA -keysize 2048 -storetype PKCS12 -keystore edge.p12 -validity 3650
```

> 소스코드에는 샘플 인증서 파일이 포함돼 있으므로 이후 예제를 실행하기 위해 이 명령을 실행할 필요는 없다.

이 명령을 실행하면 여러 매개변수를 입력해달라고 요청한다. 비밀번호의 경우에는 `password`를 입력했다. 나머지 매개변수에 대해서는 기본값을 그대로 사용하기 위해 빈 값을 입력했다. 생성된 인증서 파일인 `edge.p12`는 `gateway` 프로젝트 폴더인 `src/main/resources/keystore`에 위치한다. 즉, 인증서 파일은 빌드 시 `.jar` 파일에 포함되며, 런타임에 `keystore/edge.p12` 클래스패스에서 사용할 수 있다.

> 개발 중에는 클래스패스를 사용해 인증서를 제공하는 것으로 충분하지만 프로덕션 환경과 같은 다른 환경에는 이 같은 방법을 적용할 수 없다. 런타임에 이 인증서를 외부 인증서로 교체하는 방법은 이후에 나올 '런타임에 자체 서명 인증서 교체하기' 절을 참고한다.

SSL과 TLS로 보안 통신을 구성하는 것은 기본적으로 복잡하다. 이러한 복잡성은 서로 다른 라이브러리, 심지어 동일한 라이브러리의 메이저 버전들조차 서로 다른 방식으로 구성해야 할 때가 많다는 점에서 비롯된다. **SSL 번들(SSL Bundle)**은 이 과정을 단순화하기 위해 스프링 부트 3.1에서 도입됐으며, SSL과 TLS 구성을 간소화하고 중앙집중화하도록 고안된 개념이다. SSL 번들은 **JKS**나 **PKCS12** 형식의 **자바 키스토어(Java KeyStore)** 파일과 PEM 형식으로 인코딩된 인증서를 모두 지원한다. SSL 번들을 구성하고 나면 웹 서버나 데이터베이스, 큐 관리자, 큐 클라이언트 같은 여러 유형의 연결에서 재사용할 수 있다. 이 책에서는 에지 서버가 SSL 번들을 이용해 웹 서버와의 통신을 보호할 것이다. 스프링 부트에서 SSL 번들을 사용하는 자세한 방법은 `https://docs.spring.io/spring-boot/reference/features/ssl.html`을 참고한다.

에지 서버가 이러한 인증서와 HTTPS를 사용하도록 구성하기 위해 `gateway` 프로젝트의 `application.yml`에 다음 내용을 추가한다.

```
server.port: 8443

spring.ssl.bundle.jks.gateway:
  key:
    alias: localhost
  keystore:
    type: PKCS12
    location: classpath:keystore/edge.p12
    password: password

server.ssl.bundle: gateway
```

위 소스코드에서 다음과 같은 사항을 확인할 수 있다.

- 먼저 gateway라는 이름의 자바 키스토어용 SSL 번들을 선언한다.
- SSL 번들은 classpath:keystore/edge.p12로 설정된 keystore.location 매개변수에서 인증서의 경로를 가리킨다. 이는 클래스패스의 keystore/edge.p12 위치에 있는 인증서를 사용한다는 의미다.
- 인증서의 비밀번호는 keystore.password 매개변수로 지정한다.
- 에지 서버가 HTTP가 아닌 HTTPS로 통신한다는 것을 나타내기 위해 server.port 매개변수에서 포트를 8080에서 8443으로 변경한다.
- 다음으로, server.ssl.bundle 매개변수를 사용해 내장된 웹 서버에서 gateway SSL 번들을 사용하도록 지정한다.

에지 서버에서 이렇게 변경하는 것 외에도 포트 및 HTTP 프로토콜의 변경 사항을 반영하기 위해 다음 파일에서도 HTTP를 HTTPS로, `8080`번을 `8443`번으로 바꿀 필요가 있다.

- 3개의 도커 컴포즈 파일: `docker-compose*.yml`
- 테스트 스크립트: `test-em-all.bash`

앞에서 언급했듯이 클래스패스를 통해 인증서를 제공하는 것은 개발 중에만 적절한 방법이다. 런타임에 이 인증서를 외부 인증서로 교체하는 방법을 살펴보자.

## 런타임에 자체 서명 인증서 교체하기

`.jar` 파일에 자체 서명 인증서를 포함하는 것은 개발 시에만 유용하다. 테스트 또는 프로덕션과 같은 런타임 환경에서 작동하는 솔루션의 경우 공인된 **인증 기관**(Certificate Authority; CA)에서 서명한 인증서를 사용할 수 있어야 한다.

또한 `.jar` 파일을 다시 빌드하고, 도커를 사용할 때 `.jar` 파일이 포함된 도커 이미지를 다시 빌드할 필요 없이 런타임 중에 사용할 인증서를 지정할 수 있어야 한다. 도커 컴포즈로 도커 컨테이너를 관리할 때 도커 호스트에 있는 인증서에 도커 컨테이너의 볼륨을 매핑할 수 있다. 또한 도커 볼륨의 외부 인증서를 가리키는 도커 컨테이너에 대한 환경변수를 설정할 수 있다.

> 15장, '쿠버네티스 소개'에서는 쿠버네티스에 관해 다루며, 클러스터, 즉 컨테이너가 단일 도커 호스트가 아닌 도커 호스트 그룹에서 예약되는 경우 도커 컨테이너를 실행하는 데 적합한 인증서와 같은 시크릿을 처리하는 방법에 대한 더 강력한 해결책을 살펴볼 것이다.
>
> 이번 장에서 설명한 변경 사항은 이 책의 깃허브 리포지터리에 있는 소스코드에는 적용되지 않았으므로 실제 동작 방식을 확인하려면 직접 수정해야 한다.

`.jar` 파일에 포함된 인증서를 교체하려면 다음 단계를 수행한다.

1. 두 번째 인증서를 생성하고 비밀번호를 입력하라고 요청할 때 `testtest`로 설정한다.

```
cd $BOOK_HOME/Chapter11
mkdir keystore
keytool -genkeypair -alias localhost -keyalg RSA -keysize 2048 -storetype PKCS12 -keystore
keystore/edge-test.p12 -validity 3650
```

2. 도커 컴포즈 파일인 docker-compose.yml을 새 인증서의 위치, 비밀번호, 새 인증서가 저장된 폴더에 매핑되는 볼륨에 대한 환경변수로 업데이트한다. 변경 후 에지 서버의 구성은 다음과 같다.

```
gateway:
  environment:
    - SPRING_PROFILES_ACTIVE=docker
    - SERVER_SSL_BUNDLE_JKS_GATEWAY_KEYSTORE_LOCATION=file:/keystore/edge-test.p12
    - SERVER_SSL_BUNDLE_JKS_GATEWAY_KEYSTORE_PASSWORD=testtest
  volumes:
    - $PWD/keystore:/keystore
  build: spring-cloud/gateway
  mem_limit: 512m
  ports:
    - "8443:8443"
```

3. 에지 서버가 실행 중인 경우 다음 명령으로 재시작해야 한다.

```
docker compose up -d --scale gateway=0
docker compose up -d --scale gateway=1
```

> docker compose restart gateway 명령은 게이트웨이 서비스를 재시작하는 좋은 방법처럼 보일 수 있지만 실제로는 docker-compose.yml의 변경 사항을 고려하지 않는다. 따라서 이 경우에는 유용한 명령이 아니다.

4. 이제 새 인증서가 사용된다.

이로써 HTTPS를 사용해 외부 통신을 보호하는 방법을 살펴봤다. 다음 절에서는 HTTP 기본 인증을 사용해 디스커버리 서버인 넷플릭스 유레카에 대한 접근을 보호하는 방법을 배운다.

## 디스커버리 서버에 대한 접근 보호

앞에서 HTTPS를 사용해 외부 통신을 보호하는 방법을 배웠다. 이제 HTTP 기본 인증을 사용해 디스커버리 서버인 넷플릭스 유레카의 API와 웹 페이지에 대한 접근을 제한하겠다. 즉, 접근하려면 사용자명과 비밀번호를 제공해야 한다. 다음과 같이 유레카 서버와 유레카 클라이언트를 모두 변경해야 한다.

## 유레카 서버의 변경 사항

유레카 서버를 보호하기 위해 소스코드에 다음과 같은 변경 사항을 추가한다.

1. build.gradle에 스프링 시큐리티에 대한 의존성을 추가한다.

```
implementation 'org.springframework.boot:spring-boot-starter-security'
```

2. SecurityConfig 클래스에 보안 구성을 추가한다.

   a. 사용자는 다음과 같이 정의된다.

```
@Bean
public InMemoryUserDetailsManager userDetailsService() {
  UserDetails user = User.withDefaultPasswordEncoder()
          .username(username)
          .password(password)
          .roles("USER")
          .build();
  return new InMemoryUserDetailsManager(user);
}
```

   b. username과 password는 구성 파일로부터 생성자로 주입된다.

```
public SecurityConfig(
  @Value("${app.eureka-username}") String username,
  @Value("${app.eureka-password}") String password
) {
  this.username = username;
  this.password = password;
}
```

   c. 모든 API와 웹 페이지는 다음과 같은 정의를 사용해 HTTP 기본 인증으로 보호된다.

```
@Bean
public SecurityFilterChain configure(HttpSecurity http) throws Exception {
  // 서비스가 유레카에 스스로를 등록할 수 있도록 CSRF를 비활성화
  http
    .csrf(csrf -> csrf.disable())
    .authorizeHttpRequests(requests ->
      requests.anyRequest().authenticated())
```

```
    .httpBasic(Customizer.withDefaults());
    return http.build();
  }
```

3. 사용자의 자격 증명은 구성 파일인 `application.yml`에 설정된다.

```
app:
  eureka-username: u
  eureka-password: p
```

4. 마지막으로, 테스트 클래스인 `EurekaServerApplicationTests`는 유레카 서버의 API를 테스트할 때 구성 파일의 자격 증명을 사용한다.

```
@Value("${app.eureka-username}")
private String username;

@Value("${app.eureka-password}")
private String password;

@Autowired
void setTestRestTemplate(TestRestTemplate testRestTemplate) {
  this.testRestTemplate = testRestTemplate.withBasicAuth(username, password);
}
```

위 단계는 디스커버리 서버인 넷플릭스 유레카의 API와 웹 페이지에 대한 접근을 제한하는 데 필요하다. 이제 HTTP 기본 인증을 사용하며, 접근하려면 사용자명과 비밀번호를 제공해야 한다. 마지막 단계는 넷플릭스 유레카 서버에 접근할 때 자격 증명을 전달하도록 넷플릭스 유레카 클라이언트를 구성하는 것이다.

## 유레카 클라이언트의 변경 사항

유레카 클라이언트의 경우 각 클라이언트의 구성 파일인 `application.yml`에 유레카 서버에 대한 연결 URL에 자격 증명을 지정할 수 있다.

```
app:
  eureka-username: u
  eureka-password: p

eureka:
```

```
  client:
    serviceUrl:
         defaultZone: "http://${app.eureka-username}:${app.eureka-password}@${app.eureka-server}:8761/eureka/"
```

이로써 넷플릭스 유레카 서버에 대한 접근을 제한하는 방법을 살펴봤다. '보호된 디스커버리 서버 테스트' 절에서는 접근이 보호되는지 확인하기 위한 테스트를 실행할 것이다. 다음 절에서는 로컬 인가 서버를 시스템 환경에 어떻게 추가하는지 살펴본다.

## 로컬 인가 서버 추가

OAuth 2.0 및 OpenID Connect로 보호되는 API를 이용해 로컬에서 완전히 자동화된 테스트를 실행할 수 있도록 이러한 규격을 준수하는 인가 서버를 시스템 환경에 추가하겠다. 역사적으로 스프링 시큐리티는 기본적으로 인가 서버를 제공하지 않았다. 그러나 2020년 4월, 인가 서버를 제공하겠다는 목표로 스프링 시큐리티 팀이 주도하는 커뮤니티 주도 프로젝트인 스프링 인가 서버(Spring Authorization Server)가 발표됐다. 2021년 8월, 스프링 인가 서버 프로젝트는 실험 상태에서 벗어나 스프링 프로젝트 포트폴리오의 일원이 됐다.

자세한 내용은 `https://spring.io/blog/2020/04/15/announcing-the-spring-authorization-server`와 `https://spring.io/blog/2021/08/17/spring-authorization-server-officially-moves-to-spring-projects`를 참고한다.

스프링 인가 서버는 OpenID Connect 디스커버리 엔드포인트와 접근 토큰의 디지털 서명을 모두 지원한다. 또한 토큰의 디지털 서명을 확인하는 데 필요한 키를 얻기 위해 디스커버리 정보를 사용해 접근할 수 있는 엔드포인트도 제공한다. 이러한 지원 기능 덕분에 시스템 환경이 예상대로 작동하는지 확인하는 로컬 및 자동화된 테스트에서 인가 서버로 사용할 수 있다.

이 책의 인가 서버는 스프링 인가 서버 프로젝트에서 제공하는 인가 서버 예제[1]를 기반으로 한다.

이 책에서는 예제 프로젝트에 다음과 같은 변경 사항을 적용했다.

- 빌드 파일이 이 책의 다른 프로젝트 빌드 파일 구조를 따르도록 업데이트했다.
- 포트를 9999번으로 설정한다.

1 `https://github.com/spring-projects/spring-authorization-server/tree/main/samples/default-authorizationserver`

- 이 책의 다른 프로젝트와 동일한 구조로 Dockerfile을 추가했다.
- 인가 서버가 이 책의 다른 프로젝트와 동일한 방식으로 서비스 디스커버리를 위해 유레카와 통합됐다.
- 액추에이터의 엔드포인트에 대한 공개 접근을 추가했다.

> **경고:** 7장, '반응형 마이크로서비스 개발'에서 이미 경고했듯이 액추에이터의 엔드포인트에 대한 공개 접근을 허용하는 것은 개발 중에는 매우 유용하지만 프로덕션 시스템의 액추에이터 엔드포인트에서 너무 많은 정보를 공개하는 것은 보안 문제로 이어질 수 있다. 따라서 프로덕션 환경에서는 액추에이터 엔드포인트를 통해 노출되는 정보를 최소화해야 한다.

- OpenID Connect 사양에 따라 가장 중요한 엔드포인트에 대한 접근을 확인하는 단위 테스트를 추가했다.
- 단일 등록 사용자의 사용자명과 비밀번호를 각각 u와 p로 설정한다.
- reader와 writer라는 두 개의 OAuth 클라이언트를 등록한다. reader 클라이언트에는 product:read 스코프가 부여되고 writer 클라이언트에는 product:read와 product:write 스코프가 모두 부여된다. 클라이언트는 클라이언트 시크릿이 각각 secret-reader와 secret-writer로 설정되도록 구성한다.
- 클라이언트에 대해 허용되는 리디렉션 URI는 https://my.redirect.uri와 https://localhost:8443/openapi/swagger-ui/oauth2-redirect.html로 설정한다. 첫 번째 URI는 아래에 설명된 테스트에 사용되고, 두 번째 URI는 스웨거 UI 컴포넌트에서 사용된다.
- 기본적으로 인가 서버는 보안상의 이유로 https://localhost로 시작하는 리디렉션 URI를 허용하지 않는다. 인가 서버는 개발 및 테스트 목적으로 https://localhost를 수락하도록 커스터마이징됐다. 커스터마이징이 적용된 부분은 https://docs.spring.io/spring-authorization-server/docs/1.0.0/reference/html/protocol-endpoints.html#oauth2-authorization-endpoint-customizing-authorization-request-validation에 설명돼 있다.

인가 서버의 소스코드는 $BOOK_HOME/Chapter11/spring-cloud/authorization-server에서 확인할 수 있다.

인가 서버를 시스템 환경에 통합하기 위해 다음과 같은 파일에 변경 사항을 적용했다.

- 서버를 공통 빌드 파일인 settings.gradle에 추가했다.
- 서버를 3개의 도커 컴포즈 파일인 docker-compose*.yml과 에지 서버인 spring-cloud/gateway에 추가했다.
- HealthCheckConfiguration에 인가 서버에 대한 상태 검사를 추가했다.

- 구성 파일인 `application.yml`에 `/oauth`, `/login`, `/error`로 시작하는 URI에 대한 인가 서버로의 경로를 추가했다. 이러한 URI는 클라이언트에 대한 토큰 발급, 사용자 인증 및 오류 메시지 표시에 사용된다.
- 이 3가지 URI는 에지 서버에 의해 보호되지 않아야 하므로 새로운 `SecurityConfig` 클래스에서 모든 요청을 허용하도록 구성한다.

시스템 환경에 로컬 인가 서버를 어떻게 추가하는지 이해했으므로 OAuth 2.0과 OpenID Connect를 사용해 어떻게 API에 대한 접근을 인증하고 권한을 부여하는지 살펴보자.

# OAuth 2.0과 OpenID Connect를 활용한 API 보호

인가 서버가 준비됐으므로 접근을 허용하기 위해 유효한 접근 토큰을 요구할 수 있도록 서버와 `product-composite` 서비스를 OAuth 2.0 리소스 서버로 향상시킬 수 있다. 에지 서버는 인가 서버에서 제공하는 디지털 서명을 사용해서 검증할 수 있는 모든 접근 토큰을 수락하도록 구성한다. 또한 `product-composite` 서비스에서는 접근 토큰에 다음과 같은 유효한 OAuth 2.0 스코프도 포함되도록 요청할 것이다.

- 읽기 전용 API에 접근하려면 `product:read` 스코프가 필요하다.
- 생성 및 삭제 API에 접근하려면 `product:write` 스코프가 필요하다.

또한 `product-composite` 서비스는 스웨거 UI 컴포넌트가 접근 토큰을 발급하기 위해 인가 서버와 상호 작용하는 구성으로 개선될 것이다. 이를 통해 스웨거 UI 웹 페이지 사용자가 보호된 API를 테스트할 수 있다.

또한 접근 토큰을 획득하고 테스트를 수행할 때 사용하도록 테스트 스크립트인 `test-em-all.bash`를 개선해야 한다.

## 에지 서버 및 product-composite 서비스의 변경 사항

에지 서버와 `product-composite` 서비스의 소스코드에 다음과 같은 변경 사항을 적용한다.

- `build.gradle`에 OAuth 2.0 리소스 서버를 지원하기 위한 스프링 시큐리티 의존성을 추가한다.

```
implementation 'org.springframework.boot:spring-boot-starter-security'
implementation 'org.springframework.security:spring-security-oauth2-resource-server'
implementation 'org.springframework.security:spring-security-oauth2-jose'
```

- 두 프로젝트의 새로운 SecurityConfig 클래스에 모두 다음과 같은 보안 구성을 추가한다.

```
@Configuration
@EnableWebFluxSecurity
public class SecurityConfig {

  @Bean
  SecurityWebFilterChain springSecurityFilterChain(ServerHttpSecurity http) {
    http
      .csrf(csrf -> csrf.disable()
        .authorizeExchange(exchange -> exchange
          .pathMatchers("/actuator/**").permitAll()
          .anyExchange().authenticated()))
      .oauth2ResourceServer(server -> server.jwt(Customizer.withDefaults()));

    return http.build();
  }
}
```

소스코드에 대한 설명은 다음과 같다.

- @EnableWebFluxSecurity 애너테이션은 스프링 웹플럭스 기반 API에 대한 스프링 시큐리티 지원 기능을 활성화한다.
- .pathMatchers("/actuator/**").permitAll()은 보호하지 않아도 되는 URL(예: actuator 엔드포인트)에 대한 무제한 접근을 허용하는 데 사용된다. 보호되지 않도록 처리되는 URL은 소스코드를 참고한다. 노출되는 URL 중 어떤 것이 보호되지 않는지 주의 깊게 살펴보자. 예를 들어, actuator 엔드포인트는 프로덕션으로 전환하기 전에 보호해야 한다.
- .oauth2ResourceServer(...)는 다른 모든 URL에 접근하기 전에 사용자가 인증되게 한다.
- .oauth2ResourceServer().jwt()는 JWT로 인코딩된 OAuth 2.0 접근 토큰을 기반으로 인가가 이뤄지도록 지정한다.
- 인가 서버의 OIDC 디스커버리 엔드포인트를 구성 파일인 application.yml에 등록한다.

```
app.auth-server: localhost

spring.security.oauth2.resourceserver.jwt.issuer-uri: http://${app.auth-server}:9999

---
spring.config.activate.on-profile: docker

app.auth-server: auth-server
```

이번 장 뒷부분에서 시스템 환경이 구동되면 디스커버리 엔드포인트를 테스트해 볼 수 있다. 예를 들어, 다음 명령으로 토큰의 디지털 서명을 확인하는 데 필요한 키를 반환하는 엔드포인트를 찾을 수 있다.

```
docker compose exec auth-server curl localhost:9999/.well-known/openid-configura
tion -s | jq -r .jwks_uri
```

또한 product-composite 서비스에만 해당하는 몇 가지 변경 사항을 적용해야 한다.

## product-composite 서비스의 변경 사항

앞 절에서 적용한 일반적인 변경 사항 외에도 다음과 같은 변경 사항을 product-composite 서비스에 적용한다.

- SecurityConfig 클래스의 보안 구성은 접근 토큰에 OAuth 2.0 스코프를 요구하도록 개선했다.

```
.pathMatchers(POST, "/product-composite/**")
  .hasAuthority("SCOPE_product:write")
.pathMatchers(DELETE, "/product-composite/**")
  .hasAuthority("SCOPE_product:write")
.pathMatchers(GET, "/product-composite/**")
  .hasAuthority("SCOPE_product:read")
```

관례상 스프링 시큐리티를 사용해 권한을 확인할 때는 OAuth 2.0 스코프 앞에 SCOPE_ 접두사를 붙여야 한다.

- logAuthorizationInfo() 메서드가 추가되어 API를 호출할 때 JWT 형식으로 인코딩된 접근 토큰의 관련 부분을 로깅한다. 접근 토큰은 스프링 시큐리티의 SecurityContext를 이용해 획득할 수 있으며, 이는 반응형 환경에서 정적 도우미 메서드인 ReactiveSecurityContextHolder.getContext()를 이용해 획득할 수 있다. 자세한 내용은 ProductCompositeServiceImpl 클래스를 참고한다.
- OAuth는 스프링 기반 통합 테스트를 실행할 때 비활성화된다. OAuth 메커니즘이 통합 테스트를 실행할 때 작동하지 않게 하려면 다음과 같이 비활성화한다.
  - 테스트 중에 사용할 보안 구성인 TestSecurityConfig를 추가한다. 이는 모든 리소스에 대한 접근을 허용한다.

```
http.csrf(csrf -> csrf.disable().authorizeExchange(
  exchange -> exchange.anyExchange().permitAll()));
```

• 각 스프링 통합 테스트 클래스에서 다음과 같이 기존 보안 구성을 재정의하도록 TestSecurityConfig를 구성한다.

```
@SpringBootTest(
  classes = {TestSecurityConfig.class},
  properties = {"spring.main.allow-bean-definition-overriding=true"}
)
```

## 스웨거 UI가 접근 토큰을 획득하도록 만들기 위한 변경 사항

스웨거 UI 컴포넌트에서 보호된 API에 대한 접근을 허용하기 위해 다음과 같은 변경 사항을 product-composite 서비스에 적용한다.

- 스웨거 UI 컴포넌트에 의해 노출된 웹 페이지를 공개적으로 사용 가능하도록 구성한다. 다음 구성을 SecurityConfig 클래스에 추가한다.

```
.pathMatchers("/openapi/**").permitAll()
```

- API의 OpenAPI 사양이 security_auth 보안 스키마를 적용해야 한다는 요구사항으로 개선됐다. 다음 코드를 API 프로젝트의 ProductCompositeService 인터페이스 정의에 추가한다.

```
@SecurityRequirement(name = "security_auth")
```

- security_auth 보안 스키마의 의미를 정의하기 위해 OpenApiConfig 클래스를 product-composite 프로젝트에 추가한다. 이 클래스는 다음과 같다.

```
@SecurityScheme(
  name = "security_auth", type = SecuritySchemeType.OAUTH2,
  flows = @OAuthFlows(
    authorizationCode = @OAuthFlow(
      authorizationUrl = "${springdoc.oAuthFlow.authorizationUrl}",
      tokenUrl = "${springdoc.oAuthFlow.tokenUrl}",
      scopes = {
        @OAuthScope(name = "product:read", description = "read scope"),
        @OAuthScope(name = "product:write", description = "write scope")
      }
    )
  )
)
public class OpenApiConfig {}
```

- 이 클래스 정의에서 다음을 확인할 수 있다.

  a. 보안 스키마는 OAuth 2.0을 기반으로 한다.

  b. 인가 코드 승인 흐름이 사용된다.

  c. 인가 코드와 접근 토큰을 획득하는 데 필요한 URL은 springdoc.oAuthFlow.authorizationUrl과 springdoc.oAuthFlow.tokenUrl 매개변수를 통해 지정한다.

  d. 스웨거 UI가 API를 호출할 수 있도록 요구되는 스코프의 목록(product:read와 product:write)

- 마지막으로 application.yml에 다음과 같은 구성을 추가한다.

```
swagger-ui:
  oauth2-redirect-url: /swagger-ui/oauth2-redirect.html
  oauth:
    clientId: writer
    clientSecret: secret-writer
    useBasicAuthenticationWithAccessCodeGrant: true
oAuthFlow:
  authorizationUrl: https://localhost:8443/oauth2/authorize
  tokenUrl: https://localhost:8443/oauth2/token
```

- 이 구성에서 다음을 확인할 수 있다.

  a. 스웨거 UI가 인증 코드를 획득하는 데 사용할 리디렉션 URL

  b. 해당 클라이언트 ID와 클라이언트 시크릿

  c. 인가 서버에 대해 자신을 식별할 때 HTTP 기본 인증을 사용한다.

  d. 앞에서 설명한 OpenApiConfig 클래스에서 사용되는 authorizationUrl과 tokenUrl 매개변수의 값. 이러한 URL은 product-composite 서비스 자체에서가 아니라 웹 브라우저에서 사용되므로 웹 브라우저에서 접근 가능해야 한다.

스웨거 UI 웹 페이지에 대한 보호되지 않는 접근을 허용하기 위해 에지 서버도 스웨거 UI 컴포넌트로 라우팅되는 URL에 대해 무제한 접근을 허용하도록 구성한다. 다음 내용을 에지 서버의 SecurityConfig 클래스에 추가한다.

```
.pathMatchers("/openapi/**").permitAll()
```

이렇게 변경하면 에지 서버와 product-composite 서비스가 OAuth 2.0 리소스 서버 역할을 할 수 있고, 스웨거 UI 컴포넌트는 OAuth 클라이언트 역할을 할 수 있다. OAuth 2.0과 OpenID Connect를 도입하기 위한 마지막 단계는 접근 토큰을 획득하고 테스트를 실행할 때 사용하도록 테스트 스크립트를 업데이트하는 것이다.

## 테스트 스크립트의 변경 사항

우선 상태 API를 제외한 모든 API를 호출하기 전에 접근 토큰을 획득해야 한다. 이것은 앞에서 언급했듯이 OAuth 2.0 클라이언트 자격 증명 흐름을 통해 이뤄진다. 생성 및 삭제 API를 호출하려면 `writer` 클라이언트로 접근 토큰을 획득한다.

```
ACCESS_TOKEN=$(curl -k https://writer:secret-writer@$HOST:$PORT/oauth2/token -d grant_type=
client_credentials -d scope="product:read product:write" -s | jq .access_token -r)
```

위 명령에서 `writer:secret-writer@`를 호스트명 앞에 전달해서 HTTP 기본 인증을 사용한다는 것을 알 수 있다.

스코프 기반 인가가 작동하는지 확인하기 위해 테스트 스크립트에 두 가지 테스트를 추가했다.

```
# 접근 토큰 없이 요청하면 401 Unauthorized로 실패하는지 확인
assertCurl 401 "curl -k https://$HOST:$PORT/product-composite/$PROD_ID_REVS_RECS -s"

# 읽기 전용 스코프만 있는 reader 클라이언트가 읽기 API는 호출할 수 있지만 삭제 API는 호출할 수
없는지 확인
READER_ACCESS_TOKEN=$(curl -k https://reader:secret-reader@$HOST:$PORT/oauth2/token -d
grant_type=client_credentials -d scope="product:read" -s | jq .access_token -r)
READER_AUTH="-H \"Authorization: Bearer $READER_ACCESS_TOKEN\""

assertCurl 200 "curl -k https://$HOST:$PORT/product-composite/$PROD_ID_REVS_RECS $READER_AUTH -s"
assertCurl 403 "curl -k https://$HOST:$PORT/product-composite/$PROD_ID_REVS_RECS $READER_AUTH -X
DELETE -s"
```

테스트 스크립트는 reader 클라이언트의 자격 증명을 사용해 접근 토큰을 획득한다.

- 첫 번째 테스트는 접근 토큰을 제공하지 않고 API를 호출한다. API는 `401 Unauthorized` HTTP 상태를 반환할 것으로 예상된다.
- 두 번째 테스트는 `reader` 클라이언트가 읽기 전용 API를 호출할 수 있는지 확인한다.
- 마지막 테스트는 읽기 스코프만 부여된 `reader` 클라이언트를 사용해 갱신 API를 호출한다. 삭제 API로 전송된 요청은 `403 Forbidden` HTTP 상태를 반환할 것으로 예상된다.

전체 소스코드는 `test-em-all.bash`를 참고한다.

이로써 OAuth 2.0 접근 토큰을 획득하고 사용하도록 테스트 스크립트를 업데이트했으므로 다음 절에서 이를 시험해 볼 준비가 끝났다.

# 로컬 인가 서버를 이용한 테스트

이번 절에서는 보안이 설정된 시스템 환경을 시험해 보겠다. 즉, 모든 보안 컴포넌트를 테스트할 것이다. 로컬 인가 서버를 사용해 접근 토큰을 발급하고, 다음과 같은 테스트가 수행될 것이다.

1. 먼저, 다음 소스를 빌드하고 테스트 스크립트를 실행해 모든 것이 문제 없이 돌아가는지 확인한다.
2. 다음으로 보호된 디스커버리 서버의 API와 웹 페이지를 테스트한다.
3. 그 후 OAuth 2.0 클라이언트 자격 증명과 인가 코드 승인 흐름을 사용해 접근 토큰을 획득하는 방법을 배운다.
4. 발급된 접근 토큰으로 보호된 API를 테스트한다. `reader` 클라이언트에 발급된 접근 토큰을 사용해 갱신 API를 호출할 수 없는 것도 확인한다.
5. 마지막으로 스웨거 UI에서 접근 토큰을 발급하고 API를 호출할 수 있는지도 확인한다.

## 자동화된 테스트의 빌드와 실행

자동화된 테스트를 빌드하고 실행하려면 다음 단계를 수행한다.

1. 다음 명령을 실행해 소스코드를 기반으로 도커 이미지를 빌드한다.

```
cd $BOOK_HOME/Chapter11
./gradlew build && docker compose build
```

2. 다음으로, 아래 명령으로 도커에서 시스템 환경을 시작하고 일반적인 테스트를 실행한다.

```
./test-em-all.bash start
```

인증되지 않은 경우 `401 Unauthorized` 코드를 다시 받고, 권한이 없는 경우 `403 Forbidden`을 받는지 확인하는 새로운 네거티브 테스트를 눈여겨보자.

## 보호된 디스커버리 서버에 대한 테스트

보호된 디스커버리 서버인 유레카가 실행된 상태에서 API와 웹 페이지에 접근하려면 유효한 자격 증명을 제공해야 한다.

예를 들어, 다음과 같은 `curl` 명령으로 사용자명과 비밀번호를 URL에 직접 기입해서 유레카 서버에 등록된 인스턴스를 요청할 수 있다.

```
curl -H "accept:application/json" https://u:p@localhost:8443/eureka/api/apps -ks | jq -r
'.applications.application[].instance[].instanceId'
```

응답 예시는 다음과 같다.

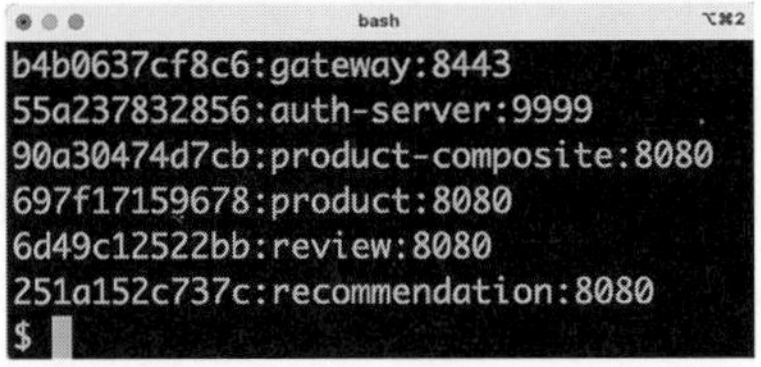


**그림 11.3** API 호출을 사용해 유레카에 등록된 서비스를 확인

`https://localhost:8443/eureka/web`의 웹 페이지에 접근할 때 인증서가 자체 서명됐기 때문에 먼저 안전하지 않은 연결을 수락해야 하고, 다음으로 구성 파일에 지정된 대로 유효한 자격 증명(사용자명: `u`, 비밀번호: `p`)을 제공해야 한다.

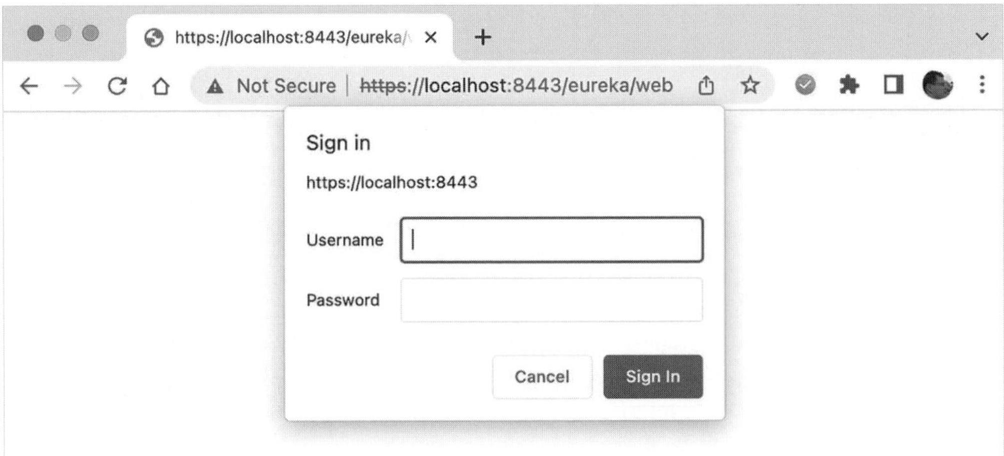


**그림 11.4** 유레카가 인증을 요구한다.

로그인에 성공하면 유레카 서버의 익숙한 웹 페이지가 표시된다.

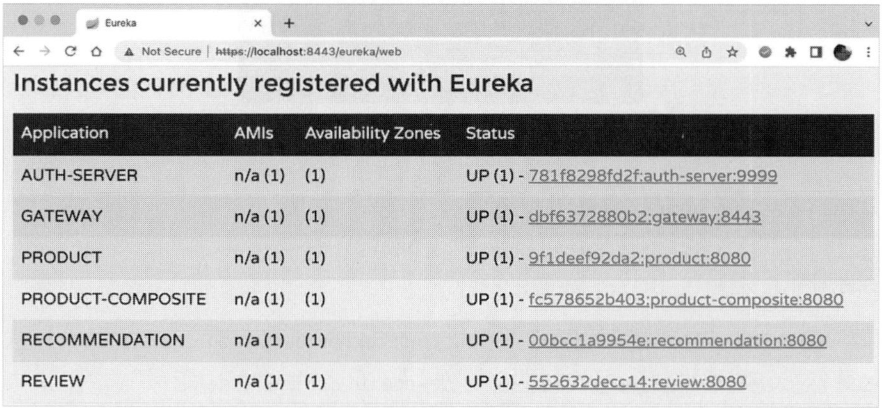


**그림 11.5** 웹 페이지를 통해 유레카에 등록된 서비스를 확인

유레카 서버에 대한 접근이 보호되는지 확인한 후 OAuth 접근 토큰을 발급하는 방법을 배워보자.

## 접근 토큰 획득

이제 OAuth 2.0에서 정의한 승인 흐름을 사용해 접근 토큰을 획득할 준비가 끝났다. 먼저 클라이언트 자격 증명 승인 흐름을 시도해 보고, 인가 코드 승인 흐름을 시도해 보겠다.

### 클라이언트 자격 증명 승인 흐름을 이용한 접근 토큰 획득

`writer` 클라이언트에 대한 접근 토큰, 즉 `product:read`와 `product:write` 스코프를 모두 가진 접근 토큰을 얻으려면 다음 명령을 실행한다.

```
curl -k https://writer:secret-writer@localhost:8443/oauth2/token -d grant_type=client_credentials
-d scope="product:read product:write" -s | jq .
```

클라이언트는 클라이언트 ID인 `writer`와 클라이언트 시크릿인 `secret`을 전달해서 HTTP 기본 인증을 사용해 자신을 식별한다.

응답 예시는 다음과 같다.

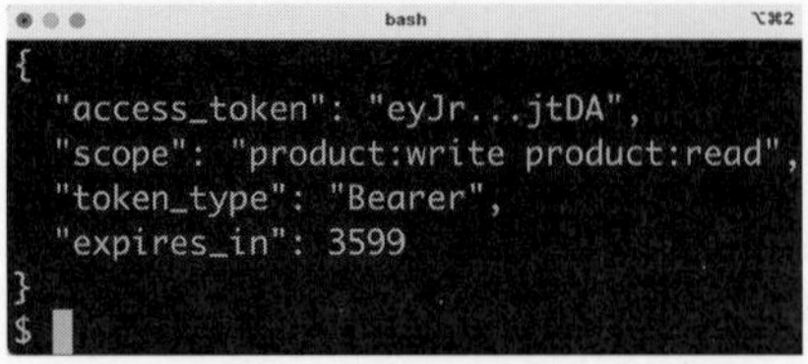


그림 11.6 토큰 응답 예시

위 그림에서 응답으로 다음 정보를 확인할 수 있다.

- 접근 토큰 자체
- 토큰에 부여된 스코프. writer 클라이언트에는 product:write와 product:read 스코프가 모두 부여된다. 또한 이메일 주소와 같은 사용자 ID와 관련된 정보에 접근할 수 있는 openid 스코프도 부여된다.
- 획득한 토큰의 유형. Bearer는 이 토큰의 소유자가 토큰에 부여된 스코프에 따라 접근 권한을 부여받아야 한다는 것을 의미한다.
- 접근 토큰이 유효한 시간(초). 이 경우 3599초.

reader 클라이언트에 대한 접근 토큰, 즉 product:read 스코프만 가진 접근 토큰을 얻으려면 이전 명령에서 writer를 reader로 바꾸면 된다.

```
curl -k https://reader:secret-reader@localhost:8443/oauth2/token -d grant_type=client_credentials
-d scope="product:read" -s | jq .
```

### 인가 코드 승인 흐름을 이용한 접근 토큰 획득

인가 코드 승인 흐름을 사용해 접근 토큰을 획득하려면 웹 브라우저를 사용해야 한다. 이 승인 흐름은 부분적으로 안전하지 않은 환경(웹 브라우저)에서 안전하게 만들기 위해 약간 더 복잡하다.

안전하지 않은 첫 번째 단계에서는 웹 브라우저를 사용해 접근 토큰과 교환할 수 있는 일회용 인가 코드를 획득한다. 인가 코드는 웹 브라우저에서 안전한 계층(예: 서버 측 코드)으로 전달되며, 이 계층은 인가 서버에 새로운 요청을 통해 인가 코드를 접근 토큰과 교환할 수 있다. 이때 서버는 ID를 확인하기 위해 클라이언트 시크릿을 제공해야 한다.

인가 코드 승인 흐름을 실행하려면 다음 단계를 수행한다.

1. reader 클라이언트에 대한 인가 코드를 얻으려면 자체 서명 인증서를 사용할 수 있는 웹 브라우저(예: 구글 크롬)에서 다음 URL을 방문한다.

   ```
   https://localhost:8443/oauth2/authorize?response_type=code&client_id=reader&redirect_uri=
   https://my.redirect.uri&scope=product:read&state=35725
   ```

2. 웹 브라우저에서 로그인을 요청할 때 인가 서버의 구성에 지정된 자격 증명인 u와 p를 사용한다.

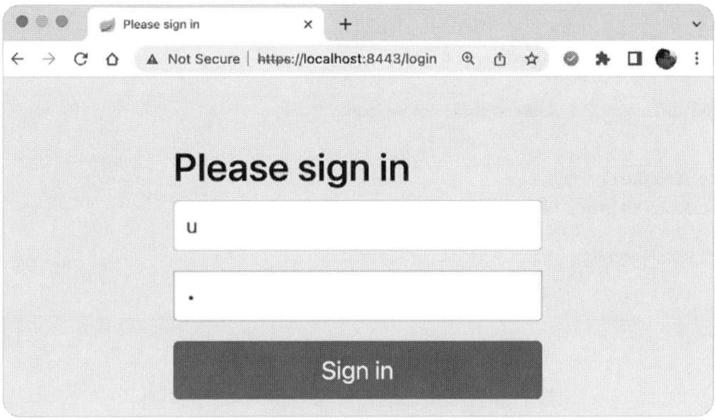


그림 11.7 인가 코드 승인 흐름 시도하기

3. API를 호출하는 reader 클라이언트에 대해 동의해 달라는 요청을 받는다.

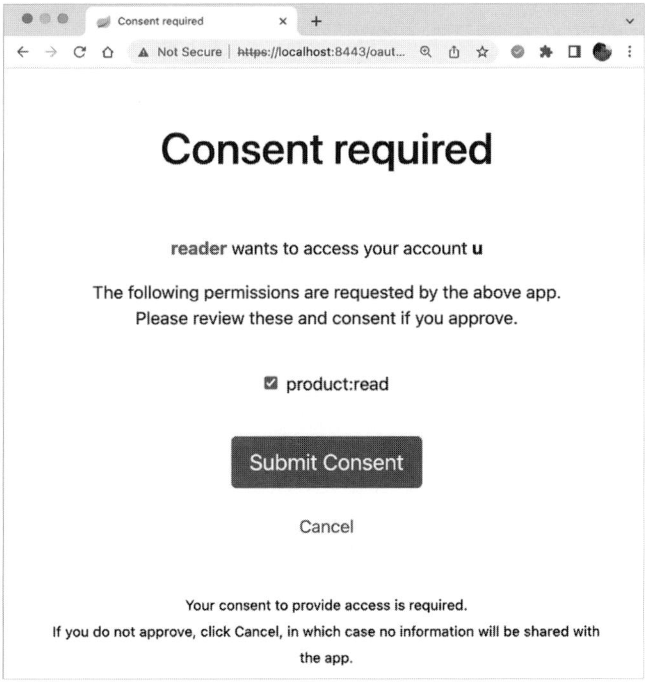


그림 11.8 권한부여 코드 승인 흐름의 동의 페이지

**4.** Submit Consent 버튼을 클릭하면 다음과 같은 응답을 받게 된다.

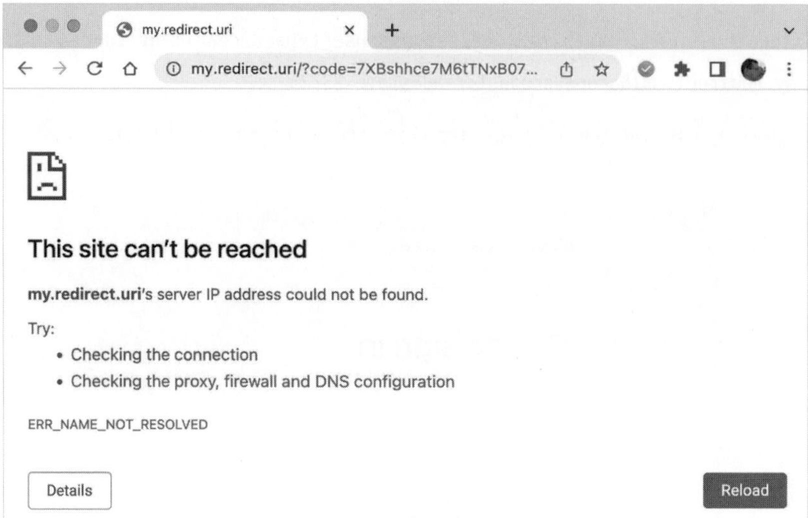


**그림 11.9** 인가 코드 승인 흐름의 리디렉션 페이지

**5.** 처음에는 이 같은 흐름이 조금 부자연스러워 보일 수 있다. 인가 서버가 웹 브라우저로 다시 보낸 URL은 클라이언트가 초기 요청에 지정한 리디렉션 URI를 기반으로 한다. URL을 텍스트 편집기에 복사하면 다음과 비슷한 내용을 확인할 수 있다.

```
https://my.redirect.uri/?code=7XBs...0mmyk&state=35725
```

보다시피 리디렉션 URL의 `code` 요청 매개변수에서 인가 코드를 확인할 수 있다. `code` 매개변수에서 인가 코드를 추출하고 이 값을 사용해 `CODE`라는 환경변수를 정의한다.

```
CODE=7XBs...0mmyk
```

**6.** 다음으로, 아래 `curl` 명령으로 인가 코드를 접근 토큰과 교환하는 백엔드 서버인 척한다.

```
curl -k https://reader:secret-reader@localhost:8443/oauth2/token \
 -d grant_type=authorization_code \
 -d client_id=reader \
 -d redirect_uri=https://my.redirect.uri \
 -d code=$CODE -s | jq .
```

응답 예시는 다음과 같다.

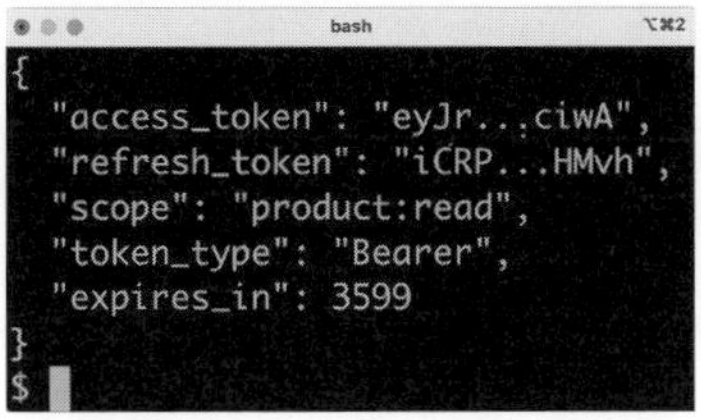


**그림 11.10** 인가 코드 승인 흐름의 접근 토큰

위 그림에서 클라이언트 자격 증명 흐름에서 얻은 응답과 유사한 정보를 얻었지만 다음과 같은 예외가 있음을 알 수 있다.

- 더 안전한 승인 흐름을 사용했으므로 리프레시 토큰도 발급받았다.
- `reader` 클라이언트에 대한 접근 토큰을 요청했으므로 `product:read` 스코프만 얻었고 `product:write` 스코프는 얻지 못했다.

7. `writer` 클라이언트에 대한 인가 코드를 얻으려면 다음 URL을 사용한다.

   `https://localhost:8443/oauth2/authorize?response_type=code&client_id=writer&redirect_uri=https://my.redirect.uri&scope=product:read+product:write&state=72489`

8. `writer` 클라이언트에 대한 코드를 접근 토큰과 교환하기 위해 다음 명령을 실행한다.

```
curl -k https://writer:secret-writer@localhost:8443/oauth2/token \
  -d grant_type=authorization_code \
  -d client_id=writer \
  -d redirect_uri=https://my.redirect.uri \
  -d code=$CODE -s | jq .
```

9. 이제 응답에 `product:write` 스코프도 포함돼 있는지 확인한다.

## 접근 토큰을 이용한 보호된 API 호출

이제 앞에서 획득한 접근 토큰을 사용해 보호된 API를 호출해 보자.

OAuth 2.0 접근 토큰은 접근 토큰 앞에 `Bearer`가 붙는 표준 HTTP `authorization` 헤더로 전송된다.

보호된 API를 호출하려면 다음 명령을 실행한다.

1. 먼저, 유효한 접근 토큰 없이 제품 복합을 조회하는 API를 호출한다.

```
ACCESS_TOKEN=an-invalid-token
curl https://localhost:8443/product-composite/1 -k -H "Authorization: Bearer $ACCESS_TOKEN"
-i
```

그럼 다음과 같은 응답이 반환될 것이다.

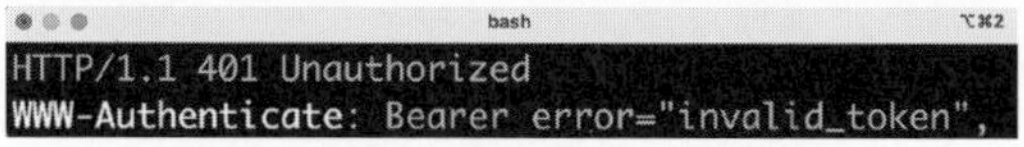


**그림 11.11** 잘못된 토큰으로 인해 반환된 401 Unauthorized 응답

오류 메시지는 접근 토큰이 잘못됐음을 분명히 보여준다.

2. 다음으로, 이전 절에서 reader 클라이언트에 대해 획득한 접근 토큰 중 하나를 사용해 제품 복합을 조회하는 API를 호출해 보자.

```
ACCESS_TOKEN={a-reader-access-token}
curl https://localhost:8443/product-composite/1 -k -H "Authorization: Bearer $ACCESS_TOKEN"
-i
```

이제 200 OK 상태 코드와 예상되는 응답 본문이 반환된다.

**그림 11.12** 유효한 접근 토큰으로 인해 반환된 200 OK 응답

3. reader 클라이언트에 대해 획득한 접근 토큰을 사용해 삭제 API 같은 갱신 API에 접근하려고 하면 호출이 실패한다.

```
ACCESS_TOKEN={a-reader-access-token}
curl https://localhost:8443/product-composite/999 -k -H "Authorization: Bearer $ACCESS_TOKEN"
-X DELETE -i
```

다음과 같은 응답이 반환되면서 실패한다.

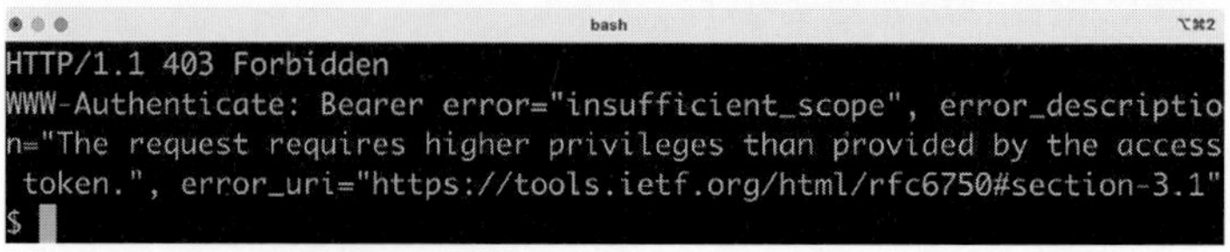


**그림 11.13** 불충분한 스코프로 인해 반환된 403 Forbidden 결과

보다시피 오류 응답을 통해 요청에 접근 토큰에 부여된 것보다 더 높은 권한이 필요하기 때문에 API를 호출하지 못한다.

4. writer 클라이언트에 대해 획득한 접근 토큰을 사용해 삭제 API에 대한 호출을 반복하면 응답에 202 Accepted가 포함되고 호출이 성공한다.

> delete 연산은 6장 '영속성 추가'에서 설명한 대로 멱등성이 있으므로 특정 제품 ID를 가진 제품이 기본 데이터베이스에 존재하지 않더라도 202를 반환할 것이다. '새로운 API 추가' 절을 참고한다.

docker compose logs -f product-composite 명령으로 로그 출력을 살펴보면 다음과 같은 인가 정보를 확인할 수 있다.

**그림 11.14** 로그 출력에 포함된 인가 정보

이 정보는 product-composite 서비스에서 JWT 형식으로 인코딩된 접근 토큰에서 추출한 것이다. product-composite 서비스는 이 정보를 얻기 위해 인가 서버와 통신할 필요가 없었다.

이러한 테스트로 클라이언트 자격 증명 및 인가 코드 승인 흐름을 사용해 접근 토큰을 획득하는 방법을 확인했다. 또한 스코프를 사용해 클라이언트가 특정 접근 토큰으로 수행할 수 있는 작업을 제한할 수 있다는 것도 확인했다(예: 읽기 연산에만 사용).

## OAuth 2.0으로 스웨거 UI 테스트

이번 절에서는 스웨거 UI 컴포넌트를 사용해 보호된 API에 어떻게 접근하는지 배운다. 앞의 'product-composite 서비스에서의 변경 사항' 절에 설명된 구성을 통해 스웨거 UI에 대한 접근 토큰을 발급하고 스웨거 UI에서 API를 호출할 때 이를 사용할 수 있다.

테스트를 위해 다음 단계를 수행한다.

1. 웹 브라우저에서 https://localhost:8443/openapi/swagger-ui.html로 이동해 스웨거 UI 시작 페이지를 연다.
2. 시작 페이지에서 이제 Servers 드롭다운 목록 옆에 Authorize라고 적힌 버튼을 볼 수 있다.
3. Authorize 버튼을 클릭해 인가 코드 승인 흐름을 시작한다.

4. 스웨거 UI가 인가 서버에 접근을 요청할 스코프 목록을 표시한다. select all이라고 적힌 링크를 클릭해 모든 스코프를 선택한 다음 Authorize 버튼을 클릭한다.

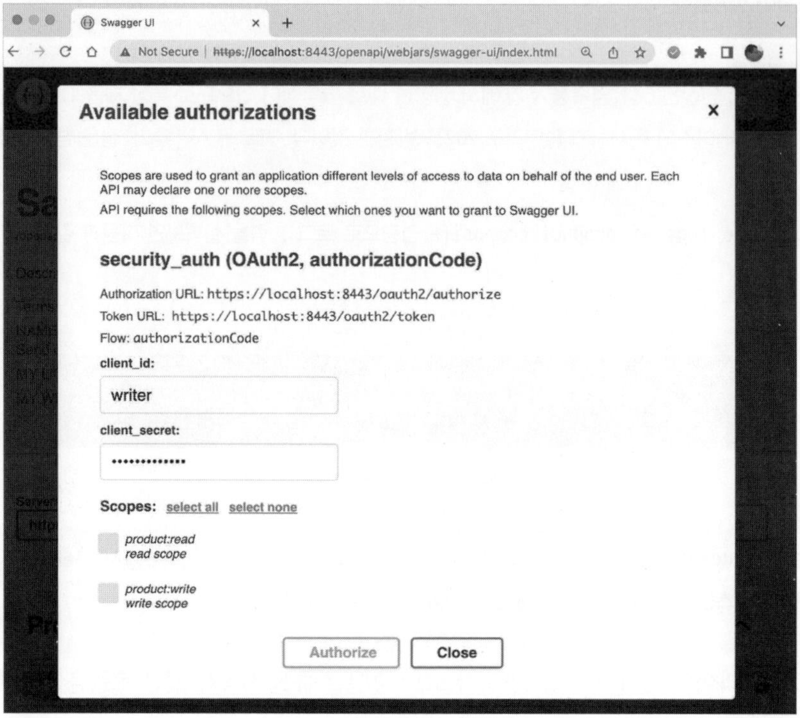


**그림 11.15** OAuth 스코프를 확인하는 스웨거 UI

그러면 인가 서버로 리디렉션된다. 웹 브라우저에서 아직 로그인하지 않은 경우 인가 서버는 '인가 코드 승인 흐름을 이용한 접근 토큰 획득' 절에서와 같이 자격 증명을 요청한다.

5. 사용자명 u와 비밀번호 p로 로그인한다.

6. 다음으로, 인가 서버가 승인을 요청할 것이다. 두 스코프를 모두 선택하고 Submit Consent 버튼을 클릭한다.

7. 스웨거 UI에 완료된 승인 흐름에 대한 정보가 표시되면서 인가 절차가 완료될 것이다. Close 버튼을 클릭해 시작 페이지로 돌아간다.

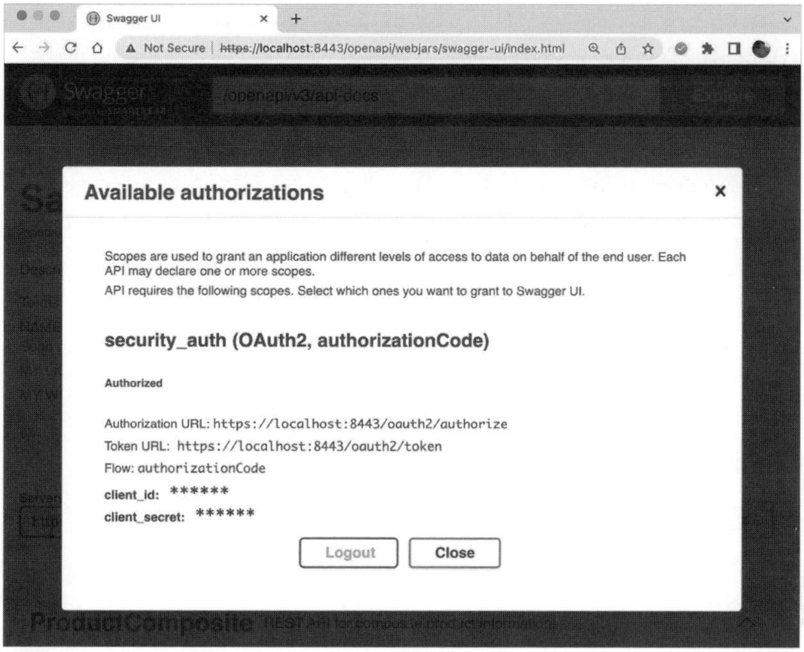


**그림 11.16** OAuth 승인 흐름을 요약 표시하는 스웨거 UI

8. 이제 5장, 'OpenAPI를 활용한 API 문서화'에서 설명한 것과 동일한 방식으로 API를 시험해 볼 수 있다. 스웨거 UI는 요청에 접근 토큰을 추가할 것이다. Responses 헤더 아래에 표시된 `curl` 명령을 자세히 살펴보면 접근 토큰을 확인할 수 있다.

이로써 로컬 인가 서버를 활용한 테스트를 마친다. 다음 절에서는 로컬 인가 서버를 외부 OpenID Connect 호환 제공자로 대체하겠다.

## 외부 OpenID Connect 제공자를 이용한 테스트

이렇게 해서 우리가 직접 제어할 수 있는 인가 서버로도 OAuth가 잘 작동한다. 하지만 이를 인증된 OpenID Connect 제공자로 대체하면 어떻게 될까? 이론적으로는 즉시 작동해야 한다. 한번 직접 알아보자.

> 인증된 OpenID Connect 구현 목록은 `https://openid.net/developers/certified/`를 참고한다.

여기서는 외부 OpenID 제공자로 테스트하기 위해 `https://auth0.com/`을 사용하겠다. 자체 인가 서버 대신 Auth0을 사용하기 위해 다음과 같은 주제를 다루겠다.

- Auth0에서 `reader`와 `writer` 클라이언트를 가진 계정 및 사용자 생성
- Auth0을 OpenID 제공자로 사용하는 데 필요한 변경 사항 적용
- 작동 확인을 위한 테스트 스크립트 실행
- 다음 승인 흐름을 사용해 접근 토큰을 획득
    - 클라이언트 자격 증명 승인 흐름
    - 인가 코드 승인 흐름
- 승인 흐름에서 획득한 접근 토큰을 사용해 보호된 API를 호출
- 사용자 정보 엔드포인트를 사용해 사용자에 대한 상세 정보 조회

이어지는 절에서 각각에 대해 살펴보자.

## Auth0에서 계정 설정 및 구성

Auth0에 필요한 대부분의 구성은 Auth0의 관리 API를 사용하는 스크립트에서 처리할 것이다. 하지만 Auth0에서 관리 API에 접근하는 데 사용할 수 있는 클라이언트 ID와 클라이언트 시크릿을 생성하려면 몇 가지 단계를 직접 수행해야 한다. Auth0의 서비스는 다중 테넌트[2] 방식이므로 클라이언트, 리소스 소유자, 리소스 서버 측면에서 OAuth 객체의 자체 도메인을 생성할 수 있다.

Auth0에서 무료 계정에 가입하고 관리 API에 접근하는 데 사용할 수 있는 클라이언트를 생성하려면 다음 단계를 직접 수행한다.

1. 웹 브라우저에서 `https://auth0.com` URL을 연다.
2. 오른쪽 상단의 Sign up 버튼을 클릭한다.
    a. 자신의 이메일로 가입한다.
    b. Yes, Coding이라는 이름의 박스를 선택해 코딩 역할을 선택한다.

2 (옮긴이) 다중 테넌트란 하나의 소프트웨어 인프라(서비스)가 여러 개의 사용자 그룹이나 조직(테넌트)을 지원할 수 있는 구조를 의미한다. Auth0 같은 서비스는 여러 사용자나 회사가 하나의 시스템에서 각각 고유한 환경을 사용하도록 할 수 있으며, 각 테넌트는 자신만의 도메인, 설정, 데이터, 보안 정책을 가지며, 다른 테넌트와는 독립적으로 운영된다. 이를 통해 각 테넌트는 자신만의 인증 및 권한 부여 환경을 유지하면서도 하나의 Auth0 플랫폼을 공유할 수 있다.

c. I need advanced settings 체크박스를 선택해 테넌트의 지역과 이름을 선택한다.

d. Next 버튼을 클릭한다.

e. Region을 선택하고 새 Tenant Domain의 이름을 입력한다(이 책에서는 `dev-ml-1.eu.auth0.com`). Create Account 버튼을 클릭한다.

f. 메일함에서 Verify Your email이라는 제목의 이메일을 찾아 해당 이메일의 안내에 따라 계정을 인증한다.

**3.** 가입 후 onboarding 페이지로 이동한다.

**4.** 왼쪽 메뉴에서 Applications를 클릭해 펼친 다음, APIs를 클릭해서 관리 API인 Auth0 Management API를 찾는다. 이 API는 테넌트 생성 중에 만들어졌다. 이 API를 사용해 테넌트에 필요한 정의를 생성하겠다.

**5.** Auth0 Management API를 클릭하고 Test 탭을 선택한다.

**6.** Create & Authorize Test Application이라고 적힌 큰 버튼이 나타난다. 이를 클릭해 관리 API에 접근하는 데 사용할 수 있는 클라이언트를 생성한다.

**7.** 클라이언트가 생성되고 나면 헤더에 Asking Auth0 for tokens from my application이라고 적힌 페이지가 표시된다. 마지막 단계로 생성된 클라이언트에 관리 API 사용 권한을 부여해야 한다.

**8.** Test 탭 옆에 있는 Machine to Machine Applications 탭을 클릭한다.

**9.** 여기서 테스트 클라이언트인 Auth0 Management API (Test Application)를 확인할 수 있으며, 관리 API 사용이 승인됐음을 확인할 수 있다. Authorized 토글 버튼 옆의 아래쪽 화살표를 클릭하면 사용 가능한 권한들이 표시된다.

**10.** All을 클릭한 다음 Update 버튼을 클릭한다. 그럼 다음과 같은 화면이 나타날 것이다.

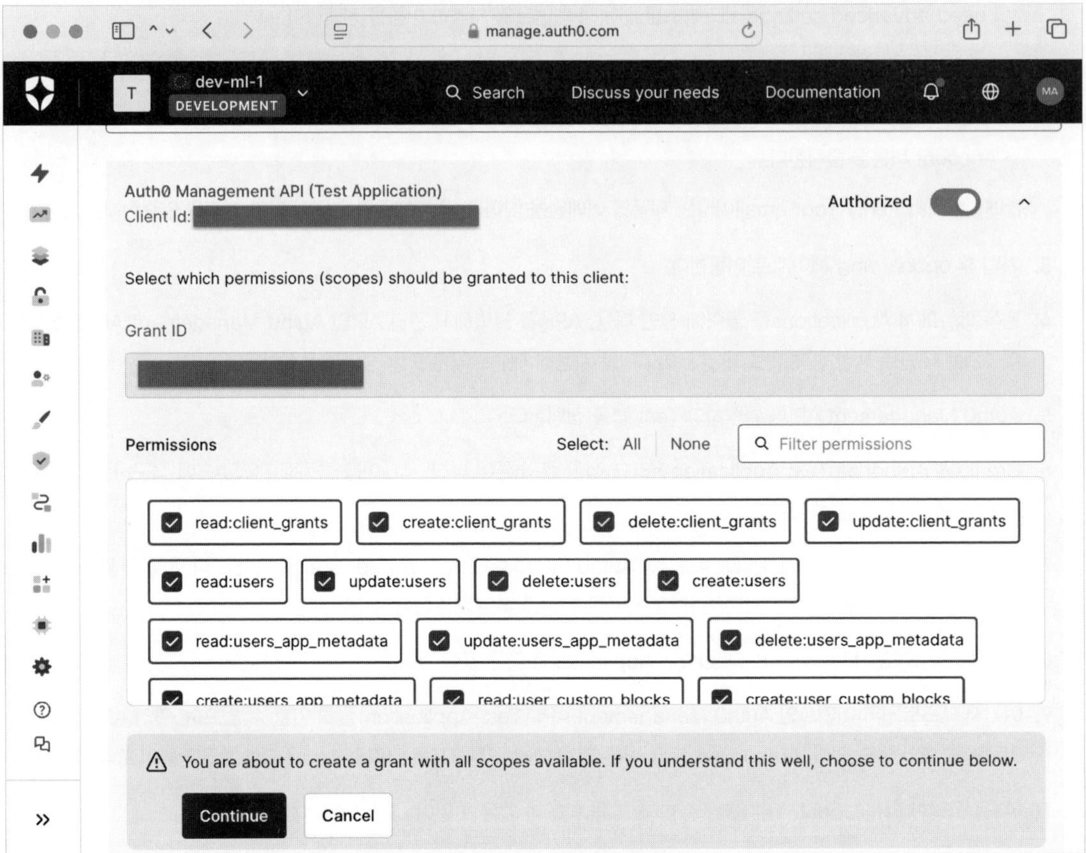


**그림 11.17** Auth0 관리 API의 클라이언트 권한

**11.** 이제 테넌트 내의 모든 관리 API에 대한 접근 권한을 가진 매우 강력한 클라이언트가 만들어졌다. Continue 버튼을 클릭한다.

**12.** 이제 새로 생성된 클라이언트의 클라이언트 ID와 클라이언트 시크릿을 수집하기만 하면 된다. 이를 수행하는 가장 쉬운 방법은 왼쪽 메뉴에서 Applications(Applications 주 메뉴 아래의)를 선택한 다음 Auth0 Management API (Test Application)라는 애플리케이션을 선택하는 것이다. 그럼 다음과 같은 화면이 표시된다.

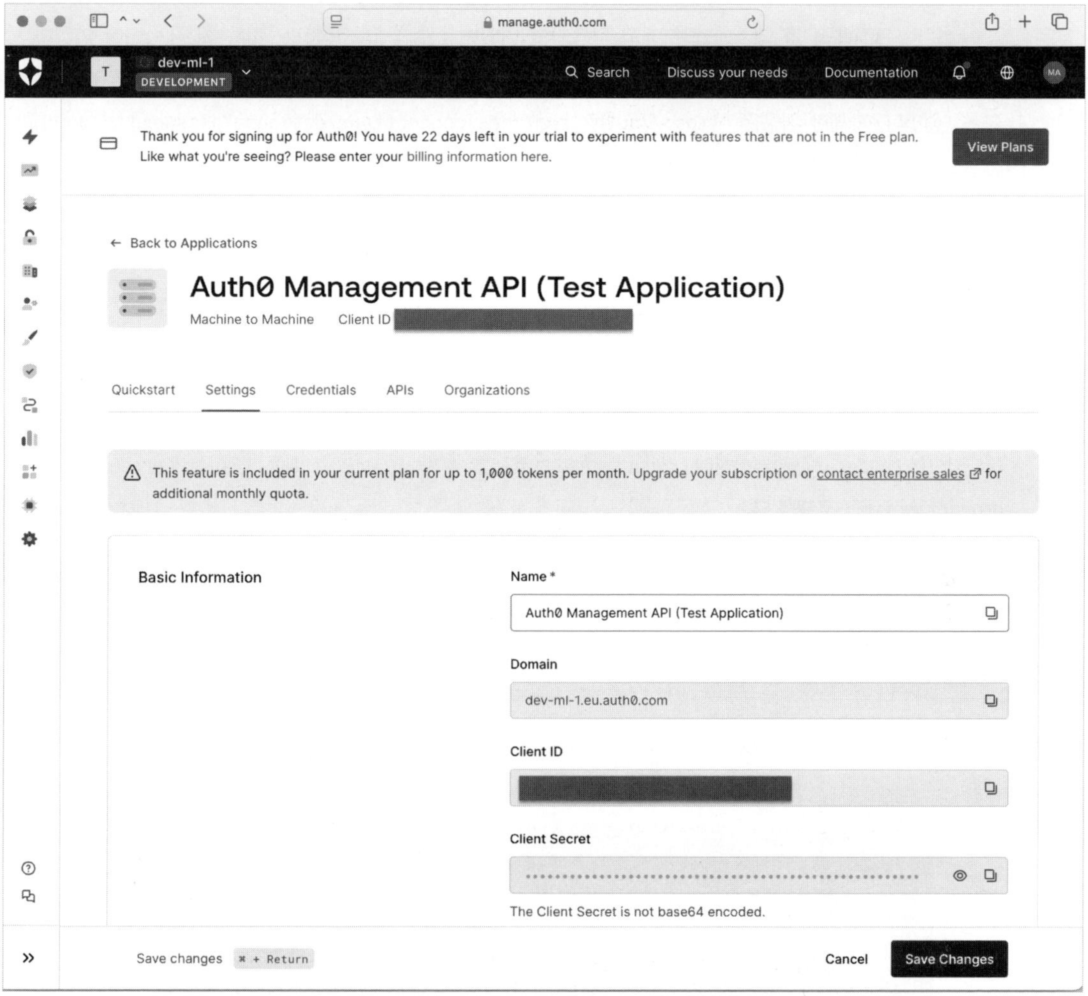


**그림 11.18** Auth0 관리 API의 클라이언트 애플리케이션 정보

**13.** `$BOOK_HOME/Chapter11/auth0/env.bash` 파일을 열고 위 화면에서 다음 값을 복사한다.

a. Domain을 `TENANT` 변수의 값으로

b. Client ID를 `MGM_CLIENT_ID` 변수의 값으로

c. Client Secret을 `MGM_CLIENT_SECRET` 변수의 값으로

**14.** `USER_EMAIL`과 `USER_PASSWORD` 변수에 스크립트가 생성할 테스트 사용자의 이메일 주소와 비밀번호를 지정해 `env.bash` 파일에 필요한 값을 완성한다.

> 보안 관점에서 볼 때 스크립트에서 사용자의 비밀번호를 직접 지정하는 것은 좋은 방법이 아니다. Auth0에서는 사용자가 직접 비밀번호를 설정할 수 있도록 지원하는데, 이는 설정에 다소 깊게 관여하는 셈이다. 자세한 내용은 `https://auth0.com/docs/connections/database/password-change`를 참고한다. 여기서는 테스트 목적으로만 사용되므로 이런 식으로 비밀번호를 지정해도 무방하다.

**15.** 이제 다음 사항을 토대로 스크립트를 실행할 수 있다.

- `reader`와 `writer`라는 두 개의 애플리케이션(또는 OAuth 용어로 클라이언트)
- `product-composite` API(OAuth 용어로 리소스 서버). `product:read` 및 `product:write` OAuth 스코프를 포함
- 인가 코드 승인 흐름을 테스트하는 데 사용할 사용자(OAuth 용어로 리소스 소유자)
- 마지막으로 `reader` 애플리케이션에 `product:read` 스코프를 부여하고, `writer` 애플리케이션에 `product:read` 및 `product:write` 스코프를 부여

**16.** 다음 명령을 실행한다.

```
cd $BOOK_HOME/Chapter11/auth0
./setup-tenant.bash
```

**17.** 그럼 다음과 같은 출력 결과를 예상할 수 있다(아래 출력 결과에서 세부 정보는 생략).

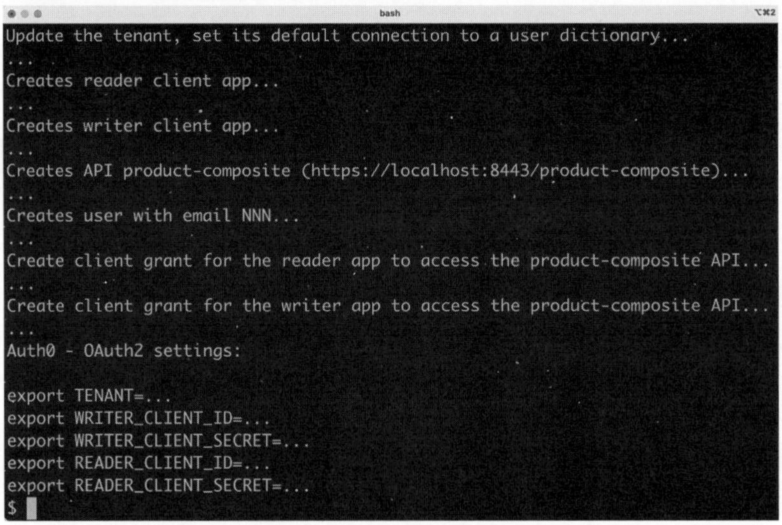


**그림 11.19** setup-tenant.bash를 처음 실행할 때의 출력 결과

18. 출력 결과 끝에 나오는 export 명령들을 복사해서 저장해둔다. 이번 장의 뒷부분에서 이를 여러 번 사용할 것이다.

19. 테스트 사용자에 대해 지정한 이메일로 받은 편지함을 확인한다. Verify your email이라는 제목의 이메일을 받게 될 것이다. 안내에 따라 테스트 사용자의 이메일 주소를 확인한다.

20. 참고로 스크립트는 멱등성이 있어서 스크립트를 여러 번 실행해도 구성이 손상되지 않는다. 스크립트를 다시 실행하면 다음과 같이 응답할 것이다.

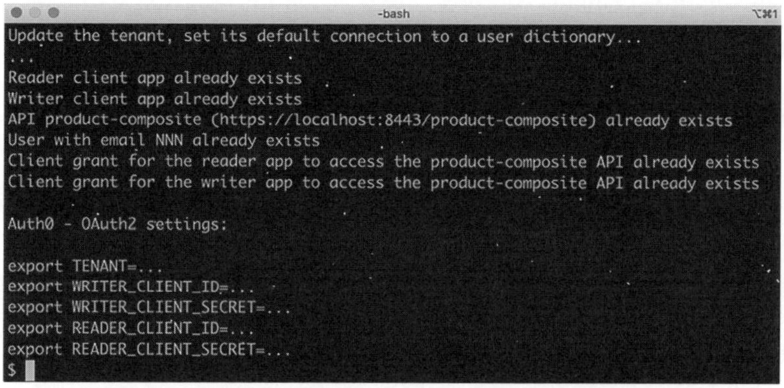


**그림 11.20** setup-tenant.bash를 다시 실행했을 때의 출력 결과

21. 따라서 가령 reader와 writer라는 클라이언트 ID와 클라이언트 시크릿에 접근하기 위해 스크립트를 다시 실행해도 괜찮다는 점에서 매우 편리하다.

> setup-tenant.bash에서 생성한 객체를 제거해야 하는 경우 reset-tenant.bash 스크립트를 실행하면 된다.

이렇게 해서 Auth0 계정을 생성하고 구성했으므로 시스템 환경에서 필요한 구성 변경 사항을 적용할 수 있다.

## Auth0을 OpenID 제공자로 사용하는 데 필요한 변경 사항

이번 절에서는 로컬 인가 서버를 Auth0으로 대체하는 데 필요한 구성 변경 사항을 알아본다. 이 경우 OAuth 리소스 서버 역할을 하는 `product-composite` 및 `gateway` 서비스의 구성만 변경하면 된다. 또한 테스트 스크립트도 약간 변경해야 한다. 접근 토큰을 로컬 인가 서버에서 획득하는 대신 Auth0에서 획득하게 해야 한다. OAuth 리소스 서버인 `product-composite`과 `gateway` 서비스부터 시작해 보자.

> 이와 관련해서 설명한 변경 사항은 이 책의 Git 리포지토리의 소스코드에 적용되지 않았다. 실제로 어떻게 동작하는지 확인하려면 직접 변경해야 한다.

### OAuth 리소스 서버의 구성 변경

앞에서 설명한 대로 OpenID Connect 제공자를 사용할 때 OAuth 리소스 서버에서 표준화된 디스커버리 엔드포인트에 대한 기준 URI만 구성하면 된다.

`product-composite`과 `gateway` 프로젝트에서 OIDC 디스커버리 엔드포인트를 업데이트해서 로컬 인가 서버 대신 Auth0을 가리키게 한다. 두 프로젝트의 `application.yml` 파일에 다음과 같은 변경 사항을 적용한다.

1. `spring.security.oauth2.resourceserver.jwt.issuer-uri` 프로퍼티를 찾는다.
2. 해당 프로퍼티의 값을 `https://${TENANT}/`로 바꾼다. 여기서 `${TENANT}`는 테넌트 도메인명으로 교체해야 한다(이 책에서는 `dev-ml-1.eu.auth0.com`). 끝에 /를 추가하는 것을 잊지 말자.

이 책의 OIDC 디스커버리 엔드포인트의 구성은 다음과 같다.

```
spring.security.oauth2.resourceserver.jwt.issuer-uri: https://dev-ml-1.eu.auth0.com/
```

> 궁금하다면 다음 명령을 실행해 디스커버리 문서에 무엇이 있는지 확인할 수 있다.
>
> ```
> curl https://${TENANT}/.well-known/openid-configuration -s | jq
> ```

`product-composite`과 `gateway` 서비스를 다음과 같이 다시 빌드한다.

```
cd $BOOK_HOME/Chapter11
./gradlew build && docker compose up -d --build product-composite gateway
```

`product-composite`과 `gateway` 서비스가 업데이트됐으므로 이어서 테스트 스크립트도 업데이트하자.

### Auth0에서 접근 토큰을 획득하도록 테스트 스크립트를 변경

Auth0 OIDC 제공자에서 접근 토큰을 획득하도록 테스트 스크립트도 업데이트해야 한다. 그러려면 `test-em-all.bash`에서 다음과 같이 변경하면 된다.

1. 다음 명령을 찾는다.

```
ACCESS_TOKEN=$(curl -k https://writer:secret-writer@$HOST:$PORT/oauth2/token -d grant_type=
client_credentials -d scope="product:read product:write" -s | jq .access_token -r)
```

2. 이를 다음 명령으로 바꾼다.

```
export TENANT=...
export WRITER_CLIENT_ID=...
export WRITER_CLIENT_SECRET=...

ACCESS_TOKEN=$(curl -X POST https://$TENANT/oauth/token \
  -d grant_type=client_credentials \
  -d audience=https://localhost:8443/product-composite \
  -d scope=product:read+product:write \
  -d client_id=$WRITER_CLIENT_ID \
  -d client_secret=$WRITER_CLIENT_SECRET -s | jq -r .access_token)
```

> 위의 명령에서 Auth0은 보안 강화를 위해 요청된 접근 토큰의 audience를 지정하도록 요구한다는 점에 유의한다. 여기서 audience는 접근 토큰을 사용해 호출할 예정인 API다. API 구현에서 audience 필드를 확인하기 때문에 누군가가 우리 API에 접근하기 위해 다른 목적으로 발급된 접근 토큰을 사용하려는 상황을 방지할 수 있다.

3. 위 명령에서 TENANT, WRITER_CLIENT_ID, WRITER_CLIENT_SECRET 환경변수의 값을 setup-tenant.bash 스크립트에서 반환된 값으로 설정한다.

> 앞에서 언급했듯이 이러한 값을 얻기 위해 스크립트를 다시 실행해도 무방하다!

4. 이어서, 다음 명령을 찾는다.

```
READER_ACCESS_TOKEN=$(curl -k https://reader:secret-reader@$HOST:$PORT/oauth2/token -d grant_
type=client_credentials -d scope="product:read" -s | jq .access_token -r)
```

5. 이를 다음 명령으로 바꾼다.

```
export READER_CLIENT_ID=...
export READER_CLIENT_SECRET=...
```

```
READER_ACCESS_TOKEN=$(curl -X POST https://$TENANT/oauth/token \
  -d grant_type=client_credentials \
  -d audience=https://localhost:8443/product-composite \
  -d scope=product:read \
  -d client_id=$READER_CLIENT_ID \
  -d client_secret=$READER_CLIENT_SECRET -s | jq -r .access_token)
```

여기서는 product:write 스코프가 아닌 product:read 스코프만 요청한다는 점에 유의하자.

6. 위 명령에서 READER_CLIENT_ID, READER_CLIENT_SECRET 환경변수의 값을 setup-tenant.bash 스크립트에서 반환된 값으로 설정한다.

이제 로컬 인가 서버 대신 Auth0에서 접근 토큰이 발급되며, API 구현이 application.yml 파일에 구성된 Auth0의 디스커버리 서비스의 정보를 사용해 접근 토큰의 유효성을 검사할 수 있다. API 구현은 이전과 마찬가지로 접근 토큰의 스코프를 사용해 클라이언트가 API 호출을 수행할 수 있는 권한을 부여할 수 있다.

이로써 필요한 모든 변경 사항이 적용됐다. Auth0에서 접근 토큰을 획득할 수 있는지 확인하기 위해 몇 가지 테스트를 실행해 보자.

## Auth0을 OpenID Connect 제공자로 사용해 테스트 스크립트 실행하기

이제 Auth0을 시험해 볼 준비가 끝났다.

다음 명령으로 일반적인 테스트를 실행하되 이번에는 OpenID Connect 제공자로 Auth0을 사용한다.

```
./test-em-all.bash
```

로그에서 Auth0에서 발급한 접근 토큰의 인가 정보를 찾을 수 있을 것이다. 다음 명령을 실행한다.

```
docker compose logs product-composite | grep "Authorization info"
```

명령에서 다음과 같은 출력 결과를 예상할 수 있다.

1. product:read와 product:write 스코프를 모두 가진 접근 토큰을 사용해서 호출할 경우 다음과 같이 두 스코프가 모두 나열된 것을 볼 수 있다.

```
product-composite-1 | ... Authorization info:
Subject: ...@clients,
scopes: product:read product:write,
expires YYYY-MM-DDT06:09:45Z:
issuer: https://dev-ml-1.eu.auth0.com/,
audience: [https://localhost:8443/product-composite]
```

**그림 11.21** Auth0의 writer 클라이언트에 대한 인가 정보가 로그에 출력됨

2. product:read 스코프만 가진 접근 토큰을 사용해서 호출할 경우 다음과 같이 해당 스코프만 나열된 것을 볼 수 있다.

```
product-composite-1 | ... Authorization info:
Subject: ...@clients,
scopes: product:read,
expires YYYY-MM-DDT06:09:49Z:
issuer: https://dev-ml-1.eu.auth0.com/,
audience: [https://localhost:8443/product-composite]
```

**그림 11.22** Auth0의 reader 클라이언트에 대한 인가 정보가 로그에 출력됨

> 로그 출력에서 이제 이 접근 토큰의 의도된 대상(intended audience)에 대한 정보도 얻는다는 것을 알 수 있다. 보안을 강화하기 위해서는 서비스에 테스트를 추가해서 `https://localhost:8443/product-composite`과 같은 URL이 대상 목록에 포함돼 있는지 확인할 수 있다. 앞에서 언급했듯이 이를 통해 누군가가 우리 API에 접근하기 위해 다른 목적으로 발급된 접근 토큰을 사용하려는 상황을 방지할 수 있다.

Auth0과 함께 자동화된 테스트가 작동하므로 다양한 유형의 승인 흐름을 사용해 접근 토큰을 획득하는 방법을 알아보자. 먼저 클라이언트 자격 증명 승인 흐름부터 시작하겠다.

## 클라이언트 자격 증명 승인 흐름을 이용한 접근 토큰 획득

클라이언트 자격 증명 승인 흐름을 사용해 Auth0에서 직접 접근 토큰을 획득하려면 다음 명령을 실행한다.

```
export TENANT=...
export WRITER_CLIENT_ID=...
export WRITER_CLIENT_SECRET=...
```

```
curl -X POST https://$TENANT/oauth/token \
  -d grant_type=client_credentials \
  -d audience=https://localhost:8443/product-composite \
  -d scope=product:read+product:write \
  -d client_id=$WRITER_CLIENT_ID \
  -d client_secret=$WRITER_CLIENT_SECRET
```

위 명령에서 TENANT, WRITER_CLIENT_ID, WRITER_CLIENT_SECRET 환경변수의 값을 setup-tenant.bash 스크립트에서 반환된 값으로 설정한다.

'접근 토큰을 이용한 보호된 API 호출' 절의 내용에 따라 획득한 접근 토큰을 사용해 API를 호출할 수 있을 것이다.

## 인가 코드 승인 흐름을 이용한 접근 토큰 획득

이번 절에서는 인가 코드 승인 흐름을 사용해 Auth0에서 접근 토큰을 획득하는 방법을 배운다. 앞에서 설명한 대로 먼저 웹 브라우저를 사용해 인가 코드를 획득해야 한다. 그런 다음, 서버 측 코드를 사용해 인가 코드를 접근 토큰과 교환할 수 있다.

Auth0에서 인가 코드 승인 흐름을 실행하려면 다음 단계를 수행한다.

1. 기본 앱 클라이언트에 대한 인가 코드를 얻으려면 웹 브라우저에서 다음 URL을 방문한다.

   https://${TENANT}/authorize?audience=https://localhost:8443/product-composite&scope=openid+email+product:read+product:write&response_type=code&client_id=${WRITER_CLIENT_ID}&redirect_uri=https://my.redirect.uri&state=845361

2. 앞의 URL에서 ${TENANT}와 ${WRITER_CLIENT_ID}를 setup-tenant.bash 스크립트에서 반환된 테넌트 도메인명과 writer 클라이언트 ID로 바꾼다.

3. Auth0은 다음과 같은 로그인 화면을 보여줄 것이다.

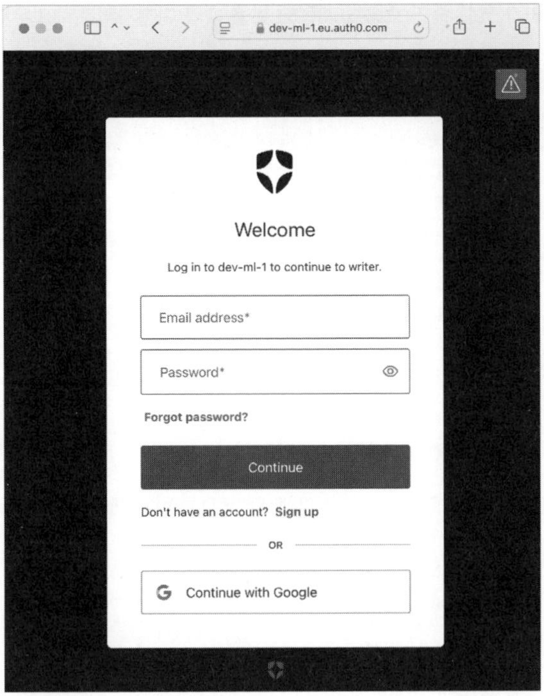


**그림 11.23** Auth0에서의 인가 코드 승인 흐름: 로그인 화면

**4.** 로그인에 성공하면 Auth0은 클라이언트 애플리케이션을 승인하라는 메시지를 표시한다.

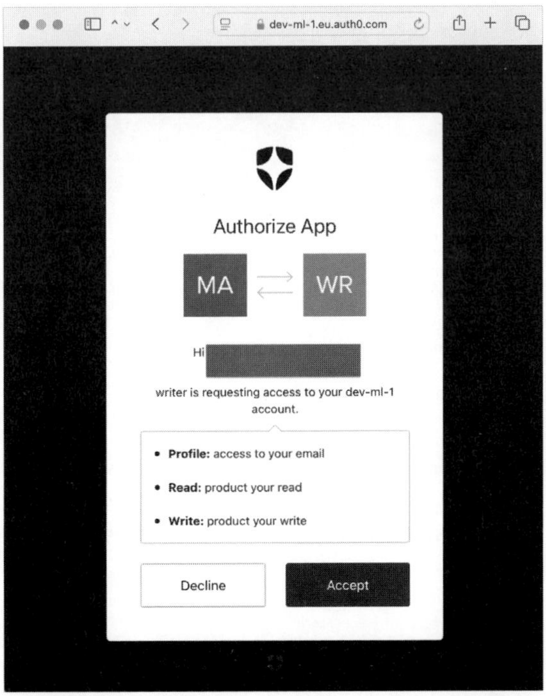


**그림 11.24** Auth0에서의 인가 코드 승인 흐름: 승인 화면

5. 이제 로컬 인가 서버로 인가 코드 승인 흐름을 시험해 봤을 때와 마찬가지로 브라우저의 URL에 인가 코드가 포함돼 있다.

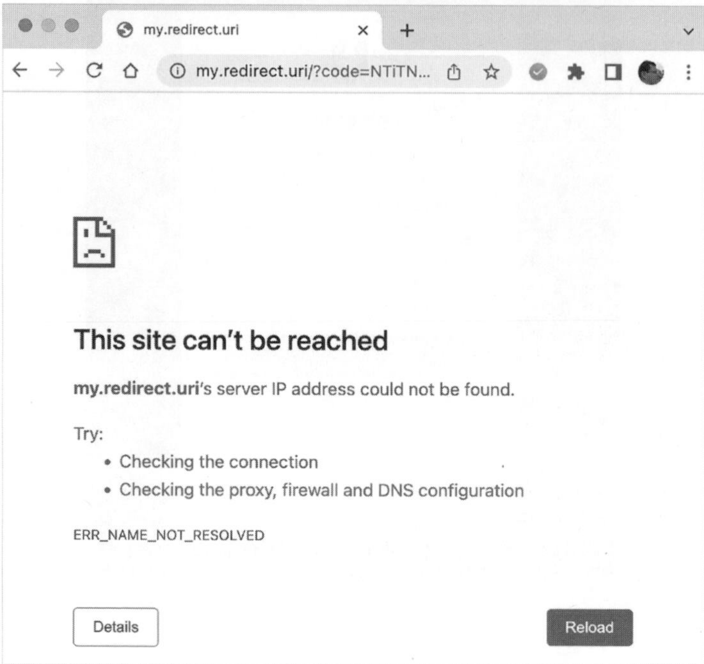


**그림 11.25** Auth0에서의 인가 코드 승인 흐름: 접근 토큰

6. 코드를 추출하고 다음 명령을 실행해 접근 토큰을 얻는다.

```
CODE=...
export TENANT=...
export WRITER_CLIENT_ID=...
export WRITER_CLIENT_SECRET=...

curl -X POST https://$TENANT/oauth/token \
  -d grant_type=authorization_code \
  -d client_id=$WRITER_CLIENT_ID \
  -d client_secret=$WRITER_CLIENT_SECRET \
  -d code=$CODE \
  -d redirect_uri=https://my.redirect.uri -s | jq .
```

7. 위 명령에서 TENANT, WRITER_CLIENT_ID, WRITER_CLIENT_SECRET 환경변수의 값을 setup-tenant.bash 스크립트에서 반환된 값으로 설정한다.

이렇게 해서 두 가지 승인 흐름을 사용해 접근 토큰을 획득하는 방법을 배웠으므로 다음 절에서 Auth0에서 획득한 접근 토큰을 사용해 외부 API를 호출해 보자.

## Auth0 접근 토큰을 이용한 보호된 API 호출

로컬 인가 서버에서 발급한 접근 토큰을 사용했을 때와 마찬가지로 Auth0에서 발급한 접근 토큰을 사용해 API를 호출할 수 있다.

읽기 전용 API의 경우 다음 명령을 실행한다.

```
ACCESS_TOKEN=...
curl https://localhost:8443/product-composite/1 -k -H "Authorization: Bearer $ACCESS_TOKEN" -i
```

갱신 API의 경우 다음 명령을 실행한다.

```
ACCESS_TOKEN=...
curl https://localhost:8443/product-composite/999 -k -H "Authorization: Bearer $ACCESS_TOKEN" -X
DELETE -i
```

`product:read`와 `product:write` 스코프를 모두 요청했으므로 앞의 두 API 호출 모두 `200 OK`를 반환할 것이다.

## 사용자의 상세 정보 조회

'Auth0을 OpenID Connect 제공자로 사용해 테스트 스크립트 실행하기' 절의 그림 11.21과 11.22의 로그 출력에서는 API 요청을 시작한 사용자에 대한 정보를 볼 수 없었다. API 구현에서 사용자에 대해 조금 더 자세히 알고 싶다면 Auth0의 `userinfo` 엔드포인트를 호출하면 된다. 사용자 정보 엔드포인트의 URL은 'OAuth 리소스 서버의 구성 변경' 절에 설명된 대로 OIDC 디스커버리 엔드포인트에 대한 요청의 응답에서 찾을 수 있다. 접근 토큰과 관련된 사용자 정보를 조회하려면 다음 요청을 수행한다.

```
export TENANT=...
curl -H "Authorization: Bearer $ACCESS_TOKEN" https://$TENANT/userinfo -s | jq
```

위 명령에서 `TENANT` 환경변수의 값을 `setup-tenant.bash` 스크립트에서 반환된 값으로 설정한다.

이 엔드포인트는 Auth0에서 사용자가 접근 토큰을 취소하지 않았는지 확인하는 데도 사용될 수 있다.

응답 예시는 다음과 같다.

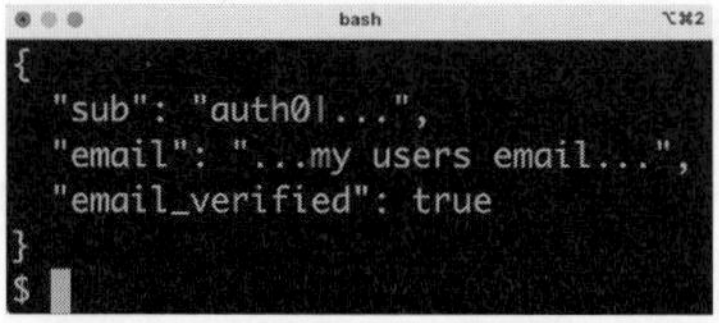


**그림 11.26** Auth0에서 추가 사용자 정보를 요청

> 이 엔드포인트는 Auth0에서 사용자가 접근 토큰을 취소하지 않았는지 확인하는 데도 사용할 수 있다.

다음 명령으로 시스템 환경을 종료하고 테스트를 마무리한다.

```
docker compose down
```

이번 절에서는 이처럼 로컬 OAuth 2.0 인가 서버를 외부 솔루션으로 대체하는 방법을 배웠다. 또한 외부 OIDC 제공자를 사용해 접근 토큰의 유효성을 검사하도록 마이크로서비스 환경을 재구성하는 방법도 살펴봤다.

# 정리

이번 장에서는 스프링 시큐리티를 이용해 API를 보호하는 방법을 배웠다.

스프링 시큐리티로 제3자에 의한 도청을 방지하기 위해 HTTPS를 활성화하는 것이 얼마나 쉬운지 확인했다. 또한 스프링 시큐리티를 사용하면 HTTP 기본 인증을 사용해 디스커버리 서버인 넷플릭스 유레카에 대한 접근을 제한하는 것이 간단하다는 것도 확인했다. 마지막으로 스프링 시큐리티를 이용해 OAuth 2.0과 OpenID Connect의 활용법을 간소화해서 제3자 클라이언트 애플리케이션이 사용자의 자격 증명을 클라이언트 애플리케이션과 공유할 필요 없이 사용자의 이름으로 API에 접근할 수 있게 하는 방법을 살펴봤다. 스프링 시큐리티를 기반으로 로컬 OAuth 2.0 인가 서버를 설정하는 방법과 구성을 변경해 Auth0과 같은 외부 OpenID Connect 제공자를 대신 사용하는 방법을 모두 배웠다.

그러나 한 가지 우려되는 점은 필요한 구성을 관리하는 방법이다. 각 마이크로서비스 인스턴스에 자체적인 구성을 제공해야 하므로 현재 구성을 한눈에 파악하기 어렵다. 여러 마이크로서비스와 관련된 구성을 업데이트하는 것도 어려울 것이다. 게다가 지금까지 살펴본 일부 구성에는 자격 증명이나 인증서 같은 중요한 정보가 포함돼 있다. 여러 협력 마이크로서비스의 구성을 처리하는 더 나은 방법과 구성의 중요한 부분을 처리하는 방법이 필요할 것이다.

다음 장에서는 스프링 클라우드 컨피그 서버(Spring Cloud Config Server)를 살펴보고 이러한 문제를 처리하는 데 어떻게 활용할 수 있는지 알아본다.

# 문제

1. 자체 서명 인증서를 사용할 때의 이점과 단점은 무엇인가?
2. OAuth 2.0 인가 코드의 용도는 무엇인가?
3. OAuth 2.0 스코프의 용도는 무엇인가?
4. 토큰이 JWT라는 것은 무엇을 의미하는가?
5. JWT에 저장된 정보를 얼마나 신뢰할 수 있는가?
6. OAuth 2.0 인가 코드 승인 흐름을 네이티브 모바일 앱에 사용하는 것이 적합한가?
7. OpenID Connect가 OAuth 2.0에 추가하는 것은 무엇인가?

# 12

# 중앙 집중식 구성

이번 장에서는 스프링 클라우드 컨피그 서버를 사용해 마이크로서비스의 구성을 중앙 집중식으로 관리하는 법을 배운다. 1장 '마이크로서비스 소개'에서 이미 설명한 바 있듯이 마이크로서비스의 수가 늘어나면 일반적으로 관리하고 업데이트해야 하는 구성 파일의 수도 늘어난다.

스프링 클라우드 컨피그 서버를 활용하면 모든 마이크로서비스의 구성 파일을 중앙 저장소 한 곳에 모아두어 관리하기가 훨씬 쉬워진다. 각 마이크로서비스는 구동 시 이 컨피그 서버에서 자신의 구성을 조회하도록 업데이트될 것이다.

이번 장에서는 다음 주제를 다룬다.

- 스프링 클라우드 컨피그 서버 소개
- 컨피그 서버 설정
- 컨피그 서버의 클라이언트 구성
- 컨피그 저장소 구조화
- 스프링 클라우드 컨피그 서버 테스트

## 기술적 요구사항

이 책에서 사용하는 도구를 설치하는 방법과 이 책의 소스코드를 내려받는 방법은 다음을 참고한다.

- 21장 'macOS용 설치 안내'
- 22장 'WSL 2 및 우분투가 탑재된 마이크로소프트 윈도우용 설치 안내'

이번 장의 모든 코드 예제는 `$BOOK_HOME/Chapter12`의 소스코드에서 가져온 것이다.

이번 장의 소스코드에 적용된 변경 사항, 즉 마이크로서비스 환경에 구성 서버를 추가하는 데 필요한 사항을 보려면 11장 'API에 대한 접근 보안'의 소스코드와 비교해 보면 된다. 즐겨 사용하는 코드 비교 도구를 사용해 `$BOOK_HOME/Chapter11`과 `$BOOK_HOME/Chapter12` 폴더를 비교해본다.

## 스프링 클라우드 컨피그 서버 소개

스프링 클라우드 컨피그 서버(컨피그 서버로 줄여서 표기)는 다른 마이크로서비스와 동일한 방식으로 에지 서버 뒤에 있는 기존 마이크로서비스 환경에 추가된다.

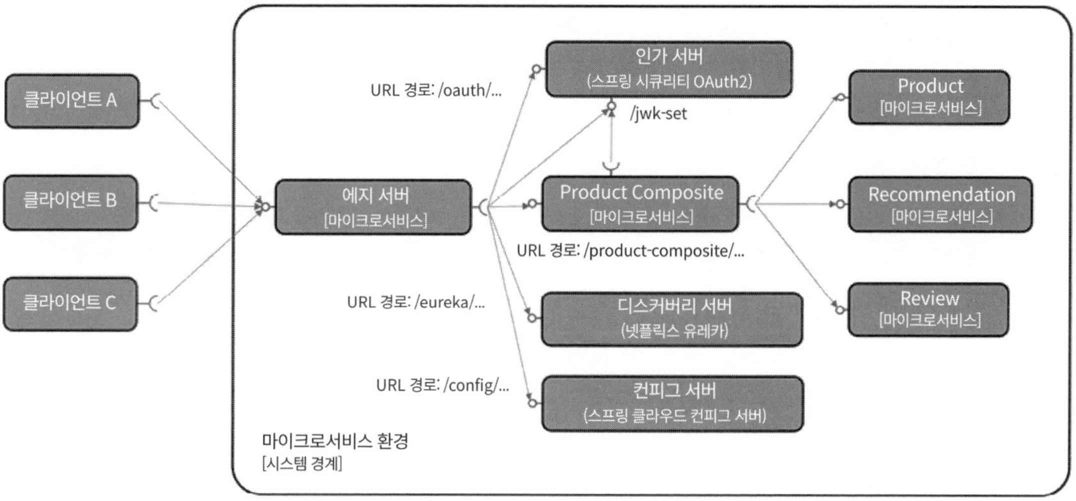


**그림 12.1** 시스템 환경에 구성 서버를 추가

컨피그 서버를 설정할 때는 고려해야 할 몇 가지 사항이 있다.

- 구성 저장소의 스토리지 유형
- 초기에 클라이언트가 구성 서버 또는 디스커버리 서버에 연결할지 결정
- 구성 보안: API에 대한 무단 접근을 방지하고, 구성 저장소에 민감한 정보를 평문으로 저장하지 않게 함

각 사항과 컨피그 서버에서 제공하는 API를 하나씩 살펴보자.

## 구성 저장소의 스토리지 유형

8장 '스프링 클라우드 소개'에서 이미 설명한 바와 같이 컨피그 서버는 다음과 같은 여러 다른 백엔드에 구성 파일을 저장하는 것을 지원한다.

- Git 저장소
- 로컬 파일 시스템
- 하시코프 볼트(HashiCorp Vault)
- JDBC 데이터베이스

이번 장에서는 로컬 파일 시스템을 사용한다. 로컬 파일 시스템을 사용하려면 네이티브 스프링 프로파일을 활성화한 상태로 컨피그 서버를 시작해야 한다. 구성 저장소의 위치는 `spring.cloud.config.server.native.searchLocations` 프로퍼티를 사용해 지정한다.

> 로컬 파일 시스템을 사용하는 것은 설정이 쉽기 때문에 개발 환경에서 선호되는 방법이다. 운영 환경에서는 하시코프 볼트 같은 더 안전한 솔루션을 사용해야 한다. 하시코프 볼트를 사용하는 방법에 대해서는 `https://docs.spring.io/spring-cloud-config/reference/server/environment-repository/vault-backend.html`을 참고한다.

## 초기 클라이언트 연결 결정

기본적으로 클라이언트는 먼저 컨피그 서버에 연결해서 구성을 조회한다. 구성을 기반으로 디스커버리 서버(여기서는 넷플릭스 유레카)에 연결해서 자신을 등록한다. 반대로, 클라이언트가 먼저 디스커버리 서버

에 연결해서 컨피그 서버 인스턴스를 찾은 다음, 컨피그 서버에 연결해서 구성을 가져오는 것도 가능하다. 두 가지 접근 방식에는 각기 장단점이 있다.

이번 장에서는 클라이언트가 먼저 컨피그 서버에 연결한다. 이 접근 방식을 사용하면 디스커버리 서버의 구성을 컨피그 서버에 저장할 수 있다.

다른 방법에 대해 자세히 알아보려면 `https://docs.spring.io/spring-cloud-config/docs/4.0.1/reference/html/#discovery-first-bootstrap`을 참고한다.

> 컨피그 서버에 먼저 연결하는 방법의 한 가지 우려 사항은 컨피그 서버가 단일 장애 지점(single point of failure; SPOF)이 될 수 있다는 것이다. 클라이언트가 먼저 넷플릭스 유레카 같은 디스커버리 서버에 연결하는 경우 여러 컨피그 서버 인스턴스를 등록할 수 있으므로 단일 장애 지점을 방지할 수 있다. 이 책 후반부의 15장 '쿠버네티스 소개'에서 쿠버네티스의 서비스(service) 개념을 배울 때 여러 컨테이너(예: 컨피그 서버)를 각 쿠버네티스 서비스 뒤에서 실행해 단일 장애 지점을 방지하는 방법을 확인할 수 있다.

## 구성 보안 설정

구성 정보는 일반적으로 민감한 정보로 취급된다. 즉, 전송 과정이나 유휴 상태에서 구성 정보를 모두 보호해야 한다. 런타임 관점에서 컨피그 서버는 에지 서버를 통해 외부에 노출될 필요가 없다. 그러나 개발 중에는 구성을 확인하기 위해 컨피그 서버의 API에 접근할 수 있어야 한다. 프로덕션 환경에서는 컨피그 서버에 대한 외부 접근을 차단하는 것이 좋다.

### 전송 과정에서의 구성 보안 설정

에지 서버에서는 이미 HTTPS를 사용 중이기 때문에 마이크로서비스 또는 컨피그 서버의 API를 사용하는 누군가가 구성 정보를 요청하더라도 도청으로부터 보호된다.

여기서는 API 사용자가 알려진 클라이언트임을 확인하기 위해 HTTP 기본 인증을 사용하겠다. 컨피그 서버에서 스프링 시큐리티를 사용하고 허용된 자격 증명으로 `SPRING_SECURITY_USER_NAME`과 `SPRING_SECURITY_USER_PASSWORD` 환경변수를 지정해 HTTP 기본 인증을 설정할 수 있다.

### 유휴 상태일 때의 구성 보안 설정

구성 파일에 대한 접근 권한이 있는 사람이 비밀번호와 같은 민감한 정보를 훔치는 상황을 방지하기 위해 컨피그 서버는 디스크에 저장할 때 구성 정보에 대한 암호화를 지원한다. 컨피그 서버는 대칭 키 및 비대칭 키 사용을 모두 지원한다. 비대칭 키가 더 안전하지만 관리하기가 더 어렵다.

이번 장에서는 대칭 키를 사용한다. 대칭 키는 `ENCRYPT_KEY` 환경변수를 지정해서 시작 시 컨피그 서버에 제공된다. 암호화된 키는 다른 모든 민감한 정보와 동일한 방식으로 보호해야 하는 평문 문자열이다.

비대칭 키 사용법에 대해 자세히 알아보려면 `https://docs.spring.io/spring-cloud-config/docs/4.0.1/reference/html/#_key_management`를 참고한다.

## 컨피그 서버 API 소개

컨피그 서버는 클라이언트가 구성을 조회하는 데 사용할 수 있는 REST API를 제공한다. 이번 장에서는 API에서 다음과 같은 엔드포인트를 사용한다.

- `/actuator`: 모든 마이크로서비스에서 제공하는 표준 액추에이터 엔드포인트다. 이 엔드포인트는 개발 중에는 매우 유용하지만 프로덕션 환경에서는 보안을 위해 미리 차단하는 등 신중하게 사용해야 한다.
- `/encrypt`와 `/decrypt`: 민감한 정보를 암호화 및 암호 해독하기 위한 엔드포인트다. 이것들도 프로덕션 환경에서 사용하기 전에 차단해야 한다.
- `/{microservice}/{profile}`: 특정 마이크로서비스와 특정 스프링 프로파일에 대한 구성을 반환한다.

컨피그 서버를 테스트할 때 API에 대한 몇 가지 사용법 예시를 확인하겠다.

# 컨피그 서버 설정

앞에서 결정한 내용을 바탕으로 컨피그 서버를 설정하는 것은 간단하다.

1. 3장 '협력하는 마이크로서비스 만들기'의 '이니셜라이저를 활용한 기본 골격 코드 생성' 절에서 설명한 대로 스프링 이니셜라이저를 사용해 스프링 부트 프로젝트를 생성한다.
2. `build.gradle` 그레이들 빌드 파일에 `spring-cloud-config-server`와 `spring-boot-starter-security` 의존성을 추가한다.

3. ConfigServerApplication 애플리케이션 클래스에 @EnableConfigServer 애너테이션을 추가한다.

```
@EnableConfigServer
@SpringBootApplication
public class ConfigServerApplication {
```

4. 기본 프로퍼티 파일인 application.yml에 컨피그 서버에 대한 구성을 추가한다.

```
server.port: 8888

spring.cloud.config.server.native.searchLocations: file:${PWD}/config-repo

management.endpoint.health.show-details: "ALWAYS"
management.endpoints.web.exposure.include: "*"

logging:
  level:
    root: info

---
spring.config.activate.on-profile: docker
spring.cloud.config.server.native.searchLocations: file:/config-repo
```

   가장 중요한 구성은 spring.cloud.config.server.native.searchLocations 프로퍼티를 사용해 구성 저장소의 위치를 지정하는 것이다.

5. 컨피그 서버의 API를 마이크로서비스 환경 외부에서 접근할 수 있도록 에지 서버에 라우팅 규칙을 추가한다.
6. Dockerfile과 세 개의 도커 컴포즈 파일에 컨피그 서버에 대한 정의를 추가한다.
7. 민감한 구성 매개변수를 표준 도커 컴포즈 환경 파일인 .env로 외부화한다. 매개변수는 '도커 사용을 위한 컨피그 서버 구성' 절에 설명돼 있다.
8. 공통 빌드 파일인 settings.gradle에 컨피그 서버를 추가한다.

```
include ':spring-cloud:config-server'
```

스프링 클라우드 컨피그 서버의 소스코드는 $BOOK_HOME/Chapter12/spring-cloud/config-server에서 확인할 수 있다.

이제 5단계에서 언급한 라우팅 규칙을 설정하는 방법과 6단계와 7단계에서 설명한 도커 컴포즈에 추가된 컨피그 서버를 구성하는 법을 살펴보자.

## 에지 서버에서 라우팅 규칙 설정

컨피그 서버의 API를 마이크로서비스 환경 외부에서 접근할 수 있도록 에지 서버에 라우팅 규칙을 추가한다. /config로 시작하는 에지 서버에 대한 모든 요청은 다음과 같은 라우팅 규칙을 사용해 컨피그 서버로 라우팅된다.

```
- id: config-server
  uri: ${spring.cloud.config.uri}
  predicates:
    - Path=/config/**
  filters:
    - RewritePath=/config/(?&lt;segment&gt;.*), /$\{segment}
```

라우팅 규칙의 RewritePath 필터는 컨피그 서버로 보내기 전에 인입 URL에서 앞에 붙은 /config를 제거한다.

또한 에지 서버는 보안 검사를 컨피그 서버에 위임해서 컨피그 서버에 대한 모든 요청을 허용하도록 구성한다. 에지 서버의 SecurityConfig 클래스에 다음 줄을 추가한다.

```
.pathMatchers("/config/**").permitAll()
```

이 라우팅 규칙이 있으면 컨피그 서버의 API를 사용할 수 있다. 예를 들어, 다음 명령을 실행해 product 서비스가 docker 스프링 프로파일을 사용할 때의 구성을 요청할 수 있다.

```
curl https://dev-usr:dev-pwd@localhost:8443/config/product/docker -ks | jq
```

나중에 컨피그 서버를 테스트할 때 이 명령을 실행할 것이다.

## 도커 사용을 위한 컨피그 서버 구성

컨피그 서버의 Dockerfile은 8080번 포트 대신 8888번 포트를 노출한다는 점을 제외하면 다른 마이크로서비스와 동일하다.

도커 컴포즈 파일에 컨피그 서버를 추가하는 것은 다른 마이크로서비스에서 본 것과 약간 다르다.

```
config-server:
  build: spring-cloud/config-server
  mem_limit: 512m
  environment:
    - SPRING_PROFILES_ACTIVE=docker,native
    - ENCRYPT_KEY=${CONFIG_SERVER_ENCRYPT_KEY}
    - SPRING_SECURITY_USER_NAME=${CONFIG_SERVER_USR}
    - SPRING_SECURITY_USER_PASSWORD=${CONFIG_SERVER_PWD}
  volumes:
    - $PWD/config-repo:/config-repo
```

위의 소스코드에 대한 설명은 다음과 같다.

1. `native` 스프링 프로파일을 추가해서 컨피그 서버에 구성 저장소가 로컬 파일을 기반으로 한다는 것을 알려준다.
2. `ENCRYPT_KEY` 환경변수는 컨피그 서버가 민감한 구성 정보를 암호화하고 복호화하는 데 사용할 대칭 암호화 키를 지정하는 데 사용된다.
3. `SPRING_SECURITY_USER_NAME`, `SPRING_SECURITY_USER_PASSWORD` 환경변수를 통해 기본 HTTP 인증으로 API를 보호하는 데 사용할 자격 증명을 지정한다.
4. `volumes` 선언은 도커 컨테이너의 `/config-repo`에서 `config-repo` 폴더에 접근할 수 있게 한다.

도커 컴포즈 파일에서 `${...}`로 표시된 세 개의 환경변수 값은 도커 컴포즈에 의해 `.env` 파일에서 가져온다.

```
CONFIG_SERVER_ENCRYPT_KEY=my-very-secure-encrypt-key
CONFIG_SERVER_USR=dev-usr
CONFIG_SERVER_PWD=dev-pwd
```

> `.env` 파일에 저장된 정보, 즉 사용자명, 비밀번호, 암호화 키는 중요하며, 개발 및 테스트 이외의 용도로 사용되는 경우 반드시 보호해야 한다. 또한 암호화 키를 분실하면 구성 저장소의 암호화된 정보를 더 이상 복호화할 수 없다는 점에 유의해야 한다.

## 컨피그 서버의 클라이언트 구성

컨피그 서버에서 구성을 가져오려면 마이크로서비스를 업데이트해야 한다. 마이크로서비스는 스프링의 재시도 메커니즘을 사용해 컨피그 서버에 재연결할 것이다. 이는 전체 마이크로서비스 환경과 컨피그 서버를 동시에 구동할 때(예: `docker compose up` 명령어를 사용) 특히 유용하다.

이 경우 많은 클라이언트가 컨피그 서버가 준비되기 전에 연결을 시도하게 되며, 재시도 로직이 컨피그 서버가 가동됐을 때 클라이언트들이 성공적으로 연결할 수 있도록 도와준다.

> 초기에는 스프링 클라우드 컨피그에서 클라이언트가 서버에 연결할 수 있도록 부트스트랩 메커니즘을 제공했다. 스프링 부트 2.4부터는 `spring.config.import` 프로퍼티를 사용해 구성 데이터를 가져올 수 있다. 이것이 스프링 클라우드 컨피그 서버에 연결하는 기본 방식으로 자리 잡았다.
>
> 하지만 여러 컨피그 서버 URL을 정의하고 각각에 대해 재시도를 활성화해야 하는 상황에서는 `spring.config.import` 프로퍼티를 사용하는 방법이 작동하지 않는다. 그 대신 이전의 부트스트랩 메커니즘을 사용해야 한다. 이는 `spring-cloud-starter-bootstrap` 의존성을 추가해 활성화할 수 있다.
>
> 스프링 클라우드 컨피그 서버에 연결하기 위한 부트스트랩 방법은 여전히 완전하게 지원되며, 현재 지원 중단된다는 계획은 없다. 자세한 내용은 `https://github.com/spring-cloud/spring-cloud-config/issues/2244#issuecomment-1497695548`을 참고한다.

이를 위해서는 다음 단계를 수행한다.

1. `spring-cloud-starter-config`, `spring-cloud-starter-bootstrap`, `spring-retry` 의존성을 그레이들 빌드 파일인 `build.gradle`에 추가한다.
2. 구성 파일인 `application.yml`을 구성 저장소로 옮기고 `spring.application.name` 프로퍼티에 지정된 클라이언트명으로 이름을 변경한다.
3. `src/main/resources` 폴더에 새 `bootstrap.yml` 파일을 추가한다. 이 파일은 컨피그 서버 연결에 필요한 구성을 저장하는 데 사용된다. 내용에 대한 설명은 아래의 '연결 정보 구성' 절을 참고한다.
4. 도커 컴포즈 파일에 컨피그 서버에 접근하기 위한 자격 증명을 추가한다. 예를 들어, `product` 서비스의 경우는 다음과 같다.

```
product:
  environment:
    - CONFIG_SERVER_USR=${CONFIG_SERVER_USR}
    - CONFIG_SERVER_PWD=${CONFIG_SERVER_PWD}
```

5. 컨피그 서버 사용을 비활성화해서 스프링 부트 기반 자동화 테스트를 실행한다. 그러려면 @DataMongoTest, @DataJpaTest, @SpringBootTest 애너테이션에 spring.cloud.config.enabled=false를 추가하면 된다. 다음 코드를 보자.

```
@DataMongoTest(properties = {"spring.cloud.config.enabled=false"})
@DataJpaTest(properties = {"spring.cloud.config.enabled=false"})
@SpringBootTest(webEnvironment=RANDOM_PORT, properties = {"eureka.client.enabled=false",
"spring.cloud.config.enabled=false"})
```

## 연결 정보 구성

앞에서 언급했듯이 src/main/resources/bootstrap.yml 파일에는 이제 컨피그 서버에 연결하는 데 필요한 클라이언트 구성이 포함돼 있다. spring.application.name 프로퍼티로 지정된 애플리케이션 이름(아래 예에서는 product로 설정됨)을 제외하고 이 파일은 컨피그 서버의 모든 클라이언트에 대해 동일한 내용으로 구성된다.

```
spring.application.name: product

spring.cloud.config:
  failFast: true
  retry:
    initialInterval: 3000
    multiplier: 1.3
    maxInterval: 10000
    maxAttempts: 20
  uri: http://localhost:8888
  username: ${CONFIG_SERVER_USR}
  password: ${CONFIG_SERVER_PWD}

---
spring.config.activate.on-profile: docker
spring.cloud.config.uri: http://config-server:8888
```

이 구성은 클라이언트가 다음과 같은 작업을 수행하게 한다.

1. 도커 외부에서 실행할 때는 `http://localhost:8888` URL을 사용하고, 도커 컨테이너에서 실행할 때는 `http://config-server:8888` URL을 사용해 컨피그 서버에 연결한다.
2. 클라이언트의 사용자명과 비밀번호로 각각 `CONFIG_SERVER_USR`와 `CONFIG_SERVER_PWD` 프로퍼티의 값을 기반으로 HTTP 기본 인증을 사용한다.
3. 필요한 경우 최대 20번까지 컨피그 서버에 재연결을 시도한다.
4. 연결 시도가 실패하면 클라이언트는 처음에 3초 동안 기다렸다가 다시 연결을 시도한다.
5. 이후 재시도 대기 시간은 1.3배씩 증가한다.
6. 연결 시도 간 최대 대기 시간은 10초다.
7. 20번의 시도 후에도 클라이언트가 컨피그 서버에 연결할 수 없으면 구동에 실패한다.

이 구성은 컨피그 서버와의 일시적인 연결 문제에 대한 복원력을 확보하는 데 효과적이다. 예를 들어, 앞에서 설명했듯이 전체 마이크로서비스 환경과 컨피그 서버를 한 번에 구동할 때 유용하다.

## 구성 저장소 구조화

각 클라이언트의 소스코드에서 구성 파일을 구성 저장소로 옮긴 후 액추에이터 엔드포인트 구성, 유레카, RabbitMQ 및 Kafka에 연결하는 방법 등 여러 구성 파일에 공통 구성을 배치하겠다. 공통 부분은 `application.yml`이라는 공통 구성 파일에 배치했다. 이 파일은 모든 클라이언트가 공유한다. 구성 저장소에는 다음과 같은 파일이 포함돼 있다.

```
config-repo/
├── application.yml
├── auth-server.yml
├── eureka-server.yml
├── gateway.yml
├── product-composite.yml
├── product.yml
├── recommendation.yml
└── review.yml
```

구성 저장소는 `$BOOK_HOME/Chapter12/config-repo`에서 확인할 수 있다.

# 스프링 클라우드 컨피그 서버 테스트

이제 컨피그 서버를 테스트할 차례다.

- 먼저 소스를 빌드하고 테스트 스크립트를 실행해 모든 것이 잘 동작하는지 확인한다.
- 다음으로 컨피그 서버 API를 테스트해서 마이크로서비스의 구성을 조회한다.
- 마지막으로 민감한 정보(예: 비밀번호)를 어떻게 암호화하고 복호화하는지 살펴본다.

## 빌드 및 자동화 테스트 실행

이제 다음과 같이 시스템 환경의 빌드 및 검증 테스트를 실행한다.

1. 먼저, 다음 명령으로 도커 이미지를 빌드한다.

```
cd $BOOK_HOME/Chapter12
./gradlew build && docker compose build
```

2. 다음으로, 도커에서 시스템 환경을 구동하고 다음 명령으로 테스트를 실행한다.

```
./test-em-all.bash start
```

## 컨피그 서버 API를 이용한 구성 조회

앞에서 설명한 대로 에지 서버를 통해 URL 접두사인 `/config`를 사용해 컨피그 서버의 API에 접근할 수 있다. 또한 `.env` 파일에 지정된 대로 HTTP 기본 인증을 위한 자격 증명을 제공해야 한다. 예를 들어, `product` 서비스가 도커 컨테이너로 실행될 때, 즉 `docker` 스프링 프로파일이 활성화된 상태에서 사용되는 구성을 조회하려면 다음 명령을 실행한다.

```
curl https://dev-usr:dev-pwd@localhost:8443/config/product/docker -ks | jq
```

그럼 다음과 같은 형식의 응답을 예상할 수 있다(가독성을 높이기 위해 일부 프로퍼티들을 `...`로 대체했다).

```
{
  "name": "product",
  "profiles": [
```

```
    "docker"
  ],
  ...
  "propertySources": [
    {
      "name": "...file [/config-repo/product.yml]...",
      "source": {
        "spring.config.activate.on-profile": "docker",
        "server.port": 8080,
        ...
      }
    },
    {
      "name": "...file [/config-repo/product.yml]...",
      "source": {
        "server.port": 7002,
        ...
      }
    },
    {
      "name": "...file [/config-repo/application.yml]...",
      "source": {
        "spring.config.activate.on-profile": "docker",
        ...
      }
    },
    {
      "name": "...file [/config-repo/application.yml]...",
      "source": {
        ...
        "app.eureka-password": "p",
        "spring.rabbitmq.password": "guest"
      }
    }
  ]
}
```

이 응답에 대한 설명은 다음과 같다.

- 응답에는 API 요청과 일치하는 프로퍼티 파일 및 스프링 프로파일당 하나씩 여러 프로퍼티 소스의 프로퍼티가 포함돼 있다. 프로퍼티 소스는 우선순위 순서에 따라 반환된다. 프로퍼티가 여러 프로퍼티 소스에 지정된 경우 응답의 첫 번째 프로퍼티가 우선한다. 앞의 응답 예시에는 다음과 같은 우선순위로 프로퍼티 소스가 포함돼 있다.
  - `/config-repo/product.yml`: docker 스프링 프로파일용
  - `/config-repo/product.yml`: 기본 스프링 프로파일용
  - `/config-repo/application.yml`: docker 스프링 프로파일용
  - `/config-repo/application.yml`: 기본 스프링 프로파일용

  예를 들어, 포트는 앞의 응답에서 `"server.port": 7002` 앞에 `"server.port": 8080`이 지정돼 있기 때문에 7002번이 아닌 8080번이 된다.
- 유레카 및 RabbitMQ에 대한 비밀번호와 같은 민감한 정보는 평문으로 반환되지만(예: `"p"`와 `"guest"`) 디스크에는 암호화되어 저장된다. 구성 파일인 `application.yml`에서는 다음과 같이 지정된다.

```
app:
  eureka-password: '{cipher}bf298f6d5f878b342f9e44bec08cb9ac00b4ce57e98316f030194a225fac89fb'
spring.rabbitmq:
  password: '{cipher}17fcf0ae5b8c5cf87de6875b699be4a1746dd493a99d926c7a26a68c422117ef'
```

## 민감한 정보의 암호화와 복호화

정보는 컨피그 서버에서 노출한 `/encrypt`와 `/decrypt` 엔드포인트를 사용해 암호화/복호화할 수 있다. `/encrypt` 엔드포인트는 컨피그 저장소에 배치할 암호화된 값을 만드는 데 사용할 수 있다. 이전 절의 예를 참조하면 유레카 및 RabbitMQ에 대한 비밀번호가 디스크에 암호화되어 저장된다. `/decrypt` 엔드포인트는 컨피그 저장소의 디스크에 저장된 암호화된 정보를 확인하는 데 사용할 수 있다.

1. `hello world` 문자열을 암호화하려면 다음 명령을 실행한다.

```
curl -k https://dev-usr:dev-pwd@localhost:8443/config/encrypt --data-urlencode "hello world"
```

> +와 같은 특수 문자를 올바르게 처리하려면 `curl`을 사용해 `/encrypt` 엔드포인트를 호출할 때 `--data-urlencode` 플래그를 사용한다.

2. 그럼 다음과 같은 응답을 예상할 수 있다.

**그림 12.2** 구성 매개변수의 암호화된 값

3. 암호화된 값을 복호화하려면 다음 명령을 실행한다.

```
curl -k https://dev-usr:dev-pwd@localhost:8443/config/decrypt -d d91001603dcdf3eb1392
ccbd40ff201cdcf7b9af2fcaab3da39e37919033b206
```

4. 응답으로 `hello world`라는 문자열을 예상할 수 있다.

**그림 12.3** 복호화된 구성 매개변수의 값

5. 구성 파일에서 암호화된 값을 사용하려면 `{cipher}`로 시작하고 `''`로 묶어야 한다. 예를 들어, YAML 기반 구성 파일에 `hello world`의 암호화된 버전을 저장하려면 다음 줄을 추가한다.

```
my-secret: '{cipher}d91001603dcdf3eb1392ccbd40ff201cdcf7b9af2fcaab3da39e3791903 3b206'
```

6. 컨피그 서버가 `'{cipher}...'` 형식의 값을 감지하면 클라이언트에 보내기 전에 암호화 키를 사용해 복호화를 시도한다.

7. 이 테스트를 끝으로 중앙 집중식 구성에 대한 장을 마무리한다. 다음 명령으로 실행 중인 시스템 환경을 종료하자.

```
docker compose down
```

# 정리

이번 장에서는 스프링 클라우드 컨피그 서버를 사용해 마이크로서비스의 구성을 중앙 집중식으로 관리하는 방법을 살펴봤다. 공통 구성 저장소에 구성 파일을 배치하고, 공통적인 구성을 하나의 구성 파일에서 공유하면서 마이크로서비스별 구성은 각 마이크로서비스별로 유지할 수 있다. 마이크로서비스는 시작 시 컨피그 서버에서 구성을 조회하도록 업데이트됐으며, 컨피그 서버에서 구성을 조회하는 동안 일시적인 중단을 처리하도록 구성했다.

컨피그 서버는 HTTP 기본 인증을 사용해 API를 인증을 거쳐 사용하도록 요구하고, HTTPS를 사용하는 에지 서버를 통해 API를 외부에 노출함으로써 전송 과정에서 구성 정보를 보호할 수 있다. 디스크의 구성 파일에 대한 접근 권한을 얻은 침입자가 비밀번호 같은 민감한 정보에 접근하는 것을 방지하기 위해 컨피그 서버의 /encrypt 엔드포인트를 사용해 정보를 암호화하고 디스크에 암호화된 상태로 저장할 수 있다.

컨피그 서버의 API를 외부에 노출하는 것은 개발 중에는 유용하지만 프로덕션 환경에서는 보안을 위해 사용하기 전에 차단해야 한다.

다음 장에서는 Resilience4j를 이용해 마이크로서비스 간에 동기 통신을 과도하게 사용했을 때의 잠재적인 문제를 해결하는 법을 배운다.

# 문제

1. 구동 시 리뷰 서비스에서 컨피그 서버로 구성을 조회하기 위해 수행되는 API 호출은 무엇인가?
2. 리뷰 서비스를 docker compose up -d 명령으로 구동했다. 다음 명령으로 컨피그 서버에 대한 API를 호출했을 때 어떤 구성 정보를 예상할 수 있는가?

```
curl https://dev-usr:dev-pwd@localhost:8443/config/application/default -ks | jq
```

3. 스프링 클라우드 컨피그가 지원하는 저장소 백엔드 유형은 무엇인가?
4. 스프링 클라우드 컨피그 서버를 사용해 디스크의 민감한 정보를 어떻게 암호화할 수 있는가?
5. 컨피그 서버 API를 오남용으로부터 어떻게 보호할 수 있는가?
6. 먼저 디스커버리 서버에 연결하는 클라이언트와 비교했을 때 컨피그 서버에 먼저 연결하는 클라이언트의 장단점을 설명하라.

# 13

# Resilience4j를 활용한 복원력 개선

이번 장에서는 Resilience4j를 사용해 마이크로서비스를 더 복원력 있게 만드는 방법, 즉 오류를 처리하고 복구하는 방법을 배운다. 1장 '마이크로서비스 소개'의 '서킷 브레이커' 절과 8장 '스프링 클라우드 소개'의 '향상된 복원력을 위한 Resilience4j를 활용' 절에서 이미 논의했듯이, 서킷 브레이커는 동기적으로 통신하는 대규모 마이크로서비스 환경에서 느리거나 응답이 없는 서비스가 유발하는 피해를 최소화하는 데 활용할 수 있다. 여기서는 Resilience4j의 서킷 브레이커를 시간 제한(time limiter) 및 재시도(retry) 메커니즘과 함께 사용해 다음과 같은 가장 일반적인 두 가지 오류 상황을 방지하는 방법을 살펴본다.

- 느리게 응답하거나 전혀 응답하지 않는 마이크로서비스
- 일시적인 네트워크 문제 등으로 인해 가끔씩 실패하는 요청

이번 장에서 다룰 주제는 다음과 같다.

- Resilience4j의 세 가지 메커니즘: 서킷 브레이커, 시간 제한, 재시도 소개
- 세 가지 메커니즘을 소스코드에 추가하기
- 시스템 환경에서 각 메커니즘을 시험해보기

# 기술적 요구사항

이 책에서 사용되는 도구의 설치 방법과 이 책의 소스코드를 내려받는 방법은 다음을 참고한다.

- 21장 'macOS용 설치 안내'
- 22장 'WSL 2 및 우분투가 탑재된 마이크로소프트 윈도우용 설치 안내'

이번 장의 모든 코드 예제는 `$BOOK_HOME/Chapter13`의 소스코드에서 가져온 것이다.

이번 장에서 Resilience4j로 복원력을 향상하기 위해 소스코드에 적용한 변경 사항을 보려면 12장 '중앙 집중식 구성'의 소스코드와 비교하면 된다. 즐겨 사용하는 코드 비교 도구를 사용해 `$BOOK_HOME/Chapter12`와 `$BOOK_HOME/Chapter13` 폴더를 비교해본다.

# Resilience4j 복원 메커니즘 소개

서킷 브레이커, 시간 제한, 재시도 메커니즘은 두 소프트웨어 컴포넌트(예: 마이크로서비스) 간의 모든 동기식 통신에서 유용할 수 있다. 이번 장에서는 `product-composite` 서비스에서 `product` 서비스로의 호출에 이러한 메커니즘을 적용한다. 다음 그림을 보자.

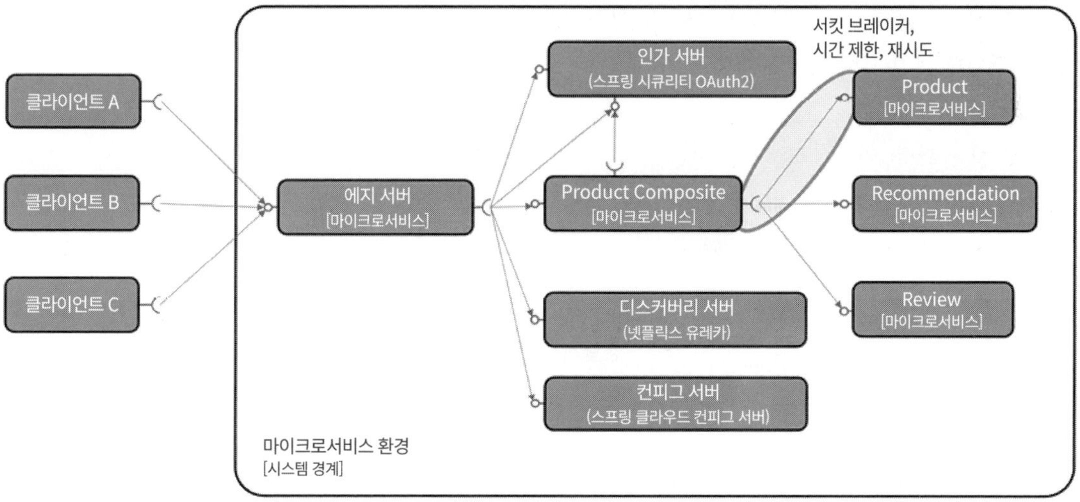


**그림 13.1** 시스템 환경에 복원력 기능을 추가

참고로 가독성을 위해 다른 마이크로서비스의 디스커버리 서버 및 컨피그 서버에 대한 동기식 호출은 다이어그램에 표시하지 않았다.

> 2019년 11월 스프링 클라우드 Hoxton 출시와 함께 **스프링 클라우드 서킷 브레이커**(Spring Cloud Circuit Breaker) 프로젝트가 추가됐다. 이 프로젝트는 서킷 브레이커를 위한 추상화 계층을 제공하며, Resilience4j를 내부적으로 사용하도록 구성할 수 있다. 이 프로젝트는 Resilience4j 프로젝트처럼 재시도나 시간 제한, 벌크헤드, 요청 제한과 같은 다른 복원력 메커니즘을 통합된 방식으로 제공하지 않는다. 이 프로젝트에 대한 자세한 내용은 `https://spring.io/projects/spring-cloud-circuitbreaker`를 참고한다.
>
> 다른 여러 대안도 있다. 예를 들어, 리액터 프로젝트에는 재시도와 타임아웃에 대한 기본 지원 기능이 함께 제공된다(`Mono.retryWhen()`과 `Mono.timeout()`을 참고). 스프링에도 재시도 메커니즘이 있지만(`https://github.com/spring-projects/spring-retry` 참고), 리액티브 프로그래밍 모델은 지원하지 않는다.
>
> 하지만 다른 어떤 대안도 Resilience4j만큼 일관되고 통합된 복원력 메커니즘을 제공하지는 않는다. 특히 의존성, 애너테이션, 구성이 일관된 방식으로 사용되는 스프링 부트 환경에서는 더욱 그렇다. 마지막으로 Resilience4j 애너테이션은 사용되는 프로그래밍 스타일(리액티브 또는 명령형)과 독립적으로 작동한다는 점을 알아둘 필요가 있다.

## 서킷 브레이커 소개

8장 '스프링 클라우드 소개'의 '복원력 향상을 위한 Resilience4j 활용' 절에서 보여준 서킷 브레이커의 상태 다이어그램을 다시 한번 빠르게 살펴보자.

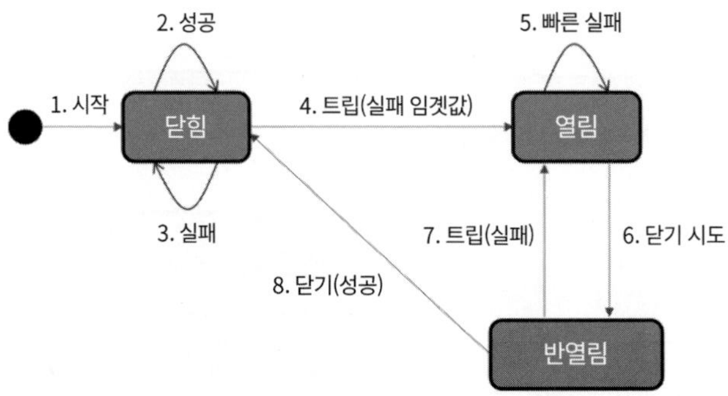


**그림 13.2** 서킷 브레이커 상태 다이어그램

서킷 브레이커의 주요 기능은 다음과 같다.

- 서킷 브레이커가 너무 많은 오류를 감지하면 회로를 열어 새로운 호출을 허용하지 않는다.
- 회로가 열려 있으면 서킷 브레이커는 빠른 실패 로직을 수행한다. 이는 후속 호출에서 장애(예: 타임아웃)가 발생할 때까지 기다리지 않는다는 의미다. 대신 호출을 폴백 메서드로 직접 리디렉션한다. 폴백 메서드는 최선의 응답을 생성하기 위해 다양한 비즈니스 로직을 적용할 수 있다. 예를 들어, 폴백 메서드가 로컬 캐시에서 데이터를 반환하거나 곧바로 오류 메시지를 반환할 수도 있다. 이렇게 하면 마이크로서비스에 의존하는 서비스가 정상적으로 응답하지 않을 때 마이크로서비스가 응답하지 않게 되는 현상을 방지할 수 있다. 이는 특히 높은 부하를 받는 상황에서 유용하다.
- 잠시 후 서킷 브레이커가 반열림 상태로 전환되어 장애를 일으킨 문제가 해결됐는지 확인하기 위해 새로운 호출을 허용한다. 서킷 브레이커가 다시 장애를 감지하면 회로를 다시 열고 빠른 실패 로직으로 돌아간다. 그렇지 않으면 회로를 닫고 정상 작동으로 돌아간다. 이렇게 하면 마이크로서비스가 오류에 대한 복원력을 갖게 되어 동기적으로 서로 통신하는 마이크로서비스 시스템 환경에서 없어서는 안 될 자가 치유 능력을 갖추게 된다.

Resilience4j는 런타임에 다양한 방법으로 서킷 브레이커에 대한 정보를 노출한다.

- 서킷 브레이커의 현재 상태는 마이크로서비스의 액추에이터 상태(health) 엔드포인트인 `/actuator/health`를 사용해 모니터링할 수 있다.
- 서킷 브레이커는 `actuator` 엔드포인트(예: 상태 전이 및 `/actuator/circuitbreakerevents`)에도 이벤트를 게시한다.
- 마지막으로, 서킷 브레이커는 스프링 부트의 메트릭 시스템과 통합되어 프로메테우스(Prometheus) 같은 모니터링 도구로 메트릭을 게시할 수 있다.

이번 장에서는 `health`와 `event` 엔드포인트를 사용해 본다. 20장 '마이크로서비스 모니터링'에서는 프로메테우스가 어떻게 작동하는지, 그리고 스프링 부트에서 노출하는 메트릭(예: 서킷 브레이커의 메트릭)을 어떻게 수집할 수 있는지 살펴본다.

Resilience4j의 로직을 제어하기 위해서는 표준 스프링 부트 구성 파일을 사용해 구성하면 된다. 다음과 같은 구성 매개변수를 사용한다.

- `slidingWindowType`: Resilience4j는 서킷 브레이커를 열어야 할지 결정하기 위해 가장 최근의 이벤트를 계산해서 결정하는 슬라이딩 윈도우를 사용한다. 슬라이딩 윈도우는 고정된 호출 수 또는 고정된 경과 시간을 기반으로 할 수 있다. 이 매개변수는 어떤 유형의 슬라이딩 윈도우를 사용할지 구성하는 데 사용된다. 여기서는 `COUNT_BASED`로 설정해서 호출 수 기반 슬라이딩 윈도우를 사용하겠다.
- `slidingWindowSize`: 닫힌 상태에서의 호출 수로서, 회로를 열어야 할지 여부를 결정하는 데 사용된다. 여기서는 이 매개변수를 5로 설정한다.

- failureRateThreshold: 회로를 열게 될 실패한 호출의 임계값(백분율)이다.

  여기서는 이 매개변수를 50%로 설정하겠다. 이 설정은 slidingWindowSize를 5로 설정한 것과 더불어 마지막 5개의 호출 중 3개 이상이 오류인 경우 회로가 열린다는 것을 의미한다.

- automaticTransitionFromOpenToHalfOpenEnabled: 서킷 브레이커가 대기 시간이 지나면 자동으로 반열림 상태로 전환할지 여부를 결정한다. 이 설정을 false로 지정하면 대기 시간이 지난 후 첫 번째 호출이 발생할 때까지 반열림 상태로 전환되지 않는다.

  여기서는 이 매개변수를 true로 설정하겠다. 따라서 대기 시간이 끝나자마자 자동으로 반열림 상태로 전환된다.

- waitDurationInOpenState: 회로가 열린 상태로 유지되는 시간, 즉 반열림 상태로 전환되기 전까지의 시간을 지정한다.

  여기서는 이 매개변수를 10000 ms로 설정하겠다. 이 설정은 이전 매개변수로 반열림 상태로의 자동 전환을 활성화한 것과 함께 서킷 브레이커가 회로를 10초 동안 열어둔 후에 반열림 상태로 전환한다는 것을 의미한다.

- permittedNumberOfCallsInHalfOpenState: 서킷 브레이커가 회로를 다시 열지 또는 정상적인 닫힌 상태로 돌아갈지 여부를 결정하는 데 사용되는 반열림 상태의 호출 수다.

  여기서는 이 매개변수를 3으로 설정할 텐데, 이는 서킷 브레이커가 반열림 상태로 전환한 후 처음 3개의 호출을 기반으로 회로를 열지 또는 닫을지 결정한다는 의미다. failureRateThreshold 매개변수를 50%로 설정했으므로 2개 또는 3개의 호출이 모두 실패하면 회로가 다시 열린다. 그렇지 않으면 회로가 닫힌다.

- ignoreExceptions: 오류로 계산하지 않아야 하는 예외를 지정하는 데 사용한다. not found(찾을 수 없음) 또는 invalid input(유효하지 않은 입력)과 같은 비즈니스 예외는 서킷 브레이커가 무시해야 하는 가장 일반적인 예외다. 사용자가 존재하지 않는 데이터를 검색하거나 유효하지 않은 내용을 입력할 경우에는 회로가 열리게 해서는 안 된다.

  여기서는 이 매개변수를 NotFoundException과 InvalidInputException 예외가 포함된 리스트로 설정하겠다.

마지막으로, Resilience4j가 actuator, health 엔드포인트의 서킷 브레이커 상태를 올바른 방식으로 보고하도록 구성하기 위해 다음 매개변수를 설정한다.

- registerHealthIndicator = true는 Resilience4j가 서킷 브레이커의 상태에 대한 정보로 health 엔드포인트를 채우게 한다.

- allowHealthIndicatorToFail = false는 Resilience4j가 상태 엔드포인트의 상태에 영향을 주지 않게 한다. 이는 컴포넌트의 서킷 브레이커 중 하나가 열림 또는 반열림 상태에 있더라도 health 엔드포인트가 여전히 "UP"을 보고한다는 것을 의미한다. 서킷 브레이커가 열렸다는 이유만으로 컴포넌트의 상태가 "DOWN"으로 보고되지 않도록 하는 것이 매우 중요하다. 이는 한 컴포넌트가 의존하는 컴포넌트 중 일부가 정상이 아니더라도 해당 컴포넌트 자체는 여전히 정상으로 간주한다는 것을 의미한다.

> 이것은 사실상 서킷 브레이커의 핵심 가치를 무색하게 하므로 이 값을 true로 설정하면 서킷 브레이커를 도입할 이유가 거의 없어진다. Resilience4j의 이전 버전에서는 이것이 기본 동작 방식이었다. 최근 버전에서 이것이 수정됐으며 false가 이 매개변수의 기본값이다. 하지만 컴포넌트의 상태와 서킷 브레이커의 상태 간의 관계를 이해하는 것이 매우 중요하다고 생각하므로 구성에 추가했다.

- 마지막으로, 스프링 부트 액추에이터가 Resilience4j가 생성하는 서킷 브레이커 상태 정보를 health 엔드포인트에 대한 요청의 응답에 추가하도록 구성해야 한다.

```
management.health.circuitbreakers.enabled: true
```

사용 가능한 전체 구성 매개변수는 https://resilience4j.readme.io/docs/circuitbreaker#create-and-configure-a-circuitbreaker를 참고한다.

## 시간 제한 소개

서킷 브레이커가 느리거나 응답하지 않는 서비스를 처리하는 데는 타임아웃 메커니즘이 도움이 될 수 있다. Resilience4j의 타임아웃 메커니즘인 TimeLimiter는 표준 스프링 부트 구성 파일을 사용해 구성할 수 있다. 여기서는 다음과 같은 구성 매개변수를 사용하겠다.

- timeoutDuration: TimeLimiter 인스턴스가 호출이 완료될 때까지 기다리는 시간을 나타내며, 이 시간이 지나면 타임아웃 예외를 발생시킨다. 여기서는 2초로 설정하겠다.

## 재시도 메커니즘 소개

재시도 메커니즘은 일시적인 네트워크 결함과 같은 무작위적이고 간헐적인 장애에 매우 유용하다. 재시도 메커니즘은 단순히 실패한 요청을 각 시도 간 지연 시간에 대한 설정과 함께 여러 번 재시도한다. 재시도 메커니즘을 사용할 때 매우 중요한 한 가지 제한 사항은 재시도하는 서비스가 멱등성을 띠어야 한다는 것이다. 즉, 동일한 요청 매개변수로 서비스를 여러 번 호출하더라도 결과가 동일해야 한다. 예를 들어, 정보 읽기는 멱등적이지만 정보 생성은 일반적으로 그렇지 않다. 예를 들어, 첫 번째 주문 생성 요청 후 응답이 네트워크 문제로 유실됐을 때 재시도 메커니즘 때문에 의도치 않게 두 개의 주문이 생성되는 상황은 피해야 한다.

Resilience4j는 서킷 브레이커와 동일한 방식으로 이벤트 및 메트릭과 관련된 재시도 정보를 노출하지만 상태 정보는 제공하지 않는다. 재시도 이벤트는 액추에이터 엔드포인트인 `/actuator/retryevents`에서 접근할 수 있다. 재시도 로직을 제어하기 위해 Resilience4j는 표준 스프링 부트 구성 파일을 사용해 구성할 수 있다. 여기서는 다음과 같은 구성 매개변수를 사용하겠다.

- `maxAttempts`: 첫 번째 호출을 비롯해 포기하기 전의 시도 횟수다. 이 매개변수를 3으로 설정해서 초기에 실패한 호출 후 최대 2번의 재시도를 허용한다.
- `waitDuration`: 다음 재시도를 하기 전의 대기 시간이다. 이 값을 1000ms로 설정해서 다음 재시도 전에 1초 동안 기다릴 것이다.
- `retryExceptions`: 재시도를 트리거할 예외 목록이다. `InternalServerError` 예외, 즉 HTTP 요청이 500 상태 코드로 응답하는 경우에만 재시도를 수행한다.

> 재시도와 서킷 브레이커 설정을 구성할 때는 주의해야 한다. 예를 들어, 의도한 재시도 횟수가 끝나기 전에 서킷 브레이커가 회로를 열지 않게 해야 한다.

사용 가능한 전체 구성 매개변수는 `https://resilience4j.readme.io/docs/retry#create-and-configure-retry`를 참고한다.

이제 `product-composite` 서비스의 소스코드에 이러한 복원 메커니즘을 추가하는 방법을 살펴볼 준비가 끝났다.

## 복원 메커니즘 추가

소스코드에 복원 메커니즘을 추가하기에 앞서 지연 또는 무작위 장애로 오류를 강제로 발생시킬 수 있는 코드를 추가하겠다. 다음으로, 느리거나 응답하지 않는 API를 처리하기 위해 시간 제한과 함께 서킷 브레이커를 추가하고, 무작위로 발생하는 장애를 처리할 수 있는 재시도 메커니즘을 추가하겠다.

Resilience4j의 이러한 기능을 추가하는 것은 이전 장에서 사용했던 스프링 부트 방식을 따른다.

- 빌드 파일에 Resilience4j에 대한 스타터 의존성 추가
- 복원 메커니즘이 적용될 소스코드에 애너테이션 추가
- 복원 메커니즘의 동작을 제어하는 구성 추가

복원력을 처리하는 것은 통합 계층의 책임이므로 복원력 메커니즘은 ProductCompositeIntegration 클래스에 배치한다. ProductCompositeServiceImpl 클래스에 구현된 비즈니스 로직의 소스코드는 복원 메커니즘의 존재를 인식하지 못한다.

메커니즘이 준비되고 나면 마지막으로 테스트 스크립트인 test-em-all.bash를 확장해서 시스템 환경에 배포될 때 서킷 브레이커가 예상대로 작동하는지 자동으로 확인하는 테스트를 추가하겠다.

## 프로그래밍 가능한 처리 지연 및 무작위 오류 추가

복원 메커니즘을 테스트하려면 오류가 발생하는 시기를 제어할 수 있는 방법이 필요하다. 간단한 방법은 제품과 제품 복합을 조회하는 데 사용되는 API에 선택적 쿼리 매개변수를 추가하는 것이다.

> 이번 절에서 지연과 오류를 강제로 발생시키기 위해 추가된 코드와 API 매개변수는 개발 및 테스트 중에만 사용해야 하며, 프로덕션 환경에서는 사용하면 안 된다. 18장 '서비스 메시를 활용한 관찰 가능성과 관리 개선'에서 서비스 메시의 개념을 배울 때 통제된 방식으로 지연과 오류를 도입하기 위해 프로덕션 환경에서 사용할 수 있는 더 나은 방법을 배울 것이다. 서비스 메시를 이용하면 마이크로서비스의 소스코드에 영향을 주지 않고도 복원력 기능을 검증하는 데 일반적으로 사용되는 지연 및 오류를 도입할 수 있다.

제품 복합 API는 단순히 매개변수를 제품 API에 전달하기만 한다. 두 API에 다음과 같은 쿼리 매개변수가 추가됐다.

- delay: 제품 마이크로서비스의 getProduct API가 응답을 지연시키도록 한다. 매개변수는 초 단위로 지정한다. 예를 들어, 매개변수가 3으로 설정되면 응답이 반환되기 전에 3초 지연이 발생한다.
- faultPercentage: 제품 마이크로서비스의 getProduct API가 쿼리 매개변수로 지정된 확률(0%에서 100%)로 무작위로 예외를 발생시킨다. 예를 들어, 매개변수가 25로 설정되면 API에 대해 평균적으로 4번째 호출마다 예외가 발생해서 실패한다. 이러한 경우 HTTP error 500(Internal Server Error)을 반환한다.

### API 정의의 변경 사항

앞에서 소개한 두 개의 쿼리 매개변수인 delay와 faultPercentage는 api 프로젝트의 다음 두 자바 인터페이스에 정의돼 있다.

- ProductCompositeService

```
Mono<ProductAggregate> getProduct(
  @PathVariable int productId,
  @RequestParam(value = "delay", required = false, defaultValue = "0") int delay,
  @RequestParam(value = "faultPercent", required = false, defaultValue = "0") int faultPer
cent
);
```

- ProductService

```
Mono<Product> getProduct(
  @PathVariable int productId,
  @RequestParam(value = "delay", required = false, defaultValue = "0") int delay,
  @RequestParam(value = "faultPercent", required = false, defaultValue = "0") int faultPer
cent
);
```

쿼리 매개변수는 선택 사항으로 오류 메커니즘 사용을 비활성화하는 기본값과 함께 선언한다. 즉, 요청에 쿼리 매개변수가 사용되지 않으면 지연이 적용되지 않고 오류가 발생하지 않는다.

### product-composite 마이크로서비스의 변경 사항

`product-composite` 마이크로서비스는 매개변수를 제품 API에 전달하기만 한다. 서비스 구현은 API 요청을 수신하고 제품 API 호출을 수행하는 통합 컴포넌트에 매개변수를 전달한다.

- `ProductCompositeServiceImpl` 클래스에서 통합 컴포넌트로의 호출은 다음과 같다.

```
public Mono<ProductAggregate> getProduct(int productId, int delay, int faultPercent) {
  return Mono.zip(
    ...
    integration.getProduct(productId, delay, faultPercent),
    ...
```

- `ProductCompositeIntegration` 클래스에서 제품 API로의 호출은 다음과 같다.

```
public Mono<Product> getProduct(int productId, int delay, int faultPercent) {
  URI url = UriComponentsBuilder.fromUriString(
      PRODUCT_SERVICE_URL + "/product/{productId}?delay={delay}" + "&faultPercent={faultPer
cent}")
```

```
    .build(productId, delay, faultPercent);

  return webClient.get().uri(url).retrieve()...
}
```

### 제품 마이크로서비스의 변경 사항

product 마이크로서비스에서는 MongoDB 데이터베이스에서 제품 정보를 읽는 데 사용되는 기존 스트림을 확장해서 ProductServiceImpl 클래스에서 실제 지연과 무작위 오류 생성기를 구현한다.

```
public Mono<Product> getProduct(int productId, int delay, int faultPercent) {
  ...
  return repository.findByProductId(productId)
    .map(e -> throwErrorIfBadLuck(e, faultPercent))
    .delayElement(Duration.ofSeconds(delay))
    ...
}
```

스트림이 스프링 데이터 리포지터리에서 응답을 반환하면 먼저 throwErrorIfBadLuck 메서드를 적용해 예외를 발생시켜야 하는지 확인한다. 그런 다음 Mono 클래스의 delayElement 함수를 사용해 지연을 적용한다.

무작위 오류 생성기인 throwErrorIfBadLuck()은 1에서 100 사이의 무작위 숫자를 생성하고, 지정된 faultPercent보다 크거나 같으면 예외를 발생시킨다. 예외가 발생하지 않으면 제품 엔티티가 스트림에 전달된다. 소스코드는 다음과 같다.

```
private ProductEntity throwErrorIfBadLuck(ProductEntity entity, int faultPercent) {
  if (faultPercent == 0) {
    return entity;
  }

  int randomThreshold = getRandomNumber(1, 100);
  if (faultPercent < randomThreshold) {
    LOG.debug("We got lucky, no error occurred, {} < {}", faultPercent, randomThreshold);
  } else {
    LOG.info("Bad luck, an error occurred, {} >= {}", faultPercent, randomThreshold);
    throw new RuntimeException("Something went wrong...");
```

```
  }
  return entity;
}

private final Random randomNumberGenerator = new Random();

private int getRandomNumber(int min, int max) {
  if (max < min) {
    throw new IllegalArgumentException("Max must be greater than min");
  }
  return randomNumberGenerator.nextInt((max - min) + 1) + min;
}
```

프로그래밍 가능한 지연과 무작위 오류 기능이 마련됐으니 이제 소스코드에 복원 메커니즘을 추가할 준비가 끝났다. 먼저 서킷 브레이커와 시간 제한부터 시작한다.

## 서킷 브레이커와 시간 제한 추가

앞에서 언급했듯이 의존성, 애너테이션, 구성을 추가해야 한다. 또한 빠른 실패 시나리오를 위한 폴백 로직을 구현하기 위한 코드를 추가해야 한다. 다음 절에서 이를 수행하는 방법을 살펴보겠다.

### 빌드 파일에 의존성 추가

서킷 브레이커와 시간 제한을 추가하려면 빌드 파일인 `build.gradle`에 적절한 Resilience4j 라이브러리에 대한 의존성을 추가해야 한다.

Resilience4j 문서(`https://resilience4j.readme.io/docs/getting-started-3#setup`)를 참고했을 때 다음 세 가지 의존성을 추가해야 한다는 것을 알 수 있다. 여기서는 최신 버전(이번 장을 작성하는 시점을 기준으로 2.3.0 버전)을 사용하겠다.

```
ext {
  resilience4jVersion = "2.3.0"
}

dependencies {
  implementation "io.github.resilience4j:resilience4j-spring-boot2:${resilience4jVersion}"
  implementation "io.github.resilience4j:resilience4j-reactor:${resilience4jVersion}"
```

```
  implementation 'org.springframework.boot:spring-boot-starter-aop'
  ...
```

스프링 클라우드가 Resilience4j의 이전 버전으로 재정의하는 것을 방지하기 위해 https://github.com/resilience4j/resilience4j-spring-boot3-demo에 설명된 대로 resilience4j-bom(Bill Of Material) 파일도 가져온다. 이 bom 파일을 스프링 클라우드용 기존 bom 파일의 dependencyManagement 섹션에 추가한다.

```
dependencyManagement {
  imports {
    mavenBom "org.springframework.cloud:spring-cloud-dependencies:${springCloudVersion}"
    mavenBom "io.github.resilience4j:resilience4j-bom:${resilience4jVersion}"
  }
}
```

### 소스코드에 애너테이션 추가

서킷 브레이커는 보호하려는 메서드(이 경우 ProductCompositeIntegration 클래스의 getProduct() 메서드)에 @CircuitBreaker(...)로 애너테이션을 지정해 적용할 수 있다. 서킷 브레이커는 예외에 의해 트리거되며, 타임아웃 자체에 의해 트리거되지 않는다. 타임아웃 후 서킷 브레이커를 트리거할 수 있도록 @TimeLimiter(...) 애너테이션으로 적용할 수 있는 시간 제한을 추가하겠다. 소스코드는 다음과 같다.

```
@TimeLimiter(name = "product")
@CircuitBreaker(name = "product", fallbackMethod = "getProductFallbackValue")
public Mono<Product> getProduct(int productId, int delay, int faultPercent) {
  ...
}
```

서킷 브레이커와 시간 제한 애너테이션의 name인 "product"는 적용될 구성을 식별하는 데 사용된다. 서킷 브레이커 애너테이션의 fallbackMethod 매개변수는 서킷 브레이커가 열려 있을 때 호출할 폴백 메서드(getProductFallbackValue)를 지정하는 데 사용된다. 사용법에 대해서는 아래 내용을 참고한다.

서킷 브레이커를 활성화하려면 애너테이션이 지정된 메서드가 스프링 빈으로서 호출돼야 한다. 예제의 경우 통합 클래스가 스프링에 의해 서비스 구현 클래스인 ProductCompositeServiceImpl에 주입되어 스프링 빈으로 사용된다.

```
private final ProductCompositeIntegration integration;

public ProductCompositeServiceImpl(ProductCompositeIntegration integration) {
  this.integration = integration;
}

public Mono<ProductAggregate> getProduct(int productId, int delay, int faultPercent) {
  return Mono.zip(
    ...,
    integration.getProduct(productId, delay, faultPercent),
    ...
```

### 빠른 실패 폴백 로직 추가

서킷 브레이커가 열려 있을 때, 즉 요청이 빠르게 실패할 때 폴백 로직을 적용하려면 앞의 소스코드에서 본 것처럼 `@CircuitBreaker` 애너테이션에 폴백 메서드를 지정하면 된다. 이 메서드는 서킷 브레이커가 적용되는 메서드의 시그니처를 따라야 하며, 서킷 브레이커를 트리거한 예외를 전달하는 데 사용되는 마지막 인수도 있어야 한다. 예제의 경우 폴백 메서드의 메서드 시그니처는 다음과 같다.

```
private Mono<Product> getProductFallbackValue(int productId, int delay, int faultPercent,
CallNotPermittedException ex) {
```

마지막 매개변수는 `CallNotPermittedException` 타입의 예외를 처리하고자 한다는 것을 나타낸다. 우리는 빠른 실패 로직을 적용할 수 있도록 서킷 브레이커가 열린 상태일 때 발생하는 예외만 처리하는 데 관심이 있다. 서킷 브레이커가 열려 있으면 기본 메서드에 대한 호출을 허용하지 않고 대신 즉시 `CallNotPermittedException` 예외를 발생시킨다. 따라서 `CallNotPermittedException` 예외를 잡는 데에만 관심이 있다.

폴백 로직은 내부 캐시와 같은 대체 소스를 기반으로 `productId`에 대한 정보를 조회할 수 있다. 예제의 경우 캐시 히트를 시뮬레이션하기 위해 `productId`를 기반으로 하드코딩된 값을 반환할 것이다. 캐시 미스를 시뮬레이션하기 위해 `productId`가 13인 경우 찾을 수 없음 예외를 발생시킬 것이다. 폴백 메서드의 구현은 다음과 같다.

```
private Mono<Product> getProductFallbackValue(int productId, int delay, int faultPercent, CallNot
PermittedException ex) {
```

```
  if (productId == 13) {
    String errMsg = "Product Id: " + productId + " not found in fallback cache!";
    throw new NotFoundException(errMsg);
  }
  return Mono.just(new Product(productId, "Fallback product" + productId, productId, serviceUtil.
getServiceAddress()));
}
```

### 구성 추가

마지막으로, 서킷 브레이커와 시간 제한 관련 구성이 컨피그 저장소의 `product-composite.yml` 파일에 다음과 같이 추가된다.

```
resilience4j.timelimiter:
  instances:
    product:
      timeoutDuration: 2s

management.health.circuitbreakers.enabled: true

resilience4j.circuitbreaker:
  instances:
    product:
      allowHealthIndicatorToFail: false
      registerHealthIndicator: true
      slidingWindowType: COUNT_BASED
      slidingWindowSize: 5
      failureRateThreshold: 50
      waitDurationInOpenState: 10000
      permittedNumberOfCallsInHalfOpenState: 3
      automaticTransitionFromOpenToHalfOpenEnabled: true
      ignoreExceptions:
        - se.magnus.api.exceptions.InvalidInputException
        - se.magnus.api.exceptions.NotFoundException
```

구성의 값은 이전 절인 '서킷 브레이커 소개'와 '시간 제한 소개'에서 이미 설명한 바 있다.

## 재시도 메커니즘 추가

서킷 브레이커와 동일한 방식으로 재시도 메커니즘도 의존성, 애너테이션, 구성을 추가해서 설정한다. 의존성은 앞의 '빌드 파일에 의존성 추가' 절에서 추가했으므로 애너테이션과 구성만 추가하면 된다.

### 재시도 애너테이션 추가

재시도 메커니즘은 @Retry(name="nnn")으로 메서드에 애너테이션을 지정해 적용할 수 있으며, 여기서 nnn은 이 메서드에 사용될 구성 항목의 이름이다. 구성에 대한 자세한 내용은 아래의 '구성 추가' 절을 참고한다. 예제의 경우 메서드는 서킷 브레이커와 시간 제한의 경우와 동일한 ProductCompositeIntegration 클래스의 getProduct()다.

```
@Retry(name = "product")
@TimeLimiter(name = "product")
@CircuitBreaker(name = "product", fallbackMethod = "getProductFallbackValue")
public Mono<Product> getProduct(int productId, int delay, int faultPercent) {
```

### 구성 추가

재시도 메커니즘에 대한 구성은 컨피그 저장소의 product-composite.yml 파일에 서킷 브레이커 및 시간 제한과 동일한 방식으로 추가된다.

```
resilience4j.retry:
  instances:
    product:
      maxAttempts: 3
      waitDuration: 1000
      retryExceptions:
        - org.springframework.web.reactive.function.client.WebClientResponseException$InternalSer
verError
```

실제 값은 앞에서 '재시도 메커니즘 소개' 절에서 살펴본 바 있다.

> Resilience4j의 여러 메커니즘(서킷 브레이커, 시간 제한, 재시도 메커니즘)을 사용할 때는 이러한 측면들이 적용되는 순서를 이해하는 것이 중요하다. 자세한 내용은 https://resilience4j.readme.io/docs/getting-started-3#aspect-order를 참고한다.

필요한 의존성, 애너테이션, 소스코드, 구성이 모두 추가됐다. 마지막으로, 테스트 스크립트를 확장해서 서킷 브레이커가 시스템 환경에 배포될 때 예상대로 작동하는지 자동으로 검증하는 테스트를 추가해 보자.

## 자동화된 테스트 추가

서킷 브레이커에 대한 자동화된 테스트가 `test-em-all.bash` 테스트 스크립트에 별도의 함수인 `testCircuitBreaker()`로 추가됐다.

```
...
function testCircuitBreaker() {
  echo "Start Circuit Breaker tests!"
  ...
}
...
testCircuitBreaker
...
echo "End, all tests OK:" `date`
```

필요한 검증 중 일부를 수행하려면 에지 서버를 통해 노출되지 않는 `product-composite` 마이크로서비스의 `actuator` 엔드포인트에 접근해야 한다. 따라서 도커 컴포즈의 `exec` 명령으로 `product-composite` 마이크로서비스에서 명령을 실행해 `actuator` 엔드포인트에 접근할 것이다. 마이크로서비스에서 사용하는 기본 이미지인 이클립스 테무린(Eclipse Temurin)에는 `wget`이 기본적으로 포함돼 있으므로 `product-composite` 컨테이너에서 `wget` 명령을 실행해 필요한 정보를 얻을 수 있다. 명령은 다음과 같다.

```
docker compose exec -T product-composite wget -qO - http://product-composite:8080/actuator/health
```

> -T 인수는 exec 명령에 대해 터미널 사용을 비활성화하는 데 사용된다. 이는 터미널이 존재하지 않는 환경, 예를 들어 CI/CD에 사용되는 자동화된 빌드 파이프라인에서 `test-em-all.bash` 테스트 스크립트를 실행할 수 있게 하는 데 중요하다.

필요한 정보를 추출하기 위해 출력을 `jq` 도구로 파이프할 수 있다. 예를 들어, 서킷 브레이커의 실제 상태를 추출하려면 다음 명령을 실행하면 된다.

```
docker compose exec -T product-composite wget -qO - http://product-composite:8080/actuator/health
| jq -r .components.circuitBreakers.details.product.details.state
```

상태에 따라 CLOSED, OPEN, HALF_OPEN을 반환한다.

테스트는 정확히 이 작업, 즉 테스트가 실행되기 전에 서킷 브레이커가 닫혀 있는지 확인하는 것으로 시작한다.

```
assertEqual "CLOSED" "$(docker compose exec -T product-composite wget -qO - http://product-composite:8080/actuator/health | jq -r .components.circuitBreakers.details.product.details.state)"
```

다음으로, product 서비스의 느린 응답으로 발생한 타임아웃으로 인해 매번 실패할 3개의 명령을 연속으로 실행해 서킷 브레이커를 강제로 열 것이다(delay 매개변수를 3초로 설정).

```
for ((n=0; n<3; n++))
do
  assertCurl 500 "curl -k https://$HOST:$PORT/product-composite/$PROD_ID_REVS_RECS?delay=3 $AUTH -s"
  message=$(echo $RESPONSE | jq -r .message)
  assertEqual "Did not observe any item or terminal signal within 2000ms" "${message:0:57}"
done
```

> **구성 관련 참고 사항**: 제품 서비스의 타임아웃은 2초로 설정돼 있으므로 3초의 지연은 타임아웃을 유발한다. 서킷 브레이커는 닫힌 상태에서 마지막 5개의 호출을 평가하도록 구성돼 있다. 서킷 브레이커에 특화된 테스트 이전의 스크립트에서는 테스트가 이미 몇 번에 걸쳐 호출에 성공했다. 실패 임계값은 50%로 설정돼 있다. 3초의 지연으로 3번의 호출이면 회로를 열기에 충분하다.

회로가 열리면 빠른 실패가 발생할 것이다. 즉, 응답을 받기 위해 타임아웃이 발생할 때까지 기다릴 필요가 없다. 또한 최선의 노력(best-effort) 응답을 반환하기 위해 fallback 메서드가 호출될 것이다. 이것은 정상적인 호출, 즉 지연을 요청하지 않는 호출에도 적용돼야 한다. 이를 다음 코드로 확인할 수 있다.

```
assertEqual "OPEN" "$(docker compose exec -T product-composite wget -qO - http://product-composite:8080/actuator/health | jq -r .components.circuitBreakers.details.product.details.state)"

assertCurl 200 "curl -k https://$HOST:$PORT/product-composite/$PROD_ID_REVS_RECS?delay=3 $AUTH -s"
assertEqual "Fallback product$PROD_ID_REVS_RECS" "$(echo "$RESPONSE" | jq -r .name)"

assertCurl 200 "curl -k https://$HOST:$PORT/product-composite/$PROD_ID_REVS_RECS $AUTH -s"
assertEqual "Fallback product$PROD_ID_REVS_RECS" "$(echo "$RESPONSE" | jq -r .name)"
```

스크립트를 수정해야 하는 경우 쉽게 수정할 수 있도록 제품 ID인 1을 $PROD_ID_REVS_RECS 변수에 저장했다.

또한 폴백 메서드에서 시뮬레이션된 not found 오류 로직이 예상대로 작동하는지, 즉 제품 ID 13에 대해 폴백 메서드가 404, NOT_FOUND를 반환하는지 검증할 수 있다.

```
assertCurl 404 "curl -k https://$HOST:$PORT/product-composite/$PROD_ID_NOT_FOUND $AUTH -s"
assertEqual "Product Id: $PROD_ID_NOT_FOUND not found in fallback cache!" "$(echo $RESPONSE | jq
-r .message)"
```

제품 ID 13은 $PROD_ID_NOT_FOUND 변수에 저장돼 있다.

구성에 따르면 서킷 브레이커는 10초 후에 상태를 반열림으로 변경한다. 이를 검증하기 위해 테스트에서 10초 동안 기다린다.

```
echo "Will sleep for 10 sec waiting for the CB to go Half Open..."
sleep 10
```

예상 상태를 확인한 후(반열림), 테스트는 서킷 브레이커가 정상 상태로 돌아가도록 3개의 정상 요청을 실행하고, 이것 또한 검증한다.

```
assertEqual "HALF_OPEN" "$(docker compose exec -T product-composite wget -qO - http://product-
composite:8080/actuator/health | jq -r .components.circuitBreakers.details.product.details.state)"

for ((n=0; n<3; n++))
do
  assertCurl 200 "curl -k https://$HOST:$PORT/product-composite/$PROD_ID_REVS_RECS $AUTH -s"
  assertEqual "product name C" "$(echo "$RESPONSE" | jq -r .name)"
done

assertEqual "CLOSED" "$(docker compose exec -T product-composite wget -qO - http://product-
composite:8080/actuator/health | jq -r .components.circuitBreakers.details.product.details.state)"
```

또한 테스트 코드에서는 기본 데이터베이스의 데이터가 포함된 응답을 받았는지 확인한다. 반환된 제품명을 데이터베이스에 저장된 값과 비교해서 확인한다. 제품 ID 1의 경우 이름은 "product name C"다.

> **구성 관련 참고 사항:** 서킷 브레이커는 반열림 상태에서 처음 3개의 호출을 평가하도록 구성돼 있다. 따라서 50% 이상이 성공하기 전에 3개의 요청을 실행해야 회로가 닫힌다.

테스트는 서킷 브레이커가 내부 이벤트를 보여주는 데 사용하는 `/actuator/circuitbreakerevents` 액추에이터 API를 사용해 마무리된다. 이것은 서킷 브레이커가 수행한 상태 전환을 파악하는 데 사용된다. 여기서는 마지막 세 가지 상태 전환이 다음과 같으리라 예상한다.

- 첫 번째 상태 전환: 닫힘에서 열림으로
- 다음 상태 전환: 열림에서 반열림으로
- 마지막 상태 전환: 반열림에서 닫힘으로

이를 다음 코드로 검증할 수 있다.

```
assertEqual "CLOSED_TO_OPEN" "$(docker compose exec -T product-composite wget -qO - http://product-composite:8080/actuator/circuitbreakerevents/product/STATE_TRANSITION | jq -r .circuitBreakerEvents[-3].stateTransition)"

assertEqual "OPEN_TO_HALF_OPEN" "$(docker compose exec -T product-composite wget -qO - http://product-composite:8080/actuator/circuitbreakerevents/product/STATE_TRANSITION | jq -r .circuitBreakerEvents[-2].stateTransition)"

assertEqual "HALF_OPEN_TO_CLOSED" "$(docker compose exec -T product-composite wget -qO - http://product-composite:8080/actuator/circuitbreakerevents/product/STATE_TRANSITION | jq -r .circuitBreakerEvents[-1].stateTransition)"
```

> `jq` 표현식인 `circuitBreakerEvents[-1]`은 서킷 브레이커 이벤트 배열의 마지막 항목을 의미하고, `[-2]`는 마지막에서 두 번째 이벤트이며, `[-3]`은 마지막에서 세 번째 이벤트다. 이 세 개는 우리가 관심 있는 최근 세 가지 이벤트다.

여기서는 테스트 스크립트에 꽤 많은 단계를 추가했는데, 이를 통해 서킷 브레이커의 예상되는 기본 동작이 적절히 수행되는지 자동으로 확인할 수 있다. 다음 절에서는 이를 시험해 보겠다. 이때 `test-em-all.bash`를 실행해 자동으로 테스트를 실행할뿐만 아니라 테스트 스크립트에서 명령을 수동으로 실행해 무슨 일이 일어나고 있는지도 확인하겠다.

## 서킷 브레이커와 재시도 메커니즘 테스트

이제 서킷 브레이커와 재시도 메커니즘을 시험해볼 차례다. 평소처럼 도커 이미지를 빌드하고 테스트 스크립트인 `test-em-all.bash`를 실행하는 것으로 시작하겠다. 그러고 나서 앞에서 설명한 테스트를 수동으로 실행해 무슨 일이 일어나고 있는지 확인한다. 여기서는 다음과 같은 수동 테스트를 수행하겠다.

- 서킷 브레이커의 정상성 테스트: 정상 작동 중에 회로가 닫혀 있는지 확인
- 서킷 브레이커의 부정적 테스트: 문제가 발생하기 시작할 때 회로가 열리는지 확인
- 정상적인 상태로의 복귀: 문제가 해결되면 회로가 닫힌 상태로 돌아가는지 확인
- 무작위 오류로 인한 재시도 확인

### 빌드 및 자동화된 테스트 실행

자동화된 테스트를 빌드하고 실행하려면 다음을 수행한다.

1. 먼저 다음 명령으로 도커 이미지를 빌드한다.

```
cd $BOOK_HOME/Chapter13
./gradlew build && docker compose build
```

2. 다음으로, 도커에서 시스템 환경을 시작하고 다음 명령으로 일반적인 테스트를 실행한다.

```
./test-em-all.bash start
```

> 테스트 스크립트가 `Start Circuit Breaker tests!`를 출력하면 앞에서 설명한 테스트가 실행된 것이다.

### 정상 작동 중 회로가 닫혀 있는지 확인

API를 호출하기에 앞서 접근 토큰이 필요하다. 다음 명령을 실행해 접근 토큰을 발급받는다.

```
unset ACCESS_TOKEN
ACCESS_TOKEN=$(curl -k https://writer:secret-writer@localhost:8443/oauth2/token -d grant_type=cli
ent_credentials -d scope="product:read product:write" -s | jq -r .access_token)
echo $ACCESS_TOKEN
```

> 권한 부여 서버에서 발급한 접근 토큰은 1시간 동안 유효하다. 따라서 시간이 지난 후 `401 - Unauthorized` 오류가 발생하면 새 접근 토큰을 발급받아야 할 것이다.

정상적인 요청을 시도하고 HTTP 응답 코드 200을 반환하는지 확인한다.

```
curl -H "Authorization: Bearer $ACCESS_TOKEN" -k https://localhost:8443/product-composite/1 -w
"%{http_code}\n" -o /dev/null -s
```

> `-w "%{http_code}\n"` 스위치는 HTTP 반환 상태를 출력하는 데 사용된다. 명령의 결과로 200이 반환되는 경우 응답 본문에는 관심이 없으므로 `-o /dev/null` 스위치로 폐기한다.

`health` API를 사용해 서킷 브레이커가 닫혀 있는지 확인한다.

```
docker compose exec product-composite wget -qO - http://product-composite:8080/actuator/health |
jq -r .components.circuitBreakers.details.product.details.state
```

응답은 `CLOSED`가 될 것이다.

### 문제 발생 시 서킷 브레이커를 강제로 열기

자, 이제 문제를 일으킬 차례다. 즉, 무언가 잘못됐을 때 회로가 열리는지 확인하기 위한 부정적 테스트를 시험할 차례다. API를 3번 연속 호출하고 제품 서비스가 모든 호출에서 타임아웃을 일으키게 한다. 즉, 응답을 3초 지연시킨다. 서킷 브레이커를 작동시키기에는 이 정도로도 충분할 것이다.

```
curl -H "Authorization: Bearer $ACCESS_TOKEN" -k https://localhost:8443/product-composite/1?delay
=3 -s | jq .
```

그럼 다음과 같은 응답을 예상할 수 있다.

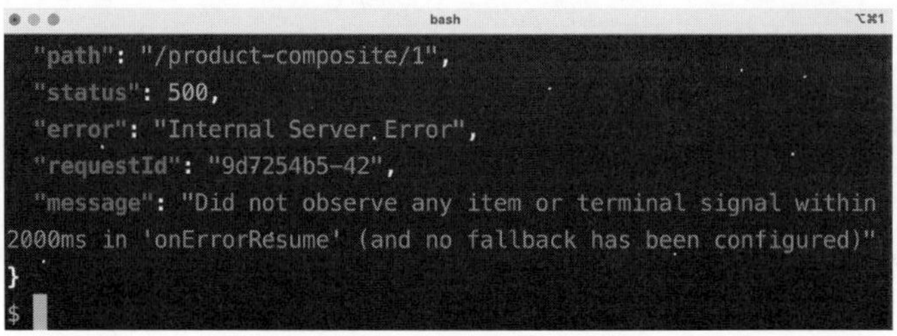


**그림 13.3** 타임아웃 후의 응답

이제 서킷 브레이커가 열려 있으므로 4번째로 호출을 시도하면(`waitInterval`, 즉 10초 이내) 빠른 실패 동작과 함께 폴백 메서드가 작동하는 것을 볼 수 있다. 시간 제한이 2초 후에 작동하면 오류 메시지가 표시되는 대신 즉시 응답을 받게 된다.

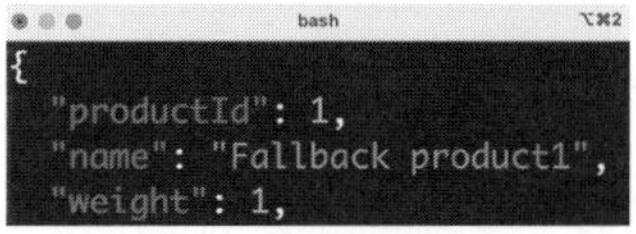


**그림 13.4** 서킷 브레이커가 열려 있을 때의 응답

응답은 폴백 메서드에서 올 것이다. `name` 필드의 값인 `Fallback product1`을 보면 알 수 있다.

> 빠른 실패 및 폴백 메서드는 서킷 브레이커의 주요 기능이다. 열린 상태에서 대기 시간을 10초만 설정하는 구성에서 빠른 실패 로직과 폴백 메서드가 작동하는 것을 보려면 꽤나 빠르게 움직여야 한다. 반열림 상태가 되면 항상 타임아웃을 유발하는 3개의 새 요청을 제출해서 서킷 브레이커를 다시 열림 상태로 강제할 수 있다. 그런 다음 4번째 요청을 빠르게 시도하면 폴백 메서드에서 빠른 실패 응답을 받게 될 것이다. 또한 대기 시간을 1~2분으로 늘릴 수 있지만 회로가 반열림 상태로 전환될 때까지 기다리는 것은 비효율적일 수 있다.

서킷 브레이커가 반열림 상태로 전환되려면 10초 동안 기다린 다음, 다음과 같은 명령을 실행해 회로가 이제 반열림 상태인지 확인한다.

```
docker compose exec product-composite wget -qO - http://product-composite:8080/actuator/health |
jq -r .components.circuitBreakers.details.product.details.state
```

응답은 `HALF_OPEN`일 것이다.

## 서킷 브레이커 다시 닫기

서킷 브레이커가 반열림 상태가 되면 회로를 다시 열지 또는 닫고 정상으로 돌아갈지 여부를 확인하기 위해 3번의 호출을 기다린다.

서킷 브레이커를 닫으려면 3개의 정상 요청을 제출하자.

```
curl -H "Authorization: Bearer $ACCESS_TOKEN" -k https://localhost:8443/product-composite/1 -w
"%{http_code}\n" -o /dev/null -s
```

모두 200으로 응답할 것이다. health API를 사용해 회로가 다시 닫혔는지 확인한다.

```
docker compose exec product-composite wget -qO - http://product-composite:8080/actuator/health |
jq -r .components.circuitBreakers.details.product.details.state
```

응답은 CLOSED일 것이다.

다음 명령으로 마지막 3가지 상태 전환을 나열하고 마무리한다.

```
docker compose exec product-composite wget -qO - http://product-composite:8080/actuator/
circuitbreakerevents/product/STATE_TRANSITION | jq
-r '.circuitBreakerEvents[-3].stateTransition, .circuitBreakerEvents[-2].stateTransition,
.circuitBreakerEvents[-1].stateTransition
```

그럼 다음과 같이 응답할 것으로 예상할 수 있다.

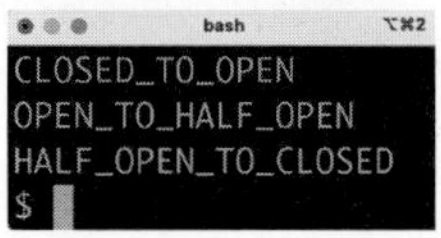


**그림 13.5** 서킷 브레이커의 상태 변화

이 응답은 서킷 브레이커의 상태 다이어그램을 한 바퀴 돌았다는 것을 알려준다.

- 타임아웃 오류로 인해 요청이 성공하지 못하면 닫힘에서 열림으로
- 오류가 사라졌는지 확인하기 위해 열림에서 반열림으로
- 오류가 사라졌을 때, 즉 정상 작동으로 돌아갔을 때 반열림에서 닫힘으로

이렇게 해서 서킷 브레이커 테스트를 마치고, 이번에는 재시도 메커니즘이 어떻게 작동하지 보자.

## 무작위 오류로 인한 재시도 테스트

product 서비스 또는 이 서비스와의 통신에 무작위로 발생하는 문제(일시적인)가 있다고 가정해 보자.

이는 faultPercent 매개변수를 사용해 시뮬레이션할 수 있다. 매개변수를 25로 설정하면 평균적으로 4번째 요청마다 실패할 것으로 예상할 수 있다. 이때 재시도 메커니즘이 개입해서 실패한 요청을 자동으로 재시도하면 좋을 것이다. 재시도 메커니즘이 작동했음을 알 수 있는 한 가지 방법은 curl 명령의 응답 시간을 측정하는 것이다. 정상 응답은 약 100ms가 걸려야 한다. 재시도 메커니즘의 구성에서 waitDuration 매

개변수를 보면 재시도 간에 1초만큼 대기하도록 구성했으므로 재시도할 때마다 응답 시간이 1초씩 증가할 것으로 예상할 수 있다.

오류가 무작위로 발생하게 하려면 다음 명령을 몇 번 실행한다.

```
time curl -H "Authorization: Bearer $ACCESS_TOKEN" -k https://localhost:8443/product-composite/1?fa
ultPercent=25 -w "%{http_code}\n" -o /dev/null -s
```

이 명령은 요청이 성공했음을 나타내는 200으로 응답할 것이다. `real`로 시작하는 응답 시간(예: `real 0m0.066s`)은 응답 시간이 0.066초, 즉 66ms였음을 의미한다. 재시도 없는 정상 응답은 다음과 같이 약 100ms의 응답 시간을 보고할 것이다.

**그림 13.6** 재시도 없는 요청의 경과 시간

한 번의 재시도 후에는 응답이 1초 조금 넘게 걸려서 다음과 같을 것이다.

**그림 13.7** 한 번의 재시도가 발생한 요청의 경과 시간

> HTTP 상태 코드 200은 한 번의 재시도가 필요했음에도 불구하고 요청이 성공했음을 나타낸다.

요청이 성공하기까지 한 번의 재시도가 필요했음을 의미하는 1초의 응답 시간을 확인했다면, 다음 명령을 실행해 마지막 두 개의 재시도 이벤트를 확인한다.

```
docker compose exec product-composite wget -qO - http://product-composite:8080/actuator/retryevents
| jq '.retryEvents[-2], .retryEvents[-1]'
```

실패한 요청과 그다음의 성공한 시도를 볼 수 있을 것이다. `creationTime` 타임스탬프는 1초 차이가 날 것으로 예상된다. 다음과 같은 응답을 예상할 수 있다.

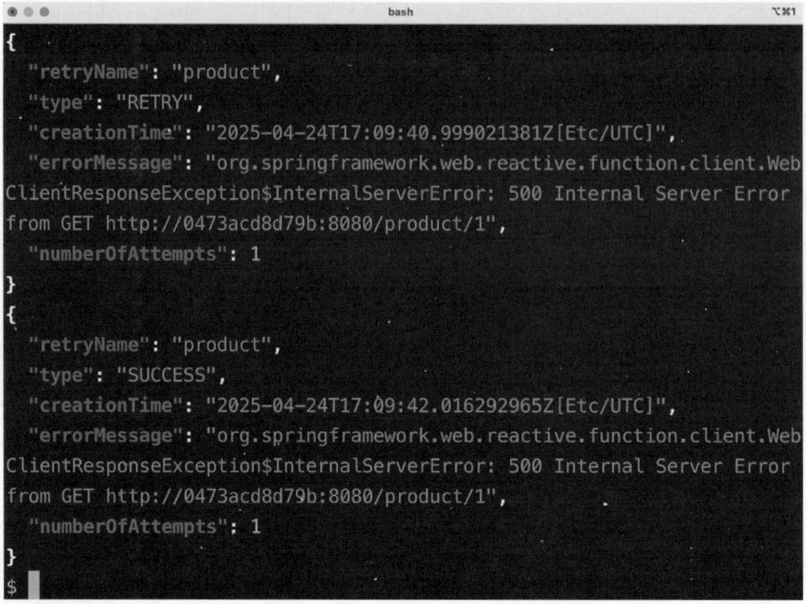


**그림 13.8** 한 번의 재시도 후 포착된 재시도 이벤트

> 정말 운이 나쁘다면 연속으로 두 번의 오류가 발생해서 응답 시간이 1초 대신 2초가 될 것이다. 위 명령을 반복하면 재시도할 때마다 `numberOfAttempts` 필드가 카운트되는 것을 볼 수 있는데, 이 경우에는 1로 설정되어 `"numberOfAttempts": 1`이 된다. 호출이 계속 실패하면 결국 서킷 브레이커가 작동해서 회로를 연다. 그러면 후속 호출에는 빠른 실패 로직과 폴백 메서드가 적용된다.

이렇게 해서 이번 장을 마친다. 구성 매개변수를 실험해 보면서 복원 메커니즘을 자세히 알아보기 바란다.

다음 장으로 넘어가기 전에 시스템 환경을 종료하는 것을 잊지 말자.

```
docker compose down
```

## 정리

이번 장에서는 Resilience4j와 Resilience4j에서 제공하는 서킷 브레이커, 시간 제한, 재시도 메커니즘을 살펴봤다.

다른 서비스에 동기적으로 의존하는 마이크로서비스는 특히 높은 부하 상태에서 이러한 서비스가 예상대로 응답하지 않으면 응답하지 않거나 심지어 충돌할 수 있다. 이러한 오류 상황은 서킷 브레이커를 활용해 방지할 수 있는데, 서킷 브레이커는 열려 있을 때 빠른 실패 로직을 적용하고 폴백 메서드를 호출한다. 또한 반열림 상태일 때 요청을 허용해서 실패한 서비스가 다시 정상적으로 작동하는지 확인하고, 그러한 경우에는 회로를 닫음으로써 마이크로서비스를 복원력 있게 만들 수 있다. 서킷 브레이커가 응답하지 않는 서비스를 처리하는 데 도움이 되도록 시간 제한을 사용해 서킷 브레이커가 개입하기 전에 대기하는 최대 시간을 설정할 수 있다.

재시도 메커니즘은 일시적인 네트워크 문제 등으로 인해 가끔 무작위로 실패하는 요청을 재시도할 수 있어 매우 유용하다. 단, 재시도 요청은 멱등성 있는 서비스, 즉 동일한 요청을 두 번 이상 보내도 동일한 결과를 얻을 수 있는 서비스에만 적용하는 것이 매우 중요하다.

서킷 브레이커와 재시도 메커니즘은 스프링 부트의 개발 관례에 따라 구현된다. 의존성을 선언하고 애너테이션과 구성을 추가한다. Resilience4j는 액추에이터 엔드포인트를 사용해 런타임에 서킷 브레이커와 재시도 메커니즘에 대한 정보를 노출한다. 서킷 브레이커의 경우 상태, 이벤트, 메트릭에 대한 정보를 활용할 수 있다. 재시도의 경우 이벤트와 메트릭에 대한 정보를 활용할 수 있다.

이번 장에서는 상태 및 이벤트 엔드포인트의 사용법을 모두 살펴봤는데, 메트릭 활용에 관해서는 20장 '마이크로서비스 모니터링'에서 다룬다.

다음 장에서는 스프링 클라우드 슬루스와 집킨을 활용해 협력 마이크로서비스의 호출 체인을 추적하는 방법을 배우면서 스프링 클라우드 활용법의 마지막 부분을 다루겠다. 그럼 14장 '분산 추적'으로 넘어가보자.

## 문제

1. 서킷 브레이커의 상태는 무엇이며 어떻게 사용되는가?
2. 서킷 브레이커는 타임아웃 오류를 어떻게 처리하는가?
3. 서킷 브레이커가 빠르게 실패할 때 어떻게 폴백 로직을 적용할 수 있는가?
4. 재시도 메커니즘과 서킷 브레이커는 어떻게 서로 간섭할 수 있는가?
5. 재시도 메커니즘을 적용할 수 없는 서비스의 예를 들어보라.

# 14

# 분산 추적

이번 장에서는 마이크로서비스가 어떻게 협력하는지(예를 들어, 외부 API로 전송된 요청을 처리하는 과정에서) 더 잘 이해하기 위해 분산 추적(distributed tracing)을 사용하는 법을 배운다. 분산 추적 기능은 여러 마이크로서비스가 협력하는 시스템 환경을 관리하는 데 필수적이다. 8장에서 이미 설명한 바와 같이 추적 정보를 수집하는 데 마이크로미터 트레이싱이 사용될 것이고, 해당 추적 정보를 저장 및 시각화하는 데 집킨이 사용될 것이다.

이번 장에서는 다음 주제를 학습한다.

- 마이크로미터 트레이싱과 집킨을 활용한 분산 추적 소개
- 소스코드에 분산 추적을 추가하는 방법
- 프로그래밍 방식으로 추적 정보를 추가하는 방법
- 성공적인 API 요청과 실패한 API 요청 모두를 시각화해 분산 추적을 수행하는 방법. 이때 동기 및 비동기 처리가 어떻게 시각화되는지 살펴본다.

## 기술적 요구사항

이 책에서 사용하는 도구를 설치하는 방법과 이 책의 소스코드를 내려받는 방법은 다음을 참고한다.

- 21장 'macOS용 설치 안내'
- 22장 'WSL 2 및 우분투가 탑재된 마이크로소프트 윈도우용 설치 안내'

이번 장의 모든 코드 예제는 `$BOOK_HOME/Chapter14`의 소스코드에서 가져온 것이다.

이번 장의 소스코드에 적용된 변경 사항, 즉 마이크로미터 트레이싱과 집킨을 활용해 분산 추적을 추가하는 데 필요한 사항을 보려면 13장, 'Resilience4j를 활용한 복원력 개선'의 소스코드와 비교하면 된다. 즐겨 사용하는 코드 비교 도구를 사용해 `$BOOK_HOME/Chapter13`과 `$BOOK_HOME/Chapter14` 폴더를 비교해 본다.

## 마이크로미터 트레이싱과 집킨을 활용한 분산 추적 소개

8장 '스프링 클라우드 소개'의 '분산 추적을 위한 마이크로미터 트레이싱과 집킨 활용' 절에서 설명했듯이, 완전한 워크플로의 추적 정보는 **추적**(trace) 또는 **추적 트리**(trace tree)라고 한다. 그리고 트리의 하위 부분, 즉 기본 작업 단위를 **스팬**(span)이라고 한다. 스팬은 추적 트리를 형성하는 하위 스팬으로 구성될 수 있다. 메타데이터는 **태그**(tag)라고 하는 키-값 쌍으로 추적 및 스팬에 추가될 수 있다. 집킨 UI는 다음과 같이 추적 트리와 그 스팬을 시각화할 수 있다.

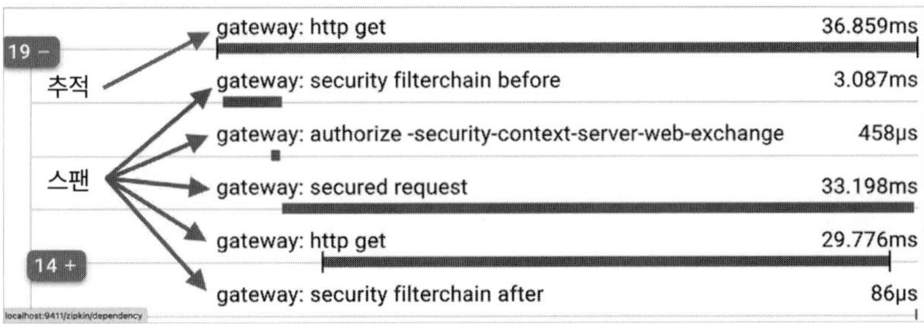


**그림 14.1** 스팬이 포함된 추적 예제

마이크로미터 트레이싱은 추적 정보를 수집하고, 다른 마이크로서비스를 호출할 때 추적 컨텍스트(예: 추적과 스팬 ID)를 전파하며, 추적 정보를 집킨과 같은 추적 분석 도구로 내보내는 데 사용된다. 추적 정보 처리는 **트레이서**(tracer)에 의해 내부적으로 수행된다. 마이크로미터는 **OpenTelemetry**(`https://opentelemetry.io/`) 또는 **OpenZipkin Brave**(`https://github.com/openzipkin/brave`)를 기반으로 트레이서의 자동 구성을 지원한다. 추적 정보를 추적 분석 도구로 내보내는 것은 **리포터**(reporter)가 수행한다. OpenTelemetry 표준이 존재하기 전에는 추적 정보를 추적 분석 도구로 전송하는 데 집킨 형식이 매우 일반적으로 사용됐다. 오늘날에는 점점 더 많은 추적 분석 도구가 OpenTelemetry 형식을 지원한다. 시간이 지나면 OpenTelemetry 표준이 가장 널리 사용되는 형식이 될 것으로 예상된다.

기본적으로 추적 헤더는 **W3C 추적 컨텍스트 헤더**(`https://www.w3.org/TR/trace-context/`), 그중 가장 중요한 것은 `traceparent` 헤더를 사용해 마이크로서비스 간에 전파되지만 OpenZipkin의 `B3` 헤더를 사용하도록 구성할 수 있다. 이번 장에서는 W3C 추적 컨텍스트 헤더를 사용하며, 18장에서는 `B3` 헤더를 사용한다.

W3C 추적 컨텍스트의 `traceparent` 헤더 예시는 다음과 같다.

```
traceparent:"00-2425f26083814f66c985c717a761e810-fbec8704028cfb20-01"
```

`traceparent` 헤더의 값은 4개의 부분으로 구성되며, `-`로 구분된다.

- `00`: 사용된 버전을 나타낸다. 현재 명세를 사용하면 항상 `"00"`이 된다.
- `242...810`: 추적 ID
- `fbe...b20`: 스팬 ID
- 마지막 부분인 “`01`”은 다양한 플래그를 포함한다. 현재 명세에서 지원되는 유일한 플래그는 값이 “`01`”인 `sampled`라는 이름의 플래그다. 이는 호출자가 이 요청에 대한 추적 데이터를 기록하고 있음을 의미한다. 모든 요청에 대해 추적 데이터를 기록하도록 마이크로서비스를 구성할 것이므로 이 플래그는 항상 “`01`” 값을 갖게 된다.

OpenZipkin Brave의 `B3` 헤더를 사용하는 예시는 다음과 같다.

```
X-B3-TraceId:"64436ea679e8eb6e6fa028bb3459e703"
X-B3-SpanId:"120678270898ddd5"
X-B3-ParentSpanId:"3c431d3d01987c22"
X-B3-Sampled:"1"
```

헤더 이름은 이름 그 자체로도 이해할 수 있고, 추적과 스팬 ID뿐만 아니라 부모 스팬의 ID에 대한 헤더도 제공된다는 것을 알 수 있다.

인입 트래픽에 대한 추적 및 스팬은 스프링 부트에 의해 자동으로 생성되며, 이때 들어오는 HTTP 요청과 스프링 클라우드 스트림에서 받은 메시지 모두에 대해 생성된다. 들어오는 요청에 추적 ID가 포함돼 있으면 스팬을 생성할 때 사용되고, 그렇지 않으면 새로운 추적 ID가 생성된다. 추적 및 스팬 ID는 HTTP 요청으로 또는 스프링 클라우드 스트림을 사용해 메시지를 보냄으로써 나가는 트래픽으로 자동 전파된다.

필요한 경우 Micrometer Observability(`https://micrometer.io/docs/observation`)와 해당 `Observation` API를 사용해 프로그래밍 방식으로 추적 정보를 더할 수 있다. 예를 들어, 사용자 정의 스팬을 추가하거나, 마이크로서비스에서 생성된 모든 스팬에 사용자 정의 태그를 추가하는 것이 가능하다.

스프링 부트 3과 함께 마이크로미터 트레이싱의 초기 릴리스에는 반응형 클라이언트에서 분산 추적을 지원하는 데 몇 가지 제한 사항이 있었다. 이러한 제한 사항은 이 책에서 내부적으로 프로젝트 리액터를 사용하는 마이크로서비스에 영향을 미친다. '반응형 클라이언트에 대한 지원 문제 해결' 절에서 이러한 문제를 다루는 방법을 배울 것이다.

집킨은 인메모리 또는 아파치 카산드라(Apache Cassandra), 엘라스틱서치(Elasticsearch), MySQL과 같은 데이터베이스에 추적 정보를 저장하는 지원 기능을 제공한다. 여기에 더해 다양한 확장 기능을 사용할 수 있다. 자세한 내용은 `https://zipkin.io/pages/extensions_choices.html`을 참고한다. 이번 장에서는 메모리에 추적 정보를 저장하겠다.

마이크로미터 트레이싱과 집킨을 소개했으니, 다음 절에서 소스코드에 분산 추적을 활성화하는 데 필요한 변경 사항을 살펴보자.

## 분산 추적 추가

이번 절에서는 분산 추적을 활성화하기 위해 소스코드를 업데이트하는 방법을 살펴본다. 이는 다음과 같은 단계로 수행할 수 있다.

1. 트레이서 구현과 리포터를 가져오기 위해 빌드 파일에 마이크로미터 트레이싱에 대한 의존성을 추가한다.
2. 집킨 서버를 도커 컴포즈 파일에 추가한다.
3. 마이크로서비스가 집킨에 추적 정보를 전송하도록 구성한다.
4. 반응형 클라이언트에 대한 지원 문제의 해결책을 추가한다.
5. 사용자 정의 스팬 및 기존 스팬에 사용자 정의 태그를 생성하는 코드를 추가한다.

각 단계를 차례로 진행해 보자.

## 빌드 파일에 의존성 추가

마이크로미터 트레이싱과 집킨으로 추적 정보를 내보내는 기능을 활용하려면 트레이서와 리포터에 대한 의존성을 그레이들 프로젝트 빌드 파일인 `build.gradle`에 추가해야 한다.

다음 두 줄을 추가하면 된다.

```
implementation 'io.micrometer:micrometer-tracing-bridge-otel'
implementation 'io.opentelemetry:opentelemetry-exporter-zipkin'
```

`review` 서비스의 경우 SQL 데이터베이스 작업에 대한 추적 정보를 활성화하기 위해 다음과 같은 의존성도 추가했다.

```
implementation 'net.ttddyy.observation:datasource-micrometer-spring-boot:1.0.0'
```

이 라이브러리는 `review` 서비스에서 실행한 SQL 작업에 대한 스팬을 생성할 수 있다. 이 스팬에는 실행된 SQL 쿼리와 실행 시간에 대한 정보가 포함된다.

## 마이크로미터 트레이싱과 집킨에 대한 구성 추가

마이크로미터 트레이싱과 집킨을 사용하기 위한 구성은 공통 구성 파일인 `config-repo/application.yml`에 추가한다. 기본 프로파일에서는 다음 URL을 사용해 집킨에 추적 정보가 전송된다.

```
management.zipkin.tracing.endpoint: http://zipkin:9411/api/v2/spans
```

기본적으로 마이크로미터 트레이싱은 추적의 10%만 집킨에 전송한다. 모든 추적이 집킨에 전송되게 하려면 다음 프로퍼티를 기본 프로파일에 추가한다.

```
management.tracing.sampling.probability: 1.0
```

또한 로그에 추적 및 스팬 ID를 기록하고 싶을 것이다. 이를 통해 외부 API 요청 하나를 처리하는 데 관련된 여러 마이크로서비스의 로그를 함께 묶어 분석할 수 있다.

> 이에 대해서는 19장 'EFK 스택을 활용한 중앙 집중식 로깅'에서 자세히 알아본다.

마이크로미터 트레이싱을 사용할 때는 기본적으로 추적 ID와 스팬 ID가 로그에 기록된다. 19장 'EFK 스택을 활용한 중앙 집중식 로깅'에서는 로그 출력의 파싱을 단순화하기 위해 다음과 같은 구성을 사용해 로그 형식을 커스터마이즈했다.

```
logging.pattern.correlation: "[${spring.application.name:},%X{traceId:-},%X{spanId:-}] "
logging.include-application-name: false
```

추적 정보에 대한 로그 형식을 커스터마이즈하는 방법에 대해서는 https://docs.spring.io/spring-boot/reference/actuator/tracing.html#actuator.micrometertracing.logging을 참고한다.

> 스프링 클라우드 컨피그 서버를 사용할 경우 logging.includeapplication-name 프로퍼티는 반드시 각 마이크로서비스의 src/main/resources 폴더에 있는 bootstrap.yml 파일에 둬야 한다. 이 책에서는 두 개의 새로운 로깅 관련 프로퍼티를 함께 관리하기 위해 logging.pattern.correlation 프로퍼티도 동일한 위치에 넣어뒀다. 스프링 클라우드 컨피그 서버를 쿠버네티스 기능으로 대체하는 17장에서는 이러한 프로퍼티들을 공통 속성 파일인 config-repo/application.yml로 옮길 예정이다.

위와 같이 로그 형식을 지정하면 다음과 같은 형식으로 로그가 출력된다.

```
2025-04-22T14:02:07.417Z INFO ... [product-composite,01234,56789] ...
```

여기서 product-composite은 마이크로서비스의 이름이고, 01234는 추적 ID이며, 56789는 스팬 ID다.

로그로 출력되는 내용을 줄이려면 config-repo의 각 마이크로서비스 구성 파일에서 로그 레벨을 DEBUG에서 INFO로 변경한다. 이렇게 하면 추적 및 스팬 ID가 예상대로 추가되는지 확인하기가 더 쉬워진다. 이를 위해서는 다음과 같이 변경하면 된다.

```
se.magnus: INFO
```

product-composite 마이크로서비스의 경우 같은 이유로 HttpWebHandlerAdapter 클래스의 로그 레벨을 TRACE에서 INFO로 변경했다.

```
org.springframework.web.server.adapter.HttpWebHandlerAdapter: INFO
```

## 도커 컴포즈 파일에 집킨 추가하기

도커 컨테이너로 집킨 서버를 실행하기 위해 집킨 프로젝트에서 배포하는 도커 이미지인 openzipkin/zipkin을 사용하겠다. 자세한 내용은 https://hub.docker.com/r/openzipkin/zipkin을 참고한다. 집킨 서버의 정의는 다음과 같다.

```
zipkin:
  image: openzipkin/zipkin:3.5.0
  restart: always
  mem_limit: 1024m
  environment:
    - STORAGE_TYPE=mem
  ports:
    - 9411:9411
```

위 소스코드를 설명하면 다음과 같다.

- 도커 이미지인 openzipkin/zipkin의 버전은 3.5.0으로 지정했다.
- STORAGE_TYPE=mem 환경변수는 집킨이 모든 추적 정보를 메모리에 보관하도록 지정하는 데 사용된다.
- 집킨에 대한 메모리 제한은 다른 모든 컨테이너의 512MB에 비해 1,024MB로 증가했다. 그 이유는 집킨이 모든 추적 정보를 메모리에 보관하도록 구성돼 있기 때문에 시간이 지나면 다른 컨테이너보다 더 많은 메모리를 소비하기 때문이다.
- 집킨이 메모리 부족으로 중지되는 경우에 대비해서 도커 엔진이 항상 컨테이너를 다시 시작하도록 요청하는 재시작 정책을 적용했다. 이는 컨테이너 자체가 충돌하거나 도커 엔진이 재시작하는 경우 모두에 적용된다.
- 집킨은 웹 브라우저가 웹 사용자 인터페이스에 접근할 수 있도록 HTTP 포트로 9411번을 노출한다.

> 개발 및 테스트를 위해서는 집킨의 메모리에 추적 정보를 저장해도 괜찮지만 프로덕션 환경에서는 집킨이 데이터베이스에 추적 정보를 저장하도록 구성해야 한다.

## 반응형 클라이언트에 대한 지원 문제 해결

앞에서 언급했듯이, 현재 버전의 스프링 부트, 프로젝트 리액터, 마이크로미터 트레이싱 간에는 아직 호환성 문제가 완벽하게 해결되지 않았다. 따라서 반응형 클라이언트, 즉 4개의 마이크로서비스와 게이트웨이에 대한 소스코드에 몇 가지 우회적인 해결 방법을 적용했다. 문제는 주로 처리 과정 중 일부가 명령형 동기 처리를 포함하는 경우, 특히 반응형 비동기 처리와 관련된 서로 다른 스레드 간에 추적 컨텍스트(예: 추적 및 스팬 ID)를 전파하는 복잡성과 관련이 있다.

> 요청 처리가 모두 동기 방식으로 구현되어 모든 처리에 동일한 스레드를 사용하는 경우 추적 컨텍스트 전파는 문제가 되지 않는다. 추적 컨텍스트를 저장하는 데 `ThreadLocal` 변수를 사용할 수 있으며, 모든 코드가 동일한 스레드에서 실행되므로 구현의 어느 곳에서든 `ThreadLocal` 변수에서 추적 컨텍스트를 조회할 수 있다.

이러한 반응형 및 명령형 처리를 함께 사용하는 예로 기본 SQL 데이터베이스에 대한 호출이 동기적으로 수행되는 `review` 마이크로서비스의 구현이 있다.

> 이 문제에 관해 자세히 이해하고 싶다면 스프링 팀에서 발표한 'Unified Bridging between Reactive and Imperative' 3부작 블로그 글을 참고한다. 해당 블로그 글은 다음 URL에서 확인할 수 있다.
>
> - `https://spring.io/blog/2023/03/30/context-propagation-with-project-reactor-3-unified-bridging-between-reactive`

마이크로미터 트레이싱의 전신인 스프링 클라우드 슬루스가 현재 버전의 스프링 부트, 프로젝트 리액터, 마이크로미터 트레이싱보다 반응형 클라이언트에 대한 지원이 더 낫다는 점도 주목할 만하다. 향후 버전에서 곧 이러한 문제가 해결되길 바란다.

> 스프링 클라우드 슬루스를 이미 사용 중인 코드베이스가 있다면 다음 URL에서 마이그레이션 가이드라인을 확인할 수 있다.
>
> - `https://github.com/micrometer-metrics/tracing/wiki/Spring-Cloud-Sleuth-3.1-Migration-Guide`

반응형 클라이언트의 `main()` 메서드에서 `Hooks.enableAutomaticContextPropagation()` 메서드를 호출함으로써 자동 컨텍스트 전파를 활성화할 수 있다. 자세한 내용은 앞에서 언급한 'Unified Bridging between Reactive and Imperative' 블로그 글을 참고한다. `product-composite` 서비스의 경우에는 다음과 같다.

```
public static void main(String[] args) {
  Hooks.enableAutomaticContextPropagation();
  SpringApplication.run(ProductCompositeServiceApplication.class, args);
}
```

그러나 product-composite 서비스의 경우 한 가지 문제가 남아 있다. 관찰을 위해 WebClient 인스턴스가 올바르게 계측되게 하려면(예: 나가는 요청의 헤더로 현재 추적 및 스팬 ID를 전파할 수 있도록) WebClient.Builder 인스턴스가 자동 연결(auto-wire)을 사용해 주입될 것으로 예상할 수 있다. 하지만 아쉽게도 서비스 디스커버리를 위해 유레카를 사용할 경우에는 WebClient.Builder 인스턴스를 다음과 같이 @LoadBalanced 애너테이션이 지정된 빈으로 생성하는 것을 권장한다.

```
@Bean
@LoadBalanced
public WebClient.Builder loadBalancedWebClientBuilder() {
  return WebClient.builder();
}
```

따라서 유레카와 마이크로미터 트레이싱 모두에서 사용할 때 WebClient 인스턴스를 생성하는 방법에 충돌이 생긴다. 이 충돌을 해결하려면 @LoadBalanced 빈을 로드 밸런서 인식 익스체인지 필터 함수(load-balancer-aware exchange-filter function)인 ReactorLoadBalancerExchangeFilterFunction으로 대체할 수 있다. 익스체인지 필터 함수는 다음과 같이 자동 연결된 WebClient.Builder 인스턴스에 설정할 수 있다.

```
@Autowired
private ReactorLoadBalancerExchangeFilterFunction lbFunction;

@Bean
public WebClient webClient(WebClient.Builder builder) {
  return builder.filter(lbFunction).build();
}
```

이것은 애플리케이션 클래스인 ProductCompositeServiceApplication이 WebClient.Builder 빈 대신 WebClient 빈을 등록한다는 것을 의미한다. 이는 ProductCompositeIntegration 클래스에 영향을 미치며, 이제 WebClient.Builder 빈 대신 WebClient 빈을 자동 연결해야 한다.

ReactorLoadBalancerExchangeFilterFunction 함수에 접근하기 위해서는 org.springframework.cloud:spring-cloud-starter-loadbalancer에 대한 의존성을 빌드 파일인 build.gradle에 추가한다.

## 사용자 정의 스팬 및 기존 스팬에 사용자 정의 태그 추가

진행 중인 처리에 대한 추적 및 스팬 생성을 위한 기본 기능을 사용하는 것 외에도 마이크로미터 Observability에서 제공하는 Observation API를 사용해 자체 스팬을 추가하거나 마이크로서비스에서 생성된 기존 스팬에 사용자 정의 태그를 추가하는 등의 작업을 할 수 있다. Observation API는 동일한 이름의 자바 인터페이스로 구현된다.

먼저 사용자 정의 스팬을 추가하는 방법을 살펴보고, 그다음으로 마이크로서비스에서 생성된 모든 스팬에 사용자 정의 태그를 추가하는 방법을 살펴보자.

Observation API를 사용해 관찰이 이뤄지려면 ObservationRegistry 빈에 관찰 객체를 등록해야 한다. ObservationRegistry 빈은 다음 예제와 같이 자동 연결을 사용해 주입할 수 있다.

```
@Component
public class MyComponent {
  private final ObservationRegistry registry;

  public MyComponent(ObservationRegistry registry) {
    this.registry = registry;
  }
}
```

### 사용자 정의 스팬 추가

사용자 정의 스팬을 추가하기 위해 Observation 인터페이스에서는 스팬을 생성하는 데 사용할 수 있는 정적 메서드인 createNotStarted()를 제공한다. 스팬을 실행하려면 observe() 메서드를 사용해 스팬이 감싸야 할 코드를 제공하면 된다. 코드가 아무 값도 반환하지 않으면 Runnable 함수로 지정할 수 있고, 그렇지 않으면 Supplier 함수로 지정해야 한다.

최소한의 Supplier 함수 실행에 대한 사용자 정의 스팬 생성 예제는 다음과 같다.

```
int y = Observation.createNotStarted("my observation", registry)
  .observe(() -> {
```

```
    int x = 1;
    LOG.info("Will return {}", x);
    return 1;
  });
LOG.info("Got {}", y);
```

registry 매개변수는 ObservationRegistry 타입의 빈이며, 앞에서 설명한 대로 자동 연결된다.

이 코드를 실행했을 때 출력되는 로그는 다음과 같다.

```
YYYY-MM-DDT14:02:07.417Z INFO 1 --- [ parallel-6] [product-composite,9761b2b2b2da59c5096e78252c48a
b3d,d8bcbd9cde9fe2d7] s.m.m.c.p.s.ProductCompositeServiceImpl : Will return 1
YYYY-MM-DDT14:02:07.417Z INFO 1 --- [ parallel-6] [product-composite,9761b2b2b2da59c5096e78252c48a
b3d,4c8ea2820fb74ec9] s.m.m.c.p.s.ProductCompositeServiceImpl : Got 1
```

로그 출력에서 두 로그 레코드 모두 동일한 추적 ID인 9761b2b2b2da59c5096e78252c48ab3d를 참조하지만 사용자 정의 스팬의 스팬 ID인 d8bcbd9cde9fe2d7을 지정한다는 것을 알 수 있다.

스팬에 대한 메타데이터를 추가하려면 컨텍스트 이름과 키-값 쌍으로 태그를 지정할 수 있다. 컨텍스트 이름은 스팬의 이름이 되며, 집킨에서 추적 트리를 시각화할 때 스팬을 식별하는 데 사용할 수 있다. 정보에 대한 가능한 값이 제한된 경우, 즉 유한한 수의 값으로 제한되는 경우 lowCardinalityKeyValue() 메서드를 사용해 태그를 지정해야 한다. 제한이 없는 값의 경우 highCardinalityKeyValue() 메서드를 사용해야 한다. 이러한 메서드를 호출하면 현재 스팬에 태그가 추가되는 반면, 낮은 카디널리티 값도 관찰에 의해 생성된 메트릭으로 태그가 지정된다.

> 메트릭 사용법에 대해서는 20장 '마이크로서비스 모니터링'에서 자세히 알아본다.

태그로 정보를 지정하는 예제는 다음과 같다.

```
int y = Observation.createNotStarted("my observation", registry)
  .contextualName("product info")
  .lowCardinalityKeyValue("template-url", "/product-composite/{productId}")
  .highCardinalityKeyValue("actual-url", "/product-composite/12345678")
  .observe(() -> {
    int x = 1;
```

```
    LOG.info("Will return {}", x);
    return x;
  });
LOG.info("Got {}", y);
```

예제에서 다음과 같은 사항을 알 수 있다.

- 컨텍스트 이름은 "product info"로 설정했다.
- 몇 가지 가능한 값만 가진 키인 "template-url"은 lowCardinalityKeyValue() 메서드로 지정했다. 예제의 경우 create, get, delete 메서드에 대한 3가지 값만 사용할 수 있다.
- 지정된 productId에 따라 무제한 값을 가진 키인 "actual-url"은 highCardinalityKeyValue() 메서드로 지정했다.

이를 product-composite 서비스에 적용해 현재 productId를 태그로 제공하는 사용자 정의 스팬을 생성해 보자. 제품 ID의 수는 무제한이므로 highCardinalityKeyValue() 메서드를 사용해 지정하겠다. 제품 복합 생성, 조회, 삭제를 위한 세 가지 API 메서드 각각에 대해 현재 제품 ID를 지정하는 스팬을 생성하겠다. 하나의 높은 카디널리티 태그를 포함하는 사용자 정의 스팬 생성은 se.magnus.microservices.composite.product.services.tracing 패키지에 있는 유틸리티 클래스인 ObservationUtil에서 처리된다. 이 클래스의 observe() 유틸리티 메서드는 다음과 같다.

```
public <T> T observe(String observationName, String contextualName, String highCardinalityKey,
String highCardinalityValue, Supplier<T> supplier) {
  return Observation.createNotStarted(observationName, registry)
    .contextualName(contextualName)
    .highCardinalityKeyValue(highCardinalityKey, highCardinalityValue)
    .observe(supplier);
}
```

observe() 메서드는 Observation.createNotStarted() 메서드 호출을 감싼다. 이 메서드의 사용법은 앞의 예제에서 설명했으므로 더 이상 설명이 필요하지 않다.

이 유틸리티 메서드는 ProductCompositeServiceImpl 클래스에서 ProductCompositeServiceImpl 클래스에 공통 값을 적용하는 observationWithProductInfo() 헬퍼 메서드에서 사용된다.

```
private <T> T observationWithProductInfo(int productInfo, Supplier<T> supplier) {
  return observationUtil.observe(
    "composite observation",
    "product info",
    "productId",
    String.valueOf(productInfo),
    supplier);
}
```

마지막으로 이 헬퍼 메서드는 `createProduct()`, `getProduct()`, `deleteProduct()`의 3가지 API 메서드에서 사용된다. 사용자 정의 스팬은 각 메서드의 기존 코드를 래핑해서 생성된다. 기존 코드는 솔루션의 구조를 단순화하기 위해 해당 "내부" 메서드로 옮겨졌다. "내부" 메서드는 `observationWithProductInfo()` 메서드에 의해 호출된다. `getProduct()`의 경우 구현은 이제 다음과 같다.

```
public Mono<ProductAggregate> getProduct(int productId, ...) {
  return observationWithProductInfo(productId,
    () -> getProductInternal(productId, ...));
}

private Mono<ProductAggregate> getProductInternal(int productId, ...) {
  return observationWithProductInfo(productId, () -> {
    LOG.info("Will get composite product info for product.id={}", productId);
    return Mono.zip(
      values -> createProductAggregate(...
      integration.getProduct(productId, ...),
      integration.getRecommendations(productId).collectList(),
      integration.getReviews(productId).collectList())
      ...);
  }
}
```

13장에서의 해당 구현과 비교해 보면 사용자 정의 스팬을 생성하는 데 필요한 변경 사항이 새로운 "내부" 메서드를 추가하고 `observationWithProductInfo()` 메서드에서 그것을 호출하는 것으로 제한된다는 것을 알 수 있다.

```
public Mono<ProductAggregate> getProduct(int productId, ...) {
  LOG.info("Will get composite product info for product.id={}", productId);
  return Mono.zip(
    values -> createProductAggregate(...
    integration.getProduct(productId, ...),
    integration.getRecommendations(productId).collectList(),
    integration.getReviews(productId).collectList())
    ...);
}
```

따라서 사용자 정의 스팬의 설정 세부 사항을 처리하는 적절한 유틸리티 메서드가 있다면 기존 코드를 조금만 변경해도 사용자 정의 스팬을 추가할 수 있다. 이번 장 후반부에서 분산 추적을 시도할 때 이러한 사용자 정의 스팬이 실제로 작동하는 모습을 볼 수 있을 것이다. 이제 사용자 정의 스팬이 마련됐으니 마이크로서비스에서 생성된 모든 스팬에 사용자 정의 태그를 추가하는 방법을 살펴보자.

### 기존 스팬에 사용자 정의 태그 추가

마이크로서비스에서 생성된 모든 스팬에 일부 사용자 정의 정보를 추가하려면 ObservationFilter를 사용하면 된다. 그러려면 ObservationRegistryCustomizer 빈을 사용해 ObservationRegistry 빈에 등록해야 한다.

product-composite 마이크로서비스의 현재 버전을 모든 스팬에 태그로 등록하는 필터를 적용해 보자. 이를 위해서는 다음과 같은 작업을 수행해야 한다.

- 그레이들이 build.gradle 파일의 version 프로퍼티로 지정된 현재 버전을 포함해서 빌드 정보를 생성하도록 빌드 빌드 파일을 업데이트한다.
- 현재 버전을 모든 스팬의 낮은 카디널리티 태그로 추가하는 필터를 생성한다.
- 필터를 등록하는 레지스트리 구성 빈을 생성한다.

그레이들이 빌드 정보를 생성하게 하려면 빌드 파일인 build.gradle에 다음을 추가한다.

```
springBoot {
  buildInfo()
}
```

이렇게 추가하고 나면 `./gradlew build` 명령이 실행될 때 `build/resources/main/META-INF/build-info.properties` 파일이 생성된다. 이 파일은 현재 버전을 다음과 같이 지정할 것이다.

```
build.version=1.0.0-SNAPSHOT
```

빌드 정보 파일은 마이크로서비스의 JAR 파일에 번들로 제공되며, 해당 정보에는 `BuildProperties` 빈을 사용해 접근할 수 있다.

필터는 다음과 같다.

```
public class BuildInfoObservationFilter implements ObservationFilter {
  private final BuildProperties buildProperties;

  public BuildInfoObservationFilter(BuildProperties buildProperties) {
    this.buildProperties = buildProperties;
  }

  @Override
  public Observation.Context map(final Observation.Context context) {
    KeyValue buildVersion = KeyValue.of("build.version", buildProperties.getVersion());
    return context.addLowCardinalityKeyValue(buildVersion);
  }
}
```

소스코드에서 다음과 같은 사항을 알 수 있다.

- `BuildProperties` 빈이 필터의 생성자에 주입된다.
- 필터의 `map()` 메서드는 `BuildProperties` 빈을 사용해 마이크로서비스 버전을 조회하고 제공된 관찰 컨텍스트에 낮은 카디널리티 태그로 설정한다.

레지스트리 구성 빈은 다음과 같다.

```
@Configuration(proxyBeanMethods = false)
public class ObservationRegistryConfig implements ObservationRegistryCustomizer<ObservationRegis
try> {
  private final BuildProperties buildProperties;

```

```
  public ObservationRegistryConfig(BuildProperties buildProperties) {
    this.buildProperties = buildProperties;
  }

  @Override
  public void customize(final ObservationRegistry registry) {
    registry.observationConfig().observationFilter(new BuildInfoObservationFilter(buildProperties ));
  }
}
```

소스코드에서 다음과 같은 사항을 알 수 있다.

- `BuildProperties` 빈(bean)도 구성 클래스의 생성자에 주입된다.
- `customize()` 메서드에서 필터가 생성되고 등록된다. 필터에도 `BuildProperties` 빈이 주입된다.

필터와 레지스트리 구성 빈은 `se.magnus.microservices.composite.product.services.tracing` 패키지에서 확인할 수 있다. 이번 장 뒷부분에서 분산 추적을 시험할 때 이 관찰 필터가 실제로 작동하는 것을 볼 수 있다.

사용자 정의 스팬을 처리하는 더 많은 방법, 예를 들어 관찰 필터를 적용할 시점에 대한 프레디케이트를 설정하거나 관찰을 설명하기 위해 애너테이션을 사용하는 방법은 `https://micrometer.io/docs/observation`을 참고한다.

이렇게 해서 마이크로미터 트레이싱과 집킨을 활용해 분산 추적을 추가하는 데 필요한 내용을 살펴봤으니, 다음 절에서 직접 실습해 보자.

## 분산 추적 실습

소스코드 변경이 끝났으므로 이제 분산 추적을 실습해 볼 수 있다. 실습은 다음 단계에 따라 진행하겠다.

1. 시스템 환경을 빌드, 시작, 검증한다.
2. 성공적인 API 요청을 보내고 이 API 요청과 관련해서 집킨에서 찾을 수 있는 추적 정보를 확인한다.
3. 실패한 API 요청을 보내고 찾을 수 있는 오류 정보를 확인한다.
4. 비동기 처리를 발생시키는 성공적인 API 요청을 보내고 해당 추적 정보가 어떻게 표현되는지 확인한다.

다음 절에서 이러한 단계에 대해 자세히 설명하겠다.

## 시스템 환경 구동

시스템 환경을 구동해 보자. 다음 명령으로 도커 이미지를 빌드한다.

```
cd $BOOK_HOME/Chapter14
./gradlew build && docker compose build
```

도커에서 시스템 환경을 구동하고 테스트를 실행한다.

```
./test-em-all.bash start
```

API를 호출하려면 접근 토큰이 필요하다. 접근 토큰을 획득하려면 다음 명령을 실행한다.

```
unset ACCESS_TOKEN
ACCESS_TOKEN=$(curl -k https://writer:secret-writer@localhost:8443/oauth2/token -d grant_type=clie
nt_credentials -d scope="product:read product:write" -s | jq -r .access_token)
echo $ACCESS_TOKEN
```

> 이전 장에서 언급했듯이 인증 서버에서 발급한 접근 토큰은 1시간 동안 유효하다. 따라서 시간이 지난 후 401 Unauthorized 오류가 발생한다면 새로운 접근 토큰을 받아야 한다.

## 성공적인 API 요청 보내기

이제 API에 일반 요청을 보낼 준비가 끝났다. 다음 명령을 실행한다.

```
curl -H "Authorization: Bearer $ACCESS_TOKEN" -k https://localhost:8443/product-composite/1 -w
"%{http_code}\n" -o /dev/null -s
```

그럼 성공에 대한 HTTP 상태 코드인 200이 반환될 것이다.

이제 집킨 UI를 실행해 집킨에 전송된 추적 정보를 살펴볼 수 있다.

1. 웹 브라우저에서 `http://localhost:9411/zipkin/`으로 이동한다.

2. 요청에 대한 추적 정보를 찾기 위해 `gateway` 서비스를 통과한 추적을 검색할 수 있다. 다음 단계를 수행한다.

   a. 커다란 + 기호(빨간색 배경의 흰색 + 기호)를 클릭하고 serviceName을 선택한 다음, gateway를 선택한다.

   b. RUN QUERY 버튼을 클릭한다.

   c. 최신 결과를 먼저 보려면 Start Time 헤더를 클릭한다(Start Time 헤더 왼쪽에 아래쪽 화살표가 보일 것이다).

   응답은 다음과 같은 화면과 비슷할 것이다.

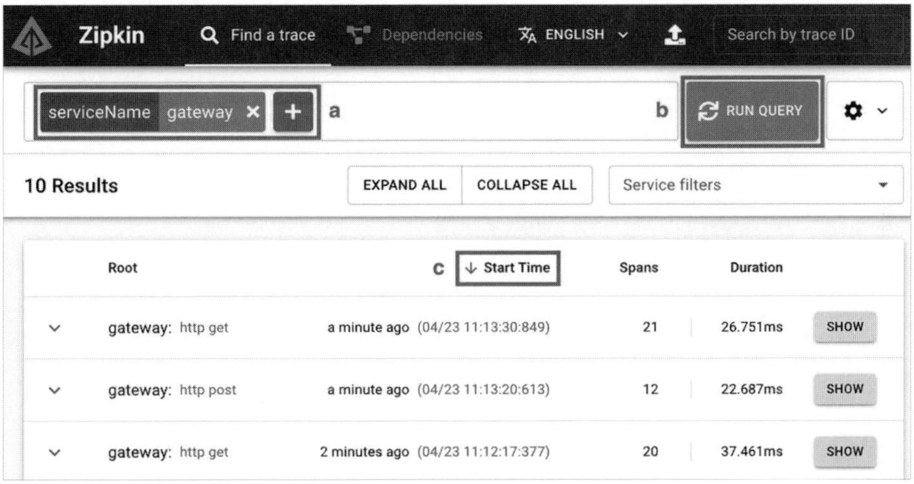


**그림 14.2** 집킨을 활용한 분산 추적 검색

3. 목록의 첫 번째 항목이 이전 API 요청의 추적 정보다. 해당 추적의 세부 정보를 보려면 SHOW 버튼을 클릭한다.

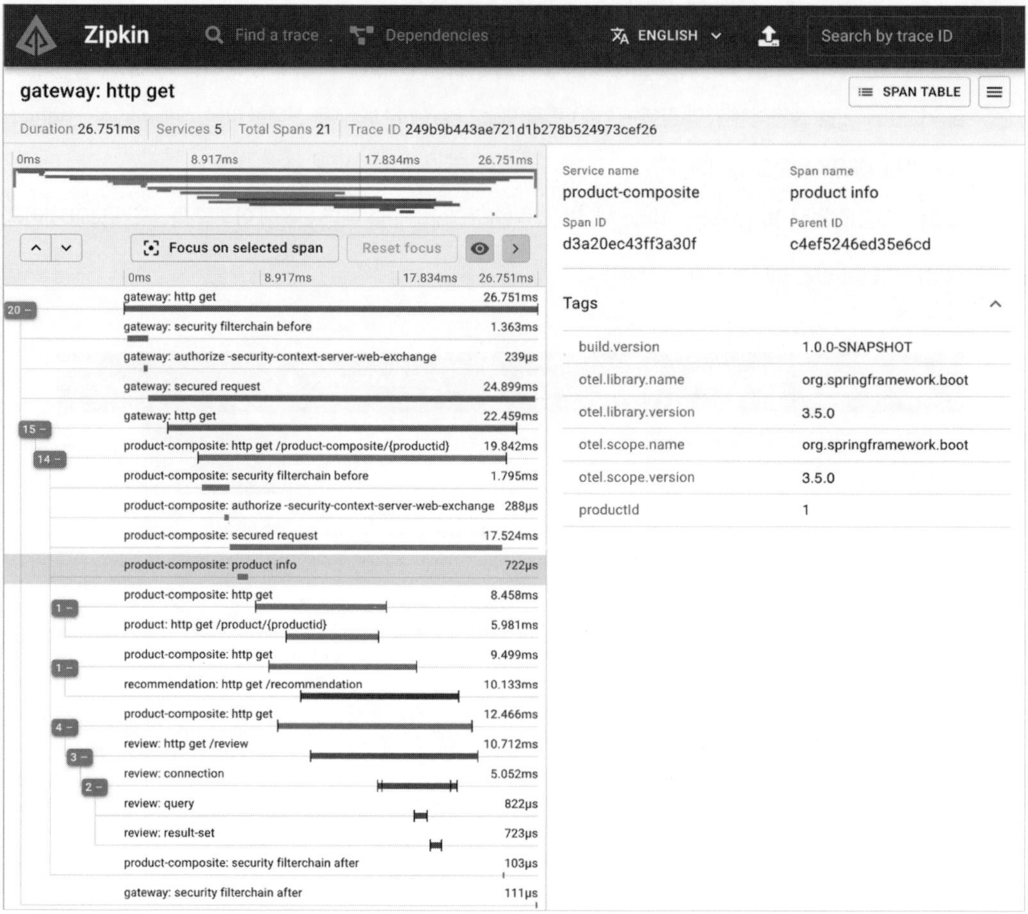


**그림 14.3** 집킨에 시각화된 분산 추적 예시

상세 추적 정보 보기에서 다음을 관찰할 수 있다.

a. 요청이 `gateway` 서비스에 의해 수신됐다.

b. `gateway` 서비스는 요청 처리를 `product-composite` 서비스에 위임했다.

c. `product-composite` 서비스는 차례로 핵심 서비스인 `product`, `recommendation`, `review`로 세 개의 병렬 요청을 보냈다. product-composite: http get이라는 이름의 스팬을 참고한다.

d. `product-composite` 서비스가 3개의 핵심 서비스로부터 모두 응답을 받고 나서 복합 응답을 생성해서 `gateway` 서비스를 통해 호출자에게 다시 보냈다.

e. 이전 절에서 생성된 사용자 정의 스팬의 이름은 product-composite: product info다. 태그를 보기 위해 해당 스팬을 클릭한다. 오른쪽의 세부 정보 화면에서 사용자 정의 스팬에 의해 생성된 태그인 productId = 1과 관찰 필터에 의해 생성된 태그인 build.version = 1.0.0-SNAPSHOT을 볼 수 있다.

f. 관찰 필터에 의해 생성된 태그가 예상대로 작동하는지 확인하려면 `product-composite` 서비스에서 생성된 다른 스팬을 클릭하고 build.version이 있는지 확인한다.

4. `review` 마이크로서비스의 데이터베이스 계층에서 보고한 review-db: query라는 이름의 스팬을 선택한다.

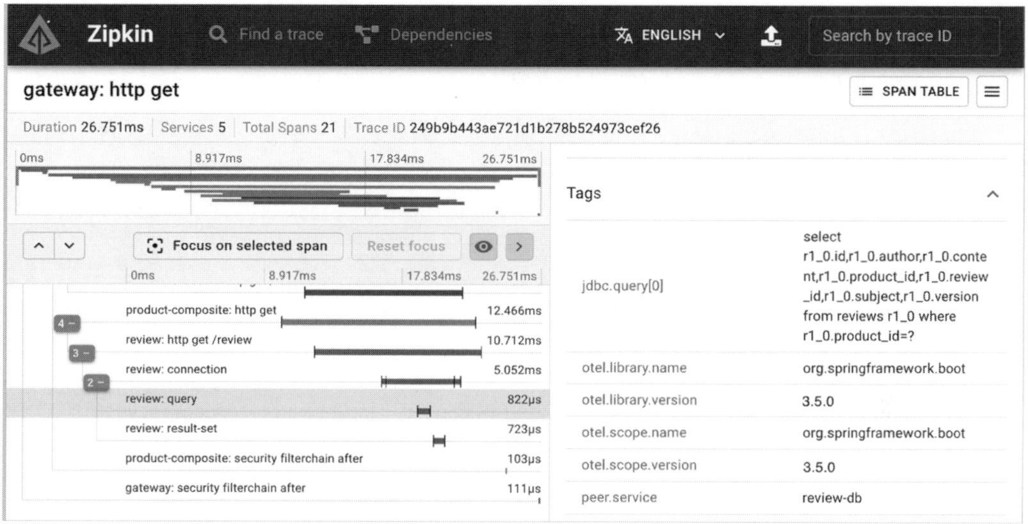


**그림 14.4** SQL 쿼리 실행을 설명하는 스팬

5. 스팬의 태그 목록에서 실행한 실제 SQL 쿼리를 볼 수 있다. 또한 0.8ms의 실행 시간을 볼 수 있다. 꽤 귀중한 정보다.

마이크로서비스 간에 추적 및 스팬 ID가 어떻게 전파되는지 더 잘 이해하기 위해 나가는 요청의 HTTP 헤더를 `product-composite` 서비스의 로그에 기록하도록 로깅 구성을 변경할 수 있다. 그러려면 다음과 같은 단계를 수행한다.

1. `config-repo/product-composite.yml` 구성 파일에 다음 두 줄을 추가한다.

```
spring.codec.log-request-details: true
logging.level.org.springframework.web.reactive.function.client.ExchangeFunctions: TRACE
```

2. 두 줄은 이미 구성 파일에 존재하지만 주석으로 처리돼 있다. 다음과 같은 주석 아래에 있다.

```
# To see tracing headers, uncomment the following two lines and restart the product-composite service
```

3. 구성 파일에서 위의 주석을 찾고 그 아래 두 줄의 주석을 해제한다.

4. 그런 다음 `product-composite` 서비스를 다시 시작한다.

```
docker compose restart product-composite
```

5. product-composite 서비스의 로그 출력을 표시한다.

```
docker compose logs -f --tail 0 product-composite
```

6. 앞의 curl 요청을 다시 실행하면 앞에서 언급한 traceparent HTTP 헤더를 포함하는 로그가 표시된다. 예를 들어, recommendation 서비스로 전송된 요청은 다음과 같다.

```
product-composite-1 | YYYY-MM-DDT09:24:50.849Z TRACE 1 --- [parallel-2] [product-composite,e
1420dcc38901378e888b8ce7022510e,06867b65cf84b552] o.s.w.r.f.client.ExchangeFunctions       :
[14606b71] HTTP GET http://d40874197b77:8080/recommendation?productId=1,headers=[tracepare
nt:"00-e1420dcc38901378e888b8ce7022510e-06867b65cf84b552-01"]
```

7. 로그 출력 예시에서 traceparent HTTP 헤더의 값을 볼 수 있으며, 여기서 추적 ID는 e1420dcc38901378e888b8ce7022510e로, 스팬 ID는 06867b65cf84b552로 설정돼 있다.

8. traceparent HTTP 헤더의 로깅을 유지하지 않으려면 config-repo/product-composite.yml에서 두 줄을 주석 처리하고 product-composite 서비스를 다시 시작한다.

## 실패하는 API 요청 보내기

이번에는 타임아웃을 유발하는 제품을 검색하는 등 실패하는 API 요청을 했을 때 추적 정보가 어떻게 보이는지 살펴보자.

1. 제품 ID 1에 대한 API 요청을 보내고 3초 지연을 강제로 적용해 시간 제한을 트리거하고 HTTP 상태 코드 500을 반환하는지 확인한다.

```
curl -H "Authorization: Bearer $ACCESS_TOKEN" -k https://localhost:8443/product-composite/1?
delay=3 -w "%{http_code}\n" -o /dev/null -s
```

2. 집킨 UI에서 검색 페이지로 돌아가서(웹 브라우저의 뒤로 가기 버튼을 사용) RUN QUERY 버튼을 다시 클릭한다. 최신 결과를 먼저 보려면 Start Time 헤더를 클릭한다. 그럼 다음 화면과 비슷한 결과가 나올 것이다.

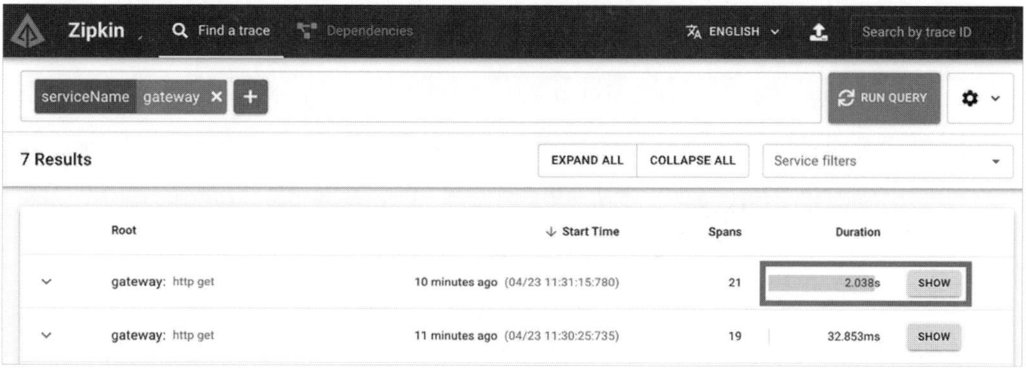


**그림 14.5** 집킨을 활용해 실패한 요청 찾기

**3.** 반환된 목록의 맨 위에 실패한 요청이 표시될 것이다. 기간 막대가 빨간색인 것에 주목하자. 이는 오류가 발생했음을 나타낸다. 세부 정보를 보기 위해 SHOW 버튼을 클릭한다.

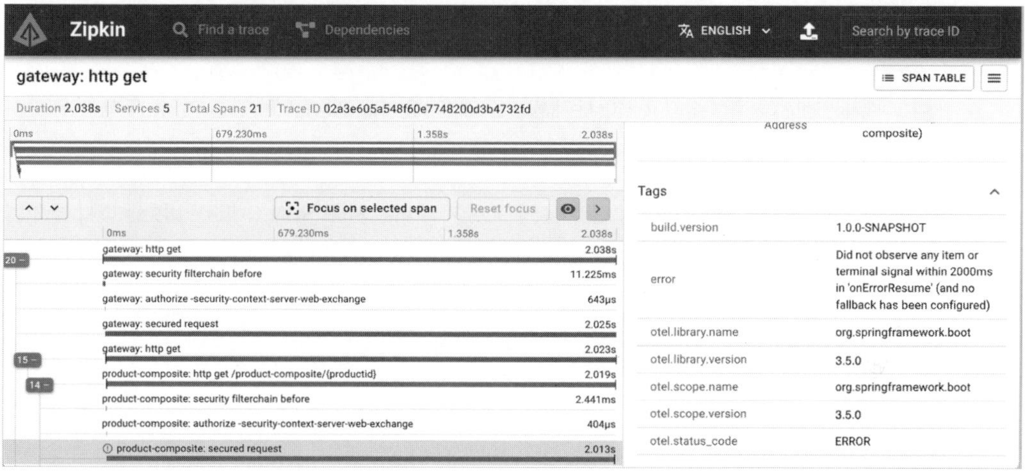


**그림 14.6** 집킨을 활용해 실패한 요청의 추적 보기

여기서 product-composite: secured request라는 이름의 스팬 앞에 오류 기호(빨간 원 안의 느낌표)가 있는 것을 볼 수 있다.

**4.** 태그를 확인하기 위해 스팬을 클릭한다. error라는 태그가 있는데, 이는 2초 후에 발생한 타임아웃으로 인해 오류가 발생했음을 나타낸다.

## 비동기 처리를 트리거하는 API 요청 보내기

집킨 UI에서 흥미로울 법한 세 번째 유형의 요청은 처리의 일부가 비동기적으로 수행되는 요청이다. 삭제 프로세스가 핵심 서비스에서 비동기적으로 수행되는 삭제 요청을 시도해 보자. `product-composite` 서비스는 메시지 브로커를 통해 각 3개의 핵심 서비스로 삭제 이벤트를 보내고, 각 핵심 서비스는 삭제 이벤트를 선택해서 비동기적으로 처리한다. 마이크로미터 트레이싱 덕분에 메시지 브로커로 전송되는 이벤트에 추적 정보가 추가되어 삭제 요청의 전체 처리를 일관되게 볼 수 있게 된다.

다음 단계를 수행한다.

1. 다음 명령을 실행해 제품 ID가 12345인 제품을 삭제하고 요청이 수락됐음을 나타내는 HTTP 상태 코드 202를 반환하는지 확인한다.

```
curl -X DELETE -H "Authorization: Bearer $ACCESS_TOKEN" -k https://localhost:8443/product-composite/12345 -w "%{http_code}\n" -o /dev/null -s
```

> 삭제 연산은 멱등성을 띠고 있어서 제품이 존재하지 않아도 성공한다는 점을 기억해두자.

2. 집킨 UI에서 검색 페이지로 돌아가서(웹 브라우저의 뒤로 가기 버튼 사용) RUN QUERY 버튼을 다시 클릭한다. 최신 결과를 먼저 보려면 Start Time 헤더를 클릭한다. 다음 화면과 같은 결과가 나올 것이다.

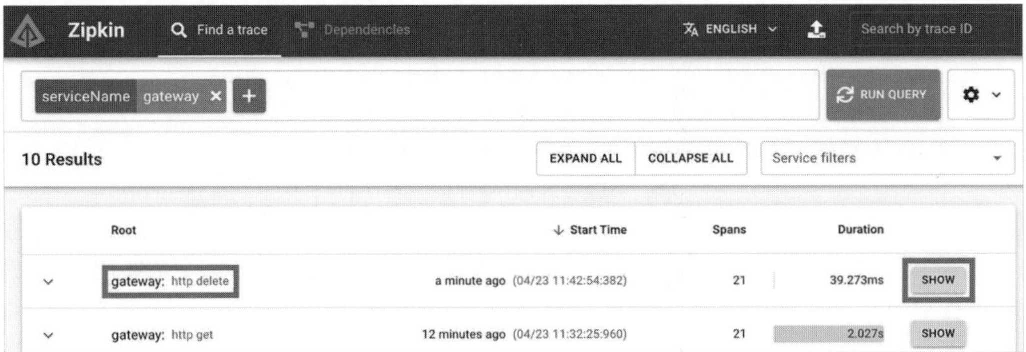


**그림 14.7** 집킨을 활용해 삭제 요청 찾기

3. 반환된 목록의 맨 위에 삭제 요청이 표시될 것이다. 루트 서비스 이름인 gateway 뒤에 HTTP 메서드인 delete가 붙는다는 점에 주목하자. 세부 정보를 보려면 SHOW 버튼을 클릭한다.

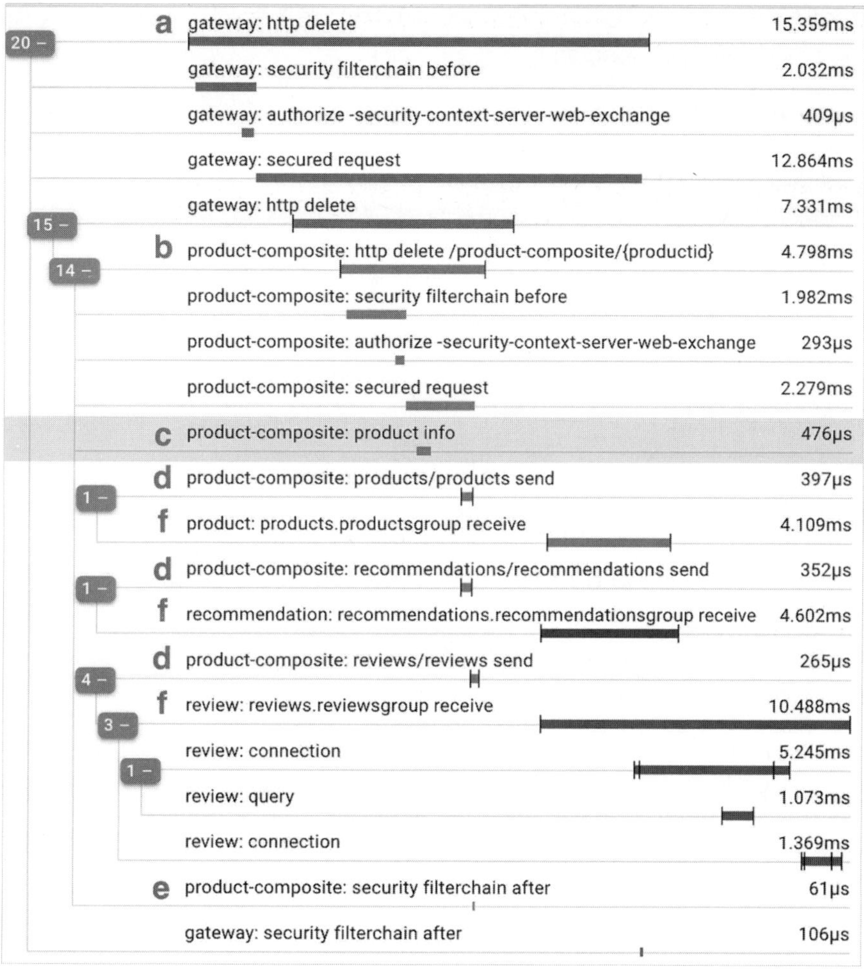


**그림 14.8** 집킨을 활용해 삭제 요청 보기

4. 여기서 삭제 요청 처리에 대한 추적 정보를 볼 수 있다.
   - 요청이 `gateway` 서비스에 의해 수신됐다.
   - `gateway` 서비스는 요청 처리를 `product-composite` 서비스에 위임했다.
   - `product-composite` 서비스는 예상대로 product-composite: product info라는 사용자 정의 스팬을 생성했다.
   - `product-composite` 서비스는 차례로 메시지 브로커(이 경우 RabbitMQ)에 3개의 이벤트를 게시했다. 이름이 send로 끝나는 스팬을 참고한다.
   - `product-composite` 서비스는 이제 완료됐으며, `gateway` 서비스를 통해 호출자에게 HTTP 성공 상태 코드 200을 반환한다. 모든 처리가 핵심 서비스에 의해 완료되기 전에 수행된다는 점에 주목하자.

- 핵심 서비스(`product`, `recommendation`, `review`)는 `delete` 이벤트를 수신하고 비동기적으로, 즉 서로 독립적으로 처리를 시작한다. 이름이 receive로 끝나는 스팬을 참고한다.

5. 메시지 브로커가 관련된 것을 확인하려면 첫 번째 제품 스팬을 클릭한다.

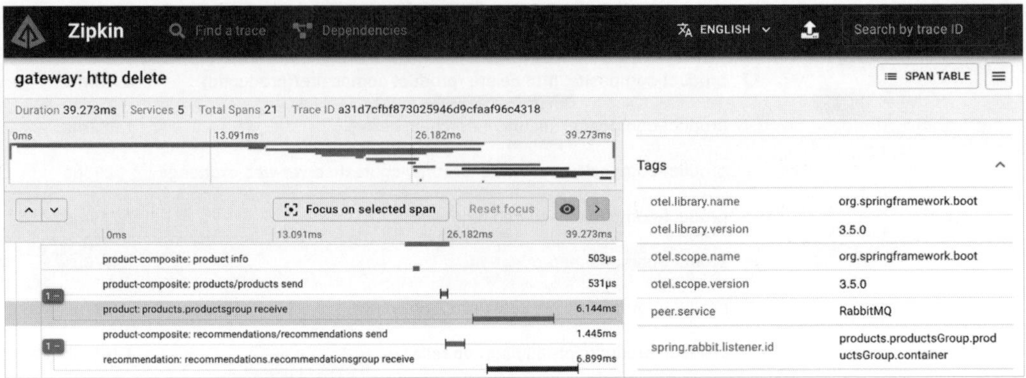

**그림 14.9** 집킨을 이용해 이벤트의 비동기 처리에 대한 정보 보기

6. 선택한 스팬에는 RabbitMQ가 사용됐음을 나타내는 peer.service라는 태그와 메시지가 productsGroup 소비자 그룹에 의해 수신됐음을 나타내는 spring.rabbit.listener.id 태그가 포함돼 있다.

7. 마지막으로 RabbitMQ를 통해 전송된 메시지에서 `traceparent` 헤더를 보려면 제품의 감사 대기열에 저장된 메시지를 조사할 수 있다. 웹 브라우저에서 `http://localhost:15672/#/queues/%2F/products.auditGroup`을 연다.

8. Get Messages(s) 버튼을 클릭해 대기열에서 가장 오래된 메시지를 확인한다. 웹 페이지는 다음과 같을 것이다.

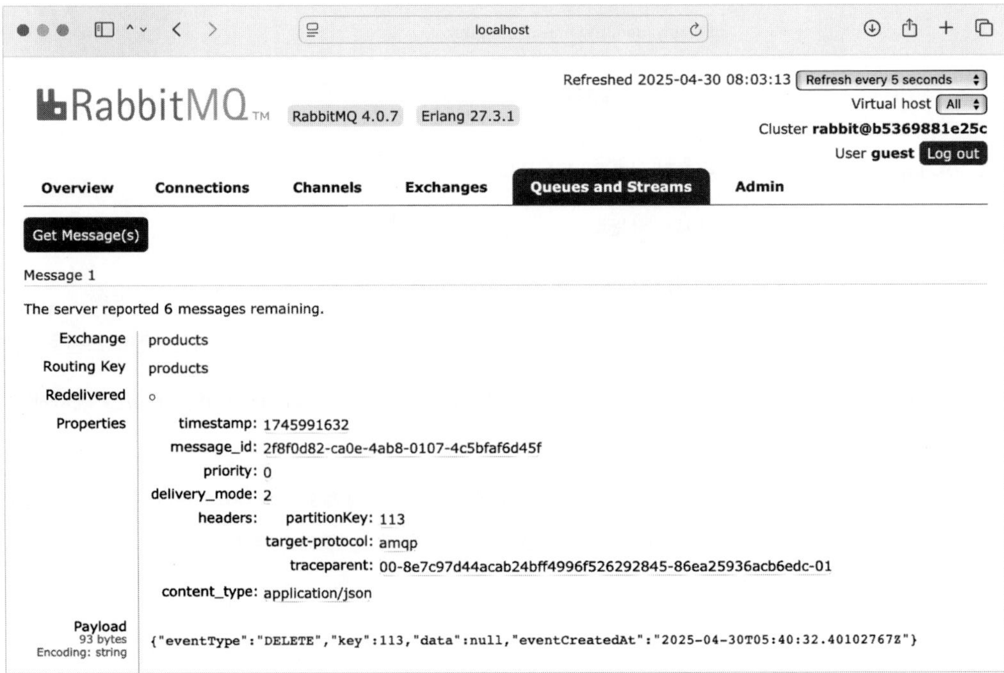

**그림 14.10** RabbitMQ의 `traceparent` 헤더가 있는 메시지

9. Properties 섹션에서 이 메시지에 대한 traceparent 헤더를 찾을 수 있다. 이 경우 추적 ID는 ff86ecd6bee5d7599b856681a3556bec이고 스팬 ID는 69b83cd58e1bf88e이다.

이렇게 해서 이번 장의 분산 추적 테스트를 마무리한다.

> 집킨 UI에는 특정 추적을 찾기 위한 훨씬 더 많은 기능이 포함돼 있다.
>
> 집킨 UI에 더 익숙해지려면 + 기호를 클릭하고 tagQuery를 선택해 쿼리 기능을 사용해 보자. 예를 들어, Forbidden(403) 오류로 실패한 요청을 찾으려면 tagQuery=http.status_code=403으로 설정해서 403 - Forbidden 오류로 실패한 추적을 검색한다. 또한 RUN QUERY 버튼 오른쪽에 있는 톱니바퀴 아이콘을 클릭해 검색 범위(시작 및 종료 시각)와 최대 히트 수로 결과를 제한해 보자.

마지막으로, 다음 명령을 실행해 시스템 환경을 종료하고 테스트를 마무리한다.

```
docker compose down
```

# 정리

이번 장에서는 마이크로서비스가 어떻게 협력하는지 이해하기 위해 분산 추적을 사용하는 방법을 배웠다. 추적 정보를 수집하는 데 마이크로미터 트레이싱을 사용하고, 추적 정보를 저장하고 시각화하는 데 집킨을 사용하는 방법을 배웠다.

마이크로서비스에 마이크로미터 트레이싱을 추가할 경우 빌드 파일에 몇 가지 의존성을 추가하고 일부 구성 매개변수를 설정해야 한다는 것을 확인했다. 현재 반응형 마이크로서비스에 대한 분산 추적 지원이 완전하지는 않지만 가장 중요한 문제들을 우회적으로 해결하는 방법을 배웠다. 필요한 경우 Observation API를 사용해 사용자 정의 스팬을 생성하거나 마이크로서비스에서 생성된 모든 스팬에 태그를 추가할 수 있다. 또한 집킨 UI를 사용하면 복잡한 워크플로의 어떤 부분이 예기치 않게 긴 응답 시간이나 오류를 유발했는지 매우 쉽게 파악할 수 있다는 것도 확인했다. 동기 및 비동기 워크플로 모두 집킨 UI로 시각화할 수 있다.

다음 장에서는 컨테이너 오케스트레이터, 특히 쿠버네티스에 대해 배운다. 쿠버네티스를 사용해 마이크로서비스를 배포하고 관리하는 방법을 배우는 동시에 확장성, 고가용성, 복원력과 같은 중요한 런타임 특성을 개선하는 방법도 배울 것이다.

# 문제

1. `management.tracing.sampling.probability` 구성 매개변수의 목적은 무엇인가?
2. `test-em-all.bash` 테스트 스크립트를 실행한 후 가장 오래 실행된 요청을 어떻게 파악할 수 있는가?
3. 13장 'Resilience4j를 활용한 복원력 개선'에서 도입된 타임아웃으로 인해 중단된 요청을 어떻게 찾을 수 있는가?
4. 13장 'Resilience4j를 활용한 복원력 개선'에서 소개된 서킷 브레이커가 열려 있을 때 API 요청에 대한 추적은 어떻게 보이는가?
5. 호출자가 요청을 수행할 권한이 없어 실패한 API를 어떻게 찾을 수 있는가?
6. 프로그래밍 방식으로 추적 정보를 어떻게 추가할 수 있는가?

# 3부

# 쿠버네티스를 활용한 경량 마이크로서비스 개발

3부에서는 컨테이너화된 워크로드를 위한 런타임 플랫폼으로서 쿠버네티스의 중요성을 알아본다. 먼저 로컬 개발 환경에서 쿠버네티스를 설정하고 쿠버네티스에 마이크로서비스를 배포하는 방법을 배운다. 마지막으로, 경량화된 마이크로서비스 시스템 환경(즉, 유지보수 및 관리가 쉬운 환경)을 제공하기 위해 그와 관련된 스프링 클라우드 기능 대신 쿠버네티스의 가장 중요한 기능들을 사용하는 법을 배운다.

3부의 구성은 다음과 같다.

- 15장 '쿠버네티스 소개'
- 16장 '쿠버네티스에 마이크로서비스 배포'
- 17장 '시스템 환경을 단순화하기 위한 쿠버네티스 기능 구현'
- 18장 '서비스 메시를 활용한 관찰 가능성과 관리 개선'
- 19장 'EFK 스택을 활용한 중앙 집중식 로깅'
- 20장 '마이크로서비스 모니터링'

# 15

# 쿠버네티스 소개

이번 장에서는 현재 가장 널리 사용되는 컨테이너 오케스트레이터인 쿠버네티스[1]에 대해 배운다. 컨테이너 오케스트레이터의 개요와 쿠버네티스 자체에 대한 주제는 한 개의 장에서 다루기에는 너무 방대하다. 따라서 이번 장에서는 지난 몇 년간 쿠버네티스를 사용하면서 가장 중요하다고 느꼈던 부분들을 중심으로 소개하겠다.

이번 장에서 다룰 주제는 다음과 같다.

- 쿠버네티스 개념 소개
- 쿠버네티스 API 오브젝트 소개
- 쿠버네티스 런타임 컴포넌트 소개
- 로컬 쿠버네티스 클러스터 생성
- 디플로이먼트 예제 및 쿠버네티스 CLI 도구인 kubectl 사용법
- 로컬 쿠버네티스 클러스터 관리

1 (옮긴이) 쿠버네티스 입문자라면 《그림과 실습으로 배우는 도커 & 쿠버네티스》(위키북스, 2022)가 도커 및 쿠버네티스를 이해하는 데 도움이 될 것이다.

## 기술적 요구사항

이 책에서 사용하는 도구를 설치하는 방법과 이 책의 소스코드를 내려받는 방법은 다음을 참고한다.

- 21장 'macOS용 설치 안내'
- 22장 'WSL 2 및 우분투가 탑재된 마이크로소프트 윈도우용 설치 안내'

이번 장의 모든 코드 예제는 `$BOOK_HOME/Chapter15`의 소스코드에서 가져온 것이다. 이번 장에서 수행할 쿠버네티스의 예제 디플로이먼트(Deployment)에 대한 소스코드는 `$BOOK_HOME/Chapter15/kubernetes/first-attempts` 폴더에서 확인할 수 있다.

## 쿠버네티스 개념 소개

컨테이너 오케스트레이터로서의 쿠버네티스는 컨테이너를 실행하는 (물리적 또는 가상) 서버 클러스터가 컨테이너를 실행하는 하나의 큰 논리적 서버처럼 보이게 한다. 운영자는 쿠버네티스 API로 오브젝트를 생성해 쿠버네티스 클러스터에 대해 **원하는 상태**(desired state)를 선언한다. 쿠버네티스는 원하는 상태와 현재 상태를 지속적으로 비교한다. 차이점을 감지하면 현재 상태가 원하는 상태와 동일하도록 조치를 취한다.

쿠버네티스 클러스터의 주요 목적 중 하나는 컨테이너를 배포하고 실행하는 것이지만, 블루/그린/카나리아 배포와 같은 기법을 사용해 무중단 롤링 업그레이드를 지원하기도 한다. 쿠버네티스는 여러 컨테이너가 함께 포함된 **파드**(Pod)를 클러스터 내 사용 가능한 노드에 스케줄링할 수 있다. 쿠버네티스는 실행 중인 컨테이너의 상태를 모니터링하기 위해 컨테이너가 **라이브니스 프로브**(liveness probe)를 구현하도록 요구한다. 라이브니스 프로브가 비정상 컨테이너를 보고하면 쿠버네티스는 해당 컨테이너를 재구동한다. 컨테이너는 수동으로 또는 수평 오토스케일러를 사용해 클러스터 내에서 확장될 수 있다. 클러스터에서 사용 가능한 하드웨어 리소스(예: 메모리나 CPU)를 최적으로 활용하려면 컨테이너를 구성할 때 컨테이너가 필요로 하는 리소스 양을 지정하는 **할당량**(quota)을 설정하면 된다. 반면 컨테이너가 소비할 수 있는 양을 제한하려면 파드 수준 또는 **네임스페이스**(namespace) 수준에서 파드 그룹에 대해 지정하면 된다. 네임스페이스는 이번 장을 진행하면서 소개할 것이다. 네임스페이스는 여러 팀이 공통 쿠버네티스 클러스터를 공유하는 경우에 특히 중요하다.

쿠버네티스의 또 다른 주요 목적은 실행 중인 파드 및 컨테이너에 대한 서비스 디스커버리를 제공하는 것이다. 쿠버네티스 **서비스** 오브젝트는 서비스 디스커버리를 위해 정의될 수 있으며, 들어오는 요청을 사용 가능한 파드에 로드 밸런싱할 수도 있다. 서비스 오브젝트는 쿠버네티스 클러스터 외부로 노출될 수 있다. 그러나 앞으로 보겠지만 일반적으로는 **인그레스**(Ingress) 객체를 사용해 여러 서비스로 향하는 외부 트래픽을 처리하는 것이 더 적합하다. 쿠버네티스가 컨테이너가 들어오는 요청을 수락할 준비가 됐는지 여부를 파악하는 데 도움을 주기 위해 컨테이너는 **준비 상태 프로브**(readiness probe)를 구현할 수 있다.

내부적으로 쿠버네티스 클러스터는 각 파드가 자체적인 IP 주소를 받고, 실행되는 노드와 관계없이 클러스터 내의 모든 파드는 동일한 네트워크 공간에서 서로 통신할 수 있다. 여러 네트워크 공급자를 지원하기 위해 쿠버네티스에서는 **컨테이너 네트워크 인터페이스**(Container Network Interface; CNI) 사양[2]을 따르는 네트워크 플러그인을 사용할 수 있다. 파드는 기본적으로 격리되지 않으며, 들어오는 모든 요청을 수락한다. 네트워크 정책 정의를 사용할 수 있는 CNI 플러그인은 파드에 대한 접근을 차단(예: 동일한 네임스페이스의 포트에서만 트래픽을 허용)하는 데 사용할 수 있다.

여러 팀이 동일한 쿠버네티스 클러스터에서 안전한 방식으로 작업할 수 있도록 **역할 기반 접근 제어**(Role-Based Access Control; RBAC)[3]를 적용할 수 있다. 예를 들어, 관리자는 클러스터 수준의 리소스에 접근할 수 있는 권한을 부여받을 수 있지만 팀 구성원은 팀이 소유한 네임스페이스에서 생성된 리소스로만 접근이 제한될 수 있다.

결과적으로 이러한 개념은 확장성이 뛰어나고 안전하며 고가용성과 복원력을 갖춘 컨테이너 실행 플랫폼을 제공한다.

쿠버네티스에서 사용할 수 있는 API 오브젝트와 쿠버네티스 클러스터를 구성하는 런타임 컴포넌트를 좀 더 자세히 살펴보자.

## 쿠버네티스 API 오브젝트 소개

쿠버네티스는 다양한 유형의 오브젝트 또는 리소스를 관리하는 데 사용되는 API를 정의한다. API에서 가장 일반적으로 사용되는 유형 또는 종류는 다음과 같다.

2 https://github.com/containernetworking/cni

3 https://kubernetes.io/docs/reference/access-authn-authz/rbac/

- **노드(Node)**: 노드는 클러스터의 (가상 또는 물리적) 서버를 나타낸다.
- **파드(Pod)**: 파드는 쿠버네티스에서 배포 가능한 가장 작은 구성 요소를 나타내며, 공존하는(co-located) 하나 이상의 컨테이너로 구성된다. 컨테이너들은 동일한 IP 주소와 포트 범위를 공유한다. 즉, 동일한 파드 인스턴스에 있는 컨테이너들은 로컬호스트를 통해 서로 통신할 수 있지만 잠재적 포트 충돌을 염두에 둬야 한다. 일반적으로 파드는 하나의 컨테이너로 구성되지만 두 번째 컨테이너를 파드에서 실행해 메인 컨테이너의 기능을 확장하는 경우도 있다. 18장 '서비스 메시를 활용한 관찰 가능성과 관리 개선'에서는 파드에서 두 번째 컨테이너(메인 컨테이너를 서비스 메시에 참여시키는 사이드카를 실행하는)를 사용할 것이다.
- **디플로이먼트(Deployment)**: 디플로이먼트는 파드의 배포 및 업그레이드에 사용된다. 디플로이먼트 오브젝트는 파드의 생성 및 모니터링에 대한 책임을 레플리카셋(ReplicaSet)에 전달한다. 처음으로 디플로이먼트를 생성할 때 디플로이먼트 오브젝트가 수행하는 작업은 레플리카셋 오브젝트를 생성하는 것 외에는 별로 없다. 하지만 디플로이먼트의 롤링 업그레이드를 수행할 때는 디플로이먼트 오브젝트가 더 중요한 역할을 맡는다.
- **레플리카셋(ReplicaSet)**: 레플리카셋은 지정된 수의 파드가 항상 실행되게 하는 데 사용된다. 파드가 삭제되면 레플리카셋에 의해 새 파드로 교체된다.
- **서비스(Service)**: 서비스는 하나 이상의 파드에 연결하는 데 사용할 수 있는 안정적인 네트워크 엔드포인트다. 서비스는 쿠버네티스 클러스터의 내부 네트워크에서 IP 주소와 DNS 이름을 할당받는다. 서비스의 IP 주소는 서비스의 수명 동안 동일하게 유지된다. 서비스로 전송된 요청은 라운드 로빈 기반 로드 밸런싱을 통해 사용 가능한 파드 중 하나로 전달된다. 기본적으로 서비스는 클러스터 IP 주소를 사용해 클러스터 내부에서만 노출된다. 클러스터의 각 노드에 전용 포트를 사용하거나 또는 더 나은 방법으로 쿠버네티스를 인식하는(즉, 서비스를 위한 공용 IP 주소 및/또는 DNS 이름을 자동으로 프로비저닝할 수 있는) 외부 로드 밸런서를 통해 서비스를 클러스터 외부로 노출할 수도 있다. 쿠버네티스를 서비스로 제공하는 클라우드 공급자는 일반적으로 이러한 유형의 로드 밸런서를 지원한다.
- **인그레스(Ingress)**: 인그레스는 일반적으로 HTTP나 HTTPS를 사용해 쿠버네티스 클러스터 내의 서비스에 대한 외부 접근을 관리할 수 있다. 예를 들어, URL 경로나 호스트명과 같은 HTTP 헤더를 기반으로 특정 서비스로 트래픽을 라우팅할 수 있다. 노드 포트나 로드 밸런서를 사용해 여러 서비스를 외부에 노출하는 대신, 일반적으로 서비스 앞에 인그레스를 설정하는 것이 더 편리하다. 인그레스 오브젝트에 의해 정의된 실제 통신을 처리하려면 클러스터에서 인그레스 컨트롤러가 실행 중이어야 한다. 이 책에서도 인그레스 컨트롤러의 예를 살펴볼 것이다.
- **네임스페이스(Namespace)**: 네임스페이스는 쿠버네티스 클러스터의 리소스를 그룹화하고 특정 수준에서 격리하는 데 사용된다. 리소스의 이름은 네임스페이스 내에서 고유해야 하지만 네임스페이스 간에는 그렇지 않다.
- **컨피그맵(ConfigMap)**: 컨피그맵은 컨테이너에서 사용하는 구성을 저장하는 데 사용된다. 컨피그맵은 환경변수 또는 파일로 실행 중인 컨테이너에 매핑될 수 있다.
- **시크릿(Secret)**: 시크릿은 자격 증명과 같이 컨테이너에서 사용되는 중요한 데이터를 저장하는 데 사용된다. 시크릿은 컨피그맵과 동일한 방식으로 컨테이너에 제공될 수 있다. 시크릿은 이름과 달리 완벽하게 안전하지는 않은데, API 서버

에 대한 전체 읽기 접근 권한이 있는 사람은 누구나 그 값을 볼 수 있기 때문이다. 시크릿 값들은 Base64로 인코딩되어 저장되므로 실제로는 암호화되지 않는다.

> 표준 시크릿 리소스에 대한 확장이 몇 가지 있으며, 이것들은 더 안전한 대안을 제공한다. 예를 들어, 하시코프는 하시코프 볼트를 기반으로 하는 솔루션을 제공한다. `https://developer.hashicorp.com/vault/tutorials/kubernetes-introduction/vault-secrets-operator`를 참고한다.

- **데몬셋**(DaemonSet): 데몬셋은 클러스터를 구성하는 여러 노드에서 각 노드에 하나의 파드가 실행되게 한다. 19장 'EFK 스택을 활용한 중앙 집중식 로깅'에서는 각 작업자 노드에서 데몬셋으로 실행되는 로그 수집기인 플루언트디(Fluentd)의 예를 볼 것이다.

쿠버네티스 1.32 버전에서 쿠버네티스 API가 다루는 리소스 오브젝트의 전체 목록은 `https://kubernetes.io/docs/reference/generated/kubernetes-api/v1.32/`를 참고한다.

다음 그림은 들어오는 요청을 처리하는 데 관련된 쿠버네티스 리소스를 요약한 것이다.

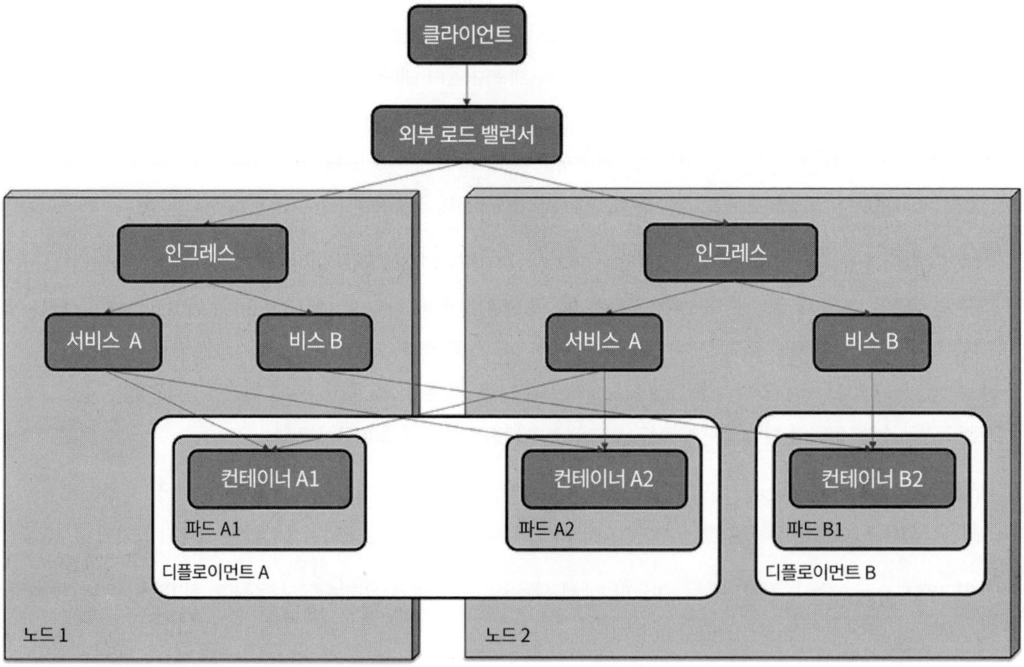


**그림 15.1** 쿠버네티스 리소스 개요

위 그림에서 다음과 같은 사항을 확인할 수 있다.

- 두 개의 디플로이먼트인 **디플로이먼트** A와 **디플로이먼트** B가 두 개의 노드인 **노드** 1과 **노드** 2로 구성된 클러스터에 배포됐다.
- **디플로이먼트** A는 두 개의 파드인 **파드** A1과 **파드** A2를 포함한다.
- **디플로이먼트** B는 하나의 파드인 **파드** B1을 포함한다.
- **파드** A1은 **노드** 1에 스케줄링된다.
- **파드** A2와 **파드** B1은 **노드** 2에 스케줄링된다.
- 각 디플로이먼트에는 해당 서비스인 **서비스** A와 **서비스** B가 배포돼 있으며, 모든 노드에서 사용할 수 있다.
- **인그레스**는 두 서비스로 들어오는 요청을 라우팅하도록 정의돼 있다.
- 클라이언트는 일반적으로 **외부 로드 밸런서**를 통해 클러스터로 요청을 전송한다.

이러한 오브젝트들은 그 자체로 실행 중인 컴포넌트가 아니라 다양한 유형의 원하는 상태를 정의한 것이다. 클러스터의 현재 상태에 원하는 상태를 반영하기 위해 쿠버네티스는 다음 절에서 설명하는 여러 런타임 컴포넌트로 구성된 아키텍처를 제공한다.

## 쿠버네티스 런타임 컴포넌트 소개

쿠버네티스 클러스터에는 **마스터 노드**(master node)와 **워커 노드**(worker node)라는 두 가지 유형의 노드가 있다. 마스터 노드는 클러스터를 관리하는 반면, 워커 노드의 주요 목적은 우리가 클러스터에 배포하는 컨테이너와 같은 실제 워크로드를 실행하는 것이다. 쿠버네티스는 여러 런타임 컴포넌트로 구성돼 있다. 가장 중요한 구성 요소는 다음과 같다.

- **컨트롤 플레인**(control plane)을 구성하는 마스터 노드에서 실행되는 컴포넌트는 다음과 같다.
  - **API 서버**(API server): 컨트롤 플레인의 진입점. kubectl 같은 쿠버네티스 CLI 도구가 사용하는 RESTful API를 노출한다.
  - etcd: 모든 클러스터 데이터에 사용되는 데이터베이스인 고가용성 분산 키/값 저장소.
  - **컨트롤러 관리자**(controller manager): etcd 데이터베이스에 정의된 오브젝트에 대해 원하는 상태와 현재 상태를 지속적으로 평가하는 여러 컨트롤러를 포함한다. 원하는 상태 또는 현재 상태가 변경될 때마다 해당 상태 유형을 담당하는 컨트롤러가 현재 상태를 원하는 상태로 변경하기 위한 조치를 취한다. 예를 들어, 파드를 관리하는 레플리케

이션 컨트롤러는 API 서버를 통해 새 파드가 추가되는 것을 감지하거나 실행 중인 파드가 삭제되면 이에 반응해서 새 파드가 시작되게 한다. 또 다른 컨트롤러의 예는 노드 컨트롤러다. 노드 컨트롤러는 노드가 사용 불가능해지면 장애가 발생한 노드에서 실행 중인 파드가 클러스터의 다른 노드에 재스케줄링되게 한다.

- **스케줄러**(scheduler): 새로 생성된 파드를 사용 가능한 용량(예: 메모리나 CPU 측면에서)이 있는 노드에 할당하는 것을 책임진다. 파드가 노드에 할당되는 방식을 제어하는 데는 **선호도 규칙**(affinity rule)을 사용할 수 있다. 예를 들어, 디스크 I/O 작업을 많이 수행하는 파드는 속도가 빠른 SSD 디스크가 탑재된 워커 노드 그룹에 할당할 수 있다. 파드를 분리하기 위해 반선호도 규칙(anti-affinity rule)을 정의할 수도 있다. 예를 들면, 동일한 디플로이먼트의 파드가 동일한 워커 노드에 스케줄링되지 않게 할 수 있다.

- **데이터 플레인**(data plane)을 구성하는 모든 노드에서 실행되는 컴포넌트들도 있다.
  - kubelet: 노드의 운영체제 내에서 컨테이너가 아닌 프로세스로서 직접적으로 실행되는 노드 에이전트. kubelet은 노드에 스케줄링된 파드가 컨테이너를 구동 및 실행 중이고 컨테이너가 정상적인 상태인지 확인한다. API 서버와 노드의 컨테이너 런타임 간의 전달자 역할을 한다.
  - kube-proxy: 쿠버네티스의 서비스 개념을 가능하게 하고, 일반적으로 둘 이상의 파드를 사용할 수 있는 경우 라운드 로빈 방식으로 특정 서비스에 대한 요청을 적절한 파드로 전달할 수 있는 네트워크 프락시. `kube-proxy`는 데몬셋 형태로 배포된다.
  - **컨테이너 런타임**(Container runtime): 노드에서 컨테이너를 실행하는 소프트웨어. 역사적으로 쿠버네티스는 도커 엔진을 사용했지만 오늘날에는 cri-o(`https://cri-o.io`)나 containerd(`https://containerd.io/`) 같은 쿠버네티스 **컨테이너 런타임 인터페이스**(Container Runtime Interface; CRI) 구현체를 사용할 수 있다. 쿠버네티스 1.24 버전에서 도커 엔진에 대한 지원 기능이 제거됐다.

> `containerd`는 실제로 도커의 컨테이너 엔진이다. 2017년에 도커에서 분리됐으며, 현재는 CNCF의 정식 프로젝트로 승격된 상태다.

  - **쿠버네티스 DNS**(Kubernetes DNS): 클러스터의 내부 네트워크에서 사용되는 DNS 서버. 서비스와 파드에는 DNS 이름이 할당되고 파드는 이 DNS 서버를 사용해 내부 DNS 이름을 확인하도록 구성된다. DNS 서버는 디플로이먼트 오브젝트 및 서비스 오브젝트 형태로 배포된다.

다음 그림은 앞에서 설명한 쿠버네티스 런타임 컴포넌트들을 요약한 것이다.

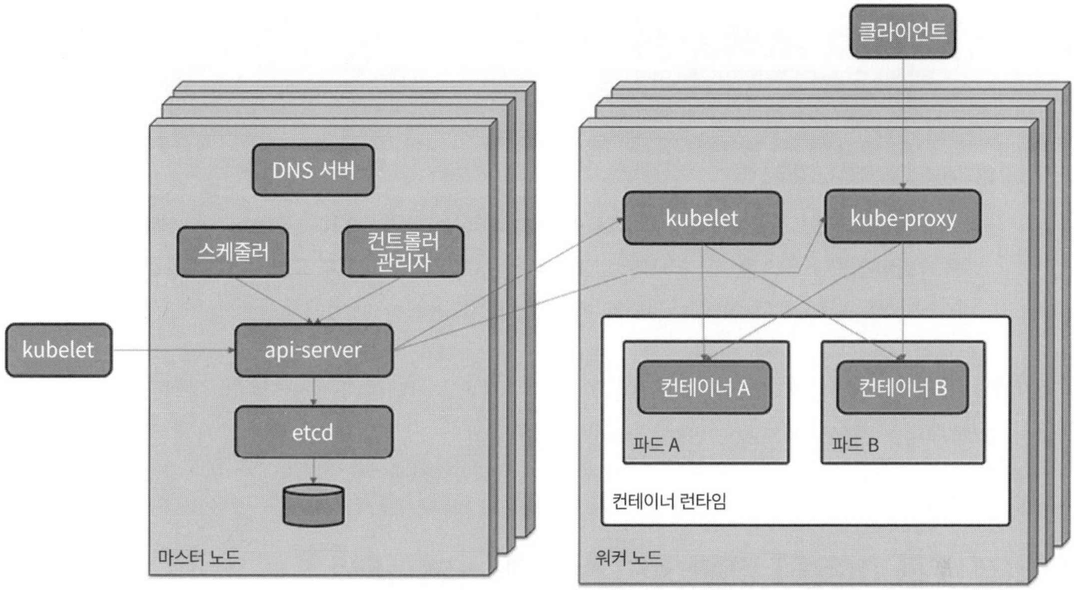


**그림 15.2** 쿠버네티스 런타임 컴포넌트 개요

이 그림을 기반으로 다음과 같은 이벤트 흐름을 상상해 볼 수 있다.

1. 운영자는 kubectl을 사용해 쿠버네티스에 원하는 상태를 전달하며, 여기에는 새로운 **디플로이먼트**, **서비스**, **인그레스** 오브젝트를 선언하는 매니페스트가 포함돼 있다. 인그레스는 서비스 오브젝트에 대한 경로를 정의하고, 서비스 오브젝트는 디플로이먼트 오브젝트에 의해 구성된 파드를 선택하도록 정의된다.

2. kubectl은 **API 서버**와 통신하고 API 서버는 새로운 원하는 상태를 etcd 데이터베이스에 오브젝트로 저장한다.

3. 다양한 **컨트롤러**는 새 오브젝트의 생성에 반응하고 다음과 같은 조치를 취한다.
   - 디플로이먼트 오브젝트인 경우
     - 새로운 **레플리카셋**과 **파드** 오브젝트가 API 서버에 등록된다.
     - **스케줄러**는 새 파드를 발견하고 적절한 작업자 노드에 스케줄링한다.
     - 각 작업자 노드에서 kubelet 에이전트는 파드에 기술된 대로 컨테이너를 실행한다. kubelet은 작업자 노드의 **컨테이너 런타임**을 사용해 컨테이너를 관리한다.
   - 서비스 오브젝트인 경우
     - 서비스 오브젝트에 대한 DNS 이름이 내부 DNS 서버에 등록되고 kube-proxy가 DNS 이름을 사용하는 요청을 앞에서 설명한 대로 사용 가능한 파드 중 하나로 라우팅할 수 있게 된다.

파드는 클러스터의 모든 노드에서 접근할 수 있으므로 kube-proxy가 요청을 전달하기 위해 파드와 동일한 노드에서 실행될 필요는 없다.

- 인그레스 오브젝트인 경우
  - **인그레스 컨트롤러**는 인그레스 오브젝트에 따라 경로를 설정하고 쿠버네티스 클러스터 외부에서 들어오는 요청을 수락할 준비를 한다. 인그레스 오브젝트에 의해 정의된 경로와 일치하는 외부 요청은 인그레스 컨트롤러에 의해 서비스 오브젝트로 전달된다. 이러한 요청은 앞에서 설명한 대로 kube-proxy에 의해 파드로 전달된다.

이제 쿠버네티스 런타임 컴포넌트와 그것들이 무엇을 지원하고 어디에서 실행되는지 이해했으므로 미니큐브를 이용해 쿠버네티스 클러스터를 만드는 방법을 알아보자.

## 미니큐브를 이용한 쿠버네티스 클러스터 생성

이제 쿠버네티스 클러스터를 생성할 준비가 끝났다. 여기서는 미니큐브(Minikube)를 사용해 로컬 단일 노드 클러스터를 만들겠다.

미니큐브를 이용해 개발용 로컬 쿠버네티스 클러스터를 실행하는 방법 외에도 다른 여러 대안도 있다. 다음 목록을 참고한다.

- kind: `https://kind.sigs.k8s.io`
- **도커 데스크톱(쿠버네티스 포함)**: `https://docs.docker.com/desktop/features/kubernetes/`
- MicroK8s: `https://microk8s.io`
- k0s: `https://k0sproject.io`
- k3s: `https://k3s.io`

미니큐브는 다양한 드라이버를 사용해 VM이나 컨테이너, 베어메탈에 배포할 수 있다. 여기서는 다양한 드라이버 가운데 도커 드라이버를 사용하겠다. 도커 드라이버를 사용하면 macOS와 Windows Subsystem for Linux v2(WSL 2)의 도커 데스크톱이 관리하는 컨테이너 안에서 미니큐브 인스턴스가 실행된다.

> 미니큐브에서 사용 가능한 드라이버에 대한 정보는 `https://minikube.sigs.k8s.io/docs/drivers/`에서 확인할 수 있다.
>
> 도커 및 도커 컨테이너는 이미 별도의 WSL 2 인스턴스에서 실행 중이다. 22장 'WSL 2 및 우분투가 탑재된 마이크로소프트 윈도우용 설치 안내'를 참고한다.

도커에서 미니큐브를 컨테이너로 실행할 때의 한 가지 단점은 미니큐브에 의해 노출된 포트를 도커를 실행하는 호스트에서만 접근할 수 있다는 것이다. 해당 포트를 도커 클라이언트(예: macOS 또는 WSL 2에서 사용하는 리눅스 서버)에서 사용할 수 있게 하려면 미니큐브 클러스터를 생성할 때 포트 매핑을 지정하면 된다.

쿠버네티스 클러스터를 생성하기 전에 미니큐브 프로파일과 쿠버네티스 CLI 도구인 `kubectl`, 그리고 컨텍스트 사용법을 조금 알아야 한다.

## 미니큐브 프로파일 활용하기

미니큐브는 로컬에서 여러 쿠버네티스 클러스터를 실행하기 위해 프로파일(profile)이라는 개념을 제공한다. 예를 들어, 여러 버전의 쿠버네티스를 사용하고 싶다면 미니큐브를 사용해 여러 쿠버네티스 클러스터를 생성할 수 있다. 각 클러스터에는 별도의 미니큐브 프로파일이 할당된다. 대부분의 미니큐브 명령에 `--profile` 플래그(또는 줄여서 `-p`)를 사용할 수 있으며, 이를 통해 명령이 적용될 쿠버네티스 클러스터를 지정할 수 있다. 한동안 특정 프로파일로 작업할 계획이라면 다음 명령으로 현재 프로파일을 지정하는 더 편리한 방법이 있다.

```
minikube profile my-profile
```

이 명령은 `my-profile` 프로파일을 현재 프로파일로 설정한다.

현재 프로파일을 확인하려면 다음 명령을 실행한다.

```
minikube config get profile
```

`minikube profile` 명령이나 `--profile` 스위치를 사용해 프로파일을 지정하지 않으면 `minikube`라는 기본 프로파일이 사용된다.

기존 프로파일에 대한 정보는 `minikube profile list` 명령으로 확인할 수 있다.

## kubectl 활용하기

`kubectl`은 쿠버네티스 CLI 도구다. 클러스터가 설정되고 나면 보통 `kubectl`만으로도 클러스터를 관리할 수 있다.

API 오브젝트를 관리하려면 이번 장의 앞부분에서 설명한 대로 `kubectl apply` 명령만 알면 된다. 이 명령은 **선언적 명령**(declarative command)이다. 즉, 이 명령은 운영자로서 쿠버네티스에게 해당 명령에 지정한 오브젝트 정의를 적용하도록 요청한다. 그러면 실제로 수행해야 할 작업을 파악하는 것은 쿠버네티스가 담당한다.

> 독자에게 익숙할 법한 또 다른 선언적 명령의 예로 SQL의 SELECT 문을 들 수 있다. SELECT 문은 여러 데이터베이스 테이블의 정보를 조인할 수 있다. 우리는 SQL 쿼리에서 기대하는 결과만 선언하면 되고, 테이블에 접근하는 순서와 데이터를 가장 효율적으로 조회하기 위해 어떤 인덱스를 사용할지 결정하는 것은 데이터베이스 쿼리 옵티마이저의 몫이다.

경우에 따라 쿠버네티스가 어떻게 해야 할지 명시적으로 알려주는 명령문(imperative statement)이 선호되기도 한다. 한 가지 예는 `kubectl delete` 명령으로, 쿠버네티스에게 일부 API 오브젝트를 삭제하도록 명시적으로 지시한다. 네임스페이스 오브젝트를 생성하는 것도 `kubectl create namespace` 명령으로 편리하게 수행할 수 있다.

명령문을 반복적으로 사용하면 실패한다. 예를 들면, `kubectl delete`를 사용해 동일한 API 오브젝트를 두 번 삭제하거나 `kubectl create`를 사용해 동일한 네임스페이스를 두 번 생성하는 경우다. 선언적 명령(즉, `kubectl apply`를 사용하는)은 반복적으로 사용해도 실패하지 않는다. 단순히 변경 사항이 없음을 명시하고 아무 조치도 취하지 않고 종료한다.

쿠버네티스 클러스터에 대한 정보를 조회하는 데 사용되는 몇 가지 명령은 다음과 같다.

- `kubectl get`은 특정 API 오브젝트에 대한 정보를 표시한다.
- `kubectl describe`는 특정 API 오브젝트에 대한 더 자세한 정보를 제공한다.
- `kubectl logs`는 컨테이너의 로그를 출력한다.

이번 장과 다음 장에서 이러한 kubectl 명령과 기타 명령의 많은 예를 살펴보겠다.

구체적인 kubectl 도구의 사용법이 궁금하다면 kubectl help나 kubectl <command> --help 명령으로 확인할 수 있고, 이를 통해 매우 유용한 정보를 얻을 수 있다. 또 다른 유용한 명령은 kubectl explain이며, 이는 쿠버네티스 오브젝트를 선언할 때 사용할 수 있는 필드를 표시한다. 예를 들어, 디플로이먼트 오브젝트의 템플릿에서 컨테이너를 설명하는 데 사용되는 필드를 조회해야 한다면 다음 명령을 실행한다.

```
kubectl explain deployment.spec.template.spec.containers
```

## kubectl 컨텍스트 다루기

로컬에서 미니큐브를 사용하거나 온프레미스 서버 또는 클라우드에 설정된 쿠버네티스 클러스터를 사용해 하나 이상의 쿠버네티스 클러스터와 작업할 수 있도록 kubectl은 컨텍스트(context)라는 개념을 제공한다. 컨텍스트는 다음과 같은 것들을 조합한 것이다.

- 쿠버네티스 클러스터
- 사용자에 대한 인증 정보
- 기본 네임스페이스

기본적으로 컨텍스트는 ~/.kube/config 파일에 저장되지만 KUBECONFIG 환경변수를 사용해 파일을 변경할 수 있다. 이 책에서는 기본 위치를 사용할 것이므로 unset KUBECONFIG 명령으로 KUBECONFIG 설정을 해제하겠다.

미니큐브에서 쿠버네티스 클러스터가 생성되면 미니큐브 프로파일과 동일한 이름으로 컨텍스트가 생성된 다음, 현재 컨텍스트로 설정된다. 따라서 클러스터가 미니큐브에서 생성된 후 실행된 kubectl 명령은 해당 클러스터로 전송된다.

사용 가능한 컨텍스트를 나열하려면 다음 명령을 실행한다.

```
kubectl config get-contexts
```

다음은 응답 예시다.

**그림 15.3** kubectl 컨텍스트 목록

첫 번째 칼럼의 별표(*)는 현재 컨텍스트를 나타낸다.

> 클러스터가 생성된 후에야 앞의 응답에 handson-spring-boot-cloud 컨텍스트가 표시된다. 조만간 이 과정을 좀 더 자세히 설명하겠다.

현재 컨텍스트를 다른 컨텍스트로 전환하려면, 즉 다른 쿠버네티스 클러스터로 변경하려면 다음 명령을 실행한다.

```
kubectl config use-context my-cluster
```

이 예에서는 현재 컨텍스트가 `my-cluster`로 변경된다.

컨텍스트를 업데이트하려면, 예를 들어 `kubectl`에서 사용하는 기본 네임스페이스를 전환하려면 `kubectl config set-context` 명령을 사용한다.

예를 들어, 현재 컨텍스트의 기본 네임스페이스를 `my-namespace`로 변경하려면 다음 명령을 실행한다.

```
kubectl config set-context $(kubectl config current-context) --namespace my-namespace
```

이 명령에서 `kubectl config current-context`는 현재 컨텍스트의 이름을 확인하는 데 사용된다.

## 쿠버네티스 클러스터 생성

미니큐브를 사용해 쿠버네티스 클러스터를 생성하려면 몇 가지 명령을 실행해야 한다.

- `KUBECONFIG` 환경변수를 설정 해제해서 `kubectl` 컨텍스트가 기본 구성 파일인 `~/.kube/config`에 생성되게 한다.
- `minikube start` 명령으로 클러스터를 생성한다. 이때 쿠버네티스 버전과 클러스터에 할당할 하드웨어 리소스 양을 지정할 수 있다.
  - 이 책의 나머지 장에서 예제를 완료하려면 10GB의 메모리(즉, 10,240MB)를 클러스터에 할당하자. 미니큐브 클러스터에 6GB(6,144MB)만 할당해도 예제가 작동하기는 하지만 속도는 느려질 수 있다.

- 적절하다고 생각되는 CPU 코어 수와 디스크 공간을 할당한다. 다음 예에서는 4개의 CPU 코어와 30GB의 디스크 공간을 사용한다.
- 사용할 쿠버네티스 버전을 지정한다. 이 책에서는 1.32.0 버전을 사용하겠다.
- 앞에서 설명한 대로 도커 드라이버를 사용한다고 지정한다.
- 필요한 포트 매핑을 지정한다. 8080번 포트와 8443번 포트는 인그레스 컨트롤러에서 사용되고, 30080번 포트와 30443번 포트는 NodePort 타입의 서비스에서 사용된다.

> 16장 '쿠버네티스에 마이크로서비스 배포'에서 에지 서버가 NodePort 타입의 서비스를 어떻게 배포하는지 살펴본다.

- 향후 minikube 명령에 사용할 미니큐브 프로파일을 지정한다. 이 책에서는 handson-spring-boot-cloud를 프로파일 이름으로 사용한다.
- 클러스터가 생성된 후 미니큐브의 애드온 관리자를 사용해 미니큐브와 함께 제공되는 인그레스 컨트롤러와 메트릭 서버를 활성화할 것이다. 인그레스 컨트롤러와 메트릭 서버는 다음 장에서 사용될 것이다.

다음 명령을 실행해 쿠버네티스 클러스터를 생성한다.

```
unset KUBECONFIG

minikube start \
 --profile=handson-spring-boot-cloud \
 --memory=10240 \
 --cpus=4 \
 --disk-size=30g \
 --kubernetes-version=v1.32.0 \
 --driver=docker \
 --ports=8080:80 --ports=8443:443 \
 --ports=30080:30080 --ports=30443:30443

minikube profile handson-spring-boot-cloud

minikube addons enable ingress
minikube addons enable metrics-server
```

미니큐브에서 사용 가능한 드라이버에 대한 정보는 `https://minikube.sigs.k8s.io/docs/drivers/`를 참고한다.

도커와 컨테이너는 이미 별도의 WSL 2 인스턴스에서 실행 중이다. 22장 'WSL 2 및 우분투가 탑재된 마이크로소프트 윈도우용 설치 안내'의 '윈도우용 도커 데스크톱 설치' 절을 참고한다.

앞의 명령이 실행되고 나면 클러스터와 통신할 수 있을 것이다. `kubectl get nodes` 명령을 실행해 보면 다음과 유사한 응답이 표시될 것이다.

```
NAME                        STATUS   ROLES           AGE   VERSION
handson-spring-boot-cloud   Ready    control-plane   12m   v1.32.0
$
```

그림 15.4 쿠버네티스 클러스터의 노드 목록

클러스터가 생성되고 나면 백그라운드에서 클러스터가 자체적으로 초기화되며, `kube-system` 및 `ingress-nginx` 네임스페이스에서 여러 시스템 파드를 구동한다. 다음 명령을 실행해 진행 상황을 모니터링할 수 있다.

```
kubectl get pods --all-namespaces
```

구동이 완료되면 위 명령은 모든 파드의 상태를 **Running**으로 보고하고, **READY** 수는 1/1이 될 것이다. 이는 각 파드마다 컨테이너가 하나씩 실행 중이라는 것을 의미한다.

```
$ kubectl get pods --all-namespaces
NAMESPACE       NAME                                                READY   STATUS      RESTARTS       AGE
ingress-nginx   ingress-nginx-admission-create-88v7k                0/1     Completed   0              41m
ingress-nginx   ingress-nginx-admission-patch-j2xws                 0/1     Completed   1              41m
ingress-nginx   ingress-nginx-controller-77669ff58-qfj5j            1/1     Running     0              41m
kube-system     coredns-787d4945fb-wbp2r                            1/1     Running     0              63m
kube-system     etcd-handson-spring-boot-cloud                      1/1     Running     0              63m
kube-system     kube-apiserver-handson-spring-boot-cloud            1/1     Running     0              63m
kube-system     kube-controller-manager-handson-spring-boot-cloud   1/1     Running     0              63m
kube-system     kube-proxy-prrjn                                    1/1     Running     0              63m
kube-system     kube-scheduler-handson-spring-boot-cloud            1/1     Running     0              63m
kube-system     metrics-server-5f8fcc9bb7-llns9                     1/1     Running     0              40m
kube-system     storage-provisioner                                 1/1     Running     1 (62m ago)    63m
$
```

그림 15.5 실행 중인 시스템 파드 목록

두 개의 파드가 Running이 아니라 Completed로 보고된 것에 주목하자. 이는 배치 작업과 같이 잡(Job) 오브젝트에 의해 생성된 파드다. `ingress-nginx` 네임스페이스에서 두 개의 잡 오브젝트를 확인하려면 `kubectl get jobs --namespace=ingress-nginx` 명령을 실행한다.

## 예시 디플로이먼트 실습

다음과 같은 작업을 어떻게 할 수 있을지 살펴보자.

- 쿠버네티스 클러스터에 NGINX를 기반으로 하는 간단한 웹 서버를 배포
- 배포에 약간의 변경 사항을 적용
    - 파드를 삭제해서 현재 상태를 변경하고 `ReplicaSet`이 새로운 파드를 생성하는지 확인
    - 웹 서버를 3개의 파드로 확장해서 원하는 상태를 변경하고, `ReplicaSet`이 2개의 새로운 파드를 구동해서 상태의 차이를 처리하는지 확인
- 노드 포트가 있는 서비스를 사용해 웹 서버로 외부 트래픽을 라우팅

먼저 `first-attempts` 네임스페이스를 생성하고 기본적으로 이 네임스페이스를 사용하도록 `kubectl` 컨텍스트를 업데이트한다.

```
kubectl create namespace first-attempts
kubectl config set-context $(kubectl config current-context) --namespace=first-attempts
```

이제 `kubernetes/first-attempts/nginx-deployment.yaml` 파일을 사용해 네임스페이스에 NGINX의 디플로이먼트를 생성할 수 있다. 이 파일은 다음과 같다.

```yaml
apiVersion: apps/v1
kind: Deployment
metadata:
  name: nginx-deploy
spec:
  replicas: 1
  selector:
    matchLabels:
      app: nginx-app
```

```
  template:
    metadata:
      labels:
        app: nginx-app
    spec:
      containers:
      - name: nginx-container
        image: nginx:latest
        ports:
        - containerPort: 80
```

이 소스코드를 더 자세히 살펴보자.

- kind와 apiVersion 속성은 디플로이먼트 오브젝트를 선언한다는 것을 나타낸다.
- metadata 섹션은 디플로이먼트 오브젝트를 설명하는 데 사용된다. 예를 들어, 이름을 nginx-deploy로 지정했다.

> 쿠버네티스 오브젝트에 일반적으로 사용되는 다른 메타데이터로는 오브젝트가 속한 namespace의 이름, label, annotation 등이 있다. 이번 장과 다음 장에서 이러한 메타데이터가 사용되는 것을 볼 수 있을 것이다.

- 다음으로 디플로이먼트 오브젝트에 대해 원하는 상태를 정의하는 spec 섹션이 나온다.
  - replicas: 1은 하나의 파드를 실행하고 싶다는 것을 나타낸다.
  - selector 섹션에서는 디플로이먼트가 관리하는 파드를 찾는 방법을 지정한다. . 예제의 경우 디플로이먼트는 app 레이블이 nginx-app으로 설정된 파드를 찾는다.
  - template 섹션은 파드가 생성되는 방법을 지정하는 데 사용된다.
    - metadata 섹션에는 파드를 식별하는 데 사용되는 label인 app: nginx-app을 지정했다. 따라서 selector와 일치한다.
    - spec 섹션에는 파드의 단일 컨테이너 생성에 대한 세부 정보, 즉 name, image, port를 지정했다.

다음 명령으로 디플로이먼트를 생성한다.

```
cd $BOOK_HOME/Chapter15
kubectl apply -f kubernetes/first-attempts/nginx-deployment.yaml
```

kubectl get all 명령으로 어떤 결과가 나오는지 살펴보자.

```
$ kubectl get all
NAME                                READY   STATUS    RESTARTS   AGE
pod/nginx-deploy-79f9d4bcf5-vxmw7   1/1     Running   0          99s

NAME                           READY   UP-TO-DATE   AVAILABLE   AGE
deployment.apps/nginx-deploy   1/1     1            1           99s

NAME                                      DESIRED   CURRENT   READY   AGE
replicaset.apps/nginx-deploy-79f9d4bcf5   1         1         1       99s
$
```

**그림 15.6** 예시 디플로이먼트에 의해 생성된 쿠버네티스 오브젝트

예상대로 디플로이먼트, 레플리카셋, 파드 오브젝트가 나온다. 잠시 후, 주로 NGINX 도커 이미지를 다운로드하는 데 걸리는 시간에 따라 파드가 실행되고 **READY** 칼럼이 1/1로 표시되며, 이는 원하는 상태가 현재 상태와 같음을 의미한다.

이제 파드를 삭제해서 현재 상태를 변경해 보자. 파드를 삭제하기 전에 다른 터미널에서 kubectl get pod --watch 명령을 실행한다. --watch 옵션을 사용하면 명령이 현재 네임스페이스에서 파드의 상태 변경을 기다리며 중단된다. 다음 명령으로 파드를 삭제한다.

```
kubectl delete pod --selector app=nginx-app
```

파드에는 무작위 이름(앞의 예에서는 nginx-deploy-79f9d4bcf5-vxmw7)이 할당되므로 파드에 설정된 app 레이블인 nginx-app을 기반으로 파드를 선택한다.

kubectl get pod --watch를 실행하면 현재 파드가 종료되는 동시에 새 파드가 시작되는 과정을 확인할 수 있다. 원하는 상태와 현재 상태 간의 차이를 감지하고 편차를 보완하기 위해 즉시 새 파드를 시작하는 것은 레플리카셋이다. 보고된 이벤트는 다음 그림과 같을 것이다.

```
$ kubectl get pod --watch
NAME                           READY   STATUS    RESTARTS   AGE
nginx-deploy-58bfb487f9-cgc2v  1/1     Running   0          51s
nginx-deploy-58bfb487f9-cgc2v  1/1     Terminating   0          54s
nginx-deploy-58bfb487f9-knhfp  0/1     Pending       0          0s
nginx-deploy-58bfb487f9-knhfp  0/1     Pending       0          0s
nginx-deploy-58bfb487f9-knhfp  0/1     ContainerCreating   0          0s
nginx-deploy-58bfb487f9-cgc2v  0/1     Terminating         0          55s
nginx-deploy-58bfb487f9-cgc2v  0/1     Terminating         0          55s
nginx-deploy-58bfb487f9-cgc2v  0/1     Terminating         0          55s
nginx-deploy-58bfb487f9-knhfp  1/1     Running             0          2s
```

**그림 15.7** kubectl get pod --watch가 파드의 변경 사항을 보고

화면에서 `cgc2v`로 끝나는 파드가 `delete` 명령에 의해 중지됐고, 동시에 레플리카셋이 이름이 `knhfp`로 끝나는 새 파드를 즉시 구동했음을 알 수 있다.

`kubernetes/first-attempts/nginx-deployment.yaml` 디플로이먼트 파일에서 원하는 파드 수를 3개의 복제본으로 설정해서 원하는 상태를 변경하자. 앞에서 언급했듯이 `kubectl apply` 명령을 반복하는 것만으로 원하는 상태의 변경 사항을 적용한다.

다시 한번 이야기하지만, `kubectl get pod --watch` 명령을 실행하면 현재 상태가 새로운 원하는 상태(3개의 파드)와 동일해지도록 레플리카셋에 의해 새 파드가 구동되는 것을 확인할 수 있다. 몇 초 후에 두 개의 새로운 NGINX 파드가 실행 중인 것으로 보고될 것이다. 확인하고 나면 Ctrl + C로 명령을 중지한다.

`kubectl get all` 명령을 실행하면 다음과 같은 응답을 예상할 수 있다.

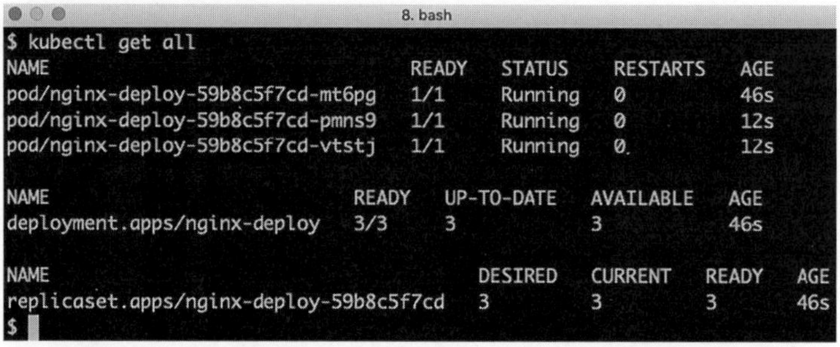


**그림 15.8** 원하는 상태를 충족하기 위해 쿠버네티스에 의해 새로운 파드가 구동됨

3개의 파드가 있고 디플로이먼트 오브젝트가 3/3을 보고하는 것에 주목하자. 이는 3개의 준비된 파드와 3개의 원하는 파드로 해석되며, 원하는 모든 파드가 사용될 준비가 됐음을 의미한다.

웹 서버로의 외부 통신을 활성화하려면 `kubernetes/first-attempts/nginx-service.yaml` 파일을 사용해 서비스를 생성한다. 이는 다음과 같다.

```
apiVersion: v1
kind: Service
metadata:
  name: nginx-service
spec:
  type: NodePort
  selector:
    app: nginx-app
```

```
ports:
- targetPort: 80
  port: 80
  nodePort: 30080
```

kind 속성과 apiVersion 속성은 서비스 오브젝트를 선언하는 데 사용된다.

metadata 섹션은 서비스 오브젝트를 설명하는 데 사용된다. 예를 들어, 여기서는 nginx-service라는 이름을 지정했다.

다음으로, 서비스 오브젝트의 원하는 상태를 정의하는 spec 섹션이 나온다.

- type 필드를 사용해 NodePort를 지정한다. 즉, 클러스터의 각 노드에서 전용 포트를 통해 외부에서 접근할 수 있는 서비스다. 이는 외부 호출자가 파드가 실제로 실행 중인 노드와 관계없이 클러스터의 모든 노드에서 이 포트를 사용해 이 서비스 뒤에 있는 파드에 접근할 수 있음을 의미한다.
- 셀렉터(selector)는 서비스에서 사용 가능한 파드를 찾는 데 사용된다. 예제의 경우 app: nginx-app 레이블이 지정된 파드가 사용 가능한 파드다.
- 마지막으로 포트는 다음과 같이 선언한다.
  - port: 80은 서비스가 내부적으로 클러스터에서 접근 가능한 포트를 나타낸다.
  - targetPort: 80은 요청이 전달될 파드의 포트를 나타낸다.
  - nodePort: 30080은 클러스터 내의 노드가 외부에서 서비스에 접근할 때 사용할 수 있는 포트를 나타낸다. 기본적으로 노드 포트는 30000번에서 32767번 사이의 범위에 있어야 한다.

> 이 포트 범위는 다른 사용 중인 포트와 충돌할 위험을 최소화하는 데 사용된다. 프로덕션 시스템에서는 일반적으로 쿠버네티스 클러스터 앞에 로드 밸런서를 둬서 외부 사용자로부터 이러한 포트와 쿠버네티스 클러스터의 노드 IP 번호를 모두 숨긴다. LoadBalanced 쿠버네티스 서비스 사용법에 대한 자세한 내용은 18장 '서비스 메시를 활용한 관찰 가능성과 관리 개선'의 '이스티오 서비스에 대한 접근 설정' 절을 참고한다.

다음 명령으로 서비스를 생성한다.

```
kubectl apply -f kubernetes/first-attempts/nginx-service.yaml
```

명령의 결과를 확인하려면 kubectl get svc 명령을 실행한다. 그럼 다음과 같은 응답을 예상할 수 있다.

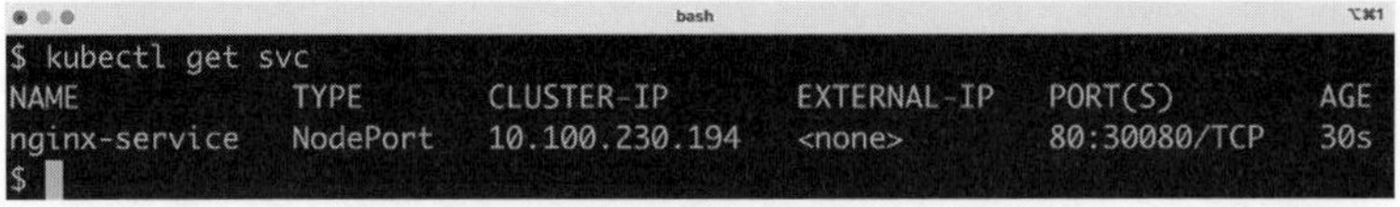


**그림 15.9** 예제 디플로이먼트에 대한 NodePort 서비스

> kubectl를 사용할 때 API 오브젝트의 전체 명칭 대신 짧은 이름을 사용해서 지칭할 수 있다. 예를 들어, 앞의 명령에서는 전체 이름인 service 대신 svc가 사용됐다. 사용 가능한 모든 짧은 이름을 보려면 kubectl api-resources 명령을 실행한다.

서비스의 노드 포트를 통해 웹 서버에 접근하려면 클러스터 내 노드의 IP 주소나 호스트명을 알아야 한다. 도커 드라이버를 사용할 때 호스트명은 항상 localhost다.

노드 포트인 30080은 minikube start 명령의 --ports 옵션을 통해 도커 엔진으로부터 전달된다. 자세한 내용은 앞의 '쿠버네티스 클러스터 생성' 절을 참고한다. 이는 서비스가 localhost:30080 주소로 도달할 수 있음을 의미한다.

> WSL 2 인스턴스에서 열린 포트는 윈도우에서 localhost로 접근할 수 있다.

이 정보를 토대로 macOS나 윈도우의 웹 브라우저에서 http://localhost:30080으로 이동하면 앞에서 배포한 웹 서버에 접근할 수 있다. 그럼 다음과 같은 응답을 예상할 수 있다.

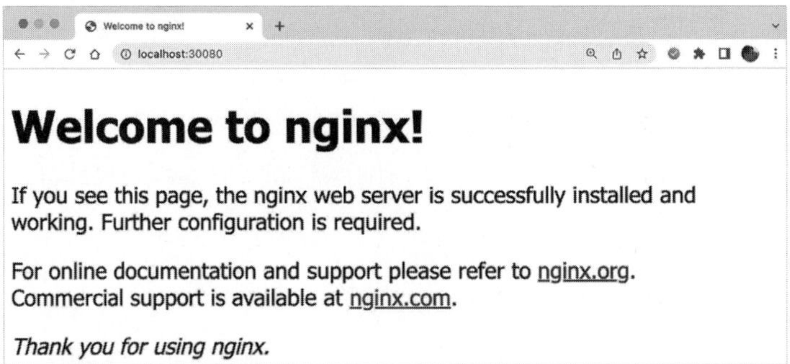


**그림 15.10** NGINX 기본 웹 페이지

이제 내부 클러스터 IP 주소와 포트를 사용한 접근은 어떻게 동작하는지 알아보자.

클러스터 내부에서도 웹 서버에 접근할 수 있는지 확인하는 한 가지 방법은 내부에서 `curl`을 실행하는 데 사용할 수 있는 작은 파드를 구동하는 것이다. `curl` 명령에서는 내부 클러스터 IP 주소와 포트를 사용할 것이다. 이때 내부 IP 주소를 사용할 필요는 없다. 대신 내부 DNS 서버에서 서비스에 대해 생성된 DNS 이름을 사용하면 된다. 짧은 DNS 이름은 서비스의 이름과 동일하다. 즉, `nginx-service`다.

> 서비스의 전체 DNS 이름은 `<service-name>.<namespace>.svc.cluster.local`이다. 따라서 이 서비스의 전체 이름은 `nginx-service.first-attempts.svc.cluster.local`이다. 아래의 명령은 동일한 네임스페이스에서 실행할 것이므로 짧은 이름을 사용할 수 있다.

다음 명령을 실행한다.

```
kubectl run -i --rm --restart=Never curl-client --image=curlimages/curl --command -- curl -s 'http://nginx-service:80'
```

약간 복잡해 보이지만 이 명령은 다음과 같은 작업을 수행한다.

1. `curlimages/curl`이라는 도커 이미지를 기반으로 하는 작은 컨테이너가 포함된 파드를 생성한다. 이 이미지에는 `curl` 명령이 포함돼 있다.
2. 컨테이너 내부에서 `curl -s 'http://nginx-service:80'` 명령을 실행하고 `-i` 옵션을 사용해 출력을 터미널로 리디렉션한다.
3. `--rm` 옵션을 사용해 파드를 삭제한다.

이 명령의 출력 결과에는 다음과 같은 정보가 포함될 것이다(여기서는 응답의 일부만 표시).

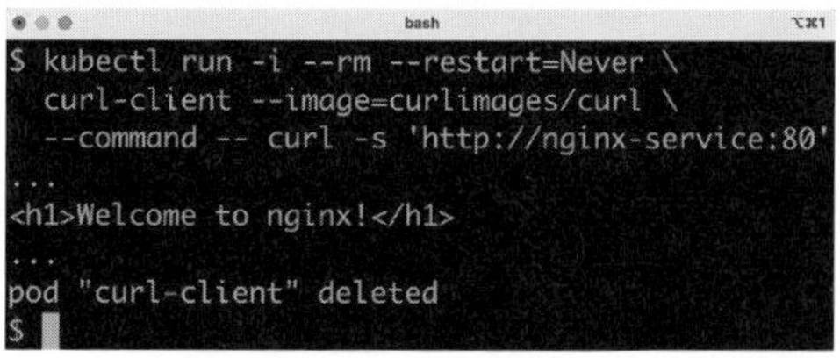


**그림 15.11** 쿠버네티스 클러스터 내부에서 NGINX에 접근

이는 클러스터 내부에서도 웹 서버에 접근할 수 있음을 의미한다.

시스템 환경을 배포하는 데 기본적으로 필요한 것은 이게 전부다.

nginx 디플로이먼트가 포함된 네임스페이스를 제거해서 마무리하자.

```
kubectl delete namespace first-attempts
```

쿠버네티스를 소개하는 이번 장을 마치기 전에 로컬 쿠버네티스 클러스터를 관리하는 방법을 배울 필요가 있다.

## 로컬 쿠버네티스 클러스터 관리

실행 중인 쿠버네티스 클러스터는 대부분 메모리와 같은 많은 리소스를 소비한다. 따라서 미니큐브에서 쿠버네티스 클러스터 작업을 마쳤을 때 클러스터에 할당된 리소스를 해제하기 위해 클러스터를 중단해야 한다. 또한 클러스터 작업을 계속하려면 클러스터 작업을 다시 시작하는 방법도 알아야 한다. 결국 더 이상 디스크에 클러스터를 보관하고 싶지 않을 때 영구적으로 클러스터를 제거하는 방법도 알아야 한다.

미니큐브에서는 쿠버네티스 클러스터를 중단(hibernate)하는 데 사용할 수 있는 `stop` 명령을 제공한다. 클러스터를 처음 생성하는 데 사용했던 `start` 명령은 클러스터를 중단 상태에서 재시작(resume)하는 데도 사용할 수 있다. 클러스터를 영구적으로 제거하려면 미니큐브의 `delete` 명령을 사용하면 된다.

### 쿠버네티스 클러스터 중단 및 재개

다음 명령을 실행해 쿠버네티스 클러스터를 중단(`stop`)한다.

```
minikube stop
```

다음 명령을 실행해 쿠버네티스 클러스터를 재시작(`start`)한다.

```
minikube start
```

클러스터를 재시작한 직후 `kubectl` 명령을 실행하면 다음과 같은 오류 메시지가 표시될 수 있다.

```
E0428 09:44:16.333361 79175 memcache.go:106] couldn't get resource list for metrics.k8s.io/
v1beta1: the server is currently unable to handle the request
```

이는 metrics-server가 구동하는 데 약간의 시간이 걸리기 때문이며, 잠시 후 오류 메시지가 사라질 것이다.

> 이미 존재하는 클러스터를 재시작할 경우 start 명령은 클러스터를 생성할 때 사용된 스위치를 무시한다.

쿠버네티스 클러스터를 재시작하고 나면 kubectl 컨텍스트가 현재 사용 중인 네임스페이스를 default로 설정해 이 클러스터를 사용하도록 업데이트된다. 다른 네임스페이스(예: 다음 장인 16장, '쿠버네티스에 마이크로서비스 배포'에서 사용할 hands-on 네임스페이스)로 작업 중인 경우 다음 명령으로 kubectl 컨텍스트를 업데이트할 수 있다.

```
kubectl config set-context $(kubectl config current-context) --namespace=hands-on
```

그럼 이후에 실행하는 kubectl 명령은 hands-on 네임스페이스에 적용된다.

> 미니큐브에서는 stop 및 start 명령에 대한 더 가벼우면서 빠른 대안으로 pause 및 unpause 명령도 제공한다. 이 경우 컨트롤 플레인의 구성 요소가 중지되지 않고 일시 중지되어 클러스터의 CPU 사용량이 최소로 줄어든다. 그러나 이러한 명령을 사용할 때 문제가 발생하는 것을 본 적이 있으므로 start 및 stop 명령을 사용하는 것이 좋다.

## 쿠버네티스 클러스터 종료

쿠버네티스 클러스터를 종료하려면 다음 명령을 실행하면 된다.

```
minikube delete --profile handson-spring-boot-cloud
```

실제로 프로파일을 지정하지 않고 delete 명령을 실행할 수도 있지만 프로파일을 명시적으로 지정하는 편이 더 안전하다. 그렇지 않으면 실수로 잘못된 쿠버네티스 클러스터를 삭제할 수도 있다.

이렇게 해서 미니큐브에서 실행되는 쿠버네티스 클러스터를 성공적으로 관리하는 방법을 배웠다. 이제 클러스터를 일시 중지하고 재시작하는 방법과 더 이상 필요하지 않을 때 영구적으로 제거하는 방법을 알게 됐다.

# 정리

이번 장에서는 컨테이너 오케스트레이터로서의 쿠버네티스를 소개했다.

쿠버네티스를 이용하면 서버 클러스터를 컨테이너를 실행하는 하나의 커다란 논리적 서버처럼 다룰 수 있다. 쿠버네티스 클러스터에 대해 원하는 상태를 선언하면 클러스터에서 하드웨어 리소스를 충분히 사용할 수 있을 경우 클러스터의 실제 상태가 항상 원하는 상태와 동일하도록 보장한다.

원하는 상태는 쿠버네티스 API 서버를 사용해 리소스를 생성하는 방식으로 선언한다. 쿠버네티스의 컨트롤러 관리자와 그 컨트롤러는 API 서버에 의해 생성된 다양한 리소스에 반응하고 현재 상태가 새로운 원하는 상태를 충족하도록 조치를 취한다. 스케줄러는 새로 생성된 컨테이너, 즉 하나 이상의 컨테이너를 포함하는 파드를 노드에 할당한다. 각 노드에서는 에이전트(`kubelet`)가 실행되며, 노드에 스케줄링된 파드가 실행 중인지 확인한다. `kube-proxy`는 네트워크 프락시 역할을 하며, 서비스로 전송된 요청을 클러스터에서 사용 가능한 파드로 전달함으로써 서비스 추상화를 가능하게 한다. 외부 요청은 서비스에 대한 공용 IP 주소 및/또는 DNS명을 프로비저닝할 수 있는 로드 밸런서나 클러스터 내의 모든 노드에서 사용 가능한 노드 포트, 전용 인그레스 리소스를 통해 처리될 수 있다.

또한 미니큐브를 사용해 로컬 단일 노드 클러스터를 생성해서 쿠버네티스를 시험해봤다. 미니큐브 클러스터는 도커 드라이버를 사용해 도커 컨테이너 형태로 실행된다. 도커 엔진 외부에서 포트에 접근할 수 있게 하려면 `minikube start` 명령에 `--ports` 옵션을 사용하면 된다. 이어서 쿠버네티스 CLI 도구인 `kubectl`을 사용해 NGINX를 기반으로 하는 간단한 웹 서버를 배포했다. 웹 서버를 삭제해서 복원력 기능을 시험해봤고, 자동으로 웹 서버가 다시 생성되는 것을 관찰했다. 웹 서버에서 3개의 파드를 실행하도록 요청해서 수동으로 확장하는 방법을 배웠다. 노드 포트가 있는 서비스를 생성하고 클러스터 외부와 내부에서 접근할 수 있는지 확인했다.

마지막으로 미니큐브에서 실행되는 쿠버네티스 클러스터를 중단, 재시작, 종료하는 방법을 배웠다.

이제 이전 장에서 배운 시스템 환경을 쿠버네티스에 배포할 준비가 끝났다. 이를 수행하는 방법을 알아보기 위해 다음 장으로 넘어가자.

# 문제

1. 동일한 `kubectl create` 명령을 두 번 실행하면 어떻게 되는가?
2. 동일한 `kubectl apply` 명령을 두 번 실행하면 어떻게 되는가?
3. 문제 1과 2에 관해 두 번째로 실행될 때 동작 방식이 다른 이유는 무엇인가?
4. 레플리카셋의 용도는 무엇이며, 어떤 다른 리소스가 레플리카셋을 생성하는가?
5. 쿠버네티스 클러스터에서 `etcd`의 용도는 무엇인가?
6. 컨테이너가 동일한 파드에서 실행 중인 다른 컨테이너의 IP 주소를 찾는 방법은 무엇인가?
7. 이름이 같은 두 개의 디플로이먼트를 서로 다른 네임스페이스에서 생성하면 어떻게 되는가?
8. 이름이 같은 두 개의 서비스를 서로 다른 네임스페이스에서 생성했을 때도 서비스가 실패하도록 만들려면 어떻게 구성해야 하는가?

# 16

# 쿠버네티스에 마이크로서비스 배포

이번 장에서는 이 책에서 구축하고 있는 마이크로서비스를 쿠버네티스에 배포하겠다. 다른 런타임 환경에서의 배포를 위해 마이크로서비스를 번들링하고 구성하기 위한 쿠버네티스용 패키지 관리자인 헬름(Helm)을 사용한다. 그 전에 서비스 디스커버리가 어떻게 사용되는지 검토해야 한다. 쿠버네티스에서는 서비스 디스커버리를 기본적으로 지원하기 때문에 해당 목적으로 넷플릭스 유레카를 배포할 필요가 없다. 마지막으로, 쿠버네티스에 마이크로서비스를 더 쉽게 배포할 수 있도록 도와주는 스프링 부트의 여러 기능을 시험해 본다.

이번 장에서 다룰 주제는 다음과 같다.

- 서비스 디스커버리를 위해 넷플릭스 유레카를 쿠버네티스 서비스 오브젝트와 `kube-proxy`로 대체
- 쿠버네티스 활용법
- 우아한 종료와 라이브니스 및 준비 상태 프로브에 대한 스프링 부트 지원 기능 활용
- 다른 환경에서 마이크로서비스를 패키징, 구성, 배포하기 위한 헬름 활용법
- 테스트 스크립트인 `test-em-all.bash`를 이용한 배포 검증

## 기술적 요구사항

이 책에서 사용하는 도구를 설치하는 방법과 이 책의 소스코드를 내려받는 방법은 다음을 참고한다.

- 21장 'macOS용 설치 안내'
- 22장 'WSL 2 및 우분투가 탑재된 마이크로소프트 윈도우용 설치 안내'

이번 장의 모든 코드 예제는 $BOOK_HOME/Chapter16의 소스코드에서 가져온 것이다.

이번 장의 소스코드에 적용된 변경 사항, 즉 마이크로서비스를 쿠버네티스에 배포하는 데 무엇이 필요한지 확인하려면 이 소스코드를 15장의 소스코드와 비교해 보면 된다. 선호하는 코드 비교 도구를 이용해 $BOOK_HOME/Chapter15와 $BOOK_HOME/Chapter16 폴더를 비교해 본다.

## 넷플릭스 유레카를 쿠버네티스 서비스로 대체

이전 장인 15장 '쿠버네티스 소개'에서 살펴봤듯이 쿠버네티스에는 쿠버네티스 서비스 오브젝트와 kube-proxy 런타임 컴포넌트를 기반으로 하는 디스커버리 서비스가 기본 탑재돼 있다. 따라서 이전 장에서 사용했던 넷플릭스 유레카 같은 별도의 디스커버리 서비스를 배포할 필요가 없다.

쿠버네티스 디스커버리 서비스를 사용할 때의 장점은 넷플릭스 유레카와 함께 사용했던 스프링 클라우드 로드 밸런서 같은 클라이언트 라이브러리가 필요하지 않다는 것이다. 이를 통해 마이크로서비스가 기반으로 하는 언어나 프레임워크와 상관없이 쿠버네티스 디스커버리 서비스를 쉽게 사용할 수 있다.

쿠버네티스 디스커버리 서비스를 사용할 때의 단점은 쿠버네티스 환경에서만 작동한다는 것이다. 그러나 디스커버리 서비스가 서비스 오브젝트의 DNS 이름이나 IP 주소에 대한 요청을 수락하는 kube-proxy를 기반으로 하기 때문에 다른 컨테이너 오케스트레이터와 함께 제공되는 디스커버리 서비스로 대체하는 것이 상당히 간단하다.

요약하면, 다음 다이어그램에서 볼 수 있듯이 넷플릭스 유레카를 기반으로 하는 디스커버리 서버를 마이크로서비스 환경에서 제거하겠다.

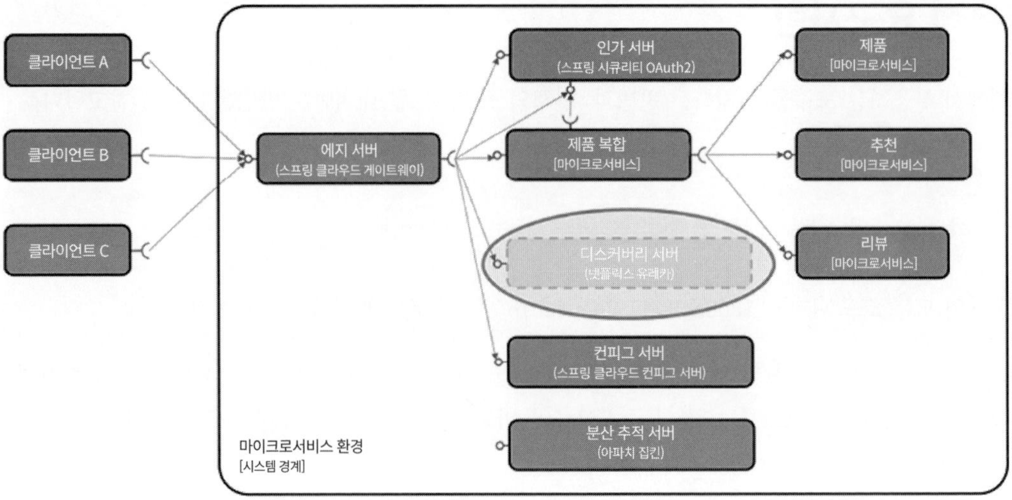


**그림 16.1** 넷플릭스 유레카를 쿠버네티스에서 기본 제공하는 디스커버리 서비스로 대체

넷플릭스 유레카를 기반으로 하는 디스커버리 서버를 쿠버네티스에서 기본 제공하는 디스커버리 서비스로 대체하려면 빌드 및 구성 파일을 일부 변경해야 한다. 일부 테스트 클래스에서 불필요한 프로퍼티를 제거한 것 외에는 자바 소스코드의 변경 사항은 거의 없다. 소스코드에는 다음과 같은 변경 사항이 적용됐다.

- 구성 저장소인 `config-repo`에서 넷플릭스 유레카 및 스프링 클라우드 로드 밸런서 관련 구성(클라이언트와 서버)이 제거됐다.
- `config-repo/gateway.yml` 파일에서 유레카 서버에 대한 라우팅 규칙이 제거됐다.
- `spring-cloud/eureka-server` 폴더에 있는 유레카 서버 프로젝트가 제거됐다.
- 도커 컴포즈 파일과 `settings.gradle` 그레이들 파일에서 유레카 서버가 제거됐다.
- 유레카 클라이언트의 모든 빌드 파일인 `build.gradle`에서 `spring-cloud-starter-netflix-eureka-client`에 대한 의존성이 제거됐다.
- 이전 유레카 클라이언트의 모든 통합 테스트에서 `eureka.client.enabled=false` 프로퍼티 설정이 제거됐다.
- 게이트웨이 서비스는 더 이상 스프링 클라우드 로드 밸런서의 클라이언트 측 로드 밸런서를 기반으로 하는 `lb` 프로토콜을 이용한 라우팅을 사용하지 않는다. 예를 들어, `config-repo/gateway.yml` 파일에서 `lb://product-composite` 라우팅 대상이 `http://product-composite`으로 대체됐다.
- 마이크로서비스와 인가 서버에서 사용되는 HTTP 포트가 `8080`번(인가 서버의 경우 `9999`)에서 기본 HTTP 포트인 `80`번으로 바뀌었다. 이는 `config-repo`의 영향을 받은 각 서비스에 대해 다음과 같이 구성됐다.

```
spring.config.activate.on-profile: docker
server.port: 80
```

이 책에서 사용할 HTTP 주소 중 넷플릭스 유레카를 쿠버네티스 서비스로 대체한 것의 영향을 받는 것은 없다. 예를 들어, 복합 서비스에서 사용하는 주소는 영향을 받지 않는다.

```
private final String productServiceUrl = "http://product";
private final String recommendationServiceUrl = "http://recommendation";
private final String reviewServiceUrl = "http://review";
```

그 이유는 앞에서 설명한 대로 마이크로서비스와 인가 서버에서 사용되는 HTTP 포트를 기본 HTTP 포트인 80번으로 변경했기 때문이다.

> 넷플릭스 유레카를 제거하더라도 도커 컴포즈는 여전히 사용할 수 있다. 주된 이유는 도커 컴포즈 파일의 컨테이너 이름이 쿠버네티스에서 사용되는 해당 서비스 이름과 동일하므로 두 환경에서 마이크로서비스의 DNS 이름이 동일하기 때문이다. 따라서 쿠버네티스에 배포하지 않고도, 이전 장과 동일하게 도커 컴포즈와 `test-em-all.bash`를 함께 사용해 마이크로서비스의 기능 테스트를 실행할 수 있다. 그러나 넷플릭스 유레카를 제거한다는 것은 일반 도커와 도커 컴포즈를 사용할 때 이제는 디스커버리 서비스가 없다는 것을 의미한다. 따라서 마이크로서비스 확장은 쿠버네티스에 배포할 때만 작동한다.
>
> 17장 '시스템 환경을 단순화하기 위한 쿠버네티스 기능 구현'에서는 마이크로서비스의 소스코드가 쿠버네티스 플랫폼에 의존하지 않게 만드는 것이 왜 중요한지 살펴본다. 이는 벤더 종속을 방지하기 위함이다. 또한 `test-em-all.bash` 테스트 스크립트를 도커 컴포즈와 함께 사용해 마이크로서비스가 기능적 관점에서 쿠버네티스를 필요로 하지 않는다는 것도 확인할 것이다.

이제 넷플릭스 유레카가 어떻게 쿠버네티스 서비스로 대체되는지 익숙해졌을 테니 앞으로 사용할 다른 쿠버네티스 오브젝트를 소개하겠다.

## 쿠버네티스 활용법 소개

이번 장의 뒷부분에서는 마이크로서비스와 마이크로서비스가 의존하는 데이터베이스 및 큐 관리자와 같은 리소스 관리자를 배포하는 데 사용되는 다양한 쿠버네티스 오브젝트를 자세히 알아보겠다. 모든 세부 사항을 알아보기에 앞서 앞으로 사용할 쿠버네티스 오브젝트를 간략하게 살펴보자.

- 쿠버네티스에 배포될 각 마이크로서비스, 데이터베이스, 큐 관리자에 대해서는 하나의 디플로이먼트 오브젝트와 하나의 서비스 오브젝트가 생성된다. gateway라는 에지 서버를 제외한 모든 컴포넌트의 경우 서비스 오브젝트는 ClusterIP 타입이 된다. gateway의 경우 서비스 오브젝트는 NodePort 타입이 되며, 30433번 포트에서 외부 HTTPS 요청을 수락한다.
- 컨피그 서버는 config-repo의 구성 파일이 포함된 컨피그맵을 사용한다.
- 컨피그 서버와 해당 클라이언트의 자격 증명을 보유하기 위해 컨피그 서버용 하나와 해당 클라이언트용 하나로 두 개의 시크릿이 생성된다.

이제 어떤 쿠버네티스 오브젝트가 생성될지 살펴봤으므로 쿠버네티스에 배포하는 작업을 용이하게 만들어 줄 스프링 부트 기능을 알아보자.

# 우아한 종료와 라이브니스 및 준비 상태 프로브에 대한 스프링 부트 기능 활용

스프링 부트 2.3에서는 쿠버네티스 배포를 지원하기 위해 몇 가지 유용한 기능이 추가됐다.

- **우아한 종료**(Graceful shutdown)

  마이크로서비스 인스턴스를 중지해야 할 때마다(예: 롤링 업그레이드) 진행 중인 요청이 영향을 받을 위험이 있다. 이 같은 위험을 최소화하기 위해 스프링 부트는 우아한 종료 지원 기능을 추가했다. 우아한 종료가 적용되면, 마이크로서비스는 새로운 요청을 더는 받지 않고, 진행 중인 요청이 완료될 때까지 설정된 시간 동안 기다린 후 애플리케이션을 종료한다. 종료 대기 시간보다 완료하는 데 시간이 더 오래 걸리는 요청은 중단된다. 이러한 요청은 종료 절차로 애플리케이션이 중지될 때까지 기다릴 수 없는 예외적인 경우로 간주된다.

  우아한 종료는 기본적으로 활성화되며, config-repo 폴더의 공통 파일인 application.yml에 다음 설정을 추가해서 모든 마이크로서비스에 대해 10초의 대기 시간을 갖게 했다.

  ```
  spring.lifecycle.timeout-per-shutdown-phase: 10s
  ```

  자세한 내용은 https://docs.spring.io/spring-boot/3.5/reference/web/graceful-shutdown.html을 참고한다.

- **라이브니스 및 준비 상태 프로브**

  15장 '쿠버네티스 소개'에서 설명한 것처럼 쿠버네티스가 파드를 관리할 수 있게 하려면 라이브니스와 준비 상태 프로브를 적절히 구현하는 것이 필수적이다. 간단히 다시 설명하면, 라이브니스 프로브는 파드를 교체해야 하는지 여부를 쿠버네티스에 알려주고, 준비 상태 프로브는 파드가 요청을 수락할 준비가 됐는지 여부를 쿠버네티스에 알려준다. 이 작업을 단순화하기 위해 스프링 부트는 라이브니스와 준비 상태 프로브를 구현하기 위한 지원 기능을 추가했다. 프로브는 /actuator/health/liveness와 /actuator/health/readiness에 각각 노출된다. 구성에 비해 더 세밀하게 제어해야 할 경우 구성에 세부적인 설정을 선언하거나 소스코드로 구현하면 된다. 구성을 통해 프로브를 선언할 경우 각 프로브에 대해 포함해야 하는 기존 상태 지표를 지정하는 상태 그룹(health group)을 선언할 수 있다. 예를 들어, 마이크로서비스가 MongoDB 데이터베이스에 접근할 수 없는 경우 준비 상태 프로브는 DOWN을 보고할 것이다. 이 경우 준비 상태 프로브의 상태 그룹에 mongo 상태 지표를 포함한다. 사용 가능한 상태 지표는 https://docs.spring.io/spring-boot/3.5/reference/actuator/endpoints.html#actuator.endpoints.health.auto-configured-health-indicators를 참고한다.

이번 장에서는 config-repo 폴더의 공통 파일인 application.yml에 다음과 같은 구성을 사용해 프로브를 선언하겠다.

```
management.endpoint.health.probes.enabled: true
management.endpoint.health.group.readiness.include: readinessState, rabbit, db, mongo
```

구성의 첫 번째 줄에서는 라이브니스와 준비 상태 프로브를 활성화한다. 두 번째 줄에서는 준비 상태 프로브를 사용 가능한 경우 RabbitMQ, MongoDB, SQL 데이터베이스에 대한 상태 지표를 포함한다고 선언한다. 라이브니스 프로브의 경우 별도의 상태 지표를 추가할 필요가 없다. 이번 장의 범위에서는 스프링 부트 애플리케이션이 실행 중이라는 전제 하에 라이브니스 프로브가 UP을 보고하는 것으로 충분하다.

자세한 내용은 https://docs.spring.io/spring-boot/3.5/reference/actuator/endpoints.html#actuator.endpoints.kubernetes-probes를 참고한다.

이러한 기능들은 쿠버네티스에 마이크로서비스를 배포한 후에 시험해 보겠다. 그 전에 헬름에 대해 알아보고 마이크로서비스를 쿠버네티스에 번들링, 구성, 배포하는 데 어떻게 도움이 되는지 살펴보자.

## 헬름 소개

앞에서 설명한 것처럼 마이크로서비스를 쿠버네티스에 배포하려면 디플로이먼트 오브젝트와 서비스 오브젝트의 원하는 상태를 선언하는 매니페스트 파일을 작성해야 한다. 마이크로서비스에 대한 구성을 추가해야 하는 경우 컨피그맵과 시크릿에 대한 매니페스트도 추가해야 한다. 원하는 상태를 선언하고, 실제 상태를 가능한 한 원하는 상태와 맞출 책임을 쿠버네티스에 넘기는 접근 방식은 매우 유용하다.

그러나 이러한 매니페스트 파일을 작성하고 유지 관리하는 것은 상당한 부담이 될 수 있다. 해당 파일에는 많은 양의 보일러플레이트 코드가 포함될 텐데, 이는 모든 마이크로서비스에 대해 동일한 매니페스트가 중

복으로 생성된다는 것을 의미한다. 이 경우 전체 매니페스트 파일들을 복제하지 않고는 환경별로 설정을 처리하기도 번거롭다. 심지어 내용 중 일부만 업데이트해야 하는 경우에도 말이다.

테스트, QA, 프로덕션 환경에만 배포될 소수의 마이크로서비스로만 구성된 경우에는 큰 문제가 되지 않을 수 있다.

하지만 마이크로서비스의 수가 수십에서 수백 개로 늘어나고 다양한 테스트, QA, 프로덕션 환경에 다양한 마이크로서비스들을 배포해야 할 경우에는 금방 관리하기 힘든 유지 관리 문제가 된다.

이러한 단점을 해결하기 위해 여기서는 쿠버네티스용 오픈소스 기반 패키지 관리자인 헬름(`https://helm.sh`)을 사용하겠다. 헬름에 포함된 템플릿 언어는 다양한 쿠버네티스 오브젝트를 정의한 것으로부터 마이크로서비스 또는 환경별 설정을 추출하는 데 사용할 수 있다.

> 디플로이먼트 오브젝트가 많지 않은 소규모 시스템 환경의 경우 더 간단한 템플릿 도구로 충분할 수 있다. 예를 들어, **앤서블**(Ansible)이나 앤서블에서 사용하는 Jinja2 템플릿에 익숙하다면 이를 대신 사용해도 된다. 또한 `kubectl` 자체는 Kustomize를 기본적으로 지원하므로 템플릿 없이도 쿠버네티스 매니페스트 파일을 커스터마이즈할 수 있는 수단을 제공한다.

헬름에서는 패키지를 **차트**(chart)라고 한다. 차트에는 템플릿, 템플릿에 대한 기본값, 다른 차트의 정의에 대한 의존성이 포함돼 있다. 배포해야 하는 각 컴포넌트, 즉 마이크로서비스와 마이크로서비스가 의존하는 리소스 관리자(예: 데이터베이스나 큐 관리자)들은 각각을 어떻게 배포할지 설명하는 차트를 자체적으로 가지고 있다.

컴포넌트 차트로부터 보일러플레이트 정의를 추출하는 데는 **라이브러리 차트**(library chart)라는 특수한 유형의 차트가 사용된다. 라이브러리 차트에는 배포 가능한 정의가 포함돼 있지 않고 디플로이먼트, 서비스, 컨피그맵, 시크릿 오브젝트 같은 쿠버네티스 매니페스트에 대해 다른 차트에서 사용할 것으로 예상되는 템플릿만 포함돼 있다.

마지막으로, 개발 및 테스트 또는 스테이징 및 프로덕션과 같은 다양한 유형의 환경에 모든 컴포넌트를 어떻게 배포할지 설명할 수 있도록 **부모 차트**(parent chart)와 **하위 차트**(subchart)라는 개념을 사용한다. 여기서는 `dev-env`와 `prod-env`라는 두 가지 유형의 환경을 정의하겠다. 각 환경은 마이크로서비스 차트와 같은 다양한 하위 차트들에 의존하는 부모 차트로 구현된다. 환경 차트에서는 요청된 파드 수, 도커 이미지 버전, 자격 증명, 리소스 요청/제한과 같은 환경별 기본값도 제공한다.

요약하면, 재사용 가능한 라이브러리 차트는 `common` 폴더에, 마이크로서비스 및 리소스 관리자별 차트는 `components` 폴더에, 두 개의 환경별 부모 차트는 `environments` 폴더에 배치할 것이다. 파일 구조는 다음과 같다.

```
|-- common
|   |-- Chart.yaml
|   |-- templates
|   |-- templates_org
|   `-- values.yaml
|-- components
|   |-- auth-server
|   |-- config-server
|   |-- gateway
|   |-- mongodb
|   |-- mysql
|   |-- product
|   |-- product-composite
|   |-- rabbitmq
|   |-- recommendation
|   |-- review
|   `-- zipkin-server
`-- environments
    |-- dev-env
    `-- prod-env
```

위 파일들은 `$BOOK_HOME/Chapter16/kubernetes/helm` 폴더에서 확인할 수 있다.

헬름 차트를 다른 사람과 공유하려면 헬름 **차트 리포지터리**(chart repository)에 올리면 된다. 이 책에서는 어떤 차트도 올리지 않겠지만 17장 '시스템 환경을 단순화하기 위한 쿠버네티스 기능 구현'에서는 차트 리포지터리의 헬름 차트를 사용해 **`cert-manager`**라는 컴포넌트를 설치하겠다.

차트가 어떻게 구성되는지 알아보기에 앞서 가장 자주 사용되는 헬름 명령과 실행 방법을 알아보자.

## 헬름 명령 실행

헬름이 무언가를 하게 하려면 CLI 도구인 `helm`을 사용하면 된다. 가장 자주 사용되는 헬름 명령은 다음과 같다.

- create: 새 차트를 생성한다.
- dependency update(줄여서 dep up): 다른 차트에 대한 의존성을 해결한다. 차트는 charts 폴더에 배치되고 Chart.lock 파일이 업데이트된다.
- dependency build: Chart.lock 파일의 내용을 기반으로 의존성을 다시 빌드한다.
- template: 템플릿에 의해 생성된 정의 파일을 렌더링한다.
- install: 차트를 설치한다. 이 명령은 --set 플래그를 사용해 특정 값 하나를 재정의하거나 --values 플래그를 사용해 직접 yaml 파일을 제공함으로써 차트에서 제공하는 값을 재정의할 수 있다.
- install --dry-run: 배포를 수행하지 않고 배포를 시뮬레이션한다. 실행하기 전에 배포를 검증하는 데 유용하다.
- list: 현재 네임스페이스의 설치 내역을 나열한다.
- upgrade: 기존 설치 내역을 업데이트한다.
- uninstall: 설치된 차트를 제거한다.

헬름이 제공하는 명령에 대한 전체 문서는 https://helm.sh/docs/helm/을 참고한다.

이러한 헬름 명령을 염두에 두고, 차트가 어떤 파일로 구성돼 있는지 살펴보자.

## 헬름 차트의 내부 구조

헬름 차트는 미리 정의된 파일 구조가 있다. 여기서는 다음과 같은 파일을 사용할 것이다.

- Chart.yaml: 차트에 대한 일반적인 정보와 차트가 의존할 수 있는 다른 차트 목록이 포함돼 있다.
- templates: 차트를 배포하는 데 사용될 템플릿이 포함된 폴더다.
- values.yaml: 템플릿에서 사용하는 변수의 기본값을 포함한다.
- Chart.lock: Chart.yaml 파일에 기술된 의존성을 헬름이 해결할 때 생성되는 파일이다. 이 정보는 실제로 사용되는 의존성에 대해 더 자세히 설명한다. 헬름이 전체 의존성 트리를 추적할 수 있게 하므로 차트가 마지막으로 작동했을 때의 모습과 정확히 동일하게 의존성 트리를 재현할 수 있다.
- charts: 헬름이 의존성을 해결한 후 이 차트가 의존하는 차트가 포함될 폴더다.
- .helmignore: .gitignore와 유사한 파일이다. 차트를 빌드할 때 제외해야 하는 파일을 나열한다.

이제 헬름 차트 내부의 구조를 이해했으니 헬름의 핵심 기능 중 하나인 템플릿 메커니즘과 이에 값을 전달하는 방법을 알아보자.

## 헬름 템플릿과 값

헬름 템플릿은 쿠버네티스 매니페스트 파일을 매개변수화하는 데 사용된다. 템플릿을 사용하면 더 이상 각 마이크로서비스에 대한 장황한 디플로이먼트 매니페스트를 유지 관리할 필요가 없다. 대신 특정 마이크로서비스에 대한 매니페스트가 렌더링될 때 템플릿에 마이크로서비스별 값이 들어갈 위치에 대한 플레이스홀더가 포함된 공통 템플릿을 정의할 수 있다. 예를 들어, kubernetes/helm/common/templates/_deployment.yaml로부터 추출한 예제를 보자.

```
apiVersion: apps/v1
kind: Deployment
metadata:
  name: {{ include "common.fullname" . }}
spec:
  replicas: {{ .Values.replicaCount }}
  template:
    spec:
      containers:
        - name: {{ .Chart.Name }}
```

15장 '쿠버네티스 소개'에서 봤던 디플로이먼트 매니페스트와 매우 비슷하지만 템플릿에 마이크로서비스별 값을 집어넣는 데 사용되는 {{ ... }} 구문이 포함돼 있다. {{ include "common.fullname" . }} 구문은 아래에서 설명하는 대로 다른 템플릿을 호출하는 데 사용된다. 나머지 두 구문은 헬름의 내장 객체(built-in object)를 사용해 값을 삽입하는 데 사용된다.

내장 객체에서 가장 자주 사용되는 부분은 다음과 같다.

- Values: 차트의 values.yaml 파일 또는 install과 같은 헬름 명령을 실행할 때 제공되는 값을 참조하는 데 사용된다.
- Release: 설치된 현재 릴리스에 대한 메타데이터를 제공하는 데 사용된다. 다음과 같은 필드가 포함돼 있다.
  - Name: 릴리스의 이름
  - Namespace: 설치된 네임스페이스의 이름
  - Service: 설치 서비스의 이름(항상 Helm을 반환)
- Chart: Chart.yaml 파일의 정보에 접근하는 데 사용된다. 디플로이먼트에 메타데이터를 제공하는 데 유용할 수 있는 필드의 예는 다음과 같다.
  - Name: 차트의 이름
  - Version: 차트의 버전 번호

- Files: 차트별 파일에 접근하기 위한 함수가 포함돼 있다. 이번 장에서는 Files 객체에서 다음의 두 가지 함수를 사용할 것이다.
  - Glob: 글로브 패턴(glob pattern)을 기반으로 차트의 파일을 반환한다. 예를 들어, "config-repo/*" 패턴은 config-repo 폴더에서 찾은 모든 파일을 반환한다.
  - AsConfig: ConfigMap에서 값을 선언하는 데 적합한 YAML 맵으로 파일 내용을 반환한다.
- Capabilities: 쿠버네티스 클러스터의 기능과 관련된 정보를 찾는 데 사용할 수 있다. 예를 들어, 템플릿은 이 객체의 정보를 사용해 실제 쿠버네티스 클러스터가 지원하는 API 버전에 따라 매니페스트를 채택할 수 있다. 이번 장에서는 이 객체를 사용하지 않지만 고급 사용 사례에 대해 알고 있는 것이 좋다고 생각한다.

내장 객체에 대한 자세한 내용은 https://helm.sh/docs/chart_template_guide/builtin_objects를 참고한다.

모든 객체는 트리 구조로 접근할 수 있는데, 보통 root 컨텍스트는 현재 스코프(점(dot)으로도 알려져 있고 .으로 표시되는)를 이용해 지정할 수 있다. 앞의 예에서 .Values.replicaCount와 .Chart.Name에서 점을 사용하는 것을 볼 수 있는데, 여기서 내장 객체인 Values와 Chart가 현재 스코프 바로 아래에서 접근할 수 있음을 알 수 있다. 위의 include 지시문에서도 common.fullname 템플릿에 전달되는 매개변수로 점이 사용되는 것을 볼 수 있는데, 이는 전체 트리가 템플릿에 전송된다는 것을 의미한다. 전체 트리를 템플릿에 전달하는 대신 하위 트리를 전달할 수도 있다.

일부 헬름 함수를 사용할 때는 현재 스코프가 변경되어 더 이상 root 컨텍스트를 가리키지 않기도 한다. 예를 들어, 나중에 값 컬렉션을 순회하는 데 사용할 수 있는 range 함수를 보게 될 것이다. range 함수의 스코프 내에서 root 컨텍스트에 접근해야 하는 경우에는 미리 정의된 변수인 $를 사용하면 된다.

또한 헬름 템플릿은 다른 객체를 참조하기 위한 변수 선언을 지원한다. 예를 들면 다음과 같다.

```
$name := .Release.Name
```

예제에서는 현재 처리 중인 헬름 릴리스의 값을 보관하기 위해 name 변수를 선언했다. 나중에 더 고급 구문에서 변수가 어떻게 사용되는지 보겠다.

> kubectl에서 {{ ... }} 구문을 사용하는 것을 본 적이 있을 것이다. 두 경우 모두 Go 템플릿을 기반으로 한다. 자세한 내용은 https://golang.org/pkg/text/template/을 참고한다.

템플릿 메커니즘을 소개했으므로 3가지 유형의 차트가 어떻게 구성되는지 알아보자. 가장 중요한 차트인 `common` 차트부터 시작해서 `components` 차트와 `environments` 차트를 각각 이어서 설명하겠다.

## 공통 라이브러리 차트

이 차트에는 이번 장에서 사용할 4가지 유형의 쿠버네티스 매니페스트(디플로이먼트, 서비스, 컨피그맵, 시크릿)에 대한 재사용 가능한 템플릿(**명명 템플릿(named template)**이라고도 함)이 포함돼 있다. 공통 차트의 구조와 내용은 `helm create` 명령의 출력을 기반으로 한다. 특히 템플릿 파일인 `_helpers.tpl`은 명명 규칙에 대한 모범 사례를 재사용하기 위해 사용돼 왔다. 이 파일에서는 다음과 같은 명명 규칙을 포함한 템플릿을 선언한다.

- `common.name`: 차트 이름을 기반으로 한다.
- `common.fullname`: 릴리스 이름과 차트의 조합을 기반으로 한다. 이 책에서는 이 명명 규칙을 재정의하고 단순히 차트의 이름을 사용하겠다.
- `common.chart`: 차트 이름과 버전을 기반으로 한다.

자세한 사항은 `_helpers.tpl` 파일의 구현을 참고한다.

다른 템플릿에서만 사용되고 자체적으로 매니페스트를 생성하는 데 사용되지 않는 명명 템플릿의 이름은 밑줄(_)로 시작해야 한다. 이를 통해 헬름이 명명 템플릿으로만 매니페스트를 생성하려는 것을 방지할 수 있다.

앞에서 언급한 쿠버네티스 매니페스트에 대한 명명 템플릿에는 대부분의 로직이 포함돼 있으므로 헬름 차트가 가진 복잡성을 상당수 포함하고 있다. 이를 하나씩 살펴보겠다.

### 컨피그맵 템플릿

이 템플릿은 `config-repo` 폴더의 파일로부터 컨피그맵을 생성하기 위한 것이다. 각 컨피그맵에는 특정 디플로이먼트에 필요한, 민감하지 않은 내용의 구성이 모두 포함될 것이다. 디플로이먼트 매니페스트는 컨피그맵의 내용을 파드 템플릿의 볼륨으로 매핑한다. 이로 인해 디플로이먼트에 의해 생성된 파드는 로컬 파일 시스템의 파일로 구성에 접근할 수 있게 된다. 자세한 내용은 이후에 나올 '디플로이먼트 템플릿' 절을 참고한다. `config-repo` 폴더는 공통 차트를 사용하는 차트에 배치해야 한다.

> 이번 장에서 이 템플릿은 components 폴더의 컨피그 서버 차트에서만 사용될 것이다. 다음 장에서는 컨피그 서버를 제거하므로 다른 모든 마이크로서비스도 이 템플릿을 이용해 자체적인 컨피그맵을 정의할 것이다.

템플릿 파일의 이름은 _configmap_from_file.yaml이며, 다음과 같다.

```
{{- define "common.configmap_from_file" -}}
apiVersion: v1
kind: ConfigMap
metadata:
  name: {{ include "common.fullname" . }}
  labels:
    app.kubernetes.io/name: {{ include "common.name" . }}
    helm.sh/chart: {{ include "common.chart" . }}
    app.kubernetes.io/managed-by: {{ .Release.Service }}
data:
{{ (.Files.Glob "config-repo/*").AsConfig | indent 2 }}
{{- end -}}
```

템플릿에 대한 설명은 다음과 같다.

- 첫 번째 줄의 {{- define "common.configmap_from_file" -}}은 재사용 가능한 템플릿의 이름을 선언하는 데 사용된다. 템플릿의 스코프는 마지막 줄에 있는 {{- end -}}로 끝난다.
- 컨피그맵의 이름을 설정하기 위해 _helpers.tpl 파일의 common.fullname 템플릿을 사용한다.
- 다음으로, 나중에 컨피그맵을 쉽게 식별할 수 있도록 몇 가지 라벨을 정의한다. _helpers.tpl 파일의 템플릿을 사용해 이름을 설정(common.fullname)하고 차트를 지정한다. 이 서비스가 헬름을 사용해서 생성됐음을 표시하기 위해 app.kubernetes.io/managed-by 라벨이 .Release.Service 필드의 값으로 설정된다. 앞에서 설명한 Release 객체에서 이 값은 항상 Helm을 반환한다는 것을 알 수 있다.
- 다음은 컨피그맵의 핵심 부분인 data 섹션이다. 컨피그맵의 실제 구성을 지정하기 위해 Files 객체의 Glob 함수를 사용해 config-repo 폴더의 모든 파일을 가져온다. 그런 다음, AsConfig 함수를 파일의 내용에 적용해 적절한 YAML 맵을 생성한다. 그 결과에 indent 함수로 파이프 처리되어 적절한 들여쓰기(여기서는 공백 2칸)가 적용된다.

{{-와 -}}에 사용된 하이픈은 중괄호 내부의 지시문을 처리한 후 남은 앞뒤 공백을 제거하는 데 사용된다.

### 컨피그맵 템플릿 사용 예

이번 장에서는 컨피그 서버에서만 컨피그맵을 사용할 것이다. 이 템플릿이 어떻게 사용되는지는 '컴포넌트 차트' 절을 참고한다.

헬름이 이 템플릿을 사용해서 생성할 컨피그맵을 보려면 다음 명령을 실행한다.

```
cd $BOOK_HOME/Chapter16/kubernetes/helm/components/config-server
helm dependency update .
helm template . -s templates/configmap_from_file.yaml
```

helm template 명령의 출력 결과는 다음과 같다.

```
---
# Source: config-server/templates/configmap_from_file.yaml
apiVersion: v1
kind: ConfigMap
metadata:
  name: config-server
  labels:
    app.kubernetes.io/name: config-server
    helm.sh/chart: config-server-1.0.0
    app.kubernetes.io/managed-by: Helm
data:
  application.yml: |-
    app:
      auth-server: localhost
    ...
  auth-server.yml: |-
    server.port: 9999
    ...
```

data 필드에는 config-repo 폴더의 모든 파일 내용이 포함돼 있다.

### 시크릿 템플릿

시크릿 템플릿은 dev-env 및 prod-env 환경에서 제공하는 자격 증명과 같은 값들로 정의된 시크릿을 생성하기 위한 것이다. 시크릿은 환경변수로 파드에 매핑될 것이다. 자세한 내용은 아래의 '디플로이먼트 템플릿' 절을 참고한다. 환경에서는 여러 시크릿을 정의할 수 있어야 하므로 이 템플릿은 헬름의 range 함수를 사용해 여러 시크릿 매니페스트를 생성한다. 템플릿 파일의 이름은 _secrets.yaml이며, 다음과 같다.

```
{{- define "common.secrets" -}}
{{- range $secretName, $secretMap := .Values.secrets }}
apiVersion: v1
kind: Secret
metadata:
  name: {{ $secretName }}
  labels:
    app.kubernetes.io/name: {{ $secretName }}
    helm.sh/chart: {{ include "common.chart" $ }}
    app.kubernetes.io/managed-by: {{ $.Release.Service }}
type: Opaque
data:
{{- range $key, $val := $secretMap }}
  {{ $key }}: {{ $val | b64enc }}
{{- end }}
---
{{- end -}}
{{- end -}}
```

템플릿에 대한 설명은 다음과 같다.

- 첫 번째 줄에서 템플릿 선언을 하고, 두 번째 줄에서 range 함수가 나온다. 이 함수는 .Values.secrets 필드에 시크릿 이름과 시크릿의 키/값 쌍의 맵이 포함돼 있다고 가정한다. 환경의 values.yaml 파일 중 하나에서 Secrets 필드의 선언은 다음과 같을 것이다.

  ```
  secrets:
    a-secret:
      key-1: secret-value-1
      key-2: secret-value-2
    another-secret:
      key-3: secret-value-3
  ```

  이 정의는 a-secret과 another-secret이라는 두 개의 시크릿을 렌더링할 것이다. range 함수는 현재 시크릿 이름과 해당 맵을 $secretName과 $secretMap 변수에 할당한다.

- range 함수는 현재 스코프를 변경하기 때문에 더는 점 표기법을 사용해 common.chart 템플릿에 root 컨텍스트를 전달할 수 없다. 대신 $ 변수를 사용해야 한다.
- 매니페스트의 data 섹션에서 시크릿의 키/값 쌍을 순회하기 위해 두 번째 range 함수가 다시 적용된다. 각 키/값 쌍은 range 함수에 의해 $key와 $val 변수에 할당된다.
- 마지막으로 시크릿의 키/값 쌍을 data 섹션의 맵 항목으로 정의한다. $val 변수의 값은 시크릿 매니페스트에서 요구하는 대로 적절히 Base64 형식으로 인코딩하기 위해 b64enc 함수로 파이프 처리된다.

---는 렌더링된 시크릿 매니페스트를 서로 구분해서 별도의 YAML 문서로 처리되게 하는 데 사용된다.

#### 시크릿 템플릿 사용 예

시크릿은 dev-env 및 prod-env 환경 차트에서만 정의되며, 환경별 자격 증명을 생성하는 데 사용된다. 이 템플릿이 어떻게 사용되는지에 대해서는 '환경 차트' 절을 참고한다.

이 템플릿을 이용해 dev-env에 대해 헬름이 생성할 시크릿을 보려면 다음 명령을 실행한다.

```
cd $BOOK_HOME/Chapter16/kubernetes/helm
for f in components/*; do helm dependency update $f; done
helm dependency update environments/dev-env
helm template environments/dev-env -s templates/secrets.yaml
```

helm template 명령의 출력 결과는 다음과 같다.

```
---
# Source: dev-env/templates/secrets.yaml
apiVersion: v1
kind: Secret
metadata:
  name: config-client-credentials
  labels:
    app.kubernetes.io/name: config-client-credentials
    helm.sh/chart: dev-env-1.0.0
    app.kubernetes.io/managed-by: Helm
type: Opaque
data:
  CONFIG_SERVER_PWD: ZGV2LXB3ZA==
  CONFIG_SERVER_USR: ZGV2LXVzcg==
```

```
---
# Source: dev-env/templates/secrets.yaml
apiVersion: v1
kind: Secret
metadata:
  name: config-server-secrets
  labels:
    app.kubernetes.io/name: config-server-secrets
    helm.sh/chart: dev-env-1.0.0
    app.kubernetes.io/managed-by: Helm
type: Opaque
data:
  ENCRYPT_KEY: bXktdmVyeS1zZWN1cmUtZW5jcnlwdC1rZXk=
  SPRING_SECURITY_USER_NAME: ZGV2LXVzcg==
  SPRING_SECURITY_USER_PASSWORD: ZGV2LXB3ZA==
```

### 서비스 템플릿

서비스 템플릿은 공통 차트의 기본값을 차트별 값으로 재정의하는 기능을 수행한다. 예를 들어, 공통 차트에서는 서비스 type과 서비스가 노출할 ports에 대한 기본값을 제공할 것이다. 이는 대부분의 마이크로서비스에는 유용하지만 일부 values.yaml 파일에서는 이러한 기본값을 재정의할 수 있어야 한다.

템플릿 파일의 이름은 _service.yaml이며, 이름을 선언하는 것으로 시작하고 재정의 메커니즘 구현이 뒤따른다. 다음 내용을 보자.

```
{{- define "common.service" -}}
{{- $common := dict "Values" .Values.common -}}
{{- $noCommon := omit .Values "common" -}}
{{- $overrides := dict "Values" $noCommon -}}
{{- $noValues := omit . "Values" -}}
{{- with merge $noValues $overrides $common -}}
```

이 구성은 다음과 같이 설명할 수 있다.

- _service.yaml 템플릿이 마이크로서비스에서 사용되어 서비스 매니페스트를 렌더링할 때 마이크로서비스의 values.yaml 파일의 값은 .Values 객체에서 사용할 수 있고, 공통 차트의 값은 .Values.common 필드를 통해 사용할 수 있다.

- 따라서 $common 변수는 dict 함수에 의해 생성된 사전을 참조하며, Values라는 키를 가지며, 공통 차트의 기본값들을 가질 것이다. 이러한 값은 .Values 객체의 common 키에서 가져온다.
- $noCommon 변수는 omit 함수로 지정된 common 키 아래의 값을 제외한 마이크로서비스의 모든 값을 보유한다.
- $overrides 변수는 하나의 키인 Values를 가진 딕셔너리를 참조한다. 그러나 그 값은 common 값을 제외하고 마이크로서비스의 값이 될 것이다. 위에 선언된 $noCommon 변수에서 값을 가져온다.
- $noValues 변수는 Values 객체를 제외한 다른 모든 내장 객체를 보유한다.
- 이제 재정의가 발생하는데, merge 함수는 $noValues, $overrides, $common에서 참조되는 딕셔너리를 기반으로 하나의 딕셔너리를 생성할 것이다. 이 경우 $overrides 딕셔너리에서 찾은 값이 $common 딕셔너리의 값보다 우선해서 그 값을 재정의한다.
- 마지막으로 with 함수는 {{- end -}} 정의에 도달할 때까지 뒤따르는 템플릿 코드의 스코프를 변경한다. 따라서 현재 스코프를 나타내는 .은 이제 병합된 딕셔너리를 참조한다.

어떻게 동작하는지 예제를 통해 살펴보자. 공통 차트의 values.yaml 파일에는 서비스 유형과 노출된 포트에 대한 다음과 같은 기본 설정이 포함돼 있다.

```
service:
  type: ClusterIP
  ports:
  - port: 80
    targetPort: http
    protocol: TCP
    name: http
```

이 설정은 ClusterIP 타입인 서비스 오브젝트를 렌더링할 것이다. 서비스 오브젝트는 80번 포트를 노출하고, 요청을 http라는 파드의 포트로 전달할 것이다.

gateway 서비스는 NodePort를 노출하고 다른 포트 설정을 사용해야 한다. 앞의 기본값을 재정의하기 위해 차트의 values.yaml 파일에 다음과 같은 내용을 선언한다.

```
service:
  type: NodePort
  ports:
  - port: 443
    targetPort: 8443
    nodePort: 30443
```

게이트웨이의 `values.yaml` 파일은 `$BOOK_HOME/Chapter16/kubernetes/helm/components/gateway/values.yaml` 폴더에서 확인할 수 있다.

서비스 템플릿 파일의 나머지 부분은 다음과 같다.

```
apiVersion: v1
kind: Service
metadata:
  name: {{ include "common.fullname" . }}
  labels:
    app.kubernetes.io/name: {{ include "common.name" . }}
    helm.sh/chart: {{ include "common.chart" . }}
    app.kubernetes.io/managed-by: {{ .Release.Service }}
spec:
  type: {{ .Values.service.type }}
  ports:
{{ toYaml .Values.service.ports | indent 4 }}
  selector:
    app.kubernetes.io/name: {{ include "common.name" . }}
{{- end -}}
{{- end -}}
```

위 템플릿에 대한 설명은 다음과 같다.

- 이전 템플릿에서 본 것과 동일한 방식으로 name 및 `labels`에 대한 메타데이터 필드가 정의된다.
- 서비스의 type은 `.Values.service.type` 필드로 설정된다.
- 서비스에 의해 노출되는 ports는 `.Values.service.ports` 필드로 지정된다. 내장 함수인 `toYaml`이 사용되어 그 값을 `yaml`로 포매팅하고, 그 결과는 `indent` 함수로 파이프 처리되어 공백 4칸을 기준으로 적절한 들여쓰기로 렌더링되게 한다.
- 마지막으로, `selector` 파드가 정의된다. 이는 `app.kubernetes.io/name` 라벨을 기반으로 하며, `common.name` 템플릿을 사용해 이름이 지정된다.

### 서비스 템플릿 사용 예

서비스 템플릿은 각 컴포넌트에서 서비스 매니페스트를 생성하는 데 사용된다. 앞에서 설명한 것처럼 핵심 마이크로서비스는 공통 차트의 `values.yaml` 파일의 구성을 재사용하는 반면, 다른 컴포넌트는 자체 `values.yaml` 파일에서 이러한 값을 재정의한다.

핵심 컴포넌트인 product 마이크로서비스에 대해 생성된 서비스 매니페스트를 보려면 다음 명령을 실행한다.

```
cd $BOOK_HOME/Chapter16/kubernetes/helm
helm dependency update components/product
helm template components/product -s templates/service.yaml
```

helm template 명령의 출력 결과는 다음과 같다.

```
# Source: product/templates/service.yaml
apiVersion: v1
kind: Service
metadata:
  name: product
  labels:
    app.kubernetes.io/name: product
    helm.sh/chart: product-1.0.0
    app.kubernetes.io/managed-by: Helm
spec:
  type: ClusterIP
  ports:
    - name: http
      port: 80
      protocol: TCP
      targetPort: http
  selector:
    app.kubernetes.io/name: product
```

공통 차트의 설정을 재정의하는 컴포넌트에 대해 생성된 서비스 매니페스트를 보려면 gateway 컴포넌트에 대해 다음 명령을 실행한다.

```
cd $BOOK_HOME/Chapter16/kubernetes/helm
helm dependency update components/gateway
helm template components/gateway -s templates/service.yaml
```

helm template 명령의 출력 결과는 다음과 같다.

```yaml
---
# Source: gateway/templates/service.yaml
apiVersion: v1
kind: Service
metadata:
  name: gateway
  labels:
    app.kubernetes.io/name: gateway
    helm.sh/chart: gateway-1.0.0
    app.kubernetes.io/managed-by: Helm
spec:
  type: NodePort
  ports:
    - nodePort: 30443
      port: 443
      targetPort: 8443
  selector:
    app.kubernetes.io/name: gateway
```

### 디플로이먼트 템플릿

마지막으로 디플로이먼트 매니페스트를 렌더링하기 위한 템플릿에 대해 알아보자. 이것은 가장 복잡한 템플릿인데, 디플로이먼트 매니페스트의 수많은 부분을 선택적으로 사용하기 때문이다. 공통 차트의 `values.yaml` 파일에는 대부분의 컴포넌트에 적용되는 이러한 설정에 대한 기본값이 포함돼 있어 각 컴포넌트 자체 차트의 `values.yaml` 파일에서 이러한 설정을 재정의할 필요성을 최소화한다. 다음은 컴포넌트에서 선택적으로 사용할 수 있는 디플로이먼트 매니페스트의 일부다.

- 컨테이너 시작 시 컨테이너에 지정되는 인수
- 환경변수
- 시크릿에서 가져온 환경변수
- 라이브니스 프로브
- 준비 상태 프로브
- 컨피그맵 및 해당 볼륨

템플릿 파일의 이름은 _deployment.yaml이며, 첫 번째 줄은 서비스 템플릿과 매우 유사하게 동일한 유형의 재정의 메커니즘을 활용한다.

```
{{- define "common.deployment" -}}
{{- $common := dict "Values" .Values.common -}}
{{- $noCommon := omit .Values "common" -}}
{{- $overrides := dict "Values" $noCommon -}}
{{- $noValues := omit . "Values" -}}
{{- with merge $noValues $overrides $common -}}
apiVersion: apps/v1
kind: Deployment
metadata:
  name: {{ include "common.fullname" . }}
  labels:
    app.kubernetes.io/name: {{ include "common.name" . }}
    helm.sh/chart: {{ include "common.chart" . }}
    app.kubernetes.io/managed-by: {{ .Release.Service }}
```

템플릿의 이 부분에 대한 설명은 앞의 서비스 템플릿 설명을 참고한다.

매니페스트의 spec 부분에서는 다음과 같은 내용으로 시작한다.

```
spec:
  replicas: {{ .Values.replicaCount }}
  selector:
    matchLabels:
      app.kubernetes.io/name: {{ include "common.name" . }}
  template:
    metadata:
      labels:
        app.kubernetes.io/name: {{ include "common.name" . }}
    spec:
      containers:
      - name: {{ .Chart.Name }}
        image: "{{ .Values.image.repository }}/{{ .Values.image.name }}:{{ .Values.image.tag }}"
        imagePullPolicy: {{ .Values.image.pullPolicy }}
```

이곳에서 replicas의 요청 수, 파드의 selector, 새 파드를 생성하는 데 사용되는 template과 같은 spec의 핵심 부분이 정의되는 것을 볼 수 있다. 템플릿에서는 셀렉터와 일치하는 labels와 name, 도커 image, 컨테이너를 구동할 때 사용할 imagePullPolicy를 정의한다.

다음은 앞에서 설명한 것처럼 매니페스트의 다양한 선택적인 부분이다.

```
          args:
            {{- toYaml . | nindent 12 }}
          {{- end }}
          {{- if .Values.env }}
          env:
          {{- range $key, $val := .Values.env }}
          - name: {{ $key }}
            value: {{ $val }}
          {{- end }}
          {{- end }}
          {{- if .Values.envFromSecretRefs }}
          envFrom:
          {{- range .Values.envFromSecretRefs }}
          - secretRef:
              name: {{ . }}
          {{- end }}
          {{- end }}
          {{- if .Values.livenessProbe_enabled }}
          livenessProbe:
{{ toYaml .Values.livenessProbe | indent 12 }}
          {{- end }}
          {{- if .Values.readinessProbe_enabled }}
          readinessProbe:
{{ toYaml .Values.readinessProbe | indent 12 }}
          {{- end }}
```

환경변수 및 환경변수에 매핑되는 시크릿의 경우 range 함수는 secrets 템플릿이 사용하는 것과 동일한 방식으로 사용된다. 환경변수는 상황에 따라 컴포넌트 또는 환경 수준에서 지정할 수 있다. 시크릿은 항상 환경 차트에 의해 지정된다. 자세한 내용은 아래의 컴포넌트 및 환경 차트에 관한 절을 참고한다.

매니페스트는 컨테이너가 노출하는 ports 선언, resource 요청 및 제한, 마지막으로 컨피그맵 및 컨피그맵 파일을 매핑할 해당 볼륨의 선택적 선언으로 끝난다.

```
          ports:
{{ toYaml .Values.ports | indent 12 }}
          resources:
{{ toYaml .Values.resources | indent 12 }}
      {{- if .Values.configmap.enabled }}
          volumeMounts:
          - name: {{ include "common.fullname" . }}
            mountPath: {{ .Values.configmap.volumeMounts.mountPath }}
          volumes:
          - name: {{ include "common.fullname" . }}
            configMap:
              name: {{ include "common.fullname" . }}
          {{- end }}
{{- end -}}
{{- end -}}
```

공통 차트의 `values.yaml` 파일에서는 몇 가지 흥미로운 기본값(예: 라이브니스 및 준비 상태 프로브에 대한 기본값 정의)을 확인할 수 있다.

```
livenessProbe_enabled: false
livenessProbe:
  httpGet:
    scheme: HTTP
    path: /actuator/health/liveness
    port: 80
  initialDelaySeconds: 10
  periodSeconds: 10
  timeoutSeconds: 2
  failureThreshold: 20
  successThreshold: 1

readinessProbe_enabled: false
readinessProbe:
  httpGet:
    scheme: HTTP
    path: /actuator/health/readiness
    port: 80
  initialDelaySeconds: 10
```

```
periodSeconds: 10
timeoutSeconds: 2
failureThreshold: 3
successThreshold: 1
```

여기서는 다음과 같은 사항을 알 수 있다.

- 프로브는 기본적으로 비활성화돼 있는데, 모든 디플로이먼트가 프로브를 사용하는 것은 아니기 때문이다.
- 프로브는 이전의 '우아한 종료와 라이브니스 및 준비 상태 프로브에 대한 스프링 부트 지원 사용' 절에 설명한 대로 스프링 부트에 의해 노출된 엔드포인트로 전송된 HTTP GET 요청을 기반으로 한다.
    - 엔드포인트가 2xx 또는 3xx 응답 코드로 응답할 경우 프로브는 성공한 것으로 간주된다.
- 프로브는 다음 매개변수를 사용해 구성할 수 있다.
    - `initialDelaySeconds`: 쿠버네티스가 컨테이너 시작 후 프로브를 시작하기 전에 얼마나 오래 기다리는지 지정한다.
    - `periodSeconds`: 쿠버네티스에 의해 전송되는 프로브 요청 사이의 시간을 지정한다.
    - `timeoutSeconds`: 쿠버네티스가 응답을 기다리는 시간을 지정하고, 그 후에는 프로브가 실패한 것으로 처리한다.
    - `failureThreshold`: 쿠버네티스가 포기하기 전에 시도하는 실패 횟수를 지정한다. 라이브니스 프로브의 경우 이는 파드를 다시 시작하는 것을 의미한다. 준비 상태 프로브의 경우 쿠버네티스는 준비 상태 프로브가 다시 성공할 때까지 컨테이너로 더 이상 요청을 보내지 않음을 의미한다.
    - `successThreshold`: 실패 후 프로브가 다시 성공한 것으로 간주되는 데 필요한 성공적인 시도 횟수를 지정한다. 이는 준비 상태 프로브에만 적용되며, 라이브니스 프로브에 대해 지정된 경우에는 1로 설정해야 한다.

> 프로브에 대한 최적의 설정을 찾기가 어려울 수 있다. 즉, 파드의 가용성이 변경될 때 쿠버네티스로부터 신속한 반응을 얻으면서도 프로브 요청으로 파드에 과부하를 주지 않는 적절한 균형을 찾는 것이 중요하다.
>
> 특히, 너무 낮은 값으로 라이브니스 프로브를 구성하면 쿠버네티스가 재시작할 필요가 없는 파드를 재시작할 수 있다. 파드가 구동되는 데는 시간이 걸린다. 따라서 많은 수의 파드가 동시에 구동되면 전체 시작 시간이 길어져 불필요한 재시작이 연쇄적으로 발생할 수 있다.
>
> 프로브에 대한 구성 값을 너무 높게 설정하면(`successThreshold` 값 제외) 쿠버네티스의 반응 속도가 느려질 수 있어 개발 환경에서 불편할 수 있다. 적절한 값은 파드의 구동 시간에 영향을 미치는 하드웨어에 따라서도 달라진다. 이 책의 범위에서는 하드웨어 리소스가 제한된 컴퓨터에서 불필요한 재시작을 방지하기 위해 라이브니스 프로브의 `failureThreshold`를 20이라는 높은 값으로 설정했다.

#### 디플로이먼트 템플릿의 사용 예

디플로이먼트 템플릿은 각 컴포넌트에서 디플로이먼트 매니페스트를 생성하는 데 사용된다. 핵심 마이크로서비스는 공통 차트의 `values.yaml` 파일에 담긴 구성을 대부분 재사용해서 컴포넌트별 구성의 필요성을 최소화하는 반면, 다른 컴포넌트에서는 자체적인 `values.yaml` 파일에서 이러한 값을 더 많이 재정의한다.

핵심 컴포넌트에 대해 생성된 디플로이먼트 매니페스트를 보려면 `product` 마이크로서비스에 대해 다음 명령을 실행한다.

```
cd $BOOK_HOME/Chapter16/kubernetes/helm
helm dependency update components/product
helm template components/product -s templates/deployment.yaml
```

공통 차트의 설정을 재정의하는 컴포넌트에 대해 생성된 디플로이먼트 매니페스트를 보려면 MongoDB 컴포넌트에 대해 다음 명령을 실행한다.

```
cd $BOOK_HOME/Chapter16/kubernetes/helm
helm dependency update components/mongodb
helm template components/mongodb -s templates/deployment.yaml
```

`helm template` 명령의 출력 결과는 다음과 같다.

```
---
# Source: mongodb/templates/deployment.yaml
apiVersion: apps/v1
kind: Deployment
metadata:
  name: mongodb
  labels:
    app.kubernetes.io/name: mongodb
    helm.sh/chart: mongodb-1.0.0
    app.kubernetes.io/managed-by: Helm
spec:
  replicas: 1
  selector:
    matchLabels:
      app.kubernetes.io/name: mongodb
```

```
template:
  metadata:
    labels:
      app.kubernetes.io/name: mongodb
  spec:
    containers:
      - name: mongodb
        image: "registry.hub.docker.com/library/mongo:8.0.5"
        imagePullPolicy: IfNotPresent
        ports:
          - containerPort: 27017
        resources:
          limits:
            memory: 400Mi
```

이렇게 해서 공통 차트의 재사용 가능한 명명 템플릿을 살펴봤다. 파일은 `$BOOK_HOME/Chapter16/kubernetes/helm/common` 폴더에서 확인할 수 있다.

다음으로 컴포넌트별 차트가 어떻게 정의되는지 보자.

## 컴포넌트 차트

마이크로서비스와 리소스 관리자에 대한 차트는 `components` 폴더에 저장되며, 모두 동일한 파일 구조를 공유한다.

- `Chart.yaml`은 공통 라이브러리 차트에 대한 의존성을 표현한다.
- `templates` 폴더에는 `deployment.yaml`과 `service.yaml`의 두 가지 템플릿이 포함돼 있다. 두 템플릿 모두 공통 차트의 해당 명명 템플릿을 적용한다. 예를 들어, `service.yaml` 템플릿은 다음과 같다.

  ```
  {{- template "common.service" . -}}
  ```

- `values.yaml` 파일에는 마이크로서비스별 설정이 포함돼 있다. 예를 들어, `auth-server` 차트의 `values` 파일은 다음과 같다.

  ```
  fullnameOverride: auth-server

  image:
    name: auth-server
  ```

```
env:
  SPRING_PROFILES_ACTIVE: "docker"

livenessProbe_enabled: true
readinessProbe_enabled: true
```

auth-server의 경우에는 이름, 도커 이미지, 스프링 프로파일, 라이브니스와 준비 상태 프로브의 기본 구성을 사용할지 여부만 선언하면 된다.

컨피그 서버는 다른 차트와 다른데, 다른 모든 마이크로서비스에 대한 구성 파일을 포함하는 config-repo를 저장하기 위해 컨피그맵을 사용하기 때문이다. templates 폴더에는 컨피그맵에 대한 템플릿이 정의돼 있다. 이 템플릿은 앞에서 소개한 공통 차트의 컨피그맵에 대한 명명 템플릿을 기반으로 한다.

```
{{- template "common.configmap_from_file" . -}}
```

이 템플릿은 charts 폴더인 config-repo에서 프로퍼티 파일을 찾을 것이다. $BOOK_HOME/Chapter16/config-repo의 config-repo를 복제하지 않기 위해 다음과 같은 명령으로 소프트 링크(심볼릭 링크라고도 함)를 생성했다.

```
cd $BOOK_HOME/Chapter16/kubernetes/helm/components/config-server
ln -s ../../../../config-repo config-repo
```

> Git은 소프트 링크를 그대로 보존하므로 git clone 명령을 실행하기만 하면 소프트 링크를 다시 생성할 필요가 없다.

앞에서 공통 차트를 살펴볼 때 언급한 것처럼 게이트웨이 서비스는 NodePort 타입의 서비스를 노출해야 하므로 다른 마이크로서비스와 다르다.

components 폴더에는 마이크로서비스용 차트 외에도 데이터베이스, 메시지 브로커, 집킨 서버에 대한 차트도 포함돼 있다. 이것들은 마이크로서비스와 동일한 방식으로 구성된다. 공통 템플릿은 마이크로서비스용 차트를 간소화하도록 설계됐기 때문에 다른 차트는 마이크로서비스에 비해 values.yaml 파일에서 더 많은 기본값을 재정의해야 한다.

자세한 내용은 mongodb, mysql, rabbitmq, zipkin-server 폴더의 values.yaml 파일을 참고한다.

## 환경 차트

마지막으로 environments 폴더의 dev-env와 prod-env 차트는 일반적인 개발/테스트 또는 스테이징/프로덕션 환경에 대한 완전한 설치 패키지를 제공한다. 이러한 차트의 Chart.yaml 파일에는 공통 차트와 components 폴더의 차트에 대한 의존성이 모두 포함돼 있으며, template 폴더에는 환경별 자격 증명을 시크릿으로 생성하기 위한 secrets.yaml 템플릿이 포함돼 있다. 이는 공통 차트의 시크릿에 대한 명명 템플릿을 기반으로 하며, 다음과 같다.

```
{{- template "common.secrets" . -}}
```

dev-env 차트의 values.yaml 파일을 살펴보면 config-server-secrets 시크릿에 대해 다음과 같은 시크릿 값이 정의돼 있음을 알 수 있다.

```
secrets:
  config-server-secrets:
    ENCRYPT_KEY: my-very-secure-encrypt-key
    SPRING_SECURITY_USER_NAME: dev-usr
    SPRING_SECURITY_USER_PASSWORD: dev-pwd
```

이로 인해 config-server-secrets 시크릿에는 모두 Base64로 인코딩된 세 개의 시크릿 값이 포함된다. 그 매니페스트는 다음과 같을 것이다.

```
apiVersion: v1
kind: Secret
metadata:
  name: config-server-secrets
  labels:
    ...
type: Opaque
data:
  ENCRYPT_KEY: bXktdmVyeS1zZWN1cmUtZW5jcnlwdC1rZXk=
  SPRING_SECURITY_USER_NAME: ZGV2LXVzcg==
  SPRING_SECURITY_USER_PASSWORD: ZGV2LXB3ZA==
```

> 이 values.yaml 파일에는 컨피그 서버에서 사용하는 암호화 키 및 컨피그 서버에 접근하는 데 사용되는 비밀번호 같은 민감한 정보가 포함돼 있다. 이 파일은 안전하게 저장해야 하며, 안전하게 저장하기가 어렵다면 이 파일에서 민감한 정보를 제거한 후 helm install 명령을 실행할 때 지정하는 것도 한 가지 방법이다.

컨피그 서버의 디플로이먼트 매니페스트에서 시크릿을 사용하기 위해 dev-env 차트의 values.yaml 파일에 다음과 같은 내용이 정의돼 있다.

```
config-server:
  envFromSecretRefs:
    - config-server-secrets
```

이는 앞에서 설명한 디플로이먼트 템플릿에서 사용되어 컨피그 서버의 디플로이먼트 매니페스트에 환경변수로 시크릿을 추가할 것이다.

prod-env 차트는 dev-env 차트보다 더 많은 값을 재정의한다. 예를 들어, prod-env 차트의 values.yaml 파일에서는 추가 스프링 프로파일인 prod를 사용해야 하며, 도커 이미지에 어떤 버전을 사용할지 지정한다. product 마이크로서비스의 경우에는 다음과 같다.

```
product:
  image:
    tag: v1
  env:
    SPRING_PROFILES_ACTIVE: "docker,prod"
```

지금까지 다양한 유형의 차트에 포함된 내용을 소개했는데, 이어서 지금까지 배운 헬름 명령을 이용해 쿠버네티스에 마이크로서비스를 배포해 보자.

## 개발 및 테스트를 위해 쿠버네티스에 배포하기

이번 절에서는 개발 및 테스트 활동(예: 시스템 통합 테스트)에 사용할 환경에 마이크로서비스를 배포하겠다. 이러한 유형의 환경은 주로 기능 테스트에 사용되므로 최소한의 시스템 리소스를 사용하고 최신 버전의 마이크로서비스 도커 이미지를 사용하도록 구성된다.

기능 테스트를 실행하기 위해 마이크로서비스를 hands-on이라는 이름의 동일한 네임스페이스에 필요한 리소스 관리자와 함께 배포하겠다. 이렇게 하면 테스트 환경을 설정하기도 쉽고 작업을 완료했을 때 제거하기도 쉽다. 네임스페이스를 삭제하기만 하면 테스트 환경에서 사용한 모든 리소스를 제거할 수 있기 때문이다. 다음 그림은 이러한 디플로이먼트 시나리오를 보여준다.

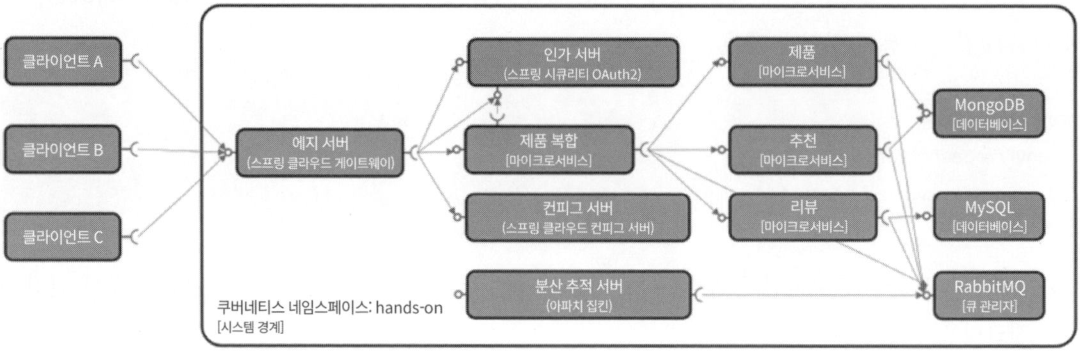


**그림 16.2** 개발 환경에서 마이크로서비스와 동일한 쿠버네티스 네임스페이스에 배포된 리소스 관리자

시스템 환경을 배포하기에 앞서 먼저 도커 이미지를 빌드하고 헬름 차트에 대한 의존성을 해결해야 한다.

## 도커 이미지 빌드

일반적으로 이미지를 도커 레지스트리에 푸시하고 쿠버네티스가 레지스트리에서 이미지를 가져오도록 구성해야 한다. 예제의 경우에는 단 하나의 로컬 노드 클러스터만 있으므로 미니큐브의 도커 엔진을 가리키도록 도커 클라이언트를 지정하고 `docker compose build` 명령을 실행해 프로세스를 단축할 수 있다. 이렇게 하면 도커 이미지를 쿠버네티스에서 즉시 사용할 수 있다. 개발 환경에서는 마이크로서비스에 대한 도커 이미지 버전으로 `latest`를 사용하겠다.

다음과 같이 소스로부터 도커 이미지를 빌드할 수 있다.[1]

```
cd $BOOK_HOME/Chapter16
./gradlew build
eval $(minikube docker-env)
docker compose build
```

1 (옮긴이) 해당 명령을 실행하려면 15장의 '쿠버네티스 클러스터 생성' 절의 실습을 수행한 상태여야 한다.

`eval $(minikube docker-env)` 명령은 로컬 도커 클라이언트가 미니큐브의 도커 엔진과 통신하게 한다.

빌드하는 도커 이미지의 이름을 지정하도록 `docker-compose.yml` 파일이 업데이트됐다. 예를 들어, `product` 서비스의 경우에는 다음과 같다.

```
product:
  build: microservices/product-service
  image: hands-on/product-service
```

> latest는 도커 이미지 이름의 기본 태그이므로 지정하지 않았다.

도커 이미지가 빌드됐으므로 이제 헬름 차트를 빌드할 차례다.

## 헬름 차트 의존성 해결

먼저 components 폴더의 의존성을 업데이트한다.

```
for f in kubernetes/helm/components/*; do helm dep up $f; done
```

다음으로 environments 폴더의 의존성을 업데이트한다.

```
for f in kubernetes/helm/environments/*; do helm dep up $f; done
```

마지막으로 dev-env 폴더의 의존성이 잘 보이는지 확인한다.

```
helm dep ls kubernetes/helm/environments/dev-env/
```

이 명령의 응답은 다음과 같을 것이다.

**그림 16.3** 헬름 차트의 의존성이 해결됨

도커 이미지를 빌드하고 헬름 의존성도 해결했으므로 이제 쿠버네티스에 배포할 준비가 끝났다.

## 쿠버네티스에 배포하기

쿠버네티스에 배포한다는 것은 쿠버네티스 오브젝트를 생성하거나 업데이트하는 것을 의미한다. 여기서는 헬름을 사용해 다음 단계에 따라 디플로이먼트를 수행하겠다.

1. 쿠버네티스가 도커 이미지를 다운로드하는 데 걸리는 시간 때문에 디플로이먼트 프로세스가 느려지는 것을 방지하려면 (이전에 설명한 라이브니스 프로브로 인해 파드가 다시 시작될 수 있음), 다음 `docker pull` 명령을 실행해 이미지를 미리 다운로드한다.

```
eval $(minikube docker-env)
docker pull mysql:9.2.0
docker pull mongo:8.0.5
docker pull rabbitmq:4.0.7-management
```

2. 헬름 차트를 사용하기 전에 `helm template` 명령으로 템플릿을 렌더링해서 매니페스트가 어떻게 보일지 확인한다.

```
helm template kubernetes/helm/environments/dev-env
```

   참고로 쿠버네티스 클러스터와 아무런 상호 작용이 이뤄지지 않았으므로 클러스터 정보는 가짜로 표시될 것이며, 렌더링된 매니페스트가 클러스터에 의해 수락될지 여부를 확인하기 위한 테스트가 실행되지 않는다.

3. 쿠버네티스 클러스터가 실제로 렌더링된 매니페스트를 수락할지 여부도 확인하려면 `helm install` 명령에 `--dry-run`을 지정해서 드라이 런(dry run)을 수행할 수 있다. `--debug` 플래그를 지정하면 헬름이 매니페스트를 렌더링할 때 사용할 사용자 제공 값과 계산된 값도 표시된다. 드라이 런을 수행하려면 다음 명령을 실행한다.

```
helm install --dry-run --debug hands-on-dev-env \
kubernetes/helm/environments/dev-env
```

4. hands-on 네임스페이스 생성을 포함해서 전체 시스템 환경의 디플로이먼트를 시작하려면 다음 명령을 실행한다.

```
helm install hands-on-dev-env \
  kubernetes/helm/environments/dev-env \
  -n hands-on \
  --create-namespace
```

> 이때 헬름이 작동한다. 헬름은 '헬름 소개' 절에서 살펴본 차트를 사용해 쿠버네티스 매니페스트를 렌더링하고 적용해 디플로이먼트에 필요한 쿠버네티스 오브젝트를 생성할 것이다.

5. 새로 생성된 네임스페이스를 `kubectl`의 기본 네임스페이스로 설정한다.

```
kubectl config set-context $(kubectl config current-context) --namespace=hands-on
```

6. 파드가 구동되는 것을 보려면 다음 명령을 실행한다.

```
kubectl get pods --watch
```

이 명령은 새 파드가 Running 상태가 될 때까지 지속적으로 보고하며, 문제가 발생하면 Error 및 CrashLoopBackOff 같은 상태를 보고할 것이다. 잠시 후 gateway, product-composite, zipkin-server 파드에 대한 오류가 보고되는 것을 볼 수 있다. 이것은 모두 구동 중에 접근 가능해야 하는 외부 리소스에 의존하기 때문이며, 그렇지 않으면 충돌할 것이다. `gateway`와 `product-composite` 서비스는 인가 서버에 의존하고, 집킨 서버는 RabbitMQ에 의존한다. 일반적으로 이러한 상황이 발생하는 이유는 의존하는 리소스보다 더 빨리 구동되기 때문이다. 그러나 쿠버네티스는 충돌한 파드를 감지하고 다시 구동할 것이다. 리소스가 실행 중인 상태가 되면 모든 파드가 구동되고 READY 칼럼에 1/1이 표시되어 준비된 것으로 보고될 것이다. 이 명령의 출력 예시는 다음과 같다.

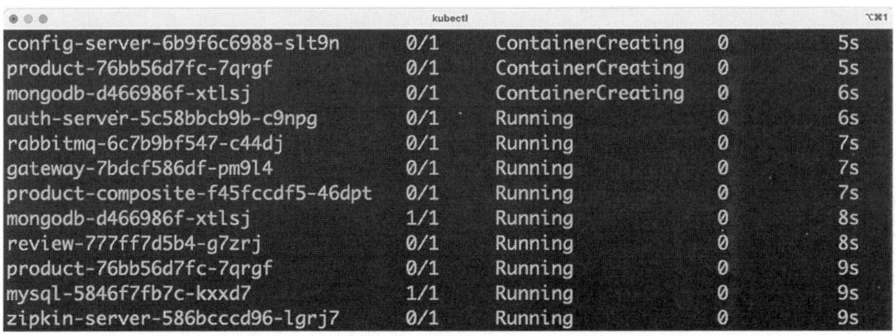


**그림 16.4** 외부 의존성이 준비될 때까지 파드를 재시작

위와 같은 내용이 보이면 Ctrl+C로 명령을 중단한다.

7. 네임스페이스의 모든 파드가 준비될 때까지 다음 명령으로 대기한다.

```
kubectl wait --timeout=600s --for=condition=ready pod --all
```

이 명령을 실행하면 `pod/... condition met`과 같은 내용의 로그 레코드가 11개 출력될 것이다. 여기서 3개의 점(`...`)으로 표시된 부분에는 준비 상태에 있는 실제 파드의 이름이 들어간다.

8. 사용 중인 도커 이미지를 보려면 다음 명령을 실행한다.

```
kubectl get pods -o json | jq .items[].spec.containers[].image
```

응답은 다음과 같을 것이다.

**그림 16.5** 테스트 환경에서 사용되는 도커 이미지

마이크로서비스의 도커 이미지에 대한 버전 태그가 `latest`로 설정돼 있음을 알 수 있다.

이제 디플로이먼트를 테스트할 준비가 끝났다. 그러나 그 전에 먼저 쿠버네티스 연동을 위해 테스트 스크립트에 필요한 변경 사항을 살펴볼 필요가 있다.

## 쿠버네티스와 함께 사용하기 위한 테스트 스크립트 변경

디플로이먼트를 검증하기 위해 평소처럼 테스트 스크립트인 `test-em-all.bash`를 실행하겠다. 쿠버네티스와 작동할 수 있도록 서킷 브레이커 테스트가 약간 수정됐다. 서킷 브레이커 테스트는 `product-composite` 서비스의 액추에이터 엔드포인트를 호출해 상태를 확인하고 서킷 브레이커 이벤트에 접근한다. 이 엔드포인트는 외부에 노출되지 않기 때문에 이전 장에서는 `docker compose exec` 명령으로 `product-composite` 서비스 내에서 `curl` 명령을 실행해 테스트를 수행했다.

이번 장부터 마이크로서비스를 도커 컴포즈와 함께 실행하느냐, 쿠버네티스와 함께 실행하느냐에 따라 테스트 스크립트에서 docker compose exec 명령 또는 이에 해당하는 kubectl 명령인 kubectl exec을 사용할 수 있다.

어떤 명령을 사용해야 할지 파악하기 위해 스크립트에 새로운 매개변수인 USE_K8S가 추가됐다. 기본값은 false다. 자세한 내용은 테스트 스크립트의 testCircuitBreaker() 함수를 참고한다.

## 디플로이먼트 테스트

테스트 스크립트를 실행할 때 쿠버네티스를 실행하는 호스트의 주소, 즉 미니큐브 인스턴스의 주소와 게이트웨이 서비스가 외부 요청을 수신하는 NodePort를 제공해야 한다. 게이트웨이는 30443번 포트를 사용해 접근할 수 있다. 15장에서 언급한 바와 같이 미니큐브의 docker 드라이버를 사용하기 때문에 호스트명은 항상 localhost다. 호스트명이 도커 컴포즈를 사용할 때와 동일하므로 호스트명을 지정할 필요가 없고 포트만 USE_K8S 매개변수와 함께 지정해야 한다.

다음 명령으로 테스트를 시작한다.

```
PORT=30443 USE_K8S=true ./test-em-all.bash
```

스크립트의 출력 결과에서 NodePort가 어떻게 사용되는지 볼 수 있지만, 그 외에는 이전 장에서 도커 컴포즈를 사용했을 때와 모든 것이 동일해 보인다.

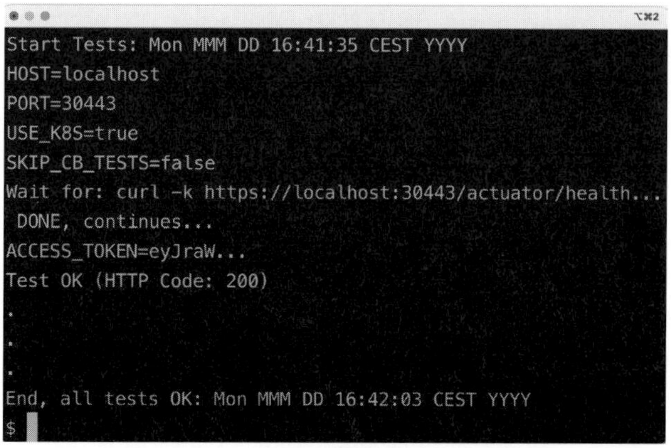


**그림 16.6** 시스템 환경의 자동화된 테스트의 출력 결과

시스템 환경 검증을 마쳤으니 이번에는 스프링 부트의 새로운 기능인 우아한 종료와 라이브니스 및 준비 상태 프로브를 어떻게 테스트할 수 있는지 알아보자.

## 우아한 종료와 라이브니스 및 준비 상태 프로브에 대한 스프링 부트 지원 테스트

이번 절에서는 새로운 스프링 부트 기능을 테스트하고 쿠버네티스의 다른 컴포넌트와 어떻게 상호 작용하는지 살펴보겠다.

먼저 스프링 부트의 우아한 종료 지원을 테스트하는 것부터 시작해 보자. 우아한 종료가 활성화되면 애플리케이션은 종료 단계에서 구성 가능한 시간 동안 활성 요청이 완료되기를 기다린다. 종료 단계에서는 새로운 요청이 허용되지 않는다는 점을 기억하자.

우아한 종료 메커니즘을 테스트하기 위해 제품 복합 서비스에 지속적으로 요청을 보내는 클라이언트를 실행한다. 먼저 클라이언트를 이용해 5초가 걸리는 요청을 보낸다. 이는 종료 대기 시간보다 짧다. 대기 시간은 10초로 구성돼 있다. 다음으로 더 길게 15초가 걸리는 요청을 보내 어떻게 처리되는지 보겠다. 테스트 클라이언트로는 명령줄 기반 로드 테스트 도구인 **시즈(Siege)**[2]를 사용하겠다.

이처럼 완료하는 데 오랜 시간이 걸리는 요청을 테스트할 수 있으려면 `product-composite` 서비스의 타임아웃을 일시적으로 비활성화해야 한다. 그렇지 않으면 서킷 브레이커가 작동해서 긴 요청을 실행하지 못하게 될 것이다. Resilience4j를 비활성화하기 위해 제품 복합 서비스에 `ResilienceConfig`라는 구성 클래스를 추가했다. `app.resilience.enabled` 프로퍼티가 `false`로 설정되면 Resilience4j의 모든 기능이 비활성화된다. 제품 복합 서비스에서 Resilience4j를 비활성화하려면 다음 단계를 수행한다.

1. `dev-env` 환경의 `values` 파일인 `kubernetes/helm/environments/dev-env/values.yaml`의 `product-composite` 섹션 아래에 다음 내용을 추가한다.

```
env:
APP_RESILIENCE_ENABLED: '"false"'
```

변경 후의 구성 파일은 다음과 같을 것이다.

```
product-composite:
  env:
    APP_RESILIENCE_ENABLED: '"false"'
  envFromSecretRefs:
    - config-client-credentials
```

2 https://www.joedog.org/siege-home/

> 이 설정이 활성화돼 있는 동안에는 `test-em-all.bash`의 서킷 브레이커 테스트가 더 이상 작동하지 않을 것이다. 왜냐하면 이 테스트는 2초의 타임아웃을 가정하기 때문이다.

2. 헬름의 `upgrade` 명령으로 헬름을 업데이트한다. 이때 `--wait` 플래그를 사용해 업데이트가 완료될 때까지 명령이 종료되지 않게 한다.

```
helm upgrade hands-on-dev-env -n hands-on \
kubernetes/helm/environments/dev-env --wait
```

이제 테스트를 실행할 수 있다. 종료 대기 시간보다 짧은 요청으로 테스트하는 단계는 다음과 같다.

1. 접근 토큰을 가져온다.

```
ACCESS_TOKEN=$(curl -d grant_type=client_credentials \
-ks https://writer:secret-writer@localhost:30443/oauth2/token \
-d scope="product:read product:write" \
| jq .access_token -r)
```

`echo $ACCESS_TOKEN` 명령을 실행해 접근 토큰을 받았는지 확인한다. 접근 토큰이 비어 있다면 위의 `curl` 명령과 게이트웨이 및 인가 서버의 로그를 확인해야 한다.

2. 테스트 요청을 수행하고 `delay` 쿼리 매개변수를 사용해 5초 지연을 요청한다.

```
time curl -kH "Authorization: Bearer $ACCESS_TOKEN" \
https://localhost:30443/product-composite/1?delay=5
```

정상적인 응답을 받고 `time` 명령이 5초의 응답 시간을 보고하면 타임아웃을 증가시키는 구성이 제대로 작동했다는 것을 의미한다.

3. 시즈를 이용해 5초가 걸리는 요청을 시작한다. 5명의 동시 사용자가 0~2초 범위의 무작위 지연 시간으로 요청을 보내 요청을 약간 분산시킨다.

```
siege -c5 -d2 -v -H "Authorization: Bearer $ACCESS_TOKEN" \
https://localhost:30443/product-composite/1?delay=5
```

도구에서 완료된 각 요청에 대해 다음과 같은 출력 결과를 예상할 수 있다.

```
HTTP/1.1 200 5.04 secs: 762 bytes ==> GET /product-composite/1?delay=5
```

4. 별도의 터미널 창에서 다음 명령으로 product 서비스의 로그 출력을 확인한다.

```
kubectl logs -f --tail=0 -l app.kubernetes.io/name=product
```

5. 이제 쿠버네티스가 product 디플로이먼트를 재시작하도록 만들겠다. 재시작의 경우 먼저 기존 파드가 종료되기 전에 새 파드를 시작하므로 시즈에 의해 전송된 요청은 재시작의 영향을 받지 않아야 한다. 여기서는 기존 파드가 종료되기 시작할 때 해당 파드에 의해 처리되는 요청에 눈여겨볼 필요가 있다. 우아한 종료가 예상대로 작동한다면 활성 요청 중 어느 것도 실패하지 않아야 한다. 별도의 창에서 다음 명령을 실행해 재시작을 수행한다.

```
kubectl rollout restart deploy/product
```

6. 로드 테스트 도구인 시즈의 출력 결과에서 200(OK)을 보고하는 성공적인 요청만 있는지 확인한다.

7. 이제 중지된 product 파드의 로그 출력에서 애플리케이션이 중지되기 전에 모든 요청이 정상적으로 종료되는 모습을 볼 수 있다. 로그 출력의 끝부분에 다음과 같은 로그 출력이 표시되는 것을 예상할 수 있다.

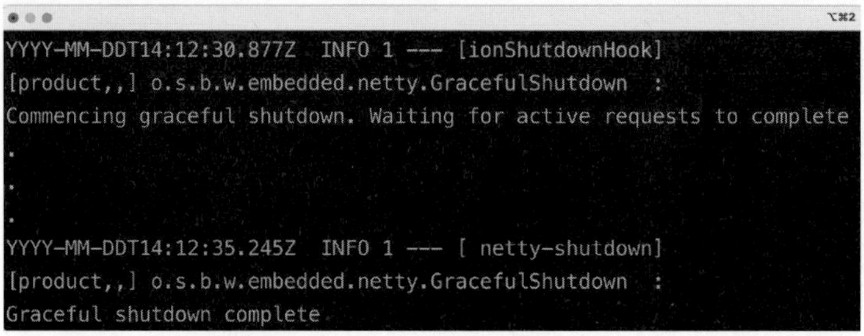


**그림 16.7** 모든 요청이 완료되게 하는 우아한 종료

특히 두 로그 메시지 사이의 시간(이 경우 4초)에 주목하자. 이는 종료 절차를 진행하는 동안 실제로 마지막 요청이 완료될 때까지 기다렸음을 나타낸다.

이제 종료 대기 시간보다 완료하는 데 시간이 더 오래 걸리는 요청으로 두 번째 테스트를 실행해 보자.

1. 시즈를 다시 시작하고, 이번에는 10초의 대기 제한을 초과하는 더 긴 응답 시간을 요청하자. 15명의 동시 사용자를 생성하고 15초의 응답 시간과 0~15초 사이의 요청 사이에 무작위로 지연 시간이 발생하도록 요청한다. Ctrl + C로 시즈를 중지하고 다음 명령을 실행한다.

```
siege -c15 -d15 -v -H "Authorization: Bearer $ACCESS_TOKEN" \
https://localhost:30443/product-composite/1?delay=15
```

2. 다음 명령으로 product 파드의 로그 출력을 확인한다.

```
kubectl logs -f --tail=0 -l app.kubernetes.io/name=product
```

3. product 디플로이먼트를 재시작한다.

```
kubectl rollout restart deploy/product
```

4. product 파드의 로그 출력을 살펴보자. product 파드가 종료되고 나면 애플리케이션이 중지되기 전에 모든 요청이 정상적으로 종료되진 않을 것이다. 즉, 로그 출력의 끝부분에 다음과 같은 로그가 표시될 것이다.

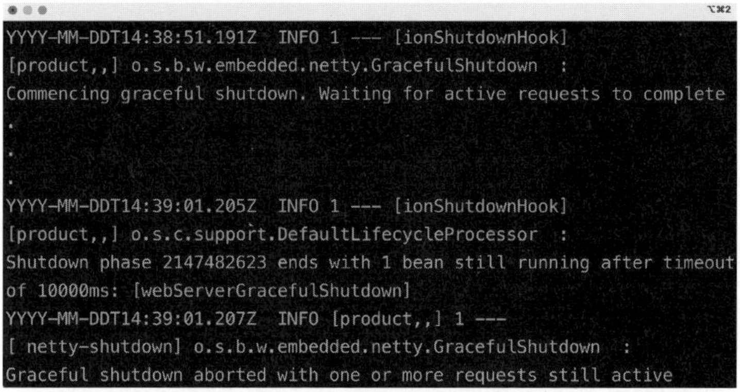


**그림 16.8** 일부 오래 실행되는 요청이 중단되는 경우

'Graceful shutdown aborted with one or more requests still active'라는 로그 메시지는 애플리케이션이 중지되기 전에 하나 이상의 요청이 완료되지 않았음을 나타낸다.

5. 로드 테스트 도구인 시즈의 출력 결과에는 이제 다음과 같이 500(Internal Server Error)을 보고하는 실패한 요청이 몇 개 나타날 것이다.

**그림 16.9** 종료 중 오래 실행되는 요청이 실패함

이는 구성된 대기 시간 후에 종료 절차가 계속되고 예상대로 나머지 오래 실행되는 요청이 중단된다는 것을 보여준다.

이렇게 해서 스프링 부트의 우아한 종료 메커니즘을 테스트했다. 우아한 종료 메커니즘은 파드가 중지될 때(예: 축소 또는 롤링 업그레이드의 결과로) 일반 클라이언트의 요청이 영향을 받는 것을 방지하는 데 유용하다.

테스트 후에는 다음과 같이 정리한다.

1. Ctrl + C로 시즈 로드 테스트 도구를 중지한다.

2. 타임아웃 증가를 제거하기 위해 최신 헬름 릴리스를 롤백한다.

```
helm rollback hands-on-dev-env -n hands-on --wait
```

> helm rollback 명령은 업그레이드가 실패한 경우 롤백하는 데도 유용하다.

3. kubernetes/helm/environments/dev-env/values.yaml 파일에서도 증가된 타임아웃 설정을 제거한다.
4. 구성이 롤백됐는지 확인하기 위해 test-em-all.bash를 실행한다.

```
PORT=30443 USE_K8S=true ./test-em-all.bash
```

마지막으로 스프링 부트 라이브니스 프로브와 준비 상태 프로브가 어떤 정보를 보고하는지 보자. 여기서는 product 서비스를 사용하지만 다른 서비스에 대해서도 프로브를 시험해 보는 것도 좋다.

1. 다음 명령을 실행해 product 서비스의 라이브니스 프로브로부터 출력 결과를 가져온다.

```
kubectl exec -it deploy/product -- \
  wget -qO - localhost/actuator/health/liveness | jq .
```

2. 그럼 다음과 같이 응답할 것이다.

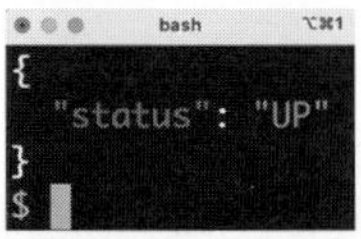


**그림 16.10** 라이브니스 프로브의 응답

3. 다음 명령을 실행해 product 서비스의 준비 상태 프로브로부터 출력 결과를 가져온다.

```
kubectl exec -it deploy/product -- \
  wget -qO - localhost/actuator/health/readiness | jq .
```

다음과 같이 응답 내용이 조금 더 많을 것이다.

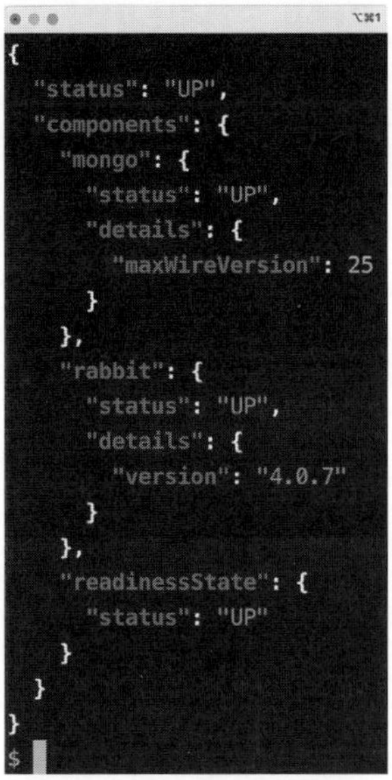


**그림 16.11** 준비 상태 프로브의 응답

> 출력 결과에서 `product`의 준비 상태가 이제 MongoDB와 RabbitMQ 모두에 의존한다는 것을 확인할 수 있다. 이 같은 결과를 예상할 수 있는 것은 준비 상태 상태 그룹(readiness health group)에 RabbitMQ, MongoDB, SQL 데이터베이스에 대한 상태 지표를 포함하도록 구성했기 때문이다. 필요한 경우 '우아한 종료와 라이브니스 및 준비 상태 프로브에 대한 스프링 부트 지원 기능 활용' 절을 다시 참고한다.

계속 진행하기에 앞서 개발 환경에 설치했던 것을 정리하자. 여기서는 네임스페이스를 삭제하기만 하면 된다. 네임스페이스를 삭제하면 네임스페이스에 존재하는 리소스가 재귀적으로 삭제되며, 여기에는 헬름 설치에 대한 정보도 포함된다.

다음 명령으로 네임스페이스를 삭제한다.

```
kubectl delete namespace hands-on
```

> `helm uninstall hands-on-dev-env` 명령을 실행해 `helm install` 명령으로 설치한 것만 제거할 수도 있다.

개발 환경이 제거됐으므로 다음으로 스테이징 및 프로덕션을 대상으로 하는 환경을 설정해보자.

## 스테이징 및 프로덕션을 위해 쿠버네티스에 배포하기

이번 절에서는 스테이징 및 프로덕션 사용을 위한 환경에 마이크로서비스를 배포하겠다. 스테이징 환경은 새로운 릴리스를 프로덕션으로 전달하기 전 마지막 단계로서 품질 보증(quality assurance; QA) 및 사용자 인수 테스트(user acceptance test; UAT)를 수행하는 데 사용된다. 스테이징 환경은 새로운 릴리스가 기능적 요구사항뿐만 아니라 비기능적 요구사항(예: 성능, 견고성, 확장성, 복원력 측면에서의)도 충족하는지 검증할 수 있도록 프로덕션 환경과 최대한 유사하게 구성된다.

스테이징 또는 프로덕션용 환경에 배포할 때는 개발 또는 테스트를 위해 배포할 때와 달리 많은 사항을 변경해야 한다.

- **리소스 관리자는 쿠버네티스 클러스터 외부에서 실행돼야 한다**: 엄밀히 말해서 프로덕션용 데이터베이스와 큐 관리자를 쿠버네티스에서 `StatefulSet`과 `PersistentVolume`을 사용해 상태 저장 컨테이너로서 실행하는 것이 가능하다. 하지만 이 책의 집필 시점을 기준으로 쿠버네티스의 상태 저장 컨테이너 지원 기능은 비교적 최근에 추가됐고 아직 충분히 검증되지 않았다고 본다. 따라서 이 방식은 권장하지 않는다. 대신 기존의 데이터베이스와 큐 관리자 서비스를 온프레미스 또는 클라우드의 관리형 서비스로 사용하는 것을 권장하며, 쿠버네티스는 쿠버네티스가 가장 잘 하는 일, 즉 상태 비저장 컨테이너를 실행하게 하는 것을 권장한다. 이 책에서는 프로덕션 환경을 시뮬레이션하기 위해 MySQL, MongoDB, RabbitMQ를 이미 존재하는 도커 컴포즈 파일을 사용해 쿠버네티스 외부의 일반 도커 컨테이너로 실행할 것이다.

- **차단**: 보안상의 이유로 actuator 엔드포인트 및 로그 레벨과 같은 것들은 프로덕션 환경에서 노출되지 않도록 제한해야 한다. 외부에 노출된 엔드포인트도 보안 관점에서 검토해야 한다. 예를 들어, 프로덕션 환경에서는 컨피그 서버에 대한 접근을 차단하는 것이 좋지만 이 책에서는 편의상 노출된 상태로 유지하겠다. 배포된 마이크로서비스의 버전을 추적할 수 있도록 도커 이미지 태그를 지정해야 한다.

- **사용 가능한 리소스 확장**: 고가용성과 부하에 대한 요구사항을 모두 충족하려면 디플로이먼트당 최소 두 개의 파드를 실행해야 한다. 또한 파드당 사용할 수 있는 메모리와 CPU의 양을 늘려야 할 수도 있다. 여기서는 미니큐브 인스턴스의 메모리 부족을 방지하기 위해 디플로이먼트당 파드를 하나만 유지하지만 프로덕션 환경에서 허용되는 최대 메모리는 늘릴 것이다.

- **프로덕션용 쿠버네티스 클러스터 설정**: 이것은 이 책의 범위를 벗어나지만, 가능하다면 주요 클라우드 공급자에서 제공하는 관리형 쿠버네티스 서비스 중 하나를 사용하는 것이 좋다. 이 책에서는 로컬 미니큐브 인스턴스에 배포하겠다.

> 이것 말고도 프로덕션 환경을 설정할 때 고려해야 할 사항은 많지만 출발점으로 삼기에는 적절하다.

시뮬레이션된 프로덕션 환경은 다음과 같은 모습일 것이다.

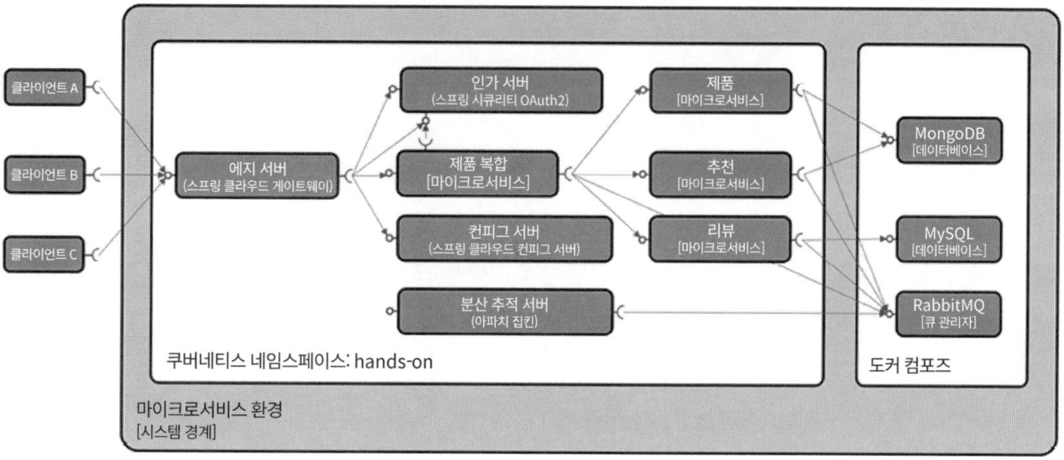


**그림 16.12** 쿠버네티스 외부에 배포된 리소스 관리자

## 소스코드의 변경 사항

스테이징 및 프로덕션에 사용되는 환경에 배포하기 위해 소스코드에 다음과 같은 변경 사항이 적용됐다.

- config-repo 구성 저장소의 구성 파일에 prod라는 스프링 프로파일이 추가됐다.

```
spring.config.activate.on-profile: prod
```

- prod 프로파일에 다음 내용이 추가됐다.
  - 일반 도커 컨테이너로 실행되는 리소스 관리자에 대한 URL

```
spring.rabbitmq.host: 172.17.0.1
spring.data.mongodb.host: 172.17.0.1
spring.datasource.url: jdbc:mysql://172.17.0.1:3306/review-db
```

> 172.17.0.1이라는 IP 주소는 미니큐브 인스턴스의 도커 엔진에 접근하는 데 사용된다. 이것은 미니큐브로 도커 엔진을 만들 때의 기본 IP 주소다(적어도 1.18 버전의 미니큐브까지는 그렇다).
>
> 컨테이너가 실행 중인 도커 호스트에 접근해야 하는 경우에 사용할 표준 DNS 이름을 설정하는 작업이 진행 중이지만, 이 책을 쓰는 시점에서는 이 작업이 완료되지 않았다.

- 로그 레벨은 WARNING 이상, 즉 ERROR 또는 FATAL로 설정됐다.

```
logging.level.root: WARN
```

  - 쿠버네티스의 라이브니스 및 준비 상태 프로브에서 사용하는 info 및 health 엔드포인트와 test-em-all.bash 테스트 스크립트에서 사용하는 circuitbreakerevents 엔드포인트만 HTTP를 통해 노출된다.

```
management.endpoints.web.exposure.include: health,info,circuitbreakerevents
```

> 실제 프로덕션 환경에서는 도커 레지스트리에서 도커 이미지를 다운로드하기 위해 imagePullPolicy:Never 설정을 IfNotPresent로 변경해야 한다. 그러나 여기서는 도커 이미지를 수동으로 빌드하고 태그하는 미니큐브 인스턴스에 프로덕션 설정을 배포할 것이므로 이 설정을 업데이트하지 않을 것이다.

## 쿠버네티스에 배포하기

프로덕션 수준의 리소스 관리자를 시뮬레이션하기 위해 MySQL, MongoDB, RabbitMQ는 도커 컴포즈를 사용해 쿠버네티스 외부에서 실행될 것이다. 이전 장에서 했던 것처럼 다음과 같이 구동한다.

```
eval $(minikube docker-env)
docker compose up -d mongodb mysql rabbitmq
```

또한 기존 도커 이미지에 v1 태그를 지정해야 한다. 다음 명령을 사용한다.

```
docker tag hands-on/auth-server hands-on/auth-server:v1
docker tag hands-on/config-server hands-on/config-server:v1
docker tag hands-on/gateway hands-on/gateway:v1
docker tag hands-on/product-composite-service hands-on/product-composite-service:v1
docker tag hands-on/product-service hands-on/product-service:v1
docker tag hands-on/recommendation-service hands-on/recommendation-service:v1
docker tag hands-on/review-service hands-on/review-service:v1
```

여기서부터 실행하는 명령은 개발 환경에 배포할 때와 매우 유사하다.

1. 헬름을 사용해 배포한다.

```
helm install hands-on-prod-env \ kubernetes/helm/environments/prod-env \
-n hands-on --create-namespace
```

2. 디플로이먼트가 실행될 때까지 대기한다.

```
kubectl wait --timeout=600s --for=condition=ready pod --all
```

3. 프로덕션 환경에서 현재 사용 중인 도커 이미지를 보려면 다음 명령을 실행한다.

```
kubectl get pods -o json | jq .items[].spec.containers[].image
```

응답은 다음과 같을 것이다.

**그림 16.13** 프로덕션 환경에서 사용되는 도커 이미지

도커 이미지의 v1 버전에 주목하자.

또한 MySQL, MongoDB, RabbitMQ용 리소스 관리자 파드가 사라졌음에 주목한다. 이것들은 `docker compose ps` 명령으로 확인할 수 있다.

4. 시뮬레이션된 프로덕션 환경을 검증하기 위해 `test-em-all.bash` 테스트 스크립트를 실행한다.

```
CONFIG_SERVER_USR=prod-usr \
CONFIG_SERVER_PWD=prod-pwd \
PORT=30443 USE_K8S=true ./test-em-all.bash
```

> 개발 환경에서 테스트 스크립트를 실행했을 때와 동일한 유형의 출력 결과를 예상할 수 있다.

이렇게 해서 테스트가 끝났다. 다음 장에서 사용할 쿠버네티스 환경을 위해 리소스를 정리하자.

## 리소스 정리

앞에서 사용한 리소스를 삭제하려면 다음 명령을 실행한다.

1. 네임스페이스를 삭제한다.

```
kubectl delete namespace hands-on
```

2. 쿠버네티스 외부에서 실행되는 리소스 관리자를 종료한다.

```
eval $(minikube docker-env)
docker compose down
eval $(minikube docker-env -u)
```

> `eval $(minikube docker-env -u)` 명령은 로컬 도커 클라이언트가 미니큐브의 도커 엔진이 아닌 로컬 도커 엔진과 통신하도록 한다.

이미 이번 장의 앞부분에서 설명한 바와 같이 `kubectl delete namespace` 명령은 네임스페이스에 존재했던 모든 쿠버네티스 리소스를 재귀적으로 삭제하고 `docker compose down` 명령은 MySQL, MongoDB, RabbitMQ를 중지한다.

# 정리

이번 장에서는 헬름을 이용해 이 책의 마이크로서비스를 쿠버네티스에 배포하는 방법을 배웠다. 헬름을 이용하면 쿠버네티스 매니페스트를 생성하는 데 필요한 보일러플레이트 코드를 최소화하면서 재사용 가능한 템플릿을 만들 수 있다. 재사용 가능한 템플릿은 공통 차트에 저장되는 반면 마이크로서비스별 차트는 각 마이크로서비스에 특정한 값을 제공한다. 최상위 수준에서는 개발/테스트 및 스테이징/프로덕션 환경이 마이크로서비스 차트를 사용해 배포되는 방법을 설명하는 부모 차트가 있으며, 선택적으로 데이터베이스 및 큐 관리자와 같은 리소스 관리자용 차트와 함께 사용된다.

또한 쿠버네티스에 대한 디플로이먼트를 용이하게 하기 위해 스프링 부트 기능을 이용하는 방법도 살펴봤다. 스프링 부트의 우아한 종료는 롤링 업그레이드 중과 같이 스프링 부트 기반 마이크로서비스가 중지되기 전에 활성 요청이 완료되게 하는 데 활용할 수 있다. 라이브니스 및 준비 상태 프로브에 대한 지원 기능을 이용하면 특정 마이크로서비스가 의존하는 외부 리소스의 가용성을 인식하는 프로브를 손쉽게 선언할 수 있다.

마지막으로 쿠버네티스에 마이크로서비스를 배포할 수 있도록 넷플릭스 유레카를 쿠버네티스의 기본 제공 디스커버리 서비스로 교체해야 했다. 이때 자바 소스코드를 변경하지 않고도 디스커버리 서비스를 변경할 수 있었다. 이를 위해 빌드 의존성과 일부 구성을 변경하기만 하면 된다.

다음 장에서는 쿠버네티스에 배포해야 하는 지원 서비스의 수를 줄이기 위해 쿠버네티스를 어떻게 더 활용할 수 있는지 살펴보겠다. 컨피그 서버 없이 구성을 관리하는 방법과 에지 서버를 쿠버네티스 인그레스 컨트롤러로 대체하는 방법은 다음 장에서 알아본다.

# 문제

1. 쿠버네티스에 배포할 때 마이크로서비스 환경에서 유레카 서버를 제거한 이유는 무엇인가?
2. 유레카 서버를 무엇으로 대체했으며, 이러한 변경으로 인해 마이크로서비스의 소스코드는 어떤 영향을 받았는가?
3. 라이브니스 프로브와 준비 상태 프로브의 용도는 무엇인가?
4. 스프링 부트의 우아한 종료 메커니즘은 어떻게 유용한가?
5. 다음 헬름 템플릿 지시문의 용도는 무엇인가?

```
{{- $common := dict "Values" .Values.common -}}
{{- $noCommon := omit .Values "common" -}}
{{- $overrides := dict "Values" $noCommon -}}
{{- $noValues := omit . "Values" -}}
{{- with merge $noValues $overrides $common -}}
```

6. 다음과 같은 헬름 템플릿이 실패하는 이유는 무엇인가?

```
{{- define "common.secrets" -}}
{{- range $secretName, $secretMap := .Values.secrets }}
apiVersion: v1
kind: Secret
metadata:
  name: {{ $secretName }}
  labels:
    app.kubernetes.io/name: {{ $secretName }}
type: Opaque
data:
{{- range $key, $val := $secretMap }}
```

```
  {{ $key }}: {{ $val | b64enc }}
{{- end }}
{{- end -}}
{{- end -}}
```

**7.** 다음 두 매니페스트가 작동하지 않는 이유는 무엇인가?

```
apiVersion: v1
kind: Service
metadata:
  name: review
  labels:
    app.kubernetes.io/name: review
spec:
  type: ClusterIP
  ports:
    - name: http
      port: 80
      protocol: TCP
      targetPort: http
  selector:
    app.kubernetes.io/pod-name: review

---

apiVersion: apps/v1
kind: Deployment
metadata:
  name: review
  labels:
    app.kubernetes.io/name: review
spec:
  replicas: 1
  selector:
    matchLabels:
      app.kubernetes.io/name: review
  template:
    metadata:
      labels:
        app.kubernetes.io/name: review
```

```
spec:
  containers:
    - name: review
      image: "hands-on/review-service:latest"
      ports:
        - containerPort: 80
          name: http-port
          protocol: TCP
```

# 17

# 시스템 환경을 단순화하기 위한 쿠버네티스 기능 구현

현재 마이크로서비스 환경에는 대규모 마이크로서비스 환경에 필요한 중요 디자인 패턴을 구현하는 여러 지원 서비스가 포함돼 있다. 예를 들어, 에지 서버, 컨피그 서버, 권한 서버, 분산 추적을 위한 서비스 등이 있다. 잘 기억나지 않는다면 복습을 위해 1장 '마이크로서비스 소개'를 참고하자. 이전 장에서는 넷플릭스 유레카를 기반으로 하는 서비스 디스커버리를 위한 디자인 패턴의 구현을 쿠버네티스에 내장된 디스커버리 서비스로 대체했다. 이번 장에서는 쿠버네티스에 내장된 기능으로 필요한 지원 서비스의 수를 줄여 마이크로서비스 환경을 더욱 단순화하겠다. 이때 각 디자인 패턴은 쿠버네티스의 기본 기능으로 대체된다. 예를 들어, 스프링 클라우드 컨피그 서버는 쿠버네티스 컨피그맵과 시크릿으로, 스프링 클라우드 게이트웨이는 쿠버네티스 인그레스 오브젝트로 대체될 것이다. 인그레스 오브젝트 역시 스프링 클라우드 게이트웨이처럼 에지 서버 역할을 할 수 있다.

11장 'API에 대한 접근 보안'에서는 외부 API를 보호하기 위해 인증서를 사용하는 방법을 소개했다. 인증서를 수동으로 프로비저닝하는 작업은 시간이 많이 소요되고 오류가 발생하기 쉬운데, 특히 만료 전 인증서를 교체할 때 더욱 그렇다. 이번 장에서는 **cert-manager**에 대해 알아보고 인증서 생성, 프로비저닝, 교체 프로세스를 자동화하는 데 cert-manager를 어떻게 활용하는지 배운다.

쿠버네티스 같은 플랫폼에서 제공하는 기능들을 점점 더 많이 사용하게 될 경우 마이크로서비스의 소스코드가 해당 플랫폼에 종속되지 않게 하는 것이 중요하다. 따라서 이번 장 마지막에는, 마이크로서비스가 쿠버네티스 없이도 동작하는지 확인해 볼 것이다. 도커 컴포즈로 마이크로서비스 환경을 배포하고 `test-em-all.bash` 스크립트를 실행해 기능적으로 문제가 없는지 검증한다.

이번 장에서는 다음과 같은 주제를 다룬다.

- 스프링 클라우드 컨피그 서버를 쿠버네티스 컨피그맵과 시크릿으로 대체
- 스프링 클라우드 게이트웨이를 쿠버네티스 인그레스 오브젝트로 대체
- cert-manager를 활용해 인증서를 자동으로 프로비저닝
- 쿠버네티스에 마이크로서비스 환경 배포 및 테스트
- 도커 컴포즈를 사용해 마이크로서비스 환경을 배포 및 테스트해서 마이크로서비스의 소스코드가 쿠버네티스에 종속되지 않게 만들기

## 기술적 요구사항

이 책에서 사용하는 도구를 설치하는 방법과 이 책의 소스코드를 내려받는 방법은 다음을 참고한다.

- 21장 'macOS용 설치 안내'
- 22장 'WSL 2 및 우분투가 탑재된 마이크로소프트 윈도우용 설치 안내'

이번 장의 모든 코드 예제는 `$BOOK_HOME/Chapter17`의 소스코드에서 가져온 것이다. 이번 장의 소스코드에 적용된 변경 사항, 즉 스프링 클라우드 컨피그 서버와 스프링 클라우드 게이트웨이를 쿠버네티스의 해당 기능으로 대체하고 cert-manager를 이용해 인증서를 프로비저닝하는 데 필요한 사항을 확인하려면 16장 '쿠버네티스에 마이크로서비스 배포'의 소스코드와 비교해 보면 된다. 선호하는 코드 비교 도구를 이용해 `$BOOK_HOME/Chapter16`과 `$BOOK_HOME/Chapter17` 폴더를 비교해본다.

## 스프링 클라우드 컨피그 서버 대체하기

이전 장에서 살펴봤듯이 컨피그맵과 시크릿은 예제 마이크로서비스의 구성 정보를 보관하는 데 사용할 수 있다. 스프링 클라우드 컨피그 서버는 한 곳에 모든 구성을 보관하고, Git을 이용한 버전 관리, 디스크 상의 민감한 정보를 암호화하는 기능 등을 제공한다. 그러나 자바와 스프링 기반의 애플리케이션과 마찬가지로 메모리 소비가 크며, 구동 시 상당한 오버헤드를 유발한다.

예를 들어, 이 책에서 사용하는 `test-em-all.bash` 같은 자동화된 통합 테스트를 실행할 때 컨피그 서버를 포함한 모든 마이크로서비스가 동시에 구동된다. 다른 마이크로서비스는 컨피그 서버에서 구성을 가져와야 하므로 컨피그 서버가 구동되어 실행될 때까지 모두 기다려야 한다. 이로 인해 통합 테스트를 실행할 때 상당한 지연 시간이 발생한다. 대신 쿠버네티스 컨피그맵과 시크릿을 사용하면 이러한 지연 시간이 없어서 자동화된 통합 테스트가 더 빨리 실행된다. 따라서 기반 플랫폼이 유사한 기능을 제공하지 않는 환경에서는 스프링 클라우드 컨피그 서버가 적절한 선택이지만, 쿠버네티스 환경에서는 내장된 컨피그맵과 시크릿을 사용하는 편이 더 효율적이다.

스프링 클라우드 컨피그 서버 대신 쿠버네티스 컨피그맵과 시크릿을 사용하면 마이크로서비스 환경이 더 빨리 구동되고, 메모리 사용량이 줄어든다. 또한 컨피그 서버라는 하나의 지원 서비스를 제거함으로써 마이크로서비스 환경이 단순해진다. 하지만 이를 대체하는 작업을 할 때는 마이크로서비스의 소스코드가 영향을 받지 않게 하는 것이 중요하며, 그렇게 함으로써 쿠버네티스에 불필요하게 종속되는 상황을 방지할 수 있다.

이러한 변경 사항을 다음 그림에서 확인할 수 있다.

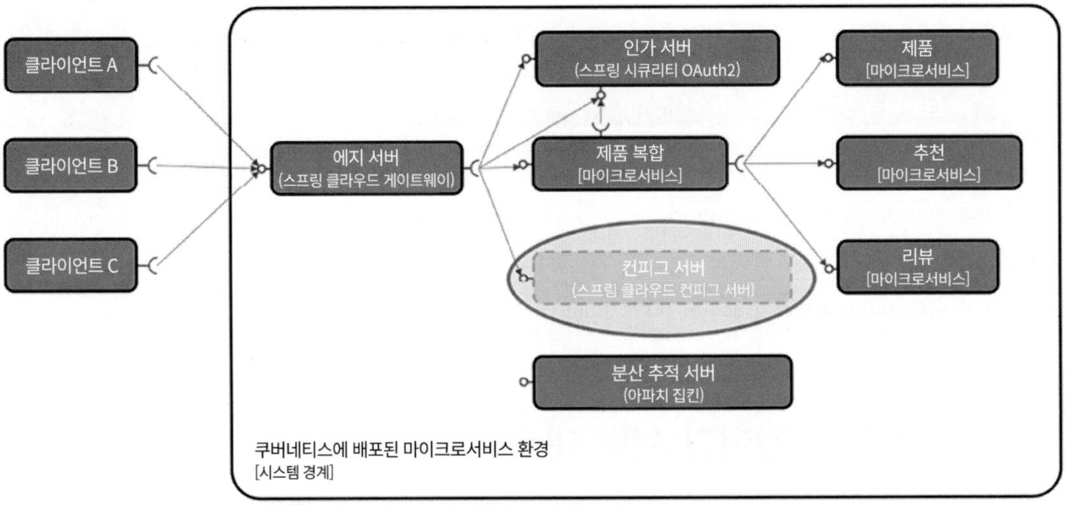


**그림 17.1** 스프링 클라우드 컨피그 서버를 쿠버네티스에 내장된 컨피그맵과 시크릿으로 대체하기

스프링 클라우드 컨피그 서버를 쿠버네티스 컨피그맵과 시크릿으로 대체하는 데 필요한 사항을 살펴보자.

> 여기서 중요한 점은 구성만 변경될 뿐, 자바 소스코드는 전혀 수정할 필요가 없다는 것이다.

## 스프링 클라우드 컨피그 서버를 대체하는 데 필요한 변경 사항

스프링 클라우드 컨피그 서버를 쿠버네티스 컨피그맵과 시크릿으로 대체하기 위해 소스코드의 구성에 다음과 같은 변경 사항을 적용했다.

1. `spring-cloud/config-server` 프로젝트를 제거하고, `settings.gradle` 빌드 파일에서도 프로젝트를 제거했다.
2. 컨피그 서버용 헬름 차트를 제거했다.
3. `test-em-all.bash` 테스트 스크립트에서 컨피그 서버 관련 테스트를 제거했다.
4. 모든 마이크로서비스에서 다음 구성을 제거했다.
    - `build.gradle` 빌드 파일의 `spring-cloud-starter-config` 의존성
    - 각 프로젝트의 `src/main/resource` 폴더에 있는 `application.yml` 파일(컨피그 서버에 접속하는 데 사용됨)
    - 통합 테스트의 `spring.cloud.config.enabled=false` 프로퍼티 설정(더 이상 필요하지 않음)
5. `config-repo` 폴더의 구성 파일 변경 사항
    - MongoDB, MySQL, RabbitMQ, 에지 서버에서 사용하는 TLS 인증서의 비밀번호 등 중요한 정보가 포함된 프로퍼티를 제거했다. 중요한 정보는 쿠버네티스 시크릿을 사용해 처리할 것이다.
    - 에지 서버 구성에서 컨피그 서버 API의 경로가 제거됐다.
6. `kubernetes/helm/components`의 마이크로서비스 헬름 차트 변경 사항
    - 각 차트마다 `config-repo` 폴더가 추가됐다. 공통 `config-repo` 폴더의 필수 구성 파일에 대한 소프트 링크가 헬름 차트의 `config-repo` 폴더에 생성됐다. 각 마이크로서비스에 대해 공통 구성 파일(`application.yaml`)과 마이크로서비스별 구성 파일에 대한 소프트 링크가 생성됐다.

> 소프트 링크를 생성하는 방법에 대해서는 16장 '쿠버네티스에 마이크로서비스 배포'의 '컴포넌트 차트' 절을 참고한다.

- `values.yaml` 파일이 다음과 같이 업데이트됐다.
    - 사용할 구성 파일을 지정하는 데 사용되는 스프링 프로퍼티에 대한 환경변수. 예를 들어, 제품 마이크로서비스의 프로퍼티는 다음과 같다.

```
SPRING_CONFIG_LOCATION: file:/config-repo/application.yml,file:/config-repo/product.yml
```

    - 마이크로서비스가 구성 파일을 찾는 데 사용할 컨피그맵. 컨피그맵은 `/config-repo` 경로에서 컨테이너 내부에서 사용할 수 있게 된다. 선언은 다음과 같다.

```
configmap:
  enabled: true
  volumeMounts:
    mountPath: /config-repo
```

- 컨피그맵을 생성하기 위해 common 차트의 common.configmap_from_file이라는 명명 템플릿을 기반으로 하는 템플릿이 추가됐다.

7. kubernetes/helm/environments에 있는 환경 헬름 차트에 대한 변경 사항
   - 컨피그 서버의 차트에 대한 의존성을 제거했다.
   - values.yaml 파일이 업데이트됐다.
   - 컨피그 서버와 클라이언트에 대한 시크릿이 리소스 관리자(MongoDB, MySQL, RabbitMQ)와 해당 클라이언트에 대한 시크릿으로 대체됐다. 예를 들면 다음과 같다.

```
rabbitmq-zipkin-credentials:
  RABBIT_USER: rabbit-user-dev
  RABBIT_PASSWORD: rabbit-pwd-dev

mongodb-credentials:
  SPRING_DATA_MONGODB_AUTHENTICATION_DATABASE: admin
  SPRING_DATA_MONGODB_USERNAME: mongodb-user-dev
  SPRING_DATA_MONGODB_PASSWORD: mongodb-pwd-dev
```

> 지난 장의 내용을 복습하자면 예제에서 비밀번호와 같은 중요한 정보가 포함된 values.yaml 파일은 안전하게 저장해야 한다. 이 파일을 안전하게 저장하는 것이 여의치 않다면 이 파일에서 중요한 정보를 제거하고 helm install 명령을 실행할 때 중요한 정보를 제공하는 방법을 사용할 수도 있다.

   - 각 컴포넌트에는 필요한 시크릿이 할당된다.

> 지난 장의 내용을 복습하자면 시크릿은 각 파드에 환경변수로 매핑될 것이다.

예를 들어, 제품 서비스는 MongoDB와 RabbitMQ 모두에 접근해야 하므로 다음과 같은 두 개의 시크릿이 할당된다.

```
product:
  envFromSecretRefs:
    - rabbitmq-credentials
    - mongodb-credentials
```

헬름 차트의 values.yaml 파일에 대한 대부분의 변경사항은 Deployment 오브젝트에 대한 쿠버네티스 매니페스트로 변환된다. 예를 들어, product 마이크로서비스의 Deployment 오브젝트는 다음과 같은 형태가 된다.

```
apiVersion: apps/v1
kind: Deployment
  metadata:
name: product
spec:
  template:
    spec:
      containers:
        - name: product
          env:
          - name: SPRING_CONFIG_LOCATION
            value: file:/config-repo/application.yml,file:/config-repo/product.yml
          - name: SPRING_PROFILES_ACTIVE
            value: docker
          envFrom:
          - secretRef:
            name: rabbitmq-credentials
          - secretRef:
            name: mongodb-credentials
          volumeMounts:
            - name: product
            mountPath: /config-repo
      volumes:
        - name: product
        configMap:
          name: product
```

참고로 매니페스트에서 위 변경 사항의 영향을 받지 않은 부분은 가독성을 위해 생략했다.

컴포넌트의 쿠버네티스 매니페스트를 직접 렌더링하고 싶다면 대상 차트에 헬름의 template 명령을 적용하면 된다. 또한 환경의 values.yaml 파일에 있는 값(template 명령의 컴포넌트에 적용할 수 있는)도 추가해야 한다. product 서비스를 예로 들어보자. dev-env 차트의 values.yaml 파일에는 product 서비스에 적용되는 다음과 같은 설정이 포함돼 있다.

```
product:
  envFromSecretRefs:
    - rabbitmq-credentials
    - mongodb-credentials
```

이러한 설정을 `template` 명령에 추가하려면 `--set` 플래그를 사용하면 된다.

> 또한 명령을 실행할 때 `values.yaml` 파일을 추가하는 데 사용할 수 있는 `--values` 플래그도 있다.

환경 차트의 값을 추가할 때는 그것이 컴포넌트 차트의 부모 차트라는 점을 기억해야 한다. 즉, 컴포넌트 차트에 직접 적용할 때는 설정에서 컴포넌트 차트의 이름을 제거해야 한다. 이 경우에는 다음과 같은 값을 `template` 명령에 추가해야 `product` 차트가 올바르게 렌더링된다.

```
envFromSecretRefs:
  - rabbitmq-credentials
  - mongodb-credentials
```

`--set` 플래그에다 중괄호 안에 요소를 나열해(예: `"{a,b,c}"`와 같이) 위와 같은 YAML 배열을 정의할 수 있다. 다음 명령으로 `product` 차트를 렌더링할 수 있다.

```
helm template kubernetes/helm/components/product \
  --set envFromSecretRefs=\
  "{rabbitmq-credentials, mongodb-credentials}"
```

그럼 `product` 마이크로서비스, 컨피그맵, 서비스, 그리고 마지막으로 `Deployment` 오브젝트에 대한 매니페스트가 포함될 것이다.

이렇게 해서 스프링 클라우드 컨피그 서버를 쿠버네티스 컨피그맵과 시크릿으로 대체하는 데 필요한 사항을 전부 살펴봤다. 다음 절에서는 스프링 클라우드 게이트웨이를 쿠버네티스 인그레스 오브젝트로 대체하는 방법을 알아보겠다.

## 스프링 클라우드 게이트웨이 대체하기

이번 절에서는 쿠버네티스에 내장된 인그레스 오브젝트로 스프링 클라우드 게이트웨이를 대체해 마이크로서비스 환경을 더욱 단순화하겠다.

15장 '쿠버네티스 소개'에서 소개한 것처럼 쿠버네티스의 인그레스 오브젝트는 스프링 클라우드 게이트웨이와 동일한 방식으로 에지 서버의 역할을 할 수 있다. 스프링 클라우드 게이트웨이는 인그레스 오브젝트에 비해 더 풍부한 라우팅 기능을 제공한다. 그러나 인그레스는 쿠버네티스 플랫폼의 일부이므로 추가 배포가 필요하지 않으며, 이번 장 후반부에서 볼 수 있듯이 cert-manager를 사용해 인증서를 자동으로 프로비저닝할 수도 있다.

또한 예제에서는 스프링 클라우드 게이트웨이를 사용해 신뢰할 수 있는 OAuth 권한 서버 또는 OIDC 제공업체로부터 유효한 OAuth 2.0/OIDC 접근 토큰을 요구함으로써 인증되지 않은 요청으로부터 마이크로서비스를 보호했다. 복습이 필요하다면 11장 'API에 대한 접근 보안'을 참고한다. 일반적으로 쿠버네티스 인그레스 오브젝트는 이를 지원하지 않는다. 그러나 인그레스 컨트롤러의 특정 구현은 이를 지원할 수 있다.

마지막으로 10장 '스프링 클라우드 게이트웨이를 활용해 에지 서버 뒤로 마이크로서비스 숨기기'에서 게이트웨이에 추가한 복합 상태 검사는 각 마이크로서비스의 배포 매니페스트에 정의된 쿠버네티스 라이브니스 및 준비 상태 프로브로 대체될 수 있다.

따라서 스프링 클라우드 컨피그 서버와 마찬가지로 기반 플랫폼이 유사한 기능을 제공하지 않을 때는 스프링 클라우드 게이트웨이를 사용해볼 수 있다. 쿠버네티스에 배포할 때는 인그레스 오브젝트를 사용하는 편이 더 낫다.

이번 장에서는 요청에 유효한 접근 토큰이 포함돼 있는지 검증하는 책임을 `product-composite` 마이크로서비스에 위임하겠다. 이는 인그레스가 접근 토큰이 포함된 HTTP 헤더를 `product-composite` 마이크로서비스로 전달하고, 이전 장에서와 같이 OAuth 접근 토큰의 유효성을 검사하는 방식으로 수행된다. 다음 장에서는 서비스 메시의 개념을 소개하고, JWT로 인코딩된 OAuth 접근 토큰의 유효성을 검사하는 인그레스의 대안 구현을 살펴본다.

> '쿠버네티스 없이 마이크로서비스가 작동하는지 확인하기' 절에서는 여전히 스프링 클라우드 게이트웨이를 도커 컴포즈와 함께 사용할 것이므로 프로젝트를 제거하지 않겠다.

다음 다이어그램은 쿠버네티스에 배포할 때 마이크로서비스 환경에서 스프링 클라우드 게이트웨이가 제거되는 모습을 보여준다.

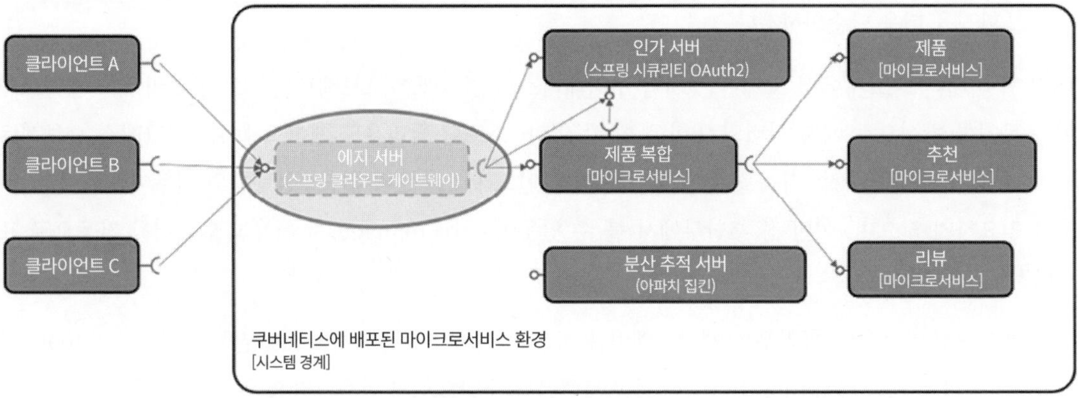


**그림 17.2** 스프링 클라우드 게이트웨이를 쿠버네티스 내장 인그레스 컨트롤러로 대체하기

그럼 스프링 클라우드 게이트웨이를 쿠버네티스 인그레스 오브젝트로 대체하려면 무엇이 필요한지 살펴보자.

> 여기서는 구성만 변경하므로 자바 소스코드는 변경할 필요가 없다는 점에 유의한다.

## 스프링 클라우드 게이트웨이를 대체하는 데 필요한 변경 사항

스프링 클라우드 게이트웨이를 쿠버네티스 인그레스 오브젝트로 대체하기 위해 구성 설정에 다음과 같은 변경 사항을 적용했다.

1. 스프링 클라우드 게이트웨이용 헬름 차트를 제거했다.
2. 인그레스 매니페스트에 대한 명명 템플릿과 common 차트에 인그레스에 대한 기본값을 추가했다.

   명명 템플릿인 kubernetes/helm/common/templates/_ingress.yaml은 이전 장에서 살펴본 선언으로 시작한다.

   ```
   {{- define "common.ingress" -}}
   {{- $common := dict "Values" .Values.common -}}
   {{- $noCommon := omit .Values "common" -}}
   {{- $overrides := dict "Values" $noCommon -}}
   ```

```
{{- $noValues := omit . "Values" -}}
{{- with merge $noValues $overrides $common -}}
apiVersion: networking.k8s.io/v1
kind: Ingress
metadata:
  name: {{ include "common.fullname" . }}
  labels:
    app.kubernetes.io/name: {{ include "common.name" . }}
    helm.sh/chart: {{ include "common.chart" . }}
    app.kubernetes.io/managed-by: {{ .Release.Service }}
{{- with .Values.ingress.annotations }}
  annotations:
{{ toYaml . | indent 4 }}
{{- end }}
```

템플릿의 이름은 common.ingress이고, apiVersion과 kind가 networking.k8s.io/v1과 Ingress로 설정되어 인그레스 매니페스트임을 나타낸다. 템플릿의 나머지 부분은 대부분 Deployment 또는 Service 템플릿과 같이 매개변수 재정의가 필요한 다른 매니페스트와 동일하다.

유일하게 새로운 부분은 필요한 경우 values.yaml 파일의 ingress.annotations 필드를 사용해 애너테이션을 추가할 수 있다는 것이다.

인그레스 템플릿의 나머지 부분에는 매니페스트의 주된 내용인 spec이 포함돼 있다.

```
spec:
  tls:
    - hosts:
        - {{ .Values.ingress.host | quote }}
      secretName: {{ .Values.ingress.tls.secretName }}
  rules:
    - host: {{ .Values.ingress.host | quote }}
      http:
        paths:
        {{- range .Values.ingress.paths }}
          - path: {{ .path }}
            pathType: Prefix
            backend:
              service:
                name: {{ .service }}
                port:
```

```
                  name: http

        {{- end }}
{{- end }}
{{- end -}}
```

먼저 tls 섹션에서는 인그레스가 HTTPS 트래픽만 허용하고, 허용되는 hostname이 values.yaml 파일의 ingress.host 키로 지정될 것이라고 선언한다. HTTPS 요청을 처리하는 데 사용되는 인증서는 values.yaml 파일에서 ingress.tls.secretName 키를 사용해 지정된 이름으로 시크릿에 저장될 것이다.

다음은 rules 섹션에 선언된 라우팅 규칙이다. 먼저 라우팅에 사용되는 호스트명이 나온다. 이것은 위의 tls 섹션과 동일한 호스트명이 될 것이다. 다음은 라우트 목록이다. 라우트 목록은 values.yaml 파일의 ingress.paths 섹션을 사용해 채워질 것이다. 각 항목에는 path와 해당 경로로의 요청이 라우팅될 service의 이름이 담겨 있고, 각 서비스는 포트의 이름이 http로 설정될 것이다.

common 차트의 values.yaml 파일은 인그레스 매니페스트에 대해 다음과 같은 기본값을 제공한다.

```
ingress:
  annotations:
    cert-manager.io/issuer: selfsigned
  tls:
    secretName: tls-certificate
```

첫 번째 애너테이션인 cert-manager.io/issuer는 인그레스 오브젝트에 대해 선언된 애너테이션으로서 cert-manager가 selfsigned라는 발급자(issuer)를 사용해 이 인그레스 오브젝트에 필요한 인증서를 관리해야 한다는 것을 나타낸다. 이에 대한 자세한 내용은 이후에 나올 '인증서 프로비저닝 자동화' 절에서 다루겠다. 다음은 인증서를 보관할 시크릿으로, 기본 이름은 tls-certificate다.

3. dev-env와 prod-env 환경 차트에 인그레스 매니페스트용 템플릿과 설정이 추가됐다. 템플릿에는 ingress.yml이라는 이름이 지정됐으며, 앞에서 설명한 common 차트의 명명 템플릿을 기반으로 한다.

```
{{- template "common.ingress" . -}}
```

4. 인그레스 매니페스트를 렌더링하는 데 필요한 나머지 값(hostname과 라우팅에 사용되는 실제 path)는 각 환경 차트의 values.yaml 파일에 지정돼 있다. 선언 내용은 다음과 같다.

```
ingress:
  host: minikube.me
  paths:
    - path: /oauth2
      service: auth-server
```

```
    - path: /login
      service: auth-server
    - path: /error
      service: auth-server
    - path: /product-composite
      service: product-composite
    - path: /actuator/health
      service: product-composite
    - path: /openapi
      service: product-composite
```

이 구성에서는 호스트명으로 minikube.me를 사용할 것이며, auth-server에 대해 3개의 경로가, 나머지 경로는 product-composite 서비스로 라우팅되리라는 것을 알 수 있다.

> 이후 '쿠버네티스 컨피그맵, 시크릿, 인그레스, cert-manager를 활용한 테스트' 절에서 로컬 /etc/hosts 파일에 minikube.me 호스트명을 등록하는 과정을 다룰 것이다.

앞의 변경 사항을 적용하고 나면 헬름에 의해 인그레스 매니페스트가 렌더링될 것이다. 인그레스 템플릿은 환경 차트에서만 사용되므로 인그레스 매니페스트를 확인하려면 차트 중 하나를 렌더링해야 한다.

다음 명령을 실행해 dev-env 차트로 매니페스트를 렌더링한다.[1]

```
helm template kubernetes/helm/environments/dev-env
```

출력 결과에서 kind: Ingress를 찾으면 인그레스 매니페스트를 확인할 수 있다. 다음을 보자.

```
apiVersion: networking.k8s.io/v1
kind: Ingress
metadata:
  name: RELEASE-NAME-dev-env
  labels:
    app.kubernetes.io/name: dev-env
    helm.sh/chart: dev-env-1.0.0
    app.kubernetes.io/managed-by: Helm
```

1 (옮긴이) 명령을 실행하기 전에 의존성 해결을 위해 아래 두 명령을 실행할 필요가 있다.

```
for f in kubernetes/helm/components/*; do helm dep up $f; done
for f in kubernetes/helm/environments/*; do helm dep up $f; done
```

```
  annotations:
    cert-manager.io/issuer: selfsigned
spec:
  tls:
  - hosts:
    - "minikube.me"
    secretName: tls-certificate
  rules:
  - host: "minikube.me"
    http:
      paths:
      - path: /oauth2
        pathType: Prefix
        backend:
          service:
            name: auth-server
            port:
              name: http
      - path: /product-composite
        pathType: Prefix
        backend:
          service:
            name: product-composite
            port:
              name: http
      - path: /actuator/health
        pathType: Prefix
        backend:
          service:
            name: product-composite
            port:
              name: http
```

가독성을 위해 일부 라우팅 규칙을 생략했다.

마지막으로 남은 부분은 인증서가 포함된 시크릿이 어떻게 생성되느냐다.

## 인증서 프로비저닝 자동화

cert-manager 도구(https://cert-manager.io/docs/)는 쿠버네티스용 인증서 관리 컨트롤러다.

cert-manager는 인증서의 자동 생성, 프로비저닝, 교체를 용이하게 하며, 다음과 같은 여러 인증서 소스를 지원한다.

- RFC8555(https://tools.ietf.org/html/rfc8555) 호환 ACME 서버(예: Let's Encrypt(https://letsencrypt.org)
- HashiCorp Vault PKI 시크릿 엔진(https://www.vaultproject.io/docs/secrets/pki)
- cert-manager에서 발급하는 자체 서명 인증서

사용 가능한 발급자의 전체 목록은 https://cert-manager.io/docs/configuration/을 참고한다.

자체 서명 인증서는 외부 리소스와의 통신이 필요하지 않으므로 개발 중에 사용하기에 좋다. 이 책에서는 자체 서명 인증서를 사용하겠다.

> 프로덕션 환경에서 cert-manager를 사용하려면 일반적으로 Let's Encrypt와 같이 API 클라이언트(예: 웹 브라우저)가 신뢰하는 인증서를 발급해주는 발급자를 사용해야 한다.

쿠버네티스 클러스터에 cert-manager를 설치하고 나면 발급자를 적어도 하나 이상 등록해야 한다. 발급자는 네임스페이스에 한정될 수도 있고 클러스터 전체에서 사용할 수도 있다. 여기서는 기존 네임스페이스인 hands-on에 등록된 로컬 발급자를 사용하겠다.

적절한 발급자를 등록하는 것은 환경 차트인 dev-env와 prod-env의 책임이다. 두 환경에서는 모두 자체 서명 발급자를 사용할 것이다. 명명 템플릿인 _issuer.yaml이 다음과 같이 common 차트에 추가됐다.

```
{{- define "common.issuer" -}}
apiVersion: cert-manager.io/v1
kind: Issuer
metadata:
  name: selfsigned
spec:
  selfSigned: {}
{{- end -}}
```

apiVersion과 kind 필드는 이것이 cert-manager에 의해 정의된 발급자라는 것을 나타내며, 이름은 selfsigned로 설정돼 있다. 앞의 '스프링 클라우드 게이트웨이를 대체하는 데 필요한 변경 사항' 절에서 인그레스 매니페스트에 애너테이션을 지정하기 위해 이 이름을 어떻게 사용했는지 살펴본 바 있다.

```
ingress:
  annotations:
    cert-manager.io/issuer: selfsigned
  tls:
    secretName: tls-certificate
```

이렇게 하고 나면 cert-manager가 개입해서 인그레스 오브젝트에 인증서를 제공한다. cert-manager는 cert-manager.io/issuer로 애너테이션이 지정된 인그레스 오브젝트의 등록을 대기하고, 애너테이션 값에서 참조된 발급자(이 경우 selfsigned)를 사용해 인증서를 발급한다.

cert-manager는 발급자를 사용해 인증서를 생성하고 인그레스 오브젝트에 의해 지정된 이름으로 시크릿에 저장한다. 여기서는 이름이 tls-certificate로 설정돼 있다. cert-manager가 인증서를 갱신할 시기 등의 관리 정보가 포함된 Certificate 오브젝트도 동일한 이름으로 생성된다.

명명 템플릿인 common.issuer에는 어떤 구성도 지정할 수 없으므로 dev-env와 prod-env 차트에 적용하기 위해서는 명명 템플릿을 사용하는 각 차트에 템플릿을 추가하기만 하면 된다. 템플릿의 이름은 issuer.yaml이며, 다음과 같은 형태다.

```
{{- template "common.issuer" . -}}
```

이렇게 해서 스프링 클라우드 컨피그 서버와 게이트웨이를 기본 쿠버네티스 컴포넌트와 cert-manager로 대체했다. 이제 변경사항을 배포하고 몇 가지 테스트를 실행해 보자.

# 쿠버네티스 컨피그맵, 시크릿, 인그레스, cert-manager를 활용한 테스트

앞에서 설명한 변경 사항으로 스프링 클라우드 컨피그 서버와 스프링 클라우드 게이트웨이를 쿠버네티스 컨피그맵, 시크릿, 인그레스 오브젝트, cert-manager로 대체해서 시스템 환경을 테스트할 준비가 끝났다. 이전에 스프링 클라우드 게이트웨이를 에지 서버로 사용했을 때와 마찬가지로 외부 API는 HTTPS로 보호될 것이다. 이번에는 인그레스 컨트롤러가 cert-manager에서 프로비저닝한 인증서를 사용해 외부 API를 HTTPS로 보호하게 될 것이다. 이를 다음 다이어그램에서 확인할 수 있다.

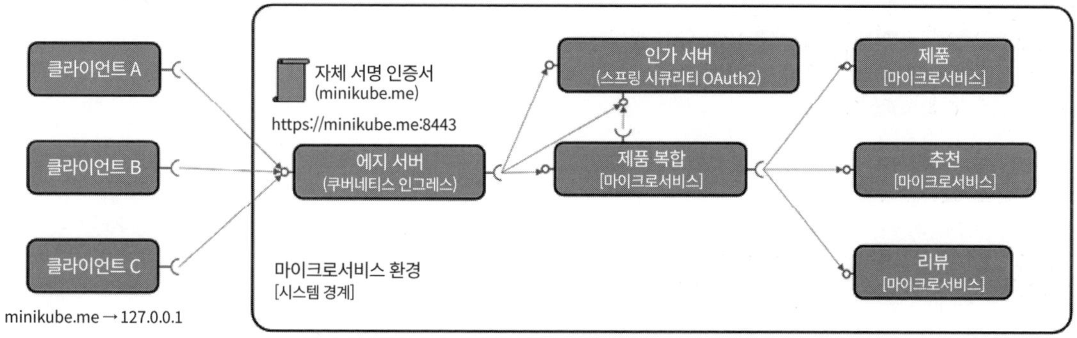


**그림 17.3** HTTPS를 이용해 외부 접근 보호하기

인그레스 컨트롤러는 미니큐브 인스턴스의 기본 HTTPS 포트인 443번으로 노출된다. 우리가 도커 컨테이너로 미니큐브 인스턴스를 실행하는 호스트에서는 `localhost`를 통해 미니큐브 인스턴스와 통신한다. 미니큐브 인스턴스를 생성할 때 `localhost`의 8443번 포트에서 미니큐브 인스턴스의 443번 포트로 포트 포워딩이 구성됐다. 인그레스 컨트롤러는 `minikube addons enable ingress` 명령을 실행할 때 설치됐다.

> 미니큐브 인스턴스 설정을 복습하려면 15장 '쿠버네티스 소개'의 '쿠버네티스 클러스터 생성' 절을 참고한다.

여기서 한 가지 흥미로운 질문은 인그레스 컨트롤러가 어떻게 미니큐브 인스턴스의 443번 포트를 사용할 수 있는가다. 지금까지는 `30000`번으로 시작하는 포트를 할당할 수 있는 `NodePort` 타입의 서비스를 사용하는 것만 봤는데, 인그레스 컨트롤러가 HTTPS의 표준 포트인 443번을 어떻게 사용할 수 있는 것일까?

인그레스 컨트롤러는 `ingress-nginx` 네임스페이스의 `ingress-nginx-controller`라는 `Deployment` 오브젝트로 구성된다. 질문의 답은 `Deployment` 오브젝트가 쿠버네티스 호스트(즉, 미니큐브 인스턴스)의 443번 포트를 파드에서 실행 중인 컨테이너의 443번 포트에 매핑하는 `hostPort`를 사용해 파드를 구성하기 때문이다. `Deployment` 오브젝트 정의의 핵심부는 다음과 같다.

```
apiVersion: apps/v1
kind: Deployment
metadata:
  name: ingress-nginx-controller
```

```
spec:
  template:
    spec:
      containers:
        image: registry.k8s.io/ingress-nginx/controller:v1.5.1
        ports:
        - containerPort: 443
          hostPort: 443
```

> 이 설정은 개발 및 테스트에 사용되는 단일 노드 쿠버네티스 클러스터에서 동작한다. 멀티 노드 쿠버네티스 클러스터에서는 고가용성 및 확장성을 위해 외부 로드 밸런서를 사용해 인그레스 컨트롤러를 노출한다.

`Deployment` 오브젝트는 16장 '쿠버네티스에 마이크로서비스 배포'의 '개발 및 테스트를 위해 쿠버네티스에 배포하기' 절에서 사용했던 것과 동일한 유형의 명령을 사용한다. 이번 절에서는 cert-manager도 설치하고 `/etc/hosts` 파일에 `minikube.me` 호스트명에 대한 항목을 추가할 것이다.

다음 단계를 수행해 시스템 환경을 배포하고 예상대로 작동하는지 확인한다.

1. `cert-manager` 네임스페이스에 cert-manager를 설치하고 배포가 완료될 때까지 기다린다. cert-manager를 설치하기 전에 헬름 저장소를 추가하기 위해 다음 명령을 실행한다.

```
helm repo add jetstack https://charts.jetstack.io
helm repo update
helm install cert-manager jetstack/cert-manager \
  --create-namespace \
  --namespace cert-manager \
  --version v1.11.0 \
  --set installCRDs=true \
  --wait
```

> cert-manager 도구에는 앞에서 소개한 `Issuer` 오브젝트와 같은 쿠버네티스 커스텀 리소스 정의(Custom Resource Definitions; CRD)도 제공된다. CRD는 쿠버네티스에서 API를 확장하는 데, 즉 API에 새로운 오브젝트를 추가하는 데 사용된다. 위 명령의 `--set installCRDs=true` 플래그는 cert-manager를 설치할 때 이러한 오브젝트 정의가 설치되게 한다.

다음 명령으로 cert-manager 네임스페이스에 세 개의 파드가 준비됐는지 확인한다.

```
kubectl get pods --namespace cert-manager
```

그럼 다음과 같은 응답을 기대할 수 있다.

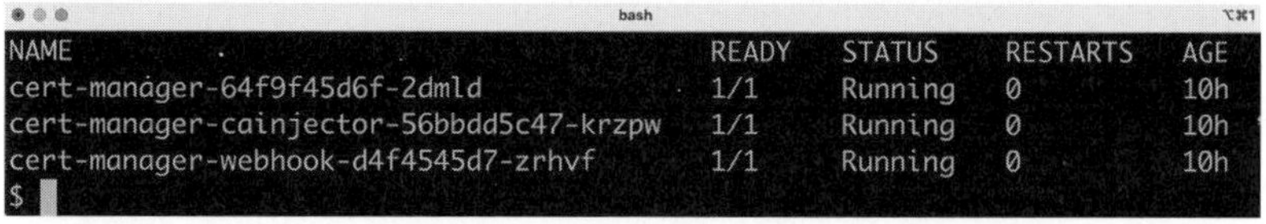


**그림 17.4** cert-manager 네임스페이스의 파드

2. /etc/hosts 파일에 minikube.me를 미니큐브 인스턴스의 IP 주소에 매핑하는 내용을 추가한다. 다음 명령을 실행한다.

```
sudo bash -c "echo 127.0.0.1 minikube.me | tee -a /etc/hosts"
```

> sudo 명령을 실행하면 아마도 비밀번호를 묻는 메시지가 표시될 것이다.

cat /etc/hosts 명령으로 결과를 확인한다. 127.0.0.1 minikube.me가 포함된 행이 포함돼 있을 것이다.

/etc/hosts 파일에 minikube.me에 대한 행이 여러 개 포함돼 있는 경우 이전 행을 수동으로 제거해야 한다.

3. 다음 명령을 실행해 소스코드를 기반으로 도커 이미지를 빌드할 수 있다.

```
cd $BOOK_HOME/Chapter17
eval $(minikube docker-env -u)
./gradlew build
eval $(minikube docker-env)
docker compose build
```

> eval $(minikube docker-env -u) 명령은 ./gradlew build 명령을 실행했을 때 미니큐브 인스턴스의 도커 엔진이 아닌 호스트의 도커 엔진을 사용하게 한다. build 명령은 도커를 사용해 테스트 컨테이너를 실행한다.

4. 헬름 차트 의존성을 해결한다.

a. 먼저 components 폴더의 의존성을 업데이트한다.

```
for f in kubernetes/helm/components/*; do helm dep up $f; done
```

b. 다음으로 environments 폴더의 의존성을 업데이트한다.

```
for f in kubernetes/helm/environments/*; do helm dep up $f; done
```

5. hands-on 네임스페이스를 kubectl의 기본 네임스페이스로 설정한다.

```
kubectl config set-context $(kubectl config current-context) --namespace=hands-on
```

6. 별도의 터미널 창에서 다음 명령을 실행해 cert-manager에 의해 인증서 오브젝트가 어떻게 생성되는지 모니터링한다.

```
kubectl get certificates -w --output-watch-events
```

7. 헬름을 사용해 시스템 환경을 배포하고 모든 배포가 완료될 때까지 기다린다.

```
helm install hands-on-dev-env \
  kubernetes/helm/environments/dev-env \
  -n hands-on \
  --create-namespace \
  --wait
```

8. 배포 과정에서 어떻게 cert-manager에 의해 인증서가 생성되는지 확인한다. kubectl get certificates 명령을 실행하면 다음과 같은 출력 결과를 예상할 수 있다.

```
EVENT      NAME             READY   SECRET           AGE
ADDED      tls-certificate          tls-certificate  0s
...
MODIFIED   tls-certificate  False   tls-certificate  0s
...
MODIFIED   tls-certificate  True    tls-certificate  1s
```

**그림** 17.5 인증서를 프로비저닝하는 cert-manager에서 발생하는 이벤트

9. Ctrl + C를 눌러 kubectl get certificates 명령을 중지한다.

10. 시스템 환경이 예상대로 작동하는지 확인하는 테스트를 실행한다.

```
HOST=minikube.me PORT=8443 USE_K8S=true ./test-em-all.bash
```

이전 장에서 본 것과 비슷한 테스트 출력 결과를 기대할 수 있다.

```
HOST=minikube.me
PORT=8443
USE_K8S=true
SKIP_CB_TESTS=false
Wait for: curl -k https://minikube.me:8443/actuator/health...
DONE, continues...
ACCESS_TOKEN=eyJra...
Test OK (HTTP Code: 202, )
...
End, all tests OK: Sun MMM DD 07:48:58 CEST YYYY
$
```

**그림 17.6** dev-env 헬름 차트로 생성된 시스템 환경 확인

dev-env를 마무리하기 전에 cert-manager가 생성한 인증서 오브젝트를 시험해 보고 인증서의 유효 기간에 어떤 영향을 미치는지 살펴보자.

## 인증서 교체

다음 명령을 실행해 인증서 오브젝트에 대해 알아보자.

```
kubectl describe cert tls-certificate
```

출력 결과의 끝부분에서 인증서 유효 기간에 대한 다음과 같은 정보를 확인할 수 있다.

```
  Not After:              2025-08-03T18:43:47Z
  Not Before:             2025-05-05T18:43:47Z
  Renewal Time:           2025-07-04T18:43:47Z
```

**그림 17.7** 인증서 유효 기간 및 갱신 시간

인증서가 90일 동안 유효하고(Not After – Not Before) cert-manager가 60일 후에 갱신을 시도할 것임을 알 수 있다(Renewal Time – Not Before). 현재 사용 중인 자체 서명 발급자는 어떤 구성도 허용하지 않으므로 이것이 cert-manager가 사용하는 기본값이다. 즉, 수명이 90일이고, 수명의 2/3가 지나면 갱신 프로세스가 시작된다.

하지만 지금은 인증서가 어떻게 갱신되는지 관찰하기 위해 60일을 기다리고 싶지 않다. `https://cert-manager.io/docs/reference/api-docs/#cert-manager.io/v1.Certificate`에서 인증서 오브젝트에 대한 API 사양을 살펴보면 `spec` 섹션에서 관련 필드를 찾을 수 있다. 필드의 이름은 `renewBefore`이며,

cert-manager가 얼마나 일찍 갱신 프로세스를 시작해야 하는지 지정하는 데 사용된다. 인증서를 1분마다 한 번씩 갱신하려면 `renewBefore`를 다음과 같이 지정하면 된다.[2]

```
90일 - 1분 = 90 * 24시간 - 1분 = 2160시간 - 1분 = 2159시간 59분
```

별도의 터미널 창에서 `kubectl get events -w` 명령을 실행하고, 다음 `patch` 명령을 실행해 인증서에 `renewBefore` 필드를 추가한다.

```
kubectl patch certificate tls-certificate --type=json \
  -p='[{"op": "add", "path": "/spec/renewBefore", "value": "2159h59m"}]'
```

그럼 1분 내로 `get events` 명령이 인증서 갱신에 대해 보고하기 시작할 것이다. 갱신될 때마다 `get events` 명령을 실행하면 다음과 같은 내용이 출력될 것이다.

```
0s          Normal    Issuing    certificate/tls-certificate
  Renewing certificate as renewal was scheduled at YYYY-MM-DD 05:55:40 +0000 UTC
...
0s          Normal    Issuing    certificate/tls-certificate
  The certificate has been successfully issued
```

**그림 17.8** 인증서를 교체하는 cert-manager에서 발생하는 이벤트

인증서가 1분마다 한 번씩 갱신되는지 확인하기 위해 몇 분 정도 기다려 보자. 다음 갱신이 언제 일어날지 궁금하다면 다음 명령을 실행해 보면 된다.

```
kubectl get cert tls-certificate -o json | jq .status.renewalTime
```

그럼 `2025-05-07T05:48:20Z`와 같은 날짜가 나올 것이다.

더 이상 유효 기간을 직접 설정하고 싶지 않다면 다음 명령으로 `renewBefore` 필드를 제거하면 된다.

```
kubectl patch certificate tls-certificate --type=json \
  -p='[{"op": "remove", "path": "/spec/renewBefore"}]'
```

---

2 (옮긴이) 이렇게 설정하면 인증서 만료 2159시간 59분 전에 갱신을 시도하므로 실질적으로 매 분마다 갱신이 발생하게 된다.

dev-env 차트를 사용해 배포된 시스템 환경에서 수행할 테스트는 여기까지다. 다음 명령으로 시스템 환경을 제거할 수 있다.

```
kubectl delete namespace hands-on
```

이어서 prod-env 차트를 사용해 스테이징 및 프로덕션 환경에 배포하는 방법도 간단히 살펴보자.

## 스테이징 및 프로덕션을 위한 쿠버네티스 배포

prod-env 차트를 사용해 스테이징 및 프로덕션 환경에 배포하는 것은 16장 '쿠버네티스에 마이크로서비스 배포'의 '스테이징 및 프로덕션을 위해 쿠버네티스에 배포하기' 절에서 진행한 단계와 동일하다. 해당 단계를 간단하게 요약하면 다음과 같다.

1. 쿠버네티스 외부에서 MySQL, MongoDB, RabbitMQ를 시작한다.

```
eval $(minikube docker-env)
docker compose up -d mongodb mysql rabbitmq
```

2. 도커 이미지에 v1 버전 태그를 지정한다.

```
docker tag hands-on/auth-server hands-on/auth-server:v1
docker tag hands-on/product-composite-service hands-on/product-composite-service:v1
docker tag hands-on/product-service hands-on/product-service:v1
docker tag hands-on/recommendation-service hands-on/recommendation-service:v1
docker tag hands-on/review-service hands-on/review-service:v1
```

3. prod-env 헬름 차트를 이용해 마이크로서비스를 배포한다.

```
helm install hands-on-prod-env \
  kubernetes/helm/environments/prod-env \
  -n hands-on --create-namespace \
  --wait
```

4. 시스템 환경이 예상대로 작동하는지 확인하는 테스트를 실행한다.

```
HOST=minikube.me PORT=8443 USE_K8S=true ./test-em-all.bash
```

단계가 모두 완료되면 다음 명령으로 쿠버네티스와 도커에서 생성된 리소스를 정리한다.

1. kubectl get cert -w와 kubectl get events -w 명령이 계속 실행 중이라면 Ctrl + C를 눌러 중지한다.

2. 다음 명령을 실행해 쿠버네티스에서 네임스페이스를 삭제한다.

```
kubectl delete namespace hands-on
```

3. 다음 명령을 실행해 MySQL, MongoDB, RabbitMQ를 중지한다.

```
eval $(minikube docker-env)
docker compose down
```

이상으로 쿠버네티스에서 실행되는 모든 테스트를 마쳤다. 이어서 쿠버네티스 없이도 마이크로서비스가 여전히 작동하는지 확인하는 방법을 살펴보자.

## 쿠버네티스 없이도 마이크로서비스가 작동하는지 확인

이번 장과 이전 장에서는 컨피그맵, 시크릿, 서비스, 인그레스 오브젝트와 같은 쿠버네티스의 요소들이 어떻게 협력 마이크로서비스 환경의 개발을 단순화할 수 있는지 확인했다. 그러나 마이크로서비스의 소스코드가 기능적 관점에서 플랫폼에 종속되지 않게 하는 것이 중요하다. 이러한 의존성을 피하면 향후 최소한의 노력으로 다른 플랫폼으로 변경할 수 있다. 즉, 플랫폼을 변경할 때 소스코드가 아닌 마이크로서비스의 구성만 변경하면 된다.

도커 컴포즈와 `test-em-all.bash` 검증 스크립트로도 마이크로서비스가 쿠버네티스 없이도 기능적 관점에서 잘 작동하는지 확인할 수 있다. 쿠버네티스는 도커 컴포즈보다 훨씬 더 고급이고 복잡한 도구이므로 미니큐브를 이용해 여러 협력 마이크로서비스에 대한 통합 테스트를 실행하는 것은 도커 컴포즈에 비해 시간이 오래 걸린다. 이러한 이유로 도커 컴포즈가 더 편리한 개발자 도구라 할 수 있다. 하지만 미니큐브는 테스트, QA, 프로덕션 환경에 배포하기 전에 로컬 쿠버네티스 환경에서 마이크로서비스가 예상대로 작동하는지 확인하는 데 매우 좋은 도구다.

쿠버네티스 없이 마이크로서비스를 실행할 경우에는 쿠버네티스가 제공하는 비기능적 기능들(예: 모니터링, 스케일링, 컨테이너 재시작 등)을 사용할 수 없다. 따라서 도커 컴포즈를 사용할 때는 다음과 같은 쿠버네티스 기능들을 대체할 것이다.

- 컨피그맵 대신 호스트 파일 시스템에서 직접 구성 파일을 매핑하는 볼륨을 사용한다.
- 시크릿 대신 도커 컴포즈의 `.env` 파일에 자격 증명과 같은 중요한 정보를 보관한다.

- 인그레스 대신 스프링 클라우드 게이트웨이를 사용한다.
- 서비스 대신 클라이언트가 사용하는 호스트명을 컨테이너의 호스트명에 직접 매핑한다. 이는 서비스 디스커버리가 없고 컨테이너를 확장할 수 없음을 의미한다.

이 같은 방식으로 도커 컴포즈를 사용하면 쿠버네티스를 사용하는 것에 비해 비기능적 관점에서 상당한 단점이 있다. 그러나 도커 컴포즈가 기능 테스트를 실행하는 데만 사용될 것이라는 점을 고려하면 수용할 만하다.

도커 컴포즈를 사용해 테스트를 실행하기 전에 `docker-compose*.yml` 파일의 변경 사항을 살펴보자.

## 도커 컴포즈 파일의 변경 사항

쿠버네티스 외부에서 도커 컴포즈로 마이크로서비스를 실행하기 위해 `docker-compose*.yml` 파일에 다음과 같은 변경 사항을 적용했다.

- 컨피그 서버 정의를 제거했다.
- `CONFIG_SERVER_USR`과 `CONFIG_SERVER_PWD` 같은 컨피그 서버 환경변수를 사용하는 부분을 제거했다.
- 구성 파일이 필요한 각 컨테이너에 `config-repo` 폴더를 볼륨으로 매핑했다.
- 구성 저장소의 구성 파일을 가리키도록 `SPRING_CONFIG_LOCATION` 환경변수를 정의했다.
- 도커 컴포즈의 `.env` 파일에 자격 증명 및 TLS 인증서의 비밀번호와 같은 중요한 정보를 저장했다.
- `.env` 파일에 정의된 변수를 사용해 리소스 관리자에 접근하기 위한 자격 증명을 환경변수로 정의했다.

예를 들어, `product` 마이크로서비스의 구성은 다음 `docker-compose.yml`과 같다.

```
product:
  build: microservices/product-service
  image: hands-on/product-service
  environment:
    - SPRING_PROFILES_ACTIVE=docker
    - SPRING_CONFIG_LOCATION=file:/config-repo/application.yml,file:/config-repo/product.yml
    - SPRING_RABBITMQ_USERNAME=${RABBITMQ_USR}
    - SPRING_RABBITMQ_PASSWORD=${RABBITMQ_PWD}
    - SPRING_DATA_MONGODB_AUTHENTICATION_DATABASE=admin
    - SPRING_DATA_MONGODB_USERNAME=${MONGODB_USR}
```

```
    - SPRING_DATA_MONGODB_PASSWORD=${MONGODB_PWD}
  volumes:
    - $PWD/config-repo:/config-repo
```

다음은 소스코드에 대한 설명이다.

- config-repo 폴더가 컨테이너 내부의 /config-repo 경로에 볼륨으로 매핑된다.
- SPRING_CONFIG_LOCATION 환경변수는 스프링으로 하여금 /config-repo/application.yml과 /config-repo/product.yml 파일에서 프로퍼티 파일을 찾도록 지시한다.
- RabbitMQ와 MongoDB에 접근하기 위한 자격 증명은 .env 파일의 내용을 기반으로 환경변수로 설정된다.

위의 소스코드에서 참조하는 자격 증명은 .env 파일에 다음과 같이 정의돼 있다.

```
RABBITMQ_USR=rabbit-user-prod
RABBITMQ_PWD=rabbit-pwd-prod
MONGODB_USR=mongodb-user-prod
MONGODB_PWD=mongodb-pwd-prod
```

## 도커 컴포즈를 이용한 테스트

도커 컴포즈로 테스트하기 위해 미니큐브 대신 도커 데스크톱을 사용하겠다. 이를 위해 다음과 같은 단계를 수행한다.

1. 도커 클라이언트가 미니큐브 대신 도커 데스크톱을 사용하게 하려면 다음 명령을 실행한다.

```
eval $(minikube docker-env --unset)
```

2. 8443번 포트에서 포트 충돌을 방지하려면 미니큐브 인스턴스를 중지해야 한다.

```
minikube stop
```

3. 도커 데스크톱에서 도커 이미지를 빌드하려면 다음 명령을 사용한다.

```
docker compose build
```

4. RabbitMQ(토픽당 하나의 파티션)를 사용해 테스트를 실행한다.

```
COMPOSE_FILE=docker-compose.yml ./test-em-all.bash start stop
```

5. 테스트에서는 모든 컨테이너를 구동하고, 테스트를 실행한 다음, 마지막으로 모든 컨테이너를 중지할 것이다. 이전 장에서 본 것과 비슷한 출력 결과를 예상할 수 있다(가독성을 높이기 위해 출력 결과를 일부 생략).

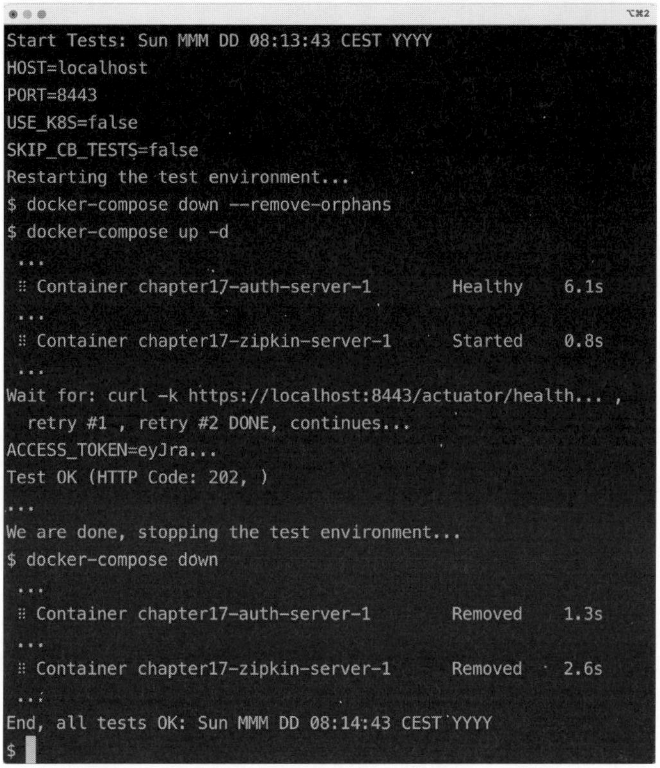


**그림 17.9** 쿠버네티스를 사용하지 않고 시스템 환경의 기능을 확인

6. 선택적으로 RabbitMQ(토픽당 여러 개의 파티션)를 사용해 테스트를 실행한다.

```
COMPOSE_FILE=docker-compose-partitions.yml ./test-em-all.bash start stop
```

이전 테스트와 비슷한 출력 결과를 예상할 수 있다.

7. 또는 카프카(토픽당 여러 개의 파티션)를 사용해 테스트를 실행한다.

```
COMPOSE_FILE=docker-compose-kafka.yml ./test-em-all.bash start stop
```

이전 테스트와 비슷한 출력 결과를 예상할 수 있다.

> 카프카 브로커가 소비자 그룹의 인스턴스에 어느 파티션을 할당할지 결정하는 데 몇 초가 걸릴 수 있으므로 테스트를 시작할 때 리밸런싱 작업이 아직 진행 중일 경우 테스트가 실패할 수 있다. 테스트가 실패하면 start 플래그 없이 다음 명령을 다시 실행한다.
>
> ```
> COMPOSE_FILE=docker-compose-kafka.yml ./test-em-all.bash stop
> ```

8. 미니큐브 인스턴스를 시작하고 hands-on을 기본 네임스페이스로 설정한다.

```
minikube start
kubectl config set-context $(kubectl config current-context) --namespace=hands-on
```

이러한 테스트가 성공적으로 실행되면 마이크로서비스가 쿠버네티스 없이도 작동한다는 것을 확인할 수 있다.

# 정리

이번 장에서는 쿠버네티스의 기능을 사용해 마이크로서비스 환경을 단순화할 수 있는 방법, 즉 마이크로서비스와 함께 개발 및 배포해야 하는 지원 서비스의 수를 줄일 수 있는 방법을 살펴봤다. 또한 쿠버네티스 컨피그맵과 시크릿을 사용해 스프링 클라우드 컨피그 서버를 대체하고, 쿠버네티스 인그레스 오브젝트를 사용해 스프링 클라우드 게이트웨이를 대체하는 방법을 알아봤다.

cert-manager를 이용하면 인그레스 컨트롤러가 노출한 HTTPS 엔드포인트에 대한 인증서를 자동으로 프로비저닝할 수 있어 번거로운 수작업을 제거할 수 있었다.

마이크로서비스 소스코드가 쿠버네티스에 종속되지 않고 다른 플랫폼에서도 실행 가능한지 확인하기 위해 도커 컴포즈로 마이크로서비스를 배포하고 `test-em-all.bash` 테스트 스크립트를 실행했다.

다음 장에서는 서비스 메시의 개념을 소개하고 대표적인 서비스 메시 제품인 이스티오(Istio)를 사용해 쿠버네티스에 배포된 협력 마이크로서비스 환경의 관찰 가능성, 보안, 복원력, 라우팅을 개선하는 방법을 배운다.

# 문제

1. 스프링 클라우드 컨피그 서버는 어떻게 쿠버네티스 리소스로 대체됐는가?
2. 스프링 클라우드 게이트웨이는 어떻게 쿠버네티스 리소스로 대체됐는가?
3. cert-manager가 인그레스 오브젝트에 대해 자동으로 인증서를 프로비저닝하려면 무엇이 필요한가?
4. 인증서의 유효기간을 확인하고 업데이트하는 방법은 무엇인가?
5. 실제 인증서는 어디에 저장되는가?
6. 도커 컴포즈를 사용해 테스트를 실행한 이유는 무엇인가?

# 18

# 서비스 메시를 활용한 관찰 가능성과 관리 개선

이번 장에서는 서비스 메시(service mesh)의 개념을 소개하고, 보안, 정책 시행, 복원력, 트래픽 관리 등의 영역에서 마이크로서비스 시스템 환경의 과제를 해결하는 데 서비스 메시의 기능을 어떻게 활용할 수 있는지 살펴본다. 서비스 메시는 마이크로서비스 간에 트래픽이 오가는 방식을 시각화하는 관찰 가능성 기능을 제공하는 데도 사용될 수 있다.

서비스 메시는 앞에서 배운 스프링 클라우드 및 쿠버네티스의 기능과 부분적으로 겹친다. 그러나 이번 장에서 보겠지만 서비스 메시의 기능은 대부분 스프링 클라우드 및 쿠버네티스를 보완한다.

이번 장에서는 다음과 같은 주제를 다룬다.

- 서비스 메시의 개념과 널리 사용되는 오픈소스 구현체인 이스티오 소개
- 쿠버네티스에 이스티오 배포
- 서비스 메시 생성, 관찰, 보안 설정
- 서비스 메시의 복원력 보장
- 무중단 업데이트
- 마이크로서비스의 소스코드가 쿠버네티스나 이스티오에 종속되지 않도록 도커 컴포즈를 활용해 마이크로서비스 환경을 테스트

## 기술적 요구사항

이 책에서 사용하는 도구를 설치하는 방법과 이 책의 소스코드를 내려받는 방법은 다음을 참고한다.

- 21장 'macOS용 설치 안내'
- 22장 'WSL 2 및 우분투가 탑재된 마이크로소프트 윈도우용 설치 안내'

이번 장의 모든 코드 예제는 $BOOK_HOME/Chapter18의 소스코드에서 가져온 것이다.

이번 장에서 이스티오로 서비스 메시를 만들면서 변경된 소스코드의 내용을 확인하고 싶다면 17장 '시스템 환경을 단순화하기 위한 쿠버네티스 기능 구현'의 소스코드와 비교해 보면 된다. 각자 선호하는 코드 비교 도구를 사용해 $BOOK_HOME/Chapter17과 $BOOK_HOME/Chapter18 폴더를 비교해 본다.

## 이스티오를 활용한 서비스 메시 소개

서비스 메시는 서비스(예: 마이크로서비스) 간의 통신을 제어하고 관찰하는 인프라 계층이다. 서비스 메시의 기능인 관찰 가능성, 보안, 정책 시행, 복원력, 트래픽 관리 등은 서비스 메시 내부의 모든 내부 통신, 즉 서비스 메시의 마이크로서비스 간 통신을 제어하고 모니터링함으로써 구현된다.

서비스 메시의 핵심 요소는 서비스 메시에 포함되는 각 마이크로서비스에 주입되는 경량 **프락시**(proxy) 컴포넌트다. 마이크로서비스의 모든 입출력 트래픽은 프락시 컴포넌트를 통과하도록 구성된다. 프락시 컴포넌트는 프락시에서 노출하는 API를 사용해 서비스 메시의 **컨트롤 플레인**(control plane)에 의해 런타임에 구성된다. 컨트롤 플레인은 이러한 API를 통해 프락시로부터 원격 측정 데이터를 수집해 서비스 메시에서 트래픽이 오가는 방식을 시각화한다.

서비스 메시는 **데이터 플레인**(data plane)도 포함하고 있는데, 이는 프락시 컴포넌트와 함께 서비스 메시 내외부의 외부 트래픽을 처리하는 별도의 컴포넌트로 구성돼 있다. 이러한 외부 트래픽 처리 컴포넌트를 각각 **인그레스 게이트웨이**(ingress gateway)와 **이그레스 게이트웨이**(egress gateway)라고 한다.[1] 게이트웨이 컴포넌트는 프락시 컴포넌트를 사용해 컨트롤 플레인과 통신한다. 이를 다음 다이어그램에서 확인할 수 있다.

1 (옮긴이) 인그레스 게이트웨이는 외부에서 서비스 메시로 들어오는 트래픽을, 이그레스 게이트웨이는 서비스 메시에서 외부로 나가는 트래픽을 관리하는 역할을 한다.

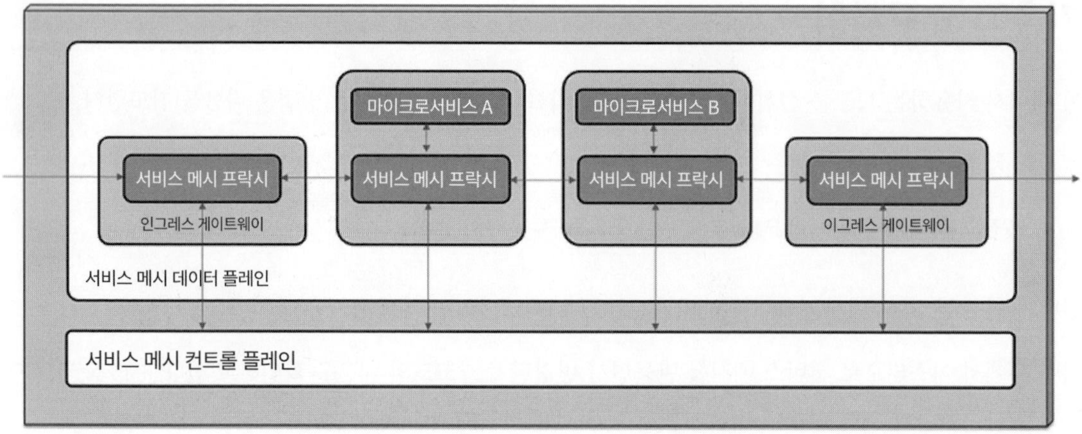


**그림 18.1** 컨트롤 플레인과 데이터 플레인이 포함된 서비스 메시

공개적으로 사용 가능한 첫 번째 서비스 메시 구현체는 Buoyant에서 관리하는 오픈소스 프로젝트인 Linkerd[2]였으며, 트위터의 Finagle[3] 프로젝트에서 최초로 시작됐다. Linkerd는 2016년에 출시됐고, 1년 후인 2017년에 IBM, 구글, Lyft가 오픈소스 프로젝트인 이스티오(Istio)[4]를 출시했다. 그 이후로 여러 서비스 메시 프로젝트가 출시됐다. 사용 가능한 구현체에 대해서는 CNCF의 클라우드 네이티브 환경 맵의 서비스 메시 카테고리를 참고한다.

- https://landscape.cncf.io/?view-mode=card&category=Orchestration+%26+Management#orchestration-management--service-mesh

이 책에서는 이스티오를 사용할 것이다.

## 이스티오 소개

이스티오는 `https://istio.io/docs/setup`에 설명된 대로 다양한 설치 도구를 사용해 여러 쿠버네티스 배포판과 플랫폼에 배포할 수 있다. 이 책에서는 이스티오의 CLI 도구인 `istioctl`을 사용해 미니큐브 기반의 단일 노드 쿠버네티스 클러스터에 이스티오를 설치한다.

앞에서 설명한 대로 이스티오는 컨트롤 플레인과 데이터 플레인으로 나뉜다. 시스템 운영자는 쿠버네티스 API 서버에 이스티오 오브젝트를 생성해 원하는 상태(예: 라우팅 규칙)를 선언한다. 컨트롤 플레인은 이러

2 https://linkerd.io
3 http://twitter.github.io/finagle
4 https://istio.io

한 오브젝트를 읽고 명령을 데이터 플레인의 프락시로 보내 원하는 상태에 따라 조치(예: 라우팅 규칙을 구성)를 취한다. 프락시는 마이크로서비스 간의 실제 통신을 처리하고 원격 측정 데이터를 컨트롤 플레인에 다시 보고한다. 원격 측정 데이터는 컨트롤 플레인에서 서비스 메시에서 진행 중인 작업을 시각화하는 데 사용된다.

쿠버네티스에 이스티오를 배포할 때 대부분의 런타임 컴포넌트는 별도의 쿠버네티스 네임스페이스인 `istio-system`에 배포된다. 이 책에서 사용할 구성의 경우 이 네임스페이스에서 다음과 같은 디플로이먼트를 찾을 수 있다.

- `istiod`: 전체 컨트롤 플레인을 실행하는 이스티오의 데몬이다.

> **흥미로운 사실**: 이스티오 1.4 버전까지는 컨트롤 플레인이 여러 협력 마이크로서비스로 분할됐다. 1.5 버전부터는 `istiod`에서 실행되는 단일 바이너리로 통합되어 컨트롤 플레인의 설치 및 런타임 구성이 단순해졌다. 또한 시작 시간, 리소스 사용량, 응답성 같은 런타임 특성이 향상됐다. 이처럼 이스티오 컨트롤 플레인이 발전해온 과정은 마이크로서비스를 어느 정도로 세분화해야 하는가에 대한 흥미로운 교훈을 준다.

- `istio-ingressgateway`와 `istio-egressgateway`: 데이터 플레인의 일부인 이스티오의 인그레스 및 이그레스 게이트웨이 컴포넌트다.

이스티오는 컨트롤 플레인에 추가 기능을 제공하기 위해 다른 인기 있는 오픈소스 프로젝트와의 통합을 지원한다. 이 책에서는 다음과 같은 컴포넌트를 통합할 것이다.

- **키알리**(Kiali): 서비스 메시에 관찰 가능성을 제공하며, 메시에서 진행되는 작업을 시각화한다. 자세한 내용은 `https://www.kiali.io`를 참고한다.
- **트레이싱**(Tracing): 예거(Jaeger) 또는 집킨(Zipkin)을 기반으로 분산 추적 정보를 처리하고 시각화한다. 이 책에서는 예거를 사용할 것이다. 자세한 내용은 `https://www.jaegertracing.io`를 참고한다.
- **프로메테우스**(Prometheus): 성능 메트릭과 같은 시계열 기반 데이터에 대한 데이터 수집 및 저장을 수행한다. 자세한 내용은 `https://prometheus.io`를 참고한다.
- **그라파나**(Grafana): 프로메테우스에서 수집한 성능 메트릭 및 기타 시계열 관련 데이터를 시각화한다. 자세한 내용은 `https://grafana.com`을 참고한다.

20장, '마이크로서비스 모니터링'에서는 프로메테우스와 그라파나를 활용한 성능 모니터링 기능을 살펴본다.

이스티오에서 사용 가능한 통합 기능에 대한 자세한 내용은 https://istio.io/latest/docs/ops/integrations/를 참고한다.

istio-system 네임스페이스 외부에 배포되는 유일한 이스티오 컴포넌트는 프락시 컴포넌트이며, 이러한 컴포넌트는 서비스 메시를 구성하는 마이크로서비스에 주입된다. 프락시 컴포넌트는 Lyft의 Envoy 프락시[5]를 기반으로 한다.

이스티오의 컨트롤 플레인과 데이터 플레인의 런타임 컴포넌트는 다음 다이어그램에 요약돼 있다.

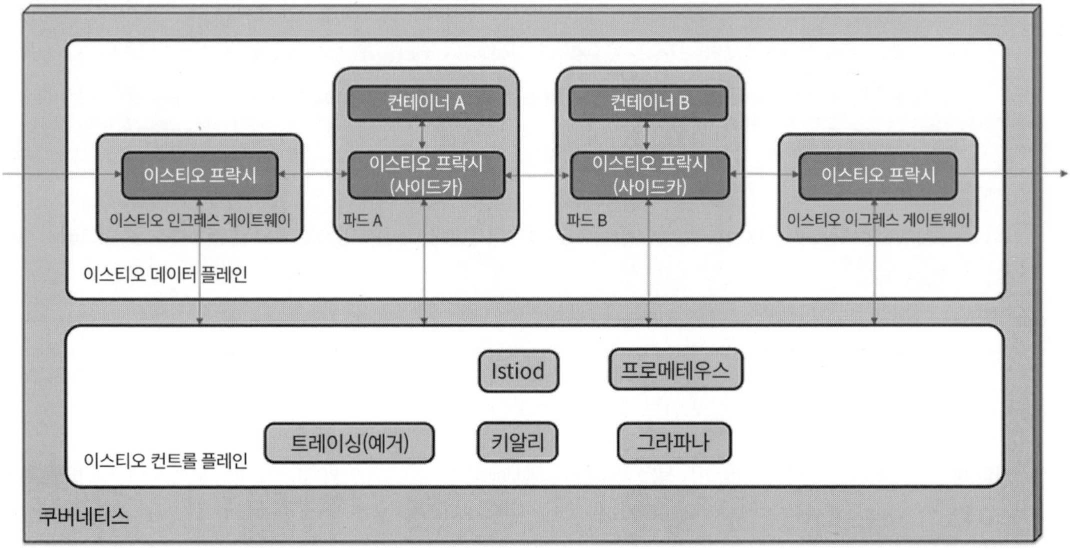


**그림 18.2** 이스티오 런타임 컴포넌트

이제 소개하는 내용이 끝났으니 이러한 프락시 오브젝트를 어떻게 마이크로서비스에 주입할 수 있는지 살펴보자.

5 https://www.envoyproxy.io

## 마이크로서비스에 이스티오 프락시 주입

이전 장에서 쿠버네티스에 배포한 마이크로서비스는 쿠버네티스 파드에서 단일 컨테이너로 실행된다(복습이 필요하다면 15장 '쿠버네티스 소개'의 '쿠버네티스 API 오브젝트 소개' 절을 참고). 이스티오 기반 서비스 메시에 마이크로서비스를 참여시키려면 각 마이크로서비스에 이스티오 프락시를 주입해야 한다. 그러려면 이스티오 프락시를 실행하는 컨테이너를 파드에 추가하면 된다.

> 이스티오 프락시와 같이 메인 컨테이너를 지원하기 위해 파드에 추가되는 컨테이너를 사이드카(sidecar)라고 한다.

다음 다이어그램은 샘플 파드인 파드 A에 이스티오 프락시가 사이드카로 어떻게 주입되는지 보여준다.

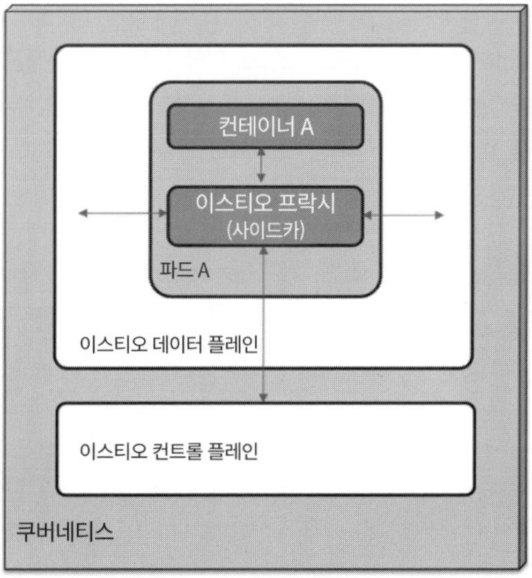


**그림 18.3** 파드 A에 주입된 이스티오 프락시

파드의 메인 컨테이너인 **컨테이너 A**는 모든 트래픽이 이스티오 프락시를 통과하도록 구성된다.

이스티오 프락시는 파드 오브젝트가 생성될 때 자동으로 주입되거나 `istioctl` 도구를 사용해 수동으로 주입할 수 있다. 이스티오가 네임스페이스 내 새로운 파드에 이스티오 프락시를 자동으로 주입하게 하려면 네임스페이스에 `istio-injection: enabled` 라벨을 지정하면 된다. 네임스페이스에서 일부 파드를 자동 주입에서 제외해야 하는 경우에는 `sidecar.istio.io/inject: "false"` 애너테이션을 추가하면 된다.

기존 디플로이먼트 오브젝트의 파드에 이스티오 프락시를 수동으로 주입하려면 다음 명령을 사용한다.

```
kubectl get deployment sample-deployment -o yaml | istioctl kube-inject -f - | kubectl apply -f -
```

이 명령은 다소 복잡해 보이지만 실제로는 세 개의 명령을 조합한 것이다. 위 명령은 파이프(|) 문자를 사용해 출력을 다음 명령으로 보낸다. 각 명령을 살펴보자.

- `kubectl get deployment` 명령은 쿠버네티스 API 서버에서 `sample-deployment`라는 디플로이먼트의 현재 정의를 가져와 YAML 형식으로 정의를 반환한다.
- `istioctl kube-inject` 명령은 `kubectl get deployment` 명령의 정의를 읽고 디플로이먼트가 처리하는 파드에 이스티오 프락시용 컨테이너를 추가한다. 그럼 인바운드/아웃바운드 트래픽이 이스티오 프락시를 통과하도록 디플로이먼트 오브젝트의 기존 컨테이너 구성이 업데이트된다.
- `istioctl` 명령은 이스티오 프락시용 컨테이너를 포함한 디플로이먼트 오브젝트의 새 정의를 반환한다.
- `kubectl apply` 명령은 `istioctl kube-inject` 명령으로부터 업데이트된 구성을 읽고 업데이트된 구성을 적용한다. 이전에 본 것처럼 디플로이먼트에 속한 파드의 업그레이드가 시작될 것이다(15장 '쿠버네티스 소개'의 '예시 디플로이먼트 실습' 절 참조).

이 책에서는 `hands-on` 네임스페이스의 다음 정의를 적용해 이스티오 프락시를 자동으로 주입한다.

```
apiVersion: v1
kind: Namespace
metadata:
  name: hands-on
  labels:
    istio-injection: enabled
```

앞의 정의에서 네임스페이스에 `istio-injection`이라는 라벨이 `enabled` 값으로 지정된 것을 볼 수 있다.

현재 이스티오는 MySQL, MongoDB, RabbitMQ에 대해 프락시 역할을 완전히 수행할 수 없으므로 헬름 차트의 `values.yaml` 파일에 다음 애너테이션을 추가해 서비스 메시에서 제외될 것이다.

```
annotations:
  sidecar.istio.io/inject: "false"
```

이스티오 프락시를 파드에 주입하는 방법을 소개했으니 이제 이 책에서 사용할 이스티오 API 오브젝트에 대해 알아보자.

## 이스티오 API 오브젝트 소개

이스티오는 쿠버네티스 **커스텀 리소스 정의**(Custom Resource Definitions; CRD)도 함께 제공한다. CRD는 쿠버네티스 API를 확장하는 데 사용된다. 즉, 새로운 오브젝트를 API에 추가한다. 쿠버네티스 API에 대한 복습이 필요하다면 15장 '쿠버네티스 소개'의 '쿠버네티스 API 오브젝트 소개' 절을 참고한다.

이 책에서는 다음과 같은 이스티오 오브젝트를 사용한다.

- Gateway는 서비스 메시에 들어오고 나가는 트래픽을 어떻게 처리할지 구성하는 데 사용된다. 게이트웨이는 수신 트래픽을 쿠버네티스 서비스로 라우팅하는 가상 서비스에 의존한다. 이 책에서는 `gateway` 오브젝트를 사용해 유입되는 트래픽을 `minikube.me`로 끝나는 DNS명으로 받을 것이다(HTTPS를 사용해). 이스티오 게이트웨이 오브젝트는 이전 장에서 사용된 인그레스 오브젝트를 대체한다. '쿠버네티스 인그레스 컨트롤러를 이스티오 인그레스 게이트웨이로 대체' 절을 참고한다.
- VirtualService는 서비스 메시에서 라우팅 규칙을 정의하는 데 사용된다. 여기서는 가상 서비스를 사용해 이스티오 게이트웨이에서 쿠버네티스 서비스로 유입되는 트래픽 및 서비스 간에 전달되는 트래픽을 라우팅하는 방법을 설명하겠다. 또한 가상 서비스를 통해 결함과 처리 지연을 발생시켜 서비스 메시의 신뢰성과 복원력 기능을 테스트하겠다.
- DestinationRule은 (가상 서비스를 사용해) 특정 서비스(즉, 목적지)로 라우팅되는 트래픽에 대한 정책과 규칙을 정의하는 데 사용된다. 여기서는 목적지 규칙을 사용해 내부 HTTP 트래픽을 암호화하기 위한 암호화 정책을 설정하고, 사용 가능한 서비스의 버전을 설명하는 서비스 서브셋을 정의한다. 기존 버전의 마이크로서비스에서 새 버전으로 무중단(블루–그린) 배포를 수행할 때 서비스 서브셋을 사용하겠다.

> `VirtualService`와 `DestinationRule`의 역할 구분이 처음에는 다소 불분명해 보일 수 있다. `VirtualService`는 '어떤 서비스로 라우팅할 것인가'를, `DestinationRule`은 '해당 서비스로 들어온 트래픽을 어떻게 처리할 것인가'를 구성한다. 따라서 먼저 `VirtualService` 오브젝트가 사용되어 요청을 보낼 위치를 결정한다. 위치가 결정되면 수신 서비스의 `DestinationRule`이 적용된다.

- PeerAuthentication은 서비스 메시 내부의 서비스 간 인증을 제어하는 데 사용된다. 이스티오는 전송 인증을 위해 **상호**(mutual) TLS(mTLS)를 자동으로 프로비저닝함으로써 서비스 메시의 서비스 간 통신을 보호할 수 있다. 이때 클라이언트 서비스는 이스티오에서 제공하는 클라이언트 인증서를 사용해 인증된다. 이 책에서는 쿠버네티스가 일반 HTTP를 사용해 활성 및 준비 상태 프로브를 호출할 수 있도록 mTLS와 일반 HTTP를 혼용할 수 있게(`PERMISSIVE` 모드라고 하는) 이스티오를 구성할 것이다.

- RequestAuthentication은 요청에 제공된 자격 증명을 기반으로 최종 사용자를 인증하는 데 사용된다. 이스티오는 **JSON 웹 토큰**(JSON Web Token; JWT)을 지원한다(특히 OpenID Connect(OIDC) 사양을 따를 경우). 이스티오는 OIDC의 표준 디스커버리 엔드포인트를 지원함으로써 이스티오가 JWT의 서명을 검증하기 위해 JWKS(JSON Web Key Set)을 어디에서 가져올 수 있는지 지정할 수 있다. 이 책에서는 인증 서버의 JWKS 디스커버리 엔드포인트를 지정해 이스티오가 인증 서버를 사용해 외부 요청을 인증하도록 구성하겠다. 복습이 필요하다면 11장 'API에 대한 접근 보안'을 참고한다.
- AuthorizationPolicy는 이스티오에서 접근 제어를 제공하는 데 사용된다. 이 책에서는 이스티오의 접근 제어를 사용하지 않고, 대신 `product-composite` 마이크로서비스에 구현된 기존 접근 제어를 재사용할 것이다. 따라서 `AuthorizationPolicy` 오브젝트를 구성해 유효한 JWT(OIDC 접근 토큰 형태)가 포함된 요청, 즉 인증된 사용자의 요청에 대해 `product-composite` 마이크로서비스에 접근할 수 있게 허용할 것이다.

이렇게 해서 API 오브젝트를 소개했으니 이제 이스티오를 도입함으로써 마이크로서비스 환경에 적용된 변경 사항을 살펴보자.

## 마이크로서비스 환경 단순화

앞 절에서 봤듯이 이스티오에는 기능 면에서 현재 마이크로서비스 환경에서 사용되는 컴포넌트와 겹치는 부분이 있다.

- 이스티오 인그레스 게이트웨이는 에지 서버 역할을 할 수 있으며, 쿠버네티스 인그레스 컨트롤러의 대안이 될 수 있다.
- 이스티오와 함께 번들로 제공되는 예거 컴포넌트는 마이크로서비스와 함께 배포하는 집킨 서버 대신 분산 추적에 사용할 수 있다.

이어지는 두 개의 하위 절에서는 쿠버네티스 인그레스 컨트롤러를 이스티오 인그레스 게이트웨이로 대체하는 이유와 방법, 그리고 집킨 서버를 이스티오와 통합된 예거 컴포넌트로 교체하는 이유와 방법을 살펴보겠다.

### 쿠버네티스 인그레스 컨트롤러를 이스티오 인그레스 게이트웨이로 대체

이전 장에서는 쿠버네티스 인그레스 컨트롤러를 에지 서버로 소개했다(17장 '시스템 환경을 단순화하기 위한 쿠버네티스 기능 구현'의 '스프링 클라우드 게이트웨이 대체하기' 절 참조). 이스티오 인그레스 게이트웨이에는 쿠버네티스 인그레스 컨트롤러에 비해 다음과 같은 장점이 있다.

- 게이트웨이를 통과하는 트래픽에 대해 원격 측정 데이터를 컨트롤 플레인에 보고할 수 있다.
- 더욱 세분화된 라우팅에 활용할 수 있다.
- 서비스 메시로 라우팅하기 전에 요청을 인증하고 권한을 부여할 수 있다.

이러한 장점을 활용하기 위해 여기서는 쿠버네티스 인그레스 컨트롤러를 이스티오 인그레스 게이트웨이로 대체하겠다. 이스티오 인그레스 게이트웨이는 앞서 '이스티오 API 오브젝트 소개' 절에서 설명한 대로 `Gateway` 및 `VisualService` 오브젝트를 생성하는 방식으로 사용된다.

이전에 사용된 인그레스 오브젝트의 정의는 `kubernetes/helm/environments`의 `dev-env` 및 `prod-env` 헬름 차트에서 제거했다. 이스티오 `Gateway` 및 `VirtualService` 오브젝트의 정의 파일은 '서비스 메시 생성' 절에서 설명한다.

이스티오 인그레스 게이트웨이는 쿠버네티스 인그레스 컨트롤러에 접근하는 데 사용되는 IP 주소와 다른 IP 주소를 사용해 연결된다. 따라서 테스트를 실행할 때 사용하는 호스트명인 `minikube.me`에 매핑된 IP 주소도 업데이트해야 한다. 이는 '이스티오 서비스에 대한 접근 설정' 절에서 자세히 다룬다.

## 집킨 서버를 이스티오의 예거 컴포넌트로 대체

'이스티오 소개' 절에서 언급했듯이 이스티오는 예거를 활용한 분산 추적 기능을 기본적으로 지원한다. 예거를 사용하면 14장 '분산 추적'에서 소개한 집킨 서버를 제거해 쿠버네티스의 마이크로서비스 환경을 간소화할 수 있다. 또한 기본 W3C 추적 컨텍스트 헤더 대신 오픈집킨(OpenZipkin)의 `B3` 헤더를 사용해 마이크로서비스 간에 추적 및 스팬 ID가 전파되는 방식을 변경할 것이다. 자세한 내용은 14장 '분산 추적'의 '마이크로미터 트레이싱과 집킨을 활용한 분산 추적 소개' 절을 참고한다.

소스코드에는 다음과 같은 변경 사항을 적용했다.

- 다음 의존성을 모든 마이크로서비스 빌드 파일인 `build.gradle`에서 교체했다.

```
implementation 'io.micrometer:micrometer-tracing-bridge-otel'
implementation 'io.opentelemetry:opentelemetry-exporter-zipkin'
```

즉, 다음과 같은 내용으로 교체했다.

```
implementation 'io.micrometer:micrometer-tracing-bridge-brave'
implementation 'io.zipkin.reporter2:zipkin-reporter-brave'
```

- 공통 구성 파일인 config-repo/application.yml의 management.zipkin.tracing.endpoint 프로퍼티가 이스티오의 예거 컴포넌트를 가리킨다. 호스트명은 jaeger-collector.istio-system이다.
- 집킨 서버의 정의는 쿠버네티스와 이스티오 외부에서 분산 추적을 사용할 수 있도록 세 개의 도커 컴포즈 파일인 docker-compose.yml, docker-compose-partitions.yml, docker-compose-kafka.yml에 들어있지만 집킨 서버에는 이스티오의 예거 컴포넌트와 동일한 호스트명인 jaeger-collector.istio-system을 지정했다.
- 집킨 서버용 헬름 차트를 제거했다.

예거는 다음 절인 '쿠버네티스 클러스터에 이스티오 배포'에서 설치하겠다.

마이크로서비스 환경의 단순화에 대해 설명했으니, 이제 쿠버네티스 클러스터에 이스티오를 배포할 준비가 끝났다.

## 쿠버네티스 클러스터에 이스티오 배포

이번 절에서는 쿠버네티스 클러스터에 이스티오를 배포하는 방법과 이스티오 서비스에 접근하는 방법을 알아보겠다.

이 책에서는 이스티오의 CLI 도구인 istioctl을 사용해 개발 환경에서 이스티오를 테스트하는 데 적합한 데모 구성을 사용해 이스티오를 설치하겠다. 즉, 최소한의 리소스 사용으로 대부분의 기능을 사용하도록 구성한다.

> 이 구성은 프로덕션 환경 및 성능 테스트에는 적합하지 않다.

다른 설치 방법은 https://istio.io/latest/docs/setup/install/을 참고한다.

이스티오를 배포하려면 다음 단계를 수행한다.

1. 다음 명령으로 이전 장의 미니큐브 인스턴스가 실행 중인지 확인한다.

```
minikube status
```

실행 중이면 다음과 같은 응답이 표시될 것이다.

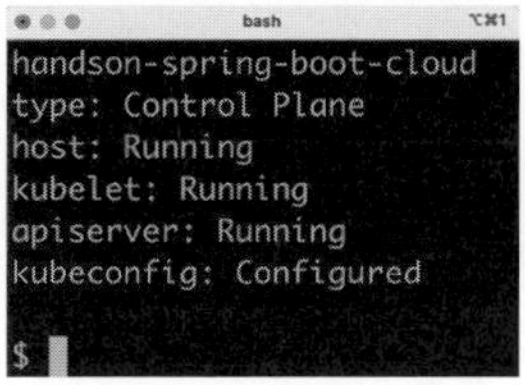


**그림 18.4** OK 상태인 미니큐브

2. 쿠버네티스 클러스터에 이스티오를 설치할 준비가 됐는지 확인하기 위해 사전 검사를 수행한다.

```
istioctl experimental precheck
```

다음과 같은 응답이 표시될 것이다.

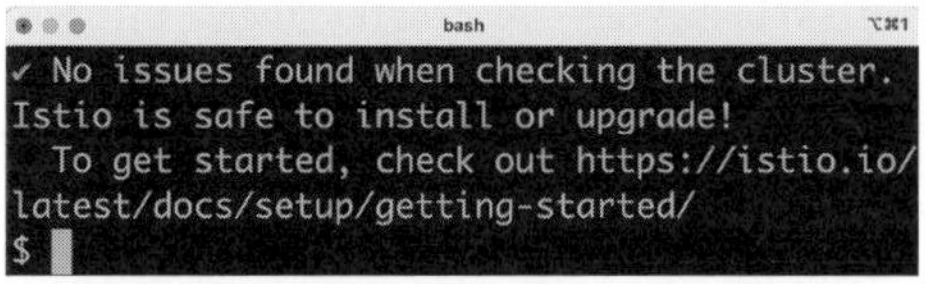


**그림 18.5** OK 상태인 이스티오 사전 검사

3. 다음 명령으로 demo 프로파일로 이스티오를 설치한다.

```
cd $BOOK_HOME/Chapter18
istioctl install --skip-confirmation \
  --set profile=demo \
  --set meshConfig.accessLogFile=/dev/stdout \
  --set meshConfig.accessLogEncoding=JSON \
  --set values.pilot.env.PILOT_JWT_PUB_KEY_REFRESH_INTERVAL=15s \
  -f kubernetes/istio-tracing.yml
```

명령에 지정한 각 매개변수는 다음과 같은 역할을 한다.

- accessLog 매개변수는 이스티오 프락시가 처리된 요청을 기록하는 데 사용된다. 이스티오 프락시가 설치된 파드가 실행 중이면 kubectl logs <MY-POD> -c istio-proxy 명령으로 접근 로그를 검사할 수 있다.
- PILOT_JWT_PUB_KEY_REFRESH_INTERVAL 매개변수는 이스티오의 데몬인 istiod가 15초마다 가져온 JWKS 공개 키를 갱신하도록 구성한다. 이 매개변수의 사용법은 아래의 '마이크로서비스의 v1 버전과 v2 버전 배포 및 v1 버전으로의 라우팅' 절에서 설명하겠다.
- kubernetes/istio-tracing.yml 구성 파일은 분산 추적에 사용되는 추적 스팬을 생성하게 한다. 또한 이스티오가 모든 요청에 대해 추적 스팬을 생성하도록 한다. 또한 '집킨 서버를 이스티오의 예거 컴포넌트로 대체' 절에서 언급한

바와 같이 OpenZipkin의 B3 헤더를 사용해 요청 간 추적 스팬을 전파하도록 이스티오를 구성한다. 다음 내용을 보자.

```
apiVersion: install.istio.io/v1alpha1
kind: IstioOperator
spec:
  meshConfig:
    enableTracing: true
    defaultConfig:
      tracing: {} # 레거시 MeshConfig 트레이싱 옵션을 비활성화
    extensionProviders:
    - name: "zipkin"
      zipkin:
        service: zipkin.istio-system.svc.cluster.local
        port: 9411
```

`zipkin` 필드는 집킨 API를 사용해 모든 추적 스팬이 전송되는 트레이서 서비스를 선언한다. service 필드에 지정된 호스트명인 `zipkin.istio-system.svc.cluster.local`은 예거 컴포넌트와 예거가 집킨 API를 사용해 추적 스팬을 수신하는 포트(9411)를 가리킨다.

> `kubectl get svc -n istio-system zipkin -o yaml` 명령으로 집킨 서비스를 검사하면 해당 `selector` 필드가 `app: jaeger`라는 라벨이 지정된 파드를 가리키는 것을 볼 수 있다. 이는 집킨 서비스가 모든 호출을 예거 컴포넌트의 파드 중 하나로 전달한다는 의미다.

**4.** 기본적으로 추적 스팬은 요청의 1퍼센트에 대해서만 생성된다. 프로덕션 환경에서는 추적 스팬에 압도되지 않도록 해주는 적당한 기본값으로 보인다. 하지만 테스트 환경에서는 전송하는 모든 요청에 대해 분산 추적을 보고자 한다. 이스티오에서 사용되는 샘플링 비율을 업데이트하려면 Telemetry 객체를 생성해야 한다. 구성 파일인 kubernetes/istio-telemetry.yml에서는 다음과 같이 Telemetry 객체를 정의한다.

```
apiVersion: telemetry.istio.io/v1
kind: Telemetry
metadata:
  name: mesh-default
spec:
  tracing:
  - providers:
    - name: "zipkin"
    randomSamplingPercentage: 100.00
```

Telemetry 객체에서는 추적 제공자인 집킨이 100%의 랜덤 샘플링 비율을 갖도록 구성하며, 이는 들어오는 모든 요청에 대해 분산 추적을 생성한다는 의미다.

다음 명령으로 Telemetry 객체를 생성한다.

```
kubectl -n istio-system apply -f kubernetes/istio-telemetry.yml
```

5. 다음 명령으로 디플로이먼트 오브젝트와 해당 파드를 사용할 수 있을 때까지 대기한다.

```
kubectl -n istio-system wait --timeout=600s --for=condition=available deployment --all
```

6. 이어서 다음 명령으로 '이스티오 소개' 절에서 설명한 추가 컴포넌트인 키알리, 예거, 프로메테우스, 그라파나를 설치한다.

```
istio_version=$(istioctl version --remote=false -o json | jq -r .clientVersion.version)
echo "Installing integrations for Istio v$istio_version"

kubectl apply -n istio-system -f https://raw.githubusercontent.com/istio/istio/${istio_versi
on}/samples/addons/kiali.yaml

kubectl apply -n istio-system -f https://raw.githubusercontent.com/istio/istio/${istio_versi
on}/samples/addons/jaeger.yaml

kubectl apply -n istio-system -f https://raw.githubusercontent.com/istio/istio/${istio_versi
on}/samples/addons/prometheus.yaml

kubectl apply -n istio-system -f https://raw.githubusercontent.com/istio/istio/${istio_versi
on}/samples/addons/grafana.yaml
```

> 이러한 명령 중 하나라도 실패하면 실패한 명령을 다시 실행해 본다. 타이밍 문제로 인해 오류가 발생할 수 있으며, 이 경우 명령을 다시 실행해 해결할 수 있다. 특히 키알리를 설치하면 'unable to recognize'로 시작하는 오류 메시지가 나타날 수 있다. 명령을 다시 실행하면 이러한 오류 메시지가 사라진다.

7. 다음 명령으로 추가 컴포넌트를 사용할 수 있을 때까지 다시 한번 대기한다.

```
kubectl -n istio-system wait --timeout=600s --for=condition=available deployment --all
```

8. 마지막으로 다음 명령을 실행해 설치된 내용을 확인한다.

```
kubectl -n istio-system get deploy
```

다음과 같은 출력 결과가 표시될 것이다.

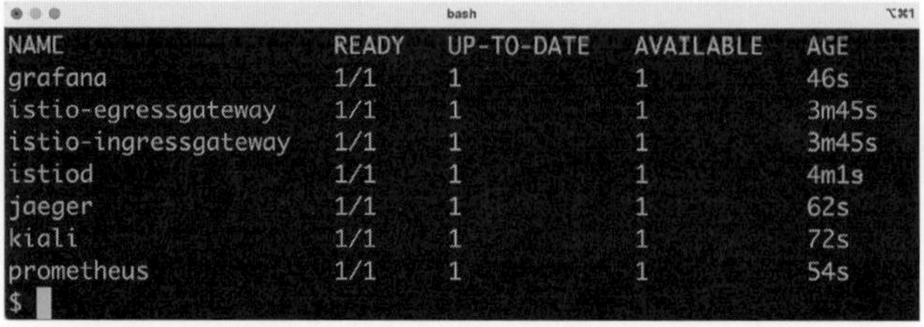


그림 18.6 이스티오 네임스페이스의 디플로이먼트

이제 이스티오가 쿠버네티스에 배포됐지만 서비스 메시를 생성하기 전에 미니큐브 환경에서 이스티오 서비스에 접근하는 방법에 대해 조금 알아야 한다.

## 이스티오 서비스에 대한 접근 설정

앞 절에서 이스티오를 설치하는 데 사용한 데모 구성에는 해결해야 할 몇 가지 연결 관련 문제가 있다. 이스티오 인그레스 게이트웨이는 로드 밸런싱된 쿠버네티스 서비스, 즉, `LoadBalancer` 타입으로 구성된다. 게이트웨이에 접근하려면 쿠버네티스 클러스터 앞에서 로드 밸런서를 실행해야 한다.

미니큐브에서는 로컬 로드 밸런서를 시뮬레이션하는 데 사용할 수 있는 `minikube tunnel`이라는 명령을 제공한다. 이 명령은 이스티오 인그레스 게이트웨이를 포함해 각 로드 밸런싱된 쿠버네티스 서비스에 외부 IP 주소를 할당한다. 이 책에서 사용하는 호스트명인 `minikube.me`는 이스티오 인그레스 게이트웨이의 외부 IP 주소로 변환해야 한다. 키알리 및 예거와 같은 컴포넌트의 웹 UI에 대한 접근을 단순화하기 위해 이러한 서비스 전용 호스트명(예: `kiali.minikube.me`)도 추가할 것이다.

또한 '서비스 메시 관찰' 절에 설명된 대로 외부 `health` 엔드포인트에도 호스트명을 등록할 것이다. 마지막으로 이후 단원에서 새 호스트명을 추가할 필요가 없도록 이후에 설치 및 사용되는 서비스에 대한 몇 가지 호스트명도 등록하겠다. 다음 장에서 설치할 서비스는 키바나(Kibana), 엘라스틱서치(Elasticsearch), 메일 서버다.

이러한 호스트명을 사용해 이스티오 서비스에 대한 외부 접근을 활성화하기 위해 헬름 차트를 생성했다(`kubernetes/helm/environments/istio-system` 참고). 이 차트에는 각 이스티오 컴포넌트에 대한

Gateway, VirtualService, DestinationRule 오브젝트가 포함돼 있다. 이러한 호스트명에 대한 요청을 도청으로부터 보호하기 위해 HTTPS 요청만 허용된다. 이전 장에서 소개한 cert-manager는 호스트명에 대한 TLS 인증서를 자동으로 프로비저닝하고 이를 hands-on-certificate라는 시크릿에 저장하는 데 사용된다. 모든 게이트웨이 오브젝트는 HTTPS 프로토콜 구성에서 이 시크릿을 사용하도록 구성된다. 모든 정의 파일은 헬름 차트의 templates 폴더에서 확인할 수 있다.

이러한 API 오브젝트를 사용하는 것은 아래의 '서비스 메시 생성' 및 'HTTPS 및 인증서로 외부 엔드포인트 보호하기' 절에서 더 자세히 설명하겠다.

다음 명령을 실행해 헬름 차트를 적용한다.

```
helm upgrade --install istio-hands-on-addons kubernetes/helm/environments/istio-system -n istio-system --wait
```

이렇게 하면 게이트웨이가 다음 호스트명에 대한 요청을 해당 쿠버네티스 서비스로 라우팅할 수 있게 된다.

- kiali.minikube.me 요청은 kiali:20001로 라우팅된다.
- tracing.minikube.me 요청은 tracing:80으로 라우팅된다.
- prometheus.minikube.me 요청은 prometheus:9000으로 라우팅된다.
- grafana.minikube.me 요청은 grafana:3000으로 라우팅된다.

인증서와 시크릿 오브젝트가 생성됐는지 확인하려면 다음 명령을 실행한다.

```
kubectl -n istio-system get secret hands-on-certificate
kubectl -n istio-system get certificate hands-on-certificate
```

다음과 같은 출력 결과가 표시될 것이다.

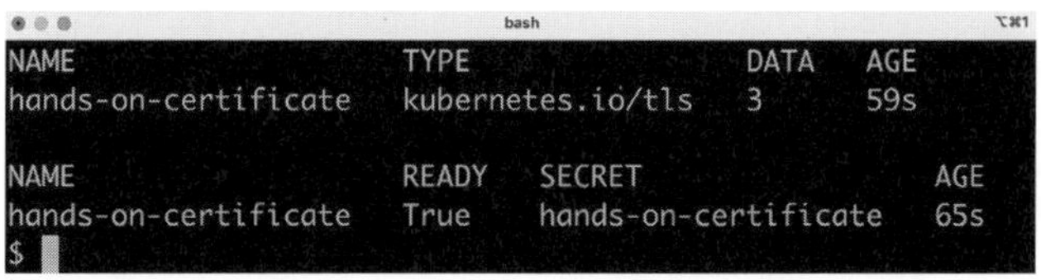


**그림 18.7** cert-manager가 TLS 시크릿과 인증서를 모두 제공했다.

다음 다이어그램은 컴포넌트에 어떻게 접근하는지 요약한 것이다.

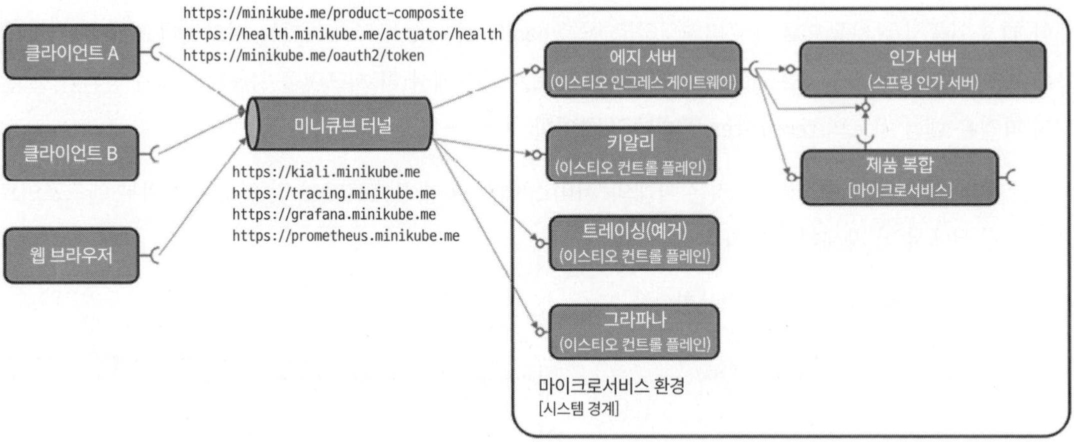


**그림 18.8** 미니큐브 터널을 통해 컴포넌트에 접근하는 데 사용되는 호스트명

미니큐브 터널을 설정하고 호스트명을 등록하려면 다음 단계를 수행한다.

1. 별도의 터미널 창에서 다음 명령을 실행한다(이 명령은 터널이 실행 중일 때 터미널 창을 잠근다).

```
minikube tunnel
```

> 이 명령을 사용하려면 사용자에게 sudo 권한이 있어야 하며, 실행 시 비밀번호를 입력해야 한다. 명령 실행 후 비밀번호를 묻는 프롬프트가 나타나기까지 몇 초 정도 걸릴 수 있으므로 입력을 놓치지 않도록 주의해야 한다.

터널이 실행되면 노출하는 서비스 중 하나로 istio-ingressgateway가 나열될 것이다.

2. 호스트명이 이스티오 인그레스 게이트웨이의 IP 주소로 반영되도록 구성한다. 즉, 이스티오 인그레스 게이트웨이에 노출된 IP 주소를 가져와 INGRESS_IP라는 환경변수에 저장하도록 구성한다.

```
INGRESS_IP=$(kubectl -n istio-system get service istio-ingressgateway -o jsonpath='{.status.
loadBalancer.ingress[0].ip}')

echo $INGRESS_IP
```

echo 명령을 실행하면 IP 주소가 출력될 것이다. 이 책에서는 미니큐브의 도커 드라이버를 사용하므로 항상 127.0.0.1일 것이다.

3. 모든 minikube.me 호스트명이 이스티오 인그레스 게이트웨이의 IP 주소를 사용하도록 /etc/hosts를 업데이트한다.

```
MINIKUBE_HOSTS="minikube.me grafana.minikube.me kiali.minikube.me prometheus.minikube.me
tracing.minikube.me kibana.minikube.me elasticsearch.minikube.me mail.minikube.me health.
minikube.me"
echo "127.0.0.1 $MINIKUBE_HOSTS" | sudo tee -a /etc/hosts
```

4. 윈도우에서는 hosts 파일도 업데이트해야 한다.

   a. 파워셸 터미널을 연다.

   b. 다음 명령으로 비주얼 스튜디오 코드에서 hosts 파일을 연다.

   ```
   code C:\Windows\System32\drivers\etc\hosts
   ```

   c. hosts 파일에 다음과 같은 항목을 추가한다.

   ```
   127.0.0.1 minikube.me grafana.minikube.me kiali.minikube.me prometheus.minikube.me tracing
   .minikube.me kibana.minikube.me elasticsearch.minikube.me mail.minikube.me health.minikube
   .me
   ```

   d. 변경 사항을 저장하려고 하면 권한 오류가 발생할 것이다. Retry as Admin…(관리자로 다시 시도) 버튼을 클릭해 관리자 권한으로 hosts 파일을 업데이트한다.

   e. 다음 명령으로 변경 사항을 확인한다.

   ```
   cat C:\Windows\System32\drivers\etc\hosts
   ```

> 기본적으로 WSL이 재시작되면 /etc/hosts 파일을 윈도우의 hosts 파일 내용으로 덮어쓴다. WSL을 재시작하면 도커도 재시작되므로 시간이 오래 걸린다. 도커를 재시작하면 미니큐브 인스턴스가 중지되므로 수동으로 다시 시작해야 한다. 느리고 지루한 이 같은 재시작 프로세스를 건너뛰기 위해 두 파일을 모두 업데이트한 것이다.

5. /etc/hosts에서 minikube.me가 미니큐브 인스턴스의 IP 주소(127.0.0.1)만 가리키는 행을 삭제한다.[6] /etc/hosts에는 minikube.me로 변환되는 행이 하나만 포함돼 있고 그것이 이스티오 인그레스 게이트웨이의 IP 주소인 127.0.0.1을 가리키는지 확인한다.

6 (옮긴이) 다음과 같이 적힌 행을 삭제하라는 의미다.

```
127.0.0.1 minikube.me
```

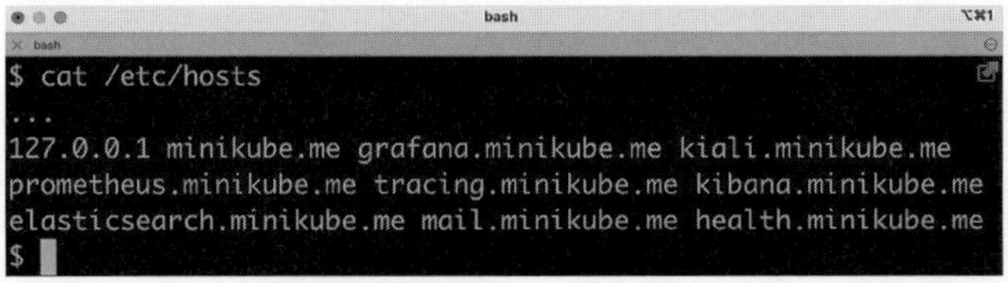


**그림 18.9** 업데이트된 /etc/hosts 파일

**6.** 다음 명령으로 터널을 통해 키알리, 예거, 그라파나, 프로메테우스에 접근할 수 있는지 확인한다.

```
curl -o /dev/null -sk -L -w "%{http_code}\n" https://kiali.minikube.me/kiali/
curl -o /dev/null -sk -L -w "%{http_code}\n" https://tracing.minikube.me
curl -o /dev/null -sk -L -w "%{http_code}\n" https://grafana.minikube.me
curl -o /dev/null -sk -L -w "%{http_code}\n" https://prometheus.minikube.me/graph#/
```

각 명령을 실행할 때마다 200(OK)이 반환될 것이다. 키알리로 전송된 요청이 200을 반환하지 않는다면 내부 초기화가 완료되지 않았음을 의미할 때가 많다. 이 경우 1분 정도 기다렸다가 다시 시도해보자.

> 예를 들어, 컴퓨터 또는 미니큐브 인스턴스가 일시 중지되거나 재시작되면 minikube tunnel 명령의 실행이 중지된 것이다. 이러한 경우 수동으로 다시 시작해야 한다. 따라서 minikube.me 호스트명에서 API 호출에 실패하는 경우 항상 미니큐브 터널이 실행 중인지 확인하고 필요한 경우 다시 시작하자.

미니큐브 터널이 실행되면 이제 서비스 메시를 생성할 준비가 끝났다.

# 서비스 메시 생성

이스티오가 배포됐으므로 서비스 메시를 생성할 준비가 끝났다. 서비스 메시를 생성하는 데 필요한 단계는 17장 '시스템 환경을 단순화하기 위한 쿠버네티스 기능 구현'에서 사용한 단계와 동일하다('쿠버네티스 컨피그맵, 시크릿, 인그레스, cert-manager를 이용한 테스트' 절 참조). 먼저 서비스 메시를 설정하기 위해 헬름 템플릿에 추가된 사항을 살펴보고, 서비스 메시를 생성하는 명령을 실행해 보자.

## 소스코드 변경

이스티오에서 관리하는 서비스 메시에서 마이크로서비스를 실행하려면 dev-env 헬름 차트에서 common 차트의 두 개의 새로운 명명 템플릿인 _istio_base.yaml과 _istio_dr_mutual_tls.yaml을 가져온다. 하나씩 살펴보자.

### _istio_base.yaml 템플릿의 내용

_istio_base.yaml은 두 환경 차트인 dev-env와 prod-env에서 사용될 여러 쿠버네티스 매니페스트를 정의한다. 먼저, 세 개의 이스티오에 특화된 보안 관련 매니페스트를 정의한다.

- product-composite-require-jwt라는 이름의 AuthorizationPolicy 매니페스트
- default라는 이름의 PeerAuthentication 매니페스트
- product-composite-request-authentication이라는 이름의 RequestAuthentication 매니페스트

이 세 가지 매니페스트는 '서비스 메시 보안' 절에서 설명할 것이다.

나머지 네 개의 매니페스트는 여기서 살펴보겠다. 즉, minikube.me와 health.minikube.me 호스트명에 대한 접근을 구성하고 라우팅하는 데 사용되는 한 쌍의 Gateway와 VirtualService 매니페스트를 살펴보겠다. 게이트웨이 오브젝트는 외부 트래픽을 수신하는 방법을 정의하는 데 사용되고, VirtualService 오브젝트는 어떻게 수신 트래픽을 서비스 메시 내부로 라우팅하는지 설명하는 데 사용된다.

minikube.me에 대한 접근을 제어하는 Gateway 매니페스트는 다음과 같다.

```
apiVersion: networking.istio.io/v1beta1
kind: Gateway
metadata:
  name: hands-on-gw
spec:
  selector:
    istio: ingressgateway
  servers:
  - hosts:
    - minikube.me
    port:
      name: https
      number: 443
      protocol: HTTPS
    tls:
      credentialName: hands-on-certificate
      mode: SIMPLE
```

소스코드에 대한 설명은 다음과 같다.

- 게이트웨이의 이름은 hands-on-gw이며, 이 이름은 아래의 가상 서비스에서 사용된다.
- selector 필드는 게이트웨이 오브젝트가 ingressgateway라는 기본 이스티오 인그레스 게이트웨이에 의해 처리된다는 것을 나타낸다.
- hosts와 port 필드는 게이트웨이가 HTTPS(443번 포트)를 사용해 minikube.me 호스트명으로 들어오는 요청을 처리한다는 것을 나타낸다.
- tls 필드는 이스티오 인그레스 게이트웨이가 hands-on-certificate라는 TLS 시크릿에서 HTTPS 통신에 사용되는 인증서와 개인키를 찾을 수 있음을 나타낸다. 이러한 인증서 파일이 어떻게 생성되는지에 대한 자세한 내용은 'HTTPS 및 인증서로 외부 엔드포인트 보호하기' 절을 참고한다. SIMPLE 모드는 일반 TLS 시맨틱이 적용된다는 것을 의미한다.

minikube.me로 전송된 요청을 라우팅하기 위한 VirtualService 매니페스트는 다음과 같다.

```
apiVersion: networking.istio.io/v1beta1
kind: VirtualService
metadata:
  name: hands-on-vs
spec:
  gateways:
  - hands-on-gw
  hosts:
  - minikube.me
  http:
  - match:
    - uri:
        prefix: /oauth2
    route:
    - destination:
        host: auth-server

  - match:
    ...
```

위 매니페스트에 대한 설명은 다음과 같다.

- gateways와 hosts 필드는 가상 서비스가 hands-on-gw 게이트웨이를 통해 minikube.me 호스트명으로 전송된 요청을 라우팅한다는 것을 나타낸다.

- http 요소 안에는 URL 경로가 연결된 쿠버네티스 서비스로 전달되는 방법을 지정하는 match 및 route 블록 배열이 나온다. 위의 매니페스트에서는 첫 번째 match 및 route 요소 쌍만 나와 있다. 이것들은 /oauth2 경로를 사용해 minikube.me로 전송된 요청을 auth-server 서비스에 매핑한다. 이 매핑은 이전 장에서 스프링 클라우드 게이트웨이와 인그레스 오브젝트에 대한 라우팅 규칙을 지정한 방식과 비슷할 것이다. 나머지 match 및 route 요소 쌍은 스프링 클라우드 게이트웨이 및 인그레스 오브젝트에서 본 것과 동일한 라우팅 규칙을 구성한다.
  - /login → auth-server
  - /error → auth-server
  - /product-composite → product-composite
  - /openapi → product-composite
  - /webjars → product-composite

  자세한 내용은 kubernetes/helm/common/templates/_istio_base.yaml을 참고한다.

> 앞의 소스코드에서 목적지 호스트는 짧은 이름, 즉 product-composite을 사용해 지정했다. 이 예제는 동일한 네임스페이스의 쿠버네티스 정의를 기반으로 하기 때문에 이렇게 해도 무방하다. 그렇지 않은 경우 이스티오 설명서에서는 호스트의 **전체 도메인명**(fully qualified domain name; FQDN)을 사용할 것을 권장한다. 이 경우에는 product-composite.hands-on.svc.cluster.local이 된다.

## _istio_dr_mutual_tls.yaml 템플릿의 내용

_istio_dr_mutual_tls.yaml에서는 여러 DestinationRule 오브젝트를 지정하기 위한 템플릿을 정의하며, 요청을 서비스로 라우팅할 때 mTLS를 사용하도록 지정하는 데 사용된다. 또한 '무중단 업데이트 수행' 절에서 사용할 subsets를 지정하는 데 사용할 수도 있다.

```
{{- define "common.istio_dr_mutual_tls" -}}
{{- range $idx, $dr := .Values.destinationRules }}
apiVersion: networking.istio.io/v1beta1
kind: DestinationRule
metadata:
  name: {{ $dr.name }}
spec:
  host: {{ $dr.name }}
{{- if $dr.subsets }}
{{- with $dr.subsets }}
  subsets:
```

```
{{ toYaml . | indent 2 }}
{{- end }}
{{- end }}
  trafficPolicy:
    tls:
      mode: ISTIO_MUTUAL
---
{{- end -}}
{{- end -}}
```

위 템플릿에 대한 몇 가지 설명은 다음과 같다.

- range 지시문은 destinationRules 변수에 정의된 요소를 순회한다.
- spec 부분의 host 필드는 이 DestinationRule이 적용되는 쿠버네티스 서비스의 이름을 지정하는 데 사용된다.
- subsets 섹션은 destinationRules 리스트의 현재 요소인 $dr에서 해당하는 요소가 발견될 때만 정의된다.
- trafficPolicy는 mTLS를 요구하는 데 사용된다.

이 템플릿은 dev-end 헬름 차트의 values.yaml 파일에 destinationRules 변수를 다음과 같이 지정하는 방식으로 사용된다.

```
destinationRules:
  - name: product-composite
  - name: auth-server
  - name: product
  - name: recommendation
  - name: review
```

위 파일들은 kubernetes/helm/common/templates/_istio_dr_mutual_tls.yaml과 kubernetes/helm/environments/dev-env/values.yaml에서 확인할 수 있다.

위와 같이 소스코드를 변경하고 나면 이제 서비스 메시를 생성할 준비가 끝났다.

## 서비스 메시를 생성하는 명령 실행

서비스 메시를 생성하려면 다음 명령을 실행한다.

1. 소스코드를 토대로 도커 이미지를 빌드한다.

```
cd $BOOK_HOME/Chapter18
eval $(minikube docker-env -u)
./gradlew build
eval $(minikube docker-env)
docker compose build
```

> eval $(minikube docker-env -u) 명령은 ./gradlew 빌드 명령이 미니큐브 인스턴스의 도커 엔진이 아닌 호스트의 도커 엔진을 사용하게 한다. build 명령은 도커를 사용해 테스트 컨테이너를 실행한다.

2. hands-on 네임스페이스를 다시 생성하고 이를 기본 네임스페이스로 설정한다.

```
kubectl delete namespace hands-on
kubectl apply -f kubernetes/hands-on-namespace.yml
kubectl config set-context $(kubectl config current-context) --namespace=hands-on
```

hands-on-namespace.yml 파일은 hands-on 네임스페이스를 istio-injection: enabled로 라벨을 지정해 생성한다는 점에 유의하자. 즉, 이 네임스페이스에 생성된 파드는 istio-proxy 컨테이너를 사이드카로 자동으로 주입받는다.

3. 다음 명령으로 헬름 차트 의존성을 해결한다.

   a. 먼저 components 폴더의 의존성을 업데이트한다.

```
for f in kubernetes/helm/components/*; do helm dep up $f; done
```

   b. 다음으로 environments 폴더의 의존성을 업데이트한다.

```
for f in kubernetes/helm/environments/*; do helm dep up $f; done
```

4. 헬름을 사용해 시스템 환경을 배포하고 모든 디플로이먼트가 완료될 때까지 기다린다.

```
helm install hands-on-dev-env \
kubernetes/helm/environments/dev-env \
-n hands-on --wait
```

5. 배포가 완료되면 다음 명령으로 각 마이크로서비스 파드에 두 개의 컨테이너가 있는지 확인한다.

```
kubectl get pods
```

그럼 다음과 같은 결과가 출력될 것이다.

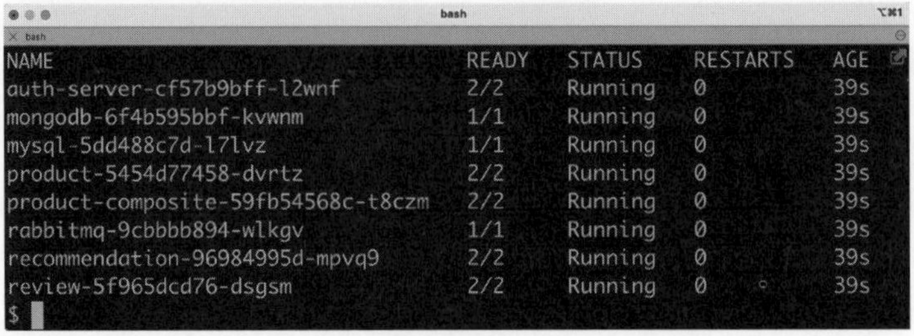


**그림 18.10** 실행 중인 파드

이 책의 마이크로서비스를 실행하는 파드는 파드당 두 개의 컨테이너를 표시하는데, 이는 이스티오 프락시가 사이드카로 주입됐음을 의미한다.

**6.** 다음 명령으로 테스트를 실행한다.

```
./test-em-all.bash
```

> `test-em-all.bash` 스크립트의 기본값은 이전 장에서 미니큐브에서 실행되는 쿠버네티스를 사용하도록 업데이트됐다.

이전 장에서 본 것과 비슷한 출력 결과가 표시될 것이다.

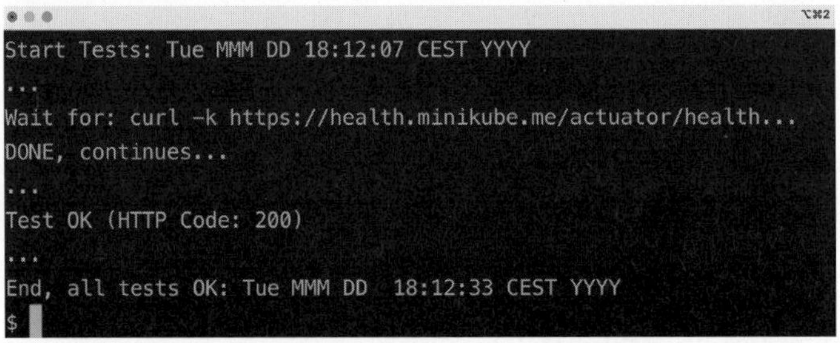


**그림 18.11** 테스트가 성공적으로 실행됨

이스티오와 다양한 컴포넌트를 시험해 보기에 앞서 '집킨 서버를 이스티오의 예거 컴포넌트로 대체' 절에서 언급한 B3 헤더를 이용해 추적 및 스팬 ID가 전파되는 것을 어떻게 기록할 수 있는지 살펴보자.

## 추적 및 스팬 ID 전파 로깅

14장 '분산 추적'의 '성공적인 API 요청 보내기'에서 한 것처럼 `product-composite` 마이크로서비스에서 보낸 요청에서 추적 및 스팬 ID를 볼 수 있다. 이제 마이크로서비스를 쿠버네티스에서 실행하고 있으므로 컨피그맵에서 로그 구성을 변경한 다음, 실행 중인 파드를 삭제해서 마이크로서비스에 영향을 줄 필요가 있다.

1. 다음 명령으로 컨피그맵을 편집한다.

```
kubectl edit cm product-composite
```

다음과 같은 줄을 찾는다.

```
# To see tracing headers, uncomment the following two lines and restart the product-composite
service
# spring.codec.log-request-details: true
# logging.level.org.springframework.web.reactive.function.client.ExchangeFunctions: TRACE
```

2. 이 줄에서 마지막 두 줄의 주석을 제거하고 편집기를 종료한다.

3. 다음 명령으로 `product-composite` 마이크로서비스의 파드를 삭제해 마이크로서비스를 재시작한다.

```
kubectl delete pod -l app=product-composite
```

4. 다음 명령으로 터미널 창에 로그를 출력한다.

```
kubectl logs -f -l app=product-composite
```

5. 접근 토큰을 획득하고 접근 토큰을 사용해 요청을 수행한다.

```
unset ACCESS_TOKEN
ACCESS_TOKEN=$(curl -k https://writer:secret-writer@minikube.me/oauth2/token -d grant_type=
client_credentials -d scope="product:read product:write" -s | jq -r .access_token)
echo $ACCESS_TOKEN

curl -H "Authorization: Bearer $ACCESS_TOKEN" -k https://minikube.me/product-composite/1 -w
"%{http_code}\n" -o /dev/null -s
```

명령을 실행했을 때 HTTP 상태 코드로 200을 반환하는지 확인한다.

6. 로그에는 다음과 같은 내용이 표시될 것이다.

```
YYYY-MM-DDT09:18:52.014Z TRACE 1 --- [        parallel-6] [product-composite,9f96e8379863d637
a0d7301b48cee91b,163bbf8f529f81a3] o.s.w.r.f.client.ExchangeFunctions       : [741082ec] HTTP
GET http://product/product/1?delay=0&faultPercent=0,headers=[X-B3-TraceId:"9f96e8379863d637a
0d7301b48cee91b", X-B3-SpanId:"163bbf8f529f81a3", X-B3-ParentSpanId:"252a9d9d278d206b",X-B3-
Sampled:"1"]
```

로그 출력에서 X-B3-TraceId나 X-B3-SpanId 같은 표준 B3 헤더를 볼 수 있다.

7. 컨피그맵을 다시 주석 처리하고 파드를 삭제한 후 마이크로서비스를 재시작해서 추적 및 스팬 ID를 로깅하지 않도록 원복한다.

이제 서비스 메시가 실행되고 있으니 키알리를 사용해 서비스 메시에서 진행되는 작업을 관찰해 보자!

## 서비스 메시 관찰

이번 절에서는 예거와 함께 키알리를 사용해 서비스 메시에서 진행되는 작업을 관찰하겠다.

그 전에 쿠버네티스의 활성 프로브와 준비 상태 프로브에서 생성되는 노이즈를 제거하는 방법을 이해할 필요가 있다. 이전 장에서는 API 요청과 동일한 포트를 사용했다. 즉, 이스티오는 상태 검사와 API로 전송된 요청에 대한 메트릭을 모두 수집한다. 이로 인해 키알리에 표시되는 그래프가 불필요하게 복잡해진다. 키알리가 관심 없는 트래픽을 필터링할 수 있지만 상태 검사에 다른 포트를 사용하는 편이 더 간단한 해결책이다.

액추에이터 엔드포인트(예: /actuator/health 엔드포인트로 전송되는 상태 검사와 같은)로 전송되는 요청에 대해 별도의 포트를 사용하도록 마이크로서비스를 구성할 수 있다. 다음 행을 모든 마이크로서비스의 공통 구성 파일인 config-repo/application.yml에 추가했다.

```
management.server.port: 4004
```

이렇게 하면 모든 마이크로서비스가 4004번 포트를 사용해 상태 엔드포인트를 노출한다. common 헬름 차트의 values.yaml 파일은 기본 활성 프로브와 준비 상태 프로브에서 4004번 포트를 사용하도록 업데이트됐다. kubernetes/helm/common/values.yaml을 참고한다.

product-composite 마이크로서비스는 쿠버네티스 프로브뿐만 아니라 test-em-all.bash에서 수행하는 상태 검사와 같은 외부 상태 검사에 대해서도 관리 포트를 노출한다. 이는 이스티오의 인그레스 게이트웨이를 통해 이뤄지므로 4004번 포트가 product-composite 마이크로서비스 디플로이먼트 매니페스트와 서비스 매니페스트에 추가된다. kubernetes/helm/components/product-composite/values.yaml의 ports와 service.ports 정의를 참고한다.

스프링 클라우드 게이트웨이(도커 컴포즈에서 테스트를 실행할 수 있도록 유지됨)는 API 및 health 엔드포인트에 대한 요청에 대해 계속해서 동일한 포트를 사용할 것이다. config-repo/gateway.yml 구성 파일에서 management 포트는 API에 사용되는 포트로 변경한다.

```
management.server.port: 8443
```

product-composite 마이크로서비스에 의해 노출된 상태 검사에 대한 외부 접근을 단순화하기 위해 health.minikube.me 호스트명에서 product-composite 마이크로서비스의 management 포트로 이어지는 라우트가 구성돼 있다. 앞의 istio_base.yaml 템플릿에 대한 설명을 참고하자.

health 엔드포인트로 전송된 요청을 처리했으므로 이제 서비스 메시를 통해 요청을 전송할 수 있다.

여기서는 16장 '쿠버네티스에 마이크로서비스 배포'에서 배운 시즈를 이용해 부하 테스트를 시작하겠다. 그 후 웹 브라우저에서 서비스 메시를 관찰하는 데 사용할 수 있는 키알리의 가장 중요한 부분을 살펴본다. 또한 분산 추적에 예거가 어떻게 사용되는지도 살펴보겠다.

> 예제에서 사용하는 인증서는 자체 서명 인증서이기 때문에 웹 브라우저는 자동으로 이를 신뢰하지 않는다. 대부분의 웹 브라우저는 사용자가 보안 위험을 이해한다고 응답하면 웹 페이지를 방문할 수 있도록 허용한다. 웹 브라우저가 접속을 거부하면 시크릿 모드(또는 개인정보 보호 모드) 창을 열어 방문을 시도해 볼 수 있다.
>
> 특히 구글 크롬의 경우 웹 페이지 방문을 허용하지 않고 "연결이 비공개로 설정되어 있지 않습니다"라고 표시되면 고급 버튼을 클릭한 다음 "…(안전하지 않음)(으)로 이동" 링크를 클릭하면 된다.

다음 명령으로 테스트 클라이언트를 시작한다.

```
ACCESS_TOKEN=$(curl https://writer:secret-writer@minikube.me/oauth2/token -d grant_type=client_
credentials -d scope="product:read product:write" -ks | jq .access_token -r)

echo ACCESS_TOKEN=$ACCESS_TOKEN

siege https://minikube.me/product-composite/1 -H "Authorization: Bearer $ACCESS_TOKEN" -c1 -d1 -v
```

첫 번째 명령은 다음 명령에서 사용될 OAuth 2.0/OIDC 접근 토큰을 가져온다. 두 번째 명령에서는 `siege`를 사용해 초당 하나의 HTTP 요청을 `product-composite` API에 보낸다.

그럼 다음과 같은 출력 결과를 예상할 수 있다.

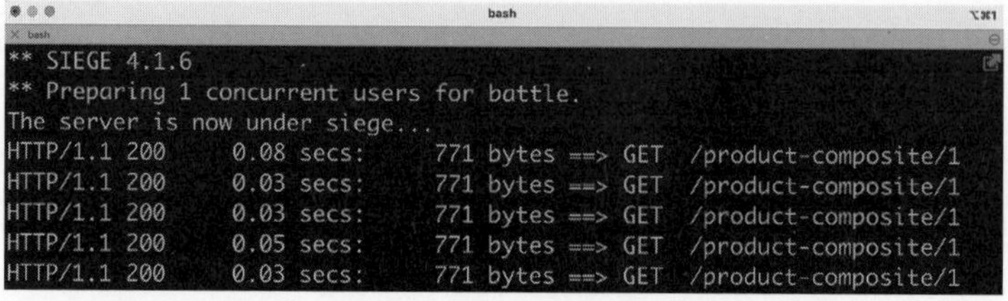


**그림 18.12** 시즈를 이용해 시스템 환경에 트래픽 보내기

자체 서명 인증서를 허용하는 웹 브라우저를 사용해 다음 단계를 진행한다.

1. 웹 브라우저에서 `https://kiali.minikube.me`로 이동해 키알리의 웹 UI를 연다. 기본적으로 익명 사용자로 로그인되며, 다음과 같은 웹 페이지가 표시될 것이다.

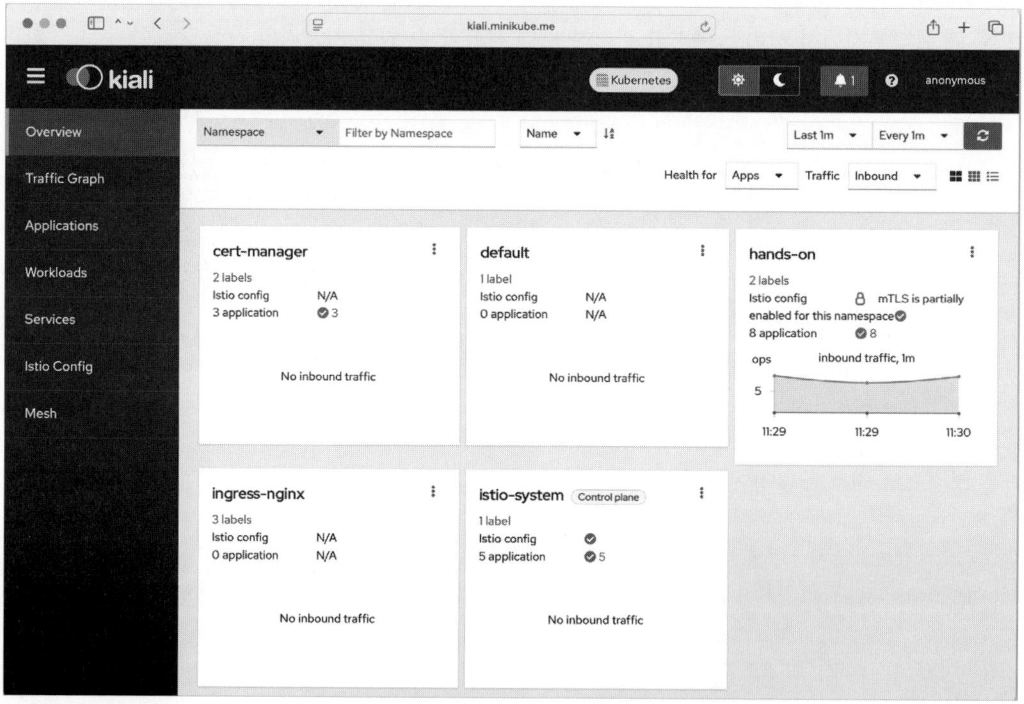


**그림 18.13** 키알리의 웹 UI

2. Overview 탭을 클릭한다(아직 활성화되지 않은 경우).

3. hands-on이라고 적힌 상자의 메뉴(오른쪽 상단 모서리의 세로 점 3개)를 클릭하고 Graph를 선택한다. 서비스 메시를 통과하는 현재 트래픽을 나타내는 그래프가 표시될 것이다.

4. Display 버튼을 클릭하고, Response Time, Median, Traffic Animation을 제외한 모든 옵션의 선택을 해제한다.

5. Hide… 필드에서 `name = jaeger`를 지정해 예거로 전송된 추적 정보 때문에 뷰가 복잡해지는 것을 방지한다.

6. 이제 서비스 메시를 통과하는 현재 요청을 나타내는 그래프가 표시되며, 활성 요청은 화살표를 따라 이동하는 작은 원으로 표시된다.

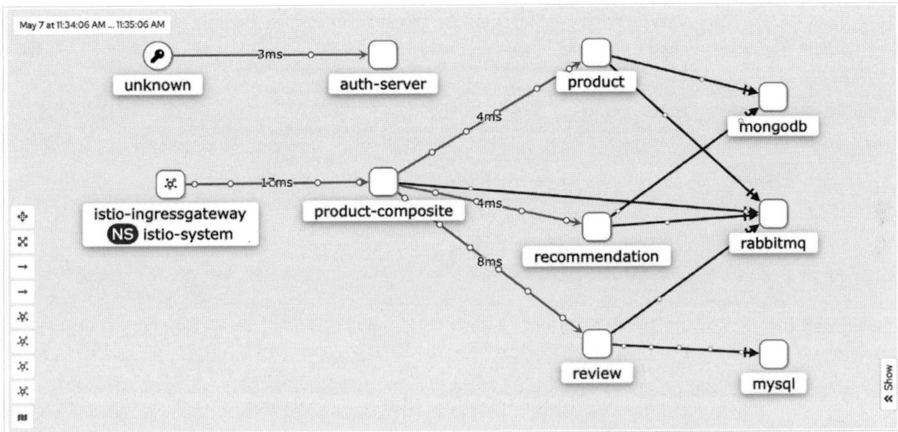


그림 18.14 hands-on 네임스페이스를 보여주는 키알리 그래프

7. unknown에서 auth-server로 이어지는 트래픽은 JWKS 공개키를 가져오기 위해 인증 서버로 전송되는 호출을 나타낸다.

   이를 통해 서비스 메시에서 진행되는 작업을 한눈에 들여다볼 수 있다.

8. 이제 예거를 이용한 분산 추적을 살펴보자. 웹 브라우저에서 `https://tracing.minikube.me`로 이동해 웹 UI를 연다. 왼쪽 메뉴의 Service 드롭다운 메뉴를 클릭하고 istio-ingressgateway.istio-system 서비스를 선택한다. Find Trace 버튼을 클릭하면 다음과 같은 결과가 표시될 것이다.

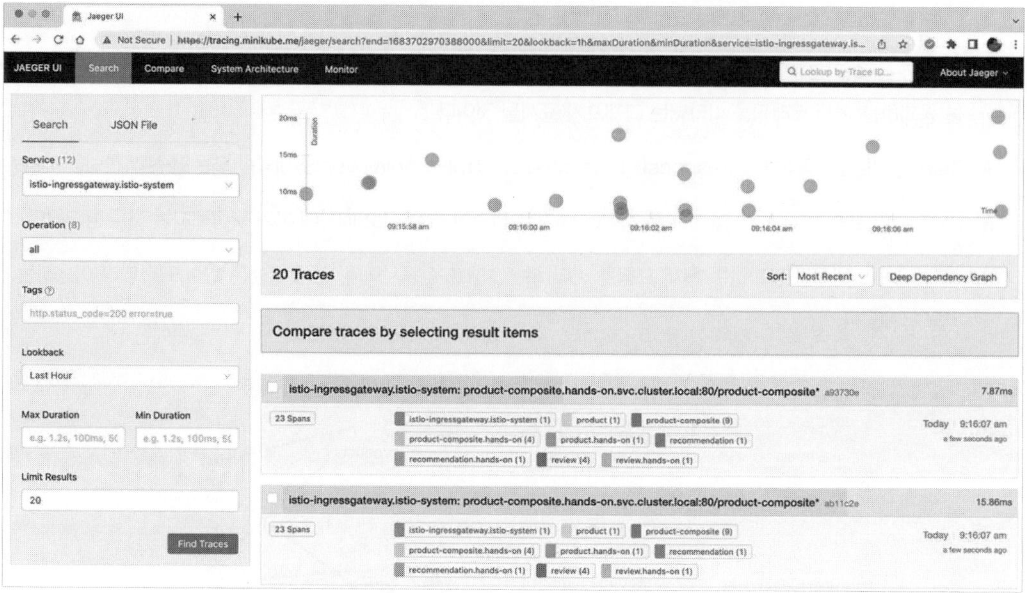


**그림 18.15** 예거에 의해 시각화된 분산 추적

**9.** 23개의 스팬을 포함하는 것으로 보고된 추적 결과를 클릭해 확인해 보자. 다음과 같은 웹 페이지가 표시될 것이다.

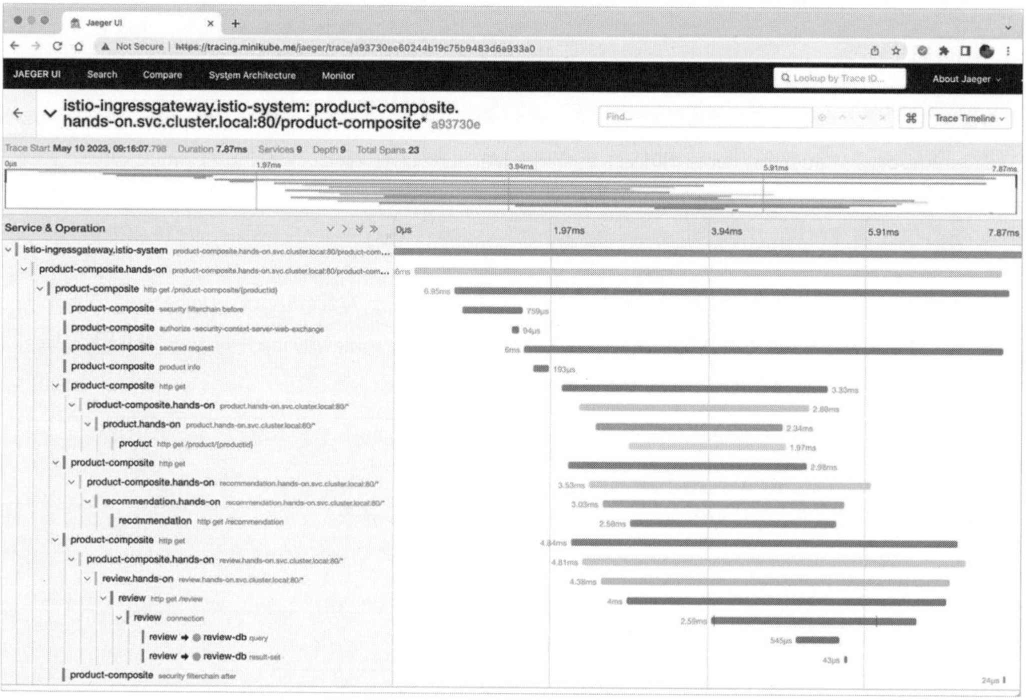


**그림 18.16** 예거의 전체 추적 호출 트리

이것은 기본적으로 14장 '분산 추적'에서 집킨이 제공한 것과 동일한 추적 정보다. 이스티오 프락시와 마이크로서비스 자체에서 추적 정보를 모두 볼 수 있다는 점에 유의하자. 이스티오 프락시에서 보고된 스팬은 `.istio-system`이나 `.hands-on`과 같이 쿠버네티스 네임스페이스가 접미사로 붙는다.

살펴볼 내용이 훨씬 더 많지만 지금은 이 정도면 충분하다. 필요하다면 키알리와 예거의 웹 UI를 자유롭게 확인해 보자.

> 테스트 클라이언트인 시즈에서 획득한 접근 토큰은 한 시간 동안만 유효하다는 점에 유의하자. 트래픽이 예기치 않게 감소하는 경우 시즈에서 200이 아닌 4XX가 출력되면 접근 토큰을 갱신할 필요가 있다.

이제 이스티오를 사용해 서비스 메시의 보안을 어떻게 향상시킬 수 있는지 알아보자.

## 서비스 메시 보안

이번 절에서는 이스티오를 사용해 서비스 메시의 보안을 향상시키는 방법을 배운다. 구체적으로 다음과 같은 주제를 다룰 것이다.

- HTTPS 및 인증서로 외부 엔드포인트를 보호하는 방법
- OAuth 2.0/OIDC 접근 토큰을 사용해 외부 요청을 인증시키는 방법
- 상호 인증(mTLS)을 사용해 내부 통신을 보호하는 방법

다음 절에서 각각에 대해 알아보자.

### HTTPS 및 인증서를 이용한 외부 엔드포인트 보호

이스티오 서비스에 대한 접근 설정 및 '_istio_base.yaml 템플릿의 내용' 절에서 게이트웨이 오브젝트가 HTTPS 엔드포인트에 `hands-on-certificate`라는 시크릿에 저장된 TLS 인증서를 사용한다는 것을 배웠다.

시크릿은 `istio-system` 헬름 차트의 구성을 기반으로 cert-manager에 의해 생성된다. 차트의 템플릿인 `selfsigned-issuer.yaml`은 자체 서명된 내부 CA를 정의하는 데 사용되며, 다음과 같은 내용으로 구성돼 있다.

```
apiVersion: cert-manager.io/v1
kind: Issuer
metadata:
  name: selfsigned-issuer
spec:
  selfSigned: {}
---
apiVersion: cert-manager.io/v1
kind: Certificate
metadata:
  name: ca-cert
spec:
  isCA: true
  commonName: hands-on-ca
  secretName: ca-secret
  issuerRef:
    name: selfsigned-issuer
---
apiVersion: cert-manager.io/v1
kind: Issuer
metadata:
  name: ca-issuer
spec:
  ca:
    secretName: ca-secret
```

위 매니페스트에서 다음과 같은 내용을 볼 수 있다.

- selfsigned-issuer라는 자체 서명된 발급자
- 이 발급자는 ca-cert라는 자체 서명 인증서를 생성하는 데 사용된다.
- 인증서에는 hands-on-ca라는 이름이 공통적으로 부여된다.
- 마지막으로, ca-cert 인증서를 루트 인증서로 사용하는 자체 서명된 CA인 ca-issuer가 정의된다. 이 CA는 게이트웨이 오브젝트에서 사용되는 인증서를 발급하는 데 사용될 것이다.

차트의 템플릿인 hands-on-certificate.yaml에서는 이 인증서를 다음과 같이 정의한다.

```yaml
apiVersion: cert-manager.io/v1
kind: Certificate
metadata:
  name: hands-on-certificate
spec:
  commonName: minikube.me
  subject:
    ...
  dnsNames:
  - minikube.me
  - health.minikube.me
  - dashboard.minikube.me
  - kiali.minikube.me
  - tracing.minikube.me
  - prometheus.minikube.me
  - grafana.minikube.me
  - kibana.minikube.me
  - elasticsearch.minikube.me
  - mail.minikube.me
  issuerRef:
    name: ca-issuer
  secretName: hands-on-certificate
```

이 매니페스트에서 다음과 같은 사항을 알 수 있다.

- 인증서의 이름은 `hands-on-certificate`다.
- 공통 이름은 `minikube.me`로 설정된다.
- `subject`에 대한 몇 가지 세부 정보를 지정한다(여기서는 지면상 생략).
- 다른 모든 호스트명은 인증서에서 Subject Alternative Names로 선언된다.
- 위에서 선언한 `ca-issuer`라는 발급자를 사용할 것이다.
- `cert-manager`는 TLS 인증서를 `hands-on-certificate`라는 시크릿에 저장할 것이다.

`istio-system` 헬름 차트가 설치됐을 때 이러한 템플릿이 사용되어 쿠버네티스에 해당 API 오브젝트들이 생성됐고, 이때 `cert-manager`가 인증서와 시크릿을 생성했다.

템플릿 파일은 `kubernetes/helm/environments/istio-system/templates` 폴더에 있다.

이스티오 인그레스 게이트웨이에서 이러한 인증서가 사용되는지 확인하려면 다음 명령을 실행하면 된다.[7]

```
keytool -printcert -sslserver minikube.me | grep -E "Owner:|Issuer:"
```

다음과 같은 출력 결과를 예상할 수 있다.

**그림 18.17** minikube.me에 대한 인증서 검사

출력 결과를 통해 인증서가 공통 이름인 `minikube.me`에 대해 발급됐으며, `hands-on-ca`라는 공통 이름을 사용하는 루트 인증서를 사용해 자체 CA에 의해 발급됐음을 알 수 있다.

17장 '시스템 환경을 단순화하기 위한 쿠버네티스 기능 구현'에서 언급했듯이('인증서 프로비저닝 자동화' 절 참고) 프로덕션 환경에서는 이러한 자체 서명된 CA를 Let's Encrypt나 cert-manager처럼 신뢰할 수 있는 인증서를 발급할 수 있는 다른 CA로 교체해야 한다.

인증서 구성이 확인됐으므로 이스티오 인그레스 게이트웨이가 인증되지 않은 요청으로부터 마이크로서비스를 어떻게 보호할 수 있는지 알아보자.

## OAuth 2.0/OIDC 접근 토큰을 사용해 외부 요청 인증

이스티오 인그레스 게이트웨이는 JWT 기반 OAuth 2.0/OIDC 접근 토큰을 요구하고 검증할 수 있다. 즉, 외부의 인증되지 않은 요청으로부터 서비스 메시의 마이크로서비스를 보호할 수 있다. JWT, OAuth 2.0, OIDC에 대한 복습이 필요하다면 11장 'API에 대한 접근 보안'을 참고한다('OAuth 2.0과 OpenID Connect를 활용한 API 보호' 절 참고). 또한 이스티오는 권한 부여를 수행하도록 구성될 수 있지만 '이스티오 API 오브젝트 소개' 절에서 언급했듯이 이 책에서는 이를 사용하지 않을 것이다.

이것은 `common` 헬름 차트의 템플릿인 `_istio_base.yaml`에 구성돼 있다. 두 개의 매니페스트는 다음과 같다.

---

7 (옮긴이) 명령을 실행했을 때 환경에 따라 다음과 같이 출력 결과에 한국어가 포함되어 결과가 제대로 표시되지 않을 수 있다. 이 경우 다음 명령을 실행한다.

```
keytool -printcert -sslserver minikube.me | grep -E "소유자:|발행자:"
```

```yaml
apiVersion: security.istio.io/v1beta1
kind: RequestAuthentication
metadata:
  name: product-composite-request-authentication
spec:
  jwtRules:
  - forwardOriginalToken: true
    issuer: http://auth-server
    jwksUri: http://auth-server.hands-on.svc.cluster.local/oauth2/jwks
  selector:
    matchLabels:
      app.kubernetes.io/name: product-composite
---
apiVersion: security.istio.io/v1beta1
kind: AuthorizationPolicy
metadata:
  name: product-composite-require-jwt
spec:
  action: ALLOW
  rules:
  - {}
  selector:
    matchLabels:
      app.kubernetes.io/name: product-composite
```

매니페스트에서 다음과 같은 사항을 볼 수 있다.

- `product-composite-request-authentication`이라는 `RequestAuthentication`은 `product-composite` 서비스로 전송되는 요청에 대해 유효한 접근 토큰(JWT 형식으로 인코딩된)을 요구한다.
- 라벨 셀렉터인 `app.kubernetes.io/name: product-composite`을 기반으로 요청 인증을 수행할 서비스를 선택한다.
- 발급자인 `http://auth-server`의 토큰을 허용한다.
- `http://auth-server.hands-on.svc.cluster.local/oauth2/jwks` URL을 사용해 JWKS를 가져온다. 키는 접근 토큰의 디지털 서명을 검증하는 데 사용된다.
- 기반 서비스(예제의 경우 `product-composite` 마이크로서비스)에 접근 토큰을 전달한다.
- `product-composite-require-jwt`라는 `AuthorizationPolicy`는 `product-composite` 서비스에 대한 모든 요청을 허용하도록 구성돼 있으며, 권한 부여 규칙을 적용하지 않는다.

RequestAuthentication이 접근 토큰을 검증하는지, 아니면 product-composite 서비스만 검증을 수행하는지 이해하기가 다소 어려울 수 있다. 이스티오가 제 역할을 하고 있는지 확인하는 한 가지 방법은 RequestAuthentication의 구성을 변경해 항상 접근 토큰을 거부하도록 만드는 것이다.

RequestAuthentication이 작동하고 있는지 확인하려면 다음 명령을 실행한다.

1. 일반적인 요청을 수행한다.

```
ACCESS_TOKEN=$(curl https://writer:secret-writer@minikube.me/oauth2/token -d grant_type=clie
nt_credentials -d scope="product:read product:write" -ks | jq .access_token -r)
echo ACCESS_TOKEN=$ACCESS_TOKEN
curl -k https://minikube.me/product-composite/1 -H "Authorization: Bearer $ACCESS_TOKEN" -i
```

   HTTP 응답 상태 코드로 200(OK)을 반환하는지 확인한다.

2. RequestAuthentication 오브젝트를 편집해서 발급자(issuer)를 일시적으로 변경한다(예: http://auth-server-x로).

```
kubectl edit RequestAuthentication product-composite-request-authentication
```

3. 변경 사항을 확인한다.

```
kubectl get RequestAuthentication product-composite-request-authentication -o yaml
```

   발급자가 업데이트됐는지 확인한다(이 경우 http://auth-server-x로).

4. 요청을 다시 수행한다. HTTP 응답 상태 코드로 401(Unauthorized)과 'Jwt issuer is not configured'라는 오류 메시지를 출력하면서 실패할 것이다.

```
curl -k https://minikube.me/product-composite/1 -H "Authorization: Bearer $ACCESS_TOKEN" -i
```

   이스티오가 변경 사항, 즉 발급자의 새 이름을 전파하는 데 몇 초 정도 걸리므로 실패하기 전까지 명령을 몇 번 반복해야 할 수 있다.

   이것은 이스티오가 접근 토큰을 검증하고 있음을 증명한다.

5. 변경된 발급자명을 http://auth-server로 원복한다.

```
kubectl edit RequestAuthentication product-composite-request-authentication
```

6. 요청이 다시 작동하는지 확인한다. 먼저 변경 사항이 전파될 때까지 몇 초 정도 기다린다. 그런 다음 다음 명령을 실행한다.

```
curl -k https://minikube.me/product-composite/1 -H "Authorization: Bearer $ACCESS_TOKEN"
```

**추가 실습 제안:** 11장, 'API에 대한 접근 보안'에 설명한 대로 Auth0 OIDC 제공자를 사용해 보자('외부 OpenID Connect 제공자를 이용한 테스트' 절 참조). jwt-authentication-policy.yml에 Auth0 제공자를 추가한다. 예제의 경우에는 다음과 같다.

```
- jwtRules:
    issuer: "https://dev-magnus.eu.auth0.com/"
    jwksUri: "https://dev-magnus.eu.auth0.com/.wellknown/jwks.json"
```

이제 이스티오에서 다룰 마지막 보안 메커니즘인 상호 인증(mutual authentication; mTLS)을 이용한 서비스 메시 내부 통신의 자동 보호로 넘어가보자.

## 상호 인증(mTLS)을 이용한 내부 통신 보호

이번 절에서는 이스티오를 구성해 서비스 메시 내부의 통신을 mTLS를 사용해 자동으로 보호하는 방법을 배운다. 상호 인증을 사용할 때 서비스는 인증서를 노출함으로써 자신의 신원을 증명할뿐만 아니라 클라이언트도 클라이언트 측 인증서를 서비스에 노출함으로써 자신의 신원을 증명한다. 이는 서비스의 신원만 증명되는 일반 TLS/HTTPS 사용 방식과 비교했을 때 더 높은 수준의 보안을 보장한다. 그럼에도 상호 인증을 설정하고 관리하는 것, 즉 클라이언트에 대해 새 인증서를 프로비저닝하거나 만료된 인증서를 교체하는 일은 복잡한 것으로 알려져 있어서 상호 인증은 거의 사용되지 않는다. 이스티오는 서비스 메시 내부의 통신에 사용되는 상호 인증에 대한 인증서 프로비저닝과 교체를 완전히 자동화한다. 이를 통해 수동으로 설정하는 것에 비해 상호 인증을 훨씬 쉽게 사용할 수 있다.

그렇다면 왜 상호 인증을 사용해야 할까? 외부 API를 HTTPS와 OAuth 2.0/OIDC 접근 토큰으로 보호하는 것만으로는 충분하지 않을까?

공격이 외부 API를 통해 이뤄지기만 한다면 그것만으로도 충분할 수 있다. 그러나 쿠버네티스 클러스터 내부의 파드가 손상된다면 어떻게 될까? 예를 들어, 공격자가 파드를 제어할 수 있게 되면 쿠버네티스 클러스터의 다른 파드 간 트래픽을 수신할 수 있게 된다. 내부 통신이 일반 텍스트로 전송되는 경우 공격자는 클러스터의 파드 간에 전송되는 중요한 정보에 쉽게 접근할 수 있다. 이러한 침입으로 인한 손상을 최소화하기 위해 상호 인증을 사용해 공격자가 내부 네트워크 트래픽을 가로채지 못하게끔 만들 수 있다.

이스티오에서 관리하는 상호 인증을 사용하도록 설정하려면 서버 측에서 PeerAuthentication이라는 정책을 사용해 이스티오를 구성해야 하고, 클라이언트 측에서는 DestinationRule을 사용해야 한다.

정책은 `common` 헬름 차트의 템플릿인 `_istio_base.yaml`에 구성돼 있다. 매니페스트는 다음과 같다.

```
apiVersion: security.istio.io/v1beta1
kind: PeerAuthentication
metadata:
  name: default
spec:
  mtls:
    mode: PERMISSIVE
```

'이스티오 API 오브젝트 소개' 절에서 언급했듯이 `PeerAuthentication` 정책은 `PERMISSIVE` 모드를 사용해 mTLS와 일반 HTTP 요청을 모두 허용하도록 구성돼 있다. 이를 통해 쿠버네티스는 일반 HTTP를 사용해 활성 및 준비 상태 프로브를 호출할 수 있다.

이 책에서는 '_istio_dr_mutual_tls.yaml 템플릿의 내용' 절에서 `DestinationRule` 매니페스트도 이미 살펴본 적이 있다. mTLS를 요구하는 `DestinationRule` 매니페스트에서 중요한 부분은 다음과 같다.

```
trafficPolicy:
  tls:
    mode: ISTIO_MUTUAL
```

내부 통신이 mTLS에 의해 보호되는지 확인하려면 다음 단계를 수행한다.

1. 앞의 '서비스 메시 관찰' 절에서 시작한 부하 테스트가 여전히 실행 중이고 `200(OK)`을 보고하는지 확인한다.
2. 웹 브라우저에서 키알리 그래프로 이동한다(`https://kiali.minikube.me`).
3. Display 버튼을 클릭하고 Security 라벨을 활성화한다. 그래프에서는 이스티오의 자동화된 상호 인증에 의해 보호되는 모든 통신 링크에 자물쇠가 표시될 것이다.

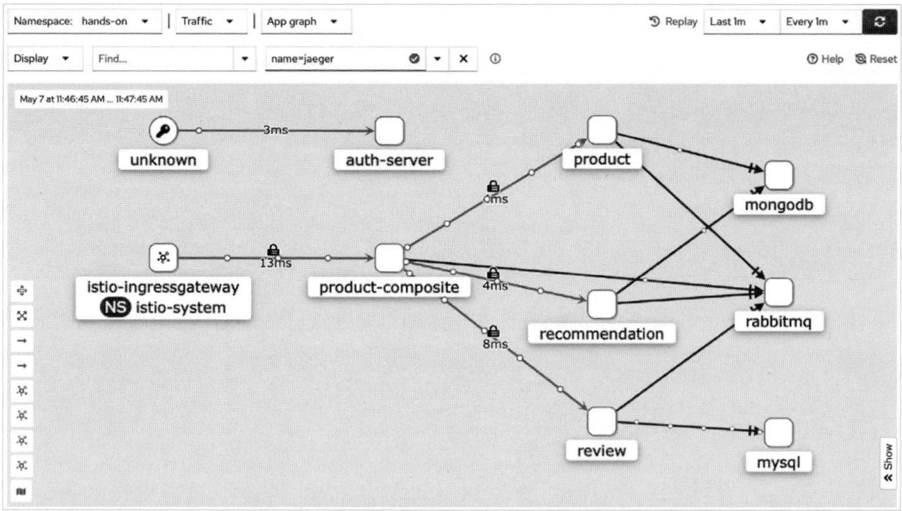


그림 18.18 키알리에서 mTLS 설정 확인하기

모든 링크에 자물쇠가 표시될 것이다.

> RabbitMQ, MySQL, MongoDB에 대한 호출은 이스티오 프락시에서 처리되지 않으므로 필요한 경우 TLS를 사용해 수동으로 보호해야 한다.

이렇게 해서 이스티오의 세 가지 보안 메커니즘이 모두 작동하는 것을 확인했으며, 이제 이스티오를 사용해 서비스 메시가 복원력을 갖추고 있는지 확인해 보자.

## 서비스 메시가 복원력 있는지 확인하기

이번 절에서는 이스티오를 사용해 서비스 메시가 복원력을 갖추고 있는지, 즉 서비스 메시에 발생한 일시적인 결함을 처리할 수 있는지 확인하는 법을 배운다. 이스티오에는 스프링 프레임워크가 일시적인 결함을 처리하기 위해 타임아웃, 재시도, 이상 탐지(outlier detection, 일종의 서킷 브레이커)와 같은 측면에서 제공하는 것과 비슷한 메커니즘이 포함돼 있다.

일시적인 결함을 처리하기 위해 언어에 기본적으로 포함된 메커니즘을 사용해야 할지, 아니면 이를 이스티오와 같은 서비스 메시에 위임해야 할지 결정할 때 필자는 13장 'Resilience4j를 활용한 복원력 개선'의 예제와 같이 언어에 기본적으로 포함된 메커니즘을 사용하는 방식을 선호한다. 대부분의 경우 서킷 브레이커에 대한 폴백 처리와 같은 오류 처리 로직을 마이크로서비스의 다른 비즈니스 로직과 함께 유지하는 것이 중요하다. 소스코드에 일시적인 결함을 처리하기 위한 로직을 두면 JUnit이나 Testcontainers 같은 도구를 사용해 테스트하기가 훨씬 쉬워진다. 일시적인 결함 처리를 이스티오 같은 서비스 메시에 위임하면 단위/통합 테스트를 작성하는 것이 훨씬 더 복잡해진다.

이스티오에서 제공하는 메커니즘이 유용한 경우도 있다. 예를 들어, 마이크로서비스가 배포되고 프로덕션 환경에서 때때로 발생하는 일시적인 결함을 처리할 수 없다고 판단되면 마이크로서비스가 새로 릴리스되길 기다리는 대신 이스티오를 사용해 타임아웃이나 재시도 메커니즘을 추가하는 편이 더 편리할 수 있다.

복원력과 관련해서 이스티오에서 제공하는 또 다른 기능은 기존 서비스 메시에 결함과 처리 지연을 주입할 수 있는 기능이다. 왜 이런 기능이 필요할까?

결함과 처리 지연을 통제된 방식으로 주입하는 것은 마이크로서비스의 복원력 기능이 예상대로 작동하는지 확인하는 데 매우 유용하다. 이번 절에서 이를 시험해 볼 것이며, 이를 통해 `product-composite` 마이크로서비스의 재시도, 타임아웃, 서킷 브레이커가 예상대로 작동하는지 확인할 것이다.

> 13장 'Resilience4j를 활용한 복원력 개선'('프로그래밍 가능한 처리 지연 및 무작위 오류 추가' 절 참조)에서는 마이크로서비스 소스코드에 결함과 처리 지연을 주입할 수 있는 지원 기능을 추가했다. 이후 절에서도 설명하겠지만 해당 소스코드는 가능한 한 런타임에 결함과 처리 지연을 주입하기 위한 이스티오의 기능으로 대체해야 할 것이다.

먼저 재시도 메커니즘이 `product-composite` 마이크로서비스에서 예상대로 작동하는지 확인하기 위해 결함을 주입하겠다. 그러고 나서 `product` 서비스의 응답을 지연시키고 서킷 브레이커가 처리 지연을 예상대로 처리하는지 확인한다.

## 결함을 주입해 복원력 테스트하기

`product` 서비스에서 무작위 오류를 발생시키고 마이크로서비스 환경이 이를 올바르게 처리하는지 확인해 보자. 이 경우 `product-composite` 마이크로서비스의 재시도 메커니즘이 작동해 요청이 성공하거나 최대 재시도 횟수 제한에 도달할 때까지 요청을 재시도할 것이다. 이렇게 하면 재시도로 인한 지연 시간 외에는 단기적인 결함이 최종 사용자에게 영향을 미치지 않을 것이다. `product-composite` 마이크로서비스의 재시도 메커니즘에 대해서는 13장 'Resilience4j를 활용한 복원력 개선'의 '재시도 메커니즘 추가' 절을 참고한다.

결함은 kubernetes/resilience-tests/product-virtual-service-with-faults.yml과 같은 가상 서비스를 사용해 주입할 수 있다. 코드는 다음과 같다.

```
apiVersion: networking.istio.io/v1beta1
kind: VirtualService
metadata:
  name: product
spec:
  hosts:
  - product
  http:
  - route:
    - destination:
        host: product
    fault:
      abort:
        httpStatus: 500
        percentage:
          value: 20
```

정의에 따르면 product 서비스로 전송된 요청의 20%가 HTTP 상태 코드 500(Internal Server Error)과 함께 중단될 것이다.

다음 단계에 따라 이를 테스트한다.

1. 시즈를 이용한 부하 테스트('서비스 메시 관찰' 절에서 시작한)가 계속 실행되고 있는지 확인한다.
2. 다음 명령으로 결함을 주입한다.

```
kubectl apply -f kubernetes/resilience-tests/product-virtual-service-with-faults.yml
```

3. 시즈 부하 테스트 도구의 출력 결과를 모니터링한다. 다음과 같은 내용이 표시될 것이다.

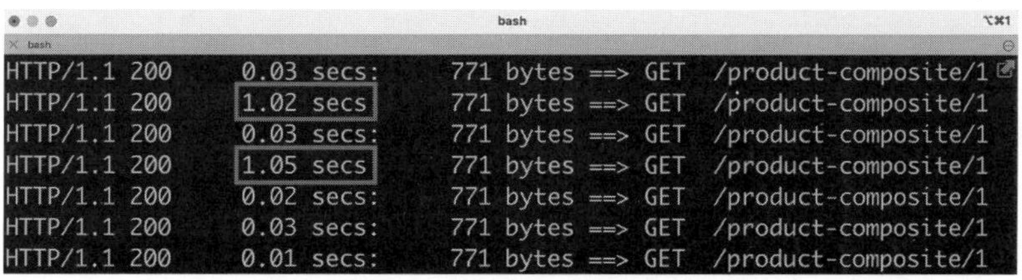


**그림 18.19** 재시도 메커니즘이 작동하는 것을 관찰

출력 결과에서 모든 요청이 여전히 성공하는 것을 알 수 있다. 즉, 상태 코드 200(OK)이 반환된다. 그러나 요청 중 일부(20%)는 완료하는 데 1초가 더 걸린다. 이는 product-composite 마이크로서비스의 재시도 메커니즘이 작동해 product 서비스에 대한 실패한 요청을 재시도했음을 나타낸다.

4. 다음 명령으로 결함 주입을 제거해서 테스트를 마무리한다.

```
kubectl delete -f kubernetes/resilience-tests/product-virtual-service-with-faults.yml
```

이제 다음 절로 넘어가서 처리 지연을 주입해 서킷 브레이커가 작동하도록 만들어보자.

## 처리 지연을 주입해 복원력 테스트하기

13장 'Resilience4j를 활용한 복원력 개선'에서 배웠듯이 요청을 수락한 후 서비스의 느린 응답 또는 완전한 응답 부재로 인한 문제를 방지하는 데 서킷 브레이커를 활용할 수 있다.

이번에는 이스티오를 사용해 product 서비스에 지연을 주입함으로써 product-composite 서비스의 서킷 브레이커가 예상대로 작동하는지 확인해 보자. 처리 지연은 가상 서비스를 사용해 주입할 수 있다. kubernetes/resilience-tests/product-virtual-service-with-delay.yml을 보자.

```
apiVersion: networking.istio.io/v1beta1
kind: VirtualService
metadata:
  name: product
spec:
  hosts:
    - product
  http:
  - route:
    - destination:
        host: product
    fault:
      delay:
        fixedDelay: 3s
        percent: 100
```

이 정의는 product 서비스로 전송된 모든 요청이 3초 지연될 것임을 나타낸다.

product-composite 서비스에서 product 서비스로 전송된 요청은 2초 후에 타임아웃되도록 구성돼 있다. 서킷 브레이커는 3번 연속으로 요청이 실패하면 회로를 열도록 구성돼 있다.[8] 회로가 열릴 경우 페일 패스트를 수행한다. 다시 말해, 기반 서비스를 호출하려고 시도하지 않고 즉시 예외를 발생시킨다. product-composite 마이크로서비스의 비즈니스 로직은 이 예외를 잡아 폴백 로직을 적용할 것이다. 복습이 필요하다면 13장 'Resilience4j를 활용한 복원력 개선'의 '서킷 브레이커와 시간 제한 추가' 절을 참고한다.

처리 지연을 주입해 서킷 브레이커를 테스트하려면 다음 단계를 수행한다.

1. 부하 테스트 도구인 시즈가 실행 중인 터미널 창에서 Ctrl + C를 눌러 실행을 중지한다.
2. 다음 명령으로 product 서비스에 일시적인 처리 지연을 적용한다.

```
kubectl apply -f kubernetes/resilience-tests/product-virtual-service-with-delay.yml
```

3. 다음 명령으로 접근 토큰을 획득한다.

```
ACCESS_TOKEN=$(curl https://writer:secret-writer@minikube.me/oauth2/token -d grant_type=cli
ent_credentials -d scope="product:read product:write" -ks | jq .access_token -r)
echo ACCESS_TOKEN=$ACCESS_TOKEN
```

4. 연속으로 6개의 요청을 전송한다.

```
for i in {1..6}; do time curl -k https://minikube.me/product-composite/1 -H "Authorization:
Bearer $ACCESS_TOKEN"; done
```

이에 대해 다음과 같은 결과를 예상할 수 있다.

a. 처음 세 번의 호출이 실패한 후 회로가 열린다.

b. 서킷 브레이커는 마지막 세 번의 호출에 대해 페일 패스트 로직을 적용한다.

c. 마지막 세 번의 호출에 대해 폴백 응답이 반환된다.

처음 세 번의 호출에 대한 응답은 타임아웃 관련 오류 메시지가 될 것으로 예상되며, 응답 시간은 2초(즉, 타임아웃 시간)다. 처음 세 번의 호출에 대한 응답은 다음과 같을 것이다.

**그림 18.20** 타임아웃 관찰

8 (옮긴이) 자세한 내용은 config-repo의 product-composite.yml 파일을 참고한다.

마지막 세 번의 호출에 대한 응답은 폴백 로직에서 제공되며, 응답 시간이 짧을 것으로 예상된다. 마지막 세 번의 호출에 대한 응답은 다음과 같을 것이다.

**그림 18.21** 폴백 메서드가 작동

**5.** 다음 명령으로 일시적인 처리 지연을 제거함으로써 처리 지연 문제가 수정됐음을 시뮬레이션한다.

```
kubectl delete -f kubernetes/resilience-tests/product-virtual-service-with-delay.yml
```

**6.** 4번 항목의 for 루프를 사용해 새 요청을 전송함으로써 올바른 응답이 처리 지연 없이 다시 반환되는지 확인한다.

> 서킷 브레이커의 상태를 확인하려면 다음 명령어를 실행한다.
>
> ```
> curl -ks https://health.minikube.me/actuator/health | jq -r .components.circuit
> Breakers.details.product.details.state
> ```
>
> 상태에 따라 CLOSED나 OPEN, HALF_OPEN을 보고할 것이다.

이것은 이스티오를 사용해 처리 지연을 주입할 때 서킷 브레이커가 예상대로 반응한다는 것을 증명한다. 이렇게 해서 마이크로서비스 환경이 복원력을 갖췄는지 확인하는 데 사용할 수 있는 이스티오의 기능 테스트를 마무리한다. 이스티오에서 살펴볼 마지막 기능은 트래픽 관리 기능이다. 무중단 배포를 수행하는 데 이러한 기능을 어떻게 활용할 수 있는지 살펴보자.

## 무중단 업데이트

16장 '쿠버네티스에 마이크로서비스 배포'에서 언급했듯이 자율적인 마이크로서비스의 수가 많아져 서로 독립적으로 업데이트되는 상황에서 서비스 가동을 중단하지 않고도 업데이트를 배포하는 것은 매우 중요하다.

이번 절에서는 이스티오의 트래픽 관리 및 라우팅 기능을 알아보고, 이를 이용해 가동 중단 없이 마이크로서비스의 새 버전을 배포하는 방법을 살펴본다. 15장 '쿠버네티스 소개'에서 쿠버네티스를 사용해 서비스 가동을 중단하지 않고도 롤링 업그레이드를 수행할 수 있다는 것을 배웠다. 쿠버네티스 롤링 업그레이드 메커니즘을 이용하면 전체 프로세스가 자동화되지만 안타깝게도 모든 사용자가 새 버전으로 라우팅되기 전까지는 새 버전을 테스트하지 못한다.

이스티오를 이용하면 새 버전을 배포하고 초기에는 모든 사용자를 기존 버전(이번 장에서는 이전 버전이라고 부르겠다)으로 라우팅할 수 있다. 그 후 이스티오의 세분화된 라우팅 메커니즘을 사용해 사용자가 새 버전과 이전 버전으로 라우팅되는 방식을 제어할 수 있다. 여기서는 이스티오를 이용해 널리 사용되는 다음과 같은 두 가지 업그레이드 전략을 구현하는 방법을 살펴보겠다.

- **카나리아 배포**: 카나리아 배포를 사용할 때는 특정 테스트 사용자 그룹을 제외한 모든 사용자가 이전 버전으로 라우팅된다. 테스트 사용자는 새 버전으로 라우팅된다. 테스트 사용자가 새 버전을 승인하면 일반 사용자도 블루–그린 배포를 통해 새 버전으로 라우팅된다.
- **블루–그린 배포**: 전통적으로 블루–그린 배포는 모든 사용자가 블루 버전 또는 그린 버전으로 전환되는 것을 의미하며, 하나는 새 버전이고 다른 하나는 이전 버전이다. 새 버전으로 전환할 때 문제가 발생하면 이전 버전으로 다시 전환하는 것은 매우 간단하다. 이스티오를 이용하면 이 전략을 개선해 사용자를 새 버전으로 점진적으로 전환할 수 있다. 예를 들어, 사용자의 20%로 시작해 천천히 비율을 늘릴 수 있다. 새 버전에서 치명적인 오류가 발견되면 언제든지 모든 사용자를 이전 버전으로 손쉽게 라우팅할 수 있다.

16장에서도 이미 언급했듯이 이러한 유형의 업그레이드 전략이 가진 전제 조건은 업그레이드가 이전 버전과 호환돼야 한다는 것이다. 이러한 업그레이드는 다른 서비스나 데이터베이스 구조와 통신하는 데 사용되는 API 및 메시지 형식 측면에서 호환된다. 새 버전의 마이크로서비스를 도입하기 위해 이전 버전이 처리할 수 없는 외부 API나 메시지 형식, 데이터베이스 구조에 대한 변경이 필요하다면 이러한 업그레이드 전략을 적용할 수 없다.

이 책에서는 다음과 같은 배포 시나리오를 살펴보겠다.

1. 먼저 모든 요청을 마이크로서비스의 v1 버전으로 전송하도록 라우팅을 구성한 상태에서 마이크로서비스의 v1 및 v2 버전을 배포한다.
2. 다음으로, 테스트 그룹이 마이크로서비스의 새로운 2 버전을 확인하는 카나리아 테스트를 실행할 수 있도록 허용한다. 테스트를 다소 단순화하기 위해 핵심 마이크로서비스, 즉 `product`, `recommendation`, `review` 마이크로서비스의 새 버전만 배포한다.
3. 마지막으로, 블루–그린 배포를 사용해 일반 사용자를 새 버전으로 옮기기 시작한다. 초기에는 적은 비율의 사용자로 시작해 시간이 지남에 따라 점점 더 많은 사용자로 확장해 결국에는 모든 사용자가 새 버전으로 라우팅될 것이다. 또한 새로운 v2 버전에서 치명적인 오류가 발견되면 모든 트래픽을 v1 버전으로 신속하게 다시 전환할 수 있는 방법도 살펴본다.

먼저 핵심 마이크로서비스의 두 가지 버전인 v1과 v2 버전을 배포하고 트래픽을 라우팅하기 위해 소스코드에 적용해야 하는 변경 사항을 살펴보자.

## 소스코드 변경

마이크로서비스의 여러 버전을 동시에 실행하려면 디플로이먼트 오브젝트와 해당 파드의 이름이 달라야 한다(예: `product-v1`과 `product-v2`). 그러나 마이크로서비스당 쿠버네티스 서비스 오브젝트는 하나만 있어야 한다. 특정 마이크로서비스에 대한 모든 트래픽은 파드의 버전에 관계없이 요청이 최종적으로 라우팅되는 동일한 서비스 오브젝트를 통과한다. 카나리아 테스트나 블루-그린 배포에 대한 실제 라우팅 규칙을 구성하는 데는 이스티오의 `VirtualService`와 `DestinationRule` 오브젝트를 사용한다. 마지막으로 `prod-env` 헬름 차트의 `values.yaml` 파일은 프로덕션 환경에서 사용될 각 마이크로서비스의 버전을 지정하는 데 사용된다.

다음과 같은 하위 절에서 각 정의에 대해 자세히 살펴보자.

- 가상 서비스와 목적지 규칙
- 디플로이먼트와 서비스
- prod-env 헬름 차트에서 연동하기

### 가상 서비스와 목적지 규칙

두 버전의 마이크로서비스로 트래픽을 분할하려면 발신자 측의 가상 서비스에서 두 버전 간의 가중치를 배분해야 한다. 가상 서비스는 트래픽을 `old`와 `new`라는 두 개의 서브셋으로 분할할 것이다. `new` 서브셋과 `old` 서브셋의 정확한 의미는 수신자 측의 해당 `DestinationRule`에 정의돼 있다. `DestinationRule`에서는 라벨을 사용해 이전 버전과 새 버전의 마이크로서비스를 실행할 파드를 결정한다.

카나리아 테스트를 위해서는 가상 서비스에 카나리아 테스터를 항상 `new` 서브셋으로 라우팅하는 라우팅 규칙이 필요하다. 카나리아 테스터를 식별하기 위해 카나리아 테스터의 요청에는 `X-group`이라는 HTTP 헤더가 포함돼 있고 이 헤더의 값이 `test`라고 가정할 것이다.

공통 헬름 차트에 두 버전의 마이크로서비스로 트래픽을 분할할 수 있는 가상 서비스를 생성하기 위한 템플릿이 추가됐다. 이 템플릿의 이름은 `_istio_vs_green_blue_deploy.yaml`이며, 다음과 같다.

```
{{- define "common.istio_vs_green_blue_deploy" -}}
{{- range $name := .Values.virtualServices }}
apiVersion: networking.istio.io/v1beta1
kind: VirtualService
metadata:
  name: {{ $name }}
spec:
  hosts:
  - {{ $name }}
  http:
  - match:
    - headers:
        X-group:
          exact: test
    route:
    - destination:
        host: {{ $name }}
        subset: new
  - route:
    - destination:
        host: {{ $name }}
        subset: old
      weight: 100
    - destination:
        host: {{ $name }}
        subset: new
      weight: 0
---
{{- end -}}
{{- end -}}
```

템플릿에서 다음과 같은 내용을 볼 수 있다.

- range 지시문은 virtualServices 변수에 정의된 요소를 순회한다.
- spec 부분의 hosts 필드는 이 VirtualService가 적용될 쿠버네티스 서비스의 이름을 지정하는 데 사용된다.
- http 섹션에서는 활용할 수 있다.
  - 카나리아 테스터의 HTTP 헤더인 X-group이 test로 설정된 경우에 매칭되는 라우트. 이 라우트는 항상 요청을 new 서브셋으로 보낸다.

- old 서브셋에 대한 라우트 목적지 하나와 new 서브셋에 대한 라우트 목적지 하나.
- weight는 백분율로 지정되며, 가중치의 합은 항상 100이다.

- 모든 트래픽은 초기에 old 서브셋으로 라우팅된다.

헤더 기반 라우팅을 기반으로 카나리아 테스터를 새 버전으로 라우팅하기 위해 product-composite 마이크로서비스가 X-group HTTP 헤더를 전달하도록 업데이트됐다. 자세한 내용은 se.magnus.microservices.composite.product.services.ProductCompositeServiceImpl 클래스의 getCompositeProduct() 메서드를 참고한다.

목적지 규칙의 경우 위의 '_istio_dr_mutual_tls.yaml 템플릿의 내용' 절에서 소개한 템플릿을 재사용하겠다. 이 템플릿은 prod-env 헬름 차트에서 마이크로서비스의 버전을 지정하는 데 사용된다. 이는 'prod-env 헬름 차트에서 연동하기' 절에 설명돼 있다.

### 디플로이먼트 및 서비스

목적지 규칙이 파드의 라벨을 기반으로 파드의 버전을 식별할 수 있도록 common 헬름 차트의 디플로이먼트 템플릿인 _deployment.yaml에 version 라벨을 추가했다. 그 값은 파드의 도커 이미지 태그로 설정된다. 여기서는 도커 이미지 태그로 v1과 v2를 사용할 것이므로 version 라벨의 값도 그와 동일할 것이다. 추가된 행은 다음과 같다.

```
version: {{ .Values.image.tag }}
```

파드와 디플로이먼트 오브젝트에 버전 정보가 포함된 이름을 지정하기 위해 prod-env 차트에서 기본 이름을 재정의했다. values.yaml 파일에서 fullnameOverride 필드는 버전 정보를 포함하는 이름을 지정하는 데 사용된다. 이는 세 개의 핵심 마이크로서비스에 대해 수행되며, 다음과 같은 형태다.

```
product:
  fullnameOverride: product-v1

recommendation:
  fullnameOverride: recommendation-v1

review:
  fullnameOverride: review-v1
```

이 같은 변화의 부수효과로 해당 서비스 오브젝트도 버전 정보가 포함된 이름을 갖게 된다. 앞에서 설명했듯이 마이크로서비스당 하나의 서비스가 필요하고, 요청이 최종적으로 라우팅되는 버전의 파드와 관계없이 특정 마이크로서비스에 대한 모든 트래픽이 동일한 서비스를 통과해야 한다. 이러한 이름 지정 문제를 방지하기 위해 common 헬름 차트의 서비스 템플릿인 _service.yaml을 업데이트해서 이전에 17장에서 사용된 common.fullname 템플릿 대신 common.name 템플릿을 사용한다.

마지막으로 세 가지 핵심 마이크로서비스의 두 가지 버전을 배포할 수 있도록 kubernetes/helm/components 폴더에 있는 세 개의 핵심 마이크로서비스에 대한 헬름 차트를 복제했다. 새 차트의 이름에는 -green이 접미사로 붙는다. 기존 차트와의 유일한 차이점은 공통 차트의 서비스 템플릿을 포함하지 않는다는 것이다. 이를 통해 핵심 마이크로서비스당 두 개의 서비스 오브젝트가 생성되는 것을 방지한다. 새 차트의 이름은 product-green, recommendation-green, review-green이다.

### prod-env 헬름 차트에서 연동하기

prod-env 헬름 차트에는 common 헬름 차트의 _istio_vs_green_blue_deploy.yaml 템플릿과 dev-env 차트에서 포함된 템플릿이 포함돼 있다. '서비스 메시 생성' 절을 참고한다.

Chart.yaml 파일에 핵심 마이크로서비스에 대한 새로운 세 개의 *-green 헬름 차트가 의존성으로 추가됐다.

values.yaml 파일에서 이 모든 것이 연결된다. 이전 절에서는 버전 정보를 포함하는 이름으로 핵심 마이크로서비스의 v1 버전이 어떻게 정의되는지 확인했다.

v2 버전에 대해서는 새로운 세 개의 *-green 헬름 차트가 사용된다. 이름과 도커 이미지 태그를 제외하고는 v1 버전과 값이 동일하다. 예를 들어, product 마이크로서비스의 v2 버전 구성은 다음과 같다.

```
product-green:
  fullnameOverride: product-v2
  image:
    tag: v2
```

세 개의 핵심 마이크로서비스에 대한 가상 서비스를 다음과 같이 선언한다.

```
virtualServices:
  - product
  - recommendation
  - review
```

마지막으로 목적지 규칙은 dev-env 헬름 차트와 유사한 방식으로 선언한다. 주된 차이점은 가상 서비스에 의해 트래픽이 old나 new 서브셋으로 라우팅될 때 사용돼야 하는 실제 버전을 선언하기 위해 서브셋을 사용한다는 것이다. 예를 들어, product 마이크로서비스의 목적지 규칙은 다음과 같이 선언한다.

```
destinationRules:
  - ...
  - name: product
    subsets:
    - labels:
        version: v1
      name: old
    - labels:
        version: v2
      name: new
...
```

이를 통해 old 서브셋으로 전송된 트래픽은 product 마이크로서비스의 v1 파드로 향하고, new 서브셋의 경우 v2 파드로 향한다는 것을 알 수 있다.

자세한 내용은 kubernetes/helm/environments/prod-env 폴더에 있는 prod-env 차트 파일을 참고한다.

> 이곳에다 프로덕션 환경에 대한 기존 버전(old)과 새 버전(new)을 각각 v1과 v2로 선언한다는 점을 알아두자. 나중에 v2를 v3로 업그레이드할 시점이 되면 old 서브셋이 v2를 사용하도록 업데이트되고, new 서브셋은 v3를 사용하도록 업데이트될 것이다.

이제 소스코드의 모든 변경 사항을 확인했으므로 마이크로서비스의 v1 버전과 v2 버전을 배포할 준비가 끝났다.

## 마이크로서비스의 v1 버전과 v2 버전 배포 및 v1 버전으로의 라우팅

마이크로서비스의 v1 버전과 v2 버전을 테스트하려면 이번 장 앞부분에서 사용한 개발 환경을 제거하고, v1 버전과 v2 버전의 마이크로서비스를 배포할 수 있는 프로덕션 환경을 만들어야 한다.

이를 위해 다음 명령을 실행한다.

1. 개발 환경을 제거한다.

```
helm uninstall hands-on-dev-env
```

2. 개발 환경의 파드 종료를 모니터링하려면 'No resources found in hands-on namespace'를 보고할 때까지 다음 명령을 실행한다.

```
kubectl get pods
```

3. 쿠버네티스 외부에서 MySQL, MongoDB, RabbitMQ를 구동한다.

```
eval $(minikube docker-env)
docker compose up -d mongodb mysql rabbitmq
```

4. 도커 이미지에 v1과 v2 버전 태그를 지정한다.

```
docker tag hands-on/auth-server hands-on/auth-server:v1
docker tag hands-on/product-composite-service hands-on/product-composite-service:v1
docker tag hands-on/product-service hands-on/product-service:v1
docker tag hands-on/recommendation-service hands-on/recommendation-service:v1
docker tag hands-on/review-service hands-on/review-service:v1

docker tag hands-on/product-service hands-on/product-service:v2
docker tag hands-on/recommendation-service hands-on/recommendation-service:v2
docker tag hands-on/review-service hands-on/review-service:v2
```

> 이번 테스트에서는 마이크로서비스의 v1 버전과 v2 버전이 동일한 버전의 마이크로서비스가 될 것이다. 하지만 이스티오에게는 이것이 중요하지 않으므로 이처럼 단순화된 접근 방식으로 이스티오의 라우팅 기능을 테스트할 수 있다.

5. 헬름을 사용해 시스템 환경을 배포하고, 모든 디플로이먼트가 완료될 때까지 기다린다.

```
helm install hands-on-prod-env \
  kubernetes/helm/environments/prod-env \
  -n hands-on --wait
```

6. 배포가 완료되면 다음 명령으로 세 개의 핵심 마이크로서비스에 대해 v1과 v2 파드가 실행 중인지 확인한다.

```
kubectl get pods
```

그럼 다음과 같은 응답이 표시될 것이다.

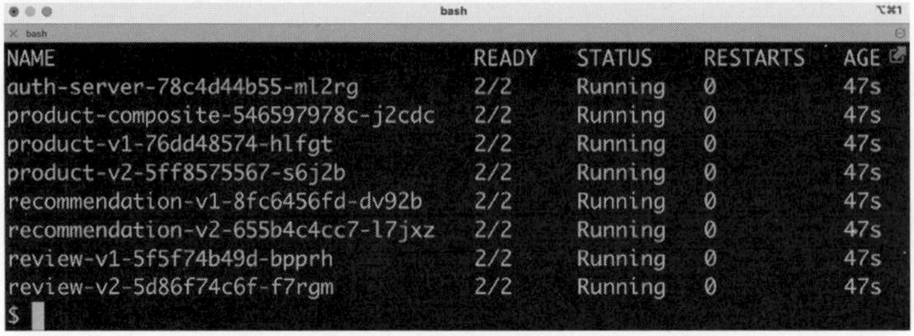


**그림 18.22** 동시에 배포된 v1 파드와 v2 파드

**7.** 모든 것이 제대로 작동하는지 확인하기 위해 테스트를 실행한다.

```
./test-em-all.bash
```

안타깝게도 처음에는 다음과 같은 오류 메시지와 함께 테스트가 실패할 것이다.

```
- Response Body: Jwks doesn't have key to match kid or alg from Jwt
```

이 오류는 이스티오 데몬인 `istiod`가 개발 환경의 인가 서버에서 JWKS 공개 키를 캐싱하기 때문에 발생한다. 프로덕션 환경의 인가 서버에는 새로운 JWKS 키가 있지만 ID는 `istiod`와 동일하므로 이전 JWKS 공개 키를 재사용하기 때문이다. 이스티오는 기본적으로 20분 동안 JWKS 공개 키를 캐싱하지만 이스티오를 설치할 때 갱신 간격을 15초로 낮췄다('쿠버네티스 클러스터에 이스티오 배포' 절을 참고). 따라서 갱신된 키가 전파되기까지 최대 1분 정도 기다린 후에 테스트를 실행해야 성공할 수 있다. 그런데 JWKS 캐싱으로 인한 문제가 사라진 후에도 테스트가 다음과 같은 오류로 실패할 수 있다.

```
Test FAILED, EXPECTED VALUE: 3, ACTUAL VALUE: 0, WILL ABORT
```

그럼 명령을 몇 번 다시 실행해 보면 문제 없이 실행될 것이다. 이러한 오류는 JWKS 캐싱으로 발생하는 부차적인 오류다.

테스트가 문제 없이 실행되면 이전 장에서 본 것과 비슷한 출력 결과가 표시될 것이다.

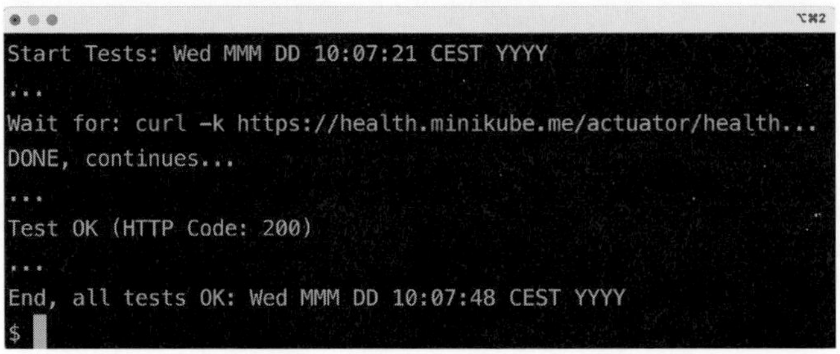


**그림 18.23** 테스트가 성공적으로 실행됨

이제 무중단 배포 테스트를 실행할 준비가 끝났다. 모든 트래픽이 마이크로서비스의 v1 버전으로 라우팅되는지 확인해 보자.

## 모든 트래픽이 처음에 마이크로서비스의 v1 버전으로 라우팅되는지 확인

모든 요청이 마이크로서비스의 v1 버전으로 라우팅되는지 확인하기 위해 부하 테스트 도구인 siege를 시작한 다음 키알리를 사용해 서비스 메시를 통과하는 트래픽을 관찰하겠다.

이를 위해 다음 단계를 수행한다.

1. 새 접근 토큰을 가져오고 다음 명령으로 siege 부하 테스트 도구를 구동한다.

```
ACCESS_TOKEN=$(curl https://writer:secret-writer@minikube.me/oauth2/token -d grant_type=clie
nt_credentials -d scope="product:read product:write" -ks | jq .access_token -r)

echo ACCESS_TOKEN=$ACCESS_TOKEN

siege https://minikube.me/product-composite/1 -H "Authorization: Bearer $ACCESS_TOKEN" -c1
-d1 -v
```

2. 키알리의 웹 UI(`https://kiali.minikube.me`)에서 Graph 뷰로 이동한다.
   a. Display 메뉴 버튼을 클릭하고 Namespace Boxes를 선택한다.
   b. App graph 메뉴 버튼을 클릭하고 Versioned app graph를 선택한다.
   c. 다음과 같이 마이크로서비스의 v1 버전에 대한 트래픽만 표시될 것이다.

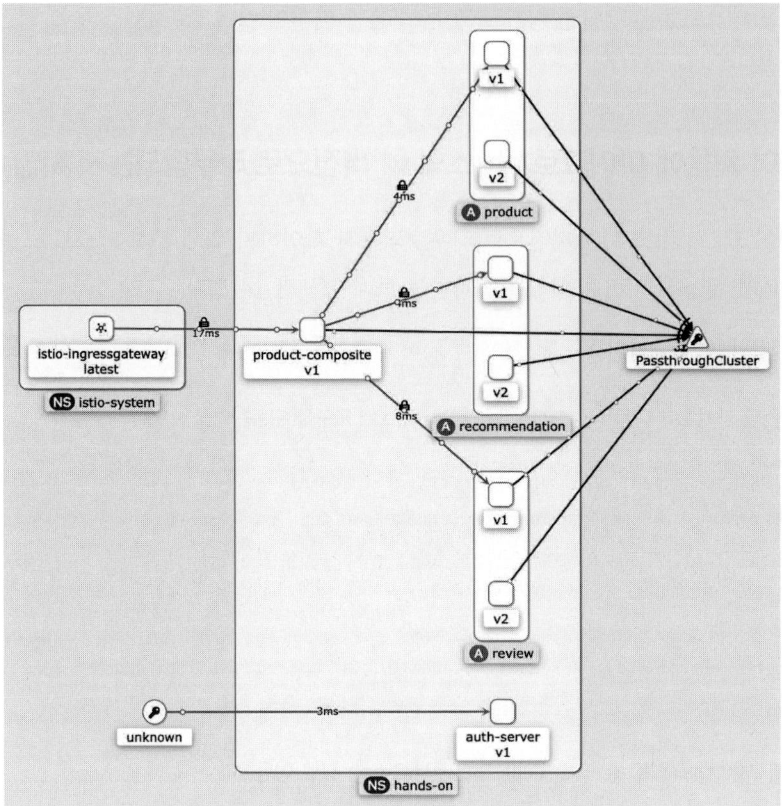


**그림 18.24** 모든 요청이 v1 파드로 이동

이것은 마이크로서비스의 v2 버전이 배포됐지만 라우팅된 트래픽은 받지 않는다는 의미다. 이제 특정 테스트 사용자가 마이크로서비스의 v2 버전을 시도해 볼 수 있도록 허용하는 카나리아 테스트를 시험해 보자.

## 카나리아 테스트 실행

일부 사용자는 새 버전으로 라우팅되는 반면 다른 모든 사용자는 이전 버전의 마이크로서비스로 라우팅되는 카나리아 테스트를 실행하려면 외부 API로 전송된 요청에 값이 `test`인 `X-group` HTTP 헤더를 추가해야 한다.

어떤 버전의 마이크로서비스가 요청을 처리는지 확인하려면 응답의 `serviceAddresses` 필드를 검사하면 된다. `serviceAddresses` 필드에는 응답을 생성하는 데 참여한 서비스의 호스트명이 포함돼 있다. 호스트명은 파드의 이름과 동일하므로 호스트명에서 버전을 확인할 수 있다. 예를 들어, `v1` 버전의 `product` 서비스는 `product-v1-...`이고 `v2` 버전의 `product` 서비스는 `product-v2-...`이다.

일반적인 요청을 전송하고 요청에 응답하는 것이 마이크로서비스의 v1 버전인지 확인하는 것부터 시작해 보자. 다음으로, X-group HTTP 헤더를 test 값으로 설정한 요청을 전송하고, 새로운 v2 버전이 응답하는지 확인하겠다.

이를 위해 다음 단계를 수행한다.

1. 응답의 serviceAddresses 필드를 필터링하기 위해 jq를 사용해 일반 요청을 수행함으로써 요청이 마이크로서비스의 v1 버전으로 라우팅되는지 확인한다.

```
ACCESS_TOKEN=$(curl https://writer:secret-writer@minikube.me/oauth2/token -d grant_type=clie
nt_credentials -d scope="product:read product:write" -ks | jq .access_token -r)

echo ACCESS_TOKEN=$ACCESS_TOKEN

curl -ks https://minikube.me/product-composite/1 -H "Authorization: Bearer $ACCESS_TOKEN" |
jq .serviceAddresses
```

그럼 다음과 같은 응답이 표시될 것이다.

**그림 18.25** 모든 요청이 v1 파드로 전송됨

예상대로 세 개의 핵심 서비스는 모두 v1 버전의 마이크로서비스다.

2. X-group=test 헤더를 추가하면 요청이 핵심 마이크로서비스의 v2 버전에 의해 처리될 것이다. 다음 명령을 실행한다.

```
curl -ks https://minikube.me/product-composite/1 -H "Authorization: Bearer $ACCESS_TOKEN" -H
"X-group: test" | jq .serviceAddresses
```

그럼 다음과 같은 응답이 표시될 것이다.

**그림 18.26** HTTP 헤더를 X-group=test로 설정하면 요청이 v2 파드로 전송됨

예상대로 응답하는 세 개의 핵심 마이크로서비스는 이제 모두 v2 버전이다. 이로써 카나리아 테스터를 통해 새로운 v2 버전으로 라우팅되는 것을 확인했다.

카나리아 테스트에서 예상한 결과가 반환됐으므로 이제 블루-그린 배포를 사용해 일반 사용자가 새로운 v2 버전으로 라우팅할 준비가 끝났다.

## 블루-그린 배포 실행

일반 사용자의 일부를 새로운 v2 버전의 마이크로서비스로 라우팅하려면 가상 서비스의 가중치 분포를 수정해야 한다. 현재는 100/0으로 설정돼 있어서 모든 트래픽이 이전 v1 버전으로 라우팅된다. 앞에서 했던 것처럼 가상 서비스의 매니페스트 파일을 편집하고 `kubectl apply` 명령을 실행해 변경 사항을 적용하면 된다. 다른 방법으로는 `kubectl patch` 명령으로 쿠버네티스 API 서버에서 직접 `VirtualService` 오브젝트의 가중치 분포를 변경할 수도 있다.

뭔가를 시도하기 위해 동일한 오브젝트를 여러 차례에 걸쳐 변경할 때(예: 라우팅 규칙의 가중치 분포를 변경)는 `patch` 명령이 유용하다. `kubectl patch` 명령을 몇 번 실행한 후 가상 서비스의 상태를 확인하려면 `kubectl get vs NNN -o yaml`과 같은 명령을 실행하면 된다. 예를 들어, `product` 마이크로서비스의 가상 서비스 상태를 확인하려면 `kubectl get vs product -o yaml` 명령을 실행한다.

`kubectl patch` 명령을 사용해 본 적이 없다면 처음에는 사용법이 다소 복잡할 수 있으므로 블루-그린 배포를 수행하기 전에 작동 방식을 간단하게 살펴보자.

### kubectl patch 명령 소개

`kubectl patch` 명령은 쿠버네티스 API 서버에 있는 기존 오브젝트의 특정 필드를 업데이트하는 데 사용된다. `review` 마이크로서비스의 가상 서비스인 `review`에 대해 `patch` 명령을 사용해 보자. `review` 가상 서비스의 정의에서 관련 부분은 다음과 같다.

```
spec:
  http:
  - match:
    ...
  - route:
    - destination:
        host: review
        subset: old
      weight: 100
    - destination:
        host: review
        subset: new
      weight: 0
```

review 마이크로서비스의 v1 파드와 v2 파드에 대한 라우팅의 가중치 분포를 변경하는 patch 명령 예시는 다음과 같다.

```
kubectl patch virtualservice review --type=json -p='[
  {"op": "add", "path": "/spec/http/1/route/0/weight", "value": 80},
  {"op": "add", "path": "/spec/http/1/route/1/weight", "value": 20}
]'
```

이 명령은 review 마이크로서비스의 라우팅 규칙을 구성해 요청의 80%는 이전 버전으로, 20%는 새 버전으로 라우팅한다.

review 가상 서비스에서 weight 값을 변경해야 한다는 것을 나타내기 위해 이전 버전의 경우에는 /spec/http/1/route/0/weight 경로를, 새 버전의 경우에는 /spec/http/1/route/1/weight를 지정한다.

경로의 0과 1은 가상 서비스 정의에서 배열 요소의 인덱스를 지정하는 데 사용된다. 예를 들어, http/1은 http 요소 아래의 배열에서 두 번째 요소를 의미한다. 앞의 review 가상 서비스 정의를 참고하자.

앞의 가상 서비스 정의에서 첫 번째 요소(0번 인덱스)는 match 요소로서 여기서는 변경하지 않는다. 두 번째 요소는 route 요소이며, patch 명령으로 변경하고자 하는 요소다.

이제 kubectl patch 명령에 대해 조금 더 알게 됐으니 블루-그린 배포를 수행할 준비가 끝났다.

## 블루-그린 배포 수행

이제 블루-그린 배포를 사용해 점차 더 많은 사용자를 새 버전으로 옮길 차례다. 배포를 수행하려면 다음 단계를 실행한다.

1. 부하 테스트 도구인 `siege`가 여전히 실행 중인지 확인한다. 참고로 앞의 '모든 트래픽이 처음에 마이크로서비스의 v1 버전으로 라우팅되는지 확인' 절에서 구동한 바 있다.

2. 사용자의 20%가 새로운 `v2` 버전의 `review` 마이크로서비스로 라우팅되게 하려면 다음 명령으로 가상 서비스를 패치해 가중치를 변경한다.

```
kubectl patch virtualservice review --type=json -p='[
  {"op": "add", "path": "/spec/http/1/route/0/weight", "value": 80},
  {"op": "add", "path": "/spec/http/1/route/1/weight", "value": 20}
]'
```

3. 키알리 웹 UI(`https://kiali.minikube.me`)에서 Graph 뷰를 선택해 라우팅 규칙이 바뀌었는지 확인한다.

4. Display 메뉴를 클릭하고 에지 라벨을 Traffic Distribution으로 변경한다.

5. 키알리의 메트릭이 업데이트되어 변경 사항을 관찰할 수 있을 때까지 1분 정도 기다린다. 키알리의 그래프에 다음과 같은 내용이 표시될 것이다.

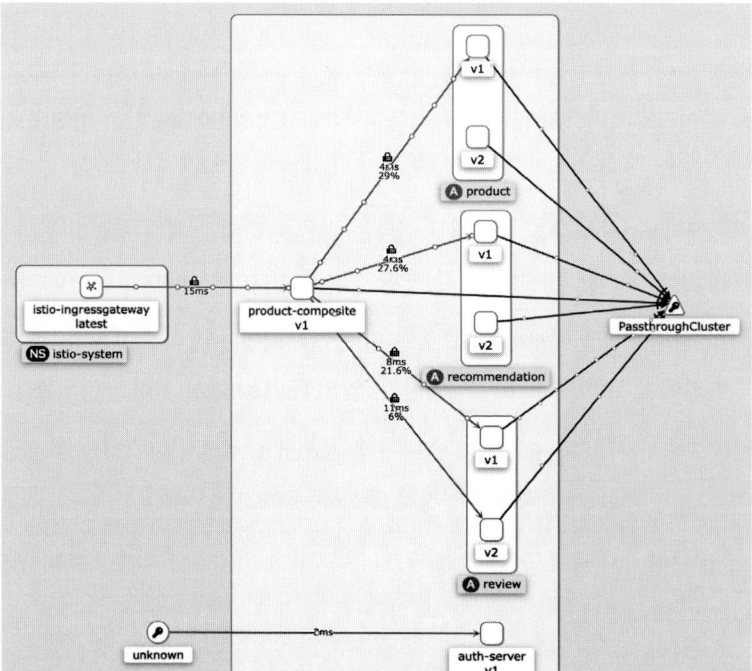


**그림 18.27** 80%는 `v1` 서비스로, 20%는 `v2` 서비스로 라우팅된다.

대기한 시간에 따라 그래프가 조금 다르게 보일 수 있지만 화면에서 이스티오가 이제 v1 버전과 v2 버전의 review 마이크로서비스로 트래픽을 라우팅하는 것을 볼 수 있다.

product-composite 마이크로서비스에서 review 마이크로서비스로 전송되는 트래픽 중 6%는 새로운 v2 파드로, 21.6%는 이전 v1 파드로 라우팅된다. 이는 6/6 + 21.6) = 22%의 요청이 v2 파드로, 78%가 v1 파드로 라우팅된다는 것을 의미한다. 이는 우리가 요청한 20/80 분포와 일치한다.

kubectl patch 명령을 자유롭게 사용해 보면서 다른 핵심 마이크로서비스인 product와 recommendation에 대한 라우팅 규칙을 변경해 보자.

세 개의 핵심 마이크로서비스에 대한 가중치 분포를 간단하게 변경하려면 ./kubernetes/routing-tests/split-traffic-between-old-and-new-services.bash 스크립트를 사용해도 된다. 예를 들어, 모든 트래픽을 모든 마이크로서비스의 v2 버전으로 라우팅하려면 스크립트를 실행할 때 가중치 분포를 0 100으로 지정하면 된다.

```
./kubernetes/routing-tests/split-traffic-between-old-and-new-services.bash 0 100
```

키알리가 메트릭을 수집해 라우팅의 변경 사항을 시각화하려면 1~2분 정도 기다려야 하지만 실제 라우팅이 변경되는 것은 즉시 이뤄진다는 점을 기억하자.

잠시 후 그래프에서 요청이 v2 버전의 마이크로서비스로만 라우팅되는 것으로 표시될 것이다.

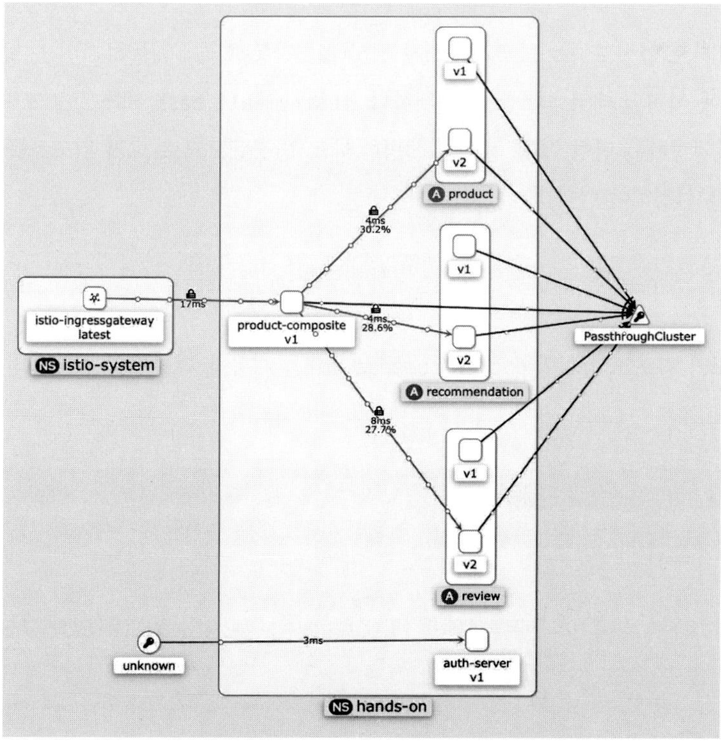


**그림 18.28** 모든 트래픽이 v2 서비스로 라우팅된다.

참고로 대기한 시간에 따라 그래프가 조금 다르게 보일 수 있다.

v2로 업그레이드한 후 무언가 심각한 문제가 발생하면 다음 명령을 실행해 모든 트래픽을 v1 버전으로 모두 되돌릴 수 있다.

```
./kubernetes/routing-tests/split-traffic-between-old-and-new-services.bash 100 0
```

잠시 후 키알리의 그래프가 앞의 '모든 트래픽이 처음에 마이크로서비스의 v1 버전으로 라우팅되는지 확인' 절의 화면과 비슷하게 표시되어 다시 마이크로서비스의 v1 버전으로 모든 요청이 라우팅되는 것을 확인할 수 있을 것이다.

이로써 서비스 메시의 개념과 그 구현체인 이스티오에 대한 소개를 마무리한다. 이번 장을 마무리하기 전에 도커 컴포즈에서 테스트를 실행해 마이크로서비스의 소스코드가 쿠버네티스나 이스티오에 종속되지 않게 만드는 방법을 다시 한번 살펴보자.

# 도커 컴포즈를 이용한 테스트 실행

지금까지 여러 번 언급했듯이 마이크로서비스의 소스코드가 기능적 관점에서 쿠버네티스나 이스티오와 같은 플랫폼에 종속되지 않게 하는 것이 중요하다.

쿠버네티스나 이스티오 없이도 마이크로서비스가 예상대로 작동하는지 확인하려면 17장의 '도커 컴포즈를 이용한 테스트' 절에 설명된 대로 테스트를 실행한다. test-em-all.bash 테스트 스크립트의 기본값이 앞의 '서비스 메시를 생성하는 명령 실행' 절에서 설명한 대로 변경됐으므로 도커 컴포즈를 사용할 때는 다음과 같은 매개변수를 설정해야 한다.

```
USE_K8S=false HOST=localhost PORT=8443 HEALTH_URL=https://localhost:8443
```

예를 들어, 기본 도커 컴포즈 파일인 docker-compose.yml을 사용해 테스트를 실행하려면 다음 명령을 실행한다.[9]

```
USE_K8S=false HOST=localhost PORT=8443 HEALTH_URL=https://localhost:8443 ./test-em-all.bash start stop
```

9 (옮긴이) 미니큐브가 이미 8443번 포트를 사용 중이므로 이 명령을 실행하기에 앞서 minikube stop 명령어를 먼저 실행할 필요가 있다.

테스트 스크립트는 이전과 마찬가지로 모든 컨테이너를 시작하는 것으로 시작할 것이다. 그런 다음, 테스트를 실행하고 마지막으로 모든 컨테이너를 중지할 것이다. 출력 결과에 대한 자세한 내용은 17장의 '쿠버네티스 없이도 마이크로서비스가 작동하는지 확인' 절을 참고한다.

도커 컴포즈를 사용해 테스트를 성공적으로 실행하고 나면 마이크로서비스가 기능적 관점에서 쿠버네티스나 이스티오에 종속되지 않는다는 것을 확인할 수 있다다. 이러한 테스트로 이스티오를 서비스 메시로 사용하는 이번 장을 마무리한다.

## 정리

이번 장에서는 서비스 메시의 개념과 서비스 메시의 오픈소스 구현체인 이스티오에 대해 알아봤다. 서비스 메시는 보안, 정책 시행, 복원력, 트래픽 관리와 같은 영역에서 마이크로서비스 시스템 환경이 직면하는 과제들을 처리하기 위한 기능을 제공한다. 또한 서비스 메시는 마이크로서비스를 통과하는 트래픽을 시각화함으로써 마이크로서비스 시스템 환경을 관찰 가능하게 만드는 데 활용될 수 있다.

또한 이스티오는 관찰 가능성을 위해 키알리, 예거, 그라파나와 통합할 수 있다(그라파나와 프로메테우스에 대한 자세한 내용은 20장 '마이크로서비스 모니터링' 참조). 보안과 관련해서 이스티오는 인증서를 사용해 외부 API를 HTTPS로 보호하고, 외부 요청에 유효한 JWT 기반 OAuth 2.0/OIDC 접근 토큰을 포함하도록 구성할 수 있다. 마지막으로 상호 인증(mTLS)을 사용해 내부 통신을 자동으로 보호하도록 구성할 수 있다.

복원력과 견고성을 위해 이스티오는 재시도, 타임아웃, 서킷 브레이커와 유사한 이상 탐지를 처리하기 위한 메커니즘을 제공한다. 대부분의 경우 가능하다면 마이크로서비스의 소스코드에 이러한 복원력 기능을 구현하는 것이 바람직하다. 이스티오에서 결함과 처리 지연을 주입하는 기능은 서비스 메시의 마이크로서비스가 탄력적이고 견고한 시스템 환경인지 확인하는 데 매우 유용하다. 또한 이스티오는 무중단 배포를 처리하는 데도 활용할 수 있다. 세분화된 라우팅 규칙을 사용하면 카나리아 배포나 블루-그린 배포를 모두 수행할 수 있다.

아직 다루지 않은 한 가지 중요한 영역은 모든 마이크로서비스 인스턴스에서 생성된 로그 파일을 수집하고 분석하는 방법이다. 다음 장에서는 엘라스틱서치, 플루언트디, 키바나로 구성된 인기 있는 도구 스택인 EFK 스택을 사용해 이 문제를 해결하는 방법을 알아본다.

# 문제

1. 서비스 메시에서 프락시 컴포넌트의 용도는 무엇인가?
2. 서비스 메시의 컨트롤 플레인과 데이터 플레인의 차이점은 무엇인가?
3. `istioctl kube-inject` 명령은 어떤 용도로 사용되는가?
4. `minikube tunnel` 명령은 어떤 용도로 사용되는가?
5. 관찰 가능성을 위해 이스티오와 통합되는 도구는 무엇인가?
6. 서비스 메시 내부의 통신을 상호 인증으로 보호하는 데 필요한 구성은 무엇인가?
7. 가상 서비스의 `abort` 요소와 `delay` 요소는 어떤 용도로 사용될 수 있는가?
8. 블루-그린 배포 시나리오를 설정하는 데 필요한 구성은 무엇인가?

# 19

# EFK 스택을 활용한 중앙 집중식 로깅

이번 장에서는 마이크로서비스 인스턴스에서 로그 레코드를 수집하고 저장하는 방법과 로그 레코드를 검색하고 분석하는 방법을 배운다. 1장 '마이크로서비스 소개'에서 언급했듯이, 각 마이크로서비스 인스턴스가 로컬 파일 시스템에 로그 레코드를 기록할 때는 마이크로서비스의 시스템 환경에서 무슨 일이 일어나고 있는지 전체적으로 파악하기 어렵다. 따라서 마이크로서비스의 로컬 파일 시스템에서 로그 레코드를 수집해서 분석, 검색, 시각화하려면 중앙 데이터베이스에 저장할 수 있는 컴포넌트가 필요하다. 이를 위한 인기 있는 오픈소스 기반 솔루션은 다음과 같은 도구를 기반으로 한다.

- **엘라스틱서치**(Elasticsearch): 대용량 데이터셋의 검색과 분석 기능이 뛰어난 분산 데이터베이스
- **플루언트디**(Fluentd): 다양한 소스에서 로그 레코드를 수집하고, 수집된 정보를 필터링 및 변환한 다음, 다양한 소비자(예: 엘라스틱서치)에게 전송하는 데 사용할 수 있는 데이터 수집기
- **키바나**(Kibana): 수집된 로그 레코드의 검색 결과를 시각화하고 분석하는 데 사용할 수 있는 엘라스틱서치용 그래픽 프런트엔드

이러한 각 도구의 첫 글자를 따서 EFK 스택이라고 한다.

이번 장에서는 다음과 같은 주제를 다루겠다.

- 플루언트디 구성
- 개발 및 테스트를 위해 쿠버네티스에 EFK 스택을 배포

- 수집된 로그 레코드 분석
- 마이크로서비스에서 로그 레코드 검색과 관련 로그 레코드 찾기
- 근본 원인 분석 수행

# 기술적 요구사항

이 책에서 사용하는 도구를 설치하는 방법과 이 책의 소스코드를 내려받는 방법은 다음을 참고한다.

- 21장 'macOS용 설치 안내'
- 22장 'WSL 2 및 우분투가 탑재된 마이크로소프트 윈도우용 설치 안내'

이번 장의 모든 코드 예제는 `$BOOK_HOME/Chapter19`의 소스코드에서 가져온 것이다.

이번 장에서 EFK 스택으로 중앙 집중식 로그 분석을 적용하며 변경된 소스코드 내용을 확인하려면 18장 '서비스 메시를 활용한 관찰 가능성과 관리 개선'의 소스코드와 비교해 보면 된다. 선호하는 코드 비교 도구를 사용해 `$BOOK_HOME/Chapter18`과 `$BOOK_HOME/Chapter19` 폴더를 비교해본다.

# 플루언트디 소개

이번 절에서는 플루언트디를 구성하는 기초적인 방법을 배운다. 먼저 플루언트디의 배경과 작동 방식을 간략히 알아보자.

## 플루언트디 개요

역사적으로 로그 레코드를 처리하는 데 가장 많이 사용된 오픈소스 스택 중 하나는 엘라스틱(`https://www.elastic.co`)의 ELK 스택으로, 엘라스틱서치, 로그스태시(Logstash, 로그 수집 및 변환에 사용), 키바나를 기반으로 한다. 로그스태시는 자바 가상 머신에서 실행되므로 상대적으로 많은 메모리가 필요하다. 지난 몇 년간 로그스태시보다 훨씬 적은 메모리를 사용하는 여러 오픈소스 대안이 개발됐으며, 그중 하나가 바로 플루언트디(`https://www.fluentd.org`)다.

플루언트디는 쿠버네티스 프로젝트를 관리하는 **클라우드 네이티브 컴퓨팅 재단**(Cloud Native Computing Foundation; CNCF, `https://www.cncf.io`)에서 관리한다. 따라서 플루언트디는 자연스

럽게 쿠버네티스에서 실행되는 오픈소스 기반 로그 수집기로 자리 잡았다. 플루언트디는 엘라스틱과 키바나와 함께 EFK 스택을 구성한다.

> CNCF는 로깅과 같은 여러 분야에 대한 대체 솔루션 목록을 관리하고 있다. CNCF에서 제공하는 플루언트디의 대체 솔루션에 대해서는 `https://landscape.cncf.io/?view-mode=card&classify=category&category=Observability+and+Analysis#observability-and-analysis--chaos-engineering`을 참고한다.

플루언트디는 성능이 중요한 부분에는 C 언어를, 유연성이 중요한 곳에는 루비(Ruby)를 사용하는 식으로 C 언어와 루비를 섞어서 사용한다. 예를 들어, 루비의 `gem install` 명령으로 서드파티 플러그인을 간단히 설치할 수 있다.

로그 레코드는 플루언트디에서 이벤트로 처리되며, 다음과 같은 정보로 구성된다.

- 로그 레코드가 생성된 시각을 설명하는 `time` 필드
- 로그 레코드의 유형을 식별하는 `tag` 필드: 태그는 플루언트디의 라우팅 엔진에서 로그 레코드가 어떻게 처리될지 결정하는 데 사용된다.
- 실제 로그 정보가 포함된 `record` 필드: JSON 객체로 저장된다.

플루언트디 구성 파일은 엘라스틱서치와 같은 다양한 대상에 로그 레코드를 수집, 처리, 전송하는 방법을 플루언트디에 알려주는 데 사용된다. 구성 파일은 다음과 같은 핵심 요소로 구성된다.

- `<source>`: 소스 요소는 플루언트디가 로그 레코드를 수집할 위치를 나타낸다(예: 도커 컨테이너에서 기록한 로그 파일을 테일링).

  > 로그 파일 테일링(tailing)은 로그 파일에 기록되는 내용을 실시간으로 모니터링하는 것을 의미한다. 이는 파일의 끝에 추가되는 내용을 감시하는 유닉스/리눅스 도구 `tail`에서 유래한 용어다.

  일반적으로 소스 요소는 로그 레코드에 태그를 지정해 로그 레코드의 유형을 나타낸다. 예를 들어, 로그 레코드에 태그를 지정해 쿠버네티스에서 실행 중인 컨테이너에서 가져온 것임을 나타내는 데 소스 요소를 사용할 수 있다.

- `<filter>`: 필터 요소는 로그 레코드를 처리하는 데 사용된다. 예를 들어, 필터 요소를 통해 스프링 부트 기반 마이크로서비스에서 가져온 로그 레코드를 파싱하고 로그 메시지의 특정 부분을 로그 레코드 내 별도 필드로 추출할 수 있다. 정보를 별도의 필드로 추출하면 엘라스틱서치에서 정보를 검색할 수 있게 된다. 필터 요소는 태그를 기준으로 처리할 로그 레코드를 선택한다.

- <match>: 매치 요소는 로그 레코드를 보낼 위치를 결정하며, 출력 요소의 역할을 한다. 다음과 같은 두 가지 주요 작업을 수행하는 데 사용된다.
  - 처리된 로그 레코드를 특정 대상(예: 엘라스틱서치)으로 전송한다.
  - 로그 레코드의 처리 방법을 결정하기 위해 라우팅한다. 라우팅 규칙은 추가 처리를 위해 태그를 재작성하고 로그 레코드를 플루언트디 라우팅 엔진으로 다시 내보낼 수 있다. 라우팅 규칙은 <match> 요소 내에 포함된 <rule> 요소로 표현된다. 출력 요소는 필터와 동일한 방식으로, 즉 로그 레코드의 태그를 기준으로 처리할 로그 레코드를 결정한다.

플루언트디에는 소스, 필터, 출력 요소에서 사용되는 여러 가지 기본 및 외부 서드파티 플러그인도 포함돼 있다. 다음 절의 구성 파일을 살펴보면서 몇 가지 플러그인이 실제로 사용되는 것을 살펴보자. 사용 가능한 플러그인에 대한 자세한 내용은 https://docs.fluentd.org에서 제공되는 플루언트디 문서를 참고한다.

플루언트디의 개요를 살펴봤으니 이제 플루언트디를 구성해서 마이크로서비스의 로그 레코드를 처리하는 방법을 살펴보자.

## 플루언트디 구성

플루언트디의 구성은 깃허브의 플루언트디 프로젝트인 fluentd-kubernetes-daemonset의 구성 파일을 기반으로 한다. 이 프로젝트에는 쿠버네티스에서 실행되는 컨테이너에서 로그 레코드를 수집하고 처리한 후 엘라스틱서치로 전송하는 방법에 대한 플루언트디 구성 파일이 포함돼 있다. 여기서는 이 구성을 변경하지 않고 재사용할 것이며, 이를 통해 구성을 크게 단순화할 수 있다. 플루언트디 구성 파일은 https://github.com/fluent/fluentd-kubernetes-daemonset/tree/master/archived-image/v1.4/debian-elasticsearch/conf에서 확인할 수 있다.

이 기능을 제공하는 구성 파일은 kubernetes.conf와 fluent.conf다. kubernetes.conf 구성 파일에는 다음과 같은 정보가 포함돼 있다.

- 컨테이너 로그 파일과 쿠버네티스 내부 및 외부에서 실행되는 프로세스(예: kubelet 및 도커 데몬)의 로그 파일을 테일링하는 소스 요소. 소스 요소에서는 쿠버네티스의 로그 레코드에도 kubernetes로 시작하고 /가 .으로 대체된 로그 파일명의 전체 파일명으로 태그를 지정한다. 태그는 전체 파일명을 기반으로 하므로 이름에 네임스페이스, 파드, 컨테이너명을 비롯한 여러 요소가 포함돼 있다. 따라서 태그는 특정 로그 레코드를 찾는 데 매우 유용하다.

  예를 들어, product-composite 마이크로서비스의 태그는 kubernetes.var.log.containers.product-composite-7...s_hands-on_comp-e...b.log와 같을 것이고, 동일한 파드의 istio-proxy의 태그는 kubernetes.var.log.containers.product-composite-7...s_hand-on_istio-proxy- 1...3.log와 같을 것이다.

- 쿠버네티스 내부에서 실행되는 컨테이너에서 가져온 로그 레코드를 컨테이너명과 네임스페이스명 등의 쿠버네티스 관련 필드로 보강하는 필터 요소

메인 구성 파일인 `fluent.conf`에는 다음과 같은 정보가 포함돼 있다.

- 다른 구성 파일(예: 앞에서 설명한 `kubernetes.conf` 파일)에 대한 `@include` 문. 특정 폴더에 배치된 사용자 정의 구성 파일도 포함시키면 이러한 구성 파일을 변경하지 않고도 쉽게 재사용할 수 있으며, 자체 로그 레코드와 관련된 처리만 수행하는 구성 파일을 제공할 수 있다. 즉, `fluent.conf` 파일에 지정된 폴더에 자체 구성 파일만 배치하면 된다.
- 로그 레코드를 엘라스틱서치로 전송하는 출력 요소

'플루언트디 배포' 절에서 설명한 대로 이 두 구성 파일은 플루언트디용으로 빌드할 도커 이미지에 패키징된다.

이 책의 구성 파일에서 다룰 내용은 다음과 같다.

- 스프링 부트 형식의 로그 레코드를 마이크로서비스에서 감지하고 파싱하기
- 여러 줄로 구성된 스택 트레이스 처리하기. 스택 트레이스는 여러 줄에 걸쳐 로그 파일에 기록된다. 이는 플루언트디가 스택 트레이스를 하나의 로그 레코드로 처리하기 어렵게 만든다.
- 동일한 파드에서 실행되는 마이크로서비스에서 생성된 로그 레코드와 `istio-proxy` 사이드카의 로그 레코드를 분리하기. `istio-proxy`에서 생성된 로그 레코드는 스프링 부트 기반 마이크로서비스에서 생성된 로그 패턴과 동일한 패턴을 따르지 않는다. 따라서 플루언트디가 스프링 부트 형식의 로그 레코드로 파싱하지 않도록 별도로 처리해야 한다.

이를 위해 구성은 `rewrite_tag_filter` 플러그인을 사용하는 것을 기반으로 한다. 이 플러그인은 태그 이름을 변경한 다음 로그 레코드를 플루언트디 라우팅 엔진으로 다시 내보낸다는 개념에 기반해 로그 레코드를 라우팅하는 데 사용될 수 있다.

이 같은 처리 과정을 다음과 같은 UML 액티비티 다이어그램으로 살펴볼 수 있다.

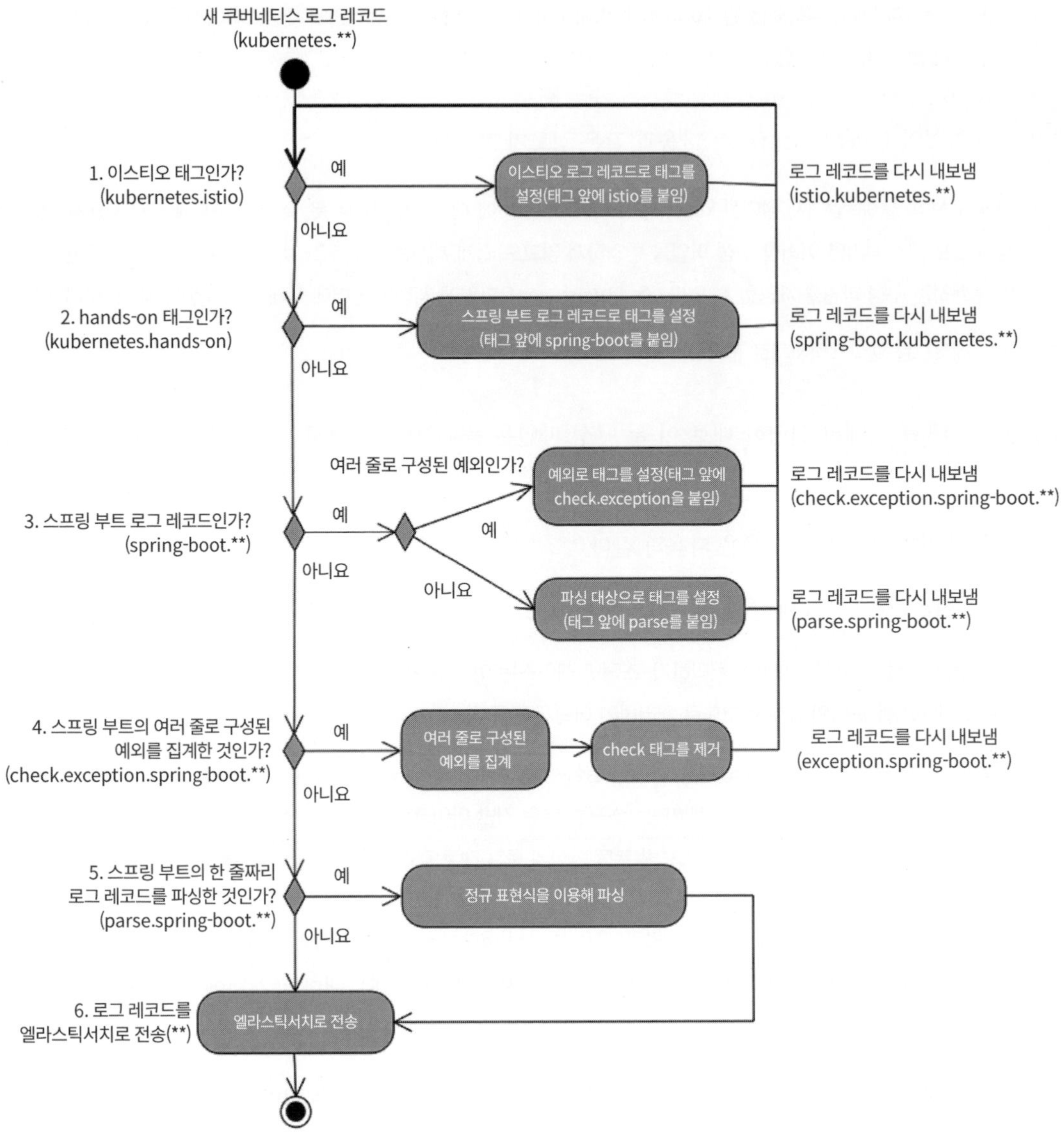


**그림 19.1** 플루언트디의 로그 레코드 처리

구성 파일의 설계를 대략적으로 살펴보면 다음과 같다.

- 스프링 부트 기반의 로그 레코드와 분리할 수 있도록 이스티오의 모든 로그 레코드(`istio-proxy`를 포함)의 태그에는 앞에 `istio`가 붙는다.
- `hands-on` 네임스페이스에서 가져온 모든 로그 레코드(`istio-proxy`의 로그 레코드 제외)의 태그에는 앞에 `spring-boot`가 붙는다.

- 스프링 부트에서 가져온 로그 레코드의 경우 여러 줄로 구성된 스택 트레이스가 있는지 확인한다. 로그 레코드가 여러 줄로 구성된 스택 트레이스의 일부인 경우 서드파티 `detect-exceptions` 플러그인으로 처리되어 스택 트레이스를 다시 생성한다. 그렇지 않으면 정규 표현식을 이용해 파싱해서 중요 정보를 추출한다. 서드파티 플러그인에 관한 자세한 내용은 '플루언트디 배포' 절을 참고한다.

`fluentd-hands-on.conf` 구성 파일은 이 액티비티 다이어그램을 구현한 것으로, 쿠버네티스 컨피그맵 내부에 배치된다(`kubernetes/efk/fluentd-hands-on-configmap.yml` 참고). 단계별로 살펴보면 다음과 같다.

**1.** 먼저 컨피그맵 정의와 구성 파일의 이름인 `fluentd-hands-on.conf`가 나온다.

```
apiVersion: v1
kind: ConfigMap
metadata:
  name: fluentd-hands-on-config
  namespace: kube-system
data:
  fluentd-hands-on.conf: |
```

`data` 요소에 플루언트디의 구성이 포함되리라는 것을 알 수 있다. 구성은 파일명으로 시작하고 플루언트디의 임베디드 구성 파일이 시작되는 부분을 파이프(|)로 표시한다.

**2.** 첫 번째 `<match>` 요소는 이스티오의 로그 레코드, 즉 `kubernetes`로 시작하고 네임스페이스명이나 컨테이너명에 `istio`가 포함된 태그와 매칭된다.

```
<match kubernetes.**istio**>
  @type rewrite_tag_filter
  <rule>
    key log
    pattern ^(.*)$
    tag istio.${tag}
  </rule>
</match>
```

위 소스코드를 설명하면 다음과 같다.

- `<match>` 요소는 `kubernetes.**istio**` 패턴, 즉 `kubernetes`로 시작한 다음, 태그명 어딘가에 `istio`라는 단어가 포함된 모든 태그와 매칭된다. `istio`라는 단어는 네임스페이스명이나 컨테이너명에서 가져올 수 있으며, 둘 다 태그의 일부다.

- <match> 요소에는 <rule> 요소 하나만 포함돼 있으며, <rule> 요소에서는 태그 앞에 istio를 붙인다. ${tag} 변수에는 현재 태그 값이 들어있다.
- 위의 <rule> 요소가 <match> 요소의 유일한 <rule> 요소이므로 모든 로그 레코드와 매칭되도록 구성된다.
- 쿠버네티스에서 가져온 모든 로그 레코드에는 log 필드가 있으므로 key 필드가 log로 설정된다. 즉, 이 규칙은 로그 레코드에서 log 필드를 찾는다.
- log 필드에서 모든 문자열과 매칭하기 위해 pattern 필드를 정규 표현식 ^(.*)$로 설정한다. ^ 부분은 문자열의 시작을 표시하고 $는 문자열의 끝을 나타낸다. (.*) 부분은 줄바꿈을 제외한 모든 문자를 매칭한다.
- 로그 레코드는 플루언트디 라우팅 엔진으로 다시 내보내진다. 구성 파일의 다른 요소가 istio로 시작하는 태그와 매칭되지 않으므로 로그 레코드는 fluent.conf 파일에 정의된 엘라스틱서치용 출력 요소로 직접 전송된다.

3. 두 번째 <match> 요소는 hands-on 네임스페이스에서 나오는 모든 로그 레코드, 즉 마이크로서비스에서 내보내는 로그 레코드와 매칭된다.

```
<match kubernetes.**hands-on**>
  @type rewrite_tag_filter
  <rule>
    key log
    pattern ^(.*)$
    tag spring-boot.${tag}
  </rule>
</match>
```

위 소스코드에서 다음과 같은 내용을 알 수 있다.

- 마이크로서비스에서 내보내는 로그 레코드는 스프링 부트에서 정의한 로그 메시지의 포매팅 규칙을 사용하므로 태그 앞에 spring-boot가 붙는다. 그런 다음, 추가 처리를 위해 다시 내보내진다.
- <match> 요소는 앞에서 살펴본 <match kubernetes.**istio**> 요소와 동일한 방식으로 구성되어 모든 레코드와 매칭된다.

4. 세 번째 <match> 요소는 spring-boot 로그 레코드와 매칭되고, 일반 스프링 부트 로그 레코드인지 또는 여러 줄로 구성된 스택 트레이스인지 판단한다. 스프링 부트 3 이후로 프로젝트 리액터는 예외의 원인을 명확히 하기 위해 스택 트레이스에 추가 정보를 포함했다(자세한 내용은 https://projectreactor.io/docs/core/release/reference/debugging.html#reading-a-stack-trace-in-debug-mode 참조).

실제 스택 트레이스를 파싱할 수 있도록 이 정보를 필터링할 것이다. 이를 위한 <match> 요소는 다음과 같다.

```
<match spring-boot.**>
  @type rewrite_tag_filter
  <rule>
```

```
    key log
    pattern /^\d{4}-\d{2}-\d{2}T\d{2}:\d{2}:\d{2}\.\d{3}([-+]\d{2}:\d{2}|Z).*/
    tag parse.${tag}
  </rule>
  # Get rid of Reactor debug info:
  #
  #   Suppressed: reactor.core.publisher.FluxOnAssembly$OnAssemblyException:
  #   Error has been observed at the following site(s):
  #       *__checkpoint ⇢ Handler se.magnus.microservices.core.product.services.ProductServi-
ceImpl#getProduct(HttpHeaders, int, int, int) [DispatcherHandler]
  #       *__checkpoint ⇢ org.springframework.web.filter.reactive.ServerHttpObservationFilter
[DefaultWebFilterChain]
  #      *__checkpoint ⇢ HTTP GET "/product/1?faultPercent=100" [ExceptionHandlingWebHandler]
  # Original Stack Trace:
  <rule>
    key log
    pattern /^\s+Suppressed:.*$/
    tag skip.${tag}
  </rule>
  <rule>
    key log
    pattern /^Error has been observed at the following site.*/
    tag skip.${tag}
  </rule>
  <rule>
    key log
    pattern /^\s+\*__checkpoint.*/
    tag skip.${tag}
  </rule>
  <rule>
    key log
    pattern /^Original Stack Trace:.*/
    tag skip.${tag}
  </rule>
  <rule>
    key log
    pattern /^.*/
    tag check.exception.${tag}
  </rule>
</match>
```

소스코드에서 볼 수 있듯이 이는 여섯 개의 <rule> 요소를 사용해 결정된다.

- 첫 번째 요소에서는 정규 표현식을 사용해 로그 요소의 log 필드가 타임스탬프로 시작하는지 여부를 확인한다.
- log 필드가 타임스탬프로 시작하면 로그 레코드가 일반 스프링 부트 로그 레코드로 처리되고 태그 앞에 parse가 붙는다.
- 다음으로 프로젝트 리액터에서 포함한 추가 정보를 필터링하는 데 사용되는 네 개의 규칙 요소가 따른다. 이 모든 요소에서는 태그 앞에 skip을 붙인다.
- 그렇지 않으면 마지막 <rule> 요소에 매칭되고 로그 레코드는 여러 줄로 구성된 로그 레코드로 처리된다. 이 경우 태그 앞에 check.exception이 붙는다.
- 어느 경우든 로그 레코드가 다시 내보내지고, 그후 태그는 check.exception.spring-boot나 skip.spring-boot, parse.spring-boot로 시작한다.

**5.** 네 번째 <match> 요소는 skip.spring-boot로 시작하는 태그와 매칭되어 프로젝트 리액터의 로그 출력을 제거하는 데 사용된다. <match> 요소에서는 이벤트를 버리는 null 출력 플러그인을 적용한다.

```
<match skip.spring-boot.**>
  @type null
</match>
```

**6.** 다섯 번째 <match> 요소에서 선택된 로그 레코드의 태그는 check.exception.spring-boot로 시작한다. 즉, 여러 줄로 구성된 스택 트레이스가 담긴 로그 레코드다.

```
<match check.exception.spring-boot.**>
  @type detect_exceptions
  languages java
  remove_tag_prefix check
  message log
  multiline_flush_interval 5
</match>
```

detect_exceptions 플러그인은 다음과 같이 작동한다.

- detect_exceptions 플러그인은 한 줄짜리 로그 레코드 여러 개를 완전한 스택 트레이스가 포함된 하나의 로그 레코드로 합치는 데 사용된다.
- 여러 줄로 구성된 로그 레코드가 라우팅 엔진으로 다시 내보내지기 전에 check 접두사가 태그에서 제거되어 로그 레코드의 무한 처리 루프를 방지한다.

**7.** 마지막으로 구성 파일은 정규 표현식을 사용해 스프링 부트 로그 메시지를 파싱하고 중요 정보를 추출하는 <filter> 요소로 구성된다.

```
<filter parse.spring-boot.**>
  @type parser
  key_name log
  time_key time
  time_format %Y-%m-%dT%H:%M:%S.%N
  reserve_data true
  format /^(?<time>\d{4}-\d{2}-\d{2}T\d{2}:\d{2}:\d{2}\.\d{3}([-+]\d{2}:\d{2}|Z))\s+(?<spring
.level>[^\s]+)\s+(?<spring.pid>\d+)\s+---\s+\[\s*(?<spring.thread>[^\]]+)\]\s+(\[(?<spring.
service>[^,]*),(?<spring.trace>[^,]*),(?<spring.span>[^\]]*)]*\])\s+(?<spring.class>[^\s]+)\
s*:\s+(?<log>.*)$/
</filter>
```

필터 요소는 로그 레코드를 다시 내보내지 않는다는 점에 유의한다. 대신 로그 레코드의 태그와 매칭되는 구성 파일의 다음 요소로 전달한다.

로그 레코드의 `log` 필드에 저장된 스프링 부트 로그 메시지로부터 다음과 같은 필드가 추출된다.

- `<time>`: 로그 레코드가 생성된 시각의 타임스탬프
- `<spring.level>`: 로그 레코드의 로그 레벨. FATAL, ERROR, WARN, INFO, DEBUG, TRACE
- `<spring.service>`: 마이크로서비스의 이름
- `<spring.trace>`: 분산 추적에 사용되는 추적 ID
- `<spring.span>`: 스팬 ID, 즉 마이크로서비스가 실행한 분산 처리에 대한 ID
- `<spring.pid>`: 프로세스 ID
- `<spring.thread>`: 스레드 ID
- `<spring.class>`: 자바 클래스 이름
- `<log>`: 실제 로그 메시지

> 스프링 부트 기반 마이크로서비스의 이름은 `spring.application.name` 프로퍼티로 지정한다. 이 프로퍼티는 컨피그 저장소의 `config-repo` 폴더에 있는 각 마이크로서비스별 프로퍼티 파일에 들어 있다.

정규 표현식을 제대로 만드는 것은 매우 어려울 수 있다. 다행히도 도움을 받을 수 있는 몇 가지 웹사이트가 있다. 플루언트디와 함께 정규 표현식을 사용할 때는 `https://fluentular.herokuapp.com/` 사이트를 추천한다.

이제 플루언트디의 작동 방식과 구성 파일을 구성하는 방법을 소개했으므로 EFK 스택을 배포할 준비가 끝났다.

# 쿠버네티스에 EFK 스택 배포

EFK 스택을 쿠버네티스에 배포하는 것은 디플로이먼트, 서비스, 컨피그맵 등의 쿠버네티스 매니페스트 파일을 사용해 마이크로서비스를 배포한 것과 동일한 방식으로 수행된다.

EFK 스택의 배포는 다음과 같은 세 부분으로 나뉜다.

- 엘라스틱서치 및 키바나 배포
- 플루언트디 배포
- 엘라스틱서치 및 키바나에 대한 접근 설정

하지만 먼저 마이크로서비스를 빌드하고 배포해야 한다.

## 마이크로서비스 빌드와 배포

마이크로서비스를 빌드 및 배포하고 테스트 스크립트인 `test-em-all.bash`를 사용해 디플로이먼트를 검증하는 것은 18장 '서비스 메시를 활용한 관찰 가능성과 관리 개선'의 '서비스 메시를 생성하는 명령 실행' 절과 동일한 방식으로 이뤄진다. 이때 17장과 18장의 내용에 따라 cert-manager와 이스티오가 설치돼 있다고 가정한다.

작업을 시작하려면 먼저 다음과 같은 명령을 실행한다.

1. 다음 명령으로 도커 이미지를 빌드한다.

```
cd $BOOK_HOME/Chapter19
eval $(minikube docker-env -u)
./gradlew build
eval $(minikube docker-env)
docker compose build
```

> `eval $(minikube docker-env -u)` 명령은 `./gradlew build` 명령이 미니큐브 인스턴스의 도커 엔진이 아닌 호스트의 도커 엔진을 사용하게 한다. `build` 명령은 도커를 사용해 테스트 컨테이너를 실행한다.

2. hands-on 네임스페이스를 다시 생성하고 기본 네임스페이스로 설정한다.

```
kubectl delete namespace hands-on
kubectl apply -f kubernetes/hands-on-namespace.yml
kubectl config set-context $(kubectl config current-context) --namespace=hands-on
```

3. 다음 명령으로 헬름 차트 의존성을 해결한다.

먼저 components 폴더의 의존성을 업데이트한다.

```
for f in kubernetes/helm/components/*; do helm dep up $f; done
```

다음으로 environments 폴더의 의존성을 업데이트한다.

```
for f in kubernetes/helm/environments/*; do helm dep up $f; done
```

4. 헬름을 사용해 시스템 환경을 배포하고 모든 디플로이먼트가 완료될 때까지 기다린다.

```
helm install hands-on-dev-env \
  kubernetes/helm/environments/dev-env \
  -n hands-on --wait
```

5. 아직 실행 중이 아닌 경우 별도의 터미널 창에서 미니큐브 터널을 실행한다(필요한 경우 18장의 '이스티오 서비스에 대한 접근 설정' 절을 참조).

```
minikube tunnel
```

이 명령을 실행하려면 사용자에게 sudo 권한이 있어야 하며, 암호를 입력해야 한다는 점을 기억하자. 참고로 명령을 실행하고 나서 암호 입력이 나올 때까지 몇 초 정도 걸릴 수 있다.

6. 다음 명령으로 배포를 검증하는 일반 테스트를 실행한다.

```
./test-em-all.bash
```

이전 장에서 본 것과 비슷한 출력 결과가 나올 것이다.

**그림 19.2** 테스트가 잘 실행되는 모습

**7.** 다음 명령을 실행해 API를 수동으로 사용해 볼 수도 있다.

```
ACCESS_TOKEN=$(curl -k https://writer:secret-writer@minikube.me/oauth2/token -d grant_type=
client_credentials -d scope="product:read product:write" -s | jq .access_token -r)

echo ACCESS_TOKEN=$ACCESS_TOKEN

curl -ks https://minikube.me/product-composite/1 -H "Authorization: Bearer $ACCESS_TOKEN" |
jq .productId
```

요청된 제품 ID(1)를 응답에서 확인할 수 있다.

이렇게 마이크로서비스 배포가 완료됐으므로 이제 엘라스틱서치와 키바나를 배포할 차례다.

## 엘라스틱서치와 키바나 배포

엘라스틱서치와 키바나는 자체 네임스페이스인 `logging`에 배포할 것이다. 엘라스틱서치와 키바나는 모두 쿠버네티스 디플로이먼트와 서비스 오브젝트를 사용해 개발 및 테스트 용도로 배포된다. 서비스에서는 엘라스틱서치의 경우 `9200`번 포트, 키바나의 경우 `5601`번 포트와 같은 표준 포트를 사용해 쿠버네티스 클러스터 내부에서 엘라스틱서치와 키바나를 내부적으로 노출시킨다.

엘라스틱서치와 키바나에 대한 외부 HTTP 접근이 가능하도록 18장 '서비스 메시를 활용한 관찰 가능성과 관리 개선'에서 키알리나 예거에 대해 한 것처럼 이스티오 오브젝트를 생성할 것이다(필요한 경우 '이스티오 서비스에 대한 접근 설정' 절 참조). 이를 통해 엘라스틱서치와 키바나를 `https://elasticsearch.minikube.me`와 `https://kibana.minikube.me`에서 각각 사용할 수 있게 된다.

매니페스트 파일은 `kubernetes/helm/environments/logging` 폴더의 헬름 차트에 패키징돼 있다.

> 쿠버네티스의 프로덕션 환경에서 엘라스틱서치와 키바나에 대한 권장 배포 옵션은 `https://www.elastic.co/elastic-cloud-kubernetes`를 참고한다.

이 책에서는 이번 장을 집필할 때의 최신 버전인 7 버전을 사용하겠다.

- 엘라스틱서치 버전 7.17.28
- 키바나 버전 7.17.28

엘라스틱서치용 플루언트디 플러그인의 기능이 제한적이어서 엘라스틱서치 8 버전은 사용되지 않는다(https://github.com/uken/fluent-plugin-elasticsearch/issues/1005 참고). 다음 절에서 플루언트디를 설치하는 데 사용할 기본 도커 이미지인 fluentd-kubernetes-daemonset은 이 플러그인을 사용한다.

배포하기에 앞서 헬름 차트의 template 폴더에 있는 매니페스트 파일에서 가장 흥미로운 부분을 살펴보자.

### 매니페스트 파일 검토

엘라스틱서치의 매니페스트 파일인 elasticsearch.yml에는 15장 '쿠버네티스 소개'의 '예시 디플로이먼트 실습' 절 등에서 여러 번 살펴본 표준 쿠버네티스 디플로이먼트 및 서비스 오브젝트가 포함돼 있다. 매니페스트 파일에서 가장 흥미로운 부분은 다음과 같다.

```
apiVersion: apps/v1
kind: Deployment
...
      containers:
      - name: elasticsearch
        image: docker.elastic.co/elasticsearch/elasticsearch:7.17.28
        resources:
          limits:
            cpu: 500m
            memory: 2Gi
          requests:
            cpu: 500m
            memory: 2Gi
```

이를 자세히 설명하면 다음과 같다.

- 엘라스틱에서 docker.elastic.co에 공식적으로 제공하는 도커 이미지를 사용한다. 버전은 7.17.28로 설정한다.
- 엘라스틱서치 컨테이너는 2GB의 비교적 큰 메모리를 할당할 수 있어 원활한 성능으로 쿼리를 실행할 수 있다. 메모리가 많을수록 성능이 좋아진다.

키바나의 매니페스트 파일인 kibana.yml에도 표준 쿠버네티스 디플로미언트 및 서비스 오브젝트가 포함돼 있다. 매니페스트 파일에서 가장 흥미로운 부분은 다음과 같다.

```
apiVersion: apps/v1
kind: Deployment
...
      containers:
      - name: kibana
        image: docker.elastic.co/kibana/kibana:7.17.28
        env:
        - name: ELASTICSEARCH_URL
          value: http://elasticsearch:9200
```

이를 자세히 설명하면 다음과 같다.

- 키바나의 경우에도 `docker.elastic.co`에 엘라스틱에서 공식적으로 제공하는 도커 이미지를 사용한다. 버전은 7.17.28로 설정한다.
- 키바나를 엘라스틱서치 파드에 연결하기 위해 `ELASTICSEARCH_URL` 환경변수를 정의해 엘라스틱서치 서비스의 주소인 `http://elasticsearch:9200`을 지정한다.

마지막으로 외부 접근 설정을 위한 이스티오 매니페스트는 `expose-elasticsearch.yml`과 `expose-kibana.yml` 파일에서 확인할 수 있다. `Gateway`, `VirtualService`, `DestinationRule` 오브젝트가 사용되는 방법을 복습하려면 18장의 '서비스 메시 생성' 절을 참고한다. 이것들은 다음과 같이 외부 요청을 전달하는 역할을 할 것이다.

- `https://elasticsearch.minikube.me` → `http://elasticsearch:9200`
- `https://kibana.minikube.me` → `http://kibana:5601`

이를 바탕으로 엘라스틱서치와 키바나의 디플로이먼트를 수행할 준비가 끝났다.

### 배포 명령 실행

다음 단계를 수행해 엘라스틱서치와 키바나를 배포한다.

1. 배포 단계를 빠르게 진행하려면 다음 명령으로 엘라스틱서치와 키바나의 도커 이미지를 미리 가져온다.

```
eval $(minikube docker-env)
docker pull docker.elastic.co/elasticsearch/elasticsearch:7.17.28
docker pull docker.elastic.co/kibana/kibana:7.17.28
```

2. 헬름 차트를 사용해 `logging` 네임스페이스를 생성하고, 그 안에 엘라스틱서치와 키바나를 배포한 후 파드가 준비될 때까지 기다린다.

```
helm install logging-hands-on-add-on kubernetes/helm/environments/logging -n logging --crea
te-namespace --wait
```

3. 다음 명령으로 엘라스틱서치가 작동 중인지 확인한다.

```
curl https://elasticsearch.minikube.me -sk | jq -r .tagline
```

응답으로 `'You Know, for Search'`가 표시될 것이다.

> 하드웨어에 따라 엘라스틱서치가 이 메시지를 응답하기까지 1~2분 정도 기다려야 할 수 있다.

4. 다음 명령으로 키바나가 작동 중인지 확인한다.

```
curl https://kibana.minikube.me -kLs -o /dev/null -w "%{http_code}\n"
```

응답으로 `200`이 나올 것이다.

> 다시 말하지만, 키바나가 초기화되고 200을 응답할 때까지 1~2분 정도 기다려야 할 수도 있다.

엘라스틱서치와 키바나를 배포했으므로 이제 플루언트디를 배포할 수 있다.

## 플루언트디 배포

플루언트디를 배포하는 것은 엘라스틱서치나 키바나를 배포하는 것에 비해 다소 복잡하다. 플루언트디를 배포하기 위해서는 도커 허브에 플루언트디 프로젝트에서 게시한 도커 이미지인 `fluent/fluentd-kubernetes-daemonset`과 깃허브의 플루언트디 프로젝트인 `fluentd-kubernetes-daemonset`의 샘플 쿠버네티스 매니페스트 파일을 사용하겠다. 이는 `https://github.com/fluent/fluentd-kubernetes-daemonset`에 있다. 프로젝트명에서 알 수 있듯이 플루언트디는 데몬셋으로 배포되어 쿠버네티스 클러스터의 노드당 파드를 하나씩 실행할 것이다. 각 플루언트디 파드는 해당 파드와 동일한 노드에서 실행되는 프로세스와 컨테이너의 로그 출력을 수집하는 것을 책임진다. 이 책에서는 단일 노드 클러스터인 미니큐브를 사용하고 있으므로 플루언트디 파드는 하나만 있을 것이다.

스택 트레이스가 포함된 여러 줄의 로그 레코드를 처리하기 위해 구글에서 제공하는 서드파티 플루언트디 플러그인인 fluent-plugin-detect-exceptions를 사용할 것이며, 이는 https://github.com/GoogleCloudPlatform/fluent-plugin-detect-exceptions에서 확인할 수 있다. 이 플러그인을 사용하기 위해 fluent-plugin-detect-exceptions 플러그인이 설치될 도커 이미지를 빌드하겠다.

플루언트디의 도커 이미지인 fluentd-kubernetes-daemonset이 기본 이미지로 사용될 것이다.

이 책에서는 다음과 같은 버전을 사용한다.

- 플루언트디 버전 1.4.2
- fluent-plugin-detect-exceptions 버전 0.0.12

배포하기에 앞서 매니페스트 파일에서 가장 흥미로운 부분을 살펴보겠다.

### 매니페스트 파일 검토

도커 이미지를 빌드하는 데 사용되는 도커파일인 kubernetes/efk/Dockerfile은 다음과 같다.

```
FROM fluent/fluentd-kubernetes-daemonset:v1.4.2-debian-elasticsearch-1.1
RUN gem install fluent-plugin-detect-exceptions -v 0.0.12 \
 && gem sources --clear-all \
 && rm -rf /var/lib/apt/lists/* \
           /home/fluent/.gem/ruby/2.3.0/cache/*.gem
```

이를 자세히 설명하면 다음과 같다.

- 기본 이미지는 플루언트디의 도커 이미지인 fluentd-kubernetes-daemonset이다. v1.4.2-debian-elasticsearch-1.1 태그는 엘라스틱서치로 로그 레코드를 전송하기 위한 기능이 포함된 패키지와 함께 1.4.2 버전을 사용한다는 것을 나타낸다. 기본 도커 이미지에는 '플루언트디 구성' 절에서 언급한 플루언트디 구성 파일이 포함돼 있다.
- 구글 플러그인인 fluent-plugin-detect-exceptions는 루비의 패키지 관리자인 gem을 통해 설치된다.

데몬셋의 매니페스트 파일인 kubernetes/efk/fluentd-ds.yml은 fluentd-kubernetes-daemonset 프로젝트의 샘플 매니페스트 파일을 기반으로 하며, https://github.com/fluent/fluentd-kubernetes-daemonset/blob/master/fluentd-daemonset-elasticsearch.yaml에서 확인할 수 있다.

이 파일은 약간 복잡하므로 가장 흥미로운 부분을 따로 살펴보겠다.

1. 먼저 데몬셋 선언부는 다음과 같다.

```
apiVersion: apps/v1
kind: DaemonSet
metadata:
  name: fluentd
  namespace: kube-system
```

kind 키는 이것이 데몬셋임을 나타낸다. namespace 키는 데몬셋이 엘라스틱서치와 키바나가 배포되는 logging 네임스페이스가 아닌 kube-system 네임스페이스에 생성된다는 것을 나타낸다.

2. 다음 부분은 데몬셋에 의해 생성되는 파드의 템플릿을 나타낸다. 가장 흥미로운 부분은 다음과 같다.

```
spec:
  template:
    spec:
      containers:
      - name: fluentd
        image: hands-on/fluentd:v1
        env:
        - name: FLUENT_ELASTICSEARCH_HOST
          value: "elasticsearch.logging"
        - name: FLUENT_ELASTICSEARCH_PORT
          value: "9200"
```

파드에 사용되는 도커 이미지는 hands-on/fluentd:v1이다. 앞에서 설명한 도커파일을 사용해 이 도커 이미지를 빌드할 것이다. 도커 이미지에서 지원하는 환경변수에는 여러 가지가 있으며, 도커를 커스터마이징하는 데 사용된다. 가장 중요한 두 가지는 다음과 같다.

- FLUENT_ELASTICSEARCH_HOST는 엘라스틱서치 서비스의 호스트명인 elasticsearch.logging을 나타낸다.
- FLUENT_ELASTICSEARCH_PORT는 엘라스틱서치와 통신하는 데 사용되는 9200번 포트를 나타낸다.

> 플루언트디 파드는 엘라스틱서치와 다른 네임스페이스에서 실행되므로 호스트명을 짧은 이름, 즉 elasticsearch로 지정할 수 없다. 그 대신 DNS명의 네임스페이스 부분인 elasticsearch.logging도 지정해야 한다. 또는 전체 도메인명(fully qualified domain name; FQDN)인 elasticsearch.logging.svc.cluster.local을 사용해도 된다. 그러나 DNS명의 마지막 부분인 svc.cluster.local은 쿠버네티스 클러스터 내의 모든 DNS명에서 공유되므로 지정하지 않아도 된다.

3. 마지막으로 파드에 매핑되는 볼륨(파일 시스템)이 여러 개 있다.

```
    volumeMounts:
    - name: varlog
      mountPath: /var/log
    - name: varlibdockercontainers
      mountPath: /var/lib/docker/containers
      readOnly: true
    - name: journal
      mountPath: /var/log/journal
      readOnly: true
    - name: fluentd-extra-config
      mountPath: /fluentd/etc/conf.d
  volumes:
  - name: varlog
    hostPath:
      path: /var/log
  - name: varlibdockercontainers
    hostPath:
      path: /var/lib/docker/containers
  - name: journal
    hostPath:
      path: /run/log/journal
  - name: fluentd-extra-config
    configMap:
      name: "fluentd-hands-on-config"
```

소스코드를 자세히 살펴보면 다음과 같다.

- 호스트(노드)의 세 폴더가 플루언트디 파드에 매핑된다. 이 폴더에는 플루언트디가 테일링하고 로그 레코드를 수집할 로그 파일이 들어 있다. 이 세 폴더는 각각 /var/log, /var/lib/docker/containers, /run/log/journal이다.
- 마이크로서비스에서 플루언트디가 로그 레코드를 어떻게 처리할지 지정하는 자체 구성 파일은 fluentd-hands-on-config라는 컨피그맵을 사용해 /fluentd/etc/conf.d 폴더에 매핑된다. 기본 도커 이미지는 /fluentd/etc/conf.d 폴더에서 발견된 모든 구성 파일을 포함하도록 플루언트디를 구성한다. 자세한 내용은 '플루언트디 구성' 절을 참고한다.

데몬셋용 매니페스트 파일의 전체 소스코드는 kubernetes/efk/fluentd-ds.yml 파일을 참고한다.

이제 모든 것을 살펴봤으니 플루언트디의 디플로이먼트를 수행할 준비가 끝났다.

### 배포 명령 실행

플루언트디를 배포하려면 도커 이미지를 빌드하고 컨피그맵을 생성한 다음, 마지막으로 데몬셋을 배포해야 한다. 다음 명령을 실행해 이러한 단계를 수행한다.

1. 다음 명령으로 도커 이미지를 빌드하고 `hands-on/fluentd:v1`이라는 태그를 지정한다.

```
eval $(minikube docker-env)
docker build -f kubernetes/efk/Dockerfile -t hands-on/fluentd:v1 kubernetes/efk/
```

2. 다음 명령으로 컨피그맵을 생성하고 플루언트디의 데몬셋을 배포한 후 파드가 준비될 때까지 대기한다.

```
kubectl apply -f kubernetes/efk/fluentd-hands-on-configmap.yml
kubectl apply -f kubernetes/efk/fluentd-ds.yml
kubectl wait --timeout=120s --for=condition=Ready pod -l app=fluentd -n kube-system
```

3. 다음 명령으로 플루언트디 파드가 정상인지 확인한다.

```
kubectl logs -n kube-system -l app=fluentd --tail=-1 | grep "fluentd worker is now running
worker"
```

응답으로 `'2025-06-04 14:59:46 +0000 [info]: #0 fluentd worker is now running worker=0'`이 출력될 것이다.

> 엘라스틱서치나 키바나와 마찬가지로 플루언트디가 이 메시지를 응답하기까지 1~2분 정도 기다려야 할 수 있다.

4. 플루언트디가 미니큐브 인스턴스의 다양한 컨테이너에서 상당한 수의 로그 레코드를 수집하기 시작할 것이다. 1분 정도 지나면 다음 명령으로 엘라스틱서치에 수집된 로그 레코드의 수를 확인할 수 있다.

```
curl https://elasticsearch.minikube.me/_all/_count -sk | jq .count
```

5. 이 명령은 처음 실행될 때 약간 느릴 수 있지만 수천 개에 달하는 로그 레코드의 총 개수를 반환할 것이다. 내 경우에는 55607을 반환했다.

이렇게 해서 EFK 스택의 디플로이먼트가 완료됐다. 이제 직접 사용해 보면서 수집된 모든 로그 레코드를 살펴볼 차례다.

## EFK 스택 사용해보기

키바나를 사용해 보기에 앞서 먼저 해야 할 일은 엘라스틱서치에서 사용할 인덱스를 키바나가 알도록 초기화하는 것이다.

> 엘라스틱서치의 **인덱스**(index)는 SQL의 **데이터베이스**(database)에 해당한다. SQL의 **테이블**(table), **로우**(row), **칼럼**(column)은 엘라스틱서치의 **타입**(type), **도큐먼트**(document), **프로퍼티**(property)에 각각 해당한다.

초기화를 완료하고 나면 다음과 같은 일반적인 작업을 시도해 보겠다.

1. 먼저 플루언트디가 수집해서 엘라스틱서치에 저장한 로그 레코드 유형을 분석한다. 키바나에는 이러한 목적으로 활용할 수 있는 매우 유용한 시각화 기능이 있다.
2. 다음으로, 외부 요청을 처리하는 중에 마이크로서비스에서 생성된 모든 관련 로그 레코드를 찾는 법을 배운다. 로그 레코드의 **추적 ID**를 상호연관 ID(correlation ID)로 사용해 관련 로그 레코드를 찾을 것이다.
3. 마지막으로 키바나를 사용해 **근본 원인 분석**을 수행하고 오류의 실제 원인을 찾는 방법을 배운다.

### 키바나 초기화

키바나를 사용하기에 앞서 엘라스틱서치에서 어떤 검색 인덱스를 사용할지, 인덱스의 어떤 필드에 로그 레코드의 타임스탬프가 저장돼 있는지 지정해야 한다.

> 이 책에서는 자체 CA에서 생성한 인증서를 사용하고 있다는 점을 기억하자. 즉, 웹 브라우저에서 해당 인증서를 신뢰하지 않는다. 웹 브라우저에서 인증서를 허용하도록 만드는 법을 복습하려면 18장의 '서비스 메시 관찰' 절을 참고한다.

키바나를 초기화하려면 다음 단계를 수행한다.

1. 웹 브라우저에서 `https://kibana.minikube.me` URL을 사용해 키바나의 웹 UI를 연다.
2. 우측 하단의 Your data is not secure → Dismiss 버튼을 클릭한다.
3. Welcome to Elastic 페이지에서 Explore on my own을 선택한다.
4. Welcome home 페이지의 좌측 상단에 있는 햄버거 메뉴(≡; 가로 선 3개)를 클릭하고, 맨 아래에 있는 Stack Management 메뉴를 클릭한다.

5. Management 메뉴에서 맨 아래로 스크롤해서 Kibana 헤더 아래의 Index Patterns를 선택한다.
6. Create index pattern 버튼을 클릭한다.
7. 인덱스 패턴 이름으로 `logstash-*`를 입력하고 Next Step 버튼을 클릭한다.

> 로그 수집에 플루언트디가 사용되더라도 기본적으로 인덱스의 이름은 역사적인 이유로 `logstash`로 지정된다.

8. 하단의 Timestamp라고 적힌 드롭다운 리스트를 클릭하고 사용 가능한 유일한 필드인 `@timestamp`를 선택한다.
9. Create index pattern 버튼을 클릭한다.
10. 키바나가 선택한 인덱스에서 사용 가능한 필드를 요약한 페이지를 표시한다.

키바나가 초기화됐으므로 수집된 로그 레코드를 검사할 준비가 끝났다.

## 로그 레코드 분석

플루언트디가 배포된 후에 곧바로 상당한 수의 로그 레코드 수집을 시작했을 것이다. 따라서 먼저 해야 할 일은 플루언트디가 수집해서 엘라스틱서치에 저장한 로그 레코드 유형을 이해하는 것이다.

키바나의 시각화 기능을 사용해 로그 레코드를 쿠버네티스 네임스페이스별로 나누고, 각 네임스페이스 내에서 컨테이너 유형별로 로그 레코드가 어떻게 나눠는지 키바나에 표시하도록 요청하겠다. 이러한 유형의 분석에는 파이 차트가 적합하다. 파이 차트를 만들기 위해 다음 단계를 수행한다.

1. 키바나 웹 UI에서 다시 햄버거 메뉴를 클릭하고 메뉴에서 Analytics 아래의 Visualize Library를 선택한다.
2. Create new visualization 버튼을 클릭하고 다음 페이지에서 Lens 유형을 선택한다. 그럼 다음과 같은 웹 페이지가 표시된다.

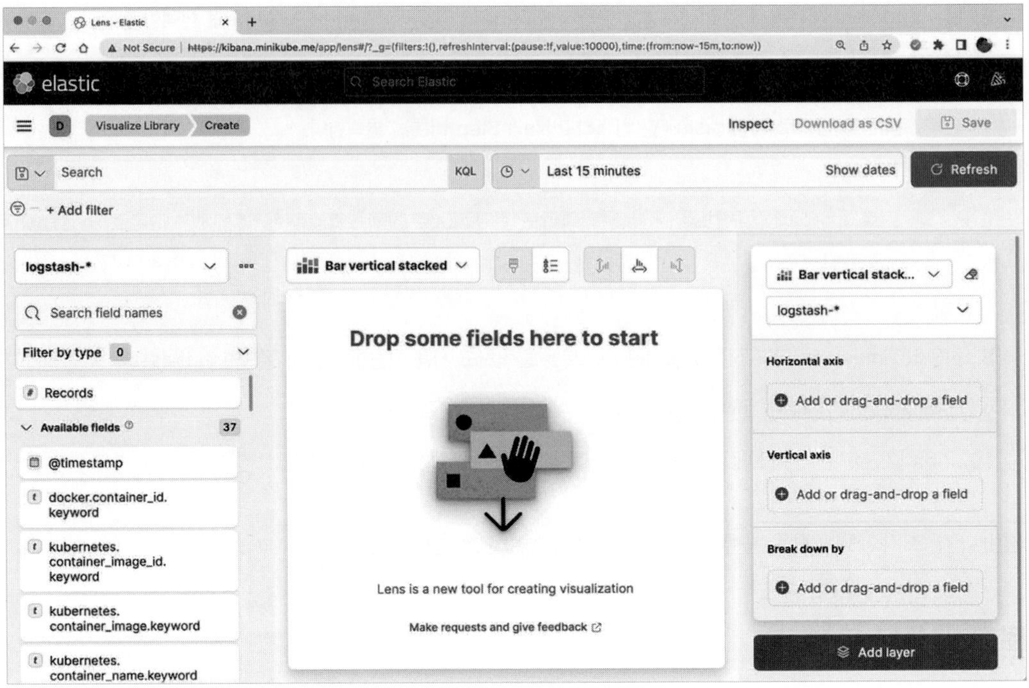


**그림** 19.3 키바나에서 로그 레코드 분석을 시작

3. 좌측 상단의 드롭다운 메뉴에서 인덱스 패턴으로 `logstash-*`가 선택돼 있는지 확인한다.

4. 인덱스 패턴 옆의 Bar vertical stacked 드롭다운 메뉴에서 Pie를 시각화 유형으로 선택한다.

5. 파이 차트 위의 타임 피커(날짜 간격 선택기)에서 분석 대상 로그 레코드를 포함할 수 있을 만큼 날짜 간격을 설정한다(다음 화면에서는 Last 15 minutes로 설정). 달력 아이콘을 클릭해 시간 간격을 조정한다.

6. 인덱스 패턴 아래의 Search field names 필드에 `kubernetes.namespace_name.keyword`를 입력한다.

7. 이제 Available fields 목록 아래에 `kubernetes.namespace_name.keyword` 필드가 표시될 것이다. 이 필드를 페이지 중앙의 Drop some fields here to start라는 큰 상자로 끌어다 놓는다. 그 즉시 키바나가 로그 레코드 분석을 시작하고, 쿠버네티스 네임스페이스별로 나뉜 파이 차트를 렌더링한다.

   이 책의 경우에는 다음과 같이 표시된다.

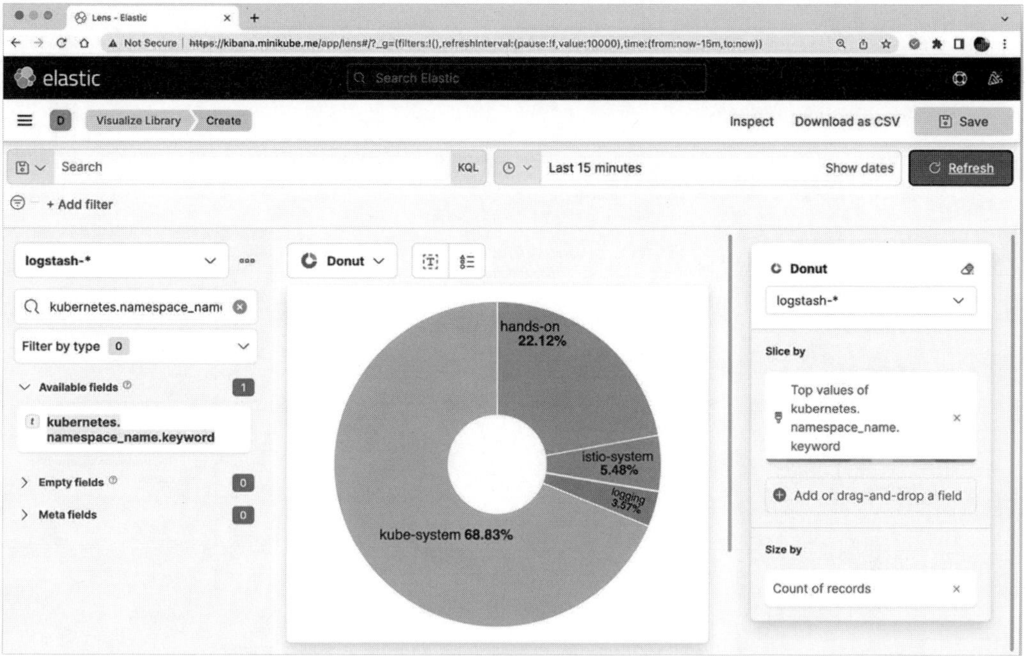


**그림 19.4** 키바나의 쿠버네티스 네임스페이스별 로그 레코드 분석

로그 레코드가 이전 장에서 작업했던 kube-system, istio-system, logging, hands-on 네임스페이스별로 나뉜 것을 알 수 있다. 네임스페이스별로 로그 레코드를 생성한 컨테이너를 보려면 두 번째 필드를 추가해야 한다.

**8.** Search field names 필드에 `kubernetes.container_name.keyword`를 입력한다.

**9.** Available fields 목록에 이제 `kubernetes.container_name.keyword` 필드가 표시될 것이다. 이 필드를 파이 차트를 보여주는 페이지 중앙의 큰 상자로 끌어다 놓는다. 키바나는 즉시 로그 레코드 분석을 시작하고, 쿠버네티스 네임스페이스 및 컨테이너 이름별로 나뉜 파이 차트를 렌더링한다.

**10.** 9단계의 결과에서 `coredns`에서 오는 로그 레코드가 많은 것을 볼 수 있다(이 책의 경우 67%). 이 로그 레코드에는 특별히 관심이 없으므로 다음 단계에 따라 필터를 추가해 제거할 수 있다.

a. + Add filter를 클릭한다(좌측 상단).

b. Field에서 `kubernetes.container_name.keyword`를 선택하고 Operator로 **`is not`**을 선택한다. 마지막으로 Value에 `coredns`를 입력하고 Save 버튼을 클릭한다.

**11.** 이 책에서는 파이 차트가 다음과 같이 렌더링된다.

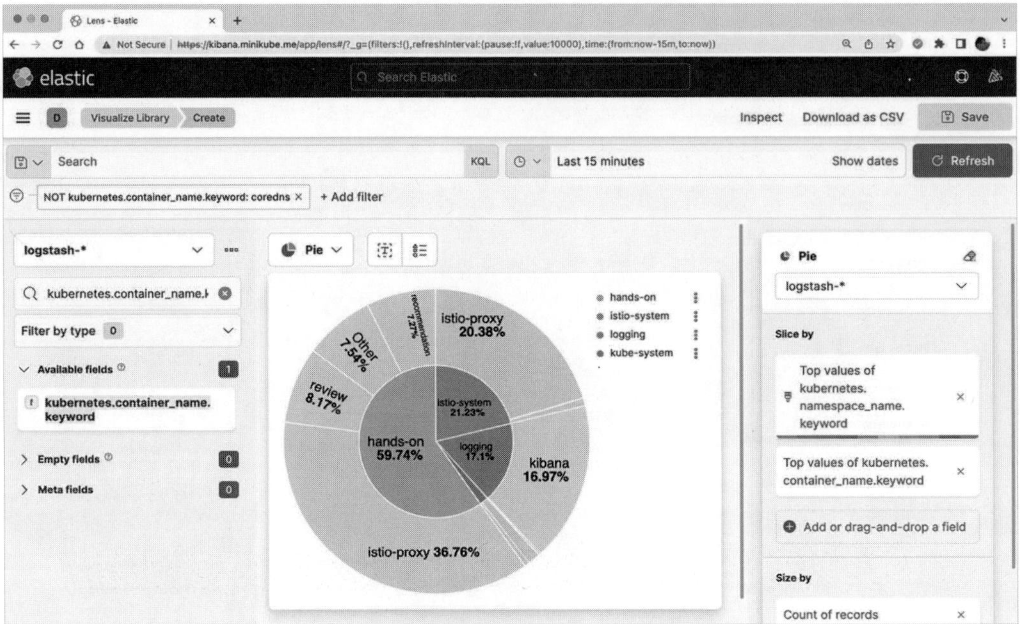

**그림 19.5** 네임스페이스 및 컨테이너별 키바나의 로그 레코드 분석

여기서 마이크로서비스의 로그 레코드를 찾을 수 있다. 대부분의 로그 레코드는 `review`와 `recommendation` 마이크로서비스에서 나온다. `product`와 `product-composite` 마이크로서비스는 파이 차트의 Other 부분에서 찾을 수 있다.

**12.** 이 파이 차트를 대시보드에 저장하는 것으로 수집한 로그 레코드 유형을 분석하는 방법을 소개하는 것을 마무리하겠다. 우측 상단 모서리의 Save 버튼을 클릭한다.

**13.** Save Lens visualization 페이지에서 다음을 수행한다.

a. Title을 지정한다(예: `hands-on-visualization`).

b. Description을 입력한다(예: `This is my first visualization in Kibana`).

c. Add to dashboard 상자에서 New를 선택한다. 페이지는 다음과 같을 것이다.

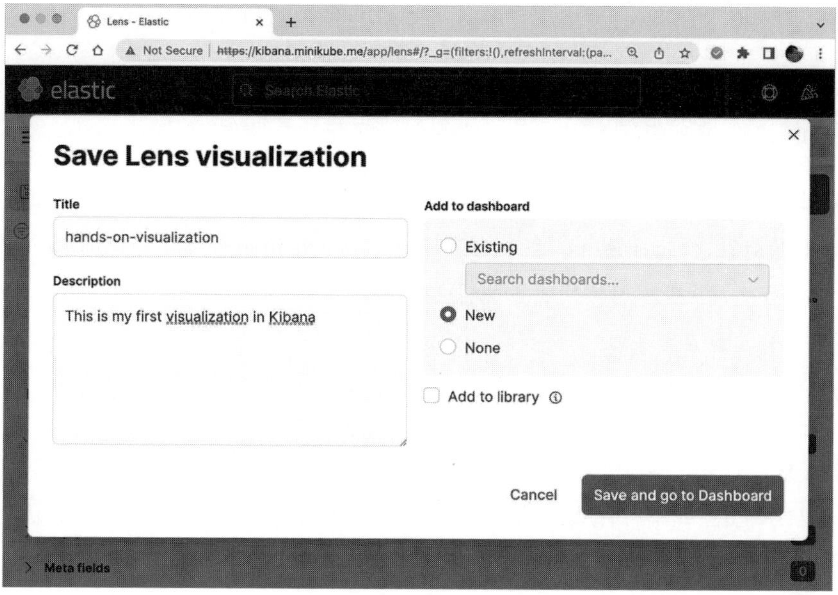


그림 19.6 키바나에서 대시보드 생성하기

d. Save and go to Dashboard 버튼을 클릭한다. 그럼 다음과 같은 대시보드가 표시될 것이다.

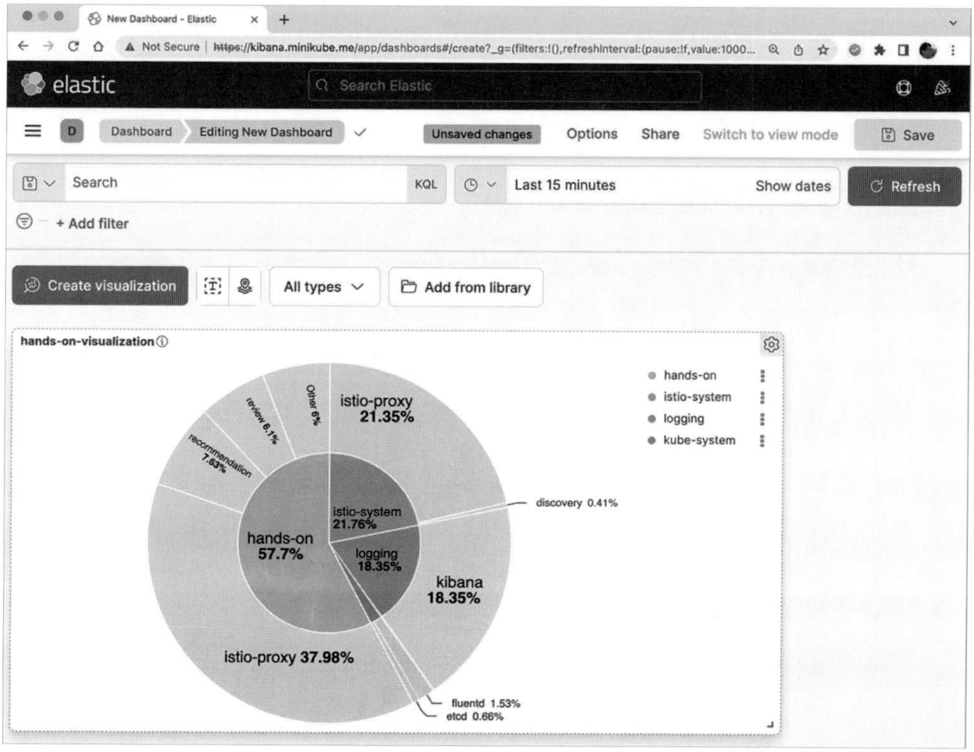


그림 19.7 키바나의 새 대시보드

14. 우측 상단 모서리에 있는 Save 버튼을 클릭하고 대시보드 이름을 지정한 다음(예: hands-on-dashboard), Save 버튼을 클릭한다.

이제 햄버거 메뉴에서 Dashboard를 선택해 언제든지 이 대시보드를 열어볼 수 있다.

키바나에는 로그 레코드를 분석하기 위한 수많은 기능이 포함돼 있으므로 직접 사용해 보는 것도 좋다(https://www.elastic.co/guide/en/kibana/7.17/dashboard.html을 참고). 이제 계속해서 마이크로서비스에서 실제 로그 레코드를 찾는 방법을 배워보자.

## 마이크로서비스의 로그 레코드 검색

이번 절에서는 중앙 집중식 로깅의 주요 기능 중 하나인 마이크로서비스에서 로그 레코드를 찾는 방법을 배운다. 또한 로그 레코드의 추적 ID를 사용해 동일한 처리 과정(예: 공개 API로 전송된 외부 요청의 처리)에 속하는 다른 마이크로서비스의 로그 레코드를 찾는 방법도 배우겠다.

여기서는 키바나의 도움을 받아 조회할 수 있는 로그 레코드를 생성하는 것부터 시작해 보자. 고유한 제품 ID로 제품을 생성한 다음, 제품에 대한 정보를 검색하는 데 API를 사용할 것이다. 그러고 나면 제품 정보를 검색할 때 앞서 생성된 로그 레코드를 찾아볼 수 있다.

마이크로서비스의 로그 생성은 이전 장과 달리 약간 업데이트됐다. product-composite과 세 가지 핵심 마이크로서비스인 product, recommendation, review는 모두 GET 요청을 처리할 때 로그 레벨을 INFO로 설정해 로그 레코드를 기록한다. 각 마이크로서비스에 추가된 소스코드를 살펴보자.

- product-composite 마이크로서비스의 로그 생성

```
LOG.info("Will get composite product info for product.id={}", productId);
```

- product 마이크로서비스의 로그 생성

```
LOG.info("Will get product info for id={}", productId);
```

- recommendation 마이크로서비스의 로그 생성

```
LOG.info("Will get recommendations for product with id={}", productId);
```

- review 마이크로서비스의 로그 생성

```
LOG.info("Will get reviews for product with id={}", productId);
```

자세한 내용은 `microservices` 폴더의 소스코드를 참고한다.

다음 단계를 수행해 API를 사용해 로그 레코드를 생성하고 키바나를 사용해 로그 레코드를 조회한다.

**1.** 다음 명령으로 접근 토큰을 가져온다.

```
ACCESS_TOKEN=$(curl -k https://writer:secret-writer@minikube.me/oauth2/token -d grant_type=
client_credentials -d scope="product:read product:write" -s | jq .access_token -r)

echo ACCESS_TOKEN=$ACCESS_TOKEN
```

**2.** 이번 절을 시작할 때 언급했듯이 고유한 제품 ID로 제품을 생성하는 것부터 시작하겠다. 다음 명령을 실행해 `"productId" :1234`에 대해 최소한의 제품 정보(추천이나 리뷰가 없는)를 생성한다.

```
curl -X POST -k https://minikube.me/product-composite \
  -H "Content-Type: application/json" \
  -H "Authorization: Bearer $ACCESS_TOKEN" \
  --data '{"productId":1234,"name":"product name 1234","weight":1234}'
```

다음 명령으로 제품 정보를 읽는다.

```
curl -H "Authorization: Bearer $ACCESS_TOKEN" -k 'https://minikube.me/product-composite/1234'
-s | jq .
```

그럼 다음과 같은 응답을 볼 수 있다.

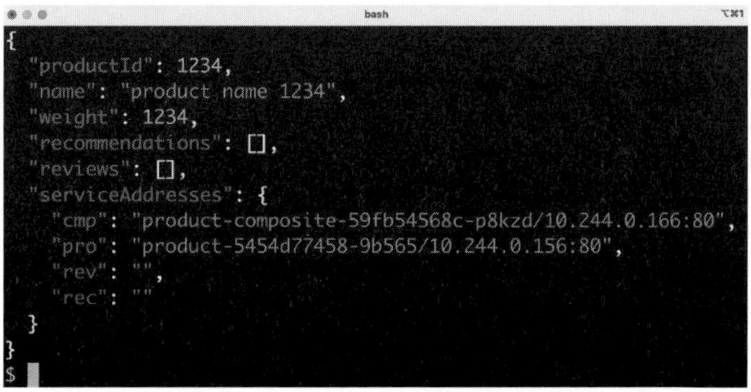


**그림 19.8** `productId = 1234`로 제품을 조회

이러한 API 호출로 로그 레코드가 몇 개 생성됐을 것이다. 키바나로 돌아가서 살펴보자.

3. 키바나 웹 페이지에서 햄버거 메뉴의 Discover를 클릭한다. 다음과 같은 결과를 볼 수 있다.

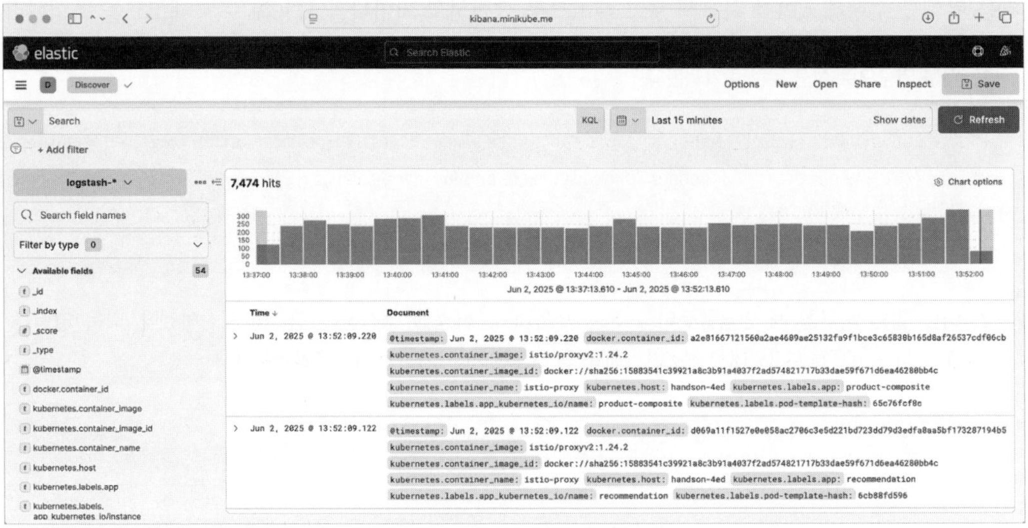


**그림 19.9** 주요 부분이 표시된 키바나 웹 UI

좌측 상단에서 키바나가 7,474개의 로그 레코드를 찾았음을 알 수 있다. 타임 피커가 Last 15 minutes의 로그 레코드임을 보여준다. 히스토그램에서 로그 레코드가 시간에 따라 어떻게 분포돼 있는지 볼 수 있다. 히스토그램 아래에 있는 테이블에서 쿼리에 의해 발견된 가장 최근의 로그 이벤트를 볼 수 있다.

4. 시간 간격을 변경하려면 타임 피커를 사용하면 된다. 달력 아이콘을 클릭해 시간 간격을 조정한다.

5. 로그 레코드의 내용을 더 자세히 확인하려면 로그 레코드의 일부 필드를 히스토그램 아래의 테이블에 칼럼으로 추가한다.

6. 사용 가능한 모든 필드를 보려면 Filter by type 레이블 오른쪽의 아래쪽 화살표를 클릭하고 Hide empty fields의 선택을 해제한다.

7. Available fields 목록에서 필드를 선택해 테이블의 칼럼으로 추가한다. 필드를 찾을 때까지 아래로 스크롤한다. 필드를 더 쉽게 찾으려면 Search field names 필드를 사용해 사용 가능한 필드 목록을 필터링한다.

   커서를 필드 위에 놓으면 + 버튼(파란색 원 안의 흰색 십자가)이 나타난다. 이를 클릭해 필드를 테이블의 칼럼으로 추가한다. 다음 필드를 순서대로 선택한다.

   a. `spring.level`: 로그 레벨

   b. `kubernetes.namespace_name`: 쿠버네티스 네임스페이스

   c. `kubernetes.container_name`: 컨테이너 이름

   d. `spring.trace`: 분산 추적에 사용되는 추적 ID

   e. `log`: 실제 로그 메시지

차지하는 공간을 줄이려면 인덱스 패턴 필드(`logstash-*` 텍스트가 포함됨) 옆의 축소 아이콘을 클릭해 필드 목록을 숨길 수 있다.

웹 페이지가 다음과 같이 표시될 것이다.

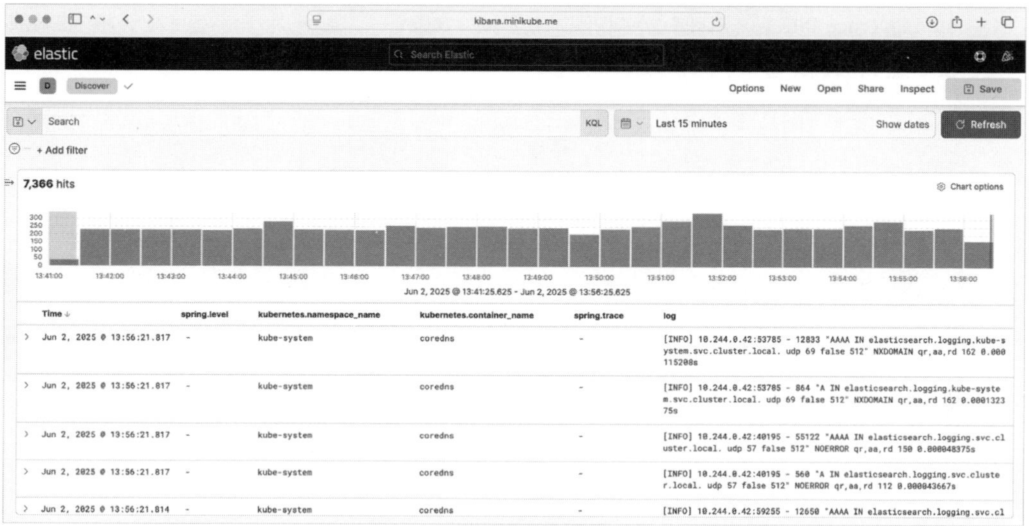

**그림 19.10** 로그 레코드를 보여주는 키바나 웹 UI

이제 테이블에 로그 레코드에 대한 관심 정보가 포함돼 있다.

8. GET API 호출에서 로그 레코드를 찾으려면 `log` 필드에 `product.id=1234`라는 텍스트가 포함된 로그 레코드를 찾도록 키바나에 요청할 수 있다. 이는 앞에서 보여준 `product-composite` 마이크로서비스의 로그 출력과 일치한다.

   좌측 상단의 Search 필드에 `log:"info for product.id=1234"`를 입력하고 Update 버튼(Refresh라고도 함)을 클릭하면 된다. 그럼 다음과 같은 로그 레코드 하나가 표시될 것이다.

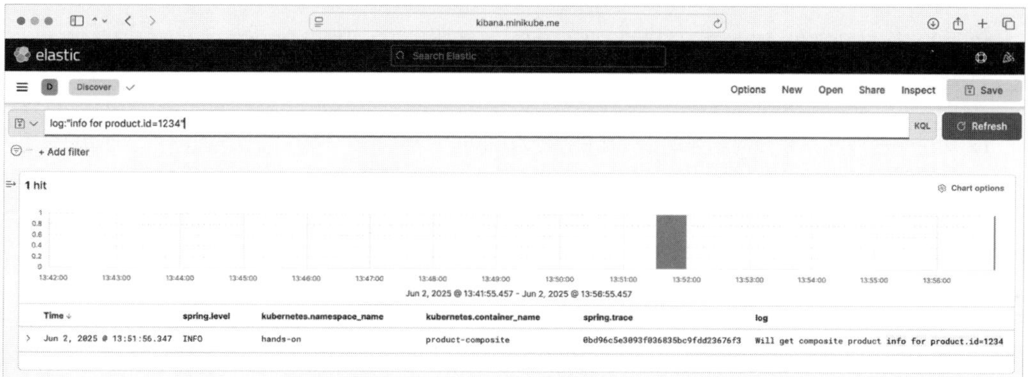

**그림 19.11** `productId = 1234`에 대한 로그 레코드를 보여주는 키바나 웹 UI

9. 타임스탬프가 GET API를 호출한 시점이고 로그 레코드를 생성한 컨테이너의 이름이 product-composite인지, 즉 로그 레코드가 product-composite 마이크로서비스에서 전송됐는지 확인한다.

10. 이제 제품 ID가 1234인 제품 정보를 반환하는 처리 과정에 참여한 다른 마이크로서비스의 관련 로그 레코드를 확인하고자 한다. 즉, 우리가 찾은 로그 레코드와 동일한 추적 ID를 가진 로그 레코드를 찾고 싶다. 그러려면 로그 레코드의 spring.trace 필드 위에 커서를 놓는다. 필드 오른쪽에 + 기호와 – 기호가 있는 작은 돋보기 두 개가 표시된다. + 기호가 있는 돋보기를 클릭해 추적 ID로 필터링한다.

11. Search 필드를 지워서 검색 기준으로 추적 필드의 필터만 남긴다. 그런 다음 Update 버튼을 클릭해 결과를 확인한다. 그럼 다음과 같은 응답을 볼 수 있다.

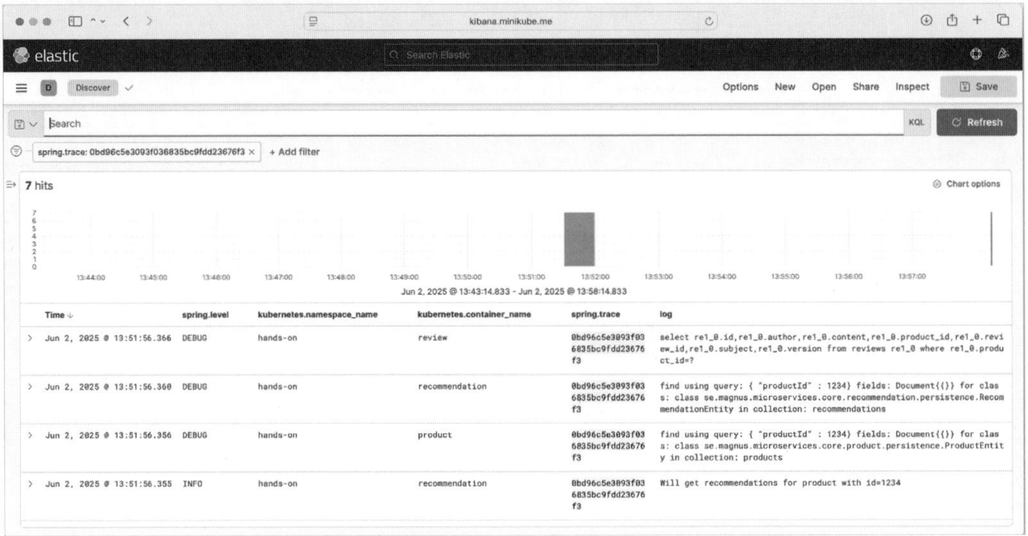

**그림 19.12** 추적 ID에 대한 로그 레코드를 보여주는 키바나 웹 UI

뷰를 복잡하게 만드는 세부 디버그 메시지가 보인다. 이를 제거해 보자.

12. DEBUG 값 위에 커서를 놓고 – 기호가 있는 돋보기를 클릭해 로그 레벨이 DEBUG로 설정된 로그 레코드를 필터링한다.

13. 이제 제품 ID가 1234인 제품 정보 조회에 관련된 각 마이크로서비스에 대해 하나씩, 4개의 로그 레코드를 볼 수 있을 것이다.

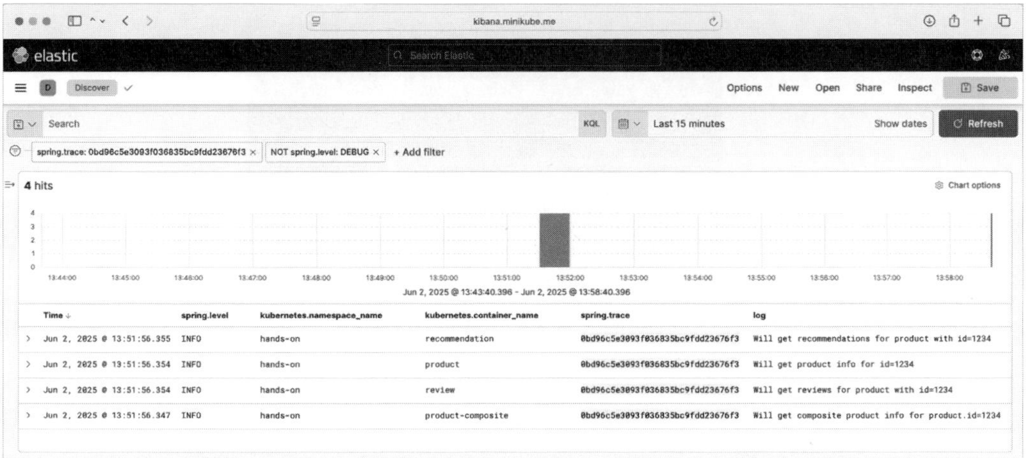

**그림 19.13** 로그 레벨이 INFO인 추적 ID에 대한 로그 레코드를 보여주는 키바나 웹 UI

또한 적용된 필터에는 추적 ID가 포함됐지만 로그 레벨이 DEBUG로 설정된 로그 레코드는 제외됐다는 점에 유의한다.

이제 로그 레코드를 찾는 방법을 알았으므로 다음 단계로 넘어갈 준비가 끝났다. 예상치 못한 로그 레코드(즉, 오류 메시지)를 찾는 방법과 이러한 오류 메시지의 원인을 찾기 위해 근본 원인 분석을 수행하는 방법을 배워보자.

## 근본 원인 분석 수행

중앙 집중식 로깅의 가장 중요한 기능 중 하나는 여러 소스의 로그 레코드를 사용해 오류를 분석하고 이를 바탕으로 오류 메시지의 실제 원인을 찾는 근본 원인 분석(root cause analysis)을 수행할 수 있다는 것이다.

이번 절에서는 오류를 시뮬레이션하고 시스템 환경의 마이크로서비스 중 하나에서 오류를 일으킨 소스코드의 특정 라인까지 모든 정보를 찾는 방법을 살펴보겠다. 오류를 시뮬레이션하기 위해 13장 'Resilience4j를 활용한 복원력 개선'의 '프로그래밍 가능한 처리 지연 및 무작위 오류 추가' 절에서 도입한 `faultPercent` 매개변수를 재사용하겠다. 이를 이용해 `product` 마이크로서비스에서 예외를 발생시킬 수 있다. 다음 단계를 수행한다.

1. 다음 명령을 실행해 제품 ID가 1234인 제품 정보를 검색하는 동안 `product` 마이크로서비스에서 오류를 발생시킨다.

```
curl -H "Authorization: Bearer $ACCESS_TOKEN" -k https://minikube.me/product-composite/1234?
faultPercent=100 -s | jq .
```

응답으로 다음과 같은 오류가 표시될 것이다.

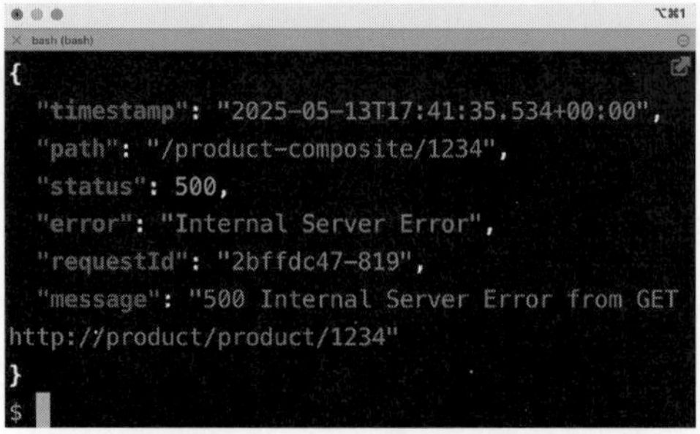


**그림 19.14** 처리 중 오류를 일으킨 요청

이제 이 오류의 원인을 모른다고 가정해 보자. 그래야 근본 원인 분석 과정이 더 의미 있을 것이다.

여러분이 고객지원 부서에서 근무하고 있고, 최종 사용자가 제품 ID가 1234인 제품 정보를 조회하려고 시도했는데 응답으로 "500 Internal Server Error"라는 오류 메시지를 받은 문제를 조사해야 한다고 가정해보자.

2. 문제 분석을 시작하기에 앞서 이전 절에서 정의한 이전 검색 필터를 키바나 웹 UI에서 삭제해 처음부터 시작할 수 있도록 만든다. 정의한 각 필터를 닫기 아이콘(x)을 클릭해 제거한다.
3. 타임 피커를 사용해 문제가 발생한 시점을 포함하는 시간 간격을 선택하는 것으로 시작한다. 이번 예제의 경우에는 15분이면 충분하다.
4. 다음 단계를 수행해 hands-on 네임스페이스에 속하는 로그 레코드를 선택한다.
   a. 좌측 상단의 햄버거 아이콘(≡)을 클릭해 왼쪽의 필드 목록을 확장한다.
   b. `Selected fields` 목록에서 `kubernetes.namespace_name` 필드를 클릭한다. 상위 5개의 네임스페이스 목록이 표시된다.
   c. **hands-on** 네임스페이스 뒤의 **+** 기호를 클릭한다.
5. 다음으로, 이 시간 내에 로그 메시지에서 제품 ID로 1234를 언급하고 로그 레벨이 WARN으로 설정된 로그 레코드를 검색한다. 이는 선택한 필드 목록에서 `spring.level` 필드를 클릭해 수행할 수 있다. 이 필드를 클릭하면 그 아래에 가장 많이 사용된 값이 표시된다. + 기호를 클릭해 WARN 값을 필터링한다. 이제 키바나에 hands-on 네임스페이스에서 선택한 시간 내에 로그 레벨이 WARN으로 설정된 로그 레코드가 다음과 같이 표시될 것이다.

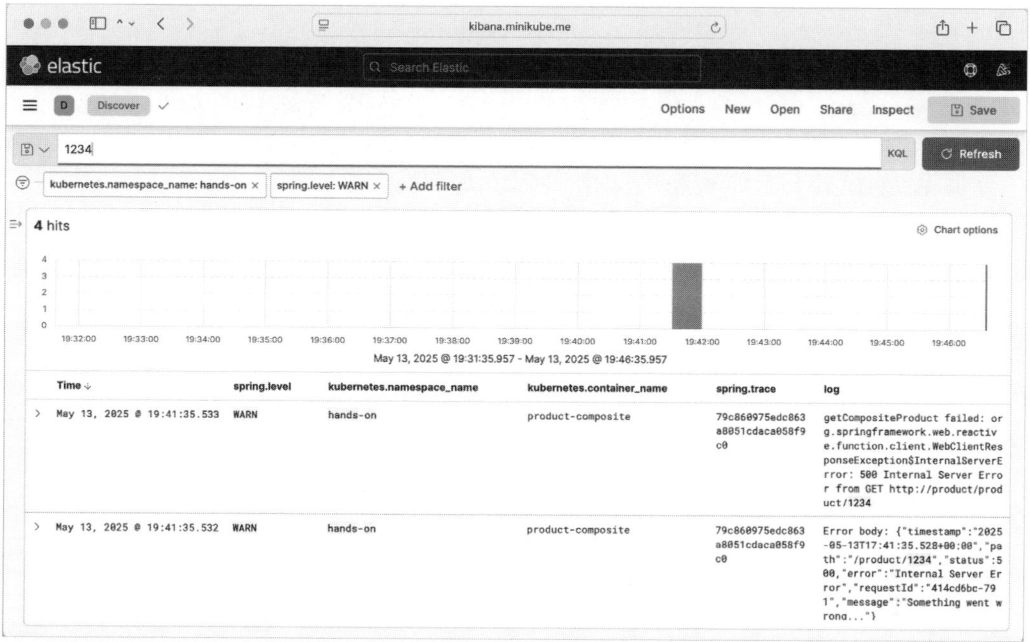

**그림 19.15** 로그 레벨이 WARN인 로그 레코드를 보여주는 키바나 웹 UI

1234라는 제품 ID와 관련된 여러 오류 메시지가 표시된다. 상위 로그 항목에 동일한 추적 ID가 있으므로 이는 추가 조사에 관심 있는 추적 ID로 보인다. 첫 번째 로그 항목에는 최종 사용자가 보고한 텍스트인 500과 Internal Server Error, 오류 메시지인 Something went wrong…이 포함돼 있으며, 이는 아마도 오류의 근본 원인과 관련이 있을 것이다.

6. 첫 번째 로그 레코드의 추적 ID로 이전 절에서 했던 것처럼 필터링한다.
7. 이 추적 ID에 속하는 모든 레코드를 볼 수 있도록 WARN 로그 레벨의 필터를 제거한다. 키바나에 다음과 같이 여러 개의 로그 레코드가 표시될 것이다.

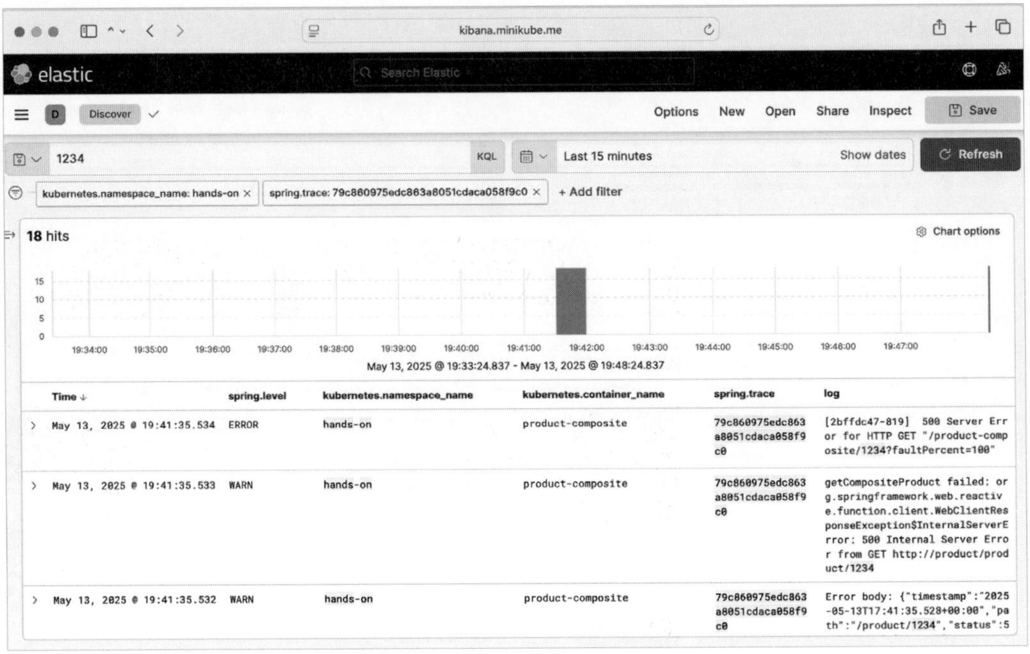


**그림 19.16** 키바나 웹 UI: 근본 원인을 찾는 중

8. 아쉽게도 여러 줄 예외를 수집하는 데 사용하는 플루언트디 플러그인인 `fluent-plugin-detect-exceptions`의 제약으로 인해 추적 ID를 사용해 근본 원인을 파악할 수 있는 스택 트레이스를 찾을 수 없다. 스택 트레이스를 추적 ID와 연관시킬 수 없기 때문이다. 대신 키바나의 기능을 사용해 특정 로그 레코드 근처의 시점에 발생한 주변 로그 레코드를 찾을 수 있다.

9. `Error body: {… status":500,"error":"Internal Server Error","message":"Something went wrong..."…}` 이라는 내용의 로그 레코드를 로그 레코드 왼쪽에 있는 화살표를 사용해 확장한다. 다음과 같이 이 로그 레코드에 대한 자세한 정보가 표시된다.

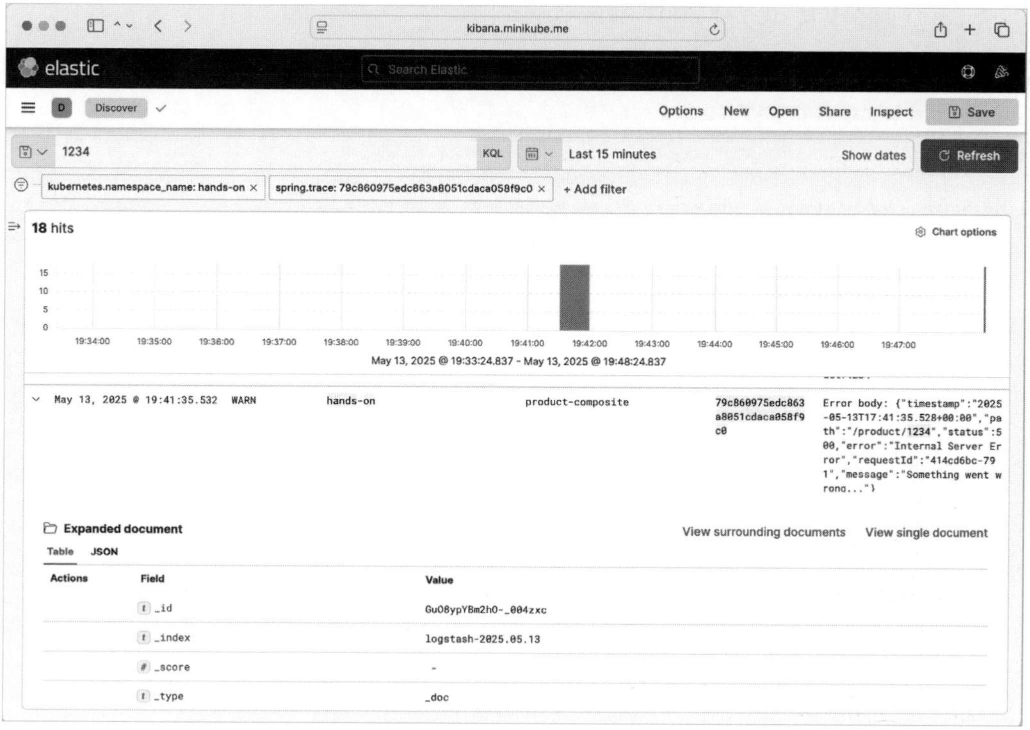

그림 19.17 키바나 웹 UI: 근본 원인 로그 메시지가 포함된 로그 레코드를 확장

10. View surrounding documents라는 링크도 있다. 이를 클릭해 근처의 로그 레코드를 확인한다. 페이지 아래로 스크롤해서 레코드 수를 지정할 수 있는 Load 필드를 찾는다. 기본값인 5를 10으로 늘린다. 다음과 같은 웹 페이지가 표시될 것이다.

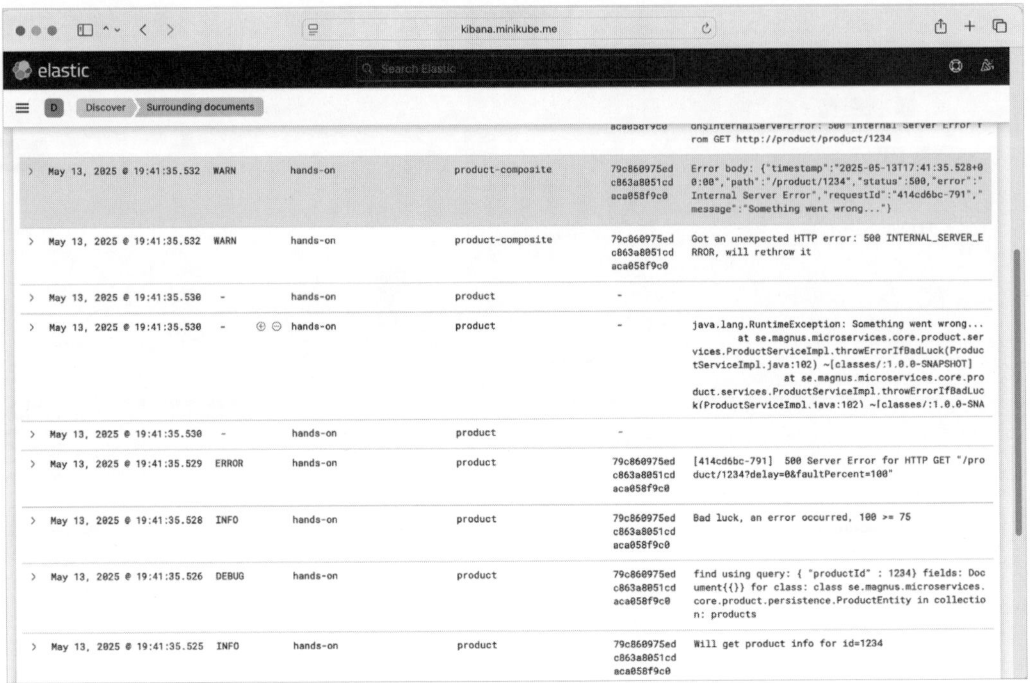


**그림 19.18** 키바나 웹 UI: 근본 원인 발견

**11.** 확장된 로그 레코드 아래의 세 번째 로그 레코드에는 오류 메시지인 Something went wrong…에 대한 스택 트레이스가 포함돼 있다. 이 오류 메시지는 흥미로워 보인다. 확장된 로그 레코드보다 불과 7밀리초 전에 `product` 마이크로서비스에 의해 로깅됐다. 이 둘은 서로 관련이 있는 것으로 보인다. 해당 로그 레코드의 스택 추적은 `ProductServiceImpl.java`의 104번째 줄을 가리킨다. 소스코드를 보면 102번째 줄은 다음과 같다(`microservices/product-service/src/main/java/se/magnus/microservices/core/product/services/ProductServiceImpl.java` 참조).

```
throw new RuntimeException("Something went wrong...");
```

이것이 오류의 근본 원인이다. 우리는 이를 사전에 알고 있었지만 이제 여기까지 어떻게 접근할 수 있는지도 확인했다.

> 이 경우 문제를 해결하는 방법은 매우 간단하다. API 요청에서 `faultPercent` 매개변수만 생략하면 된다. 다른 경우에는 근본 원인을 해결하는 것이 훨씬 더 어려울 수 있다.

**12.** 이렇게 해서 근본 원인 분석을 마무리한다. 웹 브라우저의 뒤로 가기 버튼을 클릭해 초기 페이지로 돌아간다.

13. 검색 기준 및 테이블 레이아웃의 구성을 재사용할 수 있도록 키바나에서 설정을 저장할 수 있다. 예를 들어, hands-on 네임스페이스의 로그 레코드를 필터링하도록 선택하고, 우측 상단 메뉴에서 Save 링크를 클릭한다. 검색 정의에 이름을 지정하고 Save 버튼을 클릭한다. 메뉴의 Open 링크를 사용해 필요할 때 앞에서 저장한 검색 정의를 불러올 수 있다.

이렇게 해서 EFK 스택을 활용한 중앙 집중식 로깅에 관한 이번 장을 마무리한다.

## 정리

이번 장에서는 시스템 환경의 마이크로서비스에서 로그 레코드를 수집해 이를 공통 중앙 집중식 데이터베이스(저장된 로그 레코드를 분석하고 검색할 수 있는)에 저장하는 것의 중요성을 배웠다. 여기서는 로그 레코드를 수집, 처리, 저장, 분석, 검색하기 위해 EFK 스택인 엘라스틱서치, 플루언트디, 키바나를 사용했다.

플루언트디는 마이크로서비스뿐만 아니라 쿠버네티스 클러스터의 다양한 컨테이너에서 로그 레코드를 수집하는 데 사용했다. 엘라스틱서치는 텍스트 검색 엔진으로 사용했다. 또한 키바나와 함께 수집한 로그 레코드의 유형을 이해하기가 얼마나 쉬운지 확인했다.

또한 키바나를 활용해 여러 중요 작업을 수행하는 방법도 배웠다. 여러 마이크로서비스에 걸쳐 관련 로그 레코드를 찾고, 오류 메시지의 실제 원인을 찾아보면서 근본 원인 분석을 어떻게 수행하는지 배웠다.

이 같은 방식으로 로그 레코드를 수집하고 분석하는 것은 프로덕션 환경에서 중요한 역량이며, 이러한 유형의 활동은 항상 로그 레코드가 수집된 후에 사후에 이뤄진다. 또 다른 중요한 역량은 하드웨어 리소스 사용이나 응답 시간 등의 측면에서 런타임 메트릭을 수집하고 이를 시각화해서 마이크로서비스의 현재 상태를 모니터링할 수 있는 것이다. 이전 장에서 이러한 주제를 다뤘으며, 다음 장에서는 마이크로서비스 모니터링에 대해 자세히 알아보겠다.

## 문제

1. 사용자가 다음 화면에 표시된 검색 기준을 사용해 지난 30일 동안 hands-on 네임스페이스에서 ERROR 로그 메시지를 검색했지만 찾지 못했다. 그 이유는 무엇인가?

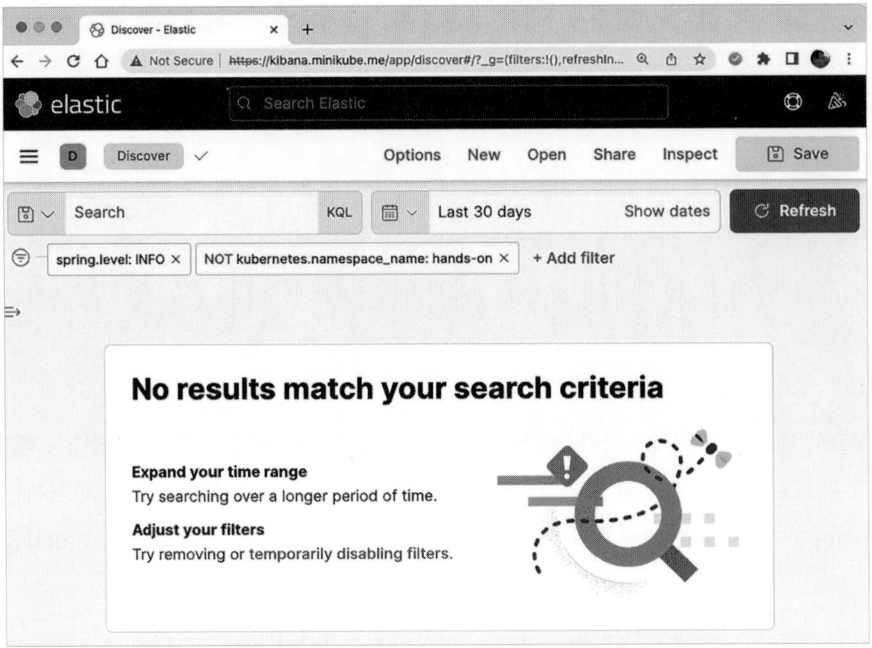


**그림 19.19** 키바나 웹 UI: 예상되는 로그 레코드가 표시되지 않음

2. 사용자가 관심 있는 로그 레코드(아래에 표시)를 찾았다. 사용자는 이 마이크로서비스 및 다른 마이크로서비스에서 관련 로그 레코드(예: 외부 API 요청 처리에서 발생하는)를 어떻게 찾을 수 있는가?

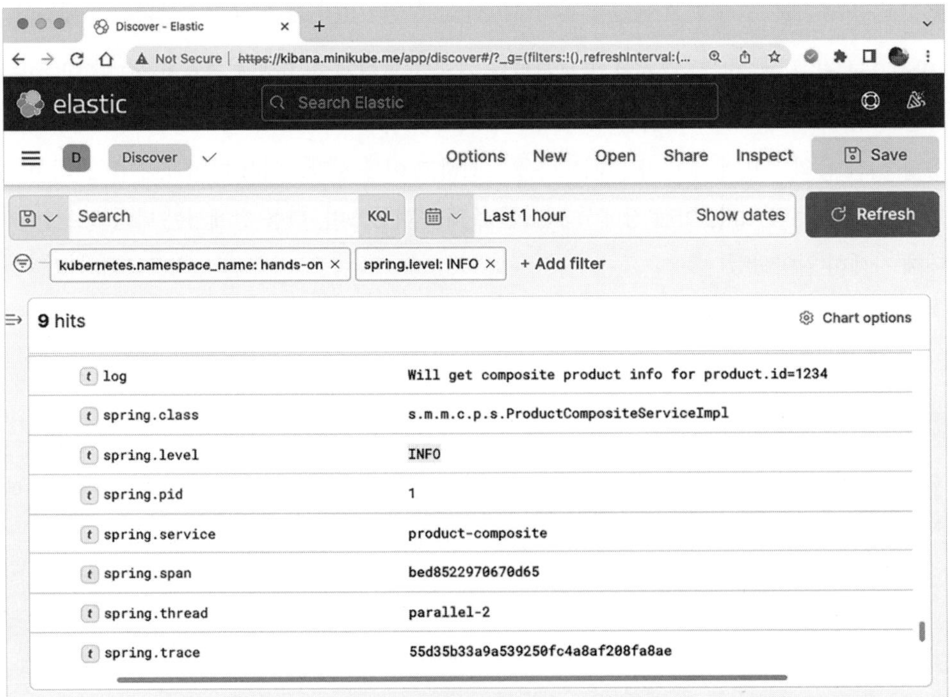


**그림 19.20** 키바나 웹 UI: 관련 로그 레코드를 어떻게 찾을 수 있는가?

3. 최종 사용자가 보고한 문제의 근본 원인을 나타내는 것으로 보이는 로그 레코드를 찾았다. 이때 오류가 발생한 소스코드의 위치를 보여주는 스택 트레이스를 어떻게 찾을 수 있는가?

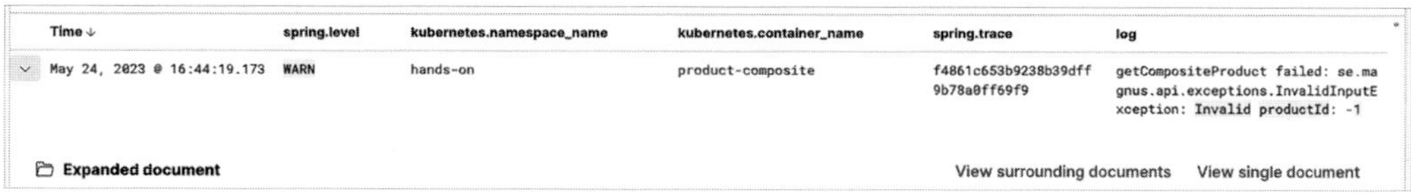


**그림 19.21** 키바나 웹 UI: 근본 원인을 어떻게 찾을 수 있는가?

4. 다음 플루언트디 구성이 작동하지 않는 이유는 무엇인가?

```
<match kubernetes.**hands-on**>
  @type rewrite_tag_filter
  <rule>
    key log
    pattern ^(.*)$
    tag spring-boot.${tag}
  </rule>
</match>
```

5. 엘라스틱서치가 작동 중인지 어떻게 확인할 수 있는가?

6. 웹 브라우저에서 키바나에 대한 연결이 갑자기 끊어졌다. 이 문제의 원인은 무엇일 수 있는가?

# 20

# 마이크로서비스 모니터링

이번 장에서는 프로메테우스와 그라파나를 이용해 성능 메트릭을 수집하고 모니터링하며 알람을 설정하는 방법을 배운다. 1장 '마이크로서비스 소개'에서 언급했듯이 프로덕션 환경에서는 애플리케이션 성능과 하드웨어 자원 사용량에 대한 메트릭을 수집하는 것이 매우 중요하다. API 요청과 다른 프로세스에 대한 응답 지연이나 가동 중단을 피하려면 이러한 메트릭을 모니터링해야 한다.

마이크로서비스의 시스템 환경을 비용 효율적이고 사전 예방적으로 모니터링하려면 구성된 제한 범위를 벗어나는 메트릭이 있을 때 자동으로 트리거되는 알람을 정의할 수 있어야 한다.

이번 장에서 다룰 내용은 다음과 같다.

- 프로메테우스와 그라파나를 활용한 애플리케이션 모니터링
- 애플리케이션 메트릭을 수집하기 위한 소스코드 변경
- 마이크로서비스 빌드와 배포
- 그라파나 대시보드를 활용한 마이크로서비스 모니터링
- 그라파나에서 알람 설정

## 기술적 요구사항

이 책에서 사용하는 도구를 설치하는 방법과 이 책의 소스코드를 내려받는 방법은 다음을 참고한다.

- 21장 'macOS용 설치 안내'
- 22장 'WSL 2 및 우분투가 탑재된 마이크로소프트 윈도우용 설치 안내'

이번 장의 모든 코드 예제는 `$BOOK_HOME/Chapter19`의 소스코드에서 가져온 것이다.

이번 장에서 프로메테우스와 그라파나를 이용해 성능 메트릭 모니터링과 알람 설정을 추가하면서 변경된 소스코드 내용을 확인하려면 19장, 'EFK 스택을 활용한 중앙 집중식 로깅'의 소스코드와 비교해 보면 된다. 선호하는 코드 비교 도구를 사용해 `$BOOK_HOME/Chapter19`와 `$BOOK_HOME/Chapter20` 폴더를 비교해 본다.

## 프로메테우스와 그라파나를 활용한 성능 모니터링

이번 장에서는 18장 '서비스 메시를 활용한 관찰 가능성과 관리 개선'의 '쿠버네티스 클러스터에 이스티오 배포' 절에서 만든 프로메테우스와 그라파나 배포를 재사용하겠다. 또한 해당 장에서도 프로메테우스에 대해 간단히 소개했는데, 프로메테우스는 널리 사용되는 오픈소스 데이터베이스로서 성능 메트릭과 같은 시계열 데이터를 수집하고 저장하는 데 사용된다. 또한 성능 메트릭을 시각화하는 오픈소스 도구인 그라파나에 대해 배웠다. 그라파나 배포에는 이스티오 전용 대시보드가 함께 제공된다. 키알리는 그라파나를 사용하지 않고도 일부 성능 관련 그래프를 렌더링할 수 있다. 이번 장에서는 이러한 도구들을 직접 사용해 볼 것이다.

18장에서 배포한 이스티오 구성에는 쿠버네티스의 파드에서 자동으로 메트릭을 수집하는 프로메테우스 구성이 포함돼 있다. 따라서 우리는 마이크로서비스에 프로메테우스가 수집 가능한 형태의 메트릭을 제공하는 엔드포인트를 설정하기만 하면 된다. 또한 프로메테우스가 이러한 엔드포인트의 주소를 찾을 수 있도록 쿠버네티스 파드에 애너테이션을 추가해야 한다. 이에 대한 자세한 내용은 이번 장의 '애플리케이션 메트릭을 수집하기 위한 소스코드 변경' 절을 참고한다. 그라파나의 알람 기능을 시연하기 위해 로컬 메일 서버도 배포할 것이다.

다음 다이어그램은 방금 논의한 런타임 컴포넌트 간의 관계를 보여준다.

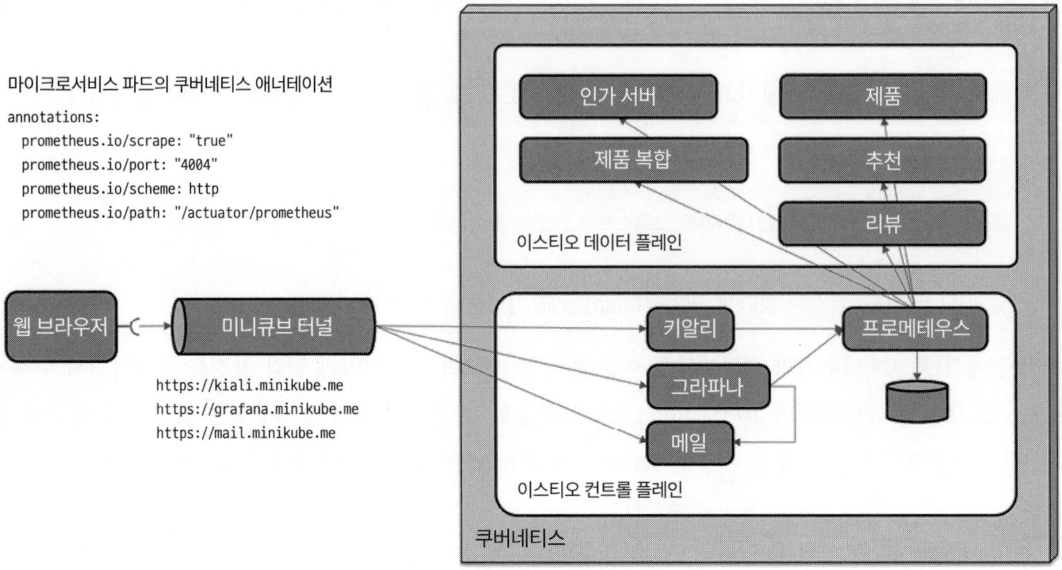


**그림 20.1** 시스템 환경에 프로메테우스와 그라파나 추가하기

여기서 프로메테우스가 어떻게 쿠버네티스 파드 정의의 애너테이션을 사용해 마이크로서비스에서 메트릭을 수집하는지 확인할 수 있다. 그런 다음 프로메테우스는 이러한 메트릭을 자체 데이터베이스에 저장한다. 사용자는 **웹 브라우저**에서 키알리와 그라파나의 웹 UI에 접근해 이러한 메트릭을 모니터링할 수 있다. 웹 브라우저는 18장의 '이스티오 서비스에 대한 접근 설정' 절에서 소개한 **미니큐브 터널**을 사용해 키알리, 그라파나, 메일 서버의 웹 페이지에 접근한다.

> 18장에서 이스티오를 배포하는 데 사용된 구성은 프로덕션이 아닌 개발 및 테스트용으로만 사용된다는 점을 알아두자. 예를 들어, 프로메테우스 데이터베이스에 저장된 성능 메트릭은 프로메테우스 파드가 재시작되면 모두 사라진다.

이 책에서 사용하는 이스티오 버전인 1.24.2에는 그라파나 11.2.2와 프로메테우스 2.54.1이 함께 제공된다.

다음 절에서는 마이크로서비스가 프로메테우스가 수집할 수 있는 성능 메트릭을 생성하도록 소스코드를 어떻게 변경했는지 살펴보겠다.

## 애플리케이션 메트릭을 수집하기 위한 소스코드 변경

스프링 부트 2부터는 **마이크로미터** 라이브러리(https://micrometer.io)를 사용해 프로메테우스 형식의 성능 메트릭을 생성하는 것을 지원한다. 마이크로미터 라이브러리를 사용하려면 마이크로서비스의 소스코드에서 그레이드 빌드 파일인 `build.gradle`에 마이크로미터 라이브러리인 `micrometer-registry-prometheus`에 대한 의존성만 추가하면 된다. 해당 의존성은 다음과 같다.

```
implementation 'io.micrometer:micrometer-registry-prometheus'
```

이렇게 하면 마이크로서비스가 `/actuator/prometheus` 경로를 사용해 4004번 포트에서 프로메테우스 메트릭을 생성하게 된다.

> 18장에서는 액추에이터가 사용하는 관리 포트와 마이크로서비스에 의해 노출된 API에 요청을 제공하는 포트를 분리했다. 필요한 경우 '서비스 메시 관찰' 절을 참고한다.

프로메테우스에 이러한 엔드포인트를 알리기 위해 각 마이크로서비스의 파드에는 다음 코드와 같이 애너테이션이 지정돼 있다.

```
annotations:
  prometheus.io/scrape: "true"
  prometheus.io/port: "4004"
  prometheus.io/scheme: http
  prometheus.io/path: "/actuator/prometheus"
```

> 위 설정은 각 컴포넌트의 헬름 차트에 있는 `values.yaml` 파일에 추가된다. `kubernetes/helm/components`를 참고한다.

프로메테우스에 의해 수집된 메트릭의 출처를 쉽게 식별할 수 있도록 메트릭이 생성된 마이크로서비스의 이름으로 태그를 지정할 수 있다. 그러려면 공통 구성 파일인 `config-repo/application.yml`에 다음과 같은 구성을 추가하면 된다.

```
management.metrics.tags.application: ${spring.application.name}
```

그러고 나면 생성된 각 메트릭에는 application이라는 추가 라벨이 생기고, 마이크로서비스 이름에 대한 표준 스프링 속성인 spring.application.name의 값이 담기게 된다.

마지막으로, 구성된 프로메테우스 엔드포인트에서 메트릭을 가져오고 있는지 확인하기 위해 test-em-all.bash에 다음과 같은 테스트를 추가해야 한다.

```
if [[ $USE_K8S == "true" ]]
then
  # 프로메테우스 형식의 메트릭에 대한 접근 확인
  echo "Prometheus metrics tests"
  assertCurl 200 "curl -ks https://health.minikube.me/actuator/prometheus"
fi
```

이 테스트는 테스트 스크립트가 쿠버네티스에 대해 실행될 때만 동작한다는 점에 유의한다.

이상으로 마이크로서비스가 성능 메트릭을 생성하고 프로메테우스가 메트릭 수집에 사용할 엔드포인트를 인식하는 데 필요한 변경 사항을 모두 다뤘다. 다음 절에서는 마이크로서비스를 빌드하고 배포하겠다.

## 마이크로서비스 빌드와 배포

마이크로서비스를 빌드 및 배포하고 test-em-all.bash 테스트 스크립트를 사용해 배포를 검증하는 과정은 19장 'EFK 스택을 활용한 중앙 집중식 로깅'의 '마이크로서비스 빌드와 배포' 절에서 한 것과 같다. 다음 명령을 실행한다.

1. 다음 명령으로 소스에서 도커 이미지를 빌드한다.

```
cd $BOOK_HOME/Chapter20
eval $(minikube docker-env -u)
./gradlew build
eval $(minikube docker-env)
docker compose build
```

> eval $(minikube docker-env -u) 명령은 ./gradlew 빌드 명령이 미니큐브 인스턴스의 도커 엔진이 아닌 호스트의 도커 엔진을 사용하게 한다. build 명령은 도커를 사용해 테스트 컨테이너를 실행한다.

2. hands-on 네임스페이스를 다시 생성하고 기본 네임스페이스로 설정한다.

```
kubectl delete namespace hands-on
kubectl apply -f kubernetes/hands-on-namespace.yml
kubectl config set-context $(kubectl config current-context) --namespace=hands-on
```

3. 헬름 차트 의존성을 처리한다.

   먼저 components 폴더의 의존성을 업데이트해야 한다.

```
for f in kubernetes/helm/components/*; do helm dep up $f; done
```

   다음으로 environments 폴더의 의존성을 업데이트해야 한다.

```
for f in kubernetes/helm/environments/*; do helm dep up $f; done
```

4. 헬름을 사용해 시스템 환경을 배포하고 모든 배포가 완료될 때까지 기다린다.

```
helm install hands-on-dev-env \
  kubernetes/helm/environments/dev-env \
  -n hands-on --wait
```

5. 미니큐브 터널을 시작한다. 아직 실행 중이 아닌 경우 다음과 같이 한다(필요하다면 18장의 '이스티오 서비스에 대한 접근 설정' 절을 다시 참고).

```
minikube tunnel
```

> 이 명령을 사용하려면 사용자에게 sudo 권한이 있어야 하며, 시작 시 비밀번호를 입력해야 한다는 점을 기억하자. 명령을 실행하고 나서 비밀번호를 묻기까지는 몇 초가 걸릴 수 있음을 염두에 두자.

6. 배포를 검증하기 위한 테스트를 실행한다.

```
./test-em-all.bash
```

   출력 결과는 이전 장에서 본 것과 비슷할 것이다.

**그림 20.2** 모든 테스트 통과

이렇게 해서 마이크로서비스가 배포되고 나면 이제 그라파나를 사용해 마이크로서비스 모니터링을 시작할 수 있다!

## 그라파나 대시보드를 이용한 마이크로서비스 모니터링

이번 장의 도입부에서 이미 언급했듯이 키알리는 기본적으로 매우 유용한 대시보드를 제공한다. 일반적으로 이러한 대시보드는 초당 요청 수, 응답 시간, 요청 처리를 위한 오류 백분율과 같은 애플리케이션 수준의 성능 메트릭에 초점을 맞춘다. 곧 보게 되겠지만 이러한 메트릭은 애플리케이션 수준에서 매우 유용하다. 그러나 기본 하드웨어 리소스의 사용량을 이해하려면 자바 가상 머신 관련 메트릭과 같은 더 자세한 메트릭이 필요하다.

그라파나에는 무엇보다도 재사용 가능한 대시보드를 공유하는 활발한 커뮤니티가 있다. 여기서는 이 책의 예제 마이크로서비스 같은 스프링 부트 애플리케이션에서 얻을 수 있는 귀중한 자바 가상 머신 관련 메트릭을 수집하도록 구성된 대시보드를 사용해보겠다. 마지막으로 그라파나에서 직접 대시보드를 어떻게 만들 수 있는지 알아볼 것이다. 그러나 먼저 키알리와 그라파나에서 기본적으로 제공하는 대시보드에 대해 알아보자.

그에 앞서 두 가지를 준비해야 한다.

1. 테스트용 로컬 메일 서버를 설치하고 그라파나가 메일 서버로 알람 이메일을 보낼 수 있도록 구성한다. 메일 서버는 '그라파나에서 알람 설정' 절에서 사용할 것이다.
2. 메트릭을 모니터링할 수 있도록 이전 장에서 사용했던 로드 테스트 도구를 구동한다.

### 테스트용 로컬 메일 서버 설치

이번 절에서는 로컬 테스트 메일 서버를 설정하고 그라파나가 메일 서버로 알람 이메일을 보내도록 구성하겠다.

그라파나는 모든 SMTP 메일 서버로 이메일을 보낼 수 있지만 로컬 테스트를 위해 `maildev`라는 테스트 메일 서버를 배포할 것이다. 다음 단계를 수행한다.

1. 다음 명령으로 이스티오의 네임스페이스에 테스트 메일 서버를 설치한다.

```
kubectl -n istio-system create deployment mail-server --image maildev/maildev:2.0.5
kubectl -n istio-system expose deployment mail-server --port=1080,1025 --type=ClusterIP
kubectl -n istio-system wait --timeout=60s --for=condition=ready pod -l app=mail-server
```

2. 미니큐브 외부에서 메일 서버의 웹 UI를 사용할 수 있도록 이스티오의 헬름 차트에 메일 서버용 Gateway, VirtualService, DestinationRule 매니페스트 파일들이 추가된다(더 자세한 사항은 kubernetes/helm/environments/istiosystem/templates/expose-mail.yml 템플릿을 참고). 다음과 같은 helm upgrade 명령을 실행해 새로운 매니페스트 파일을 적용한다.

```
helm upgrade istio-hands-on-addons kubernetes/helm/environments/istio-system -n istio-system
```

3. 테스트 메일 서버가 실행되고 있는지 https://mail.minikube.me를 방문해 확인한다. 다음과 같은 웹 페이지가 표시될 것이다.

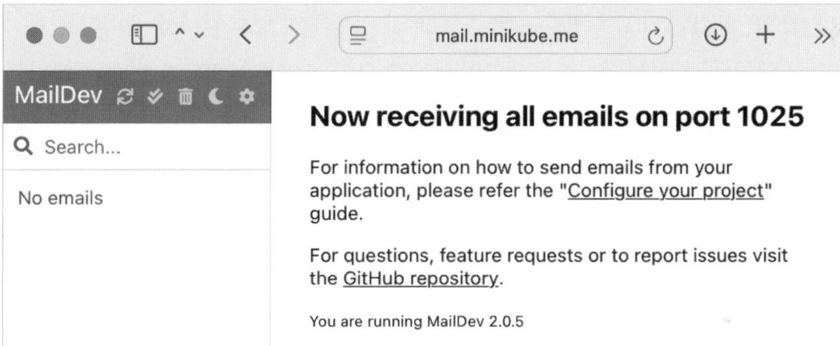


**그림** 20.3 메일 서버 웹 페이지

> 메일 서버에 대한 자세한 내용은 https://hub.docker.com/r/maildev/maildev를 참고한다.

메일 서버가 설치됐으므로 그라파나가 알람에 대해 서버로 이메일을 보내도록 구성할 수 있다.

## 그라파나 구성

그라파나를 구성하려면 쿠버네티스 디플로이먼트 오브젝트에서 환경변수를 설정하는 방식으로 하면 된다. 그라파나를 개발 모드로 설정하고, 알람 시스템을 활성화하며, 그라파나가 테스트 메일 서버로 이메일을 보내도록 구성하려면 다음 명령을 실행한다.

```
kubectl -n istio-system set env deployment/grafana \
    GF_DEFAULT_APP_MODE=development \
    GF_AUTH_BASIC_ENABLED=false \
    GF_AUTH_ANONYMOUS_ENABLED=true \
    GF_AUTH_ANONYMOUS_ORG_ROLE=Admin \
    GF_FEATURE_TOGGLES_ENABLE=alertingSimplifiedRouting,alertingQueryAndExpressionsStepMode \
    GF_SMTP_ENABLED=true \
    GF_SMTP_SKIP_VERIFY=true \
    GF_SMTP_HOST=mail-server:1025 \
    GF_SMTP_FROM_ADDRESS=grafana@minikube.me
```

처음 4개의 변수는 그라파나를 개발 환경에서 사용할 수 있도록 구성하는 데 사용되는데, 이 경우 로그인이 필요하지 않고 익명 사용자에게 관리자 역할이 할당된다. GF_FEATURE_TOGGLES_ENABLE 변수는 알람 시스템을 구성하는 데 사용되고, GF_SMTP_ENABLED 변수는 그라파나가 이메일을 보낼 수 있도록 허용하는 데 사용되며, GF_SMTP_SKIP_VERIFY 변수는 테스트 메일 서버와의 SSL 검사를 생략하는 데 사용된다. GF_SMTP_HOST 변수는 메일 서버를 가리키고, 마지막으로 GF_SMTP_FROM_ADDRESS 변수는 메일에서 사용할 '발신자' 주소를 지정한다.

쿠버네티스는 새로운 구성이 담긴 그라파나용 새 파드를 구동할 것이다. 다음 명령을 실행해 새 파드가 준비될 때까지 대기한다.

```
kubectl -n istio-system wait --timeout=60s --for=condition=ready pod -l app.kubernetes.io/
name=grafana
```

이렇게 해서 그라파나가 구성됐으므로 이어지는 절에서는 로드 테스트를 시작하겠다.

## 로드 테스트

모니터링할 내용을 만들기 위해 이전 장에서 사용했던 시즈를 이용해 로드 테스트를 시작해 보자. 접근 토큰을 얻고 권한 부여에 접근 토큰을 사용해 로드 테스트를 시작하려면 다음 명령을 실행한다.

```
ACCESS_TOKEN=$(curl https://writer:secret-writer@minikube.me/oauth2/token -d grant_type=client_cr
edentials -d scope="product:read product:write" -ks | jq .access_token -r)
echo ACCESS_TOKEN=$ACCESS_TOKEN

siege https://minikube.me/product-composite/1 -H "Authorization: Bearer $ACCESS_TOKEN" -c1 -d1 -v
```

> 접근 토큰은 1시간 동안만 유효하며, 그 이후에는 새 토큰을 발급받아야 한다.

이제 키알리와 그라파나의 대시보드에 대해 배우고 이스티오와 함께 제공되는 그라파나 대시보드를 살펴볼 준비가 끝났다.

## 키알리의 기본 대시보드 사용하기

18장에서는 키알리에 대해 배웠지만 키알리가 성능 메트릭을 보여주는 부분은 건너뛰었다. 이제 그 주제로 돌아갈 차례다.

키알리의 기본 대시보드에 대해 알아보려면 다음 단계를 수행한다.

웹 브라우저에서 `https://kiali.minikube.me`를 방문해 키알리 웹 UI를 연다. 필요하다면 `admin/admin`으로 로그인한다.

1. 배포 내역을 보려면 왼쪽 메뉴에서 Workloads 탭을 클릭해 워크로드 페이지로 이동한다.
2. product-composite 배포를 클릭해 선택한다.
3. product-composite 페이지에서 Outbound Metrics 탭을 선택한다. 다음과 같은 페이지가 표시된다.

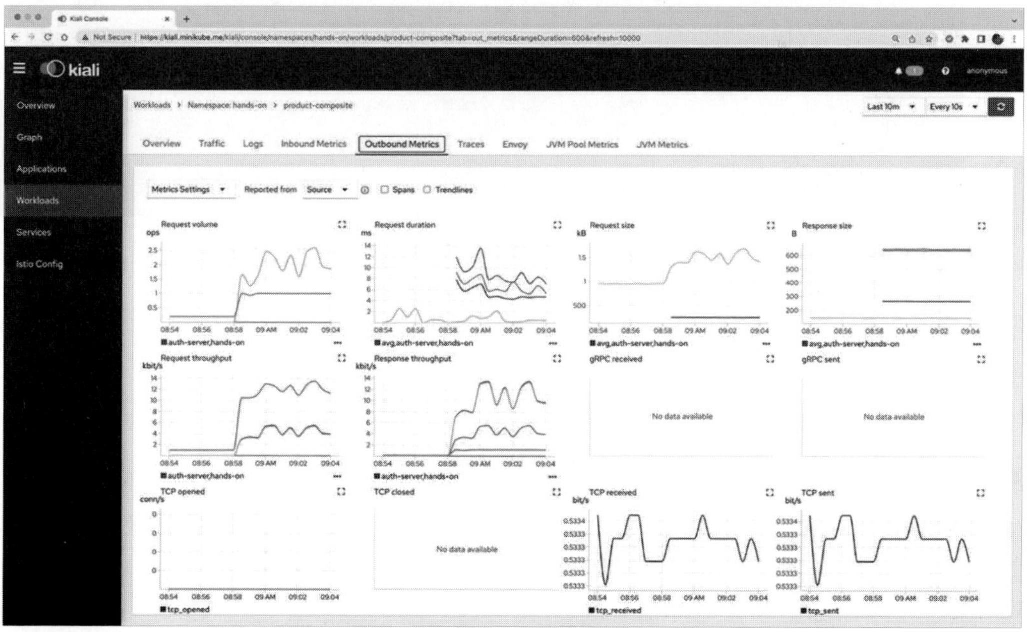

**그림 20.4** 키알리 아웃바운드 메트릭

키알리가 성능 그래프를 시각화할 것이며, 추가로 살펴볼 수 있는 그래프도 여럿 있다. 직접 이것저것 만져보자.

4. 하지만 그라파나를 이용하면 훨씬 더 자세한 성능 메트릭을 확인할 수 있다. 웹 브라우저에서 `https://grafana.minikube.me`로 이동해 그라파나 웹 UI를 열어보자.

5. Welcome to Grafana라고 적힌 시작 페이지가 표시된다. 왼쪽에 메뉴가 보일 텐데, 메뉴가 보이지 않는다면 Welcome to Grafana 텍스트 위에 있는 ≡ Home이라고 적힌 햄버거 메뉴를 클릭한다. 메뉴에서 Dashboards를 클릭하면 사용 가능한 대시보드가 표시된다. 18장에서 그라파나가 이스티오와 함께 배포됐을 때 설치된 대시보드가 포함된 Istio라는 폴더가 표시된다. 이 폴더를 클릭해 펼치고 Istio Mesh Dashboard라는 대시보드를 선택한다.

   그럼 다음과 같은 웹 페이지가 표시될 것이다.

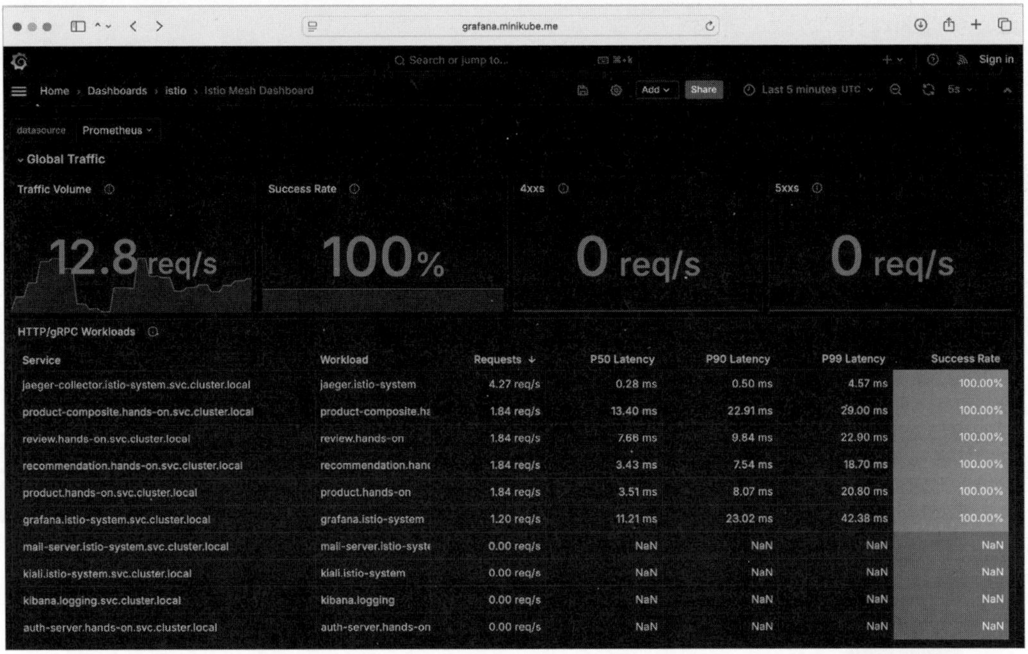


**그림 20.5** 그라파나에서 이스티오 메시 대시보드 보기

   이 대시보드는 요청 비율, 응답 시간, 성공률 같은 서비스 메시와 관련된 마이크로서비스에 대한 매우 훌륭한 메트릭 개요를 제공한다.

6. 이 밖에도 매우 상세한 성능 메트릭을 확인할 수 있다. Istio 폴더로 돌아가서(상단 메뉴에서 Istio를 클릭) Istio Workload Dashboard라는 대시보드를 선택한다. hands-on 네임스페이스와 product-composite 워크로드를 선택한다. 마지막으로 Outbound Services 탭을 펼친다. Outbound Workloads 섹션을 볼 수 있게 General과 Inbound Workloads라고 적힌 섹션들을 접는다. 그럼 웹 페이지의 모습은 다음과 같을 것이다.

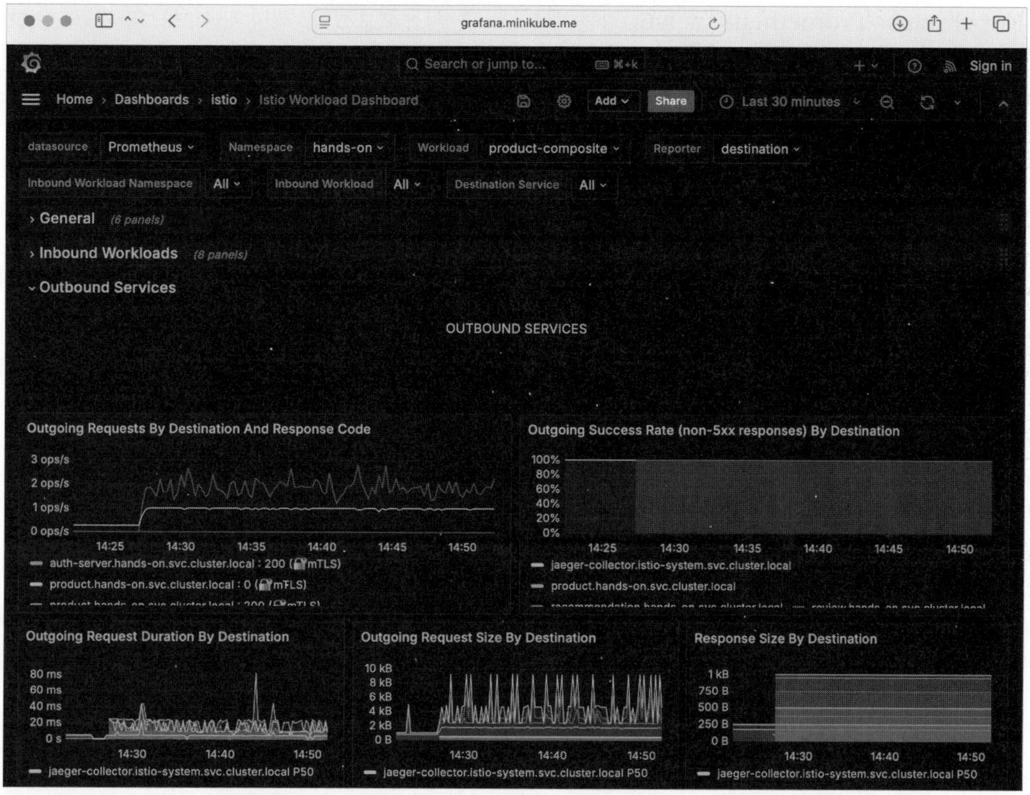


**그림 20.6** 마이크로서비스에 대한 많은 메트릭을 보여주는 그라파나

이 페이지에는 목적지별 응답 코드, 지속 시간, 전송된 바이트와 같은 메트릭이 표시된다. 이스티오에서 제공하는 나머지 대시보드도 자유롭게 살펴보자.

이미 앞에서 언급했듯이 이스티오 대시보드는 애플리케이션 수준에서 매우 훌륭한 개요를 제공한다. 그러나 마이크로서비스별 하드웨어 사용량에 대한 메트릭을 모니터링해야 할 필요성도 있다. 다음 절에서는 기존 대시보드를 가져오는 방법을 배운다. 특히 쿠버네티스 환경에서 스프링 부트 기반 애플리케이션으로부터 여러 귀중한 JVM 관련 메트릭을 수집하도록 맞춤화된 대시보드를 살펴보겠다.

## 기존 그라파나 대시보드 가져오기

앞에서 언급했듯이 그라파나에는 재사용 가능한 대시보드를 공유하는 활발한 커뮤니티가 있다. `https://grafana.com/grafana/dashboards`에서 이를 살펴볼 수 있다. 이번에는 쿠버네티스 환경에서 스프링 부트 애플리케이션에서 여러 귀중한 JVM 관련 메트릭을 수집하도록 맞춤화된 **JVM (Micrometer) -**

Kubernetes - Prometheus by Istio라는 대시보드를 사용해보겠다. 해당 대시보드의 링크는 `https://grafana.com/grafana/dashboards/11955`다. 다음 단계를 수행해 이 대시보드를 가져오자.

1. JVM (Micrometer) 대시보드를 가져온다.
   a. 그라파나 웹 페이지에서 왼쪽 메뉴의 Dashboard를 클릭한다. 다음으로 파란색 New 버튼을 클릭하고 팝업 메뉴에서 Import를 선택한다.
   b. Import 페이지에서 Find and import dashboards... 필드에 대시보드 ID인 11955를 입력하고 옆의 파란색 Load 버튼을 클릭한다.
   c. 표시되는 Import 페이지에서 Prometheus 드롭다운 메뉴를 클릭하고 Prometheus 데이터 소스를 선택한다.
   d. 이제 Import 버튼을 클릭하면 JVM (Micrometer) 대시보드를 불러와 렌더링된다.
2. JVM (Micrometer) 대시보드를 사용해보자.
   a. 메트릭을 수월하게 보려면 시간 피커(오른쪽 상단 모서리)를 사용해 Last 5 minutes를 선택하고 오른쪽의 드롭다운에서 새로고침 속도로 5s를 선택한다.
   b. 페이지 왼쪽 상단에 있는 Application 드롭다운 메뉴에서 product-composite 마이크로서비스를 선택한다.
   c. 백그라운드에서 시즈를 사용해 로드 테스트를 실행 중이므로 많은 메트릭이 표시될 것이다. 다음은 샘플 화면이다.

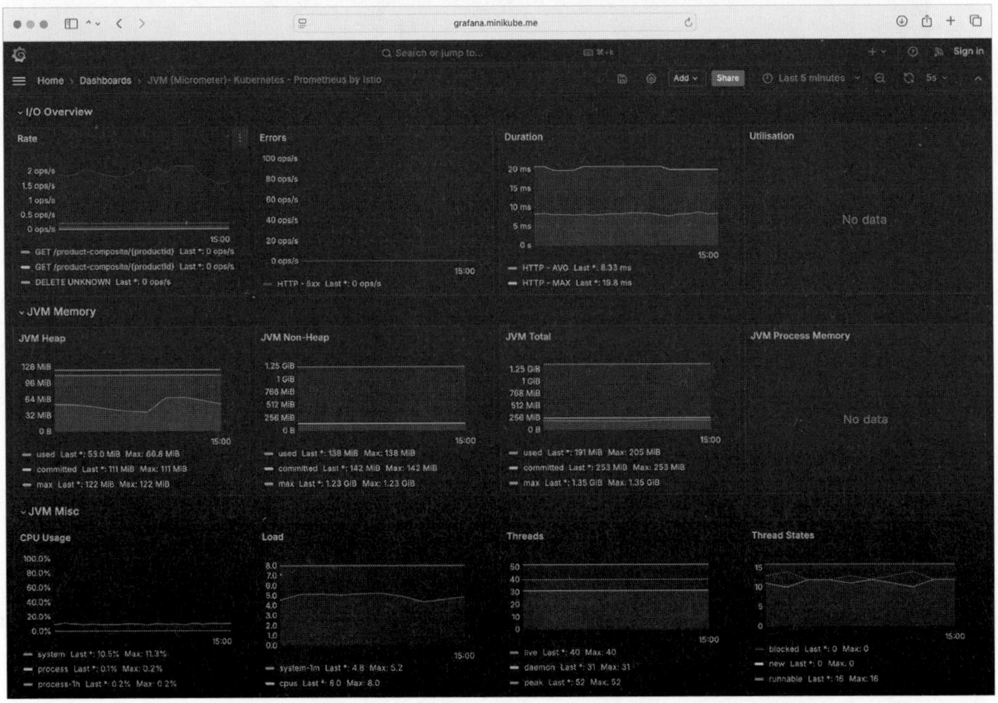

**그림 20.7** 그라파나에서 자바 가상 머신 메트릭 보기

이 대시보드에서는 CPU, 메모리, 힙, I/O 사용량 등과 초당 요청 수, 평균 지속 시간, 오류율 같은 HTTP 관련 메트릭 등 모든 유형의 자바 가상 머신 관련 메트릭을 확인할 수 있다. 이러한 메트릭을 직접 확인해 보기 바란다.

기존 대시보드를 가져오는 기능은 빠르게 모니터링 환경을 구축하고 싶을 때 매우 유용하다. 그러나 더 중요한 것은 자신만의 대시보드를 직접 만드는 것이다. 다음 절에서는 이에 대해 배우겠다.

## 나만의 그라파나 대시보드 만들기

그라파나 대시보드 개발을 시작하는 것은 간단하다. 중요한 것은 프로메테우스가 우리에게 어떤 메트릭을 제공하느냐다.

이번 절에서는 사용 가능한 메트릭을 검사하는 방법을 배우겠다. 이를 바탕으로 좀 더 흥미로운 메트릭을 모니터링하는 데 사용할 수 있는 대시보드를 만들겠다.

### 프로메테우스 메트릭 검사하기

앞서 '애플리케이션 메트릭을 수집하기 위한 소스코드 변경' 절에서 프로메테우스가 이 책의 예제 마이크로서비스로부터 메트릭을 수집하도록 구성했다. 따라서 동일한 엔드포인트를 호출하고 프로메테우스가 수집하는 메트릭을 볼 수 있다. 다음 명령을 실행한다.

```
curl https://health.minikube.me/actuator/prometheus -ks
```

이 명령을 실행하면 다음과 같은 출력 결과가 많이 표시될 것이다.

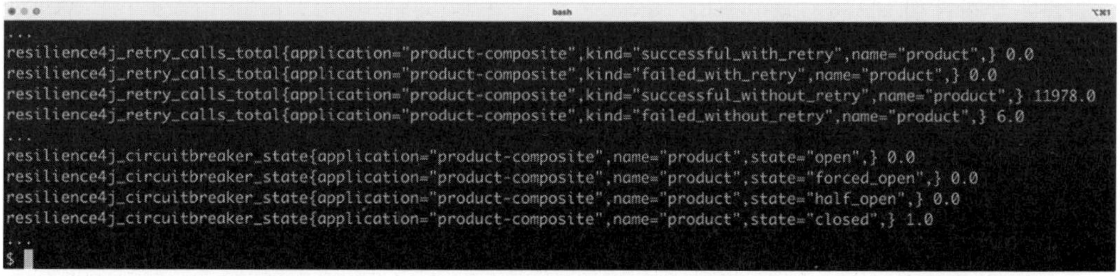


**그림 20.8** 프로메테우스 메트릭

보고되는 모든 메트릭 중에서 두 가지 매우 흥미로운 메트릭은 다음과 같다.

- `resilience4j_retry_calls`: Resilience4j가 재시도 메커니즘이 어떻게 작동하는지 보고한다. 재시도 포함 및 재시도 미포함 상태에서 성공한 요청과 실패한 요청에 대해 4가지 다른 값을 보고한다.
- `resilience4j_circuitbreaker_state`: Resilience4j가 서킷 브레이커의 상태를 보고한다.

메트릭에는 마이크로서비스의 이름을 포함하는 `application`이라는 라벨이 있다. 이 필드는 '애플리케이션 메트릭을 수집하기 위한 소스코드 변경' 절에서 `management.metrics.tags.application` 프로퍼티를 구성한 결과다.

이러한 메트릭은 모니터링할 만한 사항이다. 지금까지 사용한 대시보드 중 어느 것도 Resilience4j의 메트릭을 사용하지 않는다. 다음 절에서는 이러한 메트릭에 대한 대시보드를 만들겠다.

### 대시보드 만들기

이번 절에서는 이전 절에서 설명한 Resilience4j 메트릭을 시각화하는 대시보드를 만드는 방법을 알아본다.

아래의 4단계에 따라 대시보드를 설정한다.

- 빈 대시보드 만들기
- 서킷 브레이커 메트릭에 대한 새 패널 만들기
- 재시도 메트릭에 대한 새 패널 만들기
- 패널 정렬

#### 빈 대시보드 만들기

다음 단계를 수행해 빈 대시보드를 만든다.

1. 그라파나 웹 페이지에서 왼쪽 메뉴의 Dashboard를 클릭한다. 다음으로 파란색 New 버튼을 클릭하고 팝업 메뉴에서 New dashboard를 선택한다.

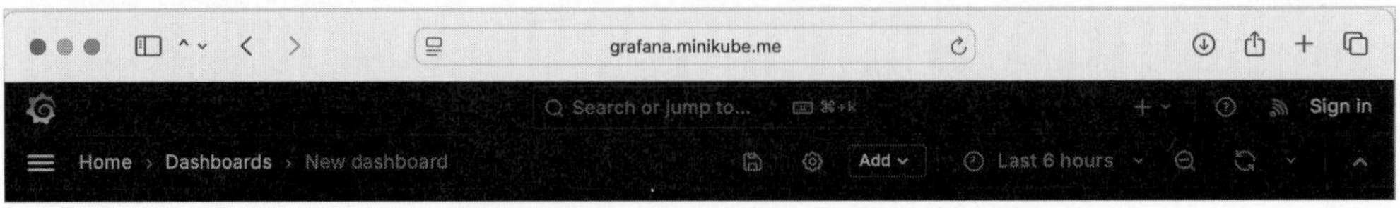


그림 20.9 그라파나에서 새 대시보드 만들기

2. 위 화면에 표시된 메뉴에서 Dashboard settings 버튼(기어 모양 아이콘)을 클릭한다. 그런 다음, 다음 단계를 수행한다.

a. Title 필드에 대시보드의 이름을 `Hands-on Dashboard`로 설정한다.

b. 우측 상단의 Close 버튼을 클릭한다.

3. 타임 피커를 클릭하고 Last 5 minutes를 범위로 선택한다.

4. 오른쪽의 새로고침 속도 아이콘을 클릭하고 5s를 새로고침 속도로 지정한다.

### 서킷 브레이커 메트릭에 대한 새 패널 만들기

서킷 브레이커 메트릭에 대한 새 패널을 만들려면 다음 단계를 수행한다.

1. 파란색 + Add visualization 버튼을 클릭하고 데이터 소스로 Prometheus를 선택한다. 새 패널을 구성할 수 있는 페이지가 표시된다.

2. 오른쪽 탭의 Panel options 섹션에서 Title을 Circuit Breaker로 설정한다.

3. 오른쪽 탭의 Tooltip 섹션에서도 Tooltip mode를 All로 설정한다.

4. 왼쪽 하단의 Query 패널에서 A 아래에 closed 상태에 대한 서킷 브레이커 메트릭의 이름을 다음과 같이 지정한다.

   a. Metric을 `resilience4j_circuitbreaker_state`로 설정한다.

   b. Label을 state로 설정하고 closed와 같도록 지정한다.

   c. A 패널 하단의 쿼리가 `resilience4j_circuitbreaker_state{state="closed"}`로 설정돼 있는지 확인한다.

5. Options 탭을 펼치고 Legend 드롭다운 상자에서 Custom을 선택한다. Legend 필드에 `{{state}}` 값을 지정한다. 이렇게 하면 패널에 다른 상태의 이름이 표시되는 범례가 생성된다.

   입력된 값은 다음과 같을 것이다.

**그림 20.10** 그라파나에서 서킷 브레이커 메트릭을 지정

6. 페이지 하단의 + Add Query 버튼을 클릭해 B 아래에 open 상태에 대한 새 쿼리를 입력한다. A 쿼리에 대한 단계를 반복하되 state의 값을 open으로 설정한다. Raw query 필드가 `resilience4j_circuitbreaker_state{state="open"}`으로 설정돼 있는지 확인하고 Legend 필드를 `{{state}}`로 설정한다.

7. 마지막으로 + Add Query 버튼을 한 번 더 클릭해 C 아래에 half_open 상태에 대한 새 쿼리를 입력한다. state의 값을 `half_open`으로 설정하고 Raw query 필드가 `resilience4j_circuitbreaker_state{state="half_open"}`으로 설정돼 있는지 확인하고 Legend 필드를 `{{state}}`로 설정한다.

8. 우측 상단의 파란색 Apply 버튼을 클릭해 대시보드로 돌아간다.

### 재시도 메트릭에 대한 새 패널 만들기

여기서는 이전 서킷 브레이커 메트릭에 대해 진행했던 것과 동일한 절차를 반복하지만 이번에는 재시도 메트릭에 대한 값을 지정하겠다.

1. 상단 메뉴에서 Add 버튼을 클릭하고 드롭다운 메뉴에서 Visualization을 선택해 새 패널을 만든다.

2. 이전 패널과 동일한 방식으로 패널의 Title 값을 `Retry`로, Tooltip mode를 All로 지정한다.

3. Metric을 `resilience4j_retry_calls_total`로 설정한다.

4. 재시도 메트릭은 카운터이므로 값이 계속 증가한다. 계속 증가하기만 하는 누적값은 그 자체로 모니터링하기에 직관적이지 않다. 따라서 재시도 메트릭을 초당 비율 메트릭으로 변환하기 위해 rate 함수를 사용한다. 지정된 시간 윈도우, 즉 `30s`는 rate 함수가 평균 비율 값을 계산하는 데 사용된다. rate 함수를 적용하려면 다음 단계를 수행한다.

   a. + Operations 버튼을 클릭한다.

   b. Range functions를 클릭하고 Rate 함수를 선택한다.

   c. Range를 30s로 설정한다.

5. A 패널 하단의 쿼리가 `rate(resilience4j_retry_calls_total[30s])`로 설정돼 있는지 확인한다.

6. Options 탭을 펼치고 Legend 드롭다운 상자에서 Custom을 선택한다. Legend 필드에 `{{kind}}` 값을 지정한다. 이렇게 하면 패널에 다양한 종류의 재시도 이름이 표시되는 범례가 생성된다.

7. 그라파나는 지정된 값을 기반으로 패널 편집기에서 즉시 그래프 렌더링을 시작한다는 점에 유의한다.

8. 우측 상단의 파란색 Apply 버튼을 클릭해 대시보드로 돌아간다.

### 패널 정렬

대시보드에서 패널을 정렬하려면 다음 단계를 수행한다.

1. 패널의 오른쪽 하단 모서리를 원하는 크기로 끌어 패널 크기를 조정할 수 있다.
2. 패널의 헤더를 원하는 위치로 끌어 패널을 이동할 수도 있다.
3. 다음은 두 패널의 레이아웃 예시다.

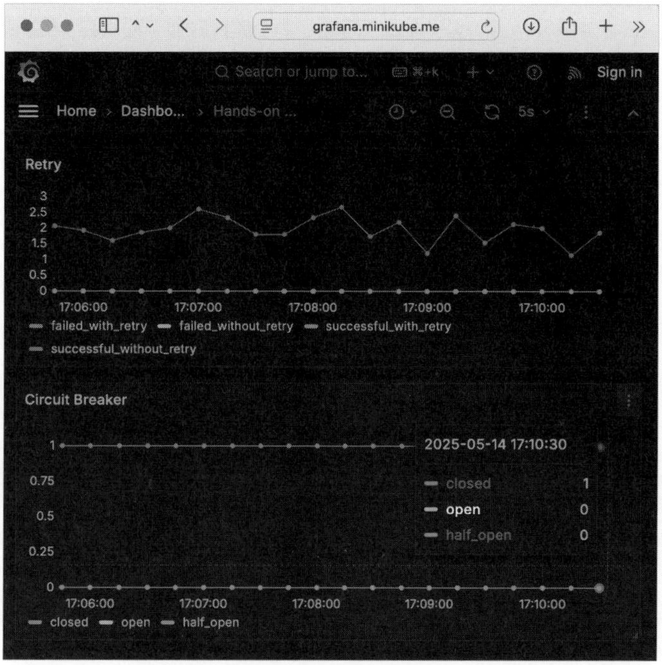


**그림 20.11** 그라파나에서 패널 이동 및 크기 조정하기

이 화면은 백그라운드에서 시즈를 실행하는 동안 찍은 것이므로 Retry 패널은 `successful_without_retry` 메트릭을 보고하고, Circuit Breaker 패널에서는 closed가 1이고 open과 half_open이 0이라고 보고하는데, 이는 닫혀 있고 정상적으로 작동하고 있음을 의미한다(다음 절에서 곧 변경될 예정이다).

4. 마지막으로 페이지 상단의 Save dashboard 버튼(디스켓 아이콘)을 클릭한다. Save dashboard 대화상자가 표시되면 이름이 Hands-on Dashboard인지 확인하고 Save 버튼을 누른다.

> 대시보드를 구성할 때 문제가 발생하면 '서킷 브레이커 알람 테스트하기' 절의 끝부분을 참고한다. 그곳에 간단한 해결 방법이 설명돼 있다.

대시보드가 만들어졌으므로 이제 대시보드를 시험해 볼 준비가 끝났다. 다음 절에서 두 메트릭을 모두 시험해 보겠다.

## 새 대시보드 테스트

새 대시보드 테스트를 시작하기에 앞서 로드 테스트 도구인 시즈를 중지해야 한다. 이를 위해 시즈가 실행 중인 명령 창으로 이동해 Ctrl + C를 눌러 중지한다.

먼저 서킷 브레이커를 모니터링하는 방법을 테스트해 보자. 그다음에는 재시도 메트릭을 시도해 보겠다.

### 서킷 브레이커 메트릭 테스트

서킷 브레이커가 열리도록 강제하면 상태가 **closed**에서 **open**으로 변경되고 결국 **half-open** 상태로 전환된다. 이는 서킷 브레이커 패널에 보고될 것이다.

13장의 '서킷 브레이커와 재시도 메커니즘 테스트' 절에서 했던 것처럼 서킷을 열어보자. 즉, 모두 실패할 API에 대한 일부 요청을 한 번에 수행한다. 다음 명령을 실행한다.

```
ACCESS_TOKEN=$(curl https://writer:secret-writer@minikube.me/oauth2/token -d grant_type=client_cre
dentials -d scope="product:read product:write" -ks | jq .access_token -r)

echo ACCESS_TOKEN=$ACCESS_TOKEN

for ((n=0; n<4; n++)); do curl -o /dev/null -skL -w "%{http_code}\n" https://minikube.me/product-
composite/1?delay=3 -H "Authorization: Bearer $ACCESS_TOKEN" -s; done
```

3개의 500 응답과 최종 200 응답이 표시될 것으로 예상할 수 있는데, 이는 서킷 브레이커를 열기 위해 필요한 연속 3번의 오류를 나타낸다. 마지막 200 응답은 서킷이 열려 있음을 감지했을 때 `product-composite` 마이크로서비스의 빠른 실패 응답을 나타낸다.

> 간혹 대시보드가 생성된 직후에 서킷 브레이커 메트릭이 그라파나에 보고되지 않는 경우가 있다. 1분 후에도 표시되지 않으면 앞의 명령을 다시 실행해 서킷 브레이커를 다시 열면 된다.

대시보드는 이전과 마찬가지로 **closed** 상태의 값이 0이 되고 **open** 상태가 1이 되어 서킷이 열려 있음을 나타낸다. 10초 후에 서킷은 **half-open** 상태로 전환되며, 이는 **half-open** 메트릭이 1이고 **open**이 0으로 설정돼 있음을 나타낸다. 이는 서킷 브레이커가 서킷을 열었던 문제가 해결됐는지 확인하기 위해 일부 요청을 테스트할 준비가 됐음을 의미한다.

다음 명령으로 문제가 해결됐음을 시뮬레이션해서 서킷 브레이커를 다시 닫는다.

```
for ((n=0; n<4; n++)); do curl -o /dev/null -skL -w "%{http_code}\n" https://minikube.me/product-composite/1?delay=0 -H "Authorization: Bearer $ACCESS_TOKEN" -s; done
```

그럼 200 응답만 받게 될 것이다. 이것은 서킷 브레이커의 메트릭이 정상, 즉 closed 메트릭이 1로 돌아간다는 것을 의미한다.

이 테스트 후에 그라파나 대시보드는 다음과 같은 모습일 것이다.

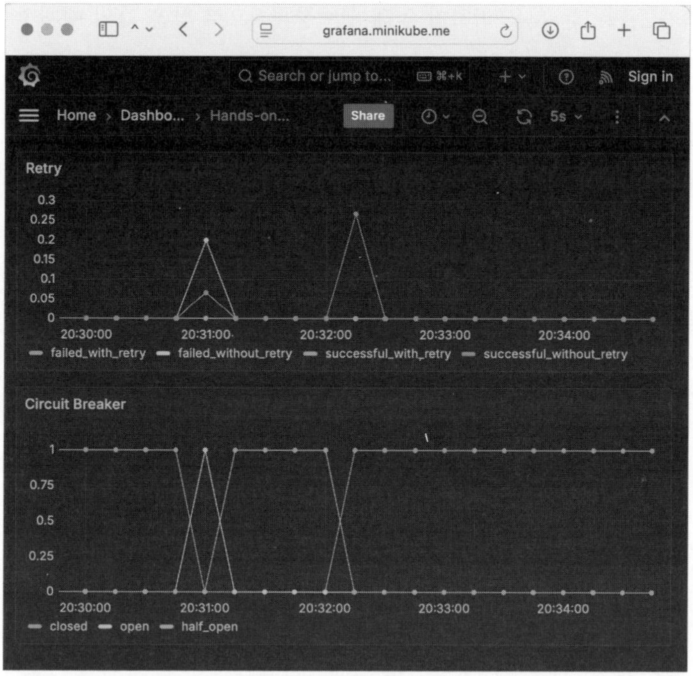


**그림 20.12** 그라파나에서 본 재시도 및 서킷 브레이커의 작동 결과

위 화면에서 재시도 메커니즘도 성공 및 실패한 메트릭을 보고하는 것을 볼 수 있다. 서킷이 열렸을 때 모든 요청은 재시도 없이 실패했다. 서킷이 닫혔을 때 모든 요청은 재시도 없이 성공했다. 이는 예상한 바대로다.

이제 서킷 브레이커 메트릭을 작동하는 것을 봤으니 재시도 메트릭을 작동시켜 보자.

서킷 브레이커의 상태를 확인하려면 다음 명령어를 사용하면 된다.

```
curl -ks https://health.minikube.me/actuator/health | jq -r .components.circuitBreaker
s.details.product.details.state
```

상태에 따라 CLOSED나 OPEN, HALF_OPEN을 보고할 것이다.

### 재시도 메트릭 테스트

이번에는 재시도 메커니즘을 테스트하기 위해 이전 장에서 사용했던 `faultPercentage` 매개변수를 사용하겠다. 서킷 브레이커가 동작하는 것을 피하기 위해서는 상대적으로 낮은 값의 매개변수를 사용해야 한다. 다음 명령을 실행한다.

```
while true; do curl -o /dev/null -s -L -w "%{http_code}\n" -H "Authorization: Bearer $ACCESS_TOKEN"
-k https://minikube.me/product-composite/1?faultPercent=10; sleep 3; done
```

이 명령은 3초마다 한 번씩 API를 호출한다. 요청의 10%가 실패하도록 지정해 재시도 메커니즘이 작동하고 실패한 요청을 재시도하게 한다.

몇 분 후 대시보드는 다양한 메트릭을 보고할 것이다.

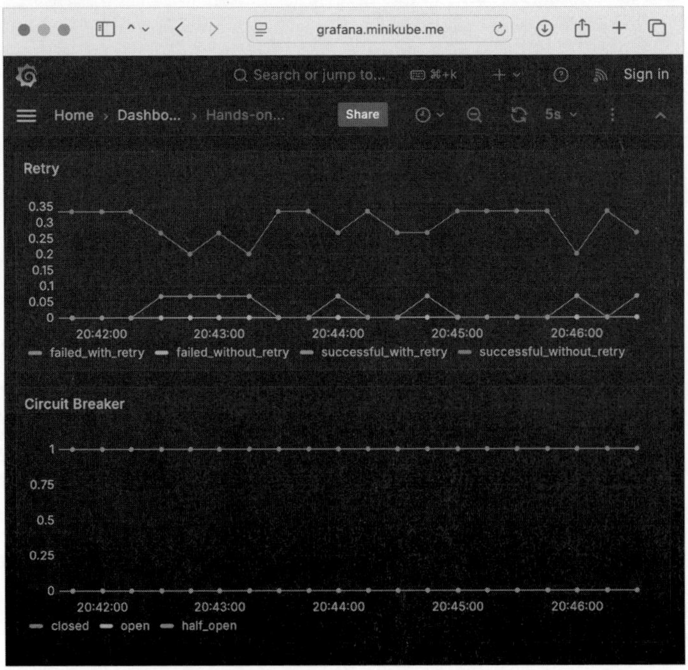


**그림 20.13** 그라파나에서 본 재시도 테스트 결과

위 화면에서 대부분의 요청이 재시도 없이 성공적으로 실행됐음을 확인할 수 있다. 약 10%의 요청이 재시도 메커니즘에 의해 재시도되어 재시도 후 성공적으로 실행됐다.

대시보드 생성 절을 마치기에 앞서 대시보드를 내보내고 가져오는 방법을 배워보자.

## 그라파나 대시보드 내보내기와 가져오기

대시보드를 만들고 나면 일반적으로 두 가지 작업을 해보고 싶을 것이다.

- Git 저장소에 대시보드 정의를 소스코드로 저장
- 대시보드를 다른 그라파나 인스턴스(예: QA 및 프로덕션 환경에서 사용되는)로 이동

이러한 작업을 수행하려면 그라파나의 대시보드 내보내기와 가져오기 API를 사용하면 된다. 여기서는 그라파나 인스턴스가 하나뿐이므로 다음 단계를 수행하겠다.

1. 대시보드를 JSON 파일로 내보내기
2. 대시보드 삭제
3. JSON 파일로부터 대시보드 가져오기

이 단계를 수행하기에 앞서 대시보드가 가진 두 가지 유형의 ID에 관해 이해할 필요가 있다.

- `id`: 그라파나 인스턴스 내에서만 고유한 자동 증가 식별자
- `uid`: 여러 그라파나 인스턴스에서 사용할 수 있는 고유 식별자. 대시보드에 접근할 때 URL의 일부이므로 대시보드의 `uid`가 동일하게 유지되는 한 대시보드 링크는 동일하게 유지된다. 대시보드가 생성될 때 그라파나에 의해 랜덤 `uid` 값이 생성된다.

대시보드를 가져올 때 그라파나는 `id` 필드가 설정돼 있으면 업데이트를 시도한다. 대시보드가 이미 설치돼 있지 않은 그라파나 인스턴스에서 대시보드 가져오기를 테스트할 수 있도록 `id` 필드를 `null`로 설정해야 한다.

대시보드를 내보내고 가져오려면 다음 단계를 수행한다.

1. 대시보드의 `uid`를 확인한다.

   `uid` 값은 대시보드가 표시된 웹 브라우저의 URL에서 확인할 수 있다. 다음과 같은 형태일 것이다.

```
https://grafana.minikube.me/d/YMcDoBg7k/hands-on-dashboard
```

2. 위 URL의 uid는 YMcDoBg7k다. 터미널 창에서 이 값으로 변수를 생성한다. 이 책의 경우에는 다음과 같다.

```
ID=YMcDoBg7k
```

3. 다음 명령으로 대시보드를 JSON 파일로 내보낸다.

```
curl -sk https://grafana.minikube.me/api/dashboards/uid/$ID | jq '.dashboard.id=null' >
"Hands-on-Dashboard.json"
```

이 curl 명령은 대시보드를 JSON 형식으로 내보낸다. jq 문은 id 필드를 null로 설정하고, jq 명령의 출력은 Hands-on-Dashboard.json이라는 파일에 기록된다.

4. 대시보드를 삭제한다.

5. 웹 브라우저에서 왼쪽 메뉴의 Dashboards를 선택한다. 대시보드 목록에서 Hands-on Dashboard를 찾아 앞의 체크박스를 클릭해서 선택한다. 대시보드가 목록에 표시되지 않으면 웹 브라우저를 새로고침한다. 빨간색 Delete 버튼이 표시될 것이다. 이를 클릭하고 Delete를 입력한 다음, 확인 대화상자에서 Delete 버튼을 다시 클릭한다.

6. JSON 파일로부터 가져와 대시보드를 다시 생성한다. 이를 위해 다음 명령을 실행한다.

```
curl -i -XPOST -H 'Accept: application/json' -H 'Content-Type: application/json' -k \
    'https://grafana.minikube.me/api/dashboards/db' \
    -d @Hands-on-Dashboard.json
```

참고로 대시보드에 접근하는 데 사용되는 URL은 여전히 유효하다. 이 책의 경우 https://grafana.minikube.me/d/YMcDoBg7k/hands-on-dashboard다.

7. 가져온 대시보드를 삭제한 후에도 다시 가져오기 전과 동일한 방식으로 메트릭을 보고하는지 확인한다. '재시도 메트릭 테스트' 절에서 시작한 요청 루프가 여전히 실행 중이므로 해당 절과 동일한 메트릭이 보고될 것이다.

> 그라파나 API에 대한 자세한 정보는 https://grafana.com/docs/grafana/v11.2/developers/http_api/dashboard/#get-dashboard-by-uid를 참고한다.

다음 절로 넘어가기 전에, 터미널에서 Ctrl + C를 눌러 재시도 테스트를 위해 시작했던 요청 루프를 중지해야 한다.

다음 절에서는 이러한 메트릭을 기반으로 그라파나에서 알람을 설정하는 방법을 배운다.

# 그라파나에서 알람 설정

서킷 브레이커 및 재시도 메트릭을 모니터링할 수 있는 것은 매우 가치 있지만 이러한 메트릭에 대해 자동화된 알람을 정의하는 기능은 더욱 중요하다. 자동화된 알람을 통해 수동으로 메트릭을 모니터링하는 것에서 벗어날 수 있다.

그라파나는 알람을 정의하고 여러 채널로 알림을 보낼 수 있는 기능을 기본적으로 제공한다. 이번 절에서는 서킷 브레이커에 대한 알람을 정의하고 알람이 발생했을 때 테스트 메일 서버로 이메일을 보내도록 그라파나를 구성하겠다. 로컬 테스트 메일 서버는 이전의 '테스트용 로컬 메일 서버 설치' 절에서 설치한 바 있다.

> 이번 장에서 사용한 그라파나 버전에서 지원하는 다른 유형의 채널에 대해서는 `https://grafana.com/docs/grafana/v11.2/alerting/configure-notifications/manage-contact-points/#list-of-supported-integrations`를 참고한다.

다음 절에서는 이후 절의 알람에서 사용될 메일 기반 연락 지점을 구성하겠다.

## 메일 기반 연락 지점 구성

그라파나는 기정의된 메일 기반의 연락 지점을 제공한다. 이를 구성하고 테스트하려면 다음 단계를 수행한다.

1. 그라파나 웹 페이지에서 햄버거 메뉴 아이콘(≡)을 클릭해 메뉴를 열고 Contact points를 선택한다.
2. grafana-default-email 연락 지점의 Edit 버튼을 클릭한다.
3. 원하는 이메일 주소를 입력한다. 입력한 이메일 주소와 관계없이 이메일은 로컬 테스트 메일 서버로만 전송된다.
4. 연락 지점의 구성은 다음과 같다.

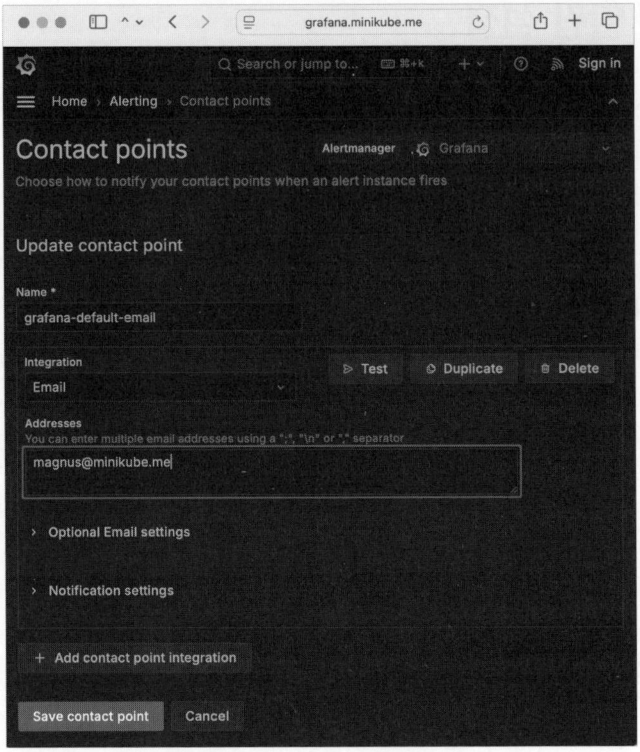


**그림 20.14** 메일 기반 연락 지점 설정

5. Test 버튼을 클릭해 테스트 메일을 보낸다.
6. Test contact point 모달 패널이 표시된다. Send test notification 버튼을 클릭해 메일을 전송한 다음, 모달 패널을 닫는다.
7. Save contact point 버튼을 클릭한다.
8. 테스트 메일 서버의 웹 페이지를 확인해 테스트 이메일을 받았는지 확인한다. 다음과 같은 이메일을 받을 것이다.

**그림 20.15** 메일 서버 웹 페이지에서 테스트 메일을 확인

이렇게 해서 연락 지점이 준비됐으며, 서킷 브레이커에 대한 알람을 정의하기에 앞서 기본 알림 정책을 수정하겠다.

## 기본 알림 정책 구성

개발 환경에서는 모든 것이 예상대로 작동하는지 확인하기 위해 가능한 한 빠르게 알람이 전송되기를 바랄 것이다. 그라파나의 기본 알림 정책은 일반적인 프로덕션 환경에 맞게 구성돼 있어서 일반적으로 알람 전송을 좀 더 천천히 수행한다. 이렇게 구성된 이유는 일정 시간이 지나면 해결될 일시적인 결함에 대해서도 경고가 불필요하게 발송되는 것을 방지하기 위해서다.

기본 알림 정책을 구성하려면 다음 단계를 수행한다.

1. 그라파나 웹 페이지에서 햄버거 메뉴 아이콘(≡)을 클릭해 메뉴를 열고 Alerting 하위 메뉴의 Notification policies를 선택한다.
2. 오른쪽의 세 개의 점 …을 클릭하고 Edit 메뉴 옵션을 선택해 Default policy 값을 편집한다.
3. Timing options 섹션을 펼친 후 Group wait를 1s로, Group interval을 5s로 설정한다.
4. 파란색 Update default policy 버튼을 클릭해 변경 사항을 저장한다.

이렇게 해서 기본 정책을 업데이트했으므로 서킷 브레이커에 대한 알람을 정의할 준비가 끝났다.

## 서킷 브레이커에 대한 알람 설정

서킷 브레이커에 대한 알람을 생성하려면 알람을 생성한 다음, 알람의 현재 상태를 확인할 수 있는 알람 패널을 대시보드에 추가해야 한다.

> 알람을 설정할 때 잘못 구성된 로키(Loki) 기반 데이터 소스에 대한 오류 메시지가 표시될 것이다. 이 경우 오류 메시지를 무시하거나 다음 단계를 수행해 데이터 소스를 삭제한다.
>
> 1. 그라파나 웹 페이지에서 햄버거 메뉴 아이콘(≡)을 클릭해 메뉴를 열고 Data sources를 선택한다.
> 2. 로키 기반 데이터 소스를 클릭한다.
> 3. 페이지 하단으로 스크롤해서 빨간색 Delete 버튼을 클릭한다.
> 4. 확인 대화상자에 표시된 빨간색 Delete 버튼을 한 번 더 클릭한다.
>
> 또한 Unauthorized라는 경고 메시지가 표시되더라도 무시하면 된다. 이 메시지는 몇 초 후 사라질 것이다.

서킷 브레이커에 대한 알람을 생성하려면 다음 단계를 수행한다.

1. 그라파나 웹 페이지에서 햄버거 메뉴 아이콘(≡)을 클릭해 메뉴를 열고 Alerting 하위 메뉴에서 Alert rules를 선택한다.
2. 파란색 New alert rule 버튼을 클릭해 New alert rule 대화상자를 연다.
3. 1. Enter alert rule name 섹션에서 `circuit_breaker_rule`을 입력한다.
4. 2. Define query and alert condition 섹션에서 다음과 같은 값을 설정한다.
   a. 데이터 소스로 Prometheus를 선택한다.
   b. Metric 필드에 `resilience4j_circuitbreaker_state`를 입력한다.
   c. Label filters 필드에서 state를 라벨로, closed를 값으로 설정한다.
   d. 전체 Metric 값이 `resilience4j_circuitbreaker_state{state="closed"}`로 설정됐는지 확인한다.
   e. Expressions 섹션에서 Function을 Min으로, Threshold를 IS BELOW 0.5로 설정한다.
5. 3. Set evaluation behavior 섹션에서 다음과 같은 값을 설정한다.
   a. + New folder 버튼을 클릭하고 이름을 입력한 후 Create 버튼을 클릭해 Folder를 `rules_folder`라는 이름의 새 폴더로 설정한다.
   b. + New evaluation group 버튼을 클릭하고 새 이름을 입력한 후 Evaluation interval을 10s로 설정하고 Create 버튼을 클릭해 Evaluation group을 `evaluation_group`이라는 새 그룹으로 설정한다.
   c. Pending period를 None으로 설정한다.

6. 4. Configure labels and notifications 섹션에서 Contact point에 대해 grafana-default-email 연락 지점을 선택한다.

7. 우측 상단 메뉴의 파란색 Save rule and exit 버튼을 클릭해 알람 규칙을 저장한다.

설정한 알람 규칙은 다음과 같을 것이다(크기를 줄이기 위해 이 화면에서는 설정의 일부를 생략했다).

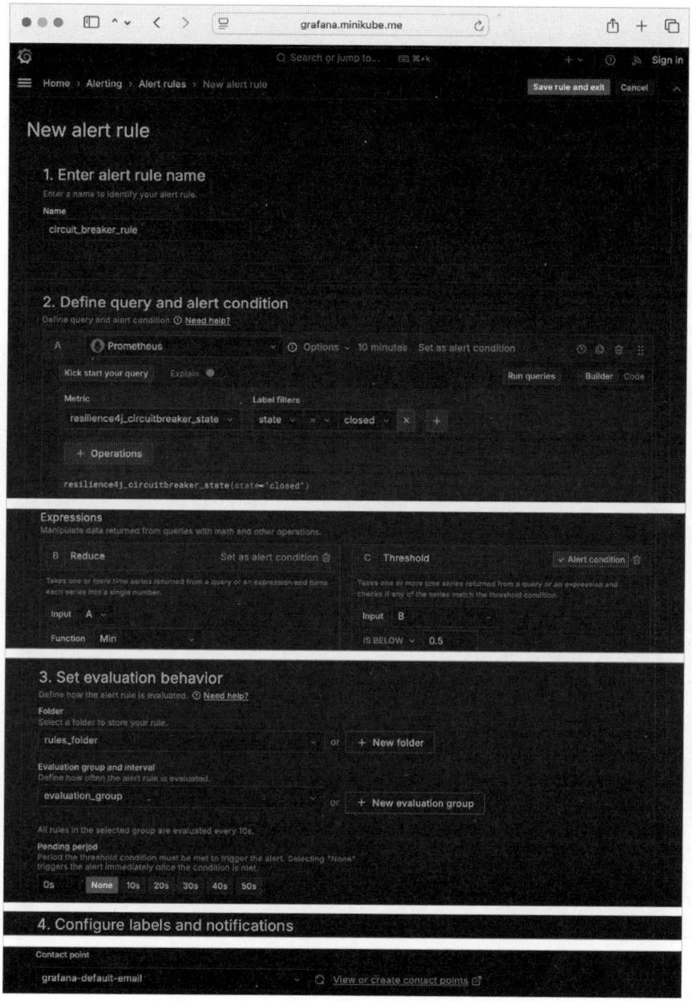


**그림 20.16** 그라파나에서의 알람 규칙 설정(1)

이제 알람의 현재 상태를 보여주는 패널을 추가하기 위해 다음 단계를 수행한다.

1. 그라파나 웹 페이지에서 햄버거 메뉴 아이콘(≡)을 클릭해 메뉴를 열고 Dashboards를 클릭한다.
2. Hands-on Dashboard를 클릭해 연다.
3. 최상위 메뉴에서 Add 버튼을 클릭하고 드롭다운 메뉴에서 Visualization을 선택해 새 패널을 만든다.
4. 우측 상단에서 시각화 유형을 Time series에서 Alert list로 변경한다.
5. 패널의 Title로 `Circuit Breaker alert status`를 지정한다.
6. Datasource에서 Grafana를 선택한다.
7. Folder에서 rules_folder를 선택한다.
8. Alert state filter에서 모든 옵션을 선택한다.

설정은 다음과 같을 것이다.

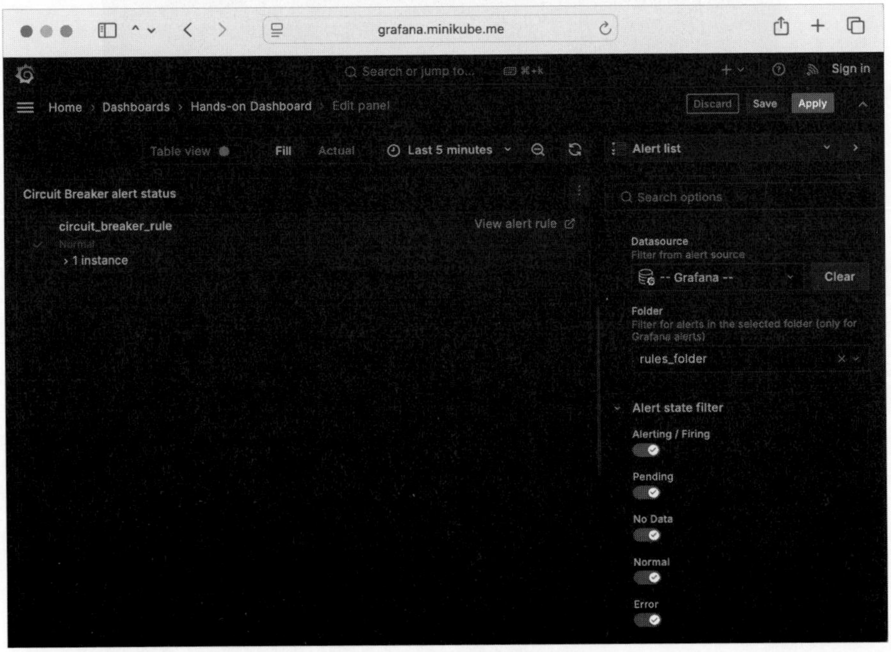


**그림 20.17** 그라파나에서의 알람 설정(2)

9. 우측 상단의 파란색 Apply 버튼을 클릭한다.
10. 필요에 따라 패널을 재배치한다.
11. 마지막으로, 페이지 상단의 Save dashboard 버튼(디스켓 아이콘)을 클릭한다. Save dashboard 대화상자가 나타나면 `Added an alert list`와 같은 내용을 추가하고 Save 버튼을 누른다.

다음은 알람 목록이 추가된 레이아웃의 예다.

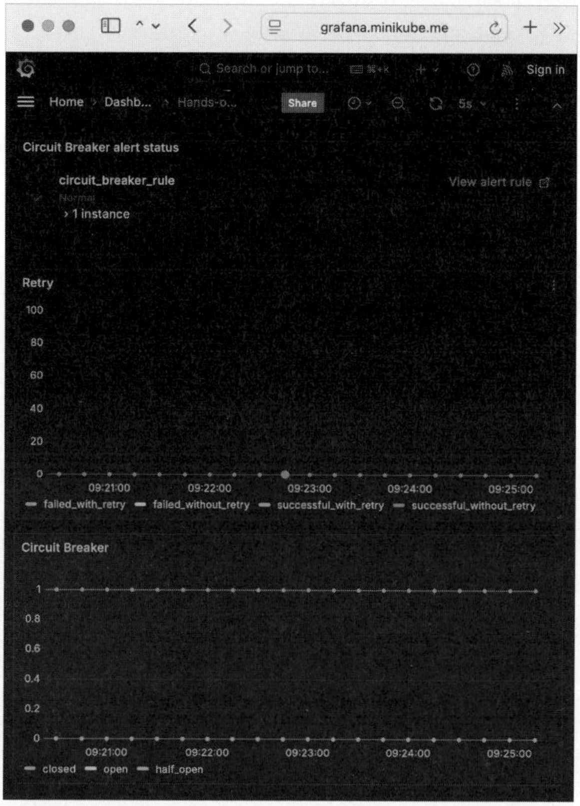


**그림 20.18** 재시도, 서킷 브레이커, 알람 패널이 포함된 그라파나 레이아웃 설정

Circuit Breaker alert status가 Normal로 설정된 것을 볼 수 있으며, 이는 알람이 발생하지 않았다는 의미다. 이제 알람을 테스트해볼 차례다.

## 서킷 브레이커 알람 테스트

여기서는 '서킷 브레이커 메트릭 테스트' 절의 테스트를 반복할 테지만 이번에는 알람이 발생하고 이메일도 전송될 것으로 예상한다. 시작해보자.

1. 필요한 경우 새 접근 토큰(1시간 동안 유효)을 받는다.

```
ACCESS_TOKEN=$(curl https://writer:secret-writer@minikube.me/oauth2/token -d grant_type=clie
nt_credentials -d scope="product:read product:write" -ks | jq .access_token -r)
echo ACCESS_TOKEN=$ACCESS_TOKEN
```

**2.** 이전과 같이 서킷 브레이커를 연다.

```
for ((n=0; n<4; n++)); do curl -o /dev/null -skL -w "%{http_code}\n" https://minikube.me/
product-composite/1?delay=3 -H "Authorization: Bearer $ACCESS_TOKEN" -s; done
```

이전과 마찬가지로 대시보드가 서킷이 열려 있다고 보고할 것이다. 몇 초 후에 알람이 발생하고 이메일도 전송될 것이다. 대시보드가 다음 화면과 같이 표시될 것이다(알람이 표시되도록 웹 페이지를 새로고침해야 할 수 있음).

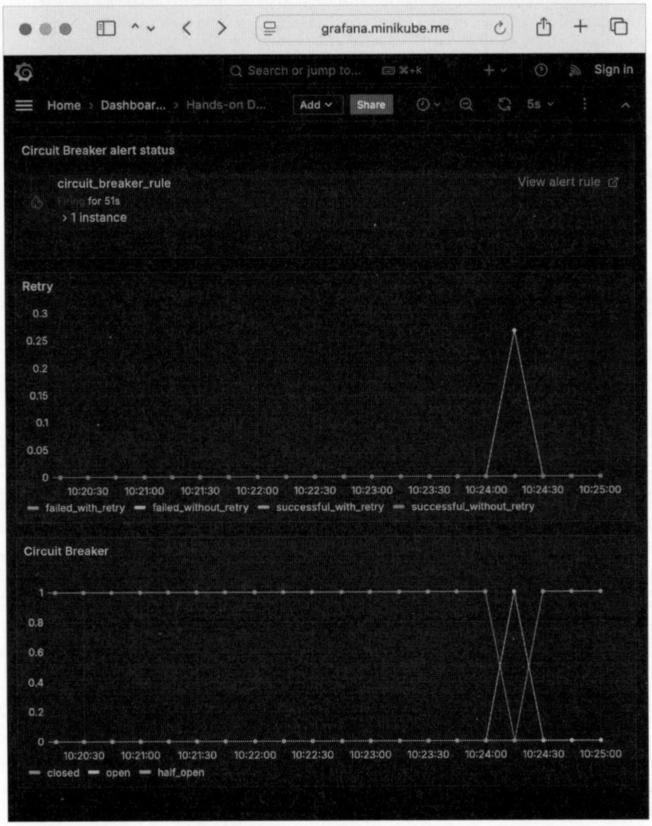


**그림 20.19** 그라파나에서 발생한 알람

서킷 브레이커 패널 헤더의 알람 아이콘(빨간색 깨진 하트)에 주목하자. 그래프에 표시된 빨간색 수직 점선은 알람 이벤트가 발생한 시각 및 알람 목록에 해당 알람이 추가됐음을 나타낸다.

3. 테스트 메일 서버에서 다음과 같은 이메일을 볼 수 있을 것이다.

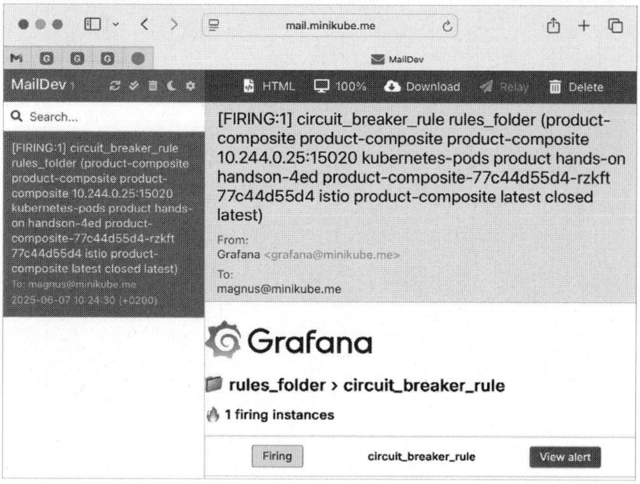


그림 20.20 알람 이메일

4. 예상대로 알람을 받았다. 이제 문제가 해결됐다고 가정하고 다음 명령으로 서킷을 닫아보자.

```
for ((n=0; n<4; n++)); do curl -o /dev/null -skL -w "%{http_code}\n" https://minikube.me/
product-composite/1?delay=0 -H "Authorization: Bearer $ACCESS_TOKEN" -s; done
```

closed 메트릭이 정상, 즉 1로 돌아가고 알람이 다시 녹색으로 바뀔 것이다.

대시보드는 다음과 같이 표시될 것이다.

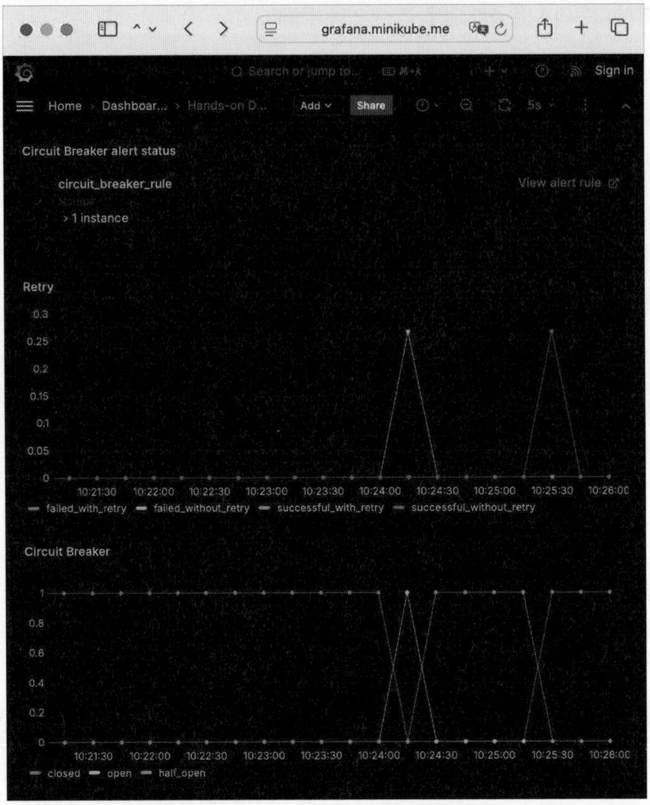


**그림 20.21** 그라파나에 보고된 해결된 오류

서킷 브레이커 패널 헤더의 알람 아이콘이 다시 녹색으로 바뀐 것에 주목하자. 그래프에 표시된 녹색 수직 점선은 OK 이벤트가 발생한 시각 및 알람 목록에 해당 알람이 추가됐음을 나타낸다.

**5.** 테스트 메일 서버에서는 다음과 같은 이메일을 볼 수 있을 것이다.

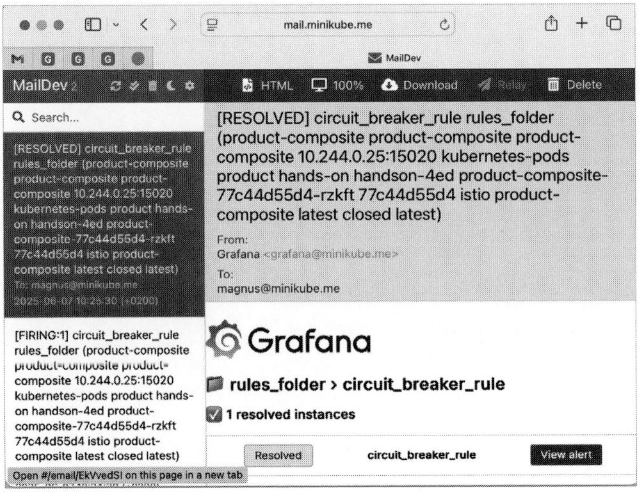


**그림 20.22** 이메일로 보고된 해결된 오류

이렇게 해서 프로메테우스와 그라파나를 활용해 마이크로서비스를 모니터링하는 법을 배웠다.

## 정리

이번 장에서는 프로메테우스와 그라파나를 이용해 성능 메트릭을 수집하고 모니터링하는 방법을 배웠다.

쿠버네티스 환경에서 성능 메트릭을 수집하기 위해 프로메테우스를 사용할 수 있음을 확인했다. 그런 다음, 파드 정의에 몇 가지 프로메테우스 애너테이션을 추가해서 프로메테우스가 자동으로 파드에서 메트릭을 수집할 수 있는 방법을 배웠다. 마이크로서비스에서 메트릭을 생성하기 위해 마이크로미터를 사용했다.

그러고 나서 이스티오를 설치할 때 함께 제공되는 키알리와 그라파나에서 대시보드를 통해 수집된 메트릭을 모니터링하는 방법을 배웠다. 또한 그라파나 커뮤니티에서 공유하는 대시보드를 사용하는 방법을 배웠고, Resilience4j의 서킷 브레이커 및 재시도 메커니즘을 모니터링하기 위해 직접 대시보드를 개발하는 방법을 배웠다. 그라파나 API를 이용하면 생성된 대시보드를 내보내고 다른 그라파나 인스턴스로 가져올 수 있다.

마지막으로 그라파나에서 메트릭에 대한 알람을 정의하고, 그라파나를 사용해 알람을 보내는 방법을 배웠다. 그라파나에서 알람을 이메일로 받기 위해 로컬 테스트 메일 서버를 사용했다.

다음 두 개의 장은 이미 알고 있는 내용으로, macOS 또는 윈도우 PC에 도구를 설치하는 방법을 다룬다. 그러므로 이 책의 마지막 장으로 넘어가서 아직 베타 단계인 최신 스프링 네이티브(Spring Native) 프로젝트를 사용해 자바 기반 마이크로서비스를 바이너리 실행 파일로 컴파일하는 방법을 살펴봐도 된다. 이를 통해 마이크로서비스를 1초 미만으로 시작할 수 있지만 빌드할 때는 복잡성과 시간이 증가한다는 점을 알아둘 필요가 있다.

## 문제

1. 프로메테우스가 사용하는 메트릭을 생성하기 위해 마이크로서비스의 소스코드에 어떤 변경 사항을 적용해야 했는가?
2. `management.metrics.tags.application` 구성 매개변수는 어디에 사용되는가?
3. CPU 사용량이 높은 경우 지원 사례를 분석하려면 이번 장의 어떤 대시보드부터 확인하겠는가?
4. API 응답 지연과 관련된 지원 사례를 분석하려면 이번 장의 어떤 대시보드부터 확인해야 하는가?
5. Resilience4j의 재시도 메트릭과 같은 카운터 기반 메트릭의 문제점은 무엇이며, 이를 유용한 방식으로 모니터링하려면 어떻게 할 수 있는가?

**6.** 다음 대시보드를 통해 어떤 일이 일어나고 있는지 알 수 있는가?

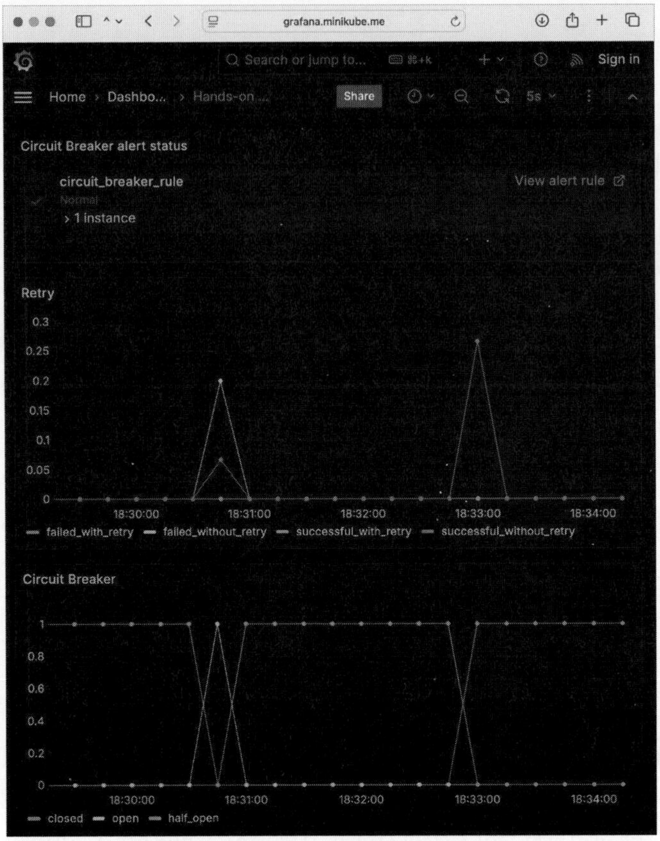


**그림 20.23** 현재 무슨 일이 일어나고 있는가?

위 화면이 흑백으로 표시된 경우 메트릭이 무엇을 나타내는지 알아내기 어려울 수 있다. 따라서 다음 내용을 참고하자.

a. 서킷 브레이커가 보고한 상태 전환은 순서대로 다음과 같다.

1. half_open → open
2. open → half_open
3. half_open → closed

b. 재시도 메커니즘은 다음과 같은 내용을 보고한다.

1. 초기 연쇄 요청에는 대부분이 failed_without_retry로 보고되고, 일부는 successful_without_retry로 보고됨
2. 두 번째 요청 연쇄에서는 모두 successful_without_retry로 보고됨

# 21

# macOS용 설치 안내

이번 장에서는 macOS 환경에서 이 책의 실습에 필요한 도구를 설정하는 방법을 배운다. 또한 책의 소스 코드를 다운로드하는 방법도 배운다.

이번 장에서 다룰 주제는 다음과 같다.

- 기술적 요구사항
- 필요한 도구 설치
- 소스코드 다운로드

> 윈도우 PC를 사용하는 경우 22장 'WSL 2와 우분투가 탑재된 마이크로소프트 윈도우용 설치 안내'를 참고한다.

## 기술적 요구사항

이 책에서 설명하는 모든 명령은 macOS Sequoia가 설치된 맥북 프로에서 실행했으며, 명령 셸인 bash를 사용한다. 모든 명령은 인텔 기반과 애플 실리콘 기반 맥북 프로에서 모두 검증했다.

zsh 같은 다른 셸을 사용하는 경우 이 책의 명령을 실행하기 전에 다음 명령으로 bash로 바꾸는 것을 권장한다. 그러려면 터미널에서 다음 명령을 실행한다.

```
/bin/bash
```

## 필요한 도구 설치

이번 절에서는 이 책에서 사용되는 도구를 설치하고 구성하는 방법을 배운다. 다음은 설치할 도구 목록이며, 필요한 경우 다운로드와 설치에 대한 추가 정보 링크를 참고한다.

- Git: `https://git-scm.com/downloads`
- Docker Desktop for Mac: `https://hub.docker.com/editions/community/docker-ce-desktop-mac/`
- Java: `https://adoptium.net/installation`
- curl: `https://curl.haxx.se/download.html`
- jq: `https://stedolan.github.io/jq/download/`
- Spring Boot CLI: `https://docs.spring.io/spring-boot/3.5/installing.html#getting-started.installing.cli`
- Siege: `https://github.com/JoeDog/siege#where-is-it`
- Helm: https://helm.sh/docs/intro/install/
- kubectl: `https://kubernetes.io/docs/tasks/tools/install-kubectl-macos/`
- minikube: `https://minikube.sigs.k8s.io/docs/start/`
- istioctl: `https://istio.io/latest/docs/setup/getting-started/#download`

이 책을 집필할 때 사용된 버전은 다음과 같다.

- Git: v2.39.5
- Docker Desktop for Mac: v4.40.0:
  - Docker Engine이 포함됨: v28.0.4
- Java: v24

- curl: v8.7.1
- jq: v1.7.1
- Spring Boot CLI: v3.5.0
- Siege: v4.1.7
- Helm: v3.17.2
- kubectl: v1.32.0
- minikube: v1.35.0
- istioctl: v1.24.2

이 책에서는 자바와 스프링 부트 CLI의 특정 버전을 설치하기 위해 **SDKMan**을 사용한다. `minikube`, `kubectl`, `istioctl`의 경우 이 책에서 사용하는 버전을 설치하기 위해 `curl`과 `install` 명령을 사용하겠다. 최신 버전을 사용해도 되는 나머지 도구의 경우 **홈브루(Homebrew)** 패키지 관리자(`https://brew.sh/`)를 사용한다. SDKMan과 홈브루를 사용해 도구를 설치하는 것부터 시작하고 나서 `curl`과 `install` 명령을 사용해 나머지 도구를 설치하는 것으로 이번 장을 마무리한다.

> `minikube`, `kubectl`, `istioctl`의 경우 서로 호환되는 버전을 설치하는 것이 중요하며, 특히 이것들이 지원하는 쿠버네티스 버전에 신경 써야 한다. 단순히 최신 버전을 설치하고 업그레이드할 경우 호환되지 않는 버전이 사용되는 상황을 초래할 수 있다.
>
> 이스티오와 호환되는 쿠버네티스 버전에 대해서는 `https://istio.io/latest/about/supported-releases/#support-status-of-istio-releases`를 참고한다.
>
> 미니큐브의 경우 `https://minikube.sigs.k8s.io/docs/handbook/config/#selecting-a-kubernetes-version`를 참고한다.

## SDKMan, 자바, 스프링 부트 CLI 설치

먼저 다음 명령을 실행해 SDKMan을 설치하고 버전을 확인한다.

```
curl -s "https://get.sdkman.io" | bash
source "$HOME/.sdkman/bin/sdkman-init.sh"
sdk version
```

그럼 다음과 같이 출력될 것이다.

```
SDKMAN!
script: 5.18.1
native: 0.2.9
```

다음으로, 아래 명령으로 스프링 부트 CLI를 설치한다.

```
sdk install springboot 3.5.0
```

자바의 경우 아래의 두 가지 OpenJDK 배포판을 설치한다.

- Eclipse Temurin: 23장 '자바 마이크로서비스의 네이티브 컴파일'을 제외한 모든 장에서 사용되는 순수 OpenJDK 배포판
- Oracle GraalVM: 23장에서 사용되는 네이티브 이미지 컴파일러가 포함된 OpenJDK 배포판

> 여러 OpenJDK 배포판이 존재하는 배경을 이해하는 데 관심이 있다면 다음 블로그 글을 추천한다.
>
> `https://bell-sw.com/announcements/2022/02/24/java-licensing-changes-in-2021/`

다음 명령을 실행해 두 자바 배포판을 설치한다.

```
sdk install java 24-tem
sdk install java 24-graalce
```

자바 배포판을 기본값으로 설정할지 묻는 질문에 Temurin에는 yes를, GraalVM에는 no로 답한다. 이렇게 하면 새 터미널 창을 열 때 Temurin 배포판이 사용된다.

## 홈브루 설치

홈브루가 아직 설치돼 있지 않다면 다음 명령으로 설치한다.

```
/bin/bash -c "$(curl -fsSL https://raw.githubusercontent.com/Homebrew/install/HEAD/install.sh)"
```

> 홈브루가 설치돼 있지 않은 경우 Xcode용 커맨드라인 도구도 설치되므로 시간이 다소 걸릴 수 있다.

다음 명령으로 홈브루가 설치됐는지 확인한다.

```
brew --version
```

다음과 같은 응답을 볼 수 있을 것이다.

```
Homebrew 4.4.27
```

## 홈브루를 이용한 도구 설치

macOS에는 `curl`이 미리 설치돼 있고, `git`은 홈브루에 필요한 Xcode 커맨드라인 도구를 설치하는 과정에서 설치된다. 홈브루를 이용해 `docker`, `jq`, `helm`, `siege`를 다음 명령으로 설치한다.

```
brew install jq && \
brew install helm && \
brew install siege && \
brew install --cask docker
```

> 홈브루는 인텔 기반 맥과 애플 실리콘 기반 맥에 각각 `/usr/local`과 `/opt/homebrew` 폴더에 도구를 설치한다.

## 홈브루 없이 도구 설치

`minikube`, `kubectl`, `istioctl`은 특정 버전을 설치해야 하므로 `brew`를 사용하지 않는다. 설치 명령은 인텔 기반 맥과 애플 실리콘 기반 맥에서 약간 다르므로 별도로 살펴본다.

### 인텔 기반 맥에 도구 설치

이 책에서 사용된 `kubectl` 버전을 설치하려면 다음 명령을 실행한다.

```
curl -LO "https://dl.k8s.io/release/v1.32.0/bin/darwin/amd64/kubectl"
sudo install kubectl /usr/local/bin/kubectl
rm kubectl
```

이 책에서 사용된 minikube 버전을 설치하려면 다음 명령을 실행한다.

```
curl -LO https://storage.googleapis.com/minikube/releases/v1.35.0/minikube-darwin-amd64
sudo install minikube-darwin-amd64 /usr/local/bin/minikube
rm minikube-darwin-amd64
```

이 책에서 사용된 istioctl 버전을 설치하려면 다음 명령을 실행한다.

```
curl -L https://istio.io/downloadIstio | ISTIO_VERSION=1.24.2 TARGET_ARCH=x86_64 sh -
sudo install istio-1.24.2/bin/istioctl /usr/local/bin/istioctl
rm -r istio-1.24.2
```

### 애플 실리콘 기반 맥에 도구 설치

이 책에서 사용된 kubectl 버전을 설치하려면 다음 명령을 실행한다.

```
curl -LO "https://dl.k8s.io/release/v1.32.0/bin/darwin/arm64/kubectl"
sudo install kubectl /usr/local/bin/kubectl
rm kubectl
```

이 책에서 사용된 minikube 버전을 설치하려면 다음 명령을 실행한다.

```
curl -LO https://storage.googleapis.com/minikube/releases/v1.35.0/minikube-darwin-arm64
sudo install minikube-darwin-arm64 /usr/local/bin/minikube
rm minikube-darwin-arm64
```

이 책에서 사용된 istioctl 버전을 설치하려면 다음 명령을 실행한다.

```
curl -L https://istio.io/downloadIstio | ISTIO_VERSION=1.24.2 TARGET_ARCH=arm64 sh -
sudo install istio-1.24.2/bin/istioctl /usr/local/bin/istioctl
rm -r istio-1.24.2
```

최신 버전을 사용하려면 앞에서 설명한 것처럼 버전이 호환되지 않을 위험이 있지만 다음 명령을 실행해 홈브루로 `minikube`, `kubectl`, `istioctl`을 설치할 수 있다.

```
brew install kubernetes-cli && \
brew install istioctl && \
brew install minikube
```

도구가 설치되면 설치를 확인하기 전에 몇 가지 설치 후 작업을 수행해야 한다.

## 설치 후 작업

도커를 설치한 후 제대로 작동하게 하려면 몇 가지 작업을 수행해야 한다.

이 책의 예제를 실행하려면 도커가 대부분의 CPU를 사용할 수 있도록 구성하되 일부는 남겨두고(모든 CPU를 도커에 할당하면 테스트를 실행할 때 컴퓨터가 응답하지 않을 수 있음), 가능하다면 10GB의 메모리를 사용하도록 구성하는 것을 권장한다.

이 책의 초반부에는 더 적은 메모리(예: 6GB)로도 정상적으로 작동할 것이다. 하지만 이 책의 후반부에 더 많은 기능을 추가할수록 모든 마이크로서비스를 원활하게 실행하기 위해 도커 호스트에 더 많은 메모리가 필요할 것이다.

도커를 구성하기 전에 도커 데몬이 실행 중인지 확인해야 한다. 맥에서 다른 애플리케이션을 실행하는 것처럼 스포트라이트를 사용하거나 파인더에서 **Application** 폴더를 열어 실행할 수 있다.

도커를 구성하려면 상태 표시줄의 도커 아이콘을 클릭하고 **Settings...**를 선택한다. 도커 설정의 Resources 탭으로 이동한 후 다음 화면과 같이 CPU와 메모리를 적절히 설정한다.

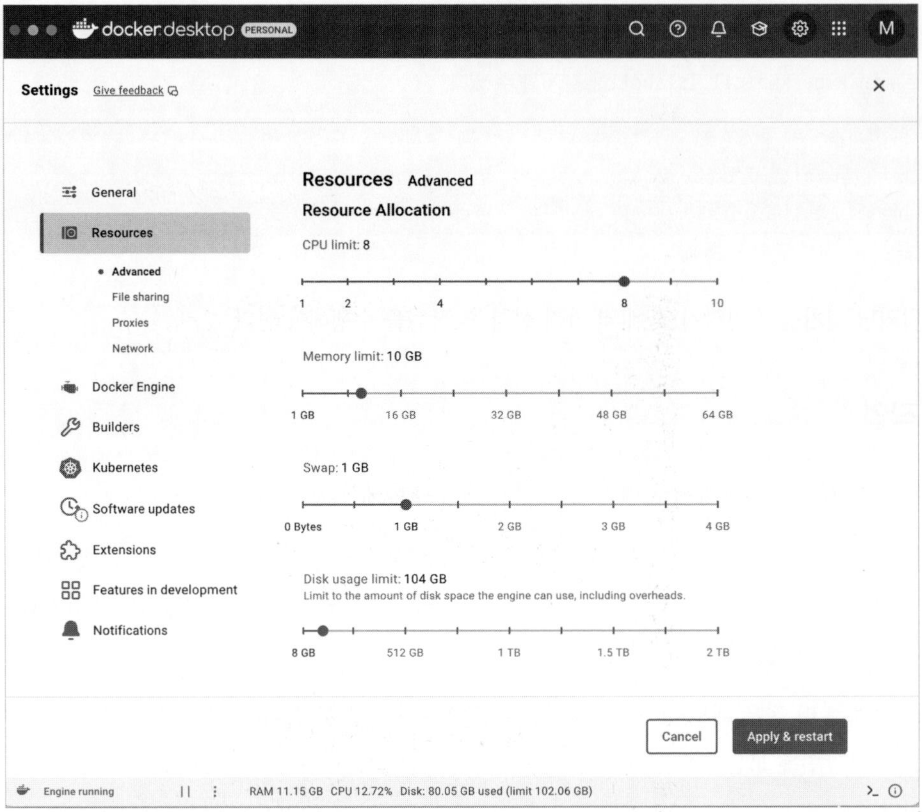


**그림 21.1** 도커 데스크톱의 리소스 구성

시스템이 구동될 때 자동으로 도커를 실행하고 싶다면 General 탭으로 이동한 후 Start Docker Desktop when you sign in to your computer 옵션을 선택한다.

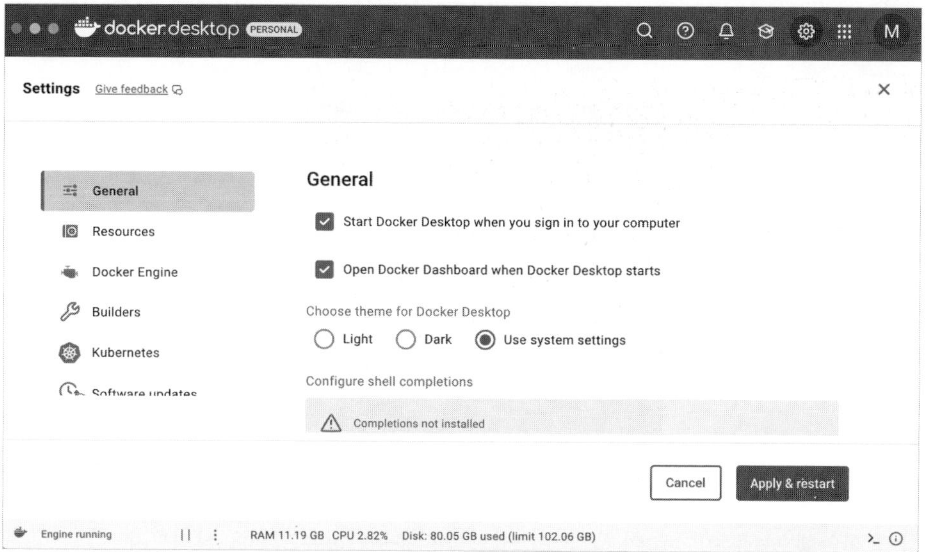


**그림 21.2** 도커 데스크톱의 일반 설정

Apply & Restart 버튼을 클릭해 설정을 완료한다.

이러한 설치 후 작업을 수행하고 나면 앞에서 설치한 도구가 적절히 설치됐는지 확인할 수 있다.

## 설치 확인

도구가 제대로 설치됐는지 확인하려면 다음 명령을 실행해 각 도구의 버전을 출력한다.

```
git version && \
docker version -f json | jq -r .Client.Version && \
java -version 2>&1 | grep "openjdk version" && \
curl --version | grep "curl" | sed 's/(.*//' && \
jq --version && \
spring --version && \
siege --version 2>&1 | grep SIEGE && \
helm version --short && \
kubectl version --client -o json | jq -r .clientVersion.gitVersion && \
minikube version | grep "minikube" && \
istioctl version --remote=false
```

그럼 다음과 같은 출력 결과가 표시된다.

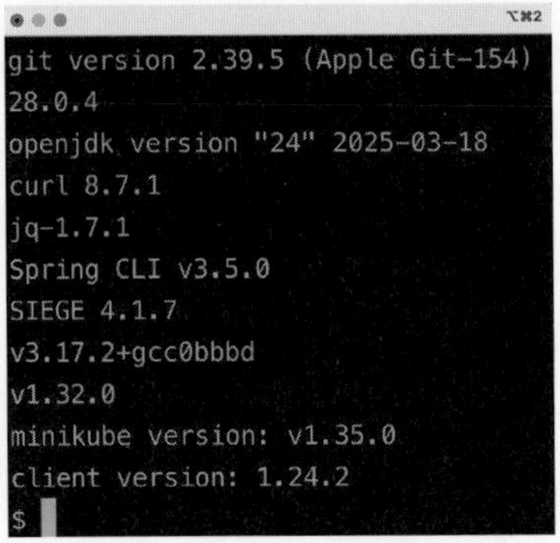


**그림 21.3** 설치된 버전

도구를 설치 및 확인했으므로 이어서 이 책의 소스코드를 다운로드하는 방법을 살펴보자.

## 소스코드 다운로드

이 책의 소스코드는 깃허브 저장소인 `https://github.com/wikibook/spring-microservice`에서 확인할 수 있다.

이 책에 설명하는 명령을 실행하려면 소스코드를 폴더에 다운로드하고 해당 폴더를 가리키는 환경변수인 `$BOOK_HOME`을 설정한다. 예를 들면 다음과 같다.

```
export BOOK_HOME=~/Documents/spring-microservice
git clone https://github.com/wikibook/spring-microservice.git $BOOK_HOME
```

자바 소스코드는 자바 SE 8용으로 작성됐으며, 도커 컨테이너에서 실행될 때 자바 SE 24 JRE를 사용한다. 다음과 같은 스프링 버전이 사용된다.

- 스프링 프레임워크: 6.2.6
- 스프링 부트: 3.5.0
- 스프링 클라우드: 2025.0.0

각 장의 코드 예제는 모두 `$BOOK_HOME/ChapterNN`의 소스코드에서 가져온 것이다. 여기서 `NN`은 장 번호다. 책에 등장하는 상당수의 코드 예제는 주석, 임포트문, 로그 문과 같은 관련 없는 소스코드 부분을 생략하기 위해 편집했다.

## IDE 사용

비주얼 스튜디오 코드(Visual Studio Code)나 이클립스(Eclipse), 인텔리제이 IDEA 얼티밋 에디션(IntelliJ IDEA Ultimate Edition)과 같이 스프링 부트 애플리케이션 개발을 지원하는 IDE를 사용해 자바 코드를 작성하는 것이 좋다. 자세한 사항은 `https://spring.io/tools`를 참고한다. 그러나 이 책의 내용을 진행하는 데 반드시 IDE가 필요한 것은 아니다.

## 코드 구조

각 장의 소스코드는 다른 프로젝트에서 사용하는 몇 가지 라이브러리 프로젝트와 함께 각 마이크로서비스와 스프링 클라우드 서비스에 대해 하나씩, 여러 자바 프로젝트로 구성돼 있다. 14장에는 가장 많은 프로젝트가 포함돼 있다. 프로젝트 구조는 다음과 같다.

```
├── api
├── microservices
│   ├── product-composite-service
│   ├── product-service
│   ├── recommendation-service
│   └── review-service
├── spring-cloud
│   ├── authorization-server
│   ├── config-server
│   ├── eureka-server
│   └── gateway
└── util
```

모든 프로젝트는 그레이들을 사용해 빌드했으며, 그레이들의 표준 규칙을 따르는 파일 구조를 띤다.

```
├── build.gradle
├── settings.gradle
└── src
```

```
├── main
│ ├── java
│ └── resources
└── test
    ├── java
    └── resources
```

그레이들 프로젝트의 구성 방법에 대한 자세한 내용은 https://docs.gradle.org/current/userguide/organizing_gradle_projects.html을 참고한다.

이렇게 해서 macOS용 도구를 설치하고 책의 소스코드를 다운로드했다. 다음 장에서는 윈도우 환경에서 도구를 설정하는 방법을 살펴보겠다.

## 정리

이번 장에서는 macOS 환경에서 이 책의 실습에 필요한 도구를 설치, 구성, 확인하는 방법을 배웠다. 이 책에서는 개발을 위해 Git, 도커, 자바, 스프링을 사용하며, 런타임에 마이크로서비스를 배포할 쿠버네티스 환경을 만들기 위해 minikube, helm, kubectl, istioctl을 사용한다. 마지막으로 마이크로서비스가 런타임에 예상대로 작동하는지 확인하기 위한 테스트를 실행하기 위해 curl, jq, siege를 사용할 것이다.

또한 깃허브의 소스코드를 다운로드하는 방법과 소스코드의 구조에 대해서도 배웠다.

다음 장에서는 Windows Subsystem for Linux v2(WSL 2)와 우분투를 사용하는 마이크로소프트 윈도우 환경에서 동일한 도구들을 설정하는 방법을 배운다.

# 22

# WSL 2와 우분투가 탑재된 마이크로소프트 윈도우용 설치 안내

이번 장에서는 마이크로소프트 윈도우 환경에서 이 책의 실습에 필요한 도구를 설정하는 방법을 배운다. 또한 이 책의 소스코드를 다운로드하는 방법도 배운다.

이번 장에서는 다음과 같은 주제를 다룬다.

- 기술적 요구사항
- 필요한 도구 설치
- 소스코드 다운로드

> macOS를 사용하는 경우 21장 'macOS용 설치 안내'의 지침을 따른다.

## 기술적 요구사항

이 책에서 설명하는 모든 명령은 맥북 프로에서 명령 셸로 bash를 사용해 실행했다. 이번 장에서는 이 책의 명령을 아무런 변경 없이 실행할 수 있는 마이크로소프트 윈도우용 개발 환경을 설정하는 방법을 배운다. 일부 경우에는 윈도우 환경에서 실행하기 위해 명령을 수정해야 한다. 각 장에서는 이러한 경우에 대해 명확히 설명하고, 윈도우 환경에서 사용할 대체 명령도 함께 소개한다. 모든 명령은 윈도우 11에서 동작하는 것을 확인했다.

개발 환경은 윈도우 10, 2004 버전(19041 빌드) 이상이 필요한 Windows Subsystem for Linux v2(WSL 2)를 기반으로 한다. 이 책에서는 WSL 2에서 우분투 24.04 기반의 리눅스 서버를 실행할 것이다. 이곳에서 bash를 명령 셸로 사용해 모든 명령을 실행할 것이다.

마이크로소프트는 윈도우와 WSL 2에서 실행되는 리눅스 서버 간의 통합을 지원한다. 윈도우에서 리눅스 파일에 접근할 수 있고 그 반대도 가능하다. 이 책에서는 윈도우에서 실행되는 비주얼 스튜디오 코드에서 리눅스 서버의 파일에 접근하는 방법을 배울 것이다. 리눅스 서버의 localhost에서 접근할 수 있는 포트는 윈도우의 localhost에서도 사용할 수 있다. 이 책에서는 이러한 통합 기능을 통해 윈도우에서 실행되는 웹 브라우저에서 리눅스 서버에서 실행되는 웹 애플리케이션이 노출하는 웹 페이지에 접속할 것이다.

WSL 2에 대한 자세한 내용은 https://learn.microsoft.com/ko-kr/windows/wsl/을 참고한다.

## 필요한 도구 설치

이번 절에서는 도구를 설치하고 구성하는 방법을 배운다. 다음은 설치할 도구 목록과 관련 다운로드 및 설치 정보에 대한 링크다.

윈도우에서는 다음과 같은 도구를 설치한다.

- Windows Subsystem for Linux v2 (WSL 2): https://docs.microsoft.com/en-us/windows/wsl/install-win10
- WSL 2의 Ubuntu 24.04: https://apps.microsoft.com/detail/9nz3klhxdjp5
- Windows Terminal: https://www.microsoft.com/en-us/p/windows-terminal/9n0dx20hk701
- Docker Desktop for Windows: https://hub.docker.com/editions/community/docker-ce-desktop-windows/
- Visual Studio Code 및 Remote WSL 확장 기능: https://code.visualstudio.com 및 https://marketplace.visualstudio.com/items?itemName=ms-vscode-remote.remote-wsl

리눅스 서버에서는 다음 도구를 설치한다.

- Git: https://git-scm.com/downloads

- Java: `https://adoptium.net/installation`
- curl: `https://curl.haxx.se/download.html`
- jq: `https://stedolan.github.io/jq/download/`
- Spring Boot CLI: `https://docs.spring.io/spring-boot/3.5/installing.html#getting-started.installing.cli`
- Siege: `https://github.com/JoeDog/siege#where-is-it`
- Helm: `https://helm.sh/docs/intro/install/#from-apt-debianubuntu`
- kubectl: `https://kubernetes.io/docs/tasks/tools/install-kubectl-linux/`
- minikube: `https://minikube.sigs.k8s.io/docs/start/`
- istioctl: `https://istio.io/latest/docs/setup/getting-started/#download`

이 책을 집필할 때 사용된 버전은 다음과 같다.

- Windows Terminal: v1.22.11141.0
- Visual Studio Code: v1.99.3
- Docker Desktop for Windows: v4.40.0
- Docker Engine: v28.0.4
- Git: v2.43.0
- Java: v24
- curl: v8.5.0
- jq: v1.7
- Spring Boot CLI: v3.5.0
- Siege: v4.0.7
- Helm: v3.17.2
- kubectl: v1.32.0
- minikube: v 1.35.0
- istioctl: v1.24.2

먼저 윈도우에 필요한 도구를 설치한 다음, WSL 2에서 실행되는 리눅스 서버에 필요한 도구를 설치하겠다.

## 윈도우에 도구 설치

윈도우 환경에서는 우분투 서버가 탑재된 WSL 2, 윈도우 터미널(Windows Terminal), 도커 데스크톱, 그리고 마지막으로 비주얼 스튜디오 코드 및 WSL의 파일에 대한 원격 접속용 확장 기능을 설치할 것이다.

### WSL 2와 기본 우분투 서버 설치

다음 명령을 실행해 우분투 서버와 함께 WSL 2를 설치한다.

1. 관리자 권한으로 파워셸(PowerShell)을 열고 다음 명령을 실행한다.

```
wsl --install
```

2. 설치를 완료하기 위해 PC를 재시작한다.
3. PC를 재시작하고 나면 새 터미널 창에서 우분투 서버가 자동으로 설치된다.
4. 잠시 후 사용자 이름과 암호를 입력하라는 메시지가 표시된다.
5. 설치가 완료되면 다음 명령으로 설치된 우분투 버전을 확인할 수 있다.

```
lsb_release -d
```

6. 다음과 같은 출력 결과가 표시될 것이다.

```
Description: Ubuntu 22.04.5 LTS
```

### WSL 2에 새 우분투 24.04 서버 설치

WSL 2가 이미 설치돼 있지만 우분투 24.04 서버가 없는 경우 다음 단계를 수행해 설치할 수 있다.

1. 마이크로소프트 스토어에서 설치 파일을 다운로드한다.
   - WSL 2용으로 사용 가능한 리눅스 배포판을 선택하려면 다음 URL로 이동한다.
     `https://apps.microsoft.com/`
   - 우분투 24.04로 바로 이동하려면 다음 URL로 이동한다.
     `https://apps.microsoft.com/detail/9nz3klhxdjp5`

2. 설치 파일을 다운로드한 후 실행해 우분투 24.04를 설치한다.

3. 콘솔 창이 열리고 1~2분 후 리눅스 서버에서 사용할 사용자 이름과 암호를 입력하라는 메시지가 표시된다.

## 윈도우 터미널 설치

리눅스 서버에 접속하는 것을 간소화하기 위해 윈도우 터미널을 설치하는 것을 권장한다. 윈도우 터미널은 다음과 같은 기능을 지원한다.

- 다중 탭
- 탭 내에서 다중 창 사용
- 여러 유형의 셸: 예를 들면, 윈도우 명령 프롬프트, 파워셸, WSL 2용 bash, Azure CLI 등

기타 다양한 기능에 대한 자세한 내용은 다음 URL을 참고한다.

`https://docs.microsoft.com/en-us/windows/terminal/`

윈도우 터미널은 마이크로소프트 스토어에서 설치할 수 있다. `https://aka.ms/terminal`을 참고한다.

윈도우 터미널을 실행하고 메뉴에서 아래쪽 화살표를 클릭하면 이미 리눅스 서버에서 터미널을 시작하도록 구성돼 있음을 알 수 있다.

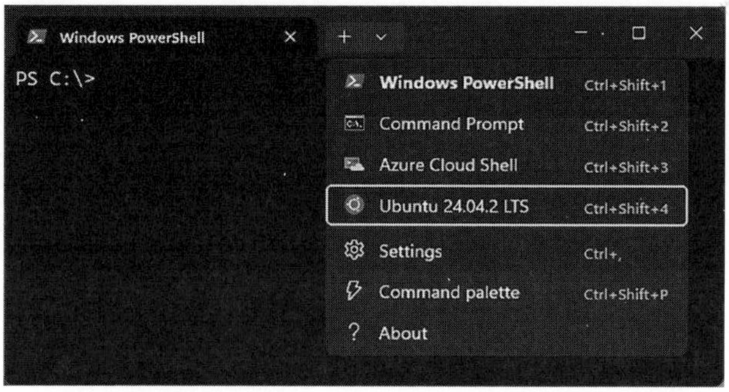


**그림 22.1** WSL 2의 리눅스 서버가 구성된 윈도우 터미널

Ubuntu-24.04를 선택하면 `bash` 셸이 시작된다. 설정에 따라 작업 디렉터리가 `/mnt/c/Users/magnus` 같은 윈도우의 홈 폴더로 설정될 수 있다. 리눅스 서버의 홈 폴더로 이동하려면 `cd`와 `pwd` 명령으로 리눅스 서버의 파일 시스템 내부에 있는지 확인하면 된다.

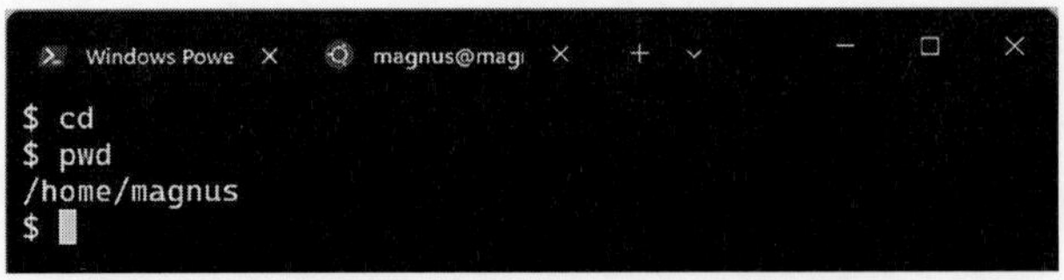


**그림 22.2** 윈도우 터미널에서 bash를 사용해 리눅스 서버의 파일에 접근

## 윈도우용 도커 데스크톱 설치

윈도우용 도커 데스크톱을 설치하고 구성하려면 다음 단계를 수행한다.

1. 다음 URL을 통해 윈도우용 도커 데스크톱을 다운로드해서 설치한다.

   `https://hub.docker.com/editions/community/docker-ce-desktop-windows/`

2. 설치 중에 WSL 2를 활성화하라는 메시지가 표시되면 YES로 답한다.
3. 설치가 완료되면 시작 메뉴에서 **도커 데스크톱**(Docker Desktop)을 실행한다.
4. Docker 메뉴에서 Settings를 선택하고 Settings 창에서 General 탭을 선택한다.
   - Use the WSL 2 based engine 체크박스가 선택돼 있는지 확인한다.
   - PC를 다시 시작할 때마다 도커 데스크톱을 수동으로 시작하지 않으려면 Start Docker Desktop when you sign in to your computer 체크박스도 선택하는 것이 좋다.

   설정을 마친 General 설정은 다음과 같을 것이다.

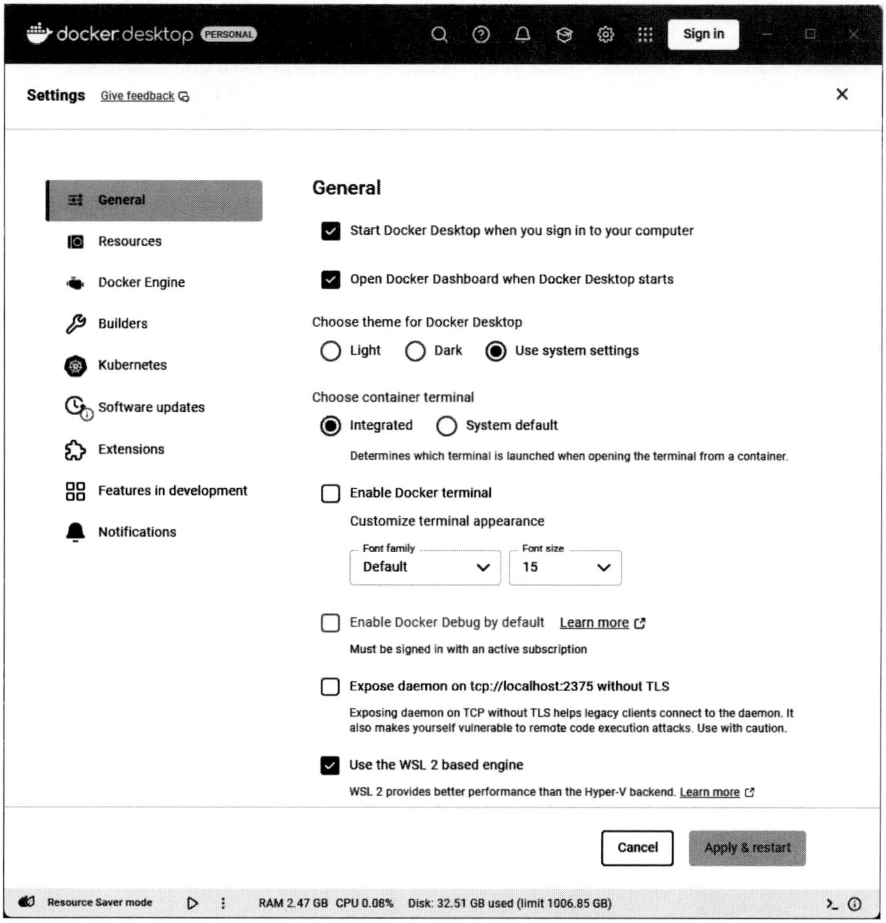


그림 22.3 도커 데스크톱 설정

5. Apply & Restart 버튼을 클릭해 구성을 완료한다.

## 비주얼 스튜디오 코드 및 원격 WSL 확장 기능 설치

리눅스 서버 내부의 소스코드를 쉽게 편집하려면 비주얼 스튜디오 코드를 사용하는 것이 좋다. 원격 WSL이라는 WSL 2용 확장 기능을 이용하면 윈도우에서 실행되는 비주얼 스튜디오 코드를 사용해 리눅스 서버 내부의 소스코드를 대상으로 쉽게 작업할 수 있다.

비주얼 스튜디오 코드와 원격 WSL 확장 기능을 설치하고 구성하려면 다음 단계를 수행한다.

1. `https://code.visualstudio.com`에서 비주얼 스튜디오 코드를 다운로드해서 설치한다.
    - 설치 도중 Select Additional Tasks에서 Add to PATH 옵션을 선택한다. 이렇게 하면 리눅스 서버 내에서 code 명령으로 비주얼 스튜디오 코드에서 폴더를 열 수 있다.
2. 설치가 완료되면 시작 메뉴에서 Visual Studio Code를 실행한다.
3. `https://marketplace.visualstudio.com/items?itemName=ms-vscode-remote.remote-wsl` 링크를 사용해 원격 WSL 확장 기능을 설치한다.

> 비주얼 스튜디오 코드가 WSL 2와 어떻게 통합되는지 자세히 알고 싶다면 다음 문서를 참고한다.
>
> - `https://code.visualstudio.com/docs/remote/wsl`

## WSL 2의 리눅스 서버에 도구 설치

이제 WSL 2의 리눅스 서버에 필요한 도구를 설치할 차례다.

'윈도우 터미널 설치' 절에서 설명한 대로 시작 메뉴에서 윈도우 터미널을 실행하고 리눅스 서버에서 윈도우 터미널을 연다.

`git`과 `curl`은 이미 우분투에 설치돼 있다. 나머지 도구는 `apt install`이나 `sdk install` 또는 `curl`과 `install`의 조합을 사용해 설치할 것이다.

### apt install을 이용한 도구 설치

이번 절에서는 `jq`, `siege`, 헬름 및 기타 도구에 필요한 몇 가지 의존성을 설치하겠다.

다음 명령으로 `jq`, `zip`, `unzip`, `siege`를 설치한다.

```
sudo apt update
sudo apt install -y jq
sudo apt install -y zip
sudo apt install -y unzip
sudo apt install -y siege
```

헬름을 설치하려면 다음 명령을 실행한다.

```
curl -s https://baltocdn.com/helm/signing.asc | \
  gpg --dearmor | sudo tee /usr/share/keyrings/helm.gpg > /dev/null
sudo apt-get install apt-transport-https --yes
echo "deb [arch=$(dpkg --print-architecture) \
  signed-by=/usr/share/keyrings/helm.gpg] \
  https://baltocdn.com/helm/stable/debian/ all main" | \
  sudo tee /etc/apt/sources.list.d/helm-stable-debian.list
sudo apt-get update
sudo apt install -y helm
```

### SDKMan을 이용한 자바와 스프링 부트 CLI 설치

자바와 스프링 부트 CLI를 설치하기 위해 SDKMan(`https://sdkman.io`)을 사용하겠다. 다음 명령으로 SDKMan을 설치한다.

```
curl -s "https://get.sdkman.io" | bash
source "$HOME/.sdkman/bin/sdkman-init.sh"
```

다음 명령으로 SDKMan이 올바르게 설치됐는지 확인한다.

```
sdk version
```

그럼 다음과 같은 내용이 출력될 것이다.

```
SDKMAN!
script: 5.19.0
native: 0.7.4 (linux x86_64)
```

자바의 경우 아래의 두 가지 OpenJDK 배포판을 설치한다.

- Eclipse Temurin: 23장 '자바 마이크로서비스의 네이티브 컴파일'을 제외한 모든 장에서 사용되는 순수 OpenJDK 배포판
- Oracle GraalVM: 23장에서 사용되는 네이티브 이미지 컴파일러가 포함된 OpenJDK 배포판

> 여러 OpenJDK 배포판이 존재하는 배경을 이해하는 데 관심이 있다면 다음 블로그 글을 추천한다.
>
> https://bell-sw.com/announcements/2022/02/24/java-licensing-changes-in-2021/

다음 명령을 실행해 두 자바 배포판을 설치한다.

```
sdk install java 24-tem
sdk install java 24-graalce
```

자바 배포판을 기본값으로 설정할지 묻는 질문에 Temurin에는 yes를, GraalVM에는 no로 답한다. 이렇게 하면 새 터미널 창을 열 때 Temurin 배포판이 사용된다.

GraalVM의 네이티브 이미지 컴파일러는 다음 명령으로 설치할 수 있는 일부 라이브러리에 의존한다.

```
sudo apt install -y build-essential zlib1g-dev
```

마지막으로 스프링 부트 CLI를 설치한다.

```
sdk install springboot 3.5.0
```

### curl과 install을 이용한 기타 도구 설치

마지막으로 `curl`을 사용해 실행 파일을 다운로드하고 `kubectl`, `minikube`, `istioctl`을 설치하겠다. 다운로드가 완료되면 `install` 명령으로 파일을 파일 시스템의 적절한 위치에 복사하고 소유자와 접근 권한이 올바르게 구성됐는지 확인하겠다. 이러한 도구의 경우 서로 호환되는 버전, 특히 지원되는 쿠버네티스 버전을 설치하는 것이 중요하다. 무조건 최신 버전을 설치하고 업그레이드하면 서로 호환되지 않는 버전의 미니큐브, 쿠버네티스, 이스티오가 설치될 수 있다.

> 이스티오와 관련해서 지원되는 쿠버네티스 버전에 대해서는 아래 URL을 참고한다.
>
> https://istio.io/latest/about/supported-releases/#support-status-of-istio-releases
>
> 미니큐브의 경우 아래 URL을 참고한다.
>
> https://minikube.sigs.k8s.io/docs/handbook/config/#selecting-a-kubernetes-version

이 책에 사용된 kubectl 버전을 설치하려면 다음 명령을 실행한다.

```
curl -LO "https://dl.k8s.io/release/v1.32.0/bin/linux/amd64/kubectl"
sudo install -o root -g root -m 0755 kubectl /usr/local/bin/kubectl
rm kubectl
```

이 책에 사용된 minikube 버전을 설치하려면 다음 명령을 실행한다.

```
curl -LO https://storage.googleapis.com/minikube/releases/v1.35.0/minikube-linux-amd64
sudo install -o root -g root -m 0755 minikube-linux-amd64 /usr/local/bin/minikube
rm minikube-linux-amd64
```

이 책에 사용된 istioctl 버전을 설치하려면 다음 명령을 실행한다.

```
curl -L https://istio.io/downloadIstio | ISTIO_VERSION=1.24.2 TARGET_ARCH=x86_64 sh -
sudo install -o root -g root -m 0755 istio-1.24.2/bin/istioctl /usr/local/bin/istioctl
rm -r istio-1.24.2
```

이제 도구가 설치됐으므로 예상대로 설치됐는지 확인할 수 있다.

### 설치 확인

도구 설치를 확인하려면 다음 명령을 실행해 각 도구의 버전을 출력한다.

```
git version && \
docker version -f json | jq -r .Client.Version && \
java -version 2>&1 | grep "openjdk version" && \
curl --version | grep "curl" | sed 's/(.*//' && \
jq --version && \
spring --version && \
siege --version 2>&1 | grep SIEGE && \
helm version --short && \
kubectl version --client -o json | \
  jq -r .clientVersion.gitVersion && \
minikube version | grep "minikube" && \
istioctl version --remote=false
```

그럼 다음과 같은 버전 정보가 표시될 것이다.

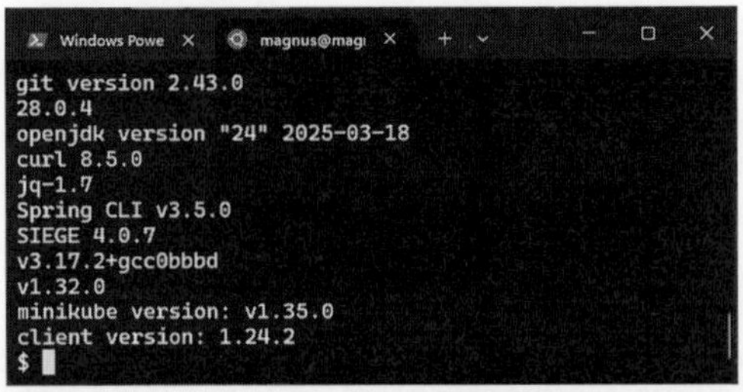


**그림 22.4** WSL 2의 리눅스 서버에 사용된 버전

도구를 설치 및 확인했으므로 이제 소스코드를 다운로드하는 방법을 살펴보자.

## 소스코드 다운로드

이 책의 소스코드는 깃허브 저장소인 `https://github.com/wikibook/spring-microservice`에서 확인할 수 있다.

WSL 2의 리눅스 서버에서 이 책에 설명된 명령을 실행하려면 소스코드를 폴더에 다운로드하고 해당 폴더를 가리키는 환경변수인 `$BOOK_HOME`을 설정한다. 명령 예시는 다음과 같다.

```
export BOOK_HOME=~/spring-microservice
git clone https://github.com/wikibook/spring-microservice.git $BOOK_HOME
```

비주얼 스튜디오 코드에서 WSL 2의 리눅스 서버에 다운로드한 소스코드에 접근하려면 다음 명령을 실행한다.

```
cd $BOOK_HOME
code .
```

비주얼 스튜디오 코드에서 소스코드를 확인할 수 있는 창이 열릴 것이다. 메뉴의 **Terminal → New Terminal**에서 리눅스 서버에서 bash 명령을 실행하기 위한 터미널 창을 열 수도 있다. 비주얼 스튜디오 코드의 화면은 다음과 같은 모습일 것이다.

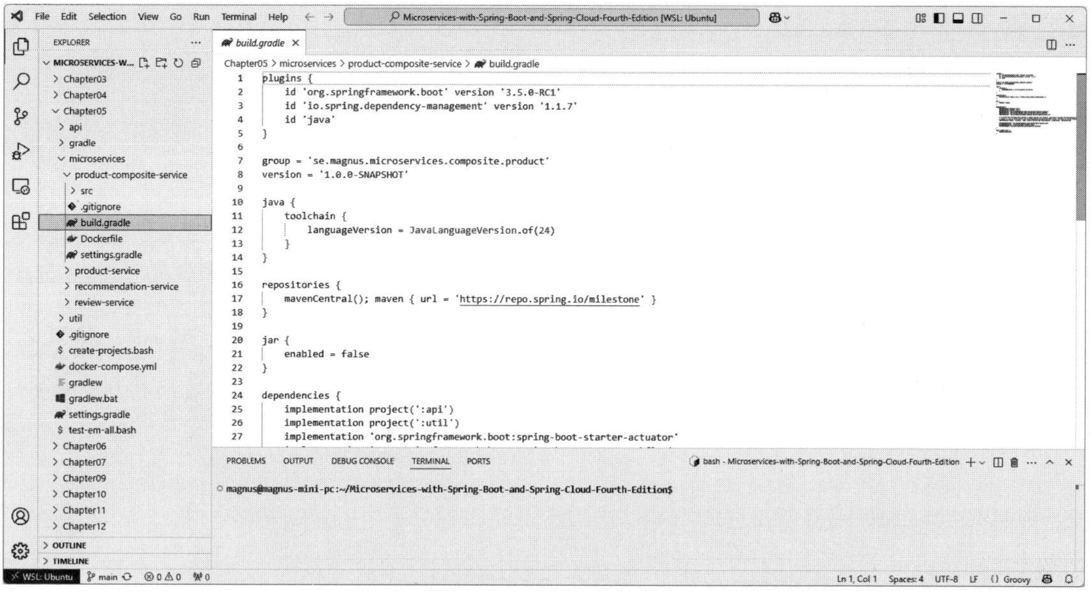

**그림 22.5** 비주얼 스튜디오 코드에서 리눅스 서버의 파일 열기

자바 소스코드는 자바 SE 8용으로 작성됐으며, 도커 컨테이너에서 실행될 때 자바 SE 24 JRE를 사용한다. 다음과 같은 버전의 스프링이 사용된다.

- 스프링 프레임워크: 6.2.6
- 스프링 부트: 3.5.0
- 스프링 클라우드: 2025.0.0

각 장의 코드 예제는 모두 `$BOOK_HOME/ChapterNN`의 소스코드에서 가져온 것이다. 여기서 `NN`은 장 번호다. 책에 실린 상당수의 코드 예제는 주석, 임포트문, 로그 문과 같은 관련 없는 소스코드 부분을 생략하기 위해 편집했다.

## 코드 구조

각 장의 소스코드는 다른 프로젝트에서 사용하는 몇 가지 라이브러리 프로젝트와 함께 각 마이크로서비스와 스프링 클라우드 서비스에 대해 하나씩, 여러 자바 프로젝트로 구성돼 있다. 14장에는 가장 많은 수의 프로젝트가 포함돼 있다. 프로젝트 구조는 다음과 같다.

```
├── api
├── microservices
│   ├── product-composite-service
│   ├── product-service
│   ├── recommendation-service
│   └── review-service
├── spring-cloud
│   ├── authorization-server
│   ├── config-server
│   ├── eureka-server
│   └── gateway
└── util
```

모든 프로젝트는 그레이들로 빌드했으며, 다음과 같은 표준 그레이들 파일 구조를 따른다.

```
├── build.gradle
├── settings.gradle
└── src
    ├── main
    │   ├── java
    │   └── resources
    └── test
        ├── java
        └── resources
```

그레이들 프로젝트를 구성하는 방법에 대한 자세한 내용은 `https://docs.gradle.org/current/userguide/organizing_gradle_projects.html`을 참고한다.

## 정리

이번 장에서는 WSL 2와 윈도우 환경에서 이 책의 실습에 필요한 도구를 설치, 구성, 확인하는 방법을 배웠다. 이 책에서는 개발을 위해 `git`, 도커, 자바, 스프링을 사용하며, 런타임에 마이크로서비스를 배포할 쿠버네티스 환경을 만들기 위해 미니큐브, 헬름, `kubectl`, `istioctl`을 사용한다. 마지막으로 마이크로서비스가 런타임에 예상대로 작동하는지 확인하기 위한 테스트를 실행하기 위해 `curl`, `jq`, `siege`를 사용할 것이다.

또한 깃허브의 소스코드를 다운로드하는 방법과 소스코드의 구조에 대해서도 배웠다.

다음 장이자 마지막 장에서는 마이크로서비스를 네이티브 컴파일해서 구동 시간을 1초 미만으로 줄이는 방법을 배운다.

# 23

# 자바 마이크로서비스의 네이티브 컴파일

이번 장에서는 마이크로서비스에서 자바 소스코드를 **네이티브 이미지(Native Image)**라고 하는 바이너리 실행 파일로 컴파일하는 법을 배운다. 네이티브 이미지는 자바 VM을 사용할 때보다 훨씬 빠르게 구동되고 메모리도 적게 소비한다. 여기서는 스프링 프레임워크 6에서 도입된 **스프링 AOT** 엔진과 GraalVM 프로젝트 및 GraalVM 프로젝트의 **네이티브 이미지 컴파일러**를 사용하는 방법을 배우겠다.

이번 장에서는 다음과 같은 주제를 다룬다.

- 자바 소스코드를 네이티브 컴파일해야 하는 경우
- GraalVM 프로젝트와 스프링의 AOT 엔진 소개
- 네이티브 컴파일과 관련된 문제 해결
- 네이티브 이미지의 테스트와 컴파일
- 도커 컴포즈를 이용한 테스트
- 쿠버네티스를 이용한 테스트

> 스프링 프레임워크 6과 스프링 부트 3은 스프링 부트 애플리케이션의 네이티브 실행 파일 빌드를 GA(General Availability) 버전에서 지원하지만 아직까지는 초기 단계로 간주해야 한다. 이번 장을 집필할 때 이 책의 마이크로서비스를 네이티브 컴파일하는 동안 많은 함정이 발견됐다. 이번 장에서 다루는 네이티브 컴파일은 흥미로운 주제지만 아직 완전히 성숙한 기술은 아니며 책의 다른 내용과 직접적인 연관성이 없어 마지막 장에 배치했다.

## 기술적 요구사항

이 책에서 사용하는 도구를 설치하는 방법과 이 책의 소스코드를 내려받는 방법은 다음을 참고한다.

- 21장 'macOS용 설치 안내'
- 22장 'WSL 2 및 우분투가 탑재된 마이크로소프트 윈도우용 설치 안내'

이번 장의 모든 코드 예제는 `$BOOK_HOME/Chapter23`의 소스코드에서 가져왔다.

이번 장에서 마이크로서비스를 네이티브 컴파일할 수 있도록 소스코드에 적용된 변경 사항을 보려면 20장 '마이크로서비스 모니터링'의 소스코드와 비교하면 된다. 선호하는 코드 비교 도구를 사용해 `$BOOK_HOME/Chapter20`과 `$BOOK_HOME/Chapter23` 폴더를 비교하면 된다.

## 자바 소스코드를 네이티브 컴파일해야 하는 경우

자바는 우수한 크로스 플랫폼 지원, 즉 **한 번 빌드하면 어디서나 실행할 수 있는(build-once-run-anywhere)** 특징으로 유명하다. 자바 소스코드는 컴파일되고 나면 바이트코드로 변환된다. 실행 시 자바 VM은 JIT(Just in Time) 컴파일러를 사용해 바이트코드를 대상 플랫폼용 실행 코드로 변환한다. 이 과정은 시간이 걸리므로 자바 프로그램이 구동되는 것을 느리게 만든다. 마이크로서비스 시대 이전에는 자바 컴포넌트가 일반적으로 자바 EE 서버와 같은 애플리케이션 서버에서 실행됐다. 자바 컴포넌트가 배포되고 나면 오랫동안 실행되어 초기의 긴 구동 시간은 크게 문제되지 않았다.

마이크로서비스의 도입으로 이 같은 관점이 바뀌었다. 마이크로서비스에는 더 자주 빠르게 업그레이드할 수 있고, 사용량에 따라 마이크로서비스 인스턴스를 신속하게 확장하고 축소할 수 있다. 또 하나는 **제로 확장(scale-to-zero)**이 가능하다는 것이다. 즉, 마이크로서비스를 사용하지 않을 때는 인스턴스를 전혀 실행하지 않아야 한다는 것이다. 사용하지 않는 마이크로서비스에는 하드웨어 자원을 할당해서는 안 되며, 특히 클라우드 환경에서는 불필요한 런타임 비용이 발생하지 않게 해야 한다. 이러한 기대를 충족하려면 마이크로서비스 인스턴스를 신속하게 구동하는 것이 중요하다.

또한 컨테이너를 사용하면 애플리케이션 자체에 내장된 크로스 플랫폼 지원 기능의 중요성이 줄어든다. 그 대신 도커를 사용해 여러 플랫폼(예: `arm64`와 `amd64`(`x86_64`라고도 함)에서 구동되는 리눅스)을 지원하거나 윈도우와 리눅스에서 실행할 수 있는 도커 이미지를 빌드할 수 있다. 자세한 내용은 `https://docs.docker.com/build/building/multi-platform/`을 참고한다. 멀티 플랫폼 지원 기능이 탑재된 도커 이미지의 예는 이 책에서 사용되는 OpenJDK 도커 이미지인 `https://hub.docker.com/_/eclipse-temurin/tags`를 참고한다.

> 자바 프로그램의 구동 시간을 크게 단축할 수 있다면 다른 활용 사례도 생각해볼 수 있다. 예를 들면, AWS Lambda, Azure Functions, Google Cloud Functions 같은 플랫폼을 활용해 자바 기반의 Function-as-a-Service(FaaS) 솔루션을 개발하는 것 등이 있다. 또한 자바로 CLI 도구를 개발하는 것도 실현 가능해진다.

이러한 요소가 결합되어 마이크로서비스의 빠른 구동이 크로스 플랫폼을 지원하는 것보다 더 중요한 요구사항이 된다. 이 요구사항은 C나 Go 프로그램을 컴파일하는 것과 같은 방식으로 자바 소스코드를 빌드할 때 대상 플랫폼의 바이너리 형식으로 컴파일함으로써 해결할 수 있다. 이를 **AOT(Ahead of Time)** 컴파일이라고 한다. 이러한 AOT 컴파일을 수행하기 위해 GraalVM 네이티브 이미지 컴파일러가 사용된다.

> 다음 절에서 보겠지만 GraalVM 네이티브 이미지 컴파일러에는 리플렉션 및 동적 프락시 사용과 관련된 몇 가지 제약사항이 있다. 또한 자바 코드를 바이너리 네이티브 이미지로 컴파일하는 데는 상당한 시간이 걸린다. 이 기술에는 이 같은 장단점이 있다.

자바 소스코드를 네이티브 컴파일하는 것이 언제 중요한지 알아봤으므로 먼저 GraalVM 프로젝트에 관해 살펴보고 이어서 스프링 AOT 엔진을 살펴보자.

## GraalVM 프로젝트 소개

오라클은 GraalVM 프로젝트(`https://www.graalvm.org`)로 알려진 고성능 자바 VM 및 관련 도구를 여러 해 동안 작업해 왔다. **GraalVM**은 2018년 4월에 출시됐지만(`https://medium.com/graalvm/graalvm-in-2018-b5fa7ff3b917`) 이 프로젝트의 시작은 이 주제에 대한 2013년 오라클 랩스(Oracle Labs)의 연구 논문인 'Maxine: An approachable virtual machine for, and in, java'(`https://dl.acm.org/doi/10.1145/2400682.2400689`)에서 출발한다.

> **재미있는 사실:** Maxine VM은 자바로 작성된 **메타 순환**(metacircular) 자바 VM 구현으로 알려져 있다.

GraalVM의 VM은 폴리글랏(polyglot)으로, 자바, 코틀린, 스칼라 같은 기존 자바 VM 언어뿐만 아니라 자바스크립트, C, C++, 루비, 파이썬, 심지어 웹어셈블리(WebAssembly)로 컴파일된 프로그램도 지원한다. GraalVM과 관련해서 이 책에서는 GraalVM이 자바 바이트코드를 특정 **운영 체제(OS)** 및 하드웨어 플랫폼(예: 애플 실리콘(`arm64`) macOS 또는 인텔(`amd64`) 리눅스)에 대한 바이너리 실행 코드를 포함하는 네이티브 이미지로 컴파일할 수 있는 **네이티브 이미지** 컴파일러라는 점에 초점을 맞춘다.

네이티브 이미지는 자바 VM 없이 실행할 수 있으며, 여기에는 바이너리 컴파일된 애플리케이션 클래스와 애플리케이션의 의존성에서 필요로 하는 다른 클래스가 포함돼 있다. 또한 가비지 컬렉션, 스레드 스케줄링 등을 처리하는 **Substrate VM**이라는 런타임 시스템도 포함한다.

네이티브 컴파일러는 네이티브 이미지를 빌드하기 위해 폐세계 가설(closed-world assumption)을 기반으로 한 정적 코드 분석을 수행하는데, 이는 런타임에 호출될 수 있는 모든 바이트코드가 빌드 시점 동안 도달 가능해야 한다는 것을 의미한다. 따라서 AOT 컴파일 중에 사용할 수 없었던 클래스를 런타임에 로드하거나 생성하는 것은 불가능하다.

이러한 제약을 극복하기 위해 GraalVM 프로젝트는 **도달 가능성 메타데이터(reachability metadata)**를 제공할 수 있는 네이티브 컴파일러용 구성 옵션을 제공한다. 이 구성을 사용하면 런타임의 프락시 클래스 생성과 같은 리플렉션 및 동적 기능의 사용 여부를 기술할 수 있다. 자세한 내용은 `https://www.graalvm.org/latest/reference-manual/native-image/metadata/`를 참고한다. 이번 장 후반부에서 도달 가능성 메타데이터를 생성하는 다양한 방법을 배운다.

GraalVM 네이티브 이미지 컴파일러는 네이티브 이미지 CLI 명령을 사용하거나 메이븐 또는 그레이들 빌드를 통해 실행할 수 있다. GraalVM은 메이븐과 그레이들 플러그인을 모두 제공한다. 이번 장에서는 그레이들 플러그인을 사용하겠다.

GraalVM을 소개했으니 이제 스프링의 AOT 엔진에 대해 알아보자.

## 스프링 AOT 엔진 소개

스프링 팀도 스프링 애플리케이션의 네이티브 컴파일을 지원하기 위해 오랫동안 작업해 왔다. 2021년 3월, 18개월의 작업 끝에 실험적인 **스프링 네이티브** 프로젝트가 베타 버전을 출시했다[1]. 스프링 네이티브 프로젝트의 경험을 바탕으로 스프링 프레임워크 6과 스프링 부트 3에서 네이티브 이미지 빌드를 공식적으

1 `https://spring.io/blog/2021/03/11/announcing-spring-native-beta`

로 지원하기 시작했다[2]. 실제 네이티브 컴파일을 수행하기 위해 스프링은 내부적으로 GraalVM의 네이티브 이미지 컴파일러를 사용한다.

가장 중요한 기능은 스프링의 새로운 **AOT 엔진**으로, 빌드 시점에 스프링 부트 애플리케이션을 분석하고 GraalVM 네이티브 이미지 컴파일러에 필요한 초기화 소스코드와 도달 가능성 메타데이터를 생성한다.

**AOT 생성 코드(AOT-generated code)**라고도 하는 생성된 초기화 소스코드는 자바 VM을 사용할 때 수행되는 리플렉션 기반 초기화를 대체함으로써 런타임에 리플렉션 및 프락시 클래스 생성과 같은 동적 기능이 대부분 필요하지 않게 만든다.

이러한 AOT 처리가 수행될 때는 GraalVM 네이티브 이미지 컴파일러와 동일한 방식으로 폐세계 가설이 적용된다. 즉, 빌드 시점에 도달할 수 있는 스프링 빈과 클래스만 AOT 생성 코드와 도달 가능성 메타데이터에 표현된다. 이때 `@Profile`이나 `@ConditionalOnProperty` 애너테이션을 통해 특정 프로파일이 설정됐거나 일부 조건이 충족되는 경우에만 생성되는 스프링 빈에 특별한 주의를 기울여야 한다. 이러한 프로파일과 조건은 빌드 시점에 설정해야 한다. 그렇지 않으면 이러한 스프링 빈이 네이티브 이미지에 표현되지 않는다.

AOT 엔진은 분석을 수행하기 위해 애플리케이션의 소스코드를 스캔해서 찾을 수 있는 모든 스프링 빈에 대한 빈 정의를 생성한다. 그러나 스프링 빈을 인스턴스화(애플리케이션 구동한다는 것을 의미하는)하는 대신 스프링 빈을 인스턴스화하는 해당 초기화 코드를 생성한다. 동적 기능을 사용하는 모든 경우에 대해서도 필요한 도달 가능성 메타데이터를 생성한다.

스프링 부트 애플리케이션의 소스코드로부터 네이티브 이미지를 생성하는 과정은 다음과 같은 데이터 흐름 다이어그램으로 요약할 수 있다.

---

2 https://spring.io/blog/2023/02/23/from-spring-native-to-spring-boot-3

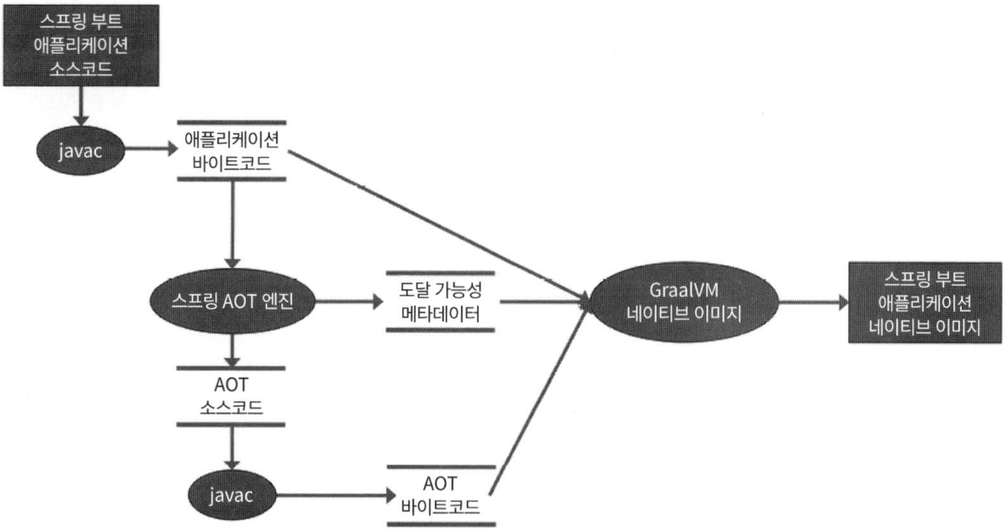


**그림 23.1** 네이티브 이미지 생성을 설명하는 데이터 흐름 다이어그램

네이티브 이미지 생성은 다음과 같은 단계를 거친다.

1. 애플리케이션의 소스코드는 자바 컴파일러에 의해 바이트코드로 컴파일된다.
2. 스프링의 AOT 엔진은 폐세계 가설하에 코드를 분석하고, AOT 소스코드와 도달 가능성 메타데이터를 생성한다.
3. AOT 생성 코드는 자바 컴파일러를 사용해 바이트코드로 컴파일된다.
4. 애플리케이션의 바이트코드는 AOT 엔진에 의해 생성된 도달 가능성 메타데이터 및 바이트코드와 함께 네이티브 이미지를 생성하는 GraalVM의 네이티브 이미지 컴파일러로 전송된다.

스프링 부트 3에서 GraalVM 네이티브 이미지 생성을 지원하는 방법에 대한 자세한 내용은 `https://docs.spring.io/spring-boot/reference/packaging/native-image/index.html`을 참고한다.

네이티브 이미지를 빌드하는 방법에는 두 가지가 있다.

- **현재 OS용 네이티브 이미지 생성**

  첫 번째 방법은 그레이들의 `nativeImage` 태스크를 사용하는 것이다. 설치된 GraalVM 네이티브 이미지 컴파일러를 사용해 현재 OS 및 하드웨어 아키텍처용 실행 파일을 생성한다. `nativeImage` 태스크는 빌드 파일에 GraalVM의 그레이들 플러그인이 선언돼 있으면 사용할 수 있다.

- **도커 이미지로 네이티브 이미지 생성**

  두 번째 방법은 기존 그레이들 태스크인 `bootBuildImage`를 사용해 도커 이미지를 생성하는 것이다. 빌드 파일에 GraalVM의 그레이들 플러그인이 선언된 경우 `bootBuildImage` 태스크는 자바 VM과 함께 사용되는 애플리케이션의

JAR 파일이 포함된 도커 이미지 대신 네이티브 이미지가 포함된 도커 이미지를 생성한다. 네이티브 이미지는 도커 컨테이너에서 빌드되므로 리눅스용으로 빌드된다. 이는 `bootBuildImage` 태스크를 사용할 때 GraalVM 네이티브 이미지 컴파일러를 설치할 필요가 없음을 의미하기도 한다. 이 태스크는 내부적으로 `Dockerfile` 대신 **빌드팩(buildpack)**을 사용해 도커 이미지를 생성한다.

> 빌드팩 개념은 2011년에 헤로쿠에서 처음으로 도입했다. 2018년에 피보탈과 헤로쿠에 의해 Cloud Native Buildpacks 프로젝트(`https://buildpacks.io`)가 만들어졌고, 그 해 하반기에 CNCF에 합류됐다.
>
> 좀 더 공식적으로 말하자면 빌드팩은 OCI 이미지 형식 명세(OCI Image Format Specification, `https://github.com/opencontainers/image-spec/blob/master/spec.md`)에 따라 **OCI 이미지**를 생성한다. OCI 명세는 도커의 이미지 형식을 기반으로 하므로 형식이 매우 유사하며, 둘 모두 컨테이너 엔진에서 지원된다.

스프링 부트는 OCI 이미지를 생성하기 위해 **파케토(Paketo)** 프로젝트의 빌드팩을 사용한다. 이와 관련된 자세한 내용은 `https://docs.spring.io/spring-boot/reference/packaging/container-images/cloud-native-buildpacks.html`과 `https://paketo.io/docs/builders`를 참고한다.

로컬 OS용 `nativeImage` 태스크로 네이티브 이미지를 생성하는 것이 도커 이미지를 생성하는 것보다 빠르다. 따라서 `nativeImage` 태스크를 사용해 처음에 네이티브 이미지 빌드가 성공하는지 빠르게 확인할 수 있다. 그러나 작업이 끝나면 네이티브 이미지가 포함된 도커 이미지를 생성하는 것이 도커 컴포즈나 쿠버네티스와 함께 네이티브 컴파일된 마이크로서비스를 테스트하는 데 가장 유리하다.

네이티브 컴파일에 도움이 되는 여러 도구와 프로젝트를 사용할 수 있다. 다음 절에서는 이를 간략하게 살펴보고, '네이티브 이미지의 테스트와 컴파일' 절에서는 이러한 도구의 사용법을 배운다.

## 네이티브 컴파일과 관련된 문제 해결

앞에서 언급했듯이 스프링 부트 애플리케이션의 네이티브 컴파일은 아직 주류가 아니다. 따라서 실제로 애플리케이션에서 사용할 때 문제가 발생할 가능성이 있다. 이번 절에서는 이러한 문제를 해결하는 데 활용할 수 있는 몇 가지 프로젝트와 도구를 살펴보겠다. 이러한 도구의 사용 예를 아래 절에서 확인할 수 있다.

다음과 같은 프로젝트와 도구를 사용해 스프링 부트 애플리케이션의 네이티브 컴파일 문제를 처리할 수 있다.

- **스프링 AOT 스모크 테스트**

  이 프로젝트에는 다양한 스프링 프로젝트가 네이티브 컴파일될 때 작동하는지 검증하는 테스트 스위트가 포함돼 있다. 스프링 기능의 네이티브 컴파일과 관련된 문제가 발생할 때마다 이 프로젝트에서 해결책을 찾아보는 것이 좋다. 또한 스프링 프로젝트의 네이티브 컴파일과 관련된 문제를 보고하려는 경우 이 프로젝트의 테스트를 사용해 재현 가능한 방식으로 문제를 시연할 수 있다. 프로젝트는 `https://github.com/spring-projects/spring-aot-smoke-tests`에서 확인할 수 있다. 테스트 결과는 스프링의 CI 환경에서 찾을 수 있다. 예를 들어, 다양한 스프링 클라우드 프로젝트의 테스트는 `https://spring-asa-aot-smoke-tests-dashboard.azuremicroservices.io/#cloud`에서 확인할 수 있다.

- **GraalVM 도달 가능성 메타데이터 저장소**

  이 프로젝트에는 아직 네이티브 컴파일을 직접적으로 지원하지 않는 다양한 오픈소스 프로젝트의 도달 가능성 메타데이터가 포함돼 있다. GraalVM 커뮤니티에서 도달 가능성 메타데이터를 제출할 수 있으며, 프로젝트 팀의 검토를 거쳐 승인된다. GraalVM의 그레이들 플러그인은 이 프로젝트에서 도달 가능성 메타데이터를 자동으로 조회하고 네이티브 컴파일 시에 추가한다. 자세한 내용은 `https://graalvm.github.io/native-build-tools/0.10.6/gradle-plugin.html#metadata-support`를 참고한다.

- **자바 VM을 이용한 AOT 생성 코드 테스트**

  스프링 부트 애플리케이션의 네이티브 컴파일에는 몇 분이 걸리므로 자바 VM에서 스프링 AOT 엔진이 생성한 초기화 코드를 먼저 시험해 보는 것도 좋은 방법이다. 일반적으로 AOT 생성 코드는 자바 VM을 사용할 때 무시되지만 시스템 프로퍼티인 `spring.aot.enabled`를 `true`로 설정해 변경할 수 있다. 이는 애플리케이션의 일반적인 리플렉션 기반 초기화가 생성된 초기화 코드 실행으로 대체된다는 것을 의미한다. 이는 생성된 초기화 코드가 예상대로 작동하는지 빠르게 확인하는 데 사용할 수 있다. 또 다른 긍정적인 효과는 애플리케이션이 약간 더 빨리 구동된다는 것이다.

- **사용자 정의 힌트 제공**

  애플리케이션에서 사용자 정의 도달 가능성 메타데이터가 필요하다면 'GraalVM 프로젝트 소개' 절에서 설명한 대로 JSON 파일로 제공할 수 있다. 스프링은 이러한 JSON 파일 대신 사용할 수 있는 방법으로 `@RegisterReflectionForBinding` 애너테이션을 사용하거나 클래스에서 `RuntimeHintsRegistrar` 인터페이스(`@ImportRuntimeHints` 애너테이션으로 활성화할 수 있는)를 구현하는 방법을 제공한다. `@RegisterReflectionForBinding` 애너테이션이 사용하기가 더 쉽지만 `RuntimeHintsRegistrar` 인터페이스를 구현하면 힌트를 완전하게 제어할 수 있다.

  GraalVM JSON 파일을 사용하는 것에 비해 스프링의 사용자 정의 힌트를 사용했을 때의 한 가지 중요한 이점은 사용자 정의 힌트가 타입 안전하고 컴파일러에 의해 검사된다는 점이다. GraalVM JSON 파일에서 참조되는 엔티티의 이름을 변경했지만 JSON 파일을 업데이트하지 않으면 해당 메타데이터가 손실된다. 이로 인해 GraalVM 네이티브 이미지 컴파일러가 네이티브 이미지 생성에 실패하게 된다. 사용자 정의 힌트를 사용할 때 엔티티의 이름이 변경되면 사용자 정의 힌트가 더 이상 유효하지 않아 소스코드가 컴파일되지 않는다. 일반적으로 IDE는 엔티티의 이름이 변경되자마자 사용자 정의 힌트가 더 이상 유효하지 않다고 즉시 알려준다.

- **네이티브 테스트 실행**

  자바 VM에서 AOT 생성 코드를 테스트하면 네이티브 컴파일의 작동 여부를 빠르게 확인할 수 있지만 완전한 검증을 위해서는 애플리케이션의 네이티브 이미지를 생성해서 테스트해야 한다. 네이티브 이미지 생성, 애플리케이션 시작, 마지막으로 일부 테스트를 수동으로 실행하는 방식은 매우 느리고 오류가 발생하기 쉽다. 이 프로세스에 대한 매력적인 대안은 **네이티브 테스트**를 실행하는 것인데, 이 경우 스프링의 그레이들 플러그인이 자동으로 네이티브 이미지를 생성한 다음, 애플리케이션의 프로젝트에 정의된 JUnit 테스트를 네이티브 이미지를 사용해서 실행한다. 네이티브 컴파일로 인해 여전히 시간이 걸리겠지만 프로세스가 완전히 자동화되고 반복 가능해진다. 네이티브 테스트가 예상대로 실행되는 것을 확인하고 나면 자동 실행을 위해 CI 빌드 파이프라인에 배치할 수 있다. 네이티브 테스트는 다음 명령을 사용해 그레이들로 구동할 수 있다.

  ```
  gradle nativeTest
  ```

- **GraalVM의 트레이싱 에이전트 사용**

  애플리케이션에 필요한 도달 가능성 메타데이터나 사용자 정의 힌트를 파악하기 어렵다면 GraalVM의 트레이싱 에이전트가 도움이 될 수 있다. 자바 VM에서 애플리케이션을 실행할 때 트레이싱 에이전트를 활성화하면 애플리케이션이 리플렉션, 리소스, 프락시를 사용하는 방식을 기반으로 도달 가능성 메타데이터를 수집할 수 있다. 이는 JUnit 테스트와 함께 실행되는 경우 특히 유용한데, 필요한 도달 가능성 메타데이터 수집이 자동화되고 반복 가능해지기 때문이다.

이렇게 해서 도구를 소개하고, 예상되는 주요 문제들을 처리하는 방법을 설명했으므로 소스코드에서 네이티브 컴파일에 필요한 변경 사항이 무엇인지 알아보자.

## 소스코드의 변경 사항

마이크로서비스의 자바 소스코드를 네이티브 실행 이미지로 컴파일하기에 앞서 소스코드를 약간 업데이트해야 한다. 마이크로서비스를 네이티브 컴파일할 수 있도록 소스코드에 다음과 같은 변경 사항을 적용했다.

- 그레이들 빌드 파일인 `build.gradle`에 대해 GraalVM 플러그인을 추가하고, 일부 의존성을 조정하고, `bootBuildImage` 명령을 구성하도록 업데이트했다.
- 필요한 도달 가능성 메타데이터와 사용자 지정 힌트를 추가했다.
- 빌드 시점에 필요한 스프링 빈이 AOT 처리 중에 도달 가능하도록 빌드 시점 프로퍼티 파일을 추가했다.
- 네이티브 컴파일된 마이크로서비스가 성공적으로 작동하도록 런타임에 사용되는 일부 프로퍼티를 `config-repo`에 추가했다.

- GraalVM 네이티브 이미지 트레이싱 에이전트를 실행할 수 있도록 구성을 추가했다.
- 도커 이미지에 더 이상 `wget` 명령이 포함되지 않으므로 검증 스크립트인 `test-em-all.bash`를 업데이트했다.
- 클래스 레벨에서 `@DisabledInNativeImage` 애너테이션을 사용해 '네이티브 테스트 실행' 절에서 설명한 대로 모든 테스트를 비활성화했다.
- 네이티브 이미지가 포함된 도커 이미지를 사용하기 위해 두 개의 새로운 도커 컴포즈 파일을 추가했다.
- 시스템 프로퍼티가 마이크로서비스의 `Dockerfile`에 추가되어 AOT 모드를 쉽게 전환할 수 있게 했다. 자바 VM으로 실행할 때 AOT 모드를 비활성화하도록 `ENVIRONMENT` 명령을 업데이트했다. 업데이트된 명령은 다음과 같다.

```
ENTRYPOINT ["java", "-Dspring.aot.enabled=false", "org.springframework.boot.loader.launch.
JarLauncher"]
```

> 환경변수나 프로퍼티 파일에서 `spring.aot.enabled`를 지정하는 것은 효과가 없으며, `java` 명령에서 시스템 프로퍼티로 설정해야 한다는 점에 유의하자.

변경 사항을 하나씩 살펴보고 빌드 파일에 적용된 변경 사항부터 시작하자.

## 그레이들 빌드 파일 업데이트

이번 절에서 설명하는 변경 사항은 별도로 명시하지 않는 한 각 마이크로서비스 프로젝트의 `build.gradle` 파일에 적용돼 있다.

다음과 같은 업데이트가 적용됐다.

- 스프링 AOT 태스크를 활성화하기 위해 GraalVM 플러그인이 추가됐다.

```
plugins {
  ...
  id 'org.graalvm.buildtools.native' version '0.10.6'
}
```

- `bootBuildImage` 태스크는 생성되는 도커 이미지의 이름을 지정하도록 구성됐다. 이전 장과 동일한 이름 규칙을 사용하지만 이미지 이름 앞에 `native-` 접두사가 붙어 기존 도커 이미지와 구분된다. 또한 이미지 메타데이터의 생성 날짜를 현재 타임스탬프로 설정한다. 기본적으로 0으로 설정돼 있으며, 이는 에포크 시간으로 1970년 1월 1일을 의미한다. `product` 마이크로서비스의 경우 구성은 다음과 같다.

```
tasks.named('bootBuildImage') {
    createdDate = "now"
    imageName = "hands-on/native-product-service"
}
```

- https://github.com/spring-projects/spring-boot/issues/33238에 설명된 문제로 인해 jar 태스크가 더 이상 비활성화되지 않는다.

> jar 태스크가 비활성화된 이유가 기억나지 않는다면 3장의 'API 구현' 절을 참고한다.

빌드 파일에 필요한 변경 사항은 이게 전부다. 다음 절에서는 네이티브 컴파일러가 일부 경우에 소스코드를 올바르게 컴파일하는 데 필요한 사항에 대해 살펴본다.

## 도달 가능성 메타데이터 및 사용자 지정 힌트 제공

GraalVM 네이티브 컴파일러가 소스코드를 올바르게 컴파일하기 위해 소스코드를 손봐야 하는 몇 가지 경우가 있다. 첫 번째 경우는 마이크로서비스가 사용하는 JSON 기반 API와 메시지다. JSON 파서인 잭슨(Jackson)은 마이크로서비스가 수신하는 JSON 문서를 기반으로 자바 객체를 생성할 수 있어야 한다. 잭슨은 이 작업을 수행하기 위해 리플렉션을 사용하며, 이를 위해 잭슨이 리플렉션을 적용할 클래스에 대해 네이티브 컴파일러에 알려줘야 한다.

예를 들어, Product 클래스에 대한 네이티브 힌트는 다음과 같다.

```
@RegisterReflectionForBinding({ Event.class, ZonedDateTimeSerializer.class, Product.class})
public class ProductServiceApplication {
```

필요한 모든 사용자 정의 힌트 애너테이션이 각 마이크로서비스의 메인 클래스에 추가됐다.

또한 Jackson은 구동 시 Joda 시간 관련 리소스를 로드하도록 요구한다. GraalVM 네이티브 컴파일러가 이러한 리소스를 유지하도록 RuntimeHintsRegistrar 인터페이스의 구현을 제공한다. 해당 클래스의 가장 핵심적인 부분은 다음과 같다.

```
@Configuration
@ImportRuntimeHints(NativeHintsConfiguration.class)
public class NativeHintsConfiguration implements RuntimeHintsRegistrar {
```

```
  @Override
  public void registerHints(RuntimeHints hints, ClassLoader classLoader) {
    hints.resources().registerPattern("org/joda/time/tz/data/**");
  }
}
```

위 소스코드에서 볼 수 있듯이 `org/joda/time/tz/data` 폴더 및 하위 폴더를 포함해서 해당 폴더에서 발견되는 리소스에 대한 힌트가 등록된다. 또한 이 클래스는 `ImportRuntimeHints` 애너테이션을 사용해 자기 자신을 임포트함으로써 필요한 구성을 제공한다. 각 마이크로서비스에는 마이크로서비스별로 필요한 힌트가 포함된 자체 힌트 등록 클래스가 포함돼 있다.

마지막 사례는 재시도 메커니즘 선언에서 Resilience4J의 리플렉션 사용에 대한 도달 가능성 메타데이터를 제공해야 한다는 것이다. 구성은 다음과 같다.

```
resilience4j.retry:
  instances:
    product:
      maxAttempts: 3
      waitDuration: 1000
      retryExceptions:
        - org.springframework.web.reactive.function.client.WebClientResponseException$InternalSer
verError
```

이 구성은 재시도 메커니즘이 `InternalServerError` 타입의 오류를 재시도할 수 있게 한다. 여기서는 GraalVM 네이티브 이미지 컴파일러에게 이 클래스에 대해 리플렉션을 활성화해야 한다는 사실을 알리기 위해 다음과 같이 `product-composite`의 네이티브 힌트 선언에 추가됐다.

```
@RegisterReflectionForBinding({ ...,
 WebClientResponseException.InternalServerError.class })
```

이렇게 해서 소스코드에 메타데이터와 사용자 정의 힌트를 제공하는 방법을 살펴봤다. 다음으로, AOT 처리 과정에서 빈을 검사해서 적절한 AOT 코드를 생성할 수 있도록 런타임에 필요한 스프링 빈들이 빌드 시점에 존재하도록 보장하는 방법을 알아보겠다.

## application.yml 파일에서 빌드 시점에 스프링 빈 활성화

앞에서 언급했듯이 빌드 시점에 정적 분석을 사용하는 폐세계 가설로 인해 런타임에 필요한 모든 스프링 빈은 빌드 시 접근 가능해야 한다. 그렇지 않으면 런타임에 활성화될 수 없고, 빌드 시 접근 가능하다면 런타임에 구성할 수 있다. 요약하면, `@Profile` 또는 `@ConditionalOnProperty` 애너테이션을 사용해 특정 프로파일이 설정되거나 일부 조건이 충족되는 경우에만 생성되는 스프링 빈을 사용하는 경우 이러한 프로파일과 조건이 빌드 시에도 충족되게 해야 한다는 의미다.

예를 들어, 네이티브 컴파일된 마이크로서비스를 사용할 때 런타임에 별도의 관리 포트를 지정할 수 있으려면 빌드 시 관리 포트가 (표준 포트와 다른) 임의의 포트로 설정돼 있어야 한다. 따라서 각 마이크로서비스의 `src/main/resources` 폴더에는 다음과 같은 항목을 설정하는 `application.yml` 파일이 있어야 한다.

```
# 빌드 시 별도의 관리 포트에 대한 적절한 인프라를
# 스프링 AOT 엔진이 생성하게 하는 데 필요
management.server.port: 9009
```

이를 빌드 시에 지정하면 네이티브 이미지가 생성될 때 `config-repo` 폴더의 프로퍼티 파일을 사용해 런타임에 관리 포트를 원하는 값으로 설정할 수 있다.

다음은 4개의 마이크로서비스에서 사용하는 다양한 스프링 빈에 대해 이러한 유형의 문제를 방지하기 위해 빌드 시점에 `application.yml` 파일에 설정하는 모든 프로퍼티 목록이다.

```
# 네이티브 컴파일 시 Springdoc에서 전달 헤더를 올바르게 처리하는 데 필요
server.forward-headers-strategy: framework

# 빌드 시 별도의 관리 포트, 프로메테우스, K8S 프로브에 대한 적절한 인프라를 스프링 AOT 엔진이 생성하게
하는 데 필요
management.server.port: 9009
management.endpoint.health.probes.enabled: true
management.endpoints.web.exposure.include: health,info,circuitbreakerevents,prometheus

# 스프링 AOT 엔진이 OIDC 발급자에 대한 ReactiveJwtDecoder를 생성하게 하는 데 필요
spring.security.oauth2.resourceserver.jwt.issuer-uri: http://someissuer

# https://github.com/springdoc/springdoc-openapi/issues/1284#issuecomment-1279854219 참고
springdoc.enable-native-support: true
```

```
# 네이티브 컴파일: 네이티브 컴파일을 수행할 때 RabbitMQ를 사용할 것임을 지정
spring.cloud.stream.defaultBinder: rabbit

# 네이티브 컴파일: 카프카를 사용할 때 RabbitMQ의 상태 검사를 비활성화하는 데 필요
# management.health.rabbit.enabled: false

# 네이티브 컴파일: RabbitMQ를 사용할 때 카프카의 상태 검사를 비활성화하는 데 필요
management.health.kafka.enabled: false

# 네이티브 컴파일: 서킷 브레이커의 상태 검사가 제대로 작동하는 데 필요
management.health.circuitbreakers.enabled: true
```

네이티브 컴파일된 마이크로서비스의 경우 런타임에 약간 다른 구성이 필요한 경우도 있을 수 있다. 이를 다음 절에서 다루겠다.

## 업데이트된 런타임 속성

네이티브 컴파일된 이미지를 사용할 때 런타임 속성도 업데이트해야 하는 경우가 있다. 바로 `review` 마이크로서비스에서 사용하는 MySQL 데이터베이스의 연결 문자열이다. 네이티브 이미지에 기본적으로 모든 문자 집합이 표현되는 것은 아니므로 사용 가능한 것으로 하나를 지정해야 한다. 이 책에서는 UTF-8 문자 집합을 사용하겠다. 이를 `config-repo/review.yml`의 모든 MySQL 연결 프로퍼티에 대해 수행한다.

```
spring.datasource.url: jdbc:mysql://localhost/review-db?useUnicode=true&connectionCollation=utf8_g
eneral_ci&characterSetResults=utf8&characterEncoding=utf-8
```

이렇게 해서 빌드 및 런타임 시점 모두에 필요한 프로퍼티 변경 사항을 살펴봤으므로 이어서 GraalVM 네이티브 이미지 트레이싱 에이전트를 구성하는 방법을 알아보자.

## GraalVM 네이티브 이미지 트레이싱 에이전트 구성

도달 가능성 메타데이터나 사용자 정의 힌트를 파악하기 어려운 경우 GraalVM 네이티브 이미지 트레이싱 에이전트를 사용할 수 있다. 앞에서 언급했듯이 런타임에 리플렉션, 리소스, 프락시의 사용을 탐지하고 이를 기반으로 필요한 도달 가능성 메타데이터를 생성할 수 있다.

트레이싱 에이전트가 JUnit 테스트 실행을 관찰할 수 있게 하려면 `build.gradle` 파일의 `test` 섹션에 다음과 같은 `jvmArgs`를 추가하면 된다.

```
tasks.named('test') {
  useJUnitPlatform()
  jvmArgs "-agentlib:native-image-agent=access-filter-file=src/test/resources/access-filter.json,
config-output-dir=src/main/resources/META-INF/native-image"
}
```

이 책의 마이크로서비스에서 트레이싱 에이전트를 사용해 네이티브 컴파일이 작동하도록 만들 필요는 없으므로 이 구성은 빌드 파일에서 주석으로 처리돼 있다.

native-image-agent=access-filter-file 매개변수에는 트레이싱 에이전트가 제외해야 할 자바 패키지와 클래스 목록이 포함된 파일을 지정하는데, 일반적으로 런타임에 사용되지 않는 테스트 관련 클래스다. 예를 들어, product 마이크로서비스의 경우 src/test/resources/access-filter.json 파일은 다음과 같다.

```
{ "rules":
  [
    {"excludeClasses": "org.apache.maven.surefire.**"},
    {"excludeClasses": "net.bytebuddy.**"},
    {"excludeClasses": "org.apiguardian.**"},
    {"excludeClasses": "org.junit.**"},
    {"excludeClasses": "org.gradle.**"},
    {"excludeClasses": "org.mockito.**"},
    {"excludeClasses": "org.springframework.test.**"},
    {"excludeClasses": "org.springframework.boot.test.**"},
    {"excludeClasses": "org.testcontainers.**"},
    {"excludeClasses": "se.magnus.microservices.core.product.MapperTests"},
    {"excludeClasses": "se.magnus.microservices.core.product.MongoDbTestBase"},
    {"excludeClasses": "se.magnus.microservices.core.product.PersistenceTests"},
    {"excludeClasses": "se.magnus.microservices.core.product.ProductServiceApplicationTests"}
  ]
}
```

config-output-dir 매개변수로 지정된 폴더에는 생성된 구성 파일이 들어간다. src/main/resources/META-INF/native-image 폴더는 GraalVM 네이티브 컴파일러가 도달 가능성 메타데이터를 찾는 곳이다.

마지막으로 검증 스크립트가 어떻게 네이티브 이미지를 테스트하도록 수정됐는지 알아보자.

### test-em-all.bash 검증 스크립트의 업데이트

이전 장에서는 `eclipse-temurin`을 도커 이미지의 기본 이미지로 사용했다. 검증 스크립트인 `test-em-all.bash`는 해당 기본 이미지에 포함된 `wget` 명령으로 `product-composite` 컨테이너 내에서 서킷 브레이커 테스트를 실행한다.

> 검증 스크립트는 `product-composite` 컨테이너 내부에서 `wget` 명령을 실행하는데, 서킷 브레이커의 기능을 확인하는 데 사용되는 엔드포인트가 도커의 내부 네트워크 외부에 노출되지 않기 때문이다.

네이티브 컴파일된 마이크로서비스의 경우 도커 이미지에 더 이상 `wget` 명령과 같은 유틸리티 도구가 포함되지 않는다. 이 문제를 해결하기 위해 `auth-server`의 컨테이너에서 `wget` 명령을 실행한다. 이 컨테이너의 도커 이미지는 여전히 `eclipse-temurin`을 기반으로 하므로 필요한 `wget` 명령이 포함돼 있다. 서킷 브레이커의 테스트가 `auth-server`에서 실행되므로 호스트명인 `localhost`가 `product-composite`으로 대체된다.

자세한 사항은 검증 스크립트인 `test-em-all.bash`를 참고한다.

이렇게 해서 소스코드에 필요한 변경 사항을 설명했으므로 이전 절에서 언급한 다양한 도구를 사용해 네이티브 이미지를 테스트하고 생성하는 방법을 알아보자.

## 네이티브 이미지의 테스트와 컴파일

이제 네이티브 이미지를 테스트하고 빌드하기 위한 도구를 사용해 보자.

이번 절에서는 다음과 같은 내용을 다룬다.

- 트레이싱 에이전트 실행
- 네이티브 테스트 실행
- 현재 OS용 네이티브 이미지 생성
- 도커 이미지로 네이티브 이미지 생성

처음 세 개의 도구가 로컬에서 GraalVM과 네이티브 이미지 컴파일러를 필요로 하므로 다음 명령으로 GraalVM 기반의 자바 컴파일로 교체해야 한다.

```
sdk use java 24-graalce
```

## 트레이싱 에이전트 실행

이 책의 마이크로서비스에는 트레이싱 에이전트가 필요하지 않다. 하지만 다른 경우에 필요할 수 있으므로 사용법을 알아두면 도움이 될 것이다. 예를 들어, 특정 마이크로서비스에서 필요로 하는 도달 가능성 메타데이터를 생성하기 위해 트레이싱 에이전트의 도움이 필요한 경우가 있을 수 있다.

트레이싱 에이전트를 사용하려면 다음 단계를 따르면 된다.

1. 마이크로서비스의 `build.gradle` 파일에서 `jvmArgs` 매개변수를 활성화한다(주석을 나타내는 `//`를 제거).
2. `gradle test` 명령을 실행한다. 여기서는 `product` 서비스에 대해 실행한다.

   ```
   cd $BOOK_HOME/Chapter23
   ./gradlew :microservices:product-service:test --no-daemon
   ```

   이것은 일반적인 `gradle test` 명령이지만 메모리 부족을 방지하기 위해 그레이들 데몬 사용을 비활성화한다. 기본적으로 데몬은 힙에 512MB를 사용하도록 제한돼 있는데, 대부분의 경우 트레이싱 에이전트에는 이것만으로는 부족하다.

   > 이 파일의 내용에 대한 자세한 사항은 `https://www.graalvm.org/latest/reference-manual/native-image/metadata/`를 참고한다.

생성된 파일을 살펴본 후 빌드 파일의 `jvmArgs` 매개변수를 다시 주석으로 처리해서 트레이싱 에이전트를 비활성화하고 생성된 파일을 삭제하고 마무리한다.

다음으로 네이티브 테스트를 사용하는 방법을 알아보자.

## 네이티브 테스트 실행

앞에서 설명한 대로 네이티브 테스트를 실행하는 것은 네이티브 이미지 생성 관련 문제를 파악하는 프로세스를 자동화하는 데 매우 유용할 수 있다. 아쉽게도 현재 이 책의 마이크로서비스에는 네이티브 테스트를 사용하는 것을 방해하는 몇 가지 문제가 현재 있다. 따라서 `@DisabledInNativeImage` 애너테이션을 이용해 네이티브 테스트를 실행할 때 일부 테스트를 비활성화했다. 네이티브 테스트를 실행할 때 발생하는 오류는 비활성화된 각 테스트에 대한 애너테이션 옆의 주석에 설명돼 있다. 향후 이러한 문제가 해결되면 @

DisabledInNativeImage 애너테이션을 단계적으로 제거할 수 있으며, 점점 더 많은 테스트가 네이티브 테스트 명령으로 실행될 것이다.

따라서 모든 테스트는 클래스 레벨에서 **@DisabledInNativeImage** 애너테이션을 사용해 네이티브 테스트를 비활성화했다. 이는 여전히 네이티브 테스트 명령을 실행할 수 있고, 모든 네이티브 이미지는 생성되지만 현재 네이티브 이미지에서는 테스트가 실행되지 않는다는 의미다. 이러한 문제가 해결되면 @DisabledInNativeImage 애너테이션을 단계적으로 제거할 수 있으며, 네이티브 테스트 명령에 의해 점점 더 많은 테스트가 실행될 것이다.

4개의 마이크로서비스에 대해 네이티브 테스트를 모두 실행하려면 다음 명령을 실행한다.[3]

```
./gradlew nativeTest
```

특정 마이크로서비스를 테스트하려면 다음과 같은 명령을 실행한다.

```
./gradlew :microservices:product-service:nativeTest
```

각 마이크로서비스를 테스트하고 나면 네이티브 테스트 도구가 다음과 같은 테스트 보고서를 생성한다.

```
Test run finished after 3441 ms
...
[        13 tests found           ]
[         1 tests skipped         ]
[        12 tests started         ]
[         0 tests aborted         ]
[        12 tests successful      ]
[         0 tests failed          ]
```

출력 결과에서 볼 수 있듯이 12개의 네이티브 테스트를 성공적으로 실행하고, 1개의 테스트를 건너뛰었다.

테스트 에이전트와 네이티브 테스트를 다룬 후 네이티브 이미지를 생성하는 방법을 살펴보자.

3 (옮긴이) 아래 명령을 실행했을 때 ProductCompositeServiceApplicationTests 클래스의 테스트가 실패할 경우 다음과 같이 해당 테스트 클래스에 @DisabledInAotMode 애너테이션을 지정해 비활성화할 수 있다.

```
@SpringBootTest
@DisabledInAotMode
class ProductCompositeServiceApplicationTests {
```

## 현재 OS용 네이티브 이미지 생성

네이티브 이미지를 생성하는 첫 번째 방법은 그레이들의 `nativeImage` 명령을 사용하는 것이다. 이 명령은 설치된 GraalVM 네이티브 이미지 컴파일러를 사용해 현재 OS 및 하드웨어 아키텍처용 실행 파일을 생성한다.

이 책에서는 도커와 쿠버네티스를 사용해 마이크로서비스만 테스트할 것이므로 이 명령으로 생성된 네이티브 이미지는 사용하지 않을 것이다. 하지만 `product-composite` 마이크로서비스에서 사용해 보려면 다음 명령을 실행한다.

1. 다음 명령으로 네이티브 이미지를 생성한다.

```
./gradlew microservices:product-composite-service:nativeCompile
```

실행 파일은 `product-composite-service`라는 이름으로 `build/native/nativeCompile` 폴더에 생성된다.

실행 파일은 `file` 명령으로 검사할 수 있다.

```
file microservices/product-composite-service/build/native/nativeCompile/product-composite-se
rvice
```

그럼 다음과 같이 응답할 것이다.

```
...product-composite-service: Mach-O 64-bit executable arm64
```

여기서 `Mach-O`는 파일이 macOS용으로 컴파일됐음을 나타내고 `arm64`는 애플 실리콘용으로 컴파일됐음을 나타낸다.

2. 실행 파일을 시험해 보려면 필요한 리소스를 수동으로 구동해야 한다. 이 경우에는 구동하는 데 필요한 RabbitMQ만 있으면 된다. 다음 명령으로 구동한다.

```
docker compose up -d rabbitmq
```

3. 이제 터미널에서 도커 컴포즈 파일에 제공된 것과 동일한 환경변수를 지정해서 네이티브 이미지를 구동할 수 있다.

```
SPRING_RABBITMQ_USERNAME=rabbit-user-prod \
SPRING_RABBITMQ_PASSWORD=rabbit-pwd-prod \
SPRING_CONFIG_LOCATION=file:config-repo/application.yml,file:config-repo/product-composite.
yml \
microservices/product-composite-service/build/native/nativeCompile/product-composite-service
```

그럼 빠르게 구동될 것이며, 다음과 같은 내용이 로그로 출력될 것이다.

```
Started ProductCompositeServiceApplication in 0.543 seconds
```

4. 라이브니스 프로브를 호출해서 시험해 보자.

```
curl localhost:4004/actuator/health/liveness
```

5. 다음과 같은 응답이 반환될 것이다.

```
{"status":"UP"}
```

6. Ctrl + C를 눌러 실행을 중지하고 다음 명령으로 RabbitMQ 컨테이너를 중지한다.

```
docker compose down
```

이 방법이 네이티브 이미지를 생성하는 가장 빠른 방법이지만 이 책에서 다루는 범위를 감안하면 그다지 유용하지 않다. 대신 리눅스용으로 빌드해서 도커 컨테이너에 배치해야 한다. 다음 절로 넘어가서 그 방법을 알아보자.

## 네이티브 이미지를 도커 이미지로 생성

이제 마이크로서비스의 네이티브 이미지가 포함된 도커 이미지를 빌드할 차례다. 다음 단계를 진행한다.

1. 이것은 매우 리소스를 많이 요구하는 프로세스다. 따라서 먼저 도커 데스크톱이 메모리 부족 오류를 겪지 않도록 최소 10GB의 메모리를 확보해야 한다.

> 빌드가 실패하고 `<container-name> exited with code 137`과 같은 오류 메시지가 표시되면 도커에서 메모리가 부족한 것이다.

2. 컴퓨터의 메모리가 32GB 미만인 경우 `minikube` 인스턴스를 중지해서 컴퓨터에서 메모리 부족이 발생하지 않게 하는 것이 좋다. 다음 명령을 사용한다.

```
minikube stop
```

3. 도커 클라이언트가 도커 데스크톱과 통신하고 `minikube` 인스턴스와 통신하지는 않는지 확인한다.

```
eval $(minikube docker-env -u)
```

4. 다음 명령을 실행해 `product` 서비스를 컴파일한다.

```
./gradlew :microservices:product-service:bootBuildImage --no-daemon
```

> 컴파일하는 데 시간이 다소 걸릴 것이다. 이 명령은 네이티브 컴파일을 수행하기 위해 도커 컨테이너를 구동한다. 처음 실행할 경우 도커에서 사용할 GraalVM 네이티브 컴파일러도 다운로드하므로 컴파일 시간이 더 오래 걸린다. 필자가 사용 중인 맥북에서는 일차적으로 네트워크 속도에 따라 최초 컴파일에 몇 분 정도 걸렸고, 그 이후로는 1~2분 정도밖에 걸리지 않았다.

컴파일하는 동안 온갖 종류의 경고 및 오류 메시지를 포함해서 많은 양의 출력 결과가 표시될 것이다. 컴파일에 성공하면 다음과 같은 로그가 출력되면서 컴파일이 끝난다.

```
Successfully built image 'docker.io/hands-on/native-product-service:latest'
```

다음 명령으로 나머지 세 개의 마이크로서비스를 대상으로 네이티브 컴파일을 수행한다.

```
./gradlew :microservices:product-composite-service:bootBuildImage --no-daemon
./gradlew :microservices:recommendation-service:bootBuildImage --no-daemon
./gradlew :microservices:review-service:bootBuildImage --no-daemon
```

**5.** 도커 이미지가 성공적으로 빌드됐는지 확인하기 위해 다음 명령을 실행한다.

```
docker images | grep "hands-on/native"
```

그럼 다음과 같은 출력 결과가 나올 것이다.

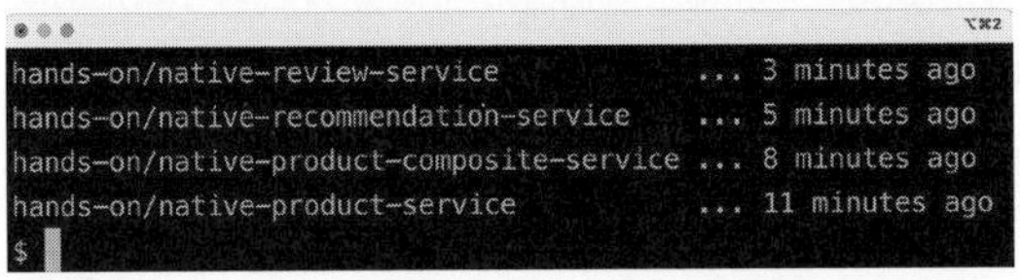


**그림 23.2** 네이티브 컴파일된 실행 파일이 포함된 도커 이미지

네이티브 컴파일된 실행 파일이 포함된 도커 이미지를 생성했으므로 이제 사용해 볼 준비가 끝났다. 도커 컴포즈로 시작한 다음, 쿠버네티스로도 테스트해 보자.

## 도커 컴포즈를 이용한 테스트

이제 네이티브 컴파일된 마이크로서비스를 사용해 볼 준비가 끝났다. 네이티브 컴파일된 마이크로서비스가 포함된 도커 이미지를 사용하기 위해 `docker-compose-native.yml`과 `docker-compose-partitions-native.yml`이라는 두 개의 새로운 도커 컴포즈 파일이 만들어졌다. 이는 `docker-compose.yml`과 `docker-`

compose-partitions.yml의 복사본으로, 마이크로서비스 정의에서 build 옵션이 제거된 버전이다. 또한 이전 절에서 생성한 native-로 시작하는 이름의 도커 이미지를 사용하도록 도커 이미지의 이름이 바뀌었다.

> 이번 장에서는 docker-compose-native.yml만 사용하겠다. docker-compose-partitions-native.yml을 직접 테스트해 보는 것도 좋다.

구동 시간과 초기 메모리 소비량을 비교하기 위해 자바 VM 기반 마이크로서비스를 사용해 벤치마크를 먼저 수행하겠다. 이를 위해 다음과 같은 테스트를 수행한다.

- AOT 모드를 비활성화한 상태에서 자바 VM 기반 마이크로서비스 사용
- AOT 모드를 활성화한 상태에서 자바 VM 기반 마이크로서비스 사용
- 네이티브 컴파일된 마이크로서비스가 포함된 도커 이미지 사용

포트 충돌을 피하기 위해 먼저 다음 명령으로 minikube 인스턴스를 중단한다.

```
minikube stop
```

## AOT 모드를 비활성화한 상태에서 자바 VM 기반 마이크로서비스 테스트

이전 장에서와 같이 AOT 생성 코드를 무시하고 자바 VM 기반 마이크로서비스를 시작하는 것으로 테스트를 시작하겠다. 자바 VM 기반 마이크로서비스를 테스트하려면 다음 명령을 실행한다.

1. 소스코드를 컴파일하고 도커 데스크톱에서 자바 VM 기반 도커 이미지를 빌드하는 것으로 시작한다.

   ```
   cd $BOOK_HOME/Chapter23
   eval $(minikube docker-env -u)
   ./gradlew build
   docker compose build
   ```

2. 자바 VM 기반 마이크로서비스의 기본 도커 컴포즈 파일을 사용한다.

   ```
   unset COMPOSE_FILE
   ```

3. 마이크로서비스 컨테이너를 제외한 모든 컨테이너를 구동한다.

```
docker compose up -d mysql mongodb rabbitmq auth-server gateway
```

CPU 부하가 줄어들어 컨테이너가 구동되기를 기다린다.

4. 자바 VM을 사용해 마이크로서비스를 구동한다.

```
docker compose up -d
```

다시 CPU 부하를 모니터링하면서 마이크로서비스가 구동되기를 기다린다.

5. 마이크로서비스를 구동하기까지 얼마나 오래 걸렸는지 알아보려면 `: Started`가 포함된 로그 출력 결과를 확인해 보면 된다. 이를 위해 다음 명령을 실행한다.

```
docker compose logs product-composite product review recommendation | grep ": Started"
```

그럼 다음과 같은 내용이 출력될 것이다.

```
recommendation-1      | ... Started RecommendationServiceApplication in 5.809 seconds
product-composite-1   | ... Started ProductCompositeServiceApplication in 6.696 seconds
product-1             | ... Started ProductServiceApplication in 5.611 seconds
review-1              | ... Started ReviewServiceApplication in 6.901 seconds
$
```

**그림 23.3** 자바 VM 기반 마이크로서비스의 구동 시간

출력 결과를 통해 5.5초에서 7초 사이의 구동 시간 차이를 볼 수 있다. 4개의 마이크로서비스 인스턴스가 모두 동시에 구동됐기 때문에 하나씩 구동됐을 때보다 구동 시간이 더 길다는 점을 염두에 두자.

6. 테스트를 실행해 시스템 환경이 예상대로 작동하는지 확인한다.

```
USE_K8S=false HOST=localhost PORT=8443 HEALTH_URL=https://localhost:8443 ./test-em-all.bash
```

7. 이전 장에서 본 테스트와 같은 출력 결과를 예상할 수 있다.

```
Start Tests: Sat MMM DD 09:36:19 CEST YYYY
...
Wait for: curl -k https://health.minikube.me/actuator/health...
DONE, continues...
...
Test OK (HTTP Code: 200)
...
End, all tests OK: Sat MMM DD 09:36:40 CEST YYYY
$
```

**그림 23.4** 테스트 스크립트의 출력 결과

8. 마지막으로 구동 후 테스트 실행 시 사용되는 메모리 양을 알아보려면 다음 명령을 실행한다.

```
docker stats --no-stream
```

그럼 다음과 같은 응답을 예상할 수 있다.

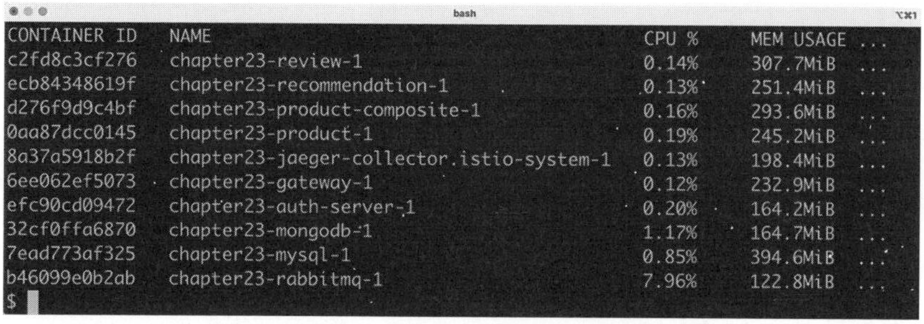


**그림 23.5** 자바 VM 기반 마이크로서비스의 메모리 사용량

출력 결과에서 마이크로서비스가 약 240~310MB를 소비하는 것을 볼 수 있다.

9. 시스템 환경을 중단한다.

```
docker compose down
```

이렇게 해서 AOT 생성 코드를 사용하지 않고 마이크로서비스를 구동하는 데 걸리는 시간을 파악했으므로 이제 AOT 모드에서 테스트해 보자.

## AOT 모드를 활성화한 상태에서 자바 VM 기반 마이크로서비스 테스트

이제 AOT 모드를 활성화해서 AOT 생성 코드를 사용해 자바 VM 기반 마이크로서비스를 구동하겠다. AOT 모드에서 조금 더 빨리 구동될 것으로 예상한다. 다음 명령을 실행한다.

1. 마이크로서비스 컨테이너를 제외한 모든 컨테이너를 구동한다.

```
docker compose up -d mysql mongodb rabbitmq auth-server gateway
```

2. 각 마이크로서비스의 `Dockerfile`을 편집해서 `ENVIRONMENT` 명령에서 `"-Dspring.aot.enabled=true"`를 설정해 AOT 모드를 활성화한다. 그럼 다음과 같은 모습일 것이다.

```
ENTRYPOINT ["java", "-Dspring.aot.enabled=true", "org.springframework.boot.loader.launch.Jar
Launcher"]
```

3. 마이크로서비스를 다시 빌드한다.

```
docker compose build
```

4. 마이크로서비스를 구동한다.

```
docker compose up -d
```

5. AOT 모드를 확인한다.

```
docker compose logs product-composite product review recommendation | grep "Starting AOT-pro
cessed"
```

"Starting AOT-processed"가 포함된 네 줄짜리 메시지가 출력될 것이다.

6. 구동 시간을 확인한다.

```
docker compose logs product-composite product review recommendation | grep ": Started"
```

이전 절의 AOT 모드를 비활성화한 상태에서 실행할 때와 같은 유형의 출력 결과가 나올 테지만 구동 시간이 약간 더 짧다. 내 경우 구동 시간은 4.5초에서 5.5초 사이였다. 일반 자바 VM 구동 시간과 비교하면 1초에서 1.5초 정도 더 빠르다.

7. test-em-all.bash를 실행한다.

```
USE_K8S=false HOST=localhost PORT=8443 HEALTH_URL=https://localhost:8443 ./test-em-all.bash
```

이전 절의 AOT 모드를 비활성화한 상태에서 실행할 때와 같은 출력 결과가 나올 것이다.

8. Dockerfile의 변경 사항을 되돌리고 AOT 모드를 비활성화하기 위해 도커 이미지를 다시 빌드한다.

9. 시스템 환경을 중단한다.

```
docker compose down
```

이번 테스트에서는 AOT가 생성한 코드를 사용해 자바 VM 기반 마이크로서비스가 조금 더 빨리 구동되는 것을 확인했다. 이제 네이티브 컴파일된 마이크로서비스를 테스트해볼 차례다.

## 네이티브 컴파일된 마이크로서비스 테스트

이제 같은 절차를 반복해서 이번에는 네이티브 컴파일된 마이크로서비스가 포함된 도커 이미지를 사용하겠다.

1. 새로운 도커 컴포즈 파일로 변경한다.

```
export COMPOSE_FILE=docker-compose-native.yml
```

2. 마이크로서비스 컨테이너를 제외한 모든 컨테이너를 구동한다.

```
docker compose up -d mysql mongodb rabbitmq auth-server gateway
```

CPU 부하가 줄어들어 컨테이너가 구동되길 기다린다.

3. 자바 VM을 사용해 마이크로서비스를 시작한다.

```
docker compose up -d
```

다시 CPU 부하를 모니터링하면서 마이크로서비스가 구동되기를 기다린다.

4. 네이티브 컴파일된 마이크로서비스를 구동하기까지 걸린 시간을 확인하기 위해 이전에 실행한 것과 동일한 명령을 실행한다.

```
docker compose logs product-composite product review recommendation | grep ": Started"
```

그럼 다음과 같은 출력 결과가 나올 것이다.

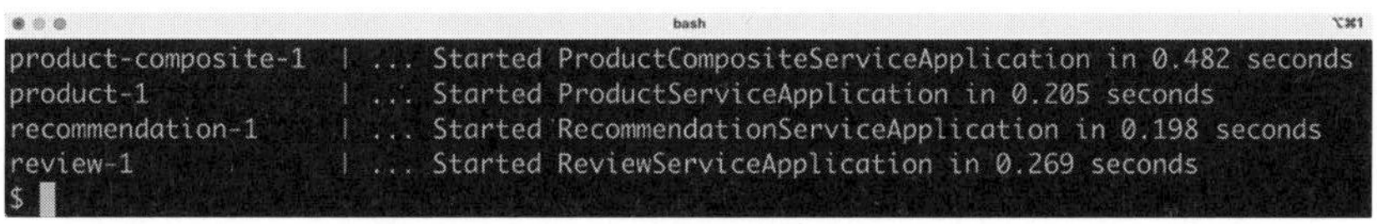


**그림 23.6** 네이티브 컴파일된 마이크로서비스의 구동 시간

출력 결과를 통해 구동 시간이 0.2~0.5초 사이라는 것을 확인할 수 있다. 모든 마이크로서비스 인스턴스가 동시에 구동됐다는 점을 고려했을 때 자바 VM 기반 테스트에서 걸린 5.5~7초와 비교하면 이는 상당히 인상적인 수치다.

5. 테스트를 실행해 시스템 환경이 예상대로 작동하는지 확인한다.

```
USE_K8S=false HOST=localhost PORT=8443 HEALTH_URL=https://localhost:8443 ./test-em-all.bash
```

앞의 자바 VM 기반 도커 이미지를 사용한 테스트에서와 동일한 출력 결과를 예상할 수 있다.

6. 마지막으로 구동 후 테스트를 실행했을 때 사용되는 메모리 양을 알아보려면 다음 명령을 실행한다.

```
docker stats --no-stream
```

그럼 다음과 같은 응답을 예상할 수 있다.

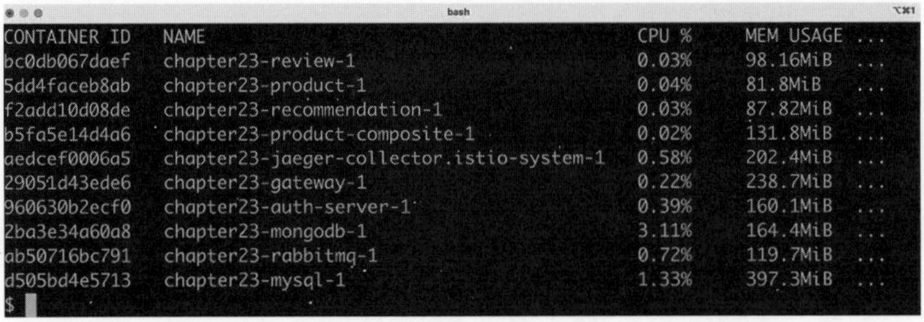


**그림 23.7** 네이티브 컴파일된 마이크로서비스의 메모리 사용량

앞의 출력 결과에서 마이크로서비스가 약 80~130MB를 소비하는 것을 볼 수 있다. 다시 말하지만, 자바 VM 컨테이너에서 소비한 240~310MB와 비교하면 상당히 줄어든 것이다.

**7.** 시스템 환경을 중단한다.

```
docker compose down
```

> 기본적으로 컴파일된 마이크로서비스의 메모리와 CPU 소비량을 더 잘 이해하려면 좀 더 현실적인 부하 테스트를 수행해야 하지만 이 책에서는 다루지 않는다.

네이티브 컴파일된 마이크로서비스의 구동 속도가 자바 VM 기반 방법에 비해 얼마나 빠르고 메모리 소비가 적은지 확인한 후, 쿠버네티스를 사용해 실행하는 방법을 살펴보자.

## 쿠버네티스를 이용한 테스트

쿠버네티스에 네이티브 컴파일된 마이크로서비스를 배포할 수 있도록 새로운 환경 헬름 차트를 추가했다. 이 헬름 차트는 네이티브 컴파일된 마이크로서비스가 포함된 도커 이미지를 사용하도록 구성돼 있으며, 다음 폴더에서 확인할 수 있다.

```
kubernetes/helm/
└── environments
    └── dev-env-native
```

쿠버네티스에 네이티브 컴파일된 마이크로서비스를 배포하기에 앞서 고려해야 할 또 한 가지는 도커 이미지를 어떻게 프로비저닝하느냐다. minikube 인스턴스에서 새로운 도커 이미지를 생성하기 위해 네이티브 컴파일 명령을 다시 실행하고 싶지는 않을 것이다. 이 책에서 도커 레지스트리를 사용했다면 이미지를 레지스트리에 푸시할 수 있었겠지만 그렇게 하지 않았다. 여기서는 도커 레지스트리를 사용하지 않는 대신 도커 데스크톱에서 도커 이미지를 추출해서 minikube 인스턴스로 가져오겠다.

다음 명령으로 도커 데스크톱에서 minikube 인스턴스로 도커 이미지를 옮긴다.

1. 도커 데스크톱에서 도커 이미지를 내보낸다.

```
eval $(minikube docker-env -u)

docker save hands-on/native-product-composite-service:latest -o native-product-composite.tar

docker save hands-on/native-product-service:latest -o native-product.tar

docker save hands-on/native-recommendation-service:latest -o native-recommendation.tar

docker save hands-on/native-review-service:latest -o native-review.tar
```

2. minikube 인스턴스를 다시 시작한다.

```
minikube start
```

3. 별도의 터미널에서 minikube tunnel 명령을 실행한다.

```
minikube tunnel
```

> 이 명령을 실행하려면 사용자에게 sudo 권한이 있어야 하며, 추가로 비밀번호를 입력해야 한다. 명령을 실행하고 나서 비밀번호를 입력할 수 있을 때까지 몇 초 정도 걸릴 수 있다.

4. 도커 이미지를 minikube 인스턴스로 가져온다.

```
eval $(minikube docker-env)
docker load -i native-product-composite.tar
docker load -i native-product.tar
docker load -i native-recommendation.tar
docker load -i native-review.tar
```

5. 마지막으로 내보낸 .tar 파일을 삭제한다.

```
rm native-product-composite.tar native-product.tar native-recommendation.tar native-review.
tar
```

쿠버네티스에서의 빌드, 배포, 배포 확인은 이전 장과 동일한 방식으로 수행된다. 다음 명령을 실행한다.

1. 다음 명령으로 auth-server용 도커 이미지를 빌드한다.

```
docker compose build auth-server
```

2. hands-on 네임스페이스를 다시 생성하고 이를 기본 네임스페이스로 설정한다.

```
kubectl delete namespace hands-on
kubectl apply -f kubernetes/hands-on-namespace.yml
kubectl config set-context $(kubectl config current-context) --namespace=hands-on
```

3. 다음 명령으로 헬름 차트 의존성을 해결한다.

   먼저 components 폴더의 의존성을 업데이트한다.

```
for f in kubernetes/helm/components/*; do helm dep up $f; done
```

4. 다음으로 environments 폴더의 의존성을 업데이트한다.

```
for f in kubernetes/helm/environments/*; do helm dep up $f; done
```

5. 이제 헬름을 사용해 시스템 환경을 배포할 준비가 끝났다. 다음 명령을 실행하고 모든 배포가 완료될 때까지 기다린다.

```
helm upgrade -install hands-on-dev-env-native \
  kubernetes/helm/environments/dev-env-native \
  -n hands-on --wait
```

> 이전 장에서는 helm install 명령을 사용했다. 여기서 사용되는 helm upgrade -install 명령은 스크립팅 작업에 사용하기에 더 낫다. 왜냐하면 차트가 설치돼 있지 않은 경우 insert를 수행하고, 차트가 이미 설치돼 있는 경우 upgrade를 수행하기 때문이다. 관계형 데이터베이스의 upsert 명령과 비슷하다.

6. 다음 명령으로 배포를 확인하기 위한 테스트를 실행한다.

```
./test-em-all.bash
```

얼마나 오래 기다렸느냐에 따라 다음과 같은 오류 메시지와 함께 테스트가 실패할 수 있다.

```
Response Body: Jwks doesn't have key to match kid or alg from Jwt
```

이 오류는 이스티오 데몬인 istiod가 이전 배포에서 인가 서버의 JWKS 공개 키를 캐싱하기 때문에 발생한다. 자세한 사항은 18장 '서비스 메시를 활용한 관찰 가능성과 관리 개선'의 '마이크로서비스의 v1 버전과 v2 버전 배포 및 v1 버전으로의 라우팅' 절을 참고한다. helm update 명령을 실행한 후 약 1분 정도 기다리면 테스트가 오류 없이 실행되고, 이전 테스트에서 본 것과 같은 출력 결과가 나올 것이다.

7. 특정 마이크로서비스의 실제 구동 시간을 측정하기 위해 파드 하나의 구동 시간을 확인한다. 해당 마이크로서비스를 삭제한 다음 쿠버네티스가 다시 생성해서 구동하기까지 걸리는 시간을 측정해 보자.

```
kubectl delete pod -l app=product-composite
kubectl logs -l app=product-composite --tail=-1 | grep ": Started"
```

그럼 다음과 같은 응답을 예상할 수 있다.

**그림 23.8** 쿠버네티스에서 파드로 실행할 때의 구동 시간

출력 결과를 통해 도커 컴포즈를 사용할 때 확인한 것과 비슷한 약 0.4초의 구동 시간을 예상할 수 있다. 이스티오 프락시도 사이드카로 구동되기 때문에 약간의 추가 지연이 있을 수 있다.

8. 다음 명령으로 사용된 도커 이미지를 확인한다.

```
kubectl get pods -o jsonpath="{.items[*].spec.containers[*].image}" | xargs -n1 | grep hands-on
```

그럼 다음과 같은 응답을 예상할 수 있다.

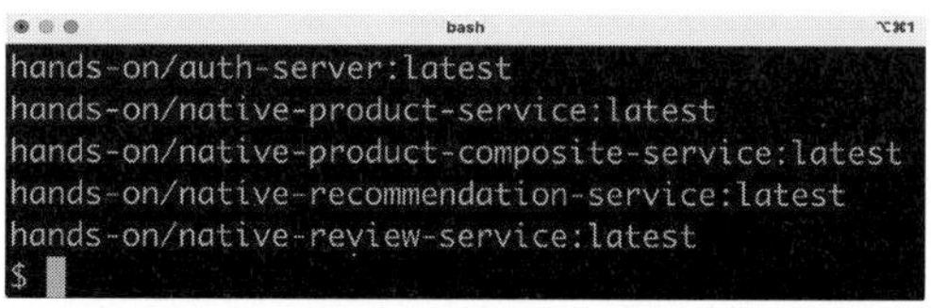


**그림 23.9** 네이티브 컴파일된 코드가 포함된 도커 이미지

출력 결과를 통해 `auth-server`를 제외한 모든 컨테이너가 `native`라는 동일한 접두사가 붙은 도커 이미지를 사용하는 것을 볼 수 있다. 즉, 도커 컨테이너 내에서 네이티브 컴파일된 실행 파일을 실행하고 있다는 의미다.

이렇게 해서 스프링의 AOT 엔진과 GraalVM 프로젝트를 사용해 마이크로서비스에 대한 네이티브 컴파일된 실행 파일을 생성하는 방법으로 이번 장을 마무리한다.

## 정리

이번 장에서는 새로운 스프링 AOT 엔진과 GraalVM 프로젝트, 네이티브 이미지 컴파일러를 소개했다. 빌드 파일에 GraalVM 플러그인을 선언하고 네이티브 이미지 컴파일러에 일부 도달 가능성 메타데이터와 사용자 정의 힌트를 제공하고 나면 네이티브 이미지를 생성하는 데 사용할 수 있다. 스프링 부트의 `buildBootImage` 그레이들 태스크는 이러한 독립 실행형 실행 파일을 도커 이미지로 패키징한다.

자바 기반 소스코드를 네이티브 이미지로 컴파일할 때 얻을 수 있는 주된 이점은 구동 시간이 크게 줄어들고 메모리 사용량이 줄어든다는 것이다. 마이크로서비스 인스턴스를 동시에 구동한 테스트에서 네이티브 컴파일된 마이크로서비스의 경우 0.2~0.5초의 구동 시간을 관찰할 수 있었는데, 이는 동일한 테스트에서 자바 VM 기반 마이크로서비스에 필요한 5.5~7초와 대비된다. 또한 `test-em-all.bash` 스크립트에서 검증을 실행한 후의 네이티브 컴파일된 마이크로서비스는 자바 VM 기반 마이크로서비스에 비해 메모리 사용량이 감소했다.

이 책에서 다룬 대부분의 라이브러리와 프레임워크는 이미 GraalVM의 네이티브 이미지 컴파일러를 지원한다. 그렇지 않은 경우에는 GraalVM 도달 가능성 메타데이터 저장소가 제공하는 도달 가능성 메타데이터를 활용할 수 있다. GraalVM의 빌드 플러그인은 이 저장소에서 도달 가능성 메타데이터를 자동으로 감지하고 다운로드할 수 있다. 최후의 수단으로 GraalVM 네이티브 이미지 트레이싱 에이전트를 사용해 네이티브 컴파일러를 지원하기 위한 도달 가능성 메타데이터를 생성할 수 있다. 트레이싱 에이전트는 기존 JUnit 테스트와 함께 실행되도록 구성되어 테스트 실행을 기반으로 도달 가능성 메타데이터를 생성한다.

특정 스프링 기능에 대해 네이티브 이미지 생성이 제대로 작동하지 않는 문제가 있는 경우 스프링 AOT 스모크 테스트 프로젝트에서 스프링 기능별 작업 예제를 찾을 수 있다. 마이크로서비스가 네이티브 컴파일되고 나서 제대로 작동하는지 확인하려면 스프링 부트의 그레이들 태스크인 `nativeTest`를 사용해 네이티브 이미지에서 단위 테스트를 실행할 수 있다.

자바 VM을 실행하는 도커 이미지를 네이티브 컴파일된 이미지가 포함된 도커 이미지로 교체하는 것이 얼마나 쉬운지도 확인했다. AOT 모드에서 자바 VM 도커 이미지를 실행하면 구동 시간을 약간 단축할 수 있으며, 동시에 생성된 AOT 코드가 예상대로 작동하는지 확인할 수 있다. 마지막으로 도커 컴포즈와 쿠버네티스를 모두 사용해 네이티브 컴파일된 이미지를 테스트했다.

이 책을 통해 마이크로서비스 개발에 스프링 부트, 스프링 클라우드, 쿠버네티스, 이스티오의 유용한 기능들을 활용하는 방법을 배우는 데 도움됐기를 바란다. 독자 여러분도 직접 실습해 보기를 적극 권장한다.

## 문제

1. 스프링의 AOT 엔진과 GraalVM 프로젝트는 어떤 관련이 있는가?
2. 트레이싱 에이전트는 어떻게 사용되는가?
3. JIT 컴파일과 AOT 컴파일의 차이점은 무엇인가?
4. AOT 모드란 무엇이며, 어떤 이점이 있는가?
5. 네이티브 사용자 정의 힌트란 무엇인가?
6. 네이티브 테스트란 무엇이며, 왜 유용한가?
7. 자바 코드를 네이티브 컴파일하면 초기 메모리 사용량과 구동 시간이 어떻게 달라지는가?

# 찾아보기

## N – Z

## ㄱ – ㄹ



## ㅁ – ㅅ

## ㅇ – ㅊ

## ㅋ – ㅎ